Philosophie **lycée**

ISBN : 2-84410-042-2

Roger-Pol Droit

Agrégé de philosophie, docteur en philosophie

Philosophie

illustré par

Sergueï

dessinateur au journal *le Monde*

ÉDITIONS DE LA CITÉ

MANUEL+

DIRECTEUR DE LA COLLECTION :
Bernard Lecherbonnier,
Agrégé des Lettres, Docteur ès Lettres

CONCEPTION ÉDITORIALE
Original BD System
CONCEPTION GRAPHIQUE ET DIRECTION ARTISTIQUE
ELSE
CONCEPTION DE LA COUVERTURE
Atelier Didier Thimonier
Illustration de Patrick Morin

RÉALISATION ÉDITORIALE
Atelier d'édition européen,
sous la direction de Serge Cosseron
Philippe Faverjon

ÉDITION
Roger-Pol Droit, Stéphane Douailler, Patrice Vermeren, Christophe Péry

DESSINS
Sergueï

RÉDACTEURS
Jacques Ardoino, François de Bernard, Laurence Cornu, Marie Cuillerai,
Catherine Dorison, Roger-Pol Droit, Stéphane Douailler, Laurence Hétier,
Jean-Louis Larigaudery, Jean-Marc Levent, Sophie Levent,
Murielle Ohnona-Weizman, Marie-José Pernin, Christiane Peyron-Bonjan,
Emmanuel Pougeoise, Christian Puech, Danielle Rancière, Olivier Schefer,
Etienne Tassin, Alain Vergnioux, Patrice Vermeren

CORRECTION
Claude Pfeffer, Simon Kohn, Frédéric Perroud

RECHERCHE ET GESTION DE L'ICONOGRAPHIE
Bernard Crochet, Laurence Touffait

MAQUETTE
Anna Klykova,
assistée par Christian Fey et Carlos Sanchez

COORDINATION ET MARKETING ÉDITIONS DE LA CITÉ
Hélène Genin, Amélie Lambert, Agnès Jullien
PRÉSIDENT DIRECTEUR-GÉNÉRAL
Pierre Dutilleul

Avant-propos de l'auteur

Bienvenue dans l'aventure philosophique !

C'est une aventure partagée : on se nourrit toujours des pensées des autres, on réagit à leurs arguments. C'est aussi un parcours en solitaire : personne ne peut penser à votre place, et vous seul, en fin de compte, trouverez le chemin qui vous convient.

Au moment de découvrir l'activité philosophique, il est habituel d'éprouver une certaine appréhension. Que fait donc exactement cette discipline ? Elle semble s'occuper de tout : morale, psychologie, politique, esthétique, sciences, entre autres. Elle arrive à la fin de votre parcours d'études secondaires. Vous n'avez jamais fait de philosophie, son vocabulaire paraît souvent obscur, vous craignez de ne pas comprendre.

La première fonction de ce livre est de vous faciliter l'accès à la réflexion philosophique et de vous accompagner tout au long de vos découvertes. Ceux qui ont travaillé avec moi à cet ouvrage se sont efforcés d'aller clairement à l'essentiel, de fournir le maximum d'outils directement utilisables. Nous avons voulu être constamment compréhensibles, et pas nécessairement ennuyeux !

Pourtant, il me paraît normal que persiste en vous une certaine inquiétude, qui est positive. Car il n'est pas question, en philosophie, d'apprendre des réponses, mais d'apercevoir des problèmes. Pour la première fois, vous serez conduit à tracer vous-même votre voie. Et sur des questions aussi vitales que la justice, le plaisir ou l'art.

En fait, ce qui doit vous préoccuper, c'est de découvrir votre liberté d'esprit. Il y a de fortes chances que vous perdiez en cours de route certains préjugés ou quelques illusions. Mais vous apercevrez aussi, en avançant par vous-même, des perspectives nouvelles. Il n'y a sans doute pas d'aventure plus intéressante.

Roger-Pol Droit

Avant-propos de l'éditeur

La perspective du bac donne un objectif précis aux lycéens qui, de la Seconde à la Terminale, doivent consolider et approfondir leurs connaissances dans de nombreuses disciplines.

Pour bien maîtriser chacune de ces disciplines, qu'elles soient scientifiques ou littéraires, il faut avant tout bien en saisir l'esprit et les spécificités, appréhender les tenants et les aboutissants de leurs programmes, maîtriser les méthodes permettant de réussir aux examens. La seule compilation des savoirs ne suffit pas. Le lycéen doit clairement comprendre ce qu'on lui demande et savoir s'organiser en conséquence. Là est la clé du succès.

C'est pourquoi **Manuel+** constitue la démarche la mieux adaptée à ce but. Tout le programme du lycée, pour chaque discipline, y est développé dans **le fil rouge,** écrit par un auteur éminent. **Les points clés** traitent tous les sujets de cours et d'examen possibles et présentent des modèles d'exercices résolus. **Les fiches pratiques** vous orientent parmi les autres ressources documentaires : livres, encyclopédies, films, multimédia... **Le dictionnaire** contient tous les termes et noms indispensables : notions, idées, biographies... avec un renvoi systématique aux points clés.

Cet ouvrage est utilisable dès l'entrée en Terminale. Pour préparer le bac, il est l'outil idéal puisqu'il réunit en lui toutes les fonctions des aides généralement disséminées entre plusieurs livres : mémentos, manuels classiques, grammaires, dictionnaires...

La caution d'une grande signature assure à **Manuel+** la garantie scientifique des contenus, la liaison avec l'enseignement supérieur.

C'est pourquoi les étudiants peuvent également en faire un excellent usage.

Bernard Lecherbonnier

Sommaire

Bases *Pour faire le point sur l'histoire de la pensée*

Sommaire

Fil rouge *Pour comprendre le programme dans son ensemble*

Points clés *Pour maîtriser les sujets de cours*

Œuvres et problèmes

Questions et repères

Sommaire

Fiches pratiques

Pour se documenter

Dico

Pour retrouver une définition, une notion

BASES

Ce qu'il faut savoir
à l'entrée
en Terminale

Les connaissances indispensables pour être prêt à suivre le programme de philosophie.

L'esclavage dans l'Antiquité

Dans le monde antique, l'esclavage est une pratique courante, moralement et économiquement justifiée.

Le rôle économique

Dans l'Antiquité, l'esclavage est considéré comme un phénomène naturel. Indispensable à l'accomplissement des travaux des champs, l'esclavage est une institution et l'esclave est un bien dont la valeur est celle d'un outil. Les esclaves font ainsi l'objet de transactions. Les demandeurs peuvent les acheter sur des marchés : un pacte est alors scellé et confié à un greffier. Il arrive que des propriétaires mettent leurs esclaves en gage pour régler leurs dettes.

Les esclaves dans l'Antiquité grecque et romaine

Les Grecs considèrent l'esclavage comme nécessaire et légitime et dénient tout droit aux esclaves. Ceux-ci accomplissent les travaux domestiques ou entretiennent les propriétés terriennes. On ne trouve pas de critique morale du phénomène de l'esclavage chez les penseurs grecs. Toutefois, les esclaves ne peuvent pas être l'objet de traitements inhumains. Ainsi, la loi athénienne punit le meurtre d'un esclave. Des considérations réalistes incitent d'ailleurs à la préservation et à l'entretien de cette force de travail. De plus, il n'est pas rare que des rapports humains se développent entre maître et esclaves. L'esclave peut être « affranchi », c'est-à-dire libéré, par son maître. Il aura entre-temps appris un métier. Sans disposer des droits des hommes libres, les affranchis occupent une place importante au sein de la société. L'esclavage romain est plus dur. Les maîtres jouissent d'un droit de vie et de mort sur leurs esclaves. De plus, la politique expansionniste de l'Empire nécessite l'importation d'esclaves étrangers pour compléter la main-d'œuvre locale. Au Ier siècle av. J.-C., le gladiateur Spartacus appellera à un vaste soulèvement des esclaves.

◄ *La compréhension de la laideur de l'esclavage est une idée récente dans le monde.*

L'abolition de l'esclavage

Engagé depuis le XIXe siècle, le processus d'abolition de l'esclavage se heurte à des intérêts économiques et à des préjugés raciaux qui sont loin d'être éradiqués.

◄ *En France, l'esclavage est définitivement aboli en 1848.*

La guerre de Sécession et l'abolitionnisme

C'est la Révolution française qui pose les premiers jalons du processus abolitionniste. En 1794, la Convention décrète l'abolition de l'esclavage dans les colonies françaises. Mais Bonaparte s'empresse de le rétablir en 1802. Le processus franchit un pas décisif lors de la guerre de Sécession (1861-1865), qui oppose les États nordistes de l'Union aux États sécessionnistes confédérés du sud des États-Unis. Le Sud, qui utilise une main-d'œuvre de près de quatre millions d'esclaves noirs, s'oppose au Nord abolitionniste. En 1862, le président Lincoln décrète que les esclaves « seront pour toujours libres ». Le 13e amendement de la Constitution, abolissant l'esclavage sur l'ensemble du territoire américain, est ratifié en 1865, à la suite de la victoire de l'Union sur la Confédération. La Société des Nations abolit l'esclavage à l'échelle internationale en 1926. Ce principe est réaffirmé en 1948 par la Déclaration universelle des droits de l'homme des Nations unies.

► **Apartheid** *signifie « séparation » en afrikaans.*

De l'apartheid à l'esclavage moderne

L'apartheid est le régime fondé sur le développement séparé des races qui a dominé la société sud-africaine des années 1910 aux années 1990. La fin de l'apartheid est proclamée en 1990 par le président blanc Frederik De Klerk, qui fait libérer le leader noir du Congrès national africain, Nelson Mandela. Ce dernier fut élu président en 1994, lors des premières élections multiraciales. Mais l'esclavage persiste encore dans de nombreux pays, sous diverses formes – travail des enfants, servage.

Les déclarations des droits de l'homme

Tenus pour naturels par un philosophe comme Jean-Jacques Rousseau, les droits de l'homme ont trouvé leur légitimation avec la première Déclaration des droits de l'homme, en 1789. Ils représentent le fondement de l'État républicain.

La déclaration du 26 août 1789

La Constituante, dans sa Déclaration des droits de l'homme et du citoyen du 26 août 1789, énonce les droits naturels de tout homme. Ces droits imprescriptibles sont ceux de toute personne humaine et du citoyen membre de la nation. Les principaux sont l'égalité devant la loi, la liberté de conscience, d'opinion et de presse, les droits de propriété et de sûreté ainsi que celui de résistance à l'oppression. L'État républicain laïque fondé sur la souveraineté du peuple repose sur ces droits de l'homme et du citoyen.

▼ *Aucune loi ne peut contredire les principes énoncés par les droits de l'homme.*

Les déclarations internationales

Au lendemain de la Seconde Guerre mondiale, à la suite des atrocités commises par les nazis, la communauté internationale prend conscience de la précarité des droits de l'homme et décide de les renforcer. Le 10 décembre 1948, l'Assemblée générale de l'ONU adopte la Déclaration universelle des droits de l'homme. Aux droits de 1789 s'ajoutent, pour l'essentiel : la reconnaissance du caractère inaliénable des droits de l'homme au niveau international, sans exception de race, de culture, de sexe ou de religion ; la prise en compte des droits économiques et sociaux, tels le droit à assistance financière en cas de maladie et de chômage, la liberté et l'égalité dans le travail, la liberté syndicale, le droit de grève, le droit à la santé et à la gratuité de l'enseignement primaire. Organe judiciaire de l'ONU créé en 1945, la Cour internationale de justice de La Haye statue sur des différends entre États. Elle peut aussi être saisie pour juger des crimes de guerre.

Les exclus : femmes, enfants, sauvages, fous...

En marge de la raison ou des conventions humaines, les exclus ont un statut incertain au sein de la société. La démocratie elle-même s'est d'abord inventée en excluant certains individus.

L'idée d'exclusion

La démocratie athénienne du Ve siècle av. J.-C. fonctionne de manière élitiste en refusant le statut de citoyen aux femmes, aux esclaves et aux métèques – les « immigrés ». L'exclusion de certains individus n'est donc pas l'apanage du pouvoir despotique. Ses racines sont multiples : psychologiques, morales, politiques ou économiques. Effet d'une conscience de soi élitiste, l'exclusion peut être aussi un simple phénomène de rejet ou de peur de l'inconnu.

Hors de l'humanité et de la société

Les exclus ont en commun d'être privés de tout ou partie de leurs droits. Telle est la situation faite aux fous et aux populations considérées comme sauvages, qui inquiètent parce qu'ils montrent un autre visage de l'espèce humaine, son côté sombre ou déraisonnable. Souvent réduits, au Moyen Âge, au statut de mendiants, voire considérés comme des suppôts du diable, les fous restent aujourd'hui exclus de la société civile puisqu'ils sont jugés irresponsables de leurs actes.

De nombreuses époques et de nombreuses cultures traitent les femmes en inférieures. Cette discrimination n'est pas abolie par la proclamation de l'égalité entre les citoyens. Les femmes n'accèdent au droit de vote qu'en 1928 au Royaume-Uni et en 1944 en France. Les débats sur l'égalité des salaires et la parité en politique montrent que l'égalité des sexes reste à conquérir.
Quant aux enfants, privés de tous droits juridiques, ils ont longtemps servi de main-d'œuvre dans des pays industrialisés dits « civilisés ». En 1979, Année internationale de l'enfance, on comptait plus de cinquante millions d'enfants de moins de quinze ans travaillant à travers le monde dans de dures conditions d'exploitation.
Les enfants sont également soumis à la prostitution et victimes de maltraitance.

L'idée de contrat social

Théorie politique et philosophique développée aux XVIIe et XVIIIe siècles, la notion de contrat social dessine les contours de la démocratie moderne.

Du droit divin au contrat social

Depuis le Moyen Âge, le pouvoir civil trouve son fondement dans l'autorité religieuse. Les souverains, qui tiennent de Dieu leurs droits et leurs capacités à gouverner, exercent le pouvoir au sommet d'une organisation féodale de la société avec le consentement de leurs sujets et dans le cadre du droit fondamental (religieux, juridique) du royaume. Sous l'influence conjuguée d'une radicalisation de la théorie de l'origine divine du pouvoir, de l'idéal des individualités d'exception développé par la Renaissance et du besoin d'unité des royaumes, le XVIIe siècle rompt ce pacte et développe une théorie absolutiste du pouvoir qui attribue au monarque une autorité n'ayant de comptes à rendre qu'à elle-même. La participation croissante de la bourgeoisie aux affaires publiques donne très vite toute sa portée à la question des dimensions contractuelles du pouvoir.

Une notion moderne

L'apparition de la notion de contrat suppose un changement de grande ampleur. Examinée au XVIIe siècle par des jurisconsultes (Pufendorf, Grotius), théorisée au XVIIIe siècle par des philosophes (Hobbes, Locke, Rousseau), cette notion ouvre la perspective d'un pouvoir d'origine arbitraire et historique, et non plus atemporelle et divine. Conception moderne, elle s'appuie sur l'homme et non plus sur Dieu. La forme laïque du pouvoir républicain en résulte. Selon Rousseau, les hommes décident librement de renoncer à leur égoïsme naturel et de sortir de l'état de nature pour s'associer en une *« volonté générale »*, par l'intermédiaire d'un contrat. Le peuple souverain est à l'origine de la loi et donc libre, car *« il n'y a point de liberté sans lois »*.

◄ *Le 20 juin 1789, les députés du tiers état font le serment de ne pas se séparer avant d'avoir établi une Constitution.*

L'idée de révolution

Notion ambivalente, l'idée de révolution est historiquement synonyme de rupture et de renouveau. La Révolution française, notamment, a contribué à l'avènement de l'égalité juridique et fiscale.

Révolution n'est pas révolte

Réveillé par le duc de La Rochefoucauld-Liancourt dans la nuit du 14 au 15 juillet 1789, Louis XVI se serait écrié : *« C'est donc une révolte ! » « Non, Sire,* lui aurait répondu le duc, *c'est une révolution. »* C'est que les deux termes ne sont pas synonymes. Si la révolte désigne un mouvement de refus collectif contre l'ordre établi, la révolution se veut une rupture radicale avec cet ordre. De plus, la rupture révolutionnaire vise un changement constitutionnel et travaille à l'avènement d'un nouveau régime politique. Ainsi, la révolte contre Louis-Philippe Ier, en France, en 1848, s'est finalement transformée en révolution, qui a abouti au renversement de la monarchie et à l'instauration de la république.

Instaurer l'égalité juridique et fiscale

Quelle qu'en soit l'origine, la révolution apparaît donc comme un phénomène politique d'envergure visant à changer d'État. Si le moteur profond de la révolution est toujours, selon Marx, d'ordre économique et social, ses premiers acquis, au XVIIIe siècle, sont d'ordre juridique. La Déclaration des droits de l'homme et du citoyen de 1789 pose ainsi, dès son article premier, que *« tous les hommes naissent et demeurent libres et égaux en droits »*. Cette égalité devant la loi implique notamment le droit de vote pour tous – les hommes tout du moins –, ce qui est un acquis majeur de la Révolution française. Ce principe est complété par l'affirmation, dans le préambule de la Constitution de 1946, de l'égalité juridique entre les sexes – le droit de vote est accordé aux femmes en 1944. L'égalité économique est un autre acquis de la Révolution de 1789. Les privilèges accordés à la noblesse étant abolis, les hommes sont dorénavant déclarés égaux devant l'impôt.

Les massacres du XXe siècle

L'histoire du XXe siècle restera marquée par de nombreux massacres qui se caractérisent par l'alliance de la cruauté et de la technologie.

▶ *Des millions de personnes sont mortes, victimes de la barbarie nazie, durant la Seconde Guerre mondiale.*

Guerres, massacres et génocides

Alors que la guerre se définit comme un affrontement violent entre puissances ennemies, le « massacre » apparaît comme la volonté délibérée de supprimer l'adversaire, voire, quand il devient « génocide », d'éradiquer un peuple ou une race. Cette notion déborde donc bien au-delà de celle de guerre. L'humanité a connu de nombreux massacres. Toutefois, le génocide du peuple juif durant la Seconde Guerre mondiale restera emblématique d'une nouvelle forme de tuerie organisée à grande échelle, appuyée sur une véritable logistique et accompagnée d'une politique de propagande ne laissant rien au hasard. On peut ici parler d'une « rationalisation » du massacre.

Des deux guerres mondiales à nos jours

À côté de la déportation et du génocide des populations juive et tzigane par les nazis durant la Seconde Guerre mondiale, l'époque récente présente de nombreux cas de massacres collectifs : le génocide du peuple arménien par les Turcs, de 1915 à 1918 ; le massacre d'Oradour-sur-Glane (France), en juin 1944 ; celui de milliers d'officiers polonais à Katyn, par la police de Staline. En décembre 1946, les Nations unies ont fait entrer dans le droit international la notion de crime contre l'humanité, définie par la charte du Tribunal de Nuremberg, qui jugeait les responsables du régime nazi. En décembre 1948, elles ont précisé celle de crime de génocide. Cela n'a pas empêché la fin du XXe siècle de connaître de nouveaux massacres : celui des communistes en Indonésie par le régime de Suharto, de la population cambodgienne par les Khmers rouges, des victimes des dictatures d'Amérique latine, massacres interethniques au Rwanda, exécutions et viols massifs dans l'ex-Yougoslavie…

Démocratie athénienne, démocratie moderne

Pour saisir les enjeux de la démocratie, il est nécessaire de mesurer l'importance de son irruption dans la cité athénienne. Mais il faut aussi comprendre comment sa confrontation avec l'État moderne a modifié les conditions de son exercice.

Une nouveauté politique

La réforme de Clisthène (VIe siècle av. J.-C.), qui institue une nouvelle division territoriale, permet l'avènement de la démocratie à Athènes. L'assemblée des citoyens, où l'on délibère et où chacun peut prendre la parole, devient le véritable organe exécutif de la cité : ses pouvoirs, qui portent sur tous les domaines essentiels, sont très étendus. La justice est rendue par le peuple et les juges sont désignés par tirage au sort. La nouveauté de la démocratie réside d'abord en ce que la gestion de la vie de la cité est l'affaire de la majorité et non plus d'une minorité ou d'un seul. Ensuite, la loi y fait « la part égale » à tous ceux qui ont le titre de citoyen – les puissants n'y ont plus de privilèges – et on s'y distingue par le mérite et non par l'argent ou les origines. Enfin, la démocratie est espace de liberté sans discrimination : un pauvre peut être libre et citoyen.

Face au pouvoir de l'État

Mais cette page glorieuse se referme pendant plus de deux millénaires, à l'exception d'épisodes isolés. La démocratie ne resurgit vraiment qu'avec la Constitution américaine (1787) et la Révolution française (1789), et ne prend son véritable essor en Europe que dans la seconde moitié du XIXe siècle. Qu'est-ce qui a changé depuis Athènes ? La démocratie moderne est confrontée aux dimensions physiques et humaines auxquelles sont soumis les États. Elle ne peut plus être exercée directement par tous les citoyens qui souhaitent participer à la vie de la cité. Il a donc fallu introduire des médiations, notamment un système représentatif, qui spécialisent les fonctions politiques. Éloignés des décisions de l'exécutif, les « simples citoyens » assument dès lors un nouveau rôle de vigilance et de contrôle à l'égard des dérives susceptibles de menacer le contenu démocratique du régime.

▼ *Les réformes du législateur Solon ont ouvert la voie à celles de Clisthène.*

Tyrannie et despotisme

Les notions de despotisme et de tyrannie désignent une semblable oppression, une même forme de domination sans limite des sujets par leurs gouvernants. Il existe pourtant, entre ces concepts, au moins une distinction essentielle.

Une distinction entre des « équivalents »

Le despotisme est la loi d'un maître absolu, régnant dans un pays sur lequel il exerce son autorité sans partage. La tyrannie, quant à elle, est un *« gouvernement sans lois »*, un gouvernement de l'injustice et de l'arbitraire. Depuis les rois de Perse et les empereurs de Chine, le pouvoir du despote repose sur une tradition. S'il n'est pas fondé sur un droit écrit, il tire sa légitimité d'une histoire souvent ancienne et d'une hérédité. Le despote s'installe ainsi dans la durée et sur sa loi propre. À l'opposé, le tyran établit son pouvoir sur l'illégalité et l'usurpation, par la ruse ou la violence. Il peut s'imposer dans une monarchie, par exemple, en chassant ou en assassinant le roi légitime, ou dans une république en en violant les lois. Contrairement au despotisme, la tyrannie impose ainsi son ordre en surprenant ses victimes, de façon déloyale.

La question de la légitimité

Il existe donc plus que des nuances – en matière d'asservissement, de cruauté, etc. – entre despotisme et tyrannie. Si l'on retrouve dans ces deux notions la même idée de pouvoir excessif exercé par un seul ou quelques-uns sur tous les autres, l'origine et la nature de ces régimes ne sont pas identiques. Le tyran ne dispose d'aucune autre « légitimité » que celle du coup de force qui l'a porté au pouvoir, tandis que le despote peut fonder son autorité sur un mythe, une théogonie ou une parenté. Enfin, une fois que l'on a souligné que les tyrannies sont généralement brèves, il convient de remarquer qu'une tyrannie qui parvient à se maintenir longtemps change de nature et se rapproche du despotisme, car la durée lui procure précisément cette forme de « légitimité » qui lui faisait défaut à l'origine.

Monarchie absolue ou constitutionnelle

Le « gouvernement d'un seul » – définition étymologique de la monarchie – désigne des réalités politiques très différentes. Mais on ne doit pas confondre monarchie et tyrannie.

▲ *Louis XVI prête serment sur la Constitution, le 14 juillet 1790, lors de la fête de la Fédération.*

Les modalités du « gouvernement d'un seul »

Le monarque de l'Antiquité ou du Moyen Âge gouverne sans restriction : il est chef de la cité, producteur et gardien de la loi, et détient pour cela les pouvoirs de police et de justice. Toutefois, même si rien n'apparaît en mesure de limiter son autorité, le pouvoir du roi est fondé en droit, depuis les monarchies électives et la codification des relations de vassal à seigneur jusqu'à la lente élaboration du « droit divin ». Apparu en Grande-Bretagne au XVIIIe siècle et en France au XIXe siècle, le monarque constitutionnel moderne voit son rôle défini par une Loi fondamentale. Cette Constitution, qui peut aussi être une simple tradition, précise ses pouvoirs et ses attributions ainsi que ceux des autres corps et personnages de l'État. De fait, le souverain constitutionnel partage l'autorité politique avec un Parlement.

Une véritable rupture

Figure historique achevée d'un pouvoir supérieur aux autres, le *« monarque absolu »,* selon l'expression de Jean Bodin, oblige tous ses sujets sans être soumis à aucune obligation. Seul responsable de la raison d'État et de la compréhension divine de sa charge, il n'est cependant pas un tyran agissant arbitrairement, en dehors de toute loi. De son côté, le gouvernement monarchique constitutionnel est responsable devant la Loi fondamentale. Il est garant de son respect et de sa bonne utilisation et compose avec d'autres pouvoirs. Il repose sur la double légitimité d'un monarque héréditaire et d'une Assemblée élue. Il existe entre ces deux régimes une véritable rupture qui ne laisse en commun que la figure bouleversée du monarque. En effet, tandis que dans la première l'*arkhè* – le « principe du pouvoir » – n'est autre que le roi, dans la seconde c'est bien la Constitution qui est la mesure du régime.

La république

La république est souvent assimilée, dans le langage courant, à la démocratie. En fait, « république » désigne un concept générique qui ne se rapproche de celui de démocratie que dans un sens particulier.

La chose publique

Ce qui rend complexe le concept de république, c'est que, des Grecs aux Romains, et des Lumières à la période contemporaine, il possède au moins trois acceptions qui ne se recoupent qu'en partie. Le premier et le plus étendu des sens de « république » recouvre la « chose publique » en général – la *res publica* des Romains –, qui désigne l'ensemble des affaires, débordant la sphère familiale et religieuse, que les hommes traitent entre eux en tant qu'affaires politiques, sous le regard les uns des autres. Elle est la part d'existence collective régie par des lois et par un régime. *La République* de Platon recherche la forme d'existence politique juste au sein de tous les types de gouvernements possibles.

Le gouvernement par les lois

Dans un deuxième sens, plus restreint, « république » désigne tout gouvernement respectueux de l'idée de loi. Comme précédemment, la république peut être aussi bien monarchique qu'oligarchique, aristocratique ou démocratique. Mais elle requiert que l'autorité gouvernante ait sa source non pas dans n'importe quel pouvoir ou domination, mais dans un règne des lois (Rousseau).

La république démocratique

Enfin, le troisième sens de « république », qui recouvre souvent les précédents, est celui qui émane de l'expression *« république démocratique »* employée, en France, dans la Constitution de 1958. Cette précision même – république « démocratique » – souligne le fait que la république n'est pas démocratique par essence. Elle peut le devenir si elle satisfait à la fois à la forme « républicaine » et aux critères « démocratiques ». Elle est alors gouvernement de l'intérêt public par la loi du grand nombre. Elle désigne un type de régime qui s'est imposé historiquement comme rendant possible la réalisation des idéaux démocratiques.

▶ ***Le gouvernement français du Front populaire, en 1936, s'est présenté comme un modèle républicain.***

L'empire

L'empire n'est pas un régime politique au sens où la monarchie et la république le sont. C'est une forme particulière que peuvent emprunter ces régimes dans certaines conditions.

◀ *Joseph II, empereur d'Autriche-Hongrie.*

Les spécificités de l'empire

L'empire peut donc se développer dans le cadre d'institutions républicaines (Empires romain et napoléonien) aussi bien que monarchiques (Saint Empire romain germanique ou Empire austro-hongrois) ou encore despotiques (Empires chinois et moghol). Le pouvoir suprême y est exercé, dans un État ou un ensemble d'États de grande dimension, par un empereur.
On pourrait donc dire que la spécificité du pouvoir impérial est simultanément quantitative et qualitative. Quantitative, car il n'est pas d'empire sans vaste domaine – une « principauté » ne peut y prétendre. Qualitative, car « empire » désigne aussi l'ascendant naturel d'un homme. Ce sens permet d'éclairer la nature du pouvoir politique impérial.

L'autorité impériale

Napoléon Bonaparte choisit de devenir empereur plutôt que roi parce que son pouvoir s'exerce sur un territoire beaucoup plus vaste que celui de la seule France. Mais il le fait également parce que son autorité politique est tout à fait singulière, reconnue comme telle par un grand nombre de ses « sujets », et qu'il se sent à l'étroit dans des institutions « seulement » républicaines ou consulaires. Il institue de fait une « monarchie républicaine », qu'il transcende sous la forme de l'empire. L'empire surgit ainsi de la rencontre entre l'ambition et le talent d'un dirigeant – le Romain Auguste ou Napoléon – et l'expansion militaire, politique ou géographique du pays sur lequel celui-ci exerce son pouvoir. Par la suite, l'empire se maintient – de la Chine à l'Autriche-Hongrie – et se consolide aussi longtemps que l'autorité de l'empereur est reconnue, à l'intérieur comme à l'extérieur.

◀ *Certains empereurs donnèrent à leur autorité un aspect divin.*

Qu'est-ce que le totalitarisme ?

On a appelé « totalitarisme » la forme politique prise par le gouvernement de l'Allemagne nazie, entre 1933 et 1945, et par le gouvernement soviétique stalinien, entre 1929 et 1953. Caractérisé par une forme de domination totale, ce régime diffère toutefois radicalement de la tyrannie et de la dictature.

▲ Un congrès-spectacle nazi mis en scène dans le stade de Nuremberg.

Nazisme et stalinisme

Le IIIe Reich se caractérise par le mythe raciste qui s'est forgé autour de lui, sa volonté de puissance vitaliste (un « Reich de mille ans ») qui devient projet de domination universelle et ne recule devant aucune forme de destruction, de la *« guerre totale »* au génocide. Il demeure le « modèle » du totalitarisme. Symbolisé par son *« homme nouveau »*, son idéal mécaniste et son déni de la réalité, le stalinisme liquidera aussi en masse ses opposants et recourra également à une propagande permanente.

L'État totalitaire

Ces régimes totalitaires présentent le point commun d'être fondés sur un semblable mépris des lois – jusqu'aux siennes propres – et de la personne humaine. L'État totalitaire se dispense de lois stables susceptibles d'entraver sa marche en avant : il leur préfère des règles arbitraires, sans cesse modifiables. Les seules lois – scientifiques, économiques, historiques – qu'il reconnaît sont celles d'un monde fictif, passé, présent et futur. L'État totalitaire nécessite une police puissante et bien organisée, destinée à faire régner la terreur. Le rejet de la démocratie, de la notion même de délibération, ainsi que de la personne humaine et de ses droits élémentaires, est une autre de ses caractéristiques. L'État totalitaire s'efforce de sceller un lien indéfectible entre des « masses » qui doivent être prêtes à tout lui sacrifier et des chefs absolus, seuls clairvoyants et détenteurs du sens. Entre eux, il n'est pas de place pour l'« individu ». Enfin, non contents d'asservir la population du pays où ils triomphent, ces régimes sont aussi totalitaires dans la mesure où ils cherchent à exporter leur modèle dans le monde entier, par tous les moyens.

L'anarchie peut-elle être un régime politique ?

L'anarchie se définit étymologiquement comme une « absence d'autorité, de commandement, de gouvernement ». Elle ne dispose pas d'autorité fondatrice ni de corpus de règles capables d'« instituer » un régime : elle « est » à elle-même son propre régime.

▲ *Mikhaïl Aleksandrovitch Bakounine, l'un des théoriciens de l'anarchisme.*

La société auto-organisée

L'anarchie est une société auto-organisée de manière immédiate. Son organisation ne lui est pas dictée depuis un autre lieu ou un autre temps. À l'inverse de la plupart des régimes, l'anarchie ne se donne pas de Constitution et n'en reconnaît pas. Au premier abord, l'anarchie, définie comme refus de l'autorité codifiée et organisatrice, paraît donc étrangère à l'idée même de régime. Les auteurs d'actions menées en dehors de toutes règles politiques ou encore d'actions violentes, actes de terrorisme ou assassinats, se réclament parfois de l'anarchie. Mais ce sont aussi des projets constructifs comme, dans les années 1930, la commune de Barcelone, qui ont illustré l'anarchie.

Une autre conception de l'association

C'est pourquoi, si l'on admet qu'un régime puisse être aussi une « communauté organisée sans organisation », l'anarchie en est bien un. Ce qui ferait alors la singularité de ce régime serait précisément une critique forte de tous les pouvoirs organisateurs – des anciennes monarchies à l'État moderne et de la vieille figure paternelle aux Églises. La réponse à la question posée dépend donc de la définition de la notion de régime que l'on privilégie. Si l'on conçoit la notion de régime comme la mise à l'épreuve par une communauté politique d'une Constitution, la réponse est non. Si, au contraire, on considère que le régime est une forme d'organisation politique non nécessairement figée par une Constitution, la réponse est oui.

Sortir du mythe : les premiers physiciens

On a longtemps considéré l'épanouissement culturel de la Grèce classique comme un «miracle». On est plus attentif aujourd'hui à l'émergence, dès la Grèce archaïque, de formes de rationalité qui s'appuient sur les mythes pour les dépasser.

Des mythes aux principes naturels

On regroupe sous l'appellation «Ioniens» un ensemble de penseurs du VIe siècle av. J.-C. originaires d'Ionie, en Asie Mineure. Aristote désigne ainsi Thalès, Anaximandre, Anaximène et Héraclite. Il s'agit d'hommes qui se distinguent d'abord par une «habileté» *(sophia)* dans des domaines comme la prédiction des éclipses, l'arithmétique, la géométrie, la grammaire, la métrique ou l'écriture. Le repérage dans l'espace et le temps relève alors de techniques avancées (cadrans solaires, calendriers, cartes géographiques...). Mais, au-delà de ces «habiletés» particulières, les Ioniens excellent à construire des représentations de l'ordre de l'Univers *(kosmos)*, considéré comme un modèle des relations entre les hommes au sein de la cité. Ils manifestent ainsi un souci de cohérence globale qui les conduit à substituer aux explications par l'action des dieux, issues des mythes, l'action de principes naturels et éternels. Pour Thalès, le principe est l'Eau, pour Anaximandre l'*apeiron* (l'infini), pour Anaximène l'Air, pour Héraclite le Feu.

▼ ***«C'est Thalès qui le premier, à ce qu'on prétend, démontra que le diamètre partage le cercle en deux parties égales» (Proclus,* Commentaire sur le premier livre des «Éléments» d'Euclide*).***

Naissance de l'abstraction

Deux traits rassemblent ces constructions : d'une part, le refus de recourir *«au funeste et au merveilleux»,* d'autre part la volonté de ramener la diversité et la multiplicité de la réalité à l'unité d'un seul principe. Il faut noter enfin que le «principe» est situé hors de la terre, ce qui manifeste une volonté d'expliquer le connu non par ce qui est immédiatement connaissable, mais par dérivation à partir d'un principe non visible. C'est le statut de l'abstraction qui est ici en jeu dans cette «physique» des choses *«merveilleuses à contempler»* (*theôria* signifie «contemplation») qui se constitue hors des récits mythiques.

Antiquité : des savoirs sans machines

Il est remarquable que la science grecque se soit développée alors que le niveau technique des Grecs est souvent jugé inférieur à celui des cultures qui les ont précédés.

La technique dévalorisée

Plusieurs facteurs peuvent expliquer ce paradoxe. Le travail des esclaves dispense d'un développement des techniques. L'esclave a, dans la Grèce ancienne, le statut peu valorisé d'*« outil animé »* (Aristote). Le droit de vie et de mort qu'exerce son maître à son endroit implique bien un devoir (assurer sa subsistance et sa reproduction), mais celui-ci se confond avec l'intérêt bien compris. Deuxième explication : la *technê* grecque est une modalité du « faire » humain qui, de ce fait, n'est pas valorisée. La *poïésis* (« fabrication ») n'est pas un savoir, mais un savoir-faire : pour Platon, le savoir-faire de l'artisan est un mal nécessaire, celui des « poètes » (artistes) est superflu, illusoire et dangereux. La *praxis* (action morale et politique) n'est valorisée que parce qu'elle est un « faire » qui n'est pas une « fabrication ». Le citoyen, le juge, le tribun n'assument dignement leur statut que parce que celui-ci suppose une activité contemplative tournée vers la recherche de la vérité et du bien. La *praxis* se pervertit en *technê* chez le tyran (qui réduit la politique à un rapport de force) ou le sophiste (qui enseigne l'art de simuler le savoir).

▲ *« Le philosophe n'est bon à rien quand il se trouve en face de besognes serviles [...], mais c'est lui qui sait chanter comme il faut la vraie vie des dieux et des hommes heureux » (Platon,* Théétète*).*

Les savoirs théoriques privilégiés

Dans ces conditions socio-idéologiques, la production de savoirs théoriques, dont les mathématiques et la logique sont les modèles, constitue la norme supérieure des activités humaines. Ces sciences mettent en relation le monde humain et le monde divin et fournissent à l'organisation des rapports humains un idéal : la cité est copiée sur l'Univers.

Le procès de Galilée

Galilée est devenu, dans la culture moderne, le symbole des droits de la raison et de l'expérience contre la foi aveugle et le dogmatisme.

Un savant complet

Les connaissances scientifiques de Galileo Galilei, dit Galilée, (1564-1642) recouvrent des domaines actuellement distincts : la technique (perfectionnement de la lunette astronomique, protocoles d'observation des astres, cartographie, calcul des longitudes essentiel à la navigation), les mathématiques (esquisse du calcul infinitésimal), la physique théorique et expérimentale, dont il est considéré comme le pionnier (oscillation du pendule, chute des corps, balistique).

Les deux principaux systèmes du monde

Dans son *Discours sur les corps flottants* (1612), Galilée relate le résultat de ses observations des satellites de Jupiter. Il y rend plausible le système énoncé un siècle plus tôt par Copernic, selon lequel la Terre entraîne la Lune dans son mouvement sur elle-même et autour du Soleil. Galilée met ainsi en cause le système établi par Ptolémée au IIe siècle et adopté par les scolastiques et l'Église, qui suppose que l'Univers est hiérarchisé et que la Terre – séjour de la créature préférée de Dieu – en est le centre. Le savant possède des partisans à Rome – le cardinal Bellarmin, entre autres –, mais pas suffisamment. La mise à l'Index de l'œuvre de Copernic, en 1616, le dessert. En 1624, après l'observation de trois comètes, dont le passage a considérablement agité le monde scientifique, il convainc le pape Urbain VIII de l'intérêt d'un ouvrage qui confronterait les théories en présence. Mais la publication du *Dialogue sur les deux principaux systèmes du monde* (1632), où le pape se reconnaît sous les traits de Simplicio, un théologien aristotélicien, achève de ruiner son crédit. Galilée est contraint d'abjurer sa doctrine lors de son procès devant le Saint-Office, en 1633. Il a été réhabilité par Jean-Paul II en 1992.

◄ ***« L'intention du Saint-Esprit est de nous enseigner comment on doit aller au ciel, et non comment va le ciel » (Galilée,* Lettre à Marie-Christine de Lorraine, grande duchesse de Toscane, *1615).***

L'idée de sélection chez Darwin

L'idée de sélection (naturelle) est au cœur d'une conception de l'existence des espèces vivantes comme « processus », « devenir ». Elle s'oppose au « fixisme » des théories antérieures, qui défendaient le principe de la création, une fois pour toutes, de toutes les espèces vivantes.

De l'évolutionnisme à la sélection

Charles Darwin (1809-1882) est né l'année de la publication par Lamarck de la *Philosophie zoologique,* qui pose les bases de l'évolutionnisme sans en apporter véritablement les preuves. L'idée de sélection naturelle, quant à elle, appartient en propre à Darwin et se trouve exposée dans *De l'origine des espèces par voie de sélection naturelle* (1859). Elle vise à répondre à une question précise : celle de l'origine de la diversité des organismes vivants, inventoriés et étudiés au moins depuis Aristote, constatée par Darwin au cours de ses voyages. La théorie de la sélection naturelle est suggérée par la pratique humaine immémoriale de création d'espèces végétales et animales utiles par sélection artificielle. Elle repose sur le principe d'une interaction de l'organisme et du milieu.

La théorie et ses avatars

La nature produit, à l'intérieur d'une espèce, des traits divergents qui, si minimes qu'ils soient, peuvent représenter un degré d'adaptation au milieu supérieur à celui des autres variétés d'une même espèce. Cette plus-value d'adaptation réalise les conditions optimales de reproduction de l'organisme, sélectionnant mécaniquement le trait « divergent » comme un trait transmissible qui se diffuse. Les organismes non affectés par cette modification finissent, eux, par disparaître. L'influence du darwinisme franchira les limites des sciences du vivant dans des constructions fantasmatiques (sociologiques, linguistiques, historiques, raciales) et sans fondement scientifique (sociobiologie).

▶ ***« Notre répugnance à admettre qu'une espèce a donné naissance à une autre espèce distincte tient à ce que nous ne sommes pas enclins à reconnaître un grand changement dont nous ne voyons pas les progrès » (Charles Darwin,*** **l'Origine des espèces,** ***1859).***

De la thermodynamique à l'indéterminisme

La thermodynamique remet en cause le déterminisme comme représentation globale de la nature.

Conservation de l'énergie et entropie

Étudiée par Carnot, Mayer ou Clausius, la science de la thermodynamique ne s'est développée qu'au XIXe siècle. Elle a pour objet l'étude de tous les systèmes et de leurs transformations (*dunamis* signifie « puissance », en grec). Elle étudie donc plus précisément les changements d'état de systèmes ouverts, fermés ou isolés, selon le double point de vue de leur matière et de l'énergie qui les transforme. Par « système », il faut entendre aussi bien celui de l'Univers tout entier que celui de la genèse de l'embryon. Deux principes fondamentaux sont à la base de la thermodynamique. Le premier énonce que l'énergie à l'œuvre dans la transformation se conserve intégralement dans le passage d'un instant t_0 à un instant t_1. Le second affirme que le système est soumis à une entropie, c'est-à-dire à une loi d'évolution qui va dans le sens d'une désorganisation du système.

▼ *Notre compréhension de la matière passe par l'observation de l'infiniment petit : ici, le tracé des particules dans un accélérateur.*

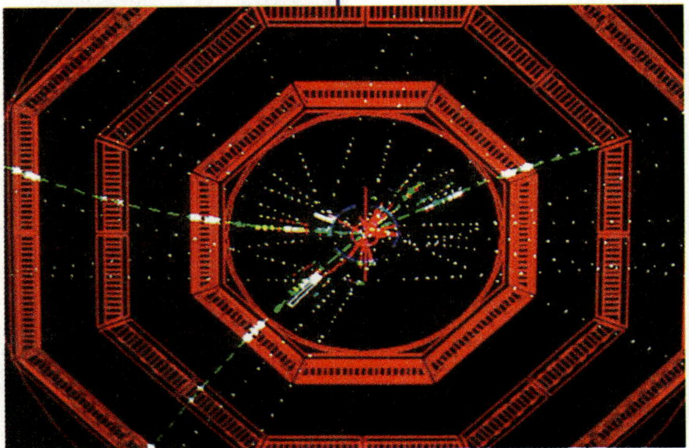

Les menaces de l'indéterminisme

Le XIXe siècle avait fait de la mécanique l'archétype des sciences expérimentales, fondées sur un principe déterministe strict, que Claude Bernard étend à la biologie. Le déterminisme veut que tout ce qui se produit soit l'effet de causes déterminées qui permettent de prévoir ce qui va advenir selon le schème de l'irréversibilité du temps. Le second principe introduit le trouble : comment le système du vivant peut-il évoluer du simple au plus complexe (développement d'un organisme), du semblable à la diversité (diversité des espèces vivantes) ? Les représentations scientifiques de la causalité et de la temporalité sont menacées par l'indéterminisme. Une des solutions consistera à réinterpréter le principe d'entropie en termes probabilitaires : l'ordre biologique croissant (néguentropie) n'est pas une exception ou une aberration, mais une évolution simplement « très peu probable » et pourtant parfaitement possible d'un point de vue physique.

Biologie moléculaire et code génétique

La biologie moléculaire étudie les molécules constituant la matière vivante ainsi que les processus qui assurent leur fonctionnement.

◀ *L'identité singulière de chaque individu est inscrite dans son ADN.*

Subsister et transmettre

Le principe de base de la biologie moléculaire est qu'il n'existe pas de matière propre au vivant. Il y a des êtres vivants constitués de combinaisons originales de molécules. La biologie met ainsi en évidence le trait commun à tous les être vivants, par ailleurs si divers : ce sont des systèmes organisés qui interagissent avec leur milieu (échanges d'informations, de matière, d'énergie), travaillent à la conservation de leur individualité et se reproduisent. Toutes ces fonctions sont commandées par un programme génétique semblable à un programme d'instructions assurant en particulier la transmission du patrimoine génétique et les modifications éventuelles de ce patrimoine. Le code génétique joue donc un rôle primordial dans le mécanisme de la sélection naturelle. La diversité des êtres vivants au cours de l'évolution peut ainsi être représentée comme la mise au point de «solutions» à un problème unique : subsister et transmettre.

L'ADN

L'alliance de la génétique et de la biochimie met en évidence une structure unique : celle de la chaîne de l'acide désoxyribonucléique (ADN) fragmentée en segments porteurs des gènes. Ceux-ci sont définis par l'ordre dans lequel ils combinent quatre bases nucléiques : l'adénine, la guanine, la thymine et la cytosine. On considère donc que le vivant se manifeste à travers un code qui permet l'élaboration de messages transcrits et traduits. Ce processus aboutit, chez tous les êtres vivants, à la synthèse de protéines constituées d'au moins vingt acides aminés. L'ADN joue un rôle paradoxal : il garantit, d'une part, la reproduction conforme du matériel héréditaire et, d'autre part, la transmission de toute modification de ce matériel (mutation).

De la science de l'homme aux sciences humaines

« Une chose est certaine : l'homme n'est pas le plus vieux problème ni le plus constant qui se soit posé au savoir humain » (Michel Foucault, *les Mots et les Choses,* 1966).

La finitude de l'homme

L'idée d'homme – et son corollaire l'humanisme – n'est pas universelle. Certaines cultures la subordonnent à ce qui dépasse l'homme en l'incluant : le cosmos, le principe vital, le divin, etc. L'idée d'une science de l'homme apparaît donc comme enracinée dans une tradition culturelle qui singularise un ensemble précis : l'Occident. De ce point de vue, on peut lier l'avènement de cette idée à l'émergence des notions d'individu et de personne dans les pensées grecque, romaine et médiévale. La prise de conscience de l'irréversibilité du temps, c'est-à-dire de la dimension historique du destin, constitue également un seuil décisif. On s'accorde pour dire que la question « qu'est-ce que l'homme ? » – la plus haute question de la philosophie selon Kant – n'acquiert toute sa dimension qu'avec la prise de conscience de la finitude humaine, dans l'espace et dans le temps, considérée en elle-même et non plus par rapport à l'infinitude divine.

Du singulier au pluriel

L'anthropologie comme science de l'homme devient alors multiforme : la géographie humaine et l'écologie, qui considèrent que nous habitons une culture plutôt qu'une planète, témoignent de son extension sans limites. Deux repères néanmoins : l'anthropologie physique, la biologie et la paléontologie prennent en charge la question de l'hominisation dans le devenir des espèces vivantes ; les sciences humaines (histoire, économie, sociologie, linguistique, psychologie…) s'efforcent de rendre compte de la diversité des réalisations de l'homme. Mais est-ce vraiment de « l'homme » qu'elles traitent, puisqu'elles ne se reconnaissent comme « sciences » qu'en refusant l'idée de nature humaine, l'idée d'individu et l'idée de sujet conscient (histoire, psychanalyse, linguistique, anthropologie structurale) ? De la science de l'homme aux sciences humaines, le passage du singulier au pluriel pourrait être le signe d'un changement d'objet.

De l'artisan à l'artiste

L'art contemporain ne facilite pas la définition de la notion d'œuvre d'art. Ainsi, l'art brut n'a pas l'intention d'être de l'art tandis que l'«anti-art» heurte sciemment toutes les formes de représentation admises. C'est que ces concepts ne sont pas intemporels. Ils désignent une réalité liée à un moment de notre histoire.

Des gens de métier

Dans l'Antiquité, les peintres, les sculpteurs, les poètes ou les musiciens ne sont pas considérés comme des créateurs, mais comme des imitateurs de la nature. Leurs œuvres sont comprises comme des copies des réalités existantes créées par Dieu, premier et unique artisan. Le plaisir que les œuvres procurent tient d'abord, selon Aristote, à la fidélité de la reproduction et à la perfection de l'exécution. Cette conception domine l'interprétation de l'art pendant de nombreux siècles. Elle justifie la réunion dans une même condition sociale des hommes de l'art et des artisans. Loués pour leur capacité technique, les uns et les autres sont considérés comme des hommes de métier auxquels des collectivités ou des particuliers fortunés passent commande. Leur savoir-faire s'accomplit dans la réalisation du «chef-d'œuvre».

◀ *Au XIVe siècle, les bâtisseurs de villes sont à la fois artistes et artisans.*

▲ *Le XIXe siècle romantique exaltera l'image de l'artiste inspiré.*

Les libres créateurs

Les notions modernes d'artiste et d'œuvre d'art naissent à la Renaissance. Peintres, sculpteurs, poètes et musiciens entreprennent alors de contester la division entre les «arts libéraux», cultivés par les hommes libres de choisir leurs occupations, et les «arts mécaniques», utiles ou agréables à la conservation de la vie. Au XVIIIe siècle s'imposera la notion nouvelle de «beaux-arts». Cette émancipation hors du monde de l'artisanat ouvre la voie à la notion d'artiste comme libre créateur de beauté et à celle de l'œuvre d'art comme réservoir inépuisable de sens.

Règles et formes

L'âge classique érige en idéal la raison, le savoir méthodique et la conduite réglée. C'est avec ces mêmes critères qu'il aborde l'art. C'est pourquoi il met au point, surtout en poésie et en musique, des règles strictes auxquelles doivent se soumettre les artistes et leurs œuvres.

Le sonnet et la fugue

Le plaisir est par nature instable et personnel. L'art y introduit une régularité en suscitant des sentiments tels que l'émotion du beau. Au XVIe siècle, les artistes cherchent à aller plus loin dans cette maîtrise en codifiant strictement divers genres. C'est le cas en poésie avec le sonnet, obligatoirement composé de quatorze vers répartis en quatre strophes – deux quatrains, deux tercets – et présentant une disposition de rimes dont Pétrarque, Shakespeare ou Ronsard cherchent la formule définitive. En musique règne l'art de la fugue, qui impose notamment de présenter dans le premier mouvement la totalité des éléments utilisés dans le morceau, de respecter des enchaînements de lignes mélodiques ou d'écrire les divertissements dans une couleur sonore particulière. Dans cette forme contrainte que porte à la perfection le *Clavier bien tempéré* (1722 et 1742) de Bach, le plaisir musical ne se dissocie pas du plaisir intellectuel de reconnaître l'architecture particulière donnée par l'artiste à sa réalisation.

▲ *La perspective devient la règle picturale au XVe siècle.*

◀ *Une fugue du* **Clavier bien tempéré** *de J.-S. Bach.*

Le modèle scientifique

Ces artistes de l'âge classique cherchent à appliquer aux arts des règles et des méthodes universelles semblables à celles qui président aux sciences. Ils croient à la possibilité de plier la multiplicité des créations particulières sous le joug de lois de construction rigoureuses. Ce parallèle entre les arts et les sciences, qui conduit aussi Boileau à définir dans l'*Art poétique* (1674) les « lois » de la tragédie ou de l'épigramme, sera abandonné au cours du XVIIIe siècle. On entreprendra alors de chercher les règles du plaisir esthétique dans le goût du sujet ému par la beauté.

Inspiration et intuition créatrice

Un objet se fabrique en fonction d'une représentation préalable et par l'application d'une méthode rationnelle de production. Ce n'est pas le cas de l'œuvre d'art. Expliquer une œuvre exige de dépasser le niveau des intentions conscientes de l'artiste et de prendre en compte les notions d'inspiration ou d'intuition créatrice.

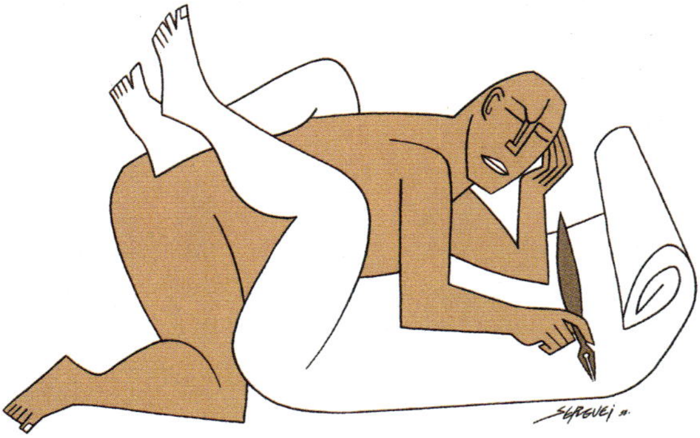

L'« enthousiasme »

Dans l'Antiquité, la puissance créatrice de l'artiste lui est conférée, croit-on, par un contact avec le divin. L'artiste « inspiré » parvient à un état particulier nommé « enthousiasme », sentiment de celui qui *« accueille un dieu en soi »*. Cette conception survit sous les traits de la « muse » inspiratrice et demeure à la base de toutes les représentations qui voient en l'artiste un porte-parole de réalités supérieures ou de puissances obscures. Elle connaît un essor particulier au XVIIIe siècle, époque qui inaugure une nouvelle réflexion sur les arts en prêtant aux artistes la nature de « génies ».

L'être intime des choses

Les termes d'« inspiration » ou de « génie » évoquent des facultés qui dépassent l'humanité ordinaire. Ils relient la capacité artistique à la possession d'un don surhumain ou à quelque état de folie. Mais, entre le savoir-faire technique et l'inspiration, il y a place pour une faculté plus naturelle, qualifiée d'« intuitive », qui nous permet d'accéder à l'être intime des choses. Les philosophes du romantisme allemand comme Schelling font même de l'intuition la faculté par laquelle l'homme éprouve l'harmonie ou le désaccord entre le monde perçu et fabriqué par les humains et l'essence cachée des choses. L'artiste est alors celui qui, grâce à cette intuition, crée des œuvres qui sont les manifestations visibles de cette harmonie ou de ce désaccord.

▶ *Comme le rêve, l'intuition de l'artiste semble ouvrir des portes sur un monde inconnu.*

Bases

L'invention du roman

La date de naissance du roman n'est pas unique. Cette forme d'écriture nouvelle apparaît au IXe siècle dans les pays de langue «romane». Mais elle surgit aussi à d'autres moments, en des lieux différents : en Inde au VIIe siècle, au Japon au Xe siècle, en Chine au XVIe siècle...

▶ *Les chevaliers de la Table ronde, héros des romans de Chrétien de Troyes.*

Prendre en main sa destinée

Dans toutes les civilisations où il apparaît, le roman prend le relais des récits mythologiques. Il en conserve certains thèmes, mais il se sépare de leur univers de croyances. Il ne décrit plus comme réels des épisodes surnaturels. Il ne dépeint pas non plus un monde soumis à un ordre archaïque immuable. Le roman relate des aventures présentées comme des fictions, dans lesquelles des individus ou des personnages correspondant à des types sociaux cherchent à prendre leur destinée en main. Ainsi se présentent, par exemple, dans l'Europe du XIIe siècle, les romans de chevalerie de Chrétien de Troyes.

Un héros témoin

À la différence de l'épopée ou de la tragédie, le roman ne réserve pas la dignité de héros aux gens nobles ou puissants. Les personnages sont des fripons *(pícaros)* dans les romans espagnols du XVIe siècle que l'on qualifie de «picaresques». Ce sont des âmes simples et touchantes dans les romans d'éducation du XVIIIe siècle. Ils sont ambitieux, criminels ou malheureux dans les fresques sociales du XIXe siècle. Témoin ou emblème d'une époque et d'un milieu, le héros de roman est en même temps celui qui, par la singularité de son histoire, s'écarte de la norme sociale et psychologique et, par là, en révèle et en démonte les codes. La tâche du romancier consiste alors à montrer que la beauté peut se loger au cœur des expériences les plus prosaïques.

La naissance de l'art abstrait

L'« abstraction » désigne un mouvement artistique du XXe siècle qui concerne la peinture et, secondairement, la sculpture. Longtemps incomprise par le public, elle consiste à libérer l'art de l'obligation de représenter la réalité.

L'imitation remise en cause

Une longue tradition issue d'Aristote assigne à l'art la fonction de produire des émotions en « imitant » certaines réalités. Deux arts en particulier servent de modèles à cette conception : la poésie et la peinture, considérées comme deux façons, parlante ou muette, de décrire la réalité. Cette prédominance de l'objet représenté – « imité » – est remise en cause au XIXe et au XXe siècle. Le peintre Maurice Denis écrit : *« Un tableau – avant d'être un cheval de bataille, une femme nue ou une quelconque anecdote – est essentiellement une surface plane recouverte de couleurs en un certain ordre assemblées. »*

La structure intime de la réalité

La combinaison des formes et des couleurs ne touche-t-elle pas plus le spectateur d'un tableau que la perfection de l'imitation de l'objet représenté ? En 1912, Kandinsky suggère que l'objet nuit à la perception du tableau. On s'adresse, selon lui, à des couches plus profondes et plus immédiates de la perception en rendant parlante la matière même de la peinture. Le peintre peut jouer sur les rythmes et les harmonies de la couleur, comme Robert Delaunay, ou avec la distribution des verticales et les horizontales, comme Mondrian. Menées avec toujours plus d'audace par les peintres abstraits, ces recherches ne sont pas de simples jeux formels. Le qualificatif d'« abstrait » qui les désigne ne signifie pas que l'artiste non figuratif s'est détaché du monde. Au contraire, celui-ci cherche, à travers son œuvre, à atteindre et à rendre visible la structure intime de la réalité, plus fondamentale à ses yeux que la simple apparence des choses.

◀ ***Un tableau abstrait de Malevitch, de 1917.***

Bases

L'art est-il arrivé à sa fin ?

Les beautés de l'art révèlent à l'homme certaines vérités. Mais cette puissance de révélation est-elle infinie ? L'art contemporain ne témoigne-t-il pas d'un épuisement de la création artistique ?

◄*La création artistique garde-t-elle un sens quand la guerre détruit tout ? Les ready-made de Duchamp pose cette question dès 1914.*

Une chose du passé

La beauté de la nature est intemporelle. Il n'en est pas de même, selon Hegel, de la beauté de l'art. C'est précisément en cela que l'art est à ses yeux supérieur à la nature. Les œuvres artistiques contiennent une vérité spirituelle. Elles abritent et manifestent dans des formes sensibles des contenus essentiels de l'humanité. Depuis les temples orientaux jusqu'à la statuaire grecque puis à la peinture, à la musique et à la poésie portées à leur perfection par la chrétienté, l'histoire de l'art témoigne du progrès accompli par les hommes dans la connaissance de ces contenus. Mais cette histoire est, selon Hegel, parvenue à son terme. Ce ne serait plus au sein de l'art, mais au sein d'autres domaines de l'esprit – science, philosophie – que nous pensons les choses qui ont pour nous le plus d'importance : *« L'art reste pour nous, quant à sa suprême destination, une chose du passé »* (Esthétique).

Détruire les conventions

La force du jugement de Hegel tient à ce qu'il correspond à une tendance qui s'est effectivement développée dans les arts. L'époque contemporaine semble chercher à détruire les ultimes conventions et les derniers supports rendant l'œuvre possible : Duchamp expose, en 1914, un simple casier à bouteilles et Malevitch, en 1919, des carrés blancs sur fond blanc ; Yves Klein invite le public, en 1958, au vernissage d'une exposition du Vide, constituée par les murs nus d'une galerie parisienne. Mais les peintres qui ôtent ainsi à la peinture presque toute visibilité, les musiciens qui entraînent la musique vers le bruit, les cris ou le silence, les écrivains qui mènent la littérature vers l'absence de sens ne créent pas pour autant des œuvres dépourvues de tout pouvoir de suggestion, sinon de révélation.

La différence entre croire et savoir

« *Je ne crois que ce que je vois.* » Saint Thomas doute des miracles d'un prétendu messie jusqu'à ce qu'il soit témoin d'un fait dont seul le fils d'un dieu pouvait être l'auteur. Thomas refuse de croire aveuglément. Il veut savoir. Peut-il obtenir des raisons de croire ?

Dogme et vérité

Thomas croit en une religion « révélée ». Celle-ci propose un savoir contenu dans des dogmes que le croyant adopte et que le mécréant nie. Pour le premier, la révélation concerne des vérités données par un Dieu. Pour le second, la croyance n'est pas affaire de vérité, mais d'opinion. Les jugements de valeur ne sont ni vrais ni faux, par opposition aux jugements portant sur des faits, élaborés en fonction de critères de vérification : cohérence logique et/ou adéquation avec la réalité. L'opinion et la croyance désignent des propositions sans vérité universelle et qui ne s'imposent que par la voix d'une autorité. Un savoir doit pouvoir départager les raisons logiques qui fondent la vérité et les ressorts psychologiques qui me font croire à ce que je tiens pour vrai.

Le contraire d'un fait est possible

« *Tous les objets de la raison humaine ou de nos recherches peuvent naturellement se diviser en deux genres, à savoir les relations d'idées et les faits. Du premier genre sont les sciences de la géométrie, de l'algèbre et de l'arithmétique et, en bref, toute affirmation qui est intuitivement ou démonstrativement certaine. Les faits qui sont les seconds objets de la raison humaine, on ne les établit pas de la même manière ; et l'évidence de leur vérité, si grande qu'elle soit, n'est pas d'une nature semblable à la précédente. Le contraire d'un fait quelconque est toujours possible, car il n'implique pas contradiction et l'esprit le conçoit aussi facilement et aussi distinctement que s'il concordait pleinement avec la réalité. C'est donc peut-être un sujet digne d'éveiller la curiosité que de rechercher quelle est la nature de cette évidence qui nous assure de la réalité d'une existence et d'un fait au-delà du témoignage actuel des sens ou des rapports de notre mémoire* » (David Hume, *Essais philosophiques sur l'entendement humain*, 1748).

Bases Des dieux multiples au Dieu unique

Toutes les religions s'accordent sur un point : le divin contient le secret de l'univers. Mais il y a plusieurs façons de se représenter cette intelligibilité.

Polythéisme et monothéisme

Les religions de l'Antiquité étaient fondées sur l'existence de plusieurs dieux. On vénérait ainsi un dieu de la Mer, de la Fécondité ou du Feu. Les fêtes et les sacrifices qui leur étaient offerts étaient différentes pour chacun. Il était fréquent que les dieux changent suivant les régions, ou selon les villes. On appelle ces religions à plusieurs dieux des polythéismes (du grec *polus,* « plusieurs », et *theos,* « dieu »). Un changement majeur s'est produit avec l'apparition de la croyance en un Dieu unique, croyance qu'on nomme le monothéisme (du grec *monos,* « un seul », et *theos,* « dieu »). C'est dans la religion juive qu'est apparue cette croyance. Pendant longtemps, seuls les juifs l'ont adoptée, différant en cela des autres peuples. Ensuite, la croyance en un Dieu unique s'est largement répandue dans le monde. C'est aujourd'hui le point commun entre les juifs, les chrétiens et les musulmans.

Des différences essentielles

Le Dieu unique du monothéisme est très différent des dieux du polythéisme par deux aspects essentiels. En premier lieu, chaque dieu dans le polythéisme est un élément d'un ensemble, une pièce d'un système. Si l'on ne retenait qu'Apollon parmi les dieux grecs, en supprimant tous les autres, on n'obtiendrait pas l'équivalent du dieu du monothéisme, mais seulement une sorte de personnage sorti d'une pièce de théâtre : tout seul, sans les autres, il ne peut plus tenir son rôle. En second lieu, la personnalité d'un dieu, dans un système polythéiste, est assez facile à connaître. Son passé, ses aventures, son comportement, son caractère ressemblent beaucoup à ceux d'un homme. Ces dieux ont des pouvoirs particuliers, une force supérieure, mais ce sont en fait des « surhommes ». Au contraire, Dieu, le Dieu unique du monothéisme, parce qu'il est conçu comme infini, est profondément différent d'un être humain.

▼***Vainqueurs d'un chaos, les dieux sont toujours associés à un ordre du monde.***

La critique savante des Écritures

À partir de la Renaissance, et surtout du milieu du XVIIe siècle, les philosophes et les historiens examinent le texte de la Bible selon les méthodes employées pour étudier les œuvres de l'Antiquité et mettre en lumière leur composition.

▶ *Érasme (1469-1536) défend une philosophie chrétienne émancipée de la sclérose du traditionalisme et rejette le protestantisme.*

« Le » livre

Jusqu'au XVIe siècle, l'Europe chrétienne considère la Bible comme « le » livre révélé par Dieu aux hommes. Le mot même de « Bible » vient de *biblos,* qui signifie « livre » en grec ancien. La partie la plus ancienne de ce livre sacré était censée avoir été rédigée par Moïse à partir de ce qu'il avait appris directement de Dieu. C'est ensuite à travers la parole de plusieurs prophètes juifs que Dieu se serait exprimé. Selon l'Église, le Christ enfin serait venu apporter la « bonne nouvelle » – le mot grec *euangelion* (« évangile ») signifie « bonne nouvelle ». Aucune étude savante et critique des textes n'était alors possible.

L'examen critique

L'étude savante des Écritures commence à la Renaissance, quand les érudits se penchent sur les différentes versions des manuscrits rédigés en grec et en hébreu. On réalise que Moïse ne peut avoir rédigé à lui seul toutes les parties de la Bible que la tradition lui attribue. Il devient de plus en plus probable que l'Ancien et le Nouveau Testament ont eu de nombreux rédacteurs et rassemblent des textes d'époques différentes. Ce mouvement d'examen critique se poursuit notamment chez les philosophes du XVIIe siècle, en particulier chez Hobbes et chez Spinoza. Parmi les historiens, un rôle important revient à Isaac de La Peyrère et surtout à Richard Simon, auteur d'une *Histoire critique du Nouveau Testament* (1689). Ces travaux n'appartiennent pas seulement à l'histoire des études bibliques : ce qui entre en jeu dans ce moment important de l'histoire des idées, c'est également la tension entre la foi et le savoir.

Libre examen et tolérance

Valeurs phares depuis le siècle des Lumières, la tolérance et la liberté de conscience sont au cœur du principe de laïcité.

Liberté d'examen et de conscience

Les théologiens du Moyen Âge tenaient la vérité révélée du christianisme pour une certitude incontestable. Ils déniaient par là même toute possibilité d'examen, c'est-à-dire de discussion, de cette vérité. L'affirmation stricte du dogme interdit toute forme de liberté de conscience, qui reviendrait à mettre en cause le caractère absolu et incontestable de cette vérité. Les libres-penseurs du XVIIIe siècle se font fort, au contraire, de soumettre toute vérité à l'examen de la raison. Souvent anticléricale, la revendication de la liberté de conscience prend, au siècle des Lumières, la forme d'un respect des différences et des divergences culturelles et entraîne une lutte acharnée contre tout sectarisme. Ces valeurs seront au cœur de la laïcité républicaine.

Tolérance et laïcité

Voltaire définit parfaitement la tolérance lorsqu'il écrit : *« Je ne suis pas d'accord avec ce que vous dites, mais je me battrai jusqu'au bout pour que vous puissiez le dire. »* Tolérer, c'est admettre avec générosité la diversité et la différence des opinions sans chercher à imposer son point de vue. C'est pourquoi la tolérance bat en brèche la notion de vérité dogmatique, notamment en matière de religion. L'intolérance et les cruautés qu'elle entraîne ne trouvent-elles pas souvent leur origine dans un régime de nature religieuse ? En séparant l'Église de l'État et en conférant à la croyance un caractère privé, la Révolution de 1789 a contribué à limiter les pouvoirs du clergé. Si la tolérance veut demeurer une valeur forte, elle doit éviter les deux écueils que sont la justification de tout particularisme et la légitimation de nouvelles chasses aux sorcières. Liberté d'examen et tolérance n'ont de sens que dans la réciprocité et l'égalité entre les hommes.

▶ ***Dans cette allégorie des Lumières, les représentants de diverses religions discutent devant la boutique d'un libraire.***

Le rôle critique de la raison

Considérée comme un instrument de connaissance confié à l'homme, ou même comme un pouvoir proprement humain, la raison a longtemps cohabité en Europe avec la religion révélée. Cette coexistence entre en crise à la fin de l'âge classique, quand la raison se fait combat contre les superstitions religieuses.

▲ *« Ce qu'on n'a jamais mis en question n'a point été prouvé » (Denis Diderot,* **Pensées philosophiques,** *1745).*

L'empire de la foi

Après la disparition du monde antique gréco-romain, l'activité de savoir se réfugie – en Europe et dans le monde méditerranéen – dans des communautés et des institutions dominées par un esprit religieux. Son statut devient secondaire par rapport à la tâche principale : travailler à son salut, obéir à la loi divine. La raison des hommes, obscurcie par la chute, n'ayant pas le pouvoir d'accéder à la vérité connue de Dieu seul, la philosophie se fait « servante » de la foi et de la folie de la Croix. À Paris, au XIIIe siècle, Bonaventure tonne devant les maîtres *ès* arts et les élèves de l'Université contre l'orgueil des philosophes qui veulent connaître les vérités par eux-mêmes ou par des sciences héritées du paganisme.

L'essor des sciences

L'essor marchand, la croissance des villes, le développement des communications introduisent une autre condition humaine que celle de sa détresse existentielle liée au péché. Apparaît un visage conquérant de la raison, qui coïncide avec la redécouverte de la science d'Aristote par Averroès, Albert le Grand ou Thomas d'Aquin. La philosophie scolastique restitue à la raison son rôle d'instrument logique, d'investigation des phénomènes naturels, et même de rationalisation de la foi dans la théologie. Raison et révélation n'ont pas à entrer en contradiction, pas plus que pour Descartes ne s'opposent, à l'âge classique, le Dieu garant des vérités redécouvert par un acte de la raison et celui de la foi enseignée.

L'émancipation

À la fin du XVIIe siècle, l'hypocrisie de l'obligation imposée au savoir rationnel de respecter des vérités enseignées par des autorités religieuses perçues comme intolérantes devient intenable. Au nom du libre examen, le *Traité théologico-politique* de Spinoza, *l'Histoire des oracles* de Fontenelle, les *Pensées sur la comète* ou le *Dictionnaire historique et critique* de Bayle s'attaquent aux prophéties et aux miracles et tournent les pouvoirs d'analyse critique de la raison contre l'archive historique des discours de la tradition dont ils débusquent les contradictions, les obscurités et les invraisemblances.

Capitalisme, socialisme

Le capitalisme est un régime économique fondé sur la propriété privée des moyens de production, et qui vise à la recherche du profit maximal par l'organisation rationnelle du travail. Le socialisme est d'abord une doctrine qui préconise un plan d'organisation économique et sociale subordonnant les intérêts de l'individu à ceux de la collectivité, sinon de l'État.

Le profit

Pour Marx, le capitalisme constitue la forme moderne de l'exploitation de l'homme par l'homme. À ses yeux, ce régime économique est condamné à cause de ses contradictions internes. Max Weber a montré que le capitalisme est né dans les pays protestants parce que l'épargne convient à la morale puritaine. Le temps appartient à Dieu et ne doit pas être gaspillé dans de vaines jouissances ; faire fortune devient alors une obligation, puisque dépenser est un péché, un gaspillage du temps que Dieu nous a donné. À quoi s'ajoute le fait que, pour tout homme, la réussite dans sa profession est un signe terrestre d'élection divine. On comprend alors pourquoi c'est dans les milieux puritains protestants que le capitalisme naissant a été le plus actif, avant de se généraliser au monde entier.

La communauté politique

Le mot « socialisme » date des années 1830 et semble avoir été inventé par le Français Pierre Leroux. Au sens strict, le socialisme naît avec la société industrielle. Le définir par l'objectif de l'abolition de la propriété privée semble trop restrictif si l'on veut prendre en considération tant le socialisme utopique que le socialisme réformiste. Le socialisme défend le bien général contre les intérêts particuliers, s'oppose au libéralisme et témoigne d'une volonté d'émancipation. À partir de la fin du XIXe siècle, le socialisme prend des formes très diverses : république sociale (internationalisme ouvrier et pacifiste), république bourgeoise, communisme, socialisme parlementaire. Du point de vue économique, le socialisme prône l'égalisation, la collectivisation des biens productifs, la gestion démocratique de l'entreprise et la planification.

▼ *Le conflit entre riches et pauvres a été au centre des affrontements entre capitalisme et socialisme.*

Orient et Occident

L'opposition entre Orient et Occident paraît liée à la géographie. Cette grande division est toutefois chargée par l'histoire d'un sens culturel multiple. L'époque actuelle conduit à sa remise en cause.

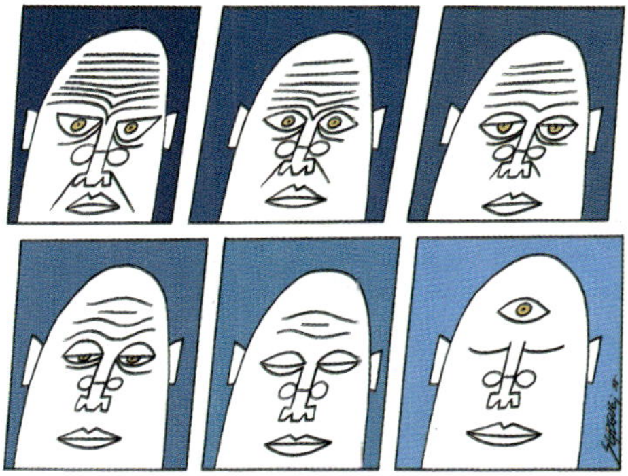

Des opposés géographiques ?

Le soleil se lève à l'est et se couche à l'ouest, comme chacun sait. L'opposition entre les pays du « Levant » et ceux du « Couchant » semble donc, à première vue, ancrée dans la constitution même de la Terre.
La signification du couple d'opposés « Orient-Occident » est pourtant loin d'être simplement liée aux points cardinaux et à la géographie physique. La notion d'Orient a constitué au contraire, dans l'histoire culturelle de l'Europe, le lieu de fabrication d'une image des autres, destinée à garantir en retour notre propre identité.

Des Grecs à Marx

Ainsi les Grecs de l'Antiquité voyaient-ils dans les Perses l'image même des « Barbares », terme qui ne désigne pas simplement des sauvages ou des brutes, mais surtout des hommes vivant sous l'autorité d'un empereur ou d'un roi et non sous les lois d'une cité. Or le concept de « despotisme asiatique » se perpétue jusqu'à Montesquieu, au XVIIIe siècle, et même jusqu'à Marx, au XIXe siècle.
La représentation de l'Orient – qu'il soit « Proche- », « Moyen- » ou « Extrême- » – que se forge l'Occident semble donc s'inscrire dans la durée.

Des préjugés persistants

À l'Occident furent attribués l'esprit d'entreprise, le goût des conquêtes, la rationalité, le sens de l'investigation scientifique, la création technique et les droits de l'homme. À l'Orient revenaient, croyait-on, l'invention des grandes religions, les intuitions mystiques, la contemplation, l'immobilisme social et la servitude.
Ce ne sont là que des images, et non des réalités. Mais il a fallu, pour qu'on s'en rende compte, que les échanges culturels s'intensifient et que la connaissance réciproque des civilisations progresse. Malgré tout, bon nombre de préjugés subsistent, liés à l'identité que chacun s'imagine posséder.

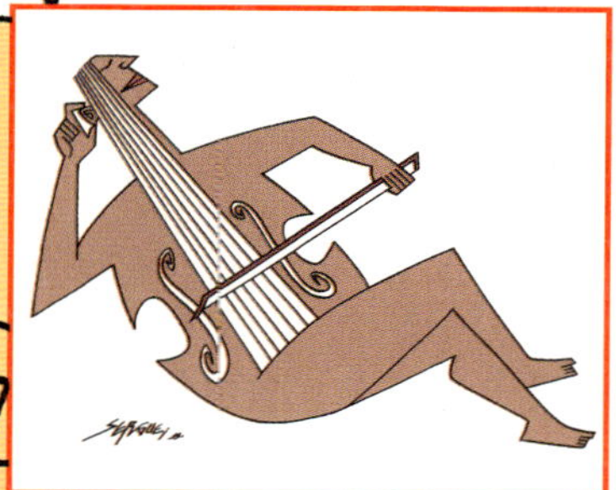

FIL ROUGE

Pour comprendre le programme dans son ensemble

Le sens du programme de philosophie de Terminale, son objectif, son intérêt à travers un texte de Roger-Pol Droit.

L'aventure philosophique

Les philosophes sont des explorateurs

La philosophie est une forme particulière d'aventure. Et vous y voici embarqués.

Vous pouvez être surpris : une aventure, d'habitude, c'est une histoire pleine de risques, avec des séquences imprévues, des rebondissements et des coups de théâtre. La plupart du temps, les héros sont musclés et courageux. Ils n'hésitent pas à sauter d'un toit à un autre ou à s'accrocher à l'hélicoptère qui décolle. Vous n'imaginez pas des philosophes en train de prendre d'assaut des bases secrètes ou de surgir par des portes dérobées. Et vous avez raison, évidemment.

Aventuriers sans bouger

Les philosophes, on les verrait au contraire plutôt chauves, submergés de livres et de papiers, toujours en train de réfléchir à des questions terriblement compliquées. Rien à voir avec des casse-cou bronzés prêts à bondir vers de nouvelles aventures. Vous vous dites qu'il doit y avoir une erreur.

Eh bien non, il n'y a pas d'erreur ! Les philosophes sont bien des aventuriers. Mais d'un genre particulier. Il est vrai qu'ils sont immobiles et n'ont pas l'air de prendre beaucoup de risques. C'est qu'ils vivent d'autres sortes d'aventures : celles de la pensée. Ne croyez pas que ce soit moins fort, moins mouvementé, moins risqué. Quand on essaie de voir autrement l'existence, de mettre en question ses habitudes mentales, de suivre jusqu'au bout les conséquences d'une idée, on rencontre toujours des surprises et des imprévus.

Ne croyez donc pas que les philosophes soient des gens prudents. Ce serait une illusion ! Vous les verrez toujours en train d'explorer de nouvelles possibilités. Ils partent à la découverte de territoires mal connus. Ils ne cessent de tenter des choses que l'on dit impossibles. Ce sont des expérimentateurs d'existence, car ils s'efforcent de faire de leur vie une forme inédite de recherche. Vous aurez raison de faire remarquer que les philosophes ne sont pas les seuls en ce domaine.

CONTRE LES ÉVIDENCES
« Philosopher revient à ceci : se comporter à l'égard de l'Univers comme si rien n'allait de soi » (Vladimir Jankélévitch).

Transformer son existence en expérience, les poètes en font autant, et tous les artistes en général. Mais les philosophes mènent ces expériences par le raisonnement, la voie logique. Ils ne cherchent pas le *« dérèglement de tous les sens »,* comme le souhaitait Arthur Rimbaud, par la drogue, l'alcool ou l'extase. Ce qui les intéresse, ce serait plutôt de dérégler les significations, les manières de penser. Là où tout paraît évident et bien connu, ils découvrent des foules d'étrangetés et d'incertitudes. Nous allons regarder cela de plus près. Mais il fallait tout de suite souligner combien ces esprits apparemment respectables sont turbulents et amateurs de dangers.

Bref, les philosophes ne sont pas des personnes tranquilles. Ce ne sont pas non plus des machines à idées. Leur manière de prendre des risques, c'est de s'avancer là où personne n'est encore allé raisonner. Ils s'efforcent d'ouvrir de nouvelles pistes pour l'esprit. Ils aiment passer par des voies intellectuelles qu'on ne soupçonnait pas avant eux. Et quand le chemin est ouvert, il est possible à d'autres de l'emprunter. Ce qui n'avait pas été pensé avant un philosophe devient pensable, après lui, par presque tout le monde. En tout cas par tous ceux qui veulent bien s'en donner la peine.

Le jeu de la réflexion

Cette aventure, on parvient à la comprendre quand on commence à la vivre. C'est pour cela qu'il est inutile de demander une définition de la philosophie qui la donnerait à comprendre du dehors. Au contraire, il faut l'éprouver du dedans, comme une expérience où l'on risque à chaque instant ses connaissances, ses convictions et ses certitudes. Chaque fois que l'on réfléchit vraiment, on remet en jeu ses lectures, son héritage, ses certitudes acquises, ses croyances. Le philosophe français Jean-Toussaint Desanti l'a souligné : quand on commence à faire de la philosophie, c'est comme si l'on posait sur la table tout ce que l'on sait, et tout ce que l'on est. Et, à chaque partie, on risque de tout perdre : tout ce que l'on connaît, et tout ce que l'on possède – y compris soi-même.

Cette comparaison de la philosophie avec le jeu, en particulier les jeux de cartes et d'argent, peut surprendre. Si la philosophie était seulement une affaire théorique, une activité froide et désincarnée, cette comparaison n'aurait aucun sens. Mais l'expérience de la réflexion philosophique – mise en cause des évidences, mise à l'épreuve des certitudes – est d'abord à éprouver. Il ne suffit pas d'entendre décrire la méthode, de se faire expliquer comment faire. Il faut plonger.

Éprouver par soi-même, et pour soi-même, le vertige de l'incertain, la dissolution apparemment sans fin des évidences que l'on croyait solides.

Pourtant, entre le joueur passionné et le philosophe existent certaines différences. En effet, le joueur peut connaître à l'avance les règles du jeu qui le passionne. Le philosophe, lui, découvre ces règles seulement à mesure que le jeu se déroule. Il doit souvent les bricoler. Il demeure même parfois dans l'incertitude à leur propos. Voilà donc un jeu très étrange et très exceptionnel : on ne connaît jamais les règles à l'avance. Il arrive même qu'on ne soit jamais tout à fait sûr de les savoir. Mais ce ne sont pas seulement les règles qui sont incertaines. Les gains eux-mêmes demeurent malcommodes à discerner. Ce que gagne le philosophe, quand il réussit son coup, est difficile à déterminer. A-t-il acquis une certitude, ou perdu quelques illusions ? A-t-il atteint un point d'arrivée, ou s'est-il seulement égaré dans un coin de labyrinthe ? Ce n'est pas toujours évident.

L'ENFER DU JEU PHILOSOPHIQUE
« Voici plus de soixante ans maintenant que je suis entré dans le jeu philosophique, et je m'aperçois que je n'ai pas accumulé de savoir. J'ai dépensé, plutôt, les maigres connaissances que j'ai cru acquérir. Je les ai jetées et sacrifiées sur le tapis du jeu » (Jean-Toussaint Desanti, *Philosophie : un rêve de flambeur*, 1999).

Le plaisir de penser

Vous pourriez demander pour quelle raison il faut vous consacrer, vous, à ces bizarres aventures. Si la philosophie n'était que cela, des règles du jeu mal fixées et des victoires incertaines, on ne voit guère qui voudrait y consacrer une heure de peine. Les gens qui s'adonnent à pareil sport seraient-ils détraqués ? Malades ? Amateurs de sensations rares ? Pourquoi donc, demanderiez-vous encore, nous qui sommes jeunes et assez normaux, serions-nous conviés à ces exercices étranges, et en apparence peu attirants ? Et vous auriez raison de poser de telles questions.

Car un point essentiel n'a pas encore été précisé. Tous ceux qui essaient vraiment de faire de la philosophie y prennent un grand plaisir. Il ne faut pas hésiter à parler d'une forme particulière de jouissance. Elle n'est pas spectaculaire, elle n'est pas non plus physique. Mais elle n'en est pas moins vive. Cette joie intense, j'espère bien que vous allez l'éprouver prochainement. Elle n'est pas très commode à décrire. Mais elle n'a rien d'extraordinaire. Il est même assez simple de savoir d'où elle vient.

LA PHILOSOPHIE, ÇA NE S'APPREND PAS!
«L'étudiant qui sort de l'enseignement scolaire était habitué à apprendre. Il pense maintenant qu'il va apprendre la philosophie, ce qui est pourtant impossible car il doit désormais apprendre à philosopher» (Emmanuel Kant).

La pensée est une activité humaine fondamentale. Exercer son intelligence procure évidemment un plaisir particulier. La jouissance des philosophes n'a pas d'autre origine: découvrir des idées que l'on n'avait pas, approfondir des conceptions que l'on avait déjà, soumettre ses idées aux critiques des autres, les défendre, répondre aux objections, suivre des chemins de pensée dont on ne soupçonnait même pas l'existence, tout cela procure des plaisirs réels.

Philosopher est une activité

Vous voilà peut-être désireux de découvrir de quoi il s'agit. Plus ou moins enthousiaste, plus ou moins volontaire, mais qu'importe. Vous acceptez l'idée d'apprendre la philosophie. Eh bien, vous vous trompez! Apprendre la philosophie, vous n'y arriverez pas. Car elle n'est nulle part. Personne ne sait quoi vous dire de lire. Aucun philosophe ne sera jamais d'accord avec son voisin pour affirmer: «Là se trouve la philosophie, lisez ce chapitre, ou ce livre, ou même ce rayon de bibliothèque et puis, à la fin, vous saurez la philosophie, vous en aurez fait le tour.» Quelle est donc cette nouvelle astuce? Juste au moment où l'on commence à être plus ou moins convaincu, on apprend que ça ne se trouve nulle part. De qui se moque-t-on?

Ce n'est pas une mauvaise blague. Il valait mieux arrêter tout de suite. Car vous vous embarquiez sur un mauvais chemin. Qui vous a parlé d'apprendre la philosophie ? Il ne s'agit pas d'ingurgiter des connaissances. Il est question, d'abord et avant tout, de s'exercer à une activité. Peu importe, après tout, comment est dénommée cette activité. On peut l'appeler « pensée », « réflexion », « philosophie ». La dénomination, ici, n'a pas grand intérêt. Ce qui compte, c'est que cette activité soit la vôtre. Que ce soit votre pensée, votre réflexion qui s'exerce. Penser est comme respirer, manger ou dormir : personne, absolument personne, ne peut le faire à votre place. Pas même les philosophes.

Le chemin déjà parcouru

Chez les philosophes, vous allez pouvoir trouver des outils, des chemins déjà balisés, des aides. Mais vous ne trouverez pas votre propre pensée ! Celle-ci, vous ne pourrez la repérer que par vous-même, dans votre propre tête, et pas ailleurs ! Il faut donc se dire que les ouvrages des grands penseurs, les systèmes existants, les raisonnements déjà exposés, sont là pour vous permettre d'aller plus loin, ou plus vite, ou plus nettement dans votre propre pensée. Aucun livre, jamais, ne pourra penser à votre place.

D'un autre côté, il est évident que par soi-même, tout seul, sans aucune aide, aucun support, aucun point de départ, vous ne sauriez aller

UNE ILLUSION DE SCIENCE
«Qu'il me soit permis de dire qu'on abuse de la confiance du public lorsque, au lieu d'étendre l'aptitude intellectuelle de la jeunesse qui nous est confiée, et de la former en vue d'une connaissance personnelle future, dans sa maturité, on la dupe avec une philosophie prétendûment déjà achevée, qui a été imaginée pour elle par d'autres, et dont découle une illusion de science» (Emmanuel Kant).

fort loin. Réinventer, par vos propres forces, tout ce qui a été déjà pensé, c'est évidemment exclu! N'allez donc pas imaginer que vous pourriez, de manière spontanée, tout concevoir. Sans les instruments fournis par les philosophes, sans les questions sur lesquelles ils ont déjà travaillé et les solutions qu'ils ont tenté de construire, vous resteriez pratiquement sur place. C'est une évidence. Mais il est évident aussi que c'est vous qui allez comprendre, discuter, argumenter – et personne à votre place.

Est-ce assez clair? Apprendre ce que disent les philosophes et le répéter, comme on apprend et répète l'altitude du mont Blanc, ce n'est pas faire de la philosophie. Quand vous saurez, très bientôt, ce que Platon appelle «l'intelligible», ce que Descartes désigne par le mot latin *cogito* («je pense») ou bien ce que Hegel nomme «dialectique», cela ne vous fera pas encore faire de la philosophie. Vous en ferez en revanche (et c'est ce qu'on attend de vous!) dès que vous commencerez à vous servir de ces éléments empruntés aux philosophes pour réfléchir et construire votre propre parcours. Exactement comme vous vous servez du mont Blanc pour marcher et avancer vers le sommet. Ce n'est pas vous qui avez inventé le mont Blanc. Mais c'est vous qui avancez. Et, encore une fois, personne à votre place.

Ce que signifie «penser par soi-même»

C'est cela que signifie «penser par soi-même». Il ne s'agit pas de tout inventer. Ni de partir de zéro, sans aide ni matériel. Il n'est pas question non plus, bien sûr, de dire n'importe quoi, et de croire qu'il suffit qu'une vague opinion vous traverse la tête pour que ce soit une idée. Mais il s'agit de s'emparer des idées existantes, de les trier, de les mettre à l'épreuve, pour voir celles qui vous conviennent le mieux, qui vous paraissent les plus convaincantes, les plus proches de l'idée que vous vous faites de la vérité. C'est parfois long. Il arrive qu'on soit dérouté. Les choses ne se passent pas comme on se l'imaginait. On pensait par exemple que tout était assez simple, que deux ou trois façons de voir différentes se disputaient et qu'il nous suffisait de les observer et de choisir. Mais, en fait, ce n'est pas ainsi que les choses se passent. Des points d'appui que l'on croyait solides se dérobent, des questions surgissent de lieux que l'on pensait sans problèmes. Alors les embarras commencent. Les aventures aussi.

Tout remettre en cause

Imaginez un monde où tout se discute. Où rien ne puisse jamais être définitivement tenu pour acquis. Où l'on pourrait toujours tout remettre en question, à condition de dire pourquoi et d'être capable de justifier sa position. Un monde où rien ne serait à respecter seulement parce que « c'est comme ça », où l'argument d'autorité ne vaudrait rien. Un monde où même ce qui semble évident pourrait être remis en cause. Où l'on se demanderait, par exemple, si l'on est vraiment sûr de la différence entre le rêve et la réalité, si l'on sait véritablement même ce qu'on pense connaître le mieux. Ou bien encore pour quelle raison il est interdit de tuer et comment ça se justifie. Ce serait effectivement un monde d'aventures. C'est-à-dire un monde où tout ce qui est pensable vaut d'être examiné, et où on pourra même se demander pourquoi ce qui n'est pas pensable résiste à la réflexion.

Car certaines pensées sont impossibles à concevoir. Vous ne voyez pas ? Eh bien, essayez donc de penser à un cercle carré ! Vous pourrez penser à un cercle déformé, mais ce ne sera plus un cercle. Ou bien vous aurez en tête un carré qui commence à s'arrondir, mais ce ne sera plus un carré. L'idée du cercle est incompatible avec l'idée du carré. Nous pouvons les concevoir séparément, et avoir un cercle et un carré l'un à côté de l'autre, ou même l'un superposé à l'autre, mais nous ne parviendrons

MÉTHODE ET EXPÉRIENCE
« Il vaut beaucoup mieux ne jamais songer à chercher la vérité sur aucune chose que de le faire sans méthode ; car il est très certain que des études sans ordre et des méditations obscures troublent les lumières naturelles et aveuglent l'esprit, et quiconque s'accoutume à marcher ainsi dans les ténèbres s'affaiblit tellement la vue qu'il ne peut plus supporter le grand jour ; ce que confirme aussi l'expérience, puisque, le plus souvent, nous voyons ceux qui n'ont jamais étudié juger beaucoup plus solidement et beaucoup plus clairement de ce qui se présente que ceux qui ont toujours fréquenté les écoles » (René Descartes, *Règles pour la direction de l'esprit*, 1628).

jamais à penser un carré circulaire ni un cercle carré. Ces deux définitions s'excluent. Un cercle carré, c'est une contradiction. Notre esprit n'est pas capable de penser une idée contradictoire. Voilà déjà une première acquisition.

« Abstrait » ne signifie pas « obscur »

Vous voyez, ce n'est pas si difficile. L'important, c'est de ne pas se sentir paralysé. Ce « blocage » est assez fréquent. On s'imagine que la philosophie est très difficile. Elle serait abstraite, obscure, réservée seulement à des esprits exceptionnels, capables d'atteindre des régions lointaines. J'espère vous montrer que c'est faux.

La philosophie est abstraite, c'est exact. Il est impossible de le nier. Mais abstrait ne signifie pas obscur ni difficile. Abstrait s'oppose à concret, et signifie ce que l'on peut seulement penser, par opposition à ce que l'on peut voir, toucher, entendre, goûter, etc.

Le nombre deux n'est pas obscur ni difficile à penser. Mais il est totalement abstrait. Où et quand pourriez-vous le rencontrer ? Vous connaissez toutes sortes de choses qui vont par deux (des chaussettes, des gants) mais vous ne percevez jamais « deux » en tant que nombre, dans la réalité matérielle. Le chiffre 2 que vous voyez imprimé ici n'est pas le nombre « lui-même ». Ce chiffre s'imprime, l'idée du nombre, elle, ne s'imprime pas. Le chiffre imprimé vous fait penser à l'idée du nombre deux. Ainsi, une idée, comme celle du nombre deux, peut être abstraite et demeurer cependant très simple et claire. D'ailleurs, si vous voulez bien y réfléchir un moment, toutes les idées, absolument toutes, sont abstraites ! Vous n'en trouvez jamais sous votre lit, ni dans votre poche. Vous ne pouvez pas buter dessus ni risquer de les écraser.

Encore un pas de plus : même l'idée de quelque chose de concret est nécessairement abstraite. Qu'est-ce que cela veut dire ? Prenez n'importe quel objet usuel. Un crayon, tenez, rien de plus concret. Vous vous en servez depuis la maternelle. C'est un objet familier. Vous en avez une idée tout à fait claire. Et pourtant cette idée, elle aussi, comme toutes les idées, est totalement abstraite. Essayez donc d'écrire avec l'idée de crayon ! Essayez de la tailler, ou de la casser. Pas moyen, évidemment. Les idées ne sont pas des choses. Et les idées des choses ne sont pas plus des choses que les autres sortes d'idées.

Donc, comme toutes les idées, la philosophie appartient au domaine de l'abstraction. Cela n'empêche ni la clarté ni la facilité. Cessons donc de croire que penser soit une activité exceptionnelle, difficile, fatigante et réservée à quelques-uns ! Faire de la philosophie n'est rien d'autre que d'exercer sa pensée de manière précise et méthodique. Vous n'avez pas à craindre que ce soit obscur et flou. Au contraire, l'une des fonctions principales de la philosophie doit être de vous aider à être plus précis dans vos propres pensées, moins flou dans vos propres idées. *« La philosophie a pour but de rendre claires et de délimiter les pensées qui autrement sont, pour ainsi dire, troubles et floues »*, dit un philosophe britannique d'origine autrichienne du XXe siècle, Ludwig Wittgenstein.

« Au moins une fois dans sa vie »

Philosopher ne nécessite donc pas d'aptitudes particulières. Ce n'est pas un don que certains posséderaient et d'autres pas. Tout le monde détient les capacités nécessaires, c'est-à-dire la capacité de raisonner, de distinguer ce qui est cohérent de ce qui est absurde, de discerner ce qui est vrai et ce qui est faux. C'est cela même que Descartes, au XVIIe siècle, appelait « le bon sens» ou «la raison». Cette faculté est égale en chaque être humain. Ce qui diffère, c'est la manière de s'en servir. Apprendre à mieux utiliser notre raison, c'est une autre manière encore de définir l'activité philosophique.

Cette intelligence ne nous vient pas du dehors. Elle est déjà en nous. L'activité philosophique ne va pas créer notre capacité de penser. Il ne s'agit pas de fabriquer une habileté mentale qui n'existerait pas. Pas question de nous greffer, si l'on ose dire, de nouvelles facultés. Tout est déjà là. Nous sommes parfaitement capables de penser, de former des idées, de les examiner et de les trier. Mais nous nous y prenons mal. Nous confondons facilement les bonnes idées avec les fausses, nous ne les regardons pas du bon côté. Bref, nous ne manquons pas de l'outil, mais de son mode d'emploi. Nous sommes doués de raison, mais nous ne savons pas assez bien l'utiliser. Les philosophes tentent de remédier à cette situation. Ils s'emploient également à tirer toutes les conséquences de leurs tentatives. C'est pourquoi ce sont des aventuriers de la raison.

Cette forme d'aventure, on ne la vit pas nécessairement tous les jours. Ni toute sa vie. Mais il s'agit de l'avoir réellement tentée au moins une fois. Car cette aventure crée une distance envers les préjugés, les opinions toutes faites, les croyances admises. Les idées que nous avons en tête nous sont en général venues du dehors, sans que nous nous en rendions compte, et sans que nous ayons toujours pris la peine, quand elles arrivaient, de les examiner soigneusement. Nous les avons laissé se déposer dans

notre esprit sans être vraiment exigeants. Du coup, il se pourrait bien que nous ayons en tête des connaissances de mauvaise qualité, des idées mal construites, des jugements en toc. Il faut faire le tri. Et pour pouvoir opérer cette sélection, le plus simple est de commencer par tout vider. Il faut se vider la tête, et n'y remettre, au fur et à mesure, que ce qui semble être bien assuré.

Au commencement est l'étonnement

Descartes suit exactement cette démarche. Il prend d'ailleurs lui-même comme comparaison un panier de pommes. Imaginons que notre tête soit un tel panier et que les pommes soient les idées qu'elle contient. Certaines pommes sont peut-être pourries. D'autres sont saines. Pour le savoir, je vais tout poser sur la table. Et je ne remettrai dans le panier, à mesure, que les bonnes pommes. Les autres, les mauvaises, je les jetterai. Il faut savoir se débarrasser de ses idées fausses et des erreurs que nous prenons pour des vérités. Cela fait partie de l'aventure. Chaque fois, le trajet commence par une décision. Il faut un moment où l'on se jette à l'eau. On décide de rompre avec ses évidences précédentes. Peut-être va-t-on finalement les retrouver, au moins certaines d'entre elles : il n'y a aucune raison, en effet, pour que toutes mes idées soient fausses. Parmi toutes les idées que je crois vraies, il est fort probable qu'un certain nombre le soient effectivement. Mais, pour l'instant, je n'en sais rien. Et il faut, pour le savoir, que je mette entre parenthèses mes convictions et mes opinions présentes.

L'itinéraire commence nécessairement par une rupture, un moment où l'on se lance, où l'on cesse de regarder derrière soi. Il faut ce premier geste. Ce premier moment porte un autre nom : c'est l'étonnement. Vous ne voyez pas le lien ? Eh bien, vous avez une fois encore raison. Ce lien doit être précisé, éclairé. N'allons pas trop vite. Quand je commence à vouloir examiner mes idées afin de les trier, c'est que je ne suis plus totalement convaincu des réponses que je pensais détenir.

L'ESPRIT DE RAISON EST UNE PRATIQUE

« Car ce n'est pas assez d'avoir l'esprit bon, mais le principal est de l'appliquer bien. Les plus grandes âmes sont capables des plus grands vices aussi bien que des plus grandes vertus, et ceux qui ne marchent que fort lentement peuvent avancer beaucoup davantage, s'ils suivent toujours le droit chemin, que ne font ceux qui courent et qui s'en éloignent » (René Descartes, *Discours de la méthode*, 1637).

Tant que je peux dire : « Il n'y a pas de problème », c'est que je crois posséder des réponses satisfaisantes. Sans étonnement, je vis dans un monde de réponses ou d'évidences. Les choses sont ainsi, et je crois savoir pourquoi, donc je n'ai rien à me demander. Au contraire, dès que je n'adhère plus à ce réseau de réponses rassurantes, je commence à m'étonner, à poser des questions : pourquoi est-ce ainsi ? d'où cela vient-il ?

L'étonnement, en ce sens, est comme un sursaut de la raison. Le monde cesse d'être évident. Il surprend. Le voile des réponses se déchire et surgit l'étrangeté de la réalité : pourquoi existe-t-elle ? C'est en ce sens que l'étonnement est au commencement de la philosophie. Il est également au commencement des sciences. Ici, philosophie et science ne se distinguent pas. C'est d'un même étonnement et d'une même interrogation que découlent la volonté de savoir des philosophes et celle des scientifiques. Sur quoi repose ce désir de savoir ? Sur la conscience de notre ignorance. Si je m'étonne, c'est parce que je ne sais pas. Ce que je connais bien, ce qui est habituel, explicable, repéré, cela ne m'étonne pas. Pour chercher à connaître, il faut d'abord s'être rendu compte que l'on ne sait pas.

L'ÉTONNEMENT
« S'étonner, la philosophie n'a pas d'autre origine » (Platon, *Le Sophiste*).

Le travail de Socrate

Cette découverte ne va pas de soi. Au contraire, la plupart du temps, nous sommes persuadés de bien connaître ce que nous connaissons. Il est rare que nous acceptions de remettre en cause nos convictions.

Et si quelqu'un s'avise de nous déstabiliser, de nous montrer que nos prétendues certitudes sont fragiles et mal construites, nous ne sommes pas contents. Il y a même des chances que nous soyons furieux et que nous entrions dans une grande colère envers ce perturbateur. Dans le fond, reconnaissons-le, nous n'aimons pas être dérangés dans le confort de nos habitudes et de nos croyances. Nous n'aimons pas la part d'inconfort qu'il y a dans l'étonnement.

Nous avons aussi une certaine appréhension envers toute forme d'aventure qui dérange notre routine. Et toute aventure dérange plus ou moins, évidemment, sinon ce ne serait pas une aventure. Donc nous tombons dans une tension entre deux courants contraires : nous aimons et nous n'aimons pas l'aventure. Nous désirons savoir, mais nous voulons nous contenter de ce que nous savons déjà. Nous sommes, envers les philosophes et les aventures où ils nous entraînent, dans une alternance d'attirance et de répulsion.

Deux sortes de « contradictions »

Notons au passage que ceci est une contradiction, mais pas du même genre que celle que nous avons rencontrée tout à l'heure à propos du cercle carré. En effet, une contradiction logique (du type « cercle carré »), nous ne pouvons pas la penser. Au contraire, une contradiction psychologique (« j'aime » et en même temps « je n'aime pas », « je veux » et à la fois « je ne veux pas »), nous n'arrêtons pas d'en vivre ! Il s'agit là d'une tension provoquée par deux tendances opposées et non d'une incompatibilité entre deux notions. Bref, alors que nous ne pouvons pas penser les contradictions logiques, nous vivons très couramment des contradictions psychologiques.

Le mélange d'attirance et de rejet que l'on éprouve envers celui qui peut nous sortir de notre sommeil intellectuel, Socrate en a été l'objet. Il l'a subi, dans toutes ses conséquences, y compris les plus ultimes : la gloire et la mort. Socrate a été en effet le premier héros et la première victime de l'aventure philosophique. Premier héros, parce que son sens

INCERTITUDE, LE PROPRE DU PHILOSOPHE

« La valeur de la philosophie doit être cherchée pour une bonne part dans son incertitude même. Celui qui n'a aucune teinture de philosophie traverse l'existence, emprisonné dans les préjugés qui lui viennent du sens commun, des croyances habituelles à son temps et à son pays, et des convictions qui se sont développées en lui sans la coopération ni le consentement de sa raison. Pour un tel individu, le monde est sujet à paraître précis, fini, évident ; les objets habituels ne lui posent aucune question et les possibilités non familières sont dédaigneusement rejetées. Dès que nous commençons à philosopher, au contraire, nous trouvons que même les choses les plus ordinaires de la vie quotidienne conduisent à des problèmes auxquels nous ne pouvons donner que des réponses très incomplètes » (Bertrand Russell).

SOCRATE PAR LUI-MÊME
« Ma seule affaire, c'est en effet d'aller par les rues pour vous persuader, jeunes et vieux, de ne vous préoccuper ni de votre corps, ni de votre fortune aussi passionnément que de votre âme, pour la rendre aussi bonne que possible ; oui, ma tâche est de vous dire que la fortune ne fait pas la vertu ; mais que de la vertu provient la fortune et tout ce qui est avantageux, soit aux particuliers, soit à l'État. Si c'est par ce langage que je corromps les jeunes gens, il faut donc que cela soit nuisible. Quant à prétendre que ce n'est pas là ce que je dis, quiconque l'affirme ne dit rien qui vaille » (Platon, *Apologie de Socrate*).

de la provocation a fasciné ses contemporains : voilà un homme capable de mettre ceux qui croient savoir en face de leur propre ignorance. Première victime, parce que Socrate a été condamné à mort par le peuple athénien, au cours de l'année 399 avant notre ère. Le souvenir de cet homme exceptionnel, qui n'a rien écrit mais qui a profondément marqué son temps et toute l'histoire de l'humanité, s'est perpétué depuis 2400 ans.

Toujours des questions en suspens

Nous ne savons même pas avec exactitude quels ont été ses propos. Les échos de sa parole nous parviennent toujours transposés, transformés par l'amour, la haine ou même la bêtise des témoins. Xénophon, par exemple, nous livre un Socrate qui ne profère que des lieux communs. On saisit mal comment un homme aussi peu intéressant que celui que dépeint Xénophon aurait pu changer le cours de la pensée et marquer pour toujours la vie d'un génie comme Platon. Aristophane, dans *les Nuées,* comédie qui met en scène le philosophe de manière caricaturale, nous montre un Socrate avide, roublard, intempestif, une turbulente crapule. Aristoxène, dans une *Vie de Socrate,* en remet : c'est *« un maître en canailleries* [...], *un débauché inculte prêtant à usure ».* Voilà donc un aventurier qui traîne derrière lui pas mal de calomnies.

Reste Platon. Il demeure, pour nos informations sur Socrate, la source majeure. C'est le principal témoin et le principal disciple. Pour Platon, la mort de Socrate est un scandale absolu, une injustice sans nom. Toute l'œuvre de Platon, qui écrit un grand nombre de dialogues, met en scène les interventions de Socrate et son style de pensée. Mais on peut presque dire que Platon cache Socrate autant qu'il le révèle, à cause de sa propre puissance. Car Platon est sans aucun doute l'un des plus grands esprits de la philosophie. À mesure qu'il avance dans la réflexion, il prête à Socrate ses propres idées. Au bout d'un moment, on peut même dire que Socrate n'est plus qu'un nom, en tout cas un personnage auquel Platon fait dire ce qu'il veut. Il nous est donc difficile de savoir de manière précise qui fut Socrate, même à travers les très nombreuses œuvres de Platon où il figure.

Malgré tout, il est possible de discerner quelle est, pour l'essentiel, la mission de Socrate. Elle consiste à rappeler la cité à son idéal, à faire accéder les Athéniens à l'autonomie. Il faut pour cela que chacun se tourne vers *« la source intérieure de toute clarté »*, c'est-à-dire la raison, qui nous indique le sens du bien. Socrate ne l'a sans doute pas dit en ces termes, qui sont ceux de Platon. Il a plutôt agi par le retrait, le suspens, la distance. Ce provocateur était avant tout un dissident. Socrate reste le modèle des aventuriers de la philosophie, parce qu'il met en cause les savoirs sans prétendre détenir une vérité particulière. Il interroge les prétendues certitudes, il les met à l'épreuve. Il cherche où se trouve quelque idée vraiment solide, cohérente. Souvent, il doit reconnaître qu'il n'en trouve pas.

Mais il met en difficulté ceux qui croient savoir, alors qu'ils ne savent rien de solide. Le grand travail de Socrate, c'est de démasquer ceux qui font semblant. Ceux-là cherchent seulement à plaire, à séduire, à faire triompher les apparences. Ce qui intéresse Socrate, et à sa suite les aventuriers de la philosophie, c'est la vérité. Plutôt un corps réellement beau que les artifices du costume qui donnent belle apparence mais fabriquent un semblant de beauté corporelle. Plutôt une belle peau qu'un beau maquillage. Plutôt une nourriture saine et équilibrée qu'une recette qui plaît mais nuit à la santé. Plutôt une idée vraie, même si elle est rude à supporter, qu'un mensonge plaisant. Au lieu d'un discours flatteur, agréable à entendre, émouvant, séduisant, Socrate cherche une vérité. Celle-ci est sans prix. Elle ne sert ni à flatter les uns ni à menacer les autres. Elle est simplement vraie.

La mise en doute et la recherche de la vérité

C'est pourquoi Socrate s'oppose aux sophistes. Qui sont ces gens-là ? Des marchands d'apparence. Mais encore ? Des professeurs de beau langage. Ils enseignent comment bien s'exprimer et ainsi convaincre l'auditoire, à l'assemblée, au tribunal. Comment faire croire que ce qu'on dit est vrai ? Comment habiller son propos d'un vêtement séduisant ? Comment l'assaisonner d'épices qui le feront passer pour le meilleur ? Voilà ce que les sophistes prétendent enseigner. Non pas la vérité, mais son apparence. Non pas le bien, mais les moyens de l'emporter sur les opinions adverses, sans avoir raison. Ces orfèvres de la persuasion exploitent les pouvoirs de la rhétorique, l'art des discours. Dans une cité comme celle d'Athènes, tout entière gouvernée par la parole, les sophistes prétendent donner à ceux qui suivent leurs leçons – qu'ils font payer cher – les moyens d'accéder au pouvoir. Socrate connaît leurs tours et leurs trucs. Il en use. Mais il dégonfle aussi leur suffisance. Il piège leur emphase. Car son objectif n'est pas le pouvoir. C'est uniquement l'éthique.

VÉRITÉ ET IMMORTALITÉ
Socrate – « Si donc la vérité des choses est toujours dans notre âme, il faut que notre âme soit immortelle » (Platon, *Ménon*).

La leçon tient en quelques mots. Pas d'artifice, mais la vérité. Pas de semblant, mais ce qui est réel. Tel est le désir de Socrate.

Le problème, c'est que la vérité n'est pas si aisément accessible. On croit l'apercevoir, elle se dérobe. On pense la détenir, voilà qu'une nouvelle mise en cause intervient. Il arrive, heureusement, qu'on obtienne un résultat définitif. Mais ce n'est pas très fréquent. Le plus souvent, la vérité sur telle ou telle question s'esquive et s'échappe. Comme un oiseau qui s'enfuit, et que l'on chercherait en vain à attraper. Socrate le savait évidemment. Platon lui fait dire, dans *Euthydème* : « *Comme des enfants à la poursuite des alouettes, nous nous imaginions près de saisir chaque science l'une après l'autre, mais à chaque fois elle se dérobait.* »

Cela ne signifie pas que les philosophes poursuivent une quête désespérée. Il existe aussi en philosophie des acquis, des changements, des résultats. Mais la recherche n'a pas véritablement de fin, ni d'issue définitive. Cette situation n'est d'ailleurs pas exceptionnelle. Il en va de même pour la science. Quand donc s'arrêterait-on en disant : « Voilà, cette fois, nous savons tout, la science est achevée, nous fermons les laboratoires, les télescopes et les microscopes et nous allons nous occuper d'autre chose » ? Il s'agit là d'une hypothèse absurde. La pensée, qu'elle soit philosophique ou scientifique, est sans fin.

Se défaire des préjugés

L'aventure philosophique nous invite donc à sortir de nos habitudes mentales. Nos préjugés sont comme une prison invisible qui nous empêche de parcourir le monde, et même de le voir dans sa diversité. Il faut échapper à cet enfermement, accepter de penser différemment. Même si l'on ne débouche pas sur une certitude définitive, il est important de prendre la mesure de cette diversité du monde des idées. On pourrait presque imaginer que l'on essaie des idées comme on essaie des vêtements : pour voir quelle « tête » on va avoir, pour découvrir « comment ça fait ». Il y a aussi cette part de jeu dans les parcours des idées philosophiques. Parmi les préjugés à laisser de côté, pour entamer notre parcours, il y a

PHILOSOPHIE, ÉCOLE DU DOUTE

« La philosophie, bien qu'elle ne soit pas en mesure de nous dire avec certitude quelle est la vraie réponse aux doutes qu'elle élève, peut néanmoins suggérer diverses possibilités qui élargissent le champ de nos pensées et les délivrent de la tyrannie de la coutume. Tout en diminuant notre certitude à l'égard de ce que sont les choses, elle augmente beaucoup notre connaissance à l'égard de ce qu'elles peuvent être ; elle repousse le dogmatisme quelque peu arrogant de ceux qui n'ont jamais pénétré dans la région du doute libérateur et garde vivace notre sens de l'étonnement en nous montrant les choses familières sous un aspect non familier » (Bertrand Russell, *The Problems of Philosophy*).

évidemment ceux qui concernent la philosophie elle-même. Espérons que vous commencez à les voir se dissoudre. Non, la philosophie n'est pas incompréhensible, ni ennuyeuse, ni inutile. Elle n'est pas nécessairement faite de considérations intersidérales ou d'argumentations sidérantes. On peut s'y plaire, s'y amuser, s'y intéresser. C'est en tout cas la conviction que j'aimerais tenter de vous faire partager. Sans que nous tombions dans le préjugé inverse, qui nous ferait croire que tout est facile, drôle et confortable chez les philosophes, ou encore qu'il n'y a jamais un effort à faire, une patience à mettre en œuvre. Ce serait mentir.

Mais au moins que nous ne commencions pas avec méfiance («c'est incompréhensible») ou avec un sourire narquois («c'est nul», «c'est n'importe quoi»). Tentons de faire ensemble un tour d'horizon, afin de prendre conscience de l'étendue du paysage où se déroulent les aventures qui vous attendent. Il ne s'agit pas de parler de tout, ni de présenter «la» philosophie. Essayons seulement de répondre à la question: «Pourquoi la philosophie aborde-t-elle tant de sujets différents?» D'habitude, une discipline se préoccupe d'un domaine bien défini, et de lui seul. Mais quand le domaine est très diversifié (comme pour la géographie, par exemple), les limites sont claires. Pour la philosophie,

ça n'a pas l'air de fonctionner de la même manière. Vous avez dû commencer à vous en apercevoir. Les philosophes se préoccupent de connaissance scientifique aussi bien que de création artistique, de psychologie aussi bien que de politique, de morale aussi bien que d'histoire. Ils s'aventurent dans des domaines aussi disparates que le bonheur, les mathématiques, la justice, la sagesse, l'inconscient, les droits de l'homme, la beauté… Entre autres ! Comment tout cela fait-il un tout ? C'est ce que nous allons tenter de découvrir au fur et à mesure.

Le souci des idées

Mais il n'est pas inutile de donner tout de suite une première indication. Les philosophes ne vont pas se contenter, par exemple, de « parler de science », comme si c'était un sujet de conversation amusant. Ils ne vont pas non plus se mettre à « faire » de la science, comme si les scientifiques ne le faisaient pas d'une manière infiniment plus compétente. Ce que vont demander les philosophes sera : « Qu'est-ce qu'une science ? Comment la définir ? À quels critères peut-on la reconnaître ? Sommes-nous certains de savoir et de comprendre de quoi il s'agit ? » Autrement dit, le philosophe va s'interroger sur la définition de ce qu'est une science, sur l'idée même de science. On ne confondra pas cette idée avec l'usage du mot, qui peut être très divers – par exemple, la « science des grands fonds marins » ou la « science des grillades réussies ».

L'indication à garder en tête est très simple : les philosophes ne parlent que des idées. L'idée de justice, l'idée d'État, l'idée d'art, l'idée de bonheur, l'idée de vérité, etc. Conseil de base : chaque fois que vous rencontrez une notion de philosophie, pour être sûr de ne pas vous tromper, ajouter devant « idée de ». Ainsi, nous venons de nous approcher de l'idée de philosophie, et de l'idée d'aventure. Continuons.

Se gouverner soi-même

L'idéal de la sagesse

La première aventure, pour les philosophes, c'est de devenir autonome et maître de soi. C'est autour de cet objectif qu'ils se sont d'abord rassemblés. Se gouverner soi-même, être indépendant, ne pas voir son humeur dépendre des circonstances extérieures, des hasards de la vie ou de la fluctuation des désirs, voilà l'un des plus anciens rêves des philosophes. En fait, qui pourrait dire que c'est un mauvais rêve?

Vous aussi, comme tout le monde, vous avez bien dû un jour ou l'autre vous poser cette question: « Comment mener une existence heureuse? » Mais vous n'avez peut-être pas poursuivi très longtemps votre interrogation, en pensant qu'après tout cela dépendait largement du hasard. Les philosophes ne laissent pas tomber si vite. Ils ont au contraire multiplié les interrogations. Tout le monde désire être heureux, certes. Mais va-t-on y parvenir en recherchant toujours de nouveaux plaisirs ou en limitant ses désirs? En multipliant les jouissances ou en s'efforçant de demeurer constamment serein? Qu'est-ce que la vie bonne? Quels moyens avons-nous de la connaître? De la pratiquer? Telles sont les interrogations de départ des principales écoles philosophiques de l'Antiquité.

Durant un très long moment de son histoire, en effet, la philosophie a eu pour premier objectif, et presque pour seule préoccupation, de définir le bonheur, de trouver les moyens d'y accéder et de suivre méthodiquement ces voies d'accès.

Être philosophe, c'était d'abord et avant tout s'efforcer de modifier son rapport à soi-même, aux autres, à l'existence. C'était pratiquer un changement profond, concerté, volontaire, dans sa manière d'être au monde. Il fallait opérer une modification patiente et continue, engageant tout l'individu. Il fallait transformer sa manière de vivre, ce qui supposait un long et constant exercice sur soi. On attendait du philosophe qu'il accomplisse sur lui-même un travail, affectif autant qu'intellectuel, pour se dépouiller de l'angoisse, des passions, de tout ce qui est illusoire et insensé. Sa tâche consistait donc à changer sa vie.

Comment s'unissent bonheur et vérité ?

Il faisait accessoirement des cours ou des textes, pour s'y soutenir lui-même ou y aider ses disciples. *« La philosophie enseigne à faire, non à dire »*, écrit Sénèque. *« Vide est le discours du philosophe s'il ne contribue pas à guérir la maladie de l'âme »*, affirme une sentence épicurienne. Cela ne signifie nullement que toute spéculation soit écartée, et tout savoir jugé vain. Au contraire. Mais les théories les plus élaborées sont au service de la vie philosophique. Elles constituent des moyens pour cheminer vers la sagesse, jamais des buts poursuivis pour eux-mêmes.

Vous vous demandez peut-être quels liens existent entre sagesse, bonheur et vérité. La sagesse évoque parfois quelque chose d'ennuyeux, de terne, d'austère. Le bonheur paraît au contraire exubérant, joyeux, coloré. La vérité semble n'avoir aucun rapport : elle concerne les sciences, la logique, l'expérimentation. Comment tout cela peut-il s'accorder ? Vous faites bien de poser la question. Parce que ces notions qui pour nous peuvent sembler séparées étaient au contraire étroitement liées pour les philosophes grecs et romains. Pour eux, être sage était le stade suprême du bonheur, et il n'y avait pas moyen de parvenir à cette tranquillité imperturbable si l'on ne détenait pas la vérité sur la condition humaine et sur la manière dont le

NI DIEU NI LES IGNORANTS NE PHILOSOPHENT

« Aucun dieu ne philosophe et ne songe à devenir sage, attendu qu'il l'est déjà ; et, en général, quiconque est sage n'a pas besoin de philosopher. Autant dirons-nous des ignorants : ils ne sauraient philosopher ni vouloir devenir sages : l'ignorance a précisément l'inconvénient de rendre contents d'eux-mêmes des gens qui ne sont cependant ni beaux, ni bons, ni sages ; car enfin nul ne désire les choses dont il ne se croit point dépourvu » (Platon, *le Banquet*).

monde s'organise. Connaître, s'exercer, être heureux étaient trois démarches convergentes. Apprendre à se contrôler, s'entraîner à voir l'existence sous un jour vrai, s'exercer continûment à se défaire des illusions et des troubles où tombent généralement les hommes, voilà les tâches principales, pour un philosophe de l'Antiquité. Comme vous le voyez, le philosophe, dans cette optique, n'est pas essentiellement un théoricien, un homme d'analyse logique et de concepts. Ce n'est pas d'abord un bâtisseur de systèmes. C'est un sage, et rien d'autre.

Le langage courant a gardé la trace de cette façon de pratiquer la philosophie. Quand on dit : «Il faut savoir rester philosophe», ou bien quand on parle, face à des difficultés, de «prendre les choses avec philosophie», on fait appel à cette idée d'une équivalence entre sérénité et philosophie. Les noms mêmes des écoles antiques sont demeurés dans le langage courant, bien que le sens se soit transformé. Ainsi, on appelle toujours «épicurien» un homme qui cherche le plaisir. On dit toujours d'une personne demeurant impassible dans les malheurs qu'elle est «stoïque». On nomme à présent «cynique» une conduite qui ne s'embarrasse pas des conventions ni des convenances. Sans doute la signification exacte de ces termes s'est-elle plus ou moins perdue. Un noyau de sens persiste, mais ce serait un contresens de s'imaginer que l'on peut retrouver les doctrines d'Épicure, des stoïciens et des cyniques dans ces usages du vocabulaire de tous les jours.

LA SAGESSE
«Conçois-tu maintenant que quelqu'un puisse être supérieur au sage, qui a sur les dieux des opinions pieuses, qui est toujours sans crainte à la pensée de la mort, qui est arrivé à comprendre quel est le but de la nature, qui sait pertinemment que le souverain bien est à notre portée et facile à se procurer et que le mal extrême, ou bien ne dure pas longtemps, ou bien ne nous cause qu'une peine légère» (Épicure, *Lettre à Ménécée*).

Qu'est-ce qu'un sage?

Savons-nous encore, réellement, ce qui fut rêvé autrefois sous le nom de «sage»? Dans les récits grecs ou latins qui nous ont été conservés, nous ne voyons trop souvent que des légendes anciennes. Les Sept Sages, instaurant les lois, fondant les cités aussi bien que les sciences, sont pour nous des silhouettes mythiques, mais surtout des visages flous. Nous ne voyons plus bien, la plupart du temps, quelle fut leur place, quel rôle les a distingués. Essayons de retrouver, sous les silhouettes anciennes aux contours estompés, ce que fut l'idéal du sage, durant des siècles, pour les hommes de l'Antiquité. Attention! Gardez en tête cette dernière remarque: le sage était un idéal, un horizon que l'on cherchait à atteindre. Cet idéal ne s'est peut-être jamais réalisé en aucun être humain. Cela n'empêche absolument pas l'idéal de jouer son rôle. Au contraire, puisque, si la sagesse se rencontrait presque partout et s'atteignait très facilement, elle n'intéresserait pas grand monde. Imaginez donc tant que vous voudrez que jamais aucun sage n'a existé «en réalité». Son existence idéale a malgré tout constitué, pour des dizaines de générations, l'excellence absolue, la norme suprême.

La nostalgie d'un pays ancien

Vous vous demandez sans doute comment est apparue la figure du sage. Et comment elle a disparu. Procédons par ordre. Dans la Grèce antique, le sage n'a pas été le premier personnage existant. Le poète était au commencement la figure majeure. Voyez Homère. Son chant semble embrasser la totalité du monde, il le tient tout entier dans la parole, les dieux l'habitent. Les sages viennent plus tard. Ils peuvent parfois être des poètes. Mais ce n'est plus du chant qu'ils tirent leur sagesse, *sophia* (le mot, en grec ancien, signifie à la fois «sagesse» et «savoir»). La *sophia* est aussi une habileté, un savoir-faire. Ces premiers sages sont tisserands et politiques en même temps. Ils fabriquent des conceptions du monde aussi bien que des lois pour les cités avec la même patience que d'autres font des meubles ou des boucliers.

Plus tard encore, après eux, viennent les philosophes proprement dits. Qu'est-ce qui distingue les sages et les philosophes? Ce n'est pas toujours facile à discerner, comme vous allez vous en rendre compte. Mais la réponse, en principe, est simple: les sages détiennent la sagesse, ils y sont parvenus, tandis que les philosophes, eux, ne la détiennent pas, ils la cherchent. Ils aiment *(philô)* la sagesse *(sophia)*. S'ils deviennent des « chercheurs de sagesse », c'est bien parce qu'ils ne la possèdent pas. Pour que les « philosophes » apparaissent, il faut donc que la sagesse ait été perdue, qu'on se sente privé de sa présence, bien que son souvenir demeure encore vif. Vous voyez, la recherche de la sagesse est comme la nostalgie d'un pays proche, mais qu'on aurait déjà réellement quitté. Le pays des philosophes n'est plus celui des sages. Les philosophes, en tout cas ceux de l'Antiquité, rêvent d'atteindre ce pays. Ils tentent d'y parvenir, mais ils savent en même temps que le sage est presque devenu inaccessible.

Cela veut-il dire que le sage est au-dessus des êtres humains ? En un sens oui, mais ce dépassement de l'humain est paradoxal. La sagesse peut en effet rendre l'homme *« semblable aux dieux »*, comme disait le philosophe grec Épicure. Il voulait dire que la sagesse rend l'esprit des hommes stable et serein, comme l'est l'esprit des dieux. Malgré tout, la sagesse ne fait jamais échapper entièrement l'humain à l'horizon terrestre. Elle modifie son attitude envers lui-même et envers le monde.

En effet, les deux traits essentiels du sage sont la liberté intérieure et la conscience cosmique. Grâce à la liberté intérieure, le sage demeure insensible, non seulement aux préjugés de son temps et aux caprices du désir, mais aussi, à la limite, aux normes sociales et aux impératifs politiques. Comme il agit uniquement selon la raison et la nature, il n'a pas à se soumettre aux conventions de la société. Le second trait est la conscience permanente d'appartenir à l'ensemble de l'Univers : le sage

a constamment à l'esprit l'idée que l'Univers forme un tout. Il n'oublie jamais le monde, et il pense et agit par rapport au cosmos. *« Il ne faut pas seulement s'unir par le souffle à l'air qui nous enveloppe, mais aussi par la pensée à l'intelligence qui embrasse le tout ! »* note dans ses *Pensées* l'empereur romain Marc Aurèle, qui fut aussi un grand philosophe, peut-être un sage.

Voudriez-vous savoir comment l'on tentait d'atteindre la sagesse ? Ne croyez pas que vous allez y parvenir, mais ne vous imaginez pas non plus que les chemins soient très compliqués à comprendre. En fait, comme vous allez voir, les idées de départ sont assez simples. Ce qui est difficile, c'est de les appliquer, de les voir devenir présentes dans tous les gestes et toutes les pensées de l'existence. Mais, rassurez-vous, ce n'est pas du tout ce qu'on vous demande ! Voir clair dans les idées principales suffit pour suivre quelques premières aventures. Puisque nous venons de mentionner Marc Aurèle, qui appartenait à l'école des stoïciens, commençons par le stoïcisme.

IL Y A URGENCE À PHILOSOPHER

« Que nul, étant jeune, ne tarde à philosopher, ni vieux, ne se lasse de la philosophie. Car il n'est, pour personne, ni trop tôt ni trop tard, pour assurer la santé de l'âme. Celui qui dit que le temps de philosopher n'est pas encore venu ou qu'il est passé, est semblable à celui qui dit que le temps du bonheur n'est pas encore venu ou qu'il n'est plus » (Épicure, *Lettre à Ménécée*).

Les stoïciens : la fermeté de l'âme

La conscience d'appartenir à un ensemble, et de savoir tenir sa place pour « jouer sa partition » dans l'orchestre du monde, est l'un des traits caractéristiques de cette école. Mais ce n'est pas la seule. L'idée essentielle des stoïciens est qu'il est possible de parvenir à l'absence de trouble dans l'âme, c'est-à-dire à la sérénité, grâce à la fermeté de la volonté. C'est à cette condition que le bonheur peut être atteint.

Quel rapport peut-il y avoir, allez-vous demander, entre le bonheur et la volonté ? Il existe une sorte de tension, à l'intérieur même de l'idée de bonheur, entre la part du hasard

LA MARGE DE LIBERTÉ DES HOMMES
« Parmi les choses, les unes dépendent de nous, les autres n'en dépendent pas. Celles qui dépendent de nous, ce sont l'opinion, la tendance, le désir, l'aversion : en un mot tout ce qui est notre œuvre. Celles qui ne dépendent pas de nous, ce sont le corps, les biens, la réputation, les dignités : en un mot tout ce qui n'est pas notre œuvre » (Épictète, *Manuel*).

et le désir de continuité. Explication : nous désirons toujours un bonheur continu. C'est « tout le temps » que nous voulons être heureux, et non pas de temps à autre, par fragment, de manière hachée. D'un autre côté, nous ne sommes pas maîtres des hasards qui nous apportent de manière imprévisible leur lot de satisfactions et de misères. La vie ne cesse de nous exposer au hasard : surprises agréables, mais aussi maladies, deuils, misères, accidents. Il y a une part de chance dans ce qui nous arrive. On appelait « heur », en vieux français, ce qui arrive, que ce soit bien ou mauvais : « bonheur » ou « mal-heur ». Il existe donc continuellement des hauts et des bas, des coups du sort, des événements positifs ou négatifs qui rompent la continuité que le bonheur exige.

Le hasard et la continuité

Sans doute voyez-vous à présent en quels termes se pose le problème : comment, dans un monde où surgissent à l'improviste des situations toujours différentes, garantir la permanence du bonheur ? Quel est le moyen à trouver pour que le bonheur ne dépende pas du hasard ? Telle est la question initiale. La réponse stoïcienne est somme toute assez simple. Tout ce qui ne dépend pas de nous, mieux vaut que nous renoncions au désir impossible de le maîtriser. Exemple : si vous décidez de faire un voyage, un accident peut intervenir, une maladie peut vous arrêter, mille circonstances imprévisibles sont susceptibles d'entraver la réalisation de votre projet. Qu'est-ce qui dépend toujours de vous, dans tous les cas, quelles que soient les circonstances ? Votre volonté.

Voilà ce que vous diront les stoïciens, en particulier Épictète : vous ne pouvez pas maîtriser les circonstances, mais vous pouvez et vous devez maîtriser votre attitude face à ces circonstances. Au lieu de vous affoler, de vous affliger, ou de vous emporter, vous pouvez rester stable, intérieurement calme et libre. L'idéal de la sagesse stoïcienne, c'est l'âme devenue forteresse : les attaques du hasard ne peuvent rien contre elle.

Qu'il soit chef d'État ou simple citoyen, pauvre ou riche, bien portant ou malade, celui qui a décidé de mener une vie de philosophe – telle que l'entendaient les stoïciens de l'Antiquité – doit s'employer continuellement à régler l'ordre de ses pensées, de ses désirs et de ses décisions sur quelques principes simples. Son but n'est donc pas de devenir auteur de livres de philosophie, encore moins de se distinguer par une œuvre originale ou une théorie singulière. Il cherche obstinément à se conduire d'après ce que la raison peut savoir de la nature, humaine comme divine, de nos devoirs et de nos besoins, de nos capacités et de nos limites, de nos certitudes et de nos illusions. Comme vous allez voir, cette application de la doctrine dans tous les gestes de l'existence est commune à d'autres écoles.

Les épicuriens : le plaisir du corps

Pour les épicuriens, par exemple, il s'agit également de s'installer dans un état sans trouble et sans peur ni exaltation. Mais le chemin ne passe pas par le mépris du corps et l'isolement de la volonté. Au contraire, le corps et ses plaisirs, qui sont simples mais insurpassables, sont des voies d'accès au bonheur. Le Jardin était le nom de la demeure d'Épicure, à Athènes. Il l'avait acquise pour une somme confortable, en 306 avant notre ère. Pour ce sage, c'était d'abord un endroit serein pour vivre avec ses amis-disciples, femmes et hommes.

Un jardin convient bien au mode de vie épicurien : plaisir simple d'exister, frugalité sereine, convivialité restreinte. Entre le Jardin du maître et sa philosophie, la ressemblance est

ÉLOIGNER LA SOUFFRANCE
« En effet, une étude de ces désirs qui ne fasse pas fausse route sait rapporter tout choix et tout refus à la santé du corps et à l'absence de troubles de l'âme, puisque c'est là la fin de la vie bienheureuse. Car c'est pour cela que nous faisons tout : afin de ne pas souffrir et de n'être pas troublés. Une fois cet état réalisé en nous, toute la tempête de l'âme s'apaise, le vivant n'ayant plus à aller comme vers quelque chose qui lui manque, ni à chercher autre chose par quoi rendre complet le bien de l'âme et du corps » (Épicure, *Lettre à Ménécée*).

profonde. Le Jardin n'est pas simplement un cadre. C'est la doctrine, la philosophie elle-même. Elle est simple comme un jardin.

Paix du corps et de l'âme

En effet, la philosophie d'Épicure s'adresse à tous. Elle n'exige pas de longues initiations, des degrés de mérite, une sélection des âmes d'élite, des épreuves à n'en plus finir. C'est une philosophie populaire et contente de l'être. Ce qu'elle veut atteindre : la paix, dans le corps comme dans l'âme, car aucune paix ne va seule. Il n'existe, pour Épicure, pas d'autre bien suprême. Rien que le corps en paix, et la force d'âme pour s'en tenir là. Voilà donc, en première apparence, une philosophie élémentaire, qui ne cherche pas à courir après le soleil. Elle s'adresse aux femmes, aux prostituées, aux esclaves aussi bien qu'à tout autre. Mais elle exige une sorte d'héroïsme sans bruit, quand il s'agit de combattre, par le souvenir des plaisirs passés, les détraquements de l'âge et les douleurs qui tordent le corps.

Dans ce jardin que constitue le monde, Épicure affirme qu'il existe des dieux. Leur existence est à ses yeux évidente, et matérielle. Ces dieux ne se préoccupent en rien des affaires humaines. Ils n'édictent aucune loi, ils ne sondent ni les cœurs ni les reins. Sereins et détendus, habités du pur plaisir d'exister, ils sont immortels parce que leur assemblage d'atomes est stable. Ces dieux ne sont pas d'une nature mystérieuse ou insondable. Ils ne font pas peur. C'est même tout l'inverse : les contempler est source d'un plaisir constant. Le sage s'efforce de se rendre semblable à eux.

Pour y parvenir, il faut cesser d'abord de craindre. S'il n'y a rien à redouter des dieux, il reste la peur de la mort. Épicure s'emploie à déraciner cette terreur : la mort n'est rien, elle n'est rien pour personne, elle n'est nulle part, les vivants sont en dehors d'elle et les morts, eux, ne ressentent rien. Les douleurs n'appartiennent qu'à la vie. Il est possible d'éviter la plupart d'entre elles. Il suffit de ne pas désirer au-delà des besoins du corps : du pain d'orge, de l'eau, de quoi dormir au sec. Pas de festin, sauf exception – non par esprit chagrin, mais par souci de ne pas perturber, en poursuivant indéfiniment l'inutile, la plénitude du corps.

Le plaisir, pour Épicure, est simplement d'être. Ce n'est pas une jouissance effrénée. Ni une répétition. Ni la décharge d'une tension. C'est l'absence de tension dans le corps comme dans l'esprit : ne pas avoir faim, ne pas avoir soif, ne pas avoir froid, en être conscient, et savoir que cela peut durer ainsi. Finalement, le luxe absolu, c'est que rien ne manque, et pour cela il suffit de peu, si l'on réduit ses désirs aux seuls besoins du corps. Une rude discipline est nécessaire pour y parvenir. Cette philosophie du plaisir est finalement très austère.

Son austérité est adoucie par la tendresse de l'amitié. Il existe chez Épicure une sorte de culte des amis. Pas une foule, mais de vrais amis, présents, attentifs, des gens qui se sont choisis, que rien n'oblige à être là. Loin de la passion dévorante des amants, loin de ce qui emporte hors de soi, l'amitié rend chacun(e) à lui-même (ou à elle-même). Ce groupe d'amis se tient en retrait de la cité, à l'écart de la

PAS DE BONHEUR SANS LA NATURE
« Diogène le Cynique avait coutume de dire que Harpale, qui à cette époque passait pour un voleur heureux, témoignait contre les dieux du fait qu'il vécut si longtemps dans cette bonne fortune » (Cicéron, *De la nature des dieux*).

politique et de l'histoire. C'est sa force autant que sa faiblesse. À vous de le décider : préféreriez-vous vivre entre amis, mais plus ou moins coupé du reste du monde et des événements de l'histoire, ou bien dans les risques et les joies de l'histoire, mais sans la douceur protectrice de cette communauté sereine ?

Les cyniques : la nature seule

Si vous étiez un Grec ou un Romain de l'Antiquité et que vous cherchiez quelle école de philosophie choisir, vous pourriez peut-être préférer les provocations des cyniques. Parmi les écoles de sagesse de l'Antiquité, c'est sans aucun doute la leur qui est la plus radicale, et la plus spectaculaire par ses comportements provocants. En effet, les cyniques refusent les artifices de la civilisation. Ils veulent retrouver les gestes de la nature. Ils refusent donc de se vêtir correctement, se laissent pousser la barbe, n'ont pas de domicile fixe. Ils se contentent de porter quelques affaires dans un vieux sac de toile.

On les a traités de « chiens », et ils ont revendiqué cette injure. Le mot grec est *kunos,* d'où vient « cynique ». Les cyniques sont donc des philosophes qui se comportent comme des chiens. Qu'est-ce que cela veut dire ? Diogène, qui fut le premier à se comporter ainsi, vivait dans un tonneau, se masturbait sur la place publique et décida de casser la tasse qui lui restait le jour où il vit un enfant boire simplement dans ses mains. Arrivant dans la maison d'un riche, alors qu'on lui rappelle de ne pas cracher par terre afin de ne rien salir, il crache au visage du propriétaire, en disant : *« C'est le seul endroit sale que j'ai trouvé. »*

Sans doute la meilleure façon d'imaginer Diogène est-elle de se représenter un clochard dormant dans la rue, se moquant des autres philosophes, n'accordant pas la moindre importance aux convenances et à ce qu'on appelle habituellement le sérieux. Sa renommée était grande, et un jour que l'empereur Alexandre était venu le voir et lui dit : *« Demande-moi ce que tu veux, je te l'accorde »,* Diogène répondit seulement : *« Cesse de me faire de l'ombre. »* Alexandre l'empêchait de prendre tranquillement le soleil ! Rien n'est donc sacré aux yeux de Diogène. Rien ne l'impressionne. Ni le pouvoir de l'empereur, ni l'argent des riches, ni les temples des dieux. Aucune nourriture ne doit être interdite, et même la chair humaine ne devrait pas être écartée. Aucune convention humaine ne tient, aux yeux des cyniques. Seule la nature existe, qui exige simplement la satisfaction des besoins limités du corps.

Un rude exercice

Comme vous le voyez, sous les apparences de la moquerie, des bons mots et des anecdotes, la sagesse cynique est elle aussi un rude exercice. Le vagabondage, le refus de tous les conformismes sociaux, l'abandon de tous les conforts, matériels et intellectuels, voilà qui soumet le philosophe à un entraînement exigeant. Les cyniques ne sont donc pas, comme pourrait le faire croire l'usage actuel du terme, des esprits qui ne respectent rien par égoïsme et par souci de leur seul intérêt. Ce sont des sages qui pratiquent une forme de refus radical des conventions et des conformismes.

Mais s'agit-il de philosophes ? On en a douté, en considérant que leur manière de vivre donnait sans doute à réfléchir, mais ne constituait pas à proprement parler une philosophie. Il semblait manquer aux cyniques des argumentations, des concepts et des analyses théoriques. Ce jugement était inexact. On a pu établir au contraire qu'il existe bien une assise philosophique aux comportements des cyniques. Leur doctrine est celle du règne de la nature, du caractère fabriqué de toutes les règles humaines, et de la possibilité d'accéder au bonheur pour les hommes capables de se défaire de tous les artifices de la civilisation.

Entre ces différentes écoles, vous ne savez que choisir? Vous ne voyez qui peut avoir raison ni pour quel motif? Vous doutez qu'on puisse atteindre aucune certitude en ce domaine? Eh bien, vous voilà mûr pour devenir sceptique. C'est encore une autre école. Elle aussi prétend conduire au bonheur des sages. Mais en doutant de tout!

Les sceptiques : le doute permanent

Il convient de se méfier de ce qui se donne pour vrai, et de s'en défier toujours, si l'on veut s'approcher de la sagesse. Chez les Grecs, c'est à peu près ce que signifiait l'attitude sceptique. Il ne s'agit pas de douter de tout, de manière continue, systématique et excessive. Ceux qui se réclament du scepticisme ne mettent pas en question la réalité de ce qu'ils ressentent : ils ne vont pas soutenir que le miel ne paraît doux que de façon incertaine. Ils n'iront pas dire qu'un désagrément pourrait bien être plaisant sans qu'on n'en sache rien. Leur position ne consiste pas à mettre en cause l'existence et les sensations, ni à refuser l'idée qu'existe une réalité, comme souvent leurs adversaires le croient, par suite d'un contresens ou d'une mauvaise foi.

Ce que soutient le sceptique est à la fois plus simple et plus subtil. Le miel lui paraît doux, et il en convient, mais il pense ne rien pouvoir en conclure de certain concernant la nature propre de cette substance. La réalité n'est pas un leurre, un mirage, une illusion. Mais il n'existe «pour l'instant» aucune voie d'accès conduisant à une connaissance assurée. Quand nous cherchons à savoir, nous ne rencontrons que des voies sans issue. C'est exactement cela que signifie le terme grec *aporia* (du grec *a,* préfixe privatif, et *poros,* «issue») : nous nous trouvons dans une situation dépourvue de sortie, une sorte d'impasse. Dès que nous cherchons à connaître les choses «telles qu'elles sont», nous sommes dans cette impasse. En traduisant habituellement ce terme par «embarras», on fait venir à l'esprit d'autres évocations, qui risquent de fausser la compréhension.

Impasse et tranquillité d'esprit

Dans la sagesse selon les sceptiques, l'absence d'issue n'a rien d'un encombrement ni d'une gêne. Elle n'est pas une entrave au mouvement. Au contraire : l'impasse est pour les sceptiques la condition de la tranquillité d'esprit, le gage de la sérénité. Ce qui est sans solution n'engendre pas nécessairement tourments et angoisses. Les sceptiques constatent qu'à tout argument s'oppose un argument contraire de force égale. Sur toutes les questions mettant une vérité en jeu existe, entre les hommes, un désaccord visible que ceux-ci ne parviennent pas à surmonter. La conclusion à tirer n'est pas, comme on l'a cru souvent, que la vérité n'existe pas, ou qu'elle est inaccessible à notre intelligence – ce sont encore là des thèses tranchées, des vérités trop assurées. Affirmer qu'on ne peut rien affirmer serait une affirmation.

UNE CRITIQUE DES SCEPTIQUES
«Les philosophes sceptiques passaient leur temps à détruire les dogmes des autres sectes et n'en établissaient aucun pour leur part» (Diogène Laërce, *Vies, doctrines et sentences des philosophes illustres*).

Là encore, la démarche du scepticisme antique est plus simple et plus subtile. Il n'y a, pour l'instant, pas d'issue aux questions que nous nous posons, diront les sceptiques. Le désaccord entre les différentes écoles philosophiques est manifeste. Il convient donc de suspendre notre jugement.

Mais rien ne dit qu'aucune solution n'existe, ni qu'il convient de renoncer à chercher ! Rien n'oblige, d'autre part, celui qui doit vivre sans détenir de vérité à se croiser les bras, à subir n'importe quoi, à rendre équivalentes l'impasse du savoir et l'inaction. L'un des grands penseurs sceptiques, Sextus Empiricus, était médecin. Et il soignait ses patients, choisissait les meilleurs remèdes. Il n'a jamais soutenu qu'il était impossible de savoir quoi que ce soit en médecine ! Les sceptiques peuvent sans incohérence maîtriser des techniques, les appliquer quotidiennement, les faire progresser. Ils se garderont seulement de transformer ces recettes en affirmations de certitude. Ils persisteront à suspendre leur jugement.

Le sceptique parvient ainsi à une légèreté singulière. Aux pesanteurs des systèmes il oppose la douceur particulière de l'incertain. Assez détaché pour n'être plus vraiment rebelle, il n'est pas assez conformiste pour croire vraiment à ce qu'il fait quand il se comporte comme tout le monde. C'est pourquoi il se maintient comme à distance des normes et des conventions en même temps qu'il les respecte. En un sens, le sage sceptique se tient également à distance de lui-même. Il s'abstient en effet de considérer que ses propres émotions correspondent à une réalité, ou que les malheurs qui peuvent éventuellement l'accabler sont réellement un mal. Évitant des tragédies, il se garde en même temps des bonheurs extrêmes.

Le déclin de la philosophie comme transformation de soi

Vous vouliez savoir comment cet idéal de sagesse a fini par disparaître plus ou moins de l'horizon. Plus ou moins, car il ne s'est jamais totalement effacé. Mais il est vrai qu'il ne constitue plus l'aventure dans laquelle s'engagent principalement les philosophes. En tout cas, ils pensent depuis déjà longtemps avoir d'autres objectifs que la sagesse et le travail sur soi-même. Comment cet effacement partiel de l'idée de sagesse s'est-il produit ? D'un mot : la diffusion du christianisme est l'explication majeure de ce changement de perspective.

Vous venez de le constater : durant toute l'Antiquité, quelle que soit l'école à laquelle appartenait un philosophe, son principal objectif était de se transformer soi-même pour parvenir au bonheur procuré par la sagesse. Cette façon de pratiquer la philosophie a persisté jusqu'aux premiers siècles de l'ère chrétienne. *« Il faut que la théorie devienne en nous nature et vie »,* écrit le philosophe Porphyre au IIIe siècle ap. J.-C. Un important courant de la pensée chrétienne hérite des « exercices spirituels » des écoles grecques et romaines.

Il ne pouvait plus être question, dans la perspective du christianisme, de parvenir à se gouverner par le moyen de la seule raison. L'entraînement spirituel ne prenait sens que dans l'horizon du salut chrétien. La vie philosophique se trouvait par là même privée de l'idéal du gouvernement de soi qui l'avait animée depuis des siècles. L'idéal du sage disparaît au profit de celui du saint. L'idée même d'une vertu sans Dieu perd son sens. La philosophie comme pratique de vie s'efface. On ne retrouve certains éléments de cet idéal du sage, du philosophe aventurier de l'existence, qu'à l'âge classique, le XVIIe siècle, avec Spinoza, ou au siècle des Lumières, le

CONNAIS-TOI TOI-MÊME : DEUX INTERPRÉTATIONS

« Pour l'oracle de Delphes, "Connais-toi toi-même" signifiait : "Saches que tu n'es pas dieu et ne commets pas la faute de prétendre le devenir". Pour le Socrate de Platon, qui reprend la formule à son compte, elle veut dire : "Connais le dieu qui, en toi, est toi-même. Efforce-toi de te rendre, autant qu'il est possible, semblable au dieu" » (Jean-Pierre Vernant, *Mythe et religion en Grèce ancienne*, 1990).

XVIIIe siècle, avec les Encyclopédistes. Mais le contexte est tout autre. La préoccupation théorique domine, et le souci de vivre sous la conduite de la raison ne se contente pas d'un entraînement quotidien. Il exige aussi, comme l'un de ses éléments essentiels, une réflexion sur l'identité.

Identité et folie

Les Grecs, si l'on peut dire, n'avaient pas de « dedans ». Ils ne se vivaient pas comme une intériorité pensante, une conscience qui s'examine. Sans doute, pour nous, est-ce une situation bien difficile à imaginer. Nous sommes en effet accoutumés à tout envisager, ou presque tout, à partir de notre « vie intérieure », en fonction de notre « subjectivité ». Mais les hommes de l'Antiquité se voyaient plutôt « dans » et « par » le regard des autres. La rivalité, l'honneur, la honte, le conflit, voilà ce qui leur donnait le sentiment de leur propre existence. L'idée de se regarder soi-même, de descendre dans sa personnalité psychologique, d'examiner sa conscience intime leur était étrangère. Encore une fois, cela nous paraît fort curieux.

Sans doute est-ce en raison de cette distance que nous ne comprenons plus totalement les façons que les Anciens avaient d'être sages. Pour nous, depuis déjà près de quatre siècles, la question de la sagesse ne peut pas être dissociée de celle de l'identité. Vous l'avez compris, la *« santé de l'âme »*, pour Épicure comme pour les stoïciens, c'était l'absence de troubles, c'est-à-dire l'absence d'émotions, de passions qui emportent l'esprit en tous sens, la fin de la *« tempête de l'âme »*, comme dit joliment Épicure dans une des lettres où il résume sa doctrine à l'usage d'un de ses disciples, la *Lettre à Ménécée.*

Nous ne parlons plus, en ce sens, de «santé de l'âme». Nous parlons de «santé mentale», parce que nous voulons opposer l'homme «raisonnable» ou «normal» au « fou». D'un côté, celui qui connaît son identité; de l'autre, celui qui l'a perdue. Ce partage n'est peut-être pas si simple. Il appartient aux aventures de la philosophie de le mettre en question. De même qu'il est possible d'éclairer un bon nombre des trajectoires de l'Antiquité à partir de la figure du sage et de la discipline de vie nécessaire pour atteindre la sagesse, de même la figure du fou, et le rapport entre «santé mentale» et identité, peut éclairer la situation moderne.

Ce qu'enseignent les «histoires de fous»

Nous connaissons tous des «histoires de fous». Ces petites blagues, on les raconte depuis la cour de récréation de l'école primaire. Le plus souvent, il est question d'un fou qui «se prend pour» quelqu'un d'autre, ou quelque chose d'autre. Le fou se prend pour Napoléon, Jules César ou Shakespeare. Ou bien il se prend pour un lampadaire, une poêle à frire, un grain de blé. Ce qui fait le trouble du fou, selon ces histoires, c'est toujours une perturbation de l'identité. Une confusion de départ entre ce qu'il est «en vérité» et ce qu'il se dit à lui-même ou veut faire croire aux autres. Il n'y a pas beaucoup d'efforts à faire pour apercevoir que la structure de l'histoire de fous contient les points de départ d'une réflexion possible sur la question de la «santé de l'âme» et sur l'identité. Le «fou» moderne s'oppose au «sage» antique.

Le fait même de se prendre pour autre chose que ce que l'on est vraiment, de confondre fiction et réalité, semble définir une sorte d'écart fondateur. L'homme «en bonne santé» sait qu'il n'est pas un grain de blé, ni un lampadaire, ni Jules César. Il se distingue clairement et des autres et des choses. Il délimite, sans effort apparent, ce qui est «soi» et ce qui ne l'est pas. Bref, il perçoit la continuité de son identité subjective. Pour pouvoir seulement s'exclamer : « Ah, j'ai bien changé ! » – en retrouvant par exemple une vieille photo de « soi-même » dans un tiroir –, il faut avoir l'intime conviction que, sous les injures du temps, quelque chose persiste et ne change pas : ce « je » capable d'observer son propre passage de l'enfance à la vieillesse, de la turbulence à la maturité.

Vous voyez là un premier changement. Pour les penseurs de l'Antiquité, la santé de l'âme était définie par l'absence de troubles, la sérénité, le fait de n'être pas assailli d'émotions et d'angoisses. Pour le regard des penseurs modernes, au contraire, ce qui définit à la fois l'existence et la « santé » d'un sujet, ce serait en premier lieu son identité, c'est-à-dire la continuité de son rapport à lui-même. Cette continuité permettrait de se percevoir comme identique à travers des changements aussi bien physiologiques que psychiques – relationnels, affectifs, sociaux, professionnels, etc.

Crise et stabilité

IDENTITÉ ET MÉMOIRE
« Et j'entre dans les plaines, dans les vastes palais de ma mémoire, où reposent les trésors de ces innombrables images entrées par la porte des sens » (saint Augustin, *les Confessions*, 397-401).

Et comment définir cette identité ? demanderez-vous. Une définition possible va relier l'identité à soi du sujet et le « fou » : possède une identité le sujet capable de ne pas se prendre pour autre chose, ne pas se confondre avec une situation donnée, un moment éphémère ou avec un sentiment passager. Être normal, c'est en quelque sorte parvenir à des formes d'identité continues et bien construites. À cette continuité s'opposent les moments de crise, où l'identité paraît menacée de se défaire.

Dans ces moments de crise – que ce soit une crise individuelle ou collective, personnelle ou historique –, l'identité paraît au contraire en voie de se désorganiser, sur le point de se défaire. Le retour à un état relativement stable peut s'interpréter à chaque fois comme une sorte de « reconstitution » de l'identité. Le modèle de l'histoire de fous nous apprendrait ainsi que la santé se définit par une bonne séparation des idées, des identités personnelles, des objets, des perspectives temporelles.

Ce qu'on pense, ce qu'on dit et ce qui existe

Ne croyez pas que nous ayons perdu de vue les philosophes, avec ces histoires de fous et d'identité. Ces exemples conduisent à retrouver nos aventuriers par un autre chemin. Encore un chemin de l'Antiquité. Décidément, le socle de toute la pensée, même la pensée moderne, paraît bien se trouver là. On peut en effet remarquer que tous ceux qui racontent pour rire des histoires de fous sont, qu'ils le sachent ou non, des élèves du philosophe grec Aristote ! En effet, dans *la Métaphysique,* Aristote considère comme fondamentale cette idée que les êtres, les idées et les choses, pour pouvoir exister et être connus, doivent être clairement séparés et distincts, nettement discernables. Essayons de comprendre ce point important. Ne vous inquiétez pas si l'idée vous paraît moins facile à saisir que les précédentes. Accrochez-vous !

Aux yeux d'Aristote, c'est à la fois dans la réalité, dans la pensée et dans les mots que se produit cette distinction des identités. Si les différences respectives des choses et des êtres, et leur identité à eux-mêmes, n'étaient pas fondées dans la réalité, on ne pourrait les empêcher de se fondre l'une dans l'autre, de s'annuler, de disparaître, de devenir confuses, indistinctes, chaotiques et vacillantes. De la même manière, dans l'ordre de la pensée, les idées doivent pouvoir s'identifier, se relier, demeurer distinctes les unes des autres, sinon nous allons nous retrouver dans la confusion, le chaos et l'impensable. Enfin, l'organisation du langage lui-même suppose ce principe fondamental d'une existence séparée des mots. Si les termes mêmes de la langue ne possédaient pas chacun leur identité propre, on ne pourrait plus rien dire !

Ainsi, pour Aristote, entre la réalité, le discours et la pensée règne le même type d'ordre et de logique, la même continuité des identités à soi. Ainsi se définit un monde « sain » : la plénitude des identités y est acquise, la continuité de la séparation claire entre les moments, les paroles, les objets, les êtres ne peut être radicalement mise en cause. Dans ce monde, la folie correspond à ce qui bascule dans la confusion, l'incohérence, le mélange.

Autres perspectives en Inde

Et si nous tentions d'aller plus loin dans la remise en cause de cette apparente évidence de l'identité ? Nous devrions cette fois sortir carrément du cadre de pensée occidental. Sans doute des penseurs européens ont-ils contesté l'idée d'identité personnelle. Mais leur critique n'a pas, sur ce point, l'ampleur de celle des penseurs de l'Inde.

C'est dans la pensée indienne que l'on trouvera des conceptions de l'identité très différentes de celles de l'Occident, dans leurs principes mêmes. Pourquoi parler de l'Inde, demanderez-vous ? N'avons-nous pas déjà assez à faire avec les philosophes de l'Occident ? Pouvons-nous parcourir en si peu de temps toutes les pensées du monde ? Et y a-t-il, vraiment, des philosophes dans toutes les cultures ?

Certains ont affirmé que les Grecs, et eux seuls, avaient inventé la philosophie. Ailleurs qu'en Grèce, selon ceux qui soutiennent cette opinion, il existerait des religions, des spiritualités, éventuellement des sagesses, et de la poésie, du théâtre et de la littérature, mais pas de philosophie proprement dite, c'est-à-dire de réflexion argumentée et démonstrative sur les idées. D'autres soutiennent au contraire qu'il existe des aventures philosophiques à peu près partout dans l'histoire du monde, dès lors que des êtres humains se servent de leur raison pour interroger leur condition, et les évidences qui s'imposent à eux.

ORIENT-OCCIDENT
« L'Orient et l'Occident sont des cercles de craie, que l'on dessine sous nos yeux pour berner notre timidité » (Friedrich Nietzsche).

La ligne de partage entre un Orient religieux et un Occident philosophique, c'est surtout l'Occident qui la trace ! Cette délimitation de l'Orient est largement fantasmagorique : qu'y a-t-il effectivement de commun entre l'Égypte et la Chine, l'Afrique du Nord et l'archipel japonais ? Si on entre dans des remarques plus sérieuses, il faut distinguer entre les différents domaines linguistiques et culturels.

Au lieu de concevoir l'identité comme une réalité des individus et une propriété des choses, des idées et des mots, les pensées de l'Inde conçoivent le sujet comme impersonnel.

Qu'est-ce que cela veut dire ? Derrière nos particularités individuelles, notre caractère et notre conscience personnelle se trouverait un « fond », dépourvu de clôture et en quelque sorte de limite. En chacun de nous, si nous en prenons conscience, réside l'absolu. La « santé-sagesse » véritable consiste alors, d'une manière pour nous très paradoxale, non pas à se séparer du reste, mais à se dissoudre ! L'individu entièrement « réalisé » va se fondre dans son environnement cosmique. Entre le « soi » impersonnel de la grande « conscience » cosmique – l'absolu – et ce que vous croyez être « vous », il n'existe, du point de vue de l'Inde, aucune véritable différence ni aucune délimitation.

Le « moi » comme illusion

SAUVÉ PAR LA PENSÉE INDIENNE
« Cette lecture a été la consolation de ma vie passée et sera celle de ma mort » (Arthur Schopenhauer, *À propos des Upanishad*).

Ce que nous appelons l'*ego*, le « moi », se révèle illusoire. Ce n'est qu'une fausse frontière. Encore une fois, l'idée n'est pas celle d'une « ouverture » de l'*ego* ou une « découverte » de son caractère illimité, mais d'une prise de conscience radicale de son caractère illusoire. Tout ce qui est lié à votre « identité personnelle » – vos points forts ou faibles, vos goûts, vos penchants, vos particularités physiques et psychiques – doit finalement apparaître comme « rien » pour que se manifeste qu'il n'y a entre votre conscience (personnelle) et la conscience (absolue) aucune différence. La « Grande Parole » des *Upanishad*, celle que le philosophe allemand Schopenhauer, en Allemagne, au XIXe siècle, n'a cessé de vouloir reprendre et répéter, est : *« Tat twam asi »* – « Tu es cela. »

« Tu es cela », c'est ce que dit le maître au jeune disciple qui contemple successivement un arbre, une abeille, le ciel. « Tu es cela », c'est-à-dire : il n'y a pas de distinction réelle entre toi et ce que tu crois observer comme étant à l'extérieur de ton corps, de ta conscience, de ta perception. La totalité de la réalité et de l'Univers est en toi, comme toi en elle. Seul le voile de l'illusion te fait croire à des coupures entre sujet et objet.

Avons-nous été jusqu'au bout d'une mise en cause de l'idée d'identité ? Pas encore. En effet, dans cette équivalence générale des illusions et des apparences demeure malgré tout, de manière continue et absolue, l'identité fondamentale à « soi-même » de la grande conscience cosmique. Même si cet absolu est impersonnel, il n'en reste pas moins pourvu d'une forme d'identité, sans doute paradoxale, mais suprême. Si nous cherchons un modèle tout à fait différent de celui de l'identité occidentale, il faut donc faire un pas de plus, à l'intérieur même de la pensée issue des sources indiennes, en direction d'une évacuation, d'une annulation de l'idée même d'identité.

Ce pas de plus, c'est avec le bouddhisme qu'on peut l'accomplir. Car ce qui caractérise le bouddhisme, c'est la doctrine de l'absence d'identité, de continuité, de «soi» ou de «nature propre», aussi bien dans les individus que dans les choses. Qu'il s'agisse des sujets ou des objets, on ne trouvera nulle part aucun principe de permanence ni d'organisation interne. D'un point de vue bouddhiste, rien ne possède de «soi», ni les sujets, ni les objets. Tout se trouve dépourvu de nature propre. Telle est la principale caractéristique du bouddhisme, du point de vue qui nous intéresse ici. L'univers est une succession réglée de phénomènes discontinus et instantanés, qui n'ont pas de support, qui n'ont pas de substance, et qui sont comme dans une perpétuelle apparition et disparition. Cette discontinuité vaut également pour ce que nous appelons à tort «l'identité personnelle». Ce qui nous empêche de nous en rendre compte, ce serait la grossièreté de nos sens, les illusions de notre désir, et les erreurs, les croyances induites par notre langage.

Nous approchons donc, cette fois, d'un modèle radicalement différent. En effet, que sera la « santé » dans cette perspective ? La découverte du vide et de la discontinuité des choses, la claire vision de leur apparition-disparition, sans lien, sans persistance ni consistance. Il s'agirait là de la « véritable santé », c'est-à-dire, du point de vue bouddhiste, de l'« éveil » même, que les auteurs sanskrits nomment *bodhi* (d'où le nom du Bouddha, « l'Éveillé »), que les Japonais par exemple appellent *satori* – un coup d'œil qui soudain fait voir les choses « telles qu'elles sont », c'est-à-dire vides. De là découle que cet « éveil » ne constitue nullement une « destruction » de l'identité. Il ne s'agit pas de dire : « Nous avions une identité, et soudain, nous n'en avons plus. » Nous n'avons pas affaire à une disparition de ce qui aurait existé antérieurement. Il s'agit au contraire de percevoir que jamais cette identité supposée n'a existé ! À aucun moment le prétendu « je » n'a eu d'existence.

La permanence des sagesses

Vous voilà sans doute bien désorienté ! Eh bien, c'est excellent. Voilà ce qu'il vous faut : des moments où vous avez l'impression de ne plus savoir dans quelle direction vous tourner. Des instants où vous ne savez plus où est l'évidence. Il est vrai que si l'on considère notre conception de l'identité et celle des bouddhistes, on aura l'impression de mondes intellectuels qui n'ont rien en commun.

Rassurez-vous, il y a aussi des convergences. Dans quelle direction ? Celle de la sagesse et du comportement pratique, tout simplement !

En effet, ces univers de pensée où rien ne coïncide convergent en fait quand il s'agit des mesures pratiques du comportement, de la compassion envers ceux qui souffrent et des règles sociales de justice et d'équité. Rien ne serait plus faux que d'imaginer le respect des personnes nécessairement fondé sur une conception personnaliste de l'identité. Il serait également tout à fait inexact de se représenter les bouddhistes comme des nihilistes indifférents à toute forme de progrès individuel ou social ! L'action éthique n'est pas nécessairement fondée, comme nous avons trop souvent tendance à le croire, sur la reconnaissance d'une réalité des identités individuelles.

MONTAIGNE BOUDDHISTE ?
« Les privilèges fantastiques, imaginaires et faux, que l'homme s'est usurpé, de régenter, d'ordonner, d'établir la vérité, il les a, de bonne foi, renoncés et quittés » (Michel de Montaigne, *Essais*, 1580).

Des bouddhistes à Montaigne

Il ne faudrait pas non plus réduire trop vite le contraste entre ces deux approches à une opposition Europe-Asie ou Orient-Occident ou encore Grèce-Inde. Certes, c'est évidemment la première idée qui vient à l'esprit. À l'intérieur même de l'héritage occidental, des penseurs ont remis en question l'identité, le sujet et la plénitude de la réalité, et ont trouvé dans ces remises en cause des chemins vers la sagesse. C'est le cas, par exemple, du philosophe français Montaigne, qui vécut au XVIe siècle. Dans l'*Apologie de Raymond Sebon*, Montaigne écrit : *« Il n'est aucune constante existence, ni de notre être, ni des objets. »* La santé philosophique consisterait donc à s'apercevoir, c'est un des sens possibles de toute la pensée de Montaigne, que notre environnement, comme notre propre existence, se trouve sans réelle ni véritable identité. C'est sans doute là une conception difficile à envisager, et plus difficile encore à assumer dans toutes les dimensions pratiques qu'elle peut comporter. Il n'en reste pas moins que cette perspective n'est pas purement et simplement une vue « orientale » de l'existence.

Avons-nous fait simplement un tour dans le passé ? Ou bien les sagesses de l'Antiquité se mettent-elles à nouveau à nous parler ? Il se pourrait bien que ce soit le cas. Pourquoi ?

Parce que le monde technique ne cesse de progresser, et que le sort de l'humanité n'en devient pas plus heureux pour autant. Le simple rapprochement de ces deux évidences peut permettre de comprendre la renaissance d'une attention envers les sagesses. Chez les philosophes d'aujourd'hui, certains se préoccupent à nouveau de la manière de vivre et de l'application pratique de la philosophie. Par temps de guerres, d'extension du sida et d'actions humanitaires, faut-il s'étonner de voir revenir les sagesses ?

Sans doute l'effacement des sagesses n'a-t-il jamais été complet ni définitif. Des retours, des réminiscences, des survivances sont attestées au long de l'histoire. Ainsi, la fin du Moyen Âge, avec l'essor de l'humanisme, voit-elle renaître l'idée d'une philosophie qui n'est pas seulement « connaissance des choses divines et humaines », mais aussi « application à bien vivre selon la loi de la raison ». Le poète Pétrarque, à son tour, refuse d'appeler philosophes *« les professeurs assis dans une chaire »,* et juge *« plus important de vouloir le bien que de connaître la vérité ».* Mais la rupture instaurée par le christianisme ne fut malgré tout jamais tout à fait effacée.

À partir du XVIIe siècle, la philosophie paraît être devenue discours théorique et rien d'autre. Peut-être n'est-ce pas si simple. On peut se demander ce qui a subsisté de l'ancienne philosophie vécue dans la philosophie abstraite. Elle n'a pas disparu sans laisser de traces. Au XVIIe siècle, Descartes lui-même, fondateur d'une conception systématique de la philosophie, soutient que la vraie philosophie doit modifier l'existence. Et Spinoza, qui prolonge et critique la pensée de Descartes, retrouve, à la fin de son traité intitulé l'*Éthique,* le chemin de la sagesse.

Une question d'attitude

Il est encore possible de discerner au XIXe siècle, chez des philosophes comme Schopenhauer, Nietzsche, ou bien au XXe siècle comme Bergson ou Wittgenstein, une invitation renouvelée à transformer radicalement notre manière de vivre. Peut-être se tourne-t-on aujourd'hui de nouveau vers ce type d'aventure philosophique pour chercher un autre horizon que celui déjà fabriqué par les places boursières et les autoroutes de l'information.

Dans la perspective des sagesses, l'aventure philosophique se poursuit par une activité pratique. Connaître le bien, savoir ce qu'il vaut mieux faire n'est pas, en l'occurrence, affaire de discours et de discernement théorique. Ce serait plutôt une question de posture, d'attitude, d'adaptation sans réflexion préalable et sans hésitation. Il ne s'agit pas, en effet, de construire quoi que ce soit. Pas même une sagesse.

La perspective habituelle pourrait être renversée : la sagesse est déjà là, seules nos craintes et nos attachements illusoires en barrent l'accès. Comme si l'on était né en sachant déjà jouer du violon, et que l'on devait faire de grands efforts afin de se débarrasser des habitudes qui nous empêchent de faire preuve de cette virtuosité. Essayez donc !

Vérités, sciences et expériences

La longue union des sciences et de la philosophie

Vous devez vous en douter : les aventures des philosophes ne s'arrêtent pas avec les sagesses. Elles se poursuivent, selon d'autres voies, dans le développement des sciences. On pourrait penser qu'il n'y aucun rapport entre les sages d'autrefois, dont la figure semble appartenir à un passé lointain, et les scientifiques d'aujourd'hui, qui préparent dans leurs laboratoires les conditions de vie des générations futures.

D'un côté, des amateurs de bonheur, les mains nues, armés seulement de patience et de raison. De l'autre côté, des équipes de recherche qui veulent comprendre les mécanismes de la nature à grand renfort de mathématiques et d'expérimentations. Entre ce monde ancien et ce monde moderne, il semble bien, au premier regard, qu'existent peu de points communs. Il faut pourtant se méfier de cette opposition trop simple, qui risque d'être trompeuse.

N'oublions pas qu'un seul terme, en grec ancien *sophia,* désigne à la fois le savoir et la sagesse. Ainsi, pour un Grec de l'Antiquité, celui qui est *sophos* (l'adjectif formé sur *sophia*) est à la fois sage et savant. Et les philosophes, ceux qui « aiment » *(philô)* le savoir-sagesse, et le recherchent parce qu'ils le désirent, sont des esprits qui projettent aussi bien de devenir sages que de devenir savants. Voilà pourquoi les scientifiques, pendant plus de deux mille ans, ne se sont pas distingués des philosophes. Les mêmes hommes écrivaient des traités de mathématiques ou d'astronomie et rédigeaient des ouvrages de métaphysique et de morale. Les premiers philosophes occidentaux, sur la côte d'Asie Mineure, furent aussi les premiers physiciens.

Platon avait fait inscrire, dit-on, à l'entrée de son école : *« Que nul n'entre ici s'il n'est géomètre. »* L'apprentissage des mathématiques n'était pas seulement, à ses yeux, un entraînement à la vie conceptuelle et aux argumentations. C'était aussi une forme d'entraînement moral au cours duquel l'âme apprenait à se tourner vers les idées et à délaisser les impressions des sens pour ne considérer que les notions dans leur pureté. Aristote a développé notamment les sciences d'observation et donné à la biologie son premier essor à la fois théorique et pratique. Il a également travaillé sur de nombreux sujets que l'on rangerait aujourd'hui dans le domaine des sciences de la vie et de la Terre, par exemple les mouvements des astres et les phénomènes climatiques. On dit même – c'est évidemment une légende – qu'Aristote se serait jeté du haut d'une falaise parce qu'il ne parvenait pas à comprendre le mécanisme des marées !

Une seule aventure

Le Moyen Âge n'a pas cessé de transmettre les connaissances héritées d'Aristote, considéré alors comme « le maître de ceux qui savent ». Même après les grandes mutations scientifiques de la Renaissance, la plupart des philosophes ont été aussi des savants. Ainsi, Descartes, au milieu du XVIIe siècle, a-t-il fait d'importantes découvertes en mathématiques (le repère cartésien : abscisses et ordonnées), mais aussi en optique, tout en poursuivant des recherches en biologie et en médecine par le moyen de dissections. Spinoza est, lui aussi, mathématicien et physicien, et il échange une correspondance avec d'autres savants, notamment avec le physicien Huygens. Pascal invente la première machine à calculer, après avoir rédigé, à seize ans, un

Essai sur les coniques. Leibniz, au XVIIIe siècle, crée le calcul infinitésimal et met au point la notion de dérivée. Les Encyclopédistes mènent de front travaux de philosophie et recherches de physique, de chimie, de géologie. Ce ne sont que quelques exemples. Une liste complète comprendrait pratiquement tous les philosophes qui ont marqué l'histoire ! La plupart d'entre eux furent également des scientifiques, et cela jusqu'au XIXe siècle. En résumé : durant de longs siècles, philosophie et sciences eurent une seule et même inspiration, reposèrent sur un seul et même désir de savoir, constituèrent une seule et même aventure – l'aventure de l'esprit de connaissance, de la pensée qui cherche à comprendre le monde.

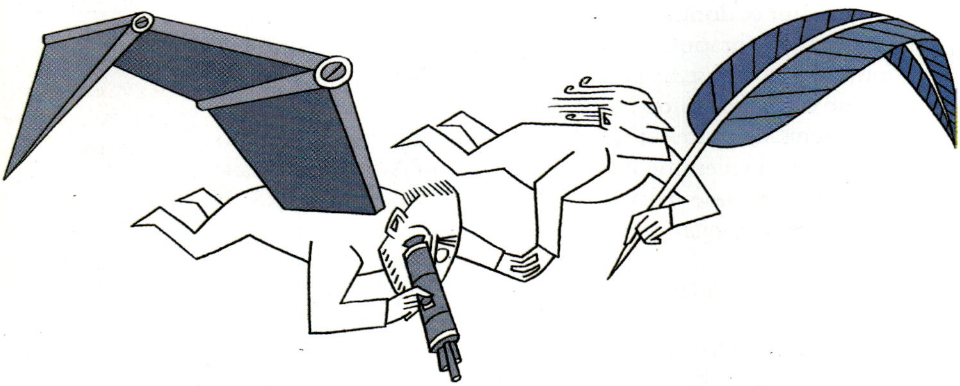

Que se passe-t-il ensuite ? Quelle est la cause du divorce entre philosophes et scientifiques ? Pourquoi les uns et les autres sont-ils partis vers leurs propres aventures ? Comment philosophes et scientifiques sont-ils passés de la proximité à l'éloignement ? Ce n'est pas simple à résumer en deux mots. Les disciplines scientifiques sont devenues de plus en plus indépendantes, de plus en plus diverses et de plus en plus spécialisées. La variété des domaines scientifiques est devenue tellement foisonnante que plus aucun esprit humain ne peut prétendre la parcourir en entier. Même dans un seul domaine (mathématiques, ou physique, ou chimie, ou biologie), il y a longtemps qu'un seul homme ne peut rêver de tout saisir. La spécialisation l'a donc emporté. Les philosophes sont devenus, en grande partie, seulement des spécialistes de philosophie, ce qui veut souvent dire une pensée amputée des connaissances scientifiques les plus récentes, et réduite à des réflexions sur la morale, l'histoire ou la création artistique.

La « double culture »

Quand la proximité de la philosophie et de la science a fini par se défaire, une « double culture » s'est mise en place : celle des scientifiques d'un côté, avec ses références spécifiques, ses connaissances théoriques et pratiques, et une culture des « littéraires », avec ses œuvres clés, ses généralités et ses citations. Entre les deux, les rencontres ne sont pas nombreuses. Scientifiques et littéraires n'ont pas les mêmes bases ni le même vocabulaire. La manière d'aborder les questions est souvent différente. Bref, un fossé s'est creusé. Il appartient à chacun d'essayer de le combler, ou tout au moins de construire des ponts, des passerelles, pour tenter de surmonter les distances. Aux philosophes de renouer avec les connaissances scientifiques, en cessant d'y voir des spécialisations dépourvues d'invention. Aux scientifiques de retrouver le sens de l'analyse théorique, en se défaisant des préjugés sur la prétendue inutilité de la réflexion philosophique.

L'EFFORT PHILOSOPHIQUE DE PASCAL
« Nous avons une impuissance de prouver, invincible à tout le dogmatisme. Nous avons une idée de la vérité, invincible à tout le pyrrhonisme » (Blaise Pascal, *Pensées*, 1670).

Et vous aussi, évidemment, vous n'échappez pas à cet effort à faire. Si vous avez fait des études littéraires, il vous faut apprendre à découvrir les sciences, leurs styles de pensée et leurs découvertes. Si au contraire vous êtes scientifiques, ne pensez pas trop vite que la philosophie est une affaire de littéraires et ne contient rien de sérieux d'un point de vue théorique.

Trois théories de la connaissance

Comment connaissons-nous quelque chose? De quelle manière se forment les connaissances? En provenance de quelle source? Selon quel processus? Y a-t-il plusieurs sortes de connaissances? Si oui, qu'est-ce qui distingue des autres les connaissances qu'on appelle scientifiques? À quoi les reconnaît-on? Voilà des questions qui touchent directement au travail des philosophes comme à celui des scientifiques. Comprendre pourquoi n'est guère compliqué.

Ce que cherchent les philosophes, ce n'est pas seulement la sagesse, c'est aussi la connaissance vraie. Saisir comment marche le monde, selon quelles lois fonctionne la réalité, voilà qui les mobilise, tout comme prendre la mesure des pouvoirs de notre esprit et des limites de ses capacités. Or toutes ces questions sont inséparables de l'activité même des scientifiques. Elles concernent non seulement l'acquisition des connaissances en général, mais aussi la formation des concepts propres aux sciences.

Pour commencer à y voir plus clair, partons de ce qu'on appelle généralement les «théories de la connaissance», c'est-à-dire les explications globales concernant la manière dont se forment les idées dans notre esprit. En schématisant, on peut dire qu'il y a trois positions d'ensemble. Soit la raison seule connaît, et pas les sens. Soit toutes les connaissances dérivent de nos sensations. Soit, enfin, les matériaux fournis par les sensations sont structurés par des principes organisateurs qui ne proviennent pas eux-mêmes de notre expérience du monde. Reprenons.

La première conception (la raison seule connaît) considère que les informations fournies par nos cinq sens ne sont pas fiables. Elles sont même, la plupart du temps, trompeuses ou superficielles. C'est seulement en comparant, en construisant des raisonnements, en utilisant notre capacité d'abstraction que nous pourrons connaître quelque chose. Pour Platon comme pour Descartes, en dépit de leurs différences de doctrine et d'époque, ce que nous voyons, entendons, touchons etc., est moins certain que ce que nous jugeons, par la seule action de notre intelligence. Il existe en nous, selon ces philosophes, des «idées innées», c'est-à-dire des idées présentes dans notre esprit dès notre naissance et qui, par définition, ne dérivent pas de l'expérience. Il existe surtout en nous ce qu'on pourrait appeler un «sens du vrai», qui nous permet de faire le tri entre vrai et faux. Entre notre esprit et les idées vraies, une parenté fondamentale permet la formation des connaissances.

Tout provient-il de l'expérience?

À l'opposé, les philosophes qu'on appelle «empiristes» (du grec *empeïria,* l'«expérience») vont soutenir que nos connaissances ne proviennent que de nos sensations et impressions. Pour Épicure dans l'Antiquité, pour Locke ou Hume à l'âge classique, c'est uniquement de nos expériences sensibles que proviennent nos idées. Un aveugle de naissance ne peut se faire aucune idée des couleurs, puisqu'il ne les a jamais ressenties. C'est bien la preuve que nous formons nos idées au moyen de la répétition des sensations. L'esprit est d'abord comme une table rase, c'est-à-dire vide, et sur cette table viennent se déposer ou se graver petit à petit les connaissances. Cette théorie est tout à fait inverse de la précédente: ici, c'est toujours du dehors que proviennent les idées. Même la raison est façonnée progressivement par nos expériences concrètes. L'enfant ne sait pas spontanément que la flamme brûle. Il l'apprend en éprouvant une brûlure s'il approche sa main de la flamme. Il construira, à partir de cette expérience concrète et de bien d'autres semblables, la relation de cause (la flamme) à conséquence (la brûlure).

DE L'ORIGINE DES IDÉES

«Supposons donc qu'au commencement l'âme est ce qu'on appelle une table rase *(tabula rasa),* vide de tous caractères, sans aucune idée quelle qu'elle soit : comment vient-elle à recevoir des idées? Par quel moyen en acquiert-elle cette prodigieuse quantité que l'imagination de l'homme, toujours agissante et sans bornes, lui présente avec une variété presque infinie? D'où puise-t-elle tous ces matériaux qui sont comme le fonds de tous ces raisonnements et de toutes ses connaissances? À cela je réponds en un mot, de l'expérience. C'est là le fondement de toutes nos connaissances, et c'est de là qu'elles tirent leur première origine» (John Locke, *Essai sur l'entendement humain,* 1690).

Entre ces deux théories inconciliables, une troisième voie est ouverte par Leibniz et par Kant au XVIIIe siècle. L'expérience concrète fournit les matériaux de nos connaissances, mais il faut que se trouvent dans notre esprit des principes organisateurs de cette expérience, qui ne dérivent pas de nos sensations, sinon cette expérience elle-même demeurerait informe, dispersée, comparable à un amoncellement de matériaux sans architecture. Pour que les sons, les formes, les couleurs, les odeurs se combinent, il faut qu'une liaison soit construite entre tous ces éléments. Or cette liaison ne se trouve pas dans les sensations elles-mêmes. Elle est réalisée par notre esprit. Ainsi, avec les empiristes, on peut admettre qu'il n'existe *« rien dans l'esprit qui n'ait été auparavant dans les sens »,* si ce n'est… l'esprit lui-même ! Tout se dépose sur la table, mais la table est là d'abord ! Elle est vide ? Soit, mais vous pouvez imaginer qu'elle possède des creux et des bosses, ou des circuits susceptibles d'organiser ce qui s'y dépose.

Comme vous le constatez, ces premières indications concernent la connaissance en général, pas encore la connaissance scientifique proprement dite. L'expérience dont il vient d'être question est celle que nous faisons du monde quotidiennement, ce que nous éprouvons de la réalité, et de nous-mêmes comme partie de cette réalité. Cette expérience commune est identique pour tous, que nous soyons scientifiques ou non. Elle n'a rien à voir avec les expérimentations construites qui sont élaborées et mises en œuvre dans les laboratoires.

Il nous faut donc partir à la recherche de ce qui caractérise le mode de pensée scientifique, en délimitant ce qui le distingue de la pensée « en général ». Notre question devient : « Comment pensent les scientifiques ? »

Qu'est-ce qui préoccupe en commun philosophes et scientifiques ? Que cherchent-ils à connaître ? La vérité. Aucun philosophe ne veut penser quelque chose de faux, aucun scientifique ne désire un résultat inexact. Évidemment. Mais cela ne suffit pas. Il faut savoir, d'abord, ce que nous dénommons « vérité ».

CONNAISSANCE ET EXPÉRIENCE
« Si toute connaissance débute avec l'expérience, cela ne prouve pas qu'elle dérive toute de l'expérience » (Emmanuel Kant, *Critique de la raison pure*, 1781).

La vérité comme relation

La vérité, contrairement à ce qu'on imagine fréquemment, n'est pas une notion mystérieuse ou extraordinaire. Il arrive qu'on parle de la Vérité, avec un grand V, comme d'une sorte de révélation absolue, énigmatique et floue. Cela est sans intérêt. Car « la vérité » n'est pas un contenu, une doctrine, une idée, même pas un résultat. C'est une relation, un certain rapport entre un énoncé et, soit d'autres énoncés, soit le monde extérieur.

Des explications suivent dans un instant. Avant d'y venir, il faut souligner le point essentiel : être « vrai » est une qualité que l'on attribue à des phrases. Et cette qualité est présente ou absente en fonction de leur lien à d'autres phrases ou bien en fonction de leur lien à la réalité. Cette qualité, encore une fois, n'a rien de mystérieux. Parfois, elle n'a rien de particulièrement intéressant. Voulez-vous un exemple de vérité éternelle sans intérêt? En voici un: «Vos yeux ont parcouru cette phrase». Si vous venez de lire la phrase qui précède, alors, pour vous, celle-ci est vraie. Et c'est bien une vérité éternelle, car rien ne pourra faire désormais qu'il n'en ait pas été ainsi. Aucune volonté humaine ni même divine ne pourra effacer le fait que vous avez, effectivement, parcouru la phrase en question et que la phrase «Vos yeux ont parcouru cette phrase» soit devenue vraie. Il en est ainsi pour l'éternité. Ce n'est pas du tout extraordinaire. Il est plus intéressant de chercher les différents moyens pour produire des vérités.

Intuition et raisonnement

L'INTUITION CARTÉSIENNE
«J'entends par intuition, non la croyance au témoignage variable des sens ou les jugements trompeurs de l'imagination, mauvaise régulatrice, mais la conception d'un esprit pur et attentif, si facile et si distincte qu'aucun doute ne reste sur ce que nous comprenons» (René Descartes, *Règles pour la direction de l'esprit*, 1628).

Les vérités peuvent naître de manière immédiate, en apparaissant comme des évidences, ou bien elles peuvent résulter d'un travail logique d'argumentation et de démonstration. La pensée «intuitive» (du latin *tueri*, «voir») est celle qui rencontre immédiatement son objet. Cette pensée «sans intermédiaire» s'oppose au raisonnement qui, lui, est construit. On appelle «intuition sensible» la saisie directe du monde par notre expérience corporelle. Cette saisie immédiate n'a pas de portée scientifique. En revanche, l'intuition intellectuelle peut avoir pour la connaissance une importance fondamentale. C'est en tout cas l'un des apports de la pensée de Descartes que d'avoir accordé ses lettres de noblesse scientifique, si l'on peut dire, à l'intuition. Il appelle «intuition intellectuelle» la saisie immédiate par notre pensée d'idées simples, que nous ne pouvons décomposer, et qui nous apparaissent comme des évidences. Cette intuition intellectuelle nous permet de saisir les points de départ, les premiers principes. Ceux-ci constituent en quelque sorte des vérités s'imposant d'elles-mêmes comme vraies, sans qu'il soit besoin de démonstration.

À l'opposé, le raisonnement est comme un chemin qui fait avancer des points de départ vers des conséquences logiques. Il s'agit cette fois d'atteindre de nouvelles connaissances. Les principaux types de raisonnements sont au nombre de trois : analogie, induction, déduction.

L'analogie fait passer d'observations établies à des conclusions supposées exactes en raison de ressemblances. Les textes d'un romancier m'ont intéressé alors, par analogie, je vais juger que le nouveau roman du même auteur m'intéressera aussi. Il est clair que ce type de raisonnement, très fréquent dans la vie quotidienne, est dépourvu de rigueur. Rien ne prouve, évidemment, que la ressemblance soit concluante.

L'induction est un type de raisonnement plus intéressant. Il fait passer d'un nombre fini d'expériences à un énoncé général, jugé valable pour tous les autres cas. Les énoncés de lois scientifiques sont fondés sur des inductions. Parce qu'on a fait des centaines ou des milliers de fois une même observation, parce qu'on a répété des centaines et des milliers de fois la même expérience, alors on pourra conclure que la loi exprimant le phénomène est applicable à tous les autres cas semblables. Il est clair que ce raisonnement par induction a une très grande valeur pratique. Il permet de tirer des observations déjà faites des résultats universels.

« Le Soleil se lèvera demain »

Toutefois, d'un point de vue logique, ce raisonnement ne présente aucune certitude. La généralisation des résultats ne constitue pas une démonstration. Il n'existe en effet aucune certitude absolue pour que ce qui s'est toujours produit continue à le faire de la même manière à l'avenir. Au siècle des Lumières, dans ses *Essais philosophiques sur l'entendement humain,* le philosophe David Hume a formulé une critique radicale de ce raisonnement par induction. Il soutient que l'affirmation : « Le soleil se lèvera demain », expérience indéfiniment vérifiée, ne comporte aucune certitude véritable. Il s'agit non pas d'une connaissance, sûre et certaine, mais d'une croyance nécessaire à notre raison pour continuer à faire des prévisions sur le monde. Nous avons impérativement besoin de croire dans la continuité de notre réalité quotidienne, dans la persistance et dans la répétition des phénomènes réguliers que nous avons depuis toujours observés. Mais cette croyance raisonnable ne nous fournit aucun véritable savoir, aucune inébranlable certitude.

Cette certitude, c'est dans le raisonnement par déduction que nous allons pouvoir la trouver. En effet, ce qui constitue la force du raisonnement par déduction, c'est uniquement la bonne cohérence logique entre les points de départ et les conclusions. Le raisonnement sera valide (et le résultat sera absolument certain, à l'intérieur du cadre défini par les points de départ) si les règles de logique sont respectées. Quelques exemples feront comprendre. Un raisonnement par déduction peut être valide, même si les données de départ sont fausses. Si je dis : « Tous les élèves sont des anges, or mon chien est un élève, donc mon chien est un ange », j'ai un raisonnement valide (de la forme « tous les *x* sont *y*, *z* est un *x*, donc *z* est *y* »), alors que les propositions constituant les différents éléments du raisonnement sont toutes fausses

chacune prise à part (les élèves – vous le savez bien ! – ne sont pas des anges, etc.). Mon raisonnement est inattaquable, bien que le résultat soit empiriquement faux.

La distinction entre la forme d'un raisonnement et la vérité matérielle des éléments qui le composent est essentielle pour comprendre l'architecture du domaine mathématique. À partir d'énoncés matériellement vrais, on peut conduire une déduction formellement fausse. Exemple : « Tous les Écossais sont Britanniques (vrai), donc (l'erreur est là !) tous les Britanniques sont Écossais ». L'énoncé de départ est exact, la déduction est mal conduite : à partir de « tous les *x* sont *y* », on peut déduire seulement que « certains *y* sont *x* ». De même : « Toutes les femmes sont des êtres humains, donc tous les êtres humains sont des femmes » part d'une donnée de départ exacte pour aboutir, par un mauvais raisonnement, à une déduction fausse. Mais il est également possible, on l'a vu, de mener une déduction qui soit valide à partir d'énoncés faux.

LA LOGIQUE DE LA LANGUE
« Dans la langue il n'y a que des différences. Bien plus, une différence suppose en général des termes positifs entre lesquels elle s'établit ; mais dans la langue il n'y a que des différences sans termes positifs » (Ferdinand de Saussure, *Cours de linguistique générale*, 1913).

Ces précisions finissent de mettre en lumière la différence entre « vérité formelle » et « vérité matérielle ». La vérité formelle, ou vérité logique, c'est la relation bien construite d'une conséquence avec les hypothèses d'où elle est tirée. De ce point de vue, la vérité est interne au système de données considéré, aux règles de déduction à l'œuvre dans le système. La vérité matérielle est la relation pertinente entre un énoncé et une réalité expérimentale extérieure au discours. Vous constatez donc qu'aucun énoncé n'est vrai ou faux en lui-même. Tout énoncé est vrai ou faux par rapport soit à un système d'hypothèses, soit à une réalité extérieure.

« Les pommes sont bleues »

À votre avis, la phrase : « Les pommes sont bleues » est-elle vraie ou fausse ? Eh bien, il n'y a pas de moyen de le dire. En tout cas tant que cette phrase sera seulement considérée en elle-même. Vous devrez donc, avant de vous prononcer, demander des précisions. Par rapport à la réalité extérieure, la phrase pourra être vraie, s'il y a des pommes peintes en bleu sur la table ou quelque part dans le domaine de vérification que je considère. Cette même phrase sera fausse si vous parlez de l'ensemble des pommes en général, celles qu'on trouve sur les pommiers, et qui sont vertes, jaunes ou rouges, mais jamais bleues.

Le principe de non-contradiction

En ce qui concerne la vérité formelle, la même phrase – « Les pommes sont bleues » – pourra être vraie ou fausse en fonction de sa relation au point de départ considéré. Par exemple : « Tous les fruits sont bleus, donc les pommes sont bleues », est un raisonnement valide et la phrase deviendra vraie en fonction de son énoncé de départ – lequel est matériellement faux, évidemment. En revanche, la phrase : « Quelques fruits sont bleus, donc les pommes sont bleues » illustre un raisonnement mal construit, car j'ignore si la totalité des pommes se range dans cette partie bleue de l'ensemble des fruits.

Ce type de distinctions avait déjà été aperçu et analysé par les philosophes grecs, et en particulier par Aristote qui a dégagé le premier le principe fondamental de toute pensée, le principe de non-contradiction. Souvenez-vous : quand nous avons commencé à parler des philosophes, nous avons constaté qu'il y a certaines choses que nous ne pouvons pas penser, comme un cercle carré. Cette impossibilité est une application de ce principe de non-contradiction. Une chose contradictoire ne nous est pas pensable – il faut se rappeler que nous parlons d'une contradiction interne à une idée. Exemple : « L'herbe est rouge » est un énoncé contraire à votre expérience familière. Mais l'herbe rouge est pensable et, bien que contraire à vos habitudes et à vos observations, l'idée d'herbe rouge n'est pas contradictoire en elle-même. Vous pouvez tout à fait bien penser à de l'herbe rouge. Si d'autre part je considère la phrase : « L'herbe est rouge et verte », cela paraît encore pensable : vous pouvez imaginer que des parties de l'herbe sont vertes et d'autres rouges, ou bien que l'herbe, ayant été peinte, est rouge au-dessus mais toujours verte en dessous. Vous pouvez donc penser la juxtaposition, le voisinage de la couleur verte et de la couleur rouge dans l'herbe.

Là où vous allez véritablement rencontrer une contradiction, et donc une pensée « impensable », c'est si vous considérez la phrase : « L'herbe verte est rouge. » Voilà quelque chose que vous ne pouvez véritablement pas penser. Il se trouve que ce n'est ni vrai ni faux, mais insensé, absurde. En effet, dire que l'herbe verte est rouge reviendrait à dire que l'herbe est à la fois, dans le même temps, au même endroit, rouge et non-rouge ! Qu'elle serait rouge et… ne le serait pas. Et vous voyez bien que cela est exclu. C'est là une impossibilité pour votre esprit, et pour tout esprit humain.

Contradictoire, possible, réel

Du point de vue de la logique et du fonctionnement de notre pensée, ce qui est « contradictoire » est impossible. Vous pouvez en conclure que ce qui n'est pas contradictoire est « possible », cela signifie que nous pouvons le penser. Mais n'oubliez pas que ce qui est « possible » n'est pas forcément « réel ». Vous pouvez penser de l'herbe rouge, une montagne d'or, ou toutes sortes d'objets qui ne contiennent pas pour la pensée de contradictions, mais qui n'en sont pas moins introuvables dans la réalité. Il nous faut donc clairement distinguer l'impossible (impensable), c'est-à-dire le contradictoire, du possible (pensable mais inexistant), et du réel (possible réalisé).

Ces quelques premières vues ne tiennent pas encore compte de l'histoire de la pensée scientifique et de son évolution. Or il s'est produit, en tous domaines, de nombreuses

LE SYLLOGISME
« Le syllogisme est un discours dans lequel, certaines choses étant posées, quelque chose d'autre que ces données en résulte nécessairement par le seul fait de ces données » (Aristote, *Premiers Analytiques*).

ruptures. Même le champ de la logique, qui pouvait paraître stable, a été reconstruit et élargi. Kant, à la fin du XVIIIe siècle, pouvait encore écrire que la logique était demeurée inchangée depuis l'Antiquité. Ce n'est plus le cas. La naissance de l'algèbre logique a profondément modifié l'analyse des formes de raisonnement. Depuis Aristote, et durant tout le Moyen Âge, la théorie du syllogisme s'était employée à examiner quelles formes de raisonnement étaient concluantes et quelles formes ne l'étaient pas. Lorsque l'algèbre logique moderne s'est développée, on a envisagé différentes manières de calculer les relations possibles entre les énoncés, en pouvant soumettre au calcul la « valeur de vérité » de démonstrations entières.

L'idée de système hypothético-déductif

Le développement de ces réflexions a conduit à envisager autrement l'architecture propre au domaine logique et mathématique. L'un des points principaux est la notion de « système hypothético-déductif ». Que signifie cette dénomination savante ? Un « système formel » est une langue artificielle, composée de définitions, de symboles et d'axiomes (énoncés de départ qui demeurent indémontrables), ainsi que de règles de déduction (commutativité, transitivité, etc.). Ainsi peut-on définir des systèmes plus ou moins riches, où certains théorèmes seront démontrables et d'autres non. Vous êtes toujours là ?

Les logiciens modernes sont donc arrivés à la conclusion qu'il existe non pas la logique ou une logique, seule et unique, mais des systèmes formels possibles. « Hypothético-déductif » signifie qu'il s'agit de systèmes où on considère uniquement le rapport entre des « hypothèses » (points de départ) et leurs conséquences (déduites de ce qui a été posé au départ). Plus simplement : un système hypothético-déductif est de la forme «si…, alors…». Si je pose telle base de départ, alors je vais pouvoir déduire tel ou tel type de conséquences.

Les mathématiques sont des systèmes hypothético-déductifs. Elles sont comme un jeu où des mondes sont à construire. En fonction des points de départ (variables) et des règles du jeu (choisies), il s'agit d'explorer les possibilités ouvertes par cet ensemble de données. Dans ce domaine purement logique, le possible (rappelez-vous : ce qu'on peut penser sans tomber dans une contradiction) est aussi le seul monde «réel». Il n'y a pas d'autre limite à l'univers des mathématiques que les contraintes que l'on s'est données au départ à l'intérieur de chaque monde d'idées.

Des «objets» de pensée

Dans les sciences expérimentales (physique, chimie, biologie, etc.), il existe aussi une large part d'hypothèse et de déduction, mais le résultat de ces déductions est soumis à un verdict de l'expérimentation qui, s'il est négatif, fera modifier l'hypothèse de départ. Car dans des sciences comme la physique, la chimie, la biologie et l'ensemble des sciences de la nature, la pensée et le raisonnement sont en

permanence confrontés à une réalité externe. Et c'est le verdict de cette réalité qui dira en fin de compte si l'hypothèse de départ était vraie ou fausse. Tout ce qui est « possible » ne va pas, cette fois, correspondre à la réalité – celle-ci est unique et elle exclut certaines possibilités.

En d'autres termes, les mathématiques et la logique n'ont affaire qu'à des « objets » de pensée. Les sciences qui étudient les phénomènes de la nature ont affaire, elles, à des réalités qui se trouvent hors de l'esprit, et dont elles doivent comprendre le fonctionnement. Une des sources d'étonnement, pour ceux qui y prêtent attention, est d'ailleurs la correspondance des énoncés mathématiques et des réalités physiques. Comment se fait-il que les mathématiques, qui dépendent de notre esprit, rendent compte du monde, qui n'en dépend pas ? Cette question découle d'une révolution qui a tout bonnement fondé la science contemporaine : la mathématisation du réel.

Les équations et les choses

Il vous paraît normal que la physique utilise des équations, des variables et des constantes, et qu'elle exprime ses découvertes en termes mathématiques. Mais, jusqu'à la Renaissance, ce ne fut pas le cas. Les mathématiques existaient d'un côté, les explications des phénomènes physiques d'un autre côté. Ainsi les équations permettant d'exprimer le mouvement uniformément accéléré étaient-elles connues, à Oxford, au XIIe siècle. Mais, pour les mathématiciens de cette époque, il s'agissait de calculer uniquement des mouvements théoriques et la vitesse de mobiles qui n'existaient qu'en idée. Personne ne pensait à appliquer ces formules mathématiques à des mouvements réels et à des objets qui se déplacent dans l'espace concret de la physique terrestre. La physique et l'algèbre demeuraient des disciplines distinctes. Nul ne songeait à leur unification.

C'est avec Galilée, à la fin du XVIe siècle, que naît la physique mathématisée, et la démarche spécifique de la science moderne. Ceci demande quelques explications.

La naissance de la physique scientifique

On doit à Galilée, entre autres découvertes, celle de la loi de la chute des corps, exprimée par la formule $v = 1/2\ gt^2$, dans laquelle v désigne la vitesse atteinte par un corps en chute libre à un temps t, g est une constante et t est le temps écoulé ($t_1 - t_0 = t$). Cette chute libre verticale est un cas particulier de l'ensemble des mouvements calculables sur un plan incliné pour lesquels, si a est l'angle formé par le plan par rapport à l'horizontale, l'équation du mouvement uniformément accéléré est : $v = 1/2\ g \sin\alpha\ t^2$.

Pour avoir une idée de ce qu'est une connaissance scientifique et des conditions nécessaires à son apparition, il faut d'abord se rappeler qu'elle ne surgit pas à partir de rien, dans un milieu qui serait dépourvu de toute explication. Avant Galilée, il y avait une physique. Elle n'était pas scientifique, mais elle permettait d'expliquer, de manière apparemment cohérente, pourquoi les objets tombaient, pourquoi certains étaient plus légers que d'autres, pourquoi les uns flottaient tandis que d'autres coulaient.

Cette ancienne physique, préscientifique, était héritée de la pensée d'Aristote. Elle était fondée sur la représentation d'un monde orienté (avec un «haut» et un «bas») et sur une théorie des «lieux naturels», liés à la qualité des éléments. Exemple : une pierre lancée en l'air retombe. Pourquoi ? Explication de l'an-

LA PREMIÈRE MATHÉMATISATION DU RÉEL

«La philosophie est écrite dans ce très vaste livre qui constamment se tient ouvert devant nos yeux – je veux dire l'Univers –, mais on ne peut le comprendre si d'abord on n'apprend pas à comprendre la langue et à connaître les caractères dans lesquels il est écrit. Or il est écrit en langue mathématique, et ses caractères sont les triangles, les cercles et les autres figures géométriques, sans lesquelles il est absolument impossible d'en comprendre un mot, sans lesquels on erre vraiment dans un labyrinthe obscur» (Galilée, *l'Essayeur, Dialogue*).

cienne physique : la pierre est composée de l'élément « terre » et elle a tendance à rejoindre son « lieu naturel » qui est le « bas ». Quand on la lance vers le haut, on l'écarte de son lieu naturel, on lui fait subir un « mouvement violent » et elle a tendance à le rejoindre en retombant.

Au contraire, si la fumée monte, c'est qu'elle est composée de feu et d'air, dont le « lieu naturel » est le « haut ». Si l'on force une fumée à descendre, elle finira par remonter pour rejoindre son lieu. Mais ces mouvements ne sont pas considérés comme mathématisables, car ils appartiennent au monde terrestre (« sublunaire », c'est-à-dire sous la Lune, dans le vocabulaire d'Aristote). Dans ce monde où nous vivons, les trajectoires ne sont pas précises ni régulières. C'est un monde de l'à-peu-près, soumis à des variations diverses et imprévisibles, donc un monde incalculable. Les mathématiques peuvent s'appliquer uniquement aux mouvements des corps célestes (étoiles, Soleil), parce qu'ils appartiennent à un monde régulier.

Quitter les conceptions anciennes

Que retenir de ces explications qui nous paraissent étranges et surtout naïves ? Elles constituaient des explications déjà là, des réponses toutes prêtes. La connaissance scientifique ne se forme donc pas sur un terrain libre. Il existe toujours, avant elle, des réponses disponibles, qu'il va falloir écarter. Pour constituer le domaine des questions de la physique scientifique, il a fallu rompre avec tous les aspects de l'ancien univers intellectuel.

Au lieu d'un espace orienté, avec des lieux qualitativement différents, Galilée pose l'existence d'un espace physique uniforme, infini, où chaque point n'est défini que par ses coordonnées dans un repère… galiléen. Au lieu d'un monde sublunaire et d'un monde céleste, un seul univers qui peut se dire en termes mathématiques. Au lieu de qualités sensibles des éléments, des corps neutres dont il s'agit d'exprimer la vitesse en fonction du temps. Au lieu d'explications fondées sur notre expérience vécue quotidienne, des lois décrivant « comment » chutent les corps pesants et non « pourquoi » ils tombent. De considérations imaginaires sur les qualités des choses on passe donc ici, avec la connaissance scientifique, à des relations mathématiques entre des variables.

Rompre avec l'immédiat

La réflexion sur la connaissance scientifique se nomme « épistémologie » (du grec *épistêmé,* « science »). Une des questions centrales de l'épistémologie est de comprendre comment les connaissances scientifiques se forment. Car il ne suffit pas, vous le comprenez bien, d'observer la nature pour y déchiffrer les mécanismes de la physique ou de la chimie. Ce n'est donc pas une suite d'observations naïves ou d'expériences vécues qui conduisent à la formation de la théorie scientifique. L'histoire de Newton voyant tomber une pomme et formant ainsi la théorie de la gravitation universelle est évidemment une fable. Non seulement notre expérience quotidienne ne nous aide pas, mais bien souvent elle nous gêne et nous handicape pour voir la réalité d'un œil scientifique. Nous avons toujours l'impression qu'un kilo de plumes est plus léger qu'un kilo de plomb ! Nous avons spontanément tendance à attribuer un rôle, dans la vitesse de chute, à la masse d'un corps, croyant que le plus lourd va tomber plus vite !

LA SCIENCE, BAIN DE JOUVENCE DE L'ESPRIT

« Quand il se présente à la culture scientifique, l'esprit n'est jamais jeune. Il est même très vieux, car il a l'âge de ses préjugés. Accéder à la science, c'est, spirituellement, rajeunir, c'est accepter une mutation brusque qui doit contredire un passé » (Gaston Bachelard, *la Formation de l'esprit scientifique*, 1938).

Il faut donc attribuer à la connaissance scientifique une capacité d'invention particulière. La connaissance n'est pas passive. Elle ne consiste pas à enregistrer ce que le monde réel « dit » et donne à voir. Avant d'observer, il faut savoir ce qu'on veut chercher, il faut avoir défini les questions que l'on va poser. Celles-ci seront matérialisées dans un dispositif expérimental dont chaque élément est entièrement dépendant de la théorie. Le dispositif expérimental n'existe pas « dans la nature ». C'est une théorie matérialisée. Pour aboutir à une expérimentation scientifique, il est nécessaire d'avoir organisé un travail conceptuel et d'avoir formulé des hypothèses, qui vont précisément être mises à l'épreuve par les faits expérimentaux. Seule l'expérimentation pourra écarter telle ou telle hypothèse et valider telle autre. Cette validation n'est que temporaire. Car le propre d'une hypothèse scientifique n'est pas d'être éternelle. Elle demeure toujours exposée à une réfutation possible. Finalement, comme l'a souligné au XXe siècle le philosophe britannique Karl Popper, le propre d'une théorie scientifique est d'être exposée à cette possible réfutation expérimentale. Ce « critère de falsifiabilité » doit être expliqué, car il donne lieu à de fréquents malentendus.

Le principe de falsifiabilité

Falsifier des documents, par exemple des papiers d'identité, c'est les modifier pour tromper, c'est fabriquer du faux. Quand on parle de « falsifier » une théorie scientifique, ce n'est pas dans ce sens.

Ce n'est pas du tout de cela qu'il s'agit. Le terme, adapté de l'anglais *falsify,* signifie « réfuter », montrer que la théorie est fausse, la mettre en échec. Ce qu'a proposé Popper, c'est de considérer comme scientifiques uniquement les théories exposées à une réfutation expérimentale possible.

Toute théorie que l'on ne peut pas tester expérimentalement, contre laquelle il n'est pas envisageable de monter une expérience qui pourrait la mettre en échec n'est pas une théorie scientifique. Il peut s'agir d'une théorie explicative tout à fait intéressante, estimable, subtile, mais on ne l'appellera pas scientifique. Ce critère a le mérite d'être clair. Ainsi, par exemple, la psychanalyse, pour Karl Popper, n'est pas une théorie scientifique. En effet, il n'est pas possible d'imaginer un dispositif expérimental pour tester l'affirmation de l'existence de l'inconscient. Aucune réfutation de la psychanalyse par les faits n'étant imaginable, il ne s'agit pas d'une théorie scientifique, puisqu'elle ne peut être falsifiée.

RÉFUTATION ET PROGRÈS
« La réfutation d'une théorie [...] constitue toujours à elle seule un progrès qui nous fait approcher de la vérité » (Karl Popper, *Conjectures* et *Réfutations*, 1963).

Pouvoir « tester » la théorie

Autrement dit, le critère de la scientificité d'une théorie est sa réfutabilité par une expérience construite à cet effet. L'important est l'idée de réfutation expérimentale possible et non pas réalisée. Sans cette précision, on risque d'aboutir à la conclusion, évidemment absurde, qu'une théorie est scientifique si on démontre… qu'elle est fausse ! Le critère de falsifiabilité revient à dire qu'on appelle scientifique une théorie qui n'échappe pas à un éventuel démenti expérimental, qui est exposée à cette possibilité. Bref, une théorie, pour être scientifique, doit demeurer « testable », le test pouvant éventuellement conduire à la rejeter.

De ces différentes analyses il convient de retenir que la connaissance scientifique est par essence constamment révisable. Elle est continuellement exposée à buter sur des faits non conformes à ce qu'elle pensait. Elle est exposée à la critique, au démenti de l'expérience. À l'inverse du dogme, dont l'idéal serait d'être éternellement identique à lui-même, la science bouge. Elle ne cesse de se rectifier, d'accomplir de nouveaux pas qui l'éloignent d'elle-même. Ainsi la théorie de la chute des corps de Galilée a-t-elle été englobée dans la théorie de la gravitation universelle de Newton, elle-même englobée dans la théorie de la relativité d'Einstein. « Englobée » signifie ici que la théorie nouvelle, plus puissante, intègre la précédente comme un cas particulier. Dans d'autres cas, une théorie scientifique est remplacée par une autre, capable de rendre compte de faits que la précédente avait négligés ou mal compris.

Mais il faut là aussi éviter un malentendu malheureusement fréquent : le caractère « provisoire » et « incomplet » des théories scientifiques ne conduit en aucun cas à un retour aux croyances préscientifiques ! On ne quitte pas Copernic pour revenir à Ptolémée, ou Pasteur pour faire retour à la génération spontanée ! Il arrive, en effet, qu'en entendant parler du caractère relatif des théories scientifiques, certains en viennent à conclure que tout se vaut et que nul ne sait ce que l'avenir des convictions humaines nous réserve… Ceci est absurde. Quand une nouvelle théorie scientifique remplace une ancienne, c'est « à l'intérieur » de la science que cette modification a lieu, et non par un retour à l'état préscientifique de la pensée.

Croyances et raison

Récapitulons. Où en sommes-nous ? Nous avons constaté que les philosophes pouvaient poursuivre aussi dans la connaissance du monde des formes d'aventures intellectuelles. Le travail scientifique est donc une source importante de réflexion. Sa manière de réfléchir, de tâtonner, de se corriger est exemplaire.

Toutefois, si nous voulons avoir une vue plus large de la réalité historique, il faut également replacer la naissance et le développement des sciences dans les conditions culturelles et sociales qui les ont marqués. La constitution des connaissances scientifiques n'est jamais coupée de ces réalités. Il ne faut pas oublier les conflits des sciences avec les religions, les utilisations politiques ou idéologiques des connaissances scientifiques, les faux espoirs, ou les fausses craintes, que peuvent faire naître les découvertes savantes.

Parmi les événements suscités par les conflits entre connaissances scientifiques et croyances religieuses, le procès de Galilée demeure dans les mémoires comme un symbole des abus de pouvoir de l'Église. Galilée était un disciple de Copernic : il avait donc affirmé que le Soleil, et non la Terre, était au centre du monde. Cette affirmation paraissait contraire à l'enseignement de l'Église. Du coup, cet homme qui prétendait mettre le Soleil au centre du ciel devait être brisé. Le procès de Galilée, c'est la science soumise à l'autorité du dogme. L'homme a soixante-dix ans, et récite à genoux. La scène se déroule dans le couvent de Minerve, à Rome, le 22 juin 1633. Galilée doit abjurer ses prétendues erreurs. Il nie, et niera désormais officiellement, la vérité qu'il avait pourtant établie. La scène est connue, le scandale n'est pas neuf.

LE DRAME DE GALILÉE

« Moi, Galileo Galilei, fils de feu Vincent Galilée, Florentin, âgé de soixante-dix ans, constitué personnellement en jugement, et agenouillé devant vous, éminentissimes et révérendissimes cardinaux de la république universelle chrétienne, inquisiteurs généraux contre la malice hérétique, ayant devant les yeux les saints et sacrés Évangiles, que je touche de mes propres mains ; je jure que j'ai toujours cru, que je crois maintenant, et que, Dieu aidant, je croirai à l'avenir tout ce que tient, prêche et enseigne la sainte Église catholique et apostolique romaine. »

Les sciences ne sont pas « pures »

Ne croyons pas trop vite qu'il suffit d'opposer les croyances et les sciences. Ce serait une erreur, et une vision simplificatrice, de s'imaginer que les sciences sont totalement objectives et rationnelles, alors que les espérances religieuses ou politiques seraient de pures et simples illusions. Au XIXe siècle, les progrès des connaissances, et leurs applications techniques, en particulier dans le domaine

de la santé et de la production industrielle et agricole, ont suscité une sorte d'attente religieuse envers les sciences, qu'on a nommée « scientisme ». Un chimiste comme Marcellin Berthelot, grand prophète du bonheur par les sciences et du triomphe sans limites de la raison, annonçait l'arrivée prochaine d'une *« direction des sociétés humaines par les sciences »*. On attendait que l'expansion des connaissances crée non seulement des inventions nouvelles et des progrès matériels, mais aussi des valeurs morales et un progrès spirituel de l'humanité.

L'apparition des « technosciences »

Au cours des dernières années, on a eu tendance, au contraire, à commencer à se méfier des sciences et de leurs applications. Le progrès est apparu comme porteur de menaces graves pour les équilibres terrestres, voire pour l'existence humaine elle-même. Il ne faut pourtant pas confondre les connaissances et leurs applications, les sciences et les techniques. Mais il ne convient pas non plus d'ignorer que les connaissances sont immédiatement utilisées par l'industrie, et que les recherches fondamentales nécessitent des investissements financiers tels qu'on parle aujourd'hui des « technosciences » pour marquer l'interdépendance de ces éléments.

Condamner la technique ?

On a beaucoup dit, au cours du XXe siècle, que la technique était mauvaise. Célébrée d'abord comme libératrice, elle a été de plus en plus considérée comme un piège et une dévastation, une fausse nature se substituant à la vraie. À cause de la technique, les humains se seraient transformés. Des désirs fabriqués auraient remplacé les joies réelles. On aurait vu se multiplier des artifices, des mirages et des semblants qui manipulent les corps et détruisent les âmes. Sur toute la planète se seraient étendus des paysages dévastés, des ressources se seraient taries. Une menace effroyable aurait fini par peser sur toute vie.

Ces dénonciations des méfaits de la technique furent maintes fois répétées. La multiplication des machines, l'exploitation des énergies, l'industrialisation de l'alimentation, la transformation des espèces vivantes ont été considérées comme des signes de catastrophes irrémédiables. La technique, sous des avantages apparents, serait donc la pire des ruses. Son expansion mondiale constituerait un destin diabolique, nous coupant de la réalité vivante du monde. Des générations d'apprentis sorciers, enfants de la raison dominatrice, neveux des sciences et de l'industrie, auraient mis en branle des mécanismes échappant désormais à toute maîtrise.

Cela fut dit vraiment sur tous les tons. Dans le registre économique, en dénonçant la logique du profit et l'industrialisation sans frein. Sur le mode moralisateur, en condamnant les miroitements illusoires qui nous détournent des méditations essentielles sur l'humaine condition. En style ontologique aussi, l'existence de la technique et son déploiement devenant alors partie prenante de l'histoire de l'être. Les formes diverses de l'écologie figurent parmi les dernières variations sur ce thème apparemment inépuisable :

LA TECHNIQUE SE RETOURNE CONTRE L'HOMME
« La technique met l'homme en péril, non seulement parce que les moyens techniques rendent désormais possible une destruction de l'espèce humaine tout entière, mais parce qu'elle menace, de manière bien plus profonde, l'essence pensante de l'homme, c'est-à-dire son rapport à l'être. N'ayant affaire qu'à un fonds, l'homme moderne s'érige en "maître et possesseur de la nature" au point qu'il peut lui sembler qu'il ne rencontre plus partout que lui-même, qu'il n'y a plus rien qui ne soit ou qui ne puisse être en son pouvoir » (A. Boutot, *Heidegger*).

mieux vaut le naturel que l'humain. Équilibrée et sereine, protectrice et douce, telle serait la nature si nous ne venions pas défaire son harmonie et saccager ses richesses. Un pas de plus et l'on conclura que sans l'humain tout irait bien… Sans aller jusque-là, beaucoup diraient à peu près ceci : « Cessons de nous croire au centre du monde, de juger seulement par rapport à nos besoins et à nos projets. Sachons que nous ne sommes qu'une partie du Grand Tout, dont nous n'avons pas fait les lois. Reprenons place dans un coin du tableau, au lieu de détruire l'image en la croyant organisée autour de notre minuscule existence. »

Pas d'humain sans technique

Il ne faut pas hésiter à critiquer méthodiquement l'ensemble de ces lieux communs. Heureusement que la technique existe ! Cette affirmation ne résulte pas simplement d'un bilan qui mettrait en balance inconvénients et avantages des progrès d'aujourd'hui pour conclure que le confort moderne, tout compte fait, vaut bien quelques espèces en moins et quelques carbonates en plus. Le point central est plus simple : sans technique, pas d'humanité. C'est au moyen des outils et des transformations de son environnement que l'humain se produit lui-même. L'humain est un « animal fabricateur » autant qu'un « animal politique » ou un « animal parlant ». N'oublions pas de rendre à l'existence de la technique sa place primordiale et fondatrice dans l'existence même de l'homme.

L'artifice, en effet, n'est pas un « à-côté » ou un « supplément », il est essentiel et fondateur : c'est en faisant que l'homme se fait. L'important n'est donc pas d'opposer une technique globalement positive aux descriptions catastrophistes, mais de voir que l'existence humaine est inséparable de ce « faire », et ne saurait se concevoir sans lui.

Une telle affirmation n'interdit nullement de dénoncer les risques industriels et de mettre en garde contre les catastrophes qui nous attendent. Mais elle évite de condamner en bloc, comme un maléfice ou une malédiction, la réalité planétaire des techniques. En voulant nous en débarrasser, nous nous jetterions nous-mêmes avec l'eau du bain !

Manipuler la vie ?

Une des tâches de la réflexion philosophique aujourd'hui peut être de nous aider à conserver, sur ces questions capitales, un certain sang-froid. Il s'agit de ne pas surestimer les sciences et les techniques « en bien » ou « en mal », soit en les croyant capables de toutes les prouesses, soit en les croyant responsables de toutes les catastrophes. C'est la même erreur, simplement inversée, qui fait attribuer aux sciences tous les malheurs et les dangers au lieu d'en attendre tous les miracles et toutes les délivrances.

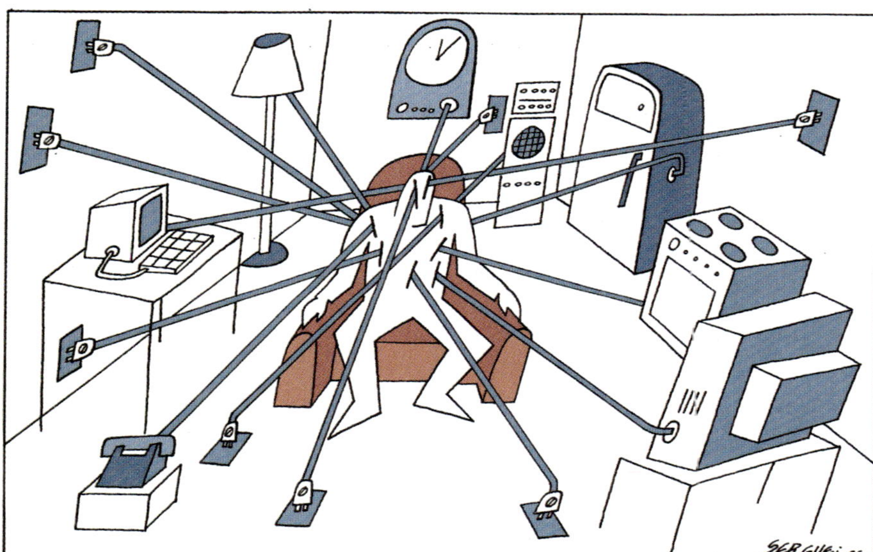

SCIENCE, CROYANCE ET VÉRITÉ
« On voit que la science aussi repose sur une croyance, qu'il n'y a absolument pas de science "sans présupposés". Il ne faut pas seulement avoir déjà au préalable répondu oui à la question de savoir si la vérité est nécessaire, mais encore y avoir répondu oui à un degré tel que s'y exprime le principe, la croyance, la conviction qu'"il n'y a rien de plus nécessaire que la vérité, et que par rapport à elle, tout le reste n'a qu'une valeur de second ordre" » (Friedrich Nietzsche, *le Gai Savoir*, 1883).

Cette situation est aujourd'hui particulièrement visible dans l'effroi que suscitent les manipulations génétiques et le clonage humain reproductif. Certains paniquent face à des techniques que l'on croit capables de manipuler les données mêmes de la vie, susceptibles de modifier le mode de reproduction des organismes humains. La question du clonage humain s'inscrit dans une série déjà longue : créations d'espèces végétales transgéniques, brevetabilité du vivant, techniques de procréation assistée, transfert d'embryons, etc. Chaque fois se conjuguent dans l'imaginaire collectif l'idée d'un savoir scientifique qui rend possible d'agir et celle d'une ignorance éthique qui rend cette action dangereuse : la technique scientifique met le monde en péril, croit-on, parce qu'elle « sait faire », mais sans savoir ce qu'elle fait « vraiment », sans pouvoir mesurer ce qu'elle déclenche.

Les sciences ne fondent pas l'éthique

Nous devons constater qu'il est faux de croire que les connaissances puissent être, par elles-mêmes, porteuses de civilisation, de normes éthiques ou simplement d'humanité. Cet abandon revient tout simplement à tirer la leçon du XXe siècle. Le XIXe siècle s'était convaincu que tous les progrès allaient ensemble : autant avançait la science, autant reculait la barbarie. Notre époque a montré que ce n'était pas le cas : l'expansion sans précédent des savoirs a pu s'accompagner d'une sauvagerie accrue, d'une perte de civilisation au sein même de la société scientifique. La plus grande somme de connaissances que l'humanité ait jamais amassées a côtoyé la plus grande masse de souffrances que l'humanité ait jamais endurées.

Les guerres mondiales, les totalitarismes, les massacres et les famines coexistent avec les progrès de la médecine, la croissance des industries, la multiplication des déplacements. Satellites et télévisions en couleurs surplombent les geôles et les chambres de torture. Les bibliothèques croissent au fil du siècle, les musées prolifèrent, les laboratoires deviennent innombrables. Dans le même temps se tendent les barbelés et se creusent les fosses communes.

Comment est-ce possible ? Comment le triomphe de la raison peut-il aller de pair avec celui de la déraison ? Voilà ce que le XXe siècle n'a cessé de demander sans pouvoir trouver de réponse. Les philosophes se sont heurtés à ce défi. Le lien que les Grecs jugeaient évident entre savoir et sagesse, entre une science et une morale, un exercice de la raison et une maîtrise des instincts, est totalement défait. Mais nous ne parvenons pas à saisir réellement pourquoi.

Tout au plus avons-nous pu refuser de fausses solutions, écarter par exemple, entre les connaissances et les malheurs, une relation de cause à conséquence. Les sciences se sont révélées impuissantes à endiguer l'inhumain. Ce n'est pas une raison pour conclure qu'elles le favorisent ! Croire la technique par essence mauvaise et le savant nécessairement fou serait évidemment une grande bêtise.

L'invention récente de la justice et de la liberté

Mais nous avons cessé de croire que le savant était nécessairement juste et bon. L'éthique est devenue pour nous réellement indépendante des sciences. Il nous faut donc la construire ou l'adapter, en fonction de ce que notre société devient. Nous reste-t-il pour cela un temps suffisant ? Nul ne le sait, en fait. Mais nous devons au moins aux travaux des scientifiques, en particulier des astrophysiciens, de pouvoir replacer l'histoire de l'humanité dans la grande évolution du cosmos. Dans cette perspective, l'espèce humaine vient à peine d'inventer à l'instant justice et liberté. Les philosophes ont poursuivi aussi leurs récentes aventures dans ces domaines de la morale et des droits de l'homme. Allons voir.

Justice et libertés

Les philosophes et la politique

Selon quelles règles les êtres humains doivent-ils vivre ensemble? Sur quels principes peuvent-ils régler leurs actes? Comment se fonde l'autorité? Quels droits reviennent à chacun? Et comment faire coexister des ambitions contraires? Peut-on concevoir une cité juste?

Ces questions n'ont cessé de traverser les réflexions des philosophes. Pour des raisons évidentes: si les philosophes cherchent des vérités pour guider la pensée et l'existence, ils doivent s'interroger sur le « vivre ensemble » et l'organisation de la société. Leurs aventures d'idées ont donc un versant politique – ce terme ne désignant pas des partis ou des programmes, mais en premier lieu la constitution (*politéïa,* en grec ancien) de la cité *(polis).*

Cette préoccupation a souvent conduit les philosophes à concevoir une cité idéale ou une répartition nouvelle du pouvoir. Ces réflexions les ont aussi menés, parfois, à des aventures tout court: Platon fut vendu comme esclave parce qu'il avait irrité un tyran, Thomas More (l'inventeur du mot « utopie ») fut condamné à mort par Henri VIII d'Angleterrre, Rousseau fut poursuivi par le Conseil de Genève. Les relations des philosophes avec les puissants ne furent jamais simples. Voltaire crut pouvoir éclairer Frédéric II de Prusse et Diderot pensa influencer Catherine de Russie, mais ces aventures politiques ne se terminèrent pas bien.

Plus près de nous, Marx voulut quitter la philosophie pour l'action politique. *« Les philosophes n'ont fait qu'interpréter le monde, il s'agit maintenant de le transformer »,* dit-il en 1844. Il opposait donc une vision philosophique, qui se serait contentée d'observer le monde et d'en expliquer le sens, à la lutte politique qui travaille à le modifier réellement. Jean-Paul Sartre, dans les années 1950, développa une analyse de l'« engagement » comme action politique : les intellectuels devaient se mêler aux luttes révolutionnaires et soutenir la cause du peuple.

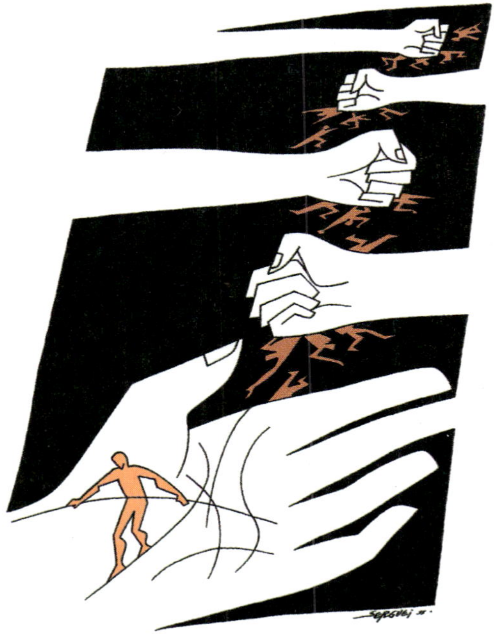

Philosophie et démocratie, quel rapport ?

La liste pourrait être poursuivie longtemps. Les aventures des philosophes dans les affaires de la cité durent depuis quelque vingt-cinq siècles ! Ce n'est pas un hasard si la démocratie et la philosophie, en ce qui concerne l'histoire occidentale, sont apparues ensemble. La liberté de parole et la liberté de pensée se renforcent l'une l'autre. Pourtant, une fois de plus, il faut éviter d'aller trop vite et de simplifier. Le lien entre les deux termes est plus complexe qu'il ne semble au premier regard. Pour aborder les aventures des philosophes dans le domaine de la justice et des libertés, commençons par éclairer les relations entre philosophie et démocratie.

LA DÉMOCRATIE, AVENTURE INCERTAINE
« L'essentiel, à mes yeux, est que la démocratie s'institue et se maintient dans la dissolution des repères de la certitude. Elle inaugure une histoire dans laquelle les hommes font l'épreuve d'une indétermination dernière, quant au fondement du Pouvoir, de la Loi et du Savoir, et au fondement de la relation de l'un avec l'autre, sur tous les registres de la vie sociale » (Claude Lefort, *Essais sur la politique*, 1986).

Si l'on se souvient que « philosophie » et « démocratie » (le « pouvoir » – *kratos* – du « peuple » – *dêmos*) sont bien des termes grecs, il est clair qu'ils n'allaient pas nécessairement ensemble pour les penseurs de l'Antiquité. Faut-il rappeler que la démocratie athénienne a pris la décision de condamner à mort Socrate ? Platon est sévère pour la démocratie, dont il n'approuve pas le principe. Aristote, pour sa part, ne la considère pas comme la meilleure organisation politique.

Quatre points de rapprochement

Ainsi, il ne semble pas y avoir de lien inévitable. Il est arrivé que de grands philosophes, d'hier à aujourd'hui, ne soient pas des démocrates. Il est arrivé également que d'autres régimes que la démocratie aient permis le développement d'œuvres philosophiques. Certains pays démocratiques ne prêtent pas à la philosophie une attention plus soutenue que d'autres qui le sont moins. Bref, au premier regard, la relation entre la philosophie et la démocratie ne paraît pas avoir un contenu spécifique qui s'imposerait, avec évidence, de manière contraignante.

Malgré tout, dès qu'on regarde de plus près, philosophie et démocratie possèdent une sorte de parenté. Elles n'ont pas, à proprement parler, d'identité commune. Elles ne sont pas non plus dans une situation de dépendance réciproque. Quatre points cependant suffisent à les rapprocher étroitement. Ils concernent la possibilité même de leur existence. Philosophie et démocratie entretiennent, l'une et l'autre, une relation fondatrice avec :

1) la parole, car il n'y a de pensée que dite, exposée, soumise à la discussion, à la critique, aux arguments des autres – la remarque vaut pour les pensées philosophiques comme pour les positions politiques dans une démocratie ;

2) l'égalité, car on ne demande pas aux autres « à quel titre » ils interviennent dans le débat, on n'exige nullement qu'ils soient pourvus d'une autorité ou d'une autorisation, il suffit qu'ils parlent et argumentent – la remarque vaut pour la

démocratie politique (où les citoyens d'une même nation participent aux débats) et, différemment, pour la philosophie (où le genre humain est tout entier concerné) ;

3) le doute, car il est nécessaire, pour que s'ouvrent la recherche du vrai et la discussion du juste, que les certitudes immédiates aient vacillé, qu'on ne soit plus dans un univers de réponses et de croyances, mais de questions et de recherches ;

4) l'auto-institution, car aucune décision extérieure ne vient créer la démarche philosophique ou la communauté démocratique, aucune autorité ne les légitime « du dehors », rien ne les garantit « du dessus ». Elles ne reçoivent leur force que d'elles-mêmes et ne se trouvent soumises à aucune autorité dont elles ne seraient pas la source.

Ces traits peuvent délimiter un « espace commun », fondateur de la philosophie et de la démocratie. Sans se confondre ni s'assimiler, elles entretiennent, souterrainement, des liens plus puissants qu'il n'y paraît de prime abord. La recherche du vrai et le pouvoir du peuple, tout en demeurant distincts, sont en correspondance. La perte des évidences rassurantes leur est commune.

Liberté des Anciens, liberté des Modernes

S'il existe une sorte de fonds commun à la philosophie et à la démocratie, on ne saurait oublier combien les conditions sociales et politiques de la démocratie ont varié entre l'Antiquité et les temps modernes.

La nature même de la démocratie n'est pas exactement semblable dans les petites cités grecques de l'Antiquité, où quelques millliers d'habitants peuvent se réunir et débattre ensemble des affaires communes de manière directe, et dans les grands États-nations modernes, où la délégation du pouvoir paraît indispensable pour des raisons pratiques.

Toutefois, ce n'est pas dans les modalités d'organisation que réside la différence essentielle entre les démocraties de l'Antiquité et celles des temps modernes. C'est avant tout dans une compréhension différente de l'idée même de liberté que se tient la différence principale, comme l'a bien vu Benjamin Constant dès le début du XIXe siècle en opposant la « liberté des Anciens » à la « liberté des Modernes ».

LIBERTÉ ET LOIS
« Il n'y a donc point de liberté sans Lois, ni là où quelqu'un est au-dessus des Lois : dans l'état même de nature l'homme n'est libre qu'à la faveur de la Loi naturelle qui commande à tous. Un peuple libre obéit, mais il ne sert pas : il a des chefs et non pas des maîtres ; il obéit aux lois, mais il n'obéit qu'aux Lois et c'est par la force des Lois qu'il n'obéit pas aux hommes » (Jean-Jacques Rousseau, *Lettres écrites de la montagne*, 1764).

La cité ou l'individu

Vous pouvez partir de cette idée simple : la liberté des Anciens concerne la collectivité, celle des Modernes l'individu. Il faudra nuancer et détailler, mais l'important est de comprendre d'emblée que ce n'est pas du tout la même façon d'envisager la question de l'organisation politique et ses objectifs. Ce qui compte, pour les hommes de l'Antiquité, c'est que la cité soit libre, qu'elle soit autonome et indépendante, maîtresse de ses décisions.

Il se peut que cette liberté de la communauté doive parfois se maintenir ou se reprendre au détriment des individus, de leurs biens personnels ou de leur satisfaction particulière. Cette liberté individuelle n'est pas essentielle pour les Anciens. C'est par rapport à la cité que toute la perspective s'organise. À l'inverse, pour les hommes de notre temps, c'est autour de l'individu et par rapport à lui que tout s'agence et que tout doit s'agencer. Ce qui compte est avant tout la liberté de l'individu, et son bonheur personnel. Cette priorité l'emporte sur toute autre, y compris la considération du bonheur collectif.

Cette différence de perspective peut permettre de comprendre pourquoi l'Antiquité a pu penser l'idéal de la cité juste tandis que l'idéal des droits de l'homme n'est devenu pensable que par les Modernes. En réfléchissant à l'organisation de la vie collective la mieux équilibrée et la plus conforme au bien commun, les philosophes de l'Antiquité grecque et romaine avaient en vue l'harmonie de l'ensemble, la bonne cohérence du tout. Ils ne mettaient pas l'individu au centre de leurs préoccupations. Les droits de l'homme, au contraire, correspondent à la perspective des Temps modernes dans la mesure où ils partent de l'individu et des libertés qu'il doit pouvoir pleinement exercer sans nuire aux autres et sans que les autres lui nuisent en exerçant les leurs.

Il existe donc une grande distance entre l'univers politique et intellectuel de l'Antiquité et celui où nous sommes. Même lorsque les notions sont apparemment les mêmes (démocratie, tyrannie, justice, citoyens, lois, État), les réalités auxquelles renvoient ces notions peuvent être très différentes. Et les termes semblables peuvent masquer des idées très dissemblables. Ainsi l'ouvrage majeur de Platon, *la République,* n'a-t-il pas grand chose à voir avec ce que nous appelons, de nos jours, « république ». Il s'agit principalement pour nous d'un régime politique où, en droit, les citoyens exercent tous également le pouvoir, par opposition à une monarchie où le pouvoir est détenu et exercé seulement par le roi. Chez Platon prend place, sous ce titre, une analyse de ce que devrait être une cité juste.

Platon n'était pas un démocrate

On considère encore très souvent Platon comme la pierre angulaire, ou même l'assise, de « la philosophie politique grecque ». C'est à la fois vrai et faux. C'est vrai si l'on considère la place considérable qu'il a prise dans l'histoire. *La République* est sans doute une des œuvres qui ont le plus profondément marqué, à différentes époques, la pensée occidentale. L'idée centrale est de faire régner, dans le monde des hommes, la même harmonie qui règne dans le monde des Idées. Il faut donc, aux yeux de Platon que les philosophes gouvernent. Pourquoi exactement ? Parce qu'ayant accès, par la raison, au domaine de la vérité et du bien, ils sont en mesure de régler sur ces modèles l'univers désordonné des hommes. *La République* décrit de manière minutieuse comment doivent être éduqués les hommes pour que certains d'entre eux puissent devenir les philosophes qui forment le gouvernement raisonnable de cette cité juste.

Mais on oublie trop souvent que cette conception n'était pas dominante chez les Grecs. En inventant la démocratie, le peuple d'Athènes ne cherchait pas la vérité éternelle ni les lois justes par elles-mêmes. C'est au contraire parce qu'ils avaient pris conscience qu'il n'existe dans le domaine politique aucune vérité absolue ni aucune loi surnaturelle qu'ils ont créé le débat et le vote majoritaire et anonyme. Platon est un penseur aristocrate, un adversaire de la démocratie, qui existait avant lui. Pour combattre la démocratie, à laquelle il ne pardonne pas d'avoir condamné Socrate à mort, il invente une caricature qui aura du succès : Athènes la démocrate est gouvernée par l'ignorance et les caprices de la foule, elle est soumise aux humeurs changeantes et puériles du peuple plutôt qu'à la sagesse et à la justice.

Vous aimeriez trouver ici aussi un fil directeur assez simple, afin de commencer à vous repérer dans les rapports des philosophes à la politique. Essayons. Les philosophes, dans leur relation au pouvoir, pourraient se partager en deux grandes catégories. Il y a ceux qui veulent s'en approcher, au nom de la raison et de la vérité, pour l'exercer ou le conseiller, bref, le modifier de manière directe ou indirecte. L'autre catégorie regrouperait les philosophes qui se posent une question différente, apparemment curieuse, mais peut-être pas si étroite qu'il semble au premier regard. Ces philosophes ne cherchent ni à prendre le pouvoir ni à l'influencer. Ils demandent seulement quel régime convient le mieux à la liberté de pensée, et sous quel type de gouvernement et de constitution politique il est possible de faire de la philosophie. Voilà bien, allez-vous dire, un souci égoïste ! Ces philosophes-là n'ont qu'un désir, celui de se protéger, et non pas un souci de la cité dans son ensemble.

La liberté vaut pour tous

Vous auriez tort de croire cela. Car là où il est possible d'être philosophe en toute liberté, il est assuré que la liberté de tous est garantie. Telle est l'idée principale du *Traité théologico-politique* d'un grand philosophe qui vécut aux Pays-Bas au XVIIe siècle, Spinoza. La liberté de philosopher ne saurait évidemment être néfaste à la conservation de l'État. Pour Spinoza, *« le plus violent des États sera celui où l'on refusera à chacun la liberté de dire et d'enseigner ce qu'il pense »*. Ce n'est donc pas la liberté des philosophes contre celle des autres, ou même à côté. C'est la liberté de penser qui est le signe même de la liberté de tous : *« Il est tout à fait contraire à la liberté commune que le libre jugement de chacun soit subjugué par des préjugés, ou contraint de quelque façon. »*

En ce sens, Spinoza demeure d'actualité. Nul n'a souligné plus nettement que lui que la liberté de philosopher, non seulement ne nuit pas à la paix civile, mais encore que toute

LES PHILOSOPHES AU POUVOIR !
« Donc les maux ne cesseront pas pour les humains avant que la race des purs et authentiques philosophes n'arrive au pouvoir ou que les chefs des cités, par une grâce divine, ne se mettent à philosopher véritablement » (Platon, *Lettre VII*).

entrave à son exercice nuit à l'État lui-même. C'est pourquoi la recherche du régime garantissant au mieux la liberté de penser n'a rien à voir avec la préoccupation d'une protection personnelle ou avec le souci d'un quelconque corporatisme intellectuel. L'État où il est possible de philosopher est celui où s'exerce la liberté d'agir de tous. Pas de vraie république sans république des esprits.

LA DIGNITÉ HUMAINE
« La reconnaissance de la dignité humaine inhérente à tous les membres de la famille humaine et de leurs droits égaux et inaliénables constitue le fondement de la liberté, de la justice et de la paix dans le monde » (*préambule de la Déclaration universelle des droits de l'homme,* 10 décembre 1948).

N'allez pourtant pas imaginer Spinoza comme un dangereux rebelle. Malgré son respect absolu de la liberté de critique, il n'a rien d'un révolutionnaire. Bouleverser l'ordre social lui paraît, selon les cas, impossible ou néfaste. Défaire ce qui existe serait aussi vain que de vouloir faire taire les êtres humains. Ce qui singularise ce rebelle calme, c'est une alliance rare d'endurance et de rigueur. Il conjugue l'économie de moyens et la puissance des effets. Ce sage ne cède pas à l'injustice des pouvoirs. Il vit, continue d'écrire, se préserve et agit. Jamais de concession. Pas de flatterie. Nul compromis. Mais jamais non plus de provocation, d'éclat inutile, de gestes pour rien. Son aventure à lui est une manière modeste et superbe de n'être jamais du côté des craintifs sans frayer pour autant avec les avides.

La réalité des droits de l'homme

Si l'on veut préserver les libertés, et faire en sorte que les hommes, sous les lois de l'État de droit, vivent comme s'ils obéissaient à la raison, que doit-on faire? Sur quel type de texte peut-on s'appuyer?

Spinoza et les penseurs du rationalisme classique ouvrent une époque qui va aboutir à la rédaction d'un texte que vous connaissez, la *Déclaration universelle des droits de l'homme et du citoyen,* par les révolutionnaires français de 1789. Il est essentiel de rappeler sur ce point quelques distinctions essentielles. Car l'on commet fréquemment des contresens sur ce que veut dire « universel ».

En premier lieu, il convient de souligner que les philosophes ont un rapport particulier avec ce qui est universel. Ils cherchent en effet des vérités qui ne soient d'aucun temps ni d'aucun pays, et où tout un chacun puisse se reconnaître et ne pas se sentir étranger. Des vérités universelles, finalement, se reconnaissent au fait qu'elles n'enferment ni n'excluent, qu'elles sont identiquement partageables par tous. Les mathématiques en constituent le meilleur exemple. Depuis qu'il y a des philosophes, ils ont tenté de découvrir, dans le domaine de la justice et plus généralement de l'éthique, l'existence de telles idées vraies. S'il existe une idée de ce qui est juste, elle doit s'adresser identiquement à tous. Sinon, ce qui est juste ici sera considéré comme criminel un peu plus loin, ou bien un peu plus tôt ou un peu plus tard. Il suffirait alors d'attendre quelque temps, ou de faire quelques pas, pour voir changer la nature d'un acte. Il n'y aurait alors plus aucune idée de justice : elle serait dissoute dans l'infinie variété des lieux et des temps.

ÊTRE HOMME, C'EST ÊTRE LIBRE
« Renoncer à sa liberté c'est renoncer à sa qualité d'homme, aux droits de l'humanité, même à ses devoirs. Il n'y a nul dédommagement possible pour quiconque renonce à tout. Une telle renonciation est incompatible avec la nature de l'homme, et c'est ôter toute moralité à ses actions que d'ôter cette liberté à sa volonté. Enfin c'est une convention vaine et contradictoire de stipuler d'une part une autorité absolue et de l'autre une obéissance sans bornes...

Dans l'idée d'une Déclaration « universelle » des droits de l'homme, il importe de comprendre qu'il s'agit avant tout de formuler des droits qui existent. Il ne s'agit pas de les créer. Il ne s'agit pas non plus de dire ce qui serait souhaitable, si les hommes devenaient plus sages ou s'ils étaient moins cruels ou moins égoïstes. Peut-être êtes-vous étonné par cette idée : l'existence des droits de l'homme, ici, signifie que des libertés font partie intégrante de l'existence des êtres humains. Encore une fois, ces libertés ne peuvent être créées ni être supprimées. On peut évidemment les empêcher de s'exercer ou faciliter au contraire leur mise en œuvre mais on ne peut les anéantir. Si cela vous paraît un peu curieux, il faut insister, car ce point capital doit être mis en lumière entièrement.

L'esclave, homme libre enchaîné

Direz-vous qu'un esclave est un homme libre ? Sans doute êtes-vous prêt à soutenir que non : il n'est pas libre, puisqu'il est enchaîné, qu'il est acheté et vendu comme une marchandise. Mais si vous affirmez cela, il est net que vous allez être bien en peine de protester contre le statut de l'esclave : si sa liberté a disparu, si elle est supprimée totalement, si elle n'a plus aucune forme d'existence, que va-t-on faire ? Il va falloir lui en apporter une autre ? En créer une nouvelle ? Vous voyez bien qu'il y a là une analyse mal conduite.

Il faut donc reprendre autrement. L'esclave est toujours libre. Il reste libre, au sens où il demeure humain. Si sa situation est injuste, ce n'est pas parce qu'il a « perdu » sa liberté, mais parce que c'est un homme libre qui se trouve empêché d'exercer sa liberté d'action. Si vous réclamez sa liberté, c'est parce qu'il l'a toujours ! Personne ne réclame qu'une brique soit libérée d'un mur. Pour exiger la fin d'un traitement inhumain, il faut que l'être humain qui le subit ne puisse jamais cesser d'être un être humain, donc d'être libre.

Ce ne sont que des êtres doués de liberté, c'est à-dire d'un droit d'agir, que l'on peut opprimer. *« On n'opprime pas les machines à coudre »,* dit un jour Jean-Paul Sartre.

Dernier exemple sur ce point. Dans les régions du monde où les femmes n'ont « pas le droit » de circuler librement, de faire des études identiques à celles des hommes, de s'exprimer, de s'habiller comme elles le veulent, vous ne pourrez évidemment pas dire que ces droits ont disparu ! Au contraire, c'est parce que ces droits existent, et que ces femmes les possèdent – intégralement, indestructiblement ! – que vous trouvez injuste qu'elles ne puissent les exercer. C'est l'existence même de ces droits qui permet de juger de leur absence dans les faits.

Il y a donc ici deux types de réalité à distinguer, deux registres différents : les faits, qui peuvent être dominés par la violence, soumis au règne de la force, à l'arbitraire, et les droits universels qui existent indépendamment, du point de vue de la raison et du droit rationnel. Il est clair que les luttes pour les droits de l'homme (« homme » signifiant ici « genre humain », et non pas personne de sexe masculin, évidemment !) ont toutes pour objectif de faire coïncider, autant qu'il est possible, ces deux registres de réalité.

...N'est-il pas clair que l'on n'est engagé à rien envers celui dont on a droit de tout exiger, et cette seule condition, sans équivalent, sans échange n'entraîne-t-elle pas la nullité de l'acte ? Car quel droit mon esclave aurait-il contre moi, puisque tout ce qu'il a m'appartient, et que son droit étant le mien, ce droit de moi contre moi-même est un mot qui n'a aucun sens ? » (Jean-Jacques Rousseau, *Du contrat social*, 1762).

L'universalité de la raison

Ces remarques doivent vous permettre de mieux comprendre ce que signifie « universel » dans ce contexte. Les droits de l'homme sont universels au sens où ils appartiennent à tout être humain, quels que soient son âge, son sexe, sa nationalité, sa situation sociale, son état de santé, etc. Cette universalité est une réalité pour la raison, même si ce n'est pas une réalité dans les faits, même si le respect de ces droits de l'homme n'est pas universel, au sens cette fois de « ce qui se rencontre partout ». Toutefois, notre époque n'est plus celle de

LA SPÉCIFICITÉ DE L'HOMME
« Ce qui distingue l'homme d'une manière spéciale, c'est qu'il perçoit le bien et le mal, le juste et l'injuste, et tous les sentiments de même ordre dont la communication constitue précisément la famille et l'État » (Aristote, *Politique*).

Socrate, ni celle de Spinoza. Si des points demeurent fixes, il faut aussi que la réflexion philosophique tente de prendre la mesure des changements qui sont en train de se produire.

Quelles questions particulières soulèvent aujourd'hui justice et liberté, dans les mutations de toutes sortes que notre temps est en train de connaître ? La constante la plus générale, le point fixe qui demeure, c'est que la condition humaine est politique. On le sait depuis les Grecs. Aristote avait défini l'homme comme « animal politique » *(zôon politikon),* c'est-à-dire aussi animal vivant dans une communauté sous le règne des lois et non selon l'ordre de la nature et de l'instinct. Ceci implique que la condition humaine ne puisse pas exister, si l'on ose dire, « toute nue », isolée, à l'état pur. Il n'y a pas d'être humain sans un ancrage dans une action collective. Si sauvage qu'il soit, si fruste qu'on l'imagine, il existe comme humain seulement au sein de l'espace constitué par un vivre-ensemble, donc par des règles partagées et des lois s'appliquant collectivement.

Réinventer la politique ?

Si vous vouliez parler allemand, vous diriez que le monde humain n'est pas uniquement de l'ordre du *Dasein,* de l'« être-là » donné, il est toujours *Mitsein,* « être-ensemble », invention de l'action entreprise à plusieurs. Ou, pour le dire encore autrement, le monde n'est jamais « donné ». Pour les humains, il est toujours « à faire », en commun, toujours fondé par l'action. Le monde humain n'existe qu'en se faisant.

Or ce monde, au XXe siècle, semble avoir disparu. Après la Seconde Guerre mondiale, la philosophe Hannah Arendt s'est interrogée sur cette déshumanisation. Le monde humain a été comme anéanti par les camps nazis, la destruction totalitaire et les massacres de masse qui ont marqué le siècle, de manière presque régulière, sur l'ensemble de la planète. Cet échec de la civilisation n'est évidemment pas une sorte d'accident de parcours, un faux pas monstrueux dont les effets temporaires s'effaceraient d'eux-mêmes, doucement, au fil des ans. La question se pose : sans monde, que devient l'humain ?

Pour parvenir à le savoir, il est urgent de tout repenser, parce que *« les hommes qui ne pensent pas sont comme des somnambules »*, dit Hannah Arendt. C'est pourquoi elle dialogue avec les philosophes, tout en les jugeant encombrés de préjugés. À ses yeux, on ne peut leur faire tout à fait confiance. Mais *« qui d'autre pourrait réussir s'ils nous faisaient défaut ? »* Elle n'oublie pas pour autant les poètes. C'est à René Char qu'elle emprunte l'image du *« Trésor »* de l'action politique. Et toute son œuvre n'est peut-être qu'une manière d'élucider l'expression célèbre du même poète : *« Notre héritage n'est précédé d'aucun testament. »* Nous ne savons pas ce que nous devons faire de cet enchevêtrement de connaissances et d'horreurs que nous ont légué les hommes de ce siècle. Tenter de le concevoir, sans doute est-ce la plus difficile des aventures. Essayons de faire quelques pas au moins en cette direction.

Le monde en réseau

Quelle est la nature de la mutation multiforme, complexe, radicale, qui affecte à la fois, sur toute la planète, communications et pouvoir, travail et manières de penser, structures sociales et relations personnelles ? Pouvons-nous comprendre « ce qui arrive », aujourd'hui, à la société mondiale ?

Pour le sociologue Manuel Castells, il est possible d'y voir clair. *« Les principaux facteurs de changement qui composent le nouvel univers qui est le nôtre sont liés, et il est possible d'en comprendre les*

relations mutuelles.» La principale mutation, celle qui se retrouve sous des formes diverses dans tous les registres des changements, c'est le remplacement des structures centralisées par les réseaux. Longtemps, les structures sociales furent organisées autour de centres : pas d'État sans capitale, pas d'entreprise sans direction centrale. Informations, marchandises, décisions devaient provenir d'un point unique, ou y passer, ou y faire retour. L'antique répartition autour d'un foyer, le cercle formé autour des feux anciens par les guerriers comme par les bergers avait survécu jusque dans l'organisation des pouvoirs modernes. La centralisation ne fut pas toujours aussi forte qu'en France, où demeure visible la place du roi et de sa capitale sous la ville des assemblées et des administrations républicaines. Malgré tout, les économies, les unités politiques, les ensembles industriels étaient organisés selon un modèle toujours pourvu d'un centre. Ce n'est plus le cas.

L'éternel et l'éphémère

Aujourd'hui, des réseaux, c'est-à-dire des ensembles de nœuds interconnectés, constituent la forme principale, dans la sphère politique (l'Union européenne), dans la sphère financière (les places boursières), dans les médias (chaînes télévisées, câbles, satellites). Le point de départ de cette révolution des réseaux est technologique. L'intégration des ordinateurs dans les tâches les plus quotidiennes, l'expansion de l'Internet, la liaison instantanée des places financières forment aujourd'hui les conséquences les plus visibles des découvertes informatiques des années 1970.

Mais le capitalisme, qui triomphe, perd également son centre. S'il y a bien des capitalistes, il ne forment plus une classe, ni sociologiquement ni même économiquement. Le pouvoir aussi change de nature et de localisation : il réside moins à l'intérieur d'un réseau, où les circulations sont de plus en plus rapides et fluides, que dans la capacité à organiser une jonction d'un réseau à un autre, les étanchéités respectives étant paradoxalement de plus en plus grandes. Le temps n'est pas épargné : il se transforme en un paradoxal alliage d'éternel et d'éphémère. L'accès permanent à toutes les informations, toutes les cultures, toutes les œuvres produit un effet d'arrêt du temps, mais cette immobilité s'accompagne d'une succession incessante de nouvelles combinaisons d'images ou de sons, instantanément construites et aussitôt chassées par une nouvelle.

Pourrait-on imaginer que ces changements soient utilisés pour favoriser une plus grande liberté des individus ? La fin des centres n'est peut-être pas une apocalypse. Il faudrait y chercher au contraire les chances inattendues d'inventer des mondes parallèles. Certes, les risques ne sont pas minces de voir apparaître effondrement monétaire et périls écologiques aidant, une inhumanité chaotique et terrible. On peut espérer malgré tout que naissent des individus libres, capables de bonheur, et qui se trouveraient d'autant mieux qu'ils auraient accepté, dans leur propre tête, de ne pas être au centre d'eux-mêmes.

Uniformisation et identité

Parmi les caractéristiques de notre époque figure la tension croissante entre les tendances à l'uniformisation (vêtements, alimentation, machines, habitat) et la revendication d'identité (langue, culture, choix sexuels). Or les

LA PRODUCTION, LIEN ENTRE LES HOMMES
« Dans la production, les hommes n'agissent pas seulement sur la nature, mais aussi les uns sur les autres. [...] Pour produire, ils entrent en relations et en rapports déterminés les uns avec les autres, et ce n'est que dans les limites de ces relations et de ces rapports sociaux que s'établit leur action sur la nature, la production ». (Karl Marx, *Travail salarié et capital*, 1847).

UN POUVOIR COMMUN CONTRE LA GUERRE
« Il apparaît clairement par là qu'aussi longtemps que les hommes vivent sans un pouvoir commun qui les tienne tous en respect, ils sont dans cette condition qui se nomme guerre, et cette guerre est guerre de chacun contre chacun. Car la guerre ne consiste pas seulement dans la bataille et dans les combats effectifs, mais dans un espace de temps où la volonté de s'affronter en des batailles est suffisamment avérée » (Thomas Hobbes, *Léviathan*, 1651).

revendications d'identité utilisent aujourd'hui sur toute la planète les outils des techniques d'information pour se développer. Les différents types d'action écologiste, les mouvements des femmes, les contestations du patriarcat par la constitution de familles homosexuelles, voilà des exemples, avec les fondamentalismes religieux, de mouvements qui sont transnationaux, dépourvus de chefs et de direction centralisée, qui se développent au hasard d'initiatives locales et imprévisibles entrant en résonance les unes avec les autres grâce à l'échange généralisé des informations.

Une jungle compliquée

D'un autre côté, le poids économique et politique des mafias dans le monde est en augmentation constante. Trafics de drogues, d'organes, de femmes, d'enfants, blanchiment d'argent croissent et s'organisent, en réseaux, mondialement. Écrans et crimes font bon ménage. Et les ombres grandissent sur la carte de demain. La grande pauvreté s'accroît partout, y compris dans les pays riches. Des territoires immenses sont laissés pour compte, à commencer par l'Afrique, soumise à un véritable « apartheid technologique » (il y a plus de lignes téléphoniques à Manhattan que dans toute l'Afrique subsaharienne), abandonnée à la rapacité de chefs d'État prédateurs.

Dans le monde entier, les réseaux de communication laissent des zones obscures, voire des « trous noirs » où se perdent, corps et biens, des vies « déconnectées ». Ainsi se prépare un monde en damiers, avec des fosses obscures entre deux places claires. Face à la croissance de cette jungle compliquée, patchwork invraisemblable de nouvelles machines et de misères antiques, où plus rien, à ce qu'il semble, ne se taille dans l'éternel, il faut favoriser tout ce qui peut renforcer le sentiment de chacun d'appartenir à une même humanité, à une même planète.

Il ne faut pas oublier, en effet, que cette unité simultanée et permanente de l'humanité est une réalité fort récente. Durant des millénaires, des civilisations séparées se sont développées, pratiquement sans se connaître. Elles n'étaient certes pas dépourvues de tout commerce les unes avec les autres, mais les échanges étaient rares et limités. Aujourd'hui, pour la première fois dans l'histoire de l'humanité, une civilisation globale est en train de naître. Vous le savez par cœur : tous les paysages urbains se ressemblent désormais plus ou moins. Les citadins ou les ruraux utilisent dans le monde entier les mêmes machines, portent les mêmes vêtements, écoutent les mêmes musiques, mangent les mêmes produits, caressent les mêmes rêves. À peu près.

Sans doute subsiste-t-il, sous les comportements apparemment uniformes, bien des disparités. Mais la grande pellicule des transmissions instantanées s'étend partout. L'interdépendance est un fait. Dérapage à Tokyo, faillite à New York. Les finances comme les pollutions, les guerres comme les créations culturelles ne sont plus restreintes à un cadre régional. Des événements qui n'avaient auparavant qu'une répercussion restreinte peuvent avoir désormais des conséquences effectivement planétaires. On le sait, on l'a dit cent fois, on le répète depuis des années sur tous les tons, mais on n'en tire pas encore les conséquences pratiques qui s'imposent.

Vers une civilisation du pluralisme ?

Il convient aujourd'hui de prendre réellement conscience de cette interdépendance et de ses conséquences. La mondialisation ne mène pas nécessairement à une perte d'identité mais elle suscite au contraire la juxtaposition et l'amalgame de traits divers.

Vous croyez que nous avons quitté la philosophie ? Vous pensez être passés soudainement dans un cours d'histoire contemporaine ? C'est que vous oubliez combien les philosophes ont aussi à vivre leurs aventures d'idées dans le lien des cultures entre elles. En effet, plus les diverses civilisations du monde se croisent et se juxtaposent, plus nous devons réfléchir aux moyens de conjuguer, dans un monde multiculturel, justice et libertés.

Trois moments distincts

Pour entamer une telle réflexion, il est utile de mettre en perspective l'évolution des relations entre les cultures, et de commencer à s'interroger sur ce que veut dire, à présent et pour demain, le pluralisme.

Trois moments peuvent permettre de schématiser les relations des cultures entre elles. Bien sûr, ces différents moments ne sont pas simplement chronologiques. Ils ne se succèdent pas comme des étapes temporelles qui devraient disparaître pour laisser place à la suivante. Ces moments peuvent se superposer et entrer en conflit. Ils ne sont ici distingués que pour les besoins de la clarification. Dans la réalité, ils se juxtaposent, se chevauchent, se mêlent parfois selon des perspectives diverses.

Affirmation de soi, exclusion de l'autre

Premier moment : l'affirmation de soi et l'exclusion de l'autre. C'est un fait bien connu : chaque culture, chaque groupe, chaque individu se considère d'abord comme « le centre du monde ». Cette caractéristique correspond à la plupart des situations historiques antérieures à la nôtre. Une telle position autocentrée implique que les autres n'existent pas véritablement. En tout cas, ils n'existent que dans un statut à la fois extérieur et inférieur au modèle constitué par « ma » propre identité. Dans cette première perspective, les autres – ceux qui demeurent hors de « ma » culture, de « mon » groupe, de « ma » famille – sont des barbares, des sauvages, des êtres en quelque manière dévalorisés, soit qu'on doute de leur pleine appartenance à l'humanité, soit que leurs capacités culturelles soient jugées moins développées que les nôtres.

Peut-être n'a-t-on pas toujours aperçu combien cette absence d'universalité a constitué elle-même un fait presque partout présent. L'attitude arrogante et autosuffisante de la pensée européenne, et de l'Occident en général, n'est pas le seul exemple de cette position culturelle autocentrée. Indiscutablement, l'Europe s'est prise pour le centre du monde. Mais elle ne fut pas la seule ! Il n'est pas excessif d'affirmer que toutes les cultures ont eu tendance à placer au centre, en position de modèle unique, leurs propres valeurs, leur langue, leurs croyances, leurs modes de vie.

Évidemment, ce n'est pas du tout la même chose de refuser l'existence légitime des autres cultures lorsqu'on dispose de la puissance militaire, technique, financière ou bien lorsqu'on se trouve démuni économiquement et militairement. Les modes d'affirmation de soi ont donc été différents, ils ont eu des conséquences dissemblables dans les processus de conquête ou de domination, suivant les régions

DE LA PLURALITÉ DES MONDES
« Le larcin, l'inceste, le meurtre des enfants et des pères, tout a eu sa place entre les actions vertueuses. Se peut-il rien de plus plaisant qu'un homme ait droit de me tuer parce qu'il demeure au-delà de l'eau, et que son prince a querelle contre le mien, quoique je n'en aie aucune avec lui ? »
(Blaise Pascal, *Pensées*, 1670).

du monde et suivant les époques, suivant les déséquilibres relatifs des développements techniques et des expansions économiques. Mais le trait commun à ce premier moment demeure : il n'y a d'abord pour chacun, finalement, qu'une seule culture, la sienne.

De la tolérance au dialogue réel

Deuxième moment : prise de conscience de la pluralité des mondes humains, compréhension de la nécessité de leur coexistence sans domination. Ce temps correspond à la neutralisation volontaire des conflits, à la reconnaissance d'une égalité formelle. « Il est admis » que d'autres cultures existent. « Il est dit » que leur légitimité n'est pas moindre que la nôtre. Mais ces affirmations demeurent encore une réalité abstraite, théorique. C'est une possibilité que l'on reconnaît, ce n'est pas encore une réalité que l'on rencontre. La « forme faible » de la tolérance apparaît : tolérer l'existence de l'autre, en ce sens, ne signifie pas s'intéresser à lui.

Ce n'est pas mettre en œuvre un échange personnel, social ou culturel. C'est seulement s'abstenir de le persécuter, s'efforcer de le « laisser être ». De cette manière, effectivement, nous sommes plusieurs. Mais il ne se passe rien entre nous. Cette pluralité est statique, inerte : rien ne s'échange ni ne se construit. L'universalité humaine demeure une affirmation – positive, généreuse, mais pour une part vide. Une pluralité n'est pas un pluralisme. Celui-ci ne signifie pas seulement que nous sommes plusieurs groupes également légitimes, mais que nous avons à faire pour nous explorer cette multiplicité, et pour construire à partir d'elle.

Troisième moment : la construction du pluralisme et les difficultés qu'elle suscite. Cette fois, nous n'avons plus simplement à coexister. Les différentes identités des groupes, des croyances, des cultures ont à se rencontrer de manière effective. Il ne s'agit aucunement de fusionner les identités, mais de les faire s'ouvrir et interagir. C'est aujourd'hui la seule possibilité de voir se construire une universalité vivante de la diversité humaine. Nous sommes confrontés à cette difficulté. Elle est extraordinairement nouvelle, du moins dans l'extension et l'intensité qu'elle revêt aujourd'hui. De ce point de vue, le monde vient de commencer. Un monde humain où les transmissions sont instantanées, où les cultures sont susceptibles, éventuellement, d'entrer dans un véritable processus d'existence commune, voilà qui est tout à fait récent.

Du temps pour construire

Sans doute ce processus sera-t-il très long, malgré l'accélération des techniques de communication, parce que les mentalités sont ce qui change le moins vite. Et c'est tant mieux ! Si les langues, les catégories mentales, les valeurs et les croyances s'unifiaient aussi vite que l'usage des machines ou les manières de s'habiller, nous ne pourrions même pas parler de la construction du pluralisme.

Ainsi avons-nous à tenter de construire un univers où parviennent à coexister plusieurs mondes, sans qu'ils se contredisent, sans qu'ils se concurrencent pour dominer. Peut-être, en ce domaine, y a-t-il une leçon inhabituelle à tirer de l'existence des arts : des dessins, des musiques, des sculptures, des danses, des poèmes, des styles architecturaux peuvent cohabiter sans qu'il soit nécessaire de considérer que l'un d'entre eux l'emporte nécessairement sur les autres. La diversité des créations artistiques suggère peut-être de nouveaux chemins pour penser le pluralisme. Les aventures des philosophes passent aussi par les chemins des arts. Essayons d'en repérer quelques-uns.

Arts et création

Les artistes comme artisans

Les philosophes seraient-ils, à leur manière, des artistes? Qu'en pensez-vous? Ce ne serait pas une mauvaise idée. On pourrait se dire qu'entre les aventuriers de l'image, de la musique, des couleurs et des gestes et puis ces aventuriers des idées et des manières de penser que sont nos philosophes, il doit bien exister une parenté. Après tout, on pourrait faire remarquer que les uns comme les autres sont entraînés dans un même genre d'aventure, celle de la création. Ce qui les différencierait: création de concepts pour les philosophes, créations de formes et d'œuvres «matérielles» pour les artistes. Nous allons voir tout à l'heure que ce n'est pas une mauvaise façon de considérer la question.

Pourtant, entre philosophes et artistes, les liens sont relativement récents, si l'on prend en compte l'ensemble de l'histoire. Philosophes et scientifiques se sont longtemps trouvés proches. Ils ne se sont séparés, vous vous en souvenez, qu'au cours des deux derniers siècles. Artistes et philosophes ont presque suivi un mouvement inverse. Longtemps étrangers les uns aux autres, pour des raisons qu'il va falloir expliquer, ils n'ont cessé de se découvrir et d'approfondir leurs liens depuis le siècle des Lumières et, surtout, depuis l'époque du romantisme.

Qu'est-ce qui les éloignait? Pourquoi les philosophes n'accordaient-ils à la réflexion sur l'art qu'une attention restreinte, souvent méfiante? Pour le comprendre, faisons une nouvelle fois retour à l'Antiquité, vers les Grecs, et en particulier vers Platon. Celui-ci inaugure en effet une attitude, dont il serait exagéré de dire qu'elle « méprise » les arts et les artistes, mais qui les place à un rang très secondaire. Et cela dura des siècles ! Les artistes étaient loin derrière les mathématiciens, les logiciens, les contemplateurs d'idées et les experts en arguments.

Il y a plusieurs raisons à cette manière de penser qui n'accorde que peu de valeur au travail artistique. L'art est du côté du sensible (ce qu'on voit, entend, touche, ce qui frappe les sens) et non de l'intelligible (ce qu'on peut seulement comprendre par l'intelligence : un raisonnement, une idée). Il est clair qu'une œuvre d'art (sculpture ou symphonie, tableau ou poème) parle d'abord aux sens, parce qu'elle est faite de sons, de couleurs, de mouvements et de formes concrètes. C'est par l'intermédiaire de nos sensations physiques qu'elle émeut, mobilise des sentiments, de l'affectivité, des passions. Rien de tout cela n'est, pour le regard de Platon, particulièrement estimable.

CONTRE L'ARTISTE
« L'art d'imiter est donc bien éloigné du vrai, et, s'il peut tout exécuter, c'est, semble-t-il qu'il ne touche qu'une petite partie de chaque chose, et cette partie n'est qu'un fantôme » (Platon, *la République*).

Des idées aux choses

Comme le montre l'allégorie de la caverne, dans *la République*, le monde sensible n'est qu'un reflet, une pâle copie de la « vraie » réalité, celle du monde des Idées, le monde intelligible. Les idées, pour Platon, sont en effet plus réelles que les objets matériels. Les choses se dégradent, s'usent, changent. L'idée du triangle est toujours identique, éternellement semblable. Cette réalité éternelle sert de modèle, et les choses que nous appelons réelles (celles que nous voyons) sont seulement les copies de ces modèles absolus. Inventé par Platon, ce renversement de perspective a profondément marqué toute l'histoire de la pensée occidentale. Et les artistes, dans cette étonnante histoire, où sont-ils passés ? Essayons de tirer les conséquences qu'entraîne cette conception de la supériorité des idées sur la valeur qu'un philosophe comme Platon, et toute une tradition à sa suite, accorde à l'art.

Admettons donc, pour apercevoir la suite, que les idées sont plus réelles que les choses. La raison doit donc, pour connaître, se tourner vers ce monde des idées. Elle doit parvenir à contempler les idées, éternelles et éternellement vraies. La raison humaine est capable, selon Platon, de parvenir à cette contemplation, mais à condition qu'elle se détourne des sens et des passions. Du coup, tout ce qui attire notre attention vers les choses matérielles, vers la terre, les sensations, le corps, les émotions, tout cela, du point de vue de Platon, risque d'être nuisible ou suspect. La géométrie nous accoutume à tourner notre âme vers les idées : je raisonne à partir de l'idée du triangle ou de l'idée du cercle, et non à partir des lignes que je perçois avec mes yeux. Mais les œuvres d'art ramènent notre regard vers la terre ! Voilà pourquoi elles sont dangereuses. Du point de vue de Platon, elles ne nous emmènent pas dans la bonne direction, elles nous tirent vers le bas !

Avez-vous bien saisi cette modification de la perspective ? Il est peut-être bon de la préciser avec d'autres termes. Dessinées ou peintes, les images sont, pour Platon, comme des imitations très lointaines des idées. Tout pourrait se représenter, de manière simplifiée, par trois cercles. Dans le cercle du centre, les idées. Par exemple, l'idée du lit. Les lits que nous connaissons, en bois ou en fer, forment le deuxième cercle, qui n'est qu'une imitation de cette idée. En effet, le menuisier copie sur l'idée du lit pour faire son meuble. Mais en représentant le lit à partir de la copie de l'idée réalisée par le menuisier, le peintre, du point de vue de Platon, va effectuer… une copie de copie ! L'image, de ce point de vue, ne constitue pas une voie d'accès à la réalité, mais plutôt un éloignement. C'est un artifice qui nous égare et nous met à distance de la vérité. Et comme ce qui intéresse avant tout le philosophe est la vérité, tirez vous-même la conclusion ! Voilà donc une première explication de la méfiance de Platon envers les arts. Ce n'est pas la seule.

Chasser les poètes ?

Sa sévérité envers l'art et les artistes tient également au fait que les poèmes et les musiques, mais aussi les tragédies au théâtre, provoquent dans notre esprit des émotions fondées sur des illusions. Si Platon avait connu la télévision, les séries, les feuilletons et les films gore, il aurait fait remarquer que vous êtes enthousiasmés, attristés, mis en colère ou apeurés par des histoires qui n'existent pas et qui, en fait, ne correspondent à rien. En tout cas à rien de vrai. Ce ne sont que des images. Du coup, cette agitation de votre esprit est vaine. Elle peut même, aux yeux de Platon, être nuisible ! C'est pourquoi, dans la cité idéale que construisent les analyses de *la République,* il va jusqu'à proposer de chasser les poètes ! Le philosophe imagine même de réglementer ce qu'on peut réciter ou non, ce qu'on doit jouer comme mélodie, et ce qui doit être carrément interdit.

L'IDÉE ET SES REPRODUCTIONS
« Ainsi, peintre, menuisier, Dieu, ils sont trois qui président à trois espèces de lit » (Platon, *la République*).

Ce contrôle autoritaire sur l'art et les œuvres constitue à nos yeux une censure inacceptable, même si elle paraît justifiée chez Platon par le souci de la meilleure éducation possible. Vous refuseriez une telle censure, et vous auriez raison.

Imaginez-vous que certaines musiques soient autorisées, d'autres interdites ? Que certains tableaux soient permis, et d'autres non ? Vous vous demandez sans doute comment une idée aussi bizarre a pu être soutenue par un philosophe, et même l'un des plus grands. Pour le comprendre, il faut savoir que les esprits de l'Antiquité n'avaient pas du tout la même conception de la création artistique que nous.

L'artiste comme artisan

Pour eux, l'artiste est d'abord un artisan. Il est sculpteur, ou peintre, ou musicien, ou poète non parce qu'il est génial ou simplement doué, mais d'abord parce qu'il maîtrise une certaine technique. Dans l'esprit des hommes de l'Antiquité, le sculpteur, par exemple, est plus proche du plâtrier ou du maçon que du créateur inspiré dont le romantisme a fait le symbole de l'artiste. Comme le note François Chamoux dans son ouvrage *la Civilisation grecque* : *« L'artiste est à leurs yeux essentiellement un ouvrier ou, comme on dit en grec, un* basaunos, *il ne peut prétendre à la considération que mérite la spéculation désintéressée. Quand Socrate, dans Platon, parle de Phidias (un célèbre sculpteur), il lui applique le terme de* démiourgos, *qui signifie "artisan", "homme de métier", et quand il fait allusion aux peintres et aux sculpteurs, c'est pour les comparer aux hommes habiles dans les divers travaux manuels ou dans les techniques. »*

En grec ancien, le même mot *(tekhnê)* signifie à la fois « technique » et « art ». En latin, *ars,* dont est issu le mot français « art », désigne également la technique et l'art. L'union de ces deux significations est demeurée aussi dans le vocabulaire français jusqu'au XVIIIe siècle. Lorsque Rousseau, en 1750, rédige son *Discours sur les sciences et les arts,* il parle uniquement des sciences et des techniques ! Lorsque les deux sens commencèrent à se séparer, on forgea l'expression « beaux-arts » (c'est-à-dire techniques du beau) pour nommer le travail des peintres, graveurs, sculpteurs et autres artistes.

Le beau est toujours incarné

Allez-vous conclure que les philosophes de l'Antiquité n'avaient aucune estime pour les arts et les artistes et qu'ils s'en méfiaient ? Vous vous tromperiez en pensant que Platon n'a qu'une vue étroite et dévalorisante de la création artistique. Ainsi, dans le dialogue qu'il a intitulé Ion, *vous pouvez lire une analyse de l'inspiration poétique selon laquelle, quand un poète est inspiré, son âme est comme envahie par le divin et transportée vers les dieux. C'est d'ailleurs ce que signifie étymologiquement « enthousiasme » : quelque chose de divin vient habiter l'âme, elle est alors comme captée, enlevée, et elle se met à voir et dire des choses qu'elle ne comprend pas bien.*

L'idée d'une communication, par la poésie, avec un domaine supra-humain est donc elle aussi présente chez Platon. Vous voyez bien que conclure au mépris pur et simple aurait été une erreur. Les poètes sont habités par un souffle divin, pour Platon. Ce qui lui paraît criticable, c'est que cet « enthousiasme » de l'inspiration n'est pas une connaissance. C'est une possession, et non une activité de la raison. De même, la beauté joue un rôle de la plus haute importance dans sa pensée. Mais ce qui lui paraît essentiel dans le désir qui nous porte vers les « choses » belles (à commencer par les corps), c'est que cette beauté des corps et des objets nous fait pressentir l'idée même du beau dont ils ne sont que les reflets. Il conviendrait donc de se servir de l'art, si l'on ose faire cette comparaison, comme d'une échelle ou d'un escalier, pour parvenir à l'idée du beau. Celle-ci, sous la forme de l'*« Un-Bien-Beau »,* illumine le monde des Idées comme le soleil illumine celui des choses matérielles.

UN PRIVILÈGE DIVIN

« Ce n'est pas en vertu d'une technique maîtrisée qu'ils font œuvre de poètes en disant tant de belles choses sur les sujets qu'ils traitent, comme toi sur Homère, mais par un privilège divin » (Platon, *Ion*).

Voyez-vous où il existe un problème ? C'est qu'on ne peut pas séparer la beauté de la matière dans laquelle elle s'incarne. Les étapes d'un théorème ne dépendent pas du

LA DISCIPLINE DE L'ARTISTE
« Puisqu'il est évident que l'inspiration ne forme rien sans matière, il faut donc à l'artiste, à l'origine des arts et toujours, quelque premier objet ou quelque première contrainte de fait sur quoi il exerce d'abord sa perception, comme l'emplacement et les pierres pour l'architecte, un bloc de marbre pour le sculpteur, un cri pour le musicien, une thèse pour l'orateur, une idée pour l'écrivain, pour tous des coutumes acceptées d'abord, par quoi se définit l'artiste tout à fait autrement que par la fantaisie » (Alain, *Système des beaux-arts*, 1920).

papier ou de l'écran sur lequel la démonstration est inscrite, ni de la langue dans laquelle l'argumentation est formulée. Vous pouvez traduire, sans perte majeure, un cours de géométrie. Vous retrouverez les mêmes idées et les mêmes démonstrations. Mais le passage d'une langue à une autre fera perdre à un poème une part considérable de sa beauté. Vous savez bien pourquoi : la beauté du poème est liée à la musique des mots, aux sonorités qui s'unissent ou se contrarient, au jeu des rythmes.

Ce que nous venons de voir à propos du poème vaut encore plus pour la peinture. Imaginez-vous de pouvoir détacher ce qu'exprime le tableau de ses couleurs et de ses lignes ? C'est évidemment impossible. Et ce serait absurde : d'un côté le tableau, et de l'autre son sens ! Les deux sont intimement mêlés. C'est une des caractéristiques majeures des œuvres d'art : ce sont des idées-choses, des objets pensants, sans qu'on puisse dissocier le sens et la matière.

Transformer une matière

C'est pourquoi le fait de voir en tout artiste un artisan n'est pas à écarter comme si ce n'était qu'un vieux jugement périmé. Vous n'avez pas tort de trouver cette affirmation encore insuffisante. Même si elle est à compléter, elle n'est pas dépourvue d'intérêt. Car elle souligne que le travail de l'artiste s'accomplit sur une matière qu'il faut tour à tour transformer, épouser, plier, écouter. L'art n'est pas fait que d'inspiration. Ce n'est pas seulement un jeu d'idées. C'est aussi une patience, un corps à corps, un effort exercé sur les choses et sur soi-même. Faire une œuvre est un travail, c'est-à-dire une confrontation avec un matériau, une modification parfois pénible et parfois hésitante, un apprentissage du corps. Ce n'est pas seulement un éclair de création. Mais dans quelle perspective ? Quel est l'objectif poursuivi ?

Vous savez quel était le but de ce travail des artistes, dans la théorie classique, car vous en avez sûrement entendu parler un jour au cours de vos études: cet objectif suprême était «l'imitation de la nature». L'art était censé imiter la nature. À la limite, dans cette manière de se représenter la création artistique, il n'y avait rien à créer de manière absolue. Il fallait seulement inventer les techniques permettant de s'approcher de ce qui était naturel. Qu'il s'agisse des formes, des couleurs, des perspectives, des lumières, de la grâce des paysages, la nature fournissait les modèles, et le plus habile artisan était celui qui parvenait à s'approcher au plus près de cette inaccessible perfection. L'œuvre d'art n'était donc pas considérée comme l'ouverture d'un nouvel univers. Elle n'était pas vue comme porteuse de son propre monde. Elle devait son degré de réussite à la seule qualité, plus ou moins grande, de son imitation du monde réel.

L'universalité du beau

La beauté, elle aussi, avait son point de départ hors de l'œuvre elle-même. La beauté d'une œuvre était comprise comme la relation harmonieuse entre sa réalisation artisanale - «artificielle» - et le modèle naturel qu'elle imitait. Voilà qui n'est pas vraiment difficile à comprendre. Mais un problème plus coriace vous attend. La difficulté, avec l'idée de beauté, c'est qu'elle ne peut se séparer des œuvres qui l'incarnent.

La beauté n'est pas simplement pensée, elle est d'abord sentie, perçue, éprouvée. Elle parle au corps, elle ne s'adresse pas à la raison. Malgré tout, quand vous ressentez qu'une œuvre est belle, vous admettez difficilement que d'autres ne la

LE BEAU, POUR KANT

«Il ne suffit pas qu'une chose plaise pour qu'on ait le droit de l'appeler belle. Beaucoup de choses peuvent avoir pour moi de l'attrait et de l'agrément, personne ne s'en inquiète ; mais lorsque je donne une chose pour belle, j'exige des autres le même sentiment ; je ne juge pas seulement pour moi, mais pour tout le monde, et je parle de la beauté comme si c'était une qualité des choses. Aussi dis-je que la chose est belle, et, si je m'attends à trouver les autres d'accord avec moi dans ce jugement de satisfaction, ce n'est pas que j'aie plusieurs fois reconnu cet accord, mais c'est que je crois pouvoir l'exiger d'eux» (Emmanuel Kant, *Critique du jugement*, 1790).

trouvent pas du tout à leur goût. Évidemment, ils en ont le droit ! Pourtant, cela semble souvent bizarre. En effet, quand on indique seulement son goût, sa préférence personnelle (« moi, j'aime le poisson »), on trouve normal que l'autre ne la partage pas. Mais quand il s'agit de la beauté, il n'en va pas de même. Car nous nous attendons toujours plus au moins à ce que les autres jugent comme nous, ressentent eux aussi cette beauté que nous ressentons. Nous avons tendance à penser que ce qui est beau pour nous doit aussi pouvoir être trouvé beau par tout être humain, parce que cette beauté ne nous paraît pas seulement tenir à notre regard, mais à la chose elle-même.

« Universellement, sans concept »

Kant a exprimé cette idée en donnant du beau cette définition : *« Ce qui plaît universellement sans concept ».* Le beau plaît universellement, pour Kant, car il dépasse les conditionnements historiques, sociaux et culturels. Même sans éducation musicale, on peut être bouleversé par une musique, et cette musique peut appartenir à notre civilisation ou bien venir d'un tout autre horizon. Même si nous appartenons à une autre époque, à une autre société que celles d'un artiste, ses œuvres peuvent toujours nous émouvoir. Si l'art ne possédait pas ce pouvoir de traverser les civilisations et les siècles, nous ne ressentirions aucune émotion esthétique devant une statue africaine ou asiatique traditionnelle, ou devant une œuvre ancienne. Toutefois, ce qui vient compliquer la situation, c'est que le beau plaît universellement mais « sans concept ». Qu'est-ce que cela veut dire ?

Quand nous affirmons une vérité universelle, c'est-à-dire partageable par tous, elle se formule dans des concepts. Vous en voulez un exemple simple ? Il est universellement vrai que 2 plus 2 égale 4, et tout le monde en est convaincu. Mais ceci passe par le concept du nombre « deux », le concept de « somme », le concept d'« égalité ». Au contraire, quand nous sommes convaincus qu'une œuvre belle devrait plaire à tous, nous n'avons pas les moyens de démontrer sa beauté comme nous pouvons démontrer une vérité arithmétique ou géométrique. Le beau plaît sans concept : nous le ressentons, nous ne pouvons pas en forger une idée nette et précise qui serait communicable indépendamment de l'œuvre.

Vous connaissez bien l'image de l'artiste « maudit ». Génie que ses contemporains ne comprennent pas, voire qu'ils considèrent comme détraqué. Créateur que dévore une sorte de feu intérieur, et qui doit accomplir son destin, sans se soucier de la misère ou de la maladie. Peu importe ce qu'il endure comme malheur, peu importe les drames qu'il suscite. Peu importe même sa propre destruction. Une seule chose compte : l'œuvre, ce qui restera du naufrage, les marques du génie.

Comme vous le voyez, nous sommes loin, avec cette image de créateur maudit, de l'artiste-artisan, prenant modèle sur la nature. Nous quittons aussi l'atelier collectif, l'école où les œuvres se composaient souvent à plusieurs, en peinture comme en musique. Nous sommes entrés dans le mythe romantique. L'artiste devient un créateur solitaire. Il fait exister des mondes nouveaux, insoupçonnables avant lui. Au lieu d'imiter la nature, il fait concurrence à Dieu. Il ne suit plus les règles, il les brise, en invente de nouvelles ou s'affranchit de toutes.

LA MORT DE DIEU
« Le plus important des événements récents, – la “mort de Dieu”, le fait que la foi en le Dieu chrétien a été ébranlée – commence déjà à projeter sur l'Europe ses premières ombres. Du moins pour le petit nombre de ceux dont le regard, dont la méfiance du regard, sont assez aigus et assez fins pour percevoir ce spectacle ; un soleil semble s'être couché, une vieille et profonde confiance s'est changée en doute : c'est à eux que notre vieux monde doit paraître tous les jours plus crépusculaire, plus suspect, plus étrange, plus “vieux” » (Friedrich Nietzsche, *le Gai Savoir*, 1881-1882).

L'artiste devient avant tout une subjectivité. Il doit parvenir à créer son style, son monde, qui deviendra ensuite reconnaissable entre mille parce qu'il ne ressemblera qu'à lui-même.

Ainsi, un grand changement a eu lieu dans la manière de concevoir la place des artistes et leur rôle. Ce bouleversement ne s'est pas produit en un jour, cela va de soi. Il fut malgré tout assez rapide. Entre la fin du XVIIIe siècle et le milieu du XIXe, les manières de voir et de penser de l'Occident sur ces questions se sont modifiées profondément. La figure du créateur s'est imposée, à la place de la figure du technicien. Le génie a remplacé le savoir-faire. Bien sûr, vous vous en doutez, de telles formules ont un caractère excessif. Elles indiquent seulement le changement d'ensemble, la tendance globale. Il faudrait nuancer pour avoir une vue exacte de la réalité. Les techniques artistiques, les artisanats, les « métiers d'art » n'ont pas disparu.

La mort de l'art ?

Mais l'image du génie et de ses capacités d'invention l'a emporté. Or, en même temps que s'impose cette image romantique de l'artiste créateur, un grand philosophe allemand, Hegel, qui écrit dans les années 1800 à 1830, parle de la « mort de l'art ». Voilà une coïncidence apparemment paradoxale : les artistes naissent, et l'art meurt !

Nous reviendrons sur ce paradoxe. Que signifie cette « mort de l'art » ? Pour la comprendre, il faut d'abord la replacer dans le contexte de la philosophie de Hegel. Cette pensée est essentiellement une philosophie de l'histoire.

L'ensemble de l'histoire humaine, aux yeux de Hegel, est porteur d'une signification. Son déroulement possède un sens et obéit à une logique. Bref, l'histoire est rationnelle, même si, au premier regard, elle semble chaotique, livrée aux conflits des égoïsmes et du hasard, prise dans le jeu imprévisible des rivalités d'intérêts et de personnes.

Vous comprendrez mieux la portée de cette conception un peu plus loin, quand nous y reviendrons. Regardons seulement, pour l'instant, ses conséquences sur l'art. Pour Hegel, le rôle de l'art, considéré dans son ensemble, était de délivrer un message, de transmettre une idée. Ainsi, par exemple, l'architecture même des cathédrales gothiques, et leurs sculptures, et les fresques qui les ornaient, constituaient pour l'Europe du Moyen Âge autant de «leçons» de pensée chrétienne qui s'adressaient à tous. Ce n'est donc pas du tout l'imitation de la nature que retient Hegel pour définir le travail des artistes, même dans l'Antiquité ou au Moyen Âge. Ce qui lui paraît essentiel est la manière dont l'art d'une civilisation contient l'idée centrale de cette culture. L'Égypte invente l'architecture massive des pyramides, la Grèce la statuaire à forme humaine, l'Europe de la Renaissance la peinture des paysages et des intérieurs. Chaque fois, ces innovations esthétiques traduisent l'esprit même, selon Hegel, de chaque époque. L'art enseigne donc, à sa manière, quelque chose d'essentiel. Cela ne rend pas la «mort de l'art» plus compréhensible.

Une mission achevée ?

Pourquoi donc l'art mourrait-il? Ce qu'il avait à dire est exprimé désormais par d'autres moyens: la philosophie, la science, l'État ou même les journaux. L'idée de la «mort de l'art» ne signifie pas que l'art cesse et disparaît, mais seulement qu'il ne tient plus, dans les sociétés modernes, le rôle essentiel qu'il jouait auparavant. L'art n'exprime plus que des sentiments individuels, des vues personnelles, des points de vue subjectifs. Sa mission est achevée, selon Hegel. Ceci ne nous empêche pas d'admirer les œuvres du passé. Mais elles ne sont pas vivantes pour nous en tant que porteuses d'idées. Nous pouvons ressentir une émotion esthétique face aux sculptures d'une cathédrale. Nous n'en recevrons jamais la «leçon» que pouvait en recevoir un homme du Moyen Âge. C'est en ce sens que l'art est «mort».

Vous devriez protester: où est passée l'explication promise, celle du paradoxe, naissance des artistes, mort de l'art? À présent, cette coïncidence ne doit plus paraître tellement étonnante. Si l'art n'a plus de fonction sociale aussi importante qu'autrefois, si son rôle collectif a décliné, il est compréhensible que l'accent soit mis, en même temps, sur la création individuelle, sur l'idée que l'artiste exprime son tempérament. Les créateurs de mondes individuels apparaissent en même temps que le monde collectif s'estompe.

Il se pourrait que l'art contemporain donne raison à cette analyse de la «mort de l'art» chez Hegel. Que voyons-nous en effet, aujourd'hui, chez de nombreux artistes? Non pas une œuvre au sens classique, une matière transformée pour atteindre la beauté, mais en quelque sorte des idées mises en

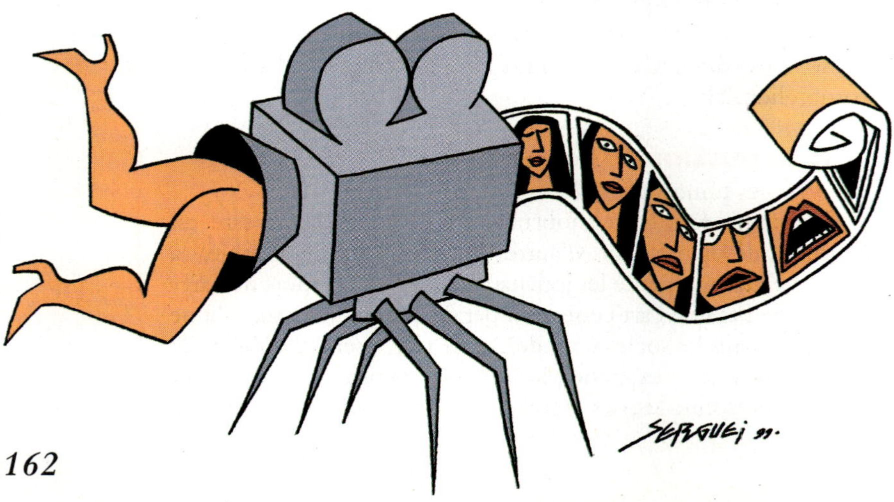

scène. Une bonne part des interventions des artistes sont aujourd'hui comme des tentatives pour faire réfléchir, ou faire rire, ou inquiéter, ou tout cela à la fois.

Avez-vous remarqué ? C'est un étrange renversement. Car la conclusion pourrait être que les artistes ressemblent fort à des philosophes, depuis que la représentation classique de l'art s'est effacée. Faisons encore un pas dans cette direction. Que se passe-t-il si l'on imagine que les aventures des philosophes sont du même type que celles des artistes ? Pourrait-on dire que les philosophes créent des mondes d'idées comme les peintres des mondes de couleurs et de formes, les musiciens des mondes de sons et de rythmes, les poètes des mondes de mots ? Oui, c'est possible. Mais à une seule condition : se débarrasser de l'idée de vérité. Qu'est-ce que cela veut dire ?

Procédons par ordre. Dans le domaine des œuvres, il n'y a aucun sens à dire que l'une est « plus vraie » qu'une autre. Le monde des peintures de Cézanne n'est pas plus vrai, ou moins vrai, que le monde des peintures de Van Gogh ou de Magritte. La musique de Bach n'est ni plus ni moins « fausse » que celle de Brahms ou de Beethoven. Ces phrases n'ont pas même de sens : ces univers picturaux ou musicaux forment chacun des mondes, et ils ne se concurrencent pas. Ils ne peuvent pas non plus être réellement comparés les uns aux autres à partir de critères extérieurs. Bref, les mondes esthétiques n'ont pas de rapport avec ce qu'on appelle la vérité.

Avec les philosophies, il n'en va pas de même. Elles doivent établir des arguments, des démonstrations. Elles peuvent être soumises à des objections, être réfutées, être comparées en ce qui concerne leur vérité. Il existe des affirmations philosophiques fausses, d'autres vraies. Voilà en tout cas ce qu'on pense généralement. Mais que se passerait-il si nous considérions les philosophies du point de vue de la création, comme des œuvres d'art ?

ERREUR, ILLUSION ET CONNAISSANCE

« Il nous faut aimer et soigner l'erreur, elle est la matrice de la connaissance. L'art au service de l'illusion – voilà notre culte. Aimer et favoriser la vie, pour l'amour de la connaissance, aimer et favoriser l'erreur et l'illusion, pour l'amour de la vie. Donner à l'existence un sens esthétique, augmenter en nous le goût de la vie, c'est la condition préalable de la passion de la connaissance » (Friedrich Nietzsche, *la Volonté de puissance*).

L'histoire humaine a-t-elle un sens ?

«Un conte rempli de bruit et de fureur raconté par un idiot.» *Cette formule, empruntée à Shakespeare, définit-elle l'histoire des hommes ? Si c'est le cas, il n'y a rien à comprendre ni à retenir de cette suite de violences et d'absurdités. Mais est-ce le cas ? L'histoire de l'humanité est-elle totalement insensée ? Peut-on au contraire discerner une logique dans la succession des civilisations, repérer de grandes étapes, et un développement compréhensible, dans les événements de l'histoire ?*

À partir de ces interrogations, les philosophes ont fait de l'idée d'histoire un nouveau domaine d'aventures. C'est compréhensible : comme ils s'intéressent à la vérité, aux libertés, à la justice, il est évident qu'ils réfléchissent à l'histoire, à ce cours des événements grâce auquel le monde bouge.

Vous l'ignorez sans doute, mais c'est pour les philosophes un domaine relativement récent. Les penseurs de l'Antiquité n'accordaient pas à l'idée d'histoire un intérêt particulier, parce qu'ils avaient hérité d'une conception du temps comme cycle. Si vous imaginez le temps comme un cercle, vous voyez que le passé et l'avenir échangent leurs places : en effet, ce qui est situé dans le passé est aussi ce qui nous attend (au prochain tour effectué sur le cercle) et ce qui nous attend dans l'avenir a déjà eu lieu dans le passé (au tour précédent). Même sans entrer dans les questions que peut susciter cette représentation du temps, il doit être clair dans votre esprit que cette conception circulaire ne permet guère de s'interroger sur l'histoire. Puisque tout se répète, à plus ou moins longue échéance, puisque tout revient et recommence, l'idée même d'évolution historique est dépourvue de sens.

Pour que commence à se former une représentation de l'histoire, il faut que le temps soit imaginé comme une ligne, une demi-droite orientée, pourvue d'une origine et d'une direction. Dans ce schéma linéaire, il n'y a pas de retour : chaque instant, chaque période succède à l'élément précédent, mais rien ne réapparaîtra jamais. C'est avec le monothéisme, et avec l'idée d'une création du monde à partir de rien par le Dieu unique, que s'est constituée cette représentation du temps. Le judaïsme puis le christianisme ont développé cette conception du temps historique comme une ligne droite. Pour le judaïsme, la ligne est tendue entre la création du monde et la venue attendue du Messie. Pour le christianisme, elle est tendue entre la venue du Christ sauveur et le Jugement dernier. Dans ces conceptions religieuses du monde, le cadre d'une pensée de l'histoire s'est mis en place. Mais la question même de l'histoire n'est pas encore un véritable problème : son sens est connu, la volonté de Dieu est supposée s'y accomplir, et les événements sont interprétés en fonction des desseins attribués à cette volonté.

LA RAISON, FIN ULTIME DE L'HISTOIRE
« Il faut apporter à l'histoire la foi et l'idée que le monde du vouloir n'est pas livré au hasard. Une fin ultime domine la vie des peuples ; la Raison est présente dans l'histoire universelle – non la raison subjective et particulière, mais la Raison divine, absolue : voilà les vérités que nous présupposons ici » (Friedrich Hegel, *Leçons sur la philosophie de l'Histoire*, 1827).

Historiens et philosophes

Il n'y a donc pas lieu de s'étonner que ce soit seulement à partir du siècle des Lumières, et avec le déclin des croyances religieuses, que la question de l'histoire ait commencé à prendre la forme d'un problème philosophique. Dans cette interrogation sur l'histoire, comme vous le savez sans doute car vous avez dû déjà en rencontrer des éléments, plusieurs problèmes se conjuguent et se superposent. Il est possible en effet de s'interroger sur la réalité des faits et la manière dont ils ont été établis. Ainsi peut-on douter que les miracles rapportés par les textes fondateurs de plusieurs religions aient vraiment eu lieu. Il appartient à l'historien de ne pas se contenter du texte jugé sacré, mais de chercher quelles preuves éventuelles existent, quelles raisons permettent de leur faire ou non confiance, quelle vraisemblance ont les témoignages. Une partie de la méthode historique, et de l'enquête qu'elle implique, pourrait être imaginée sur le modèle de l'enquête policière : Qui a fait quoi ? Quels sont les indices ? Où sont les preuves ? Que disent les témoins ? Quelle est la logique des faits ? Quels sont les mobiles ? Quels sont les alibis ?

À ces questions liées au métier d'historien se greffent des questions propres aux philosophes, c'est-à-dire, comme vous en avez maintenant l'habitude, des questions d'idées. L'idée d'événement, que contient-elle exactement ? Dans tout « ce qui arrive » (*evenit,* en latin, d'où vient le terme « événement », ne signifie que cela : « il arrive »), comment va-t-on découper un événement ? Selon quelles normes, quels critères, en fonction de quelles règles ? L'importance de ce qui se produit est évidemment relative. La mort d'un proche ou un accident grave est pour un individu un événement capital, mais cet événement est dépourvu d'importance au regard de l'histoire. Vous savez bien que la reconnaissance même d'un événement est une opinion éminemment relative. D'une ville à une autre, d'une région à une autre, d'un pays à un autre, d'un continent à un autre, vous pourrez voir un même fait considéré à un endroit comme un événement important et tout à fait ignoré ou jugé négligeable ailleurs. Les contours d'un

événement sont également malcommodes à définir, et en tout cas variables : quand commence la Révolution française ? Quand s'arrête-t-elle ?

La logique interne des événements

Moins facile : la recherche des causes. Qu'est-ce qui a déclenché une guerre ? La situation économique ? Les conflits d'idées ? Le poids du passé, mais de quel passé ? Les décisions des hommes politiques ? Leur personnalité ? Les grands événements obéissent à une causalité « multifactorielle » (c'est-à-dire composée de plusieurs facteurs) et il n'est pas simple d'opérer un tri entre ces facteurs ni même de les mettre en ordre.

Les discussions sont encore plus ouvertes si l'on considère la question principalement posée par les philosophes : Que signifie la totalité de l'histoire humaine ? Est-elle véritablement pourvue d'un sens que nous pourrions déceler ? Ou bien n'est-elle qu'une suite de hasards et de répétitions ? Est-elle orientée vers une fin ? Ou bien est-elle statique ? Les réponses des philosophes à ces questions se partagent, de manière simple, en deux camps. Les uns soutiennent que l'histoire répond à une logique que nous pouvons comprendre. D'autres affirment que l'histoire demeure absurde. Voyons quels sont les arguments de chacun.

LE TRAVAIL DU CONCEPT
« Les pensées vraies et la pénétration scientifique peuvent seulement se gagner par le travail du concept. Le concept seul peut produire l'universalité du savoir » (Friedrich Hegel, *la Phénoménologie de l'esprit*, 1801).

« Tout ce qui est réel est rationnel, tout ce qui est rationnel est réel », affirme Hegel. Qu'est-ce que cela signifie ? Puisque l'histoire humaine est réelle, elle doit obéir à une logique interne. Elle ne peut être insensée. Il reste à comprendre de quelle manière, globalement, elle avance, et vers quoi. La marche de l'histoire est, pour Hegel, guidée par la raison. Ce qu'il nomme ainsi est loin de la raison des hommes des Lumières.

La raison à l'œuvre dans l'histoire ressemble fort à une incarnation de la Providence divine, qui se révélerait progressivement dans le passage d'une civilisation, ou d'une époque, à une autre. Ainsi, les hommes agissent pour leur intérêt propre, leurs égoïsmes, leurs passions personnelles, mais le résultat de leurs actions obéit à une autre logique. Exemple : Napoléon suit sa propre ambition, il s'empare du pouvoir pour satisfaire son désir de gloire, et ses victoires militaires sont en premier lieu l'instrument de son égoïsme. Mais les guerres napoléoniennes font progresser l'histoire de l'Europe, hâtent l'unification de l'Allemagne et de l'Italie, exportent les acquis de la Révolution française. Autrement dit, c'est ce que Hegel appelle la *« ruse de la raison »* : la marche de l'histoire se sert des passions humaines pour faire progresser les hommes en se servant d'eux et, en un sens, malgré eux.

« Conserver » et « supprimer »

Cette marche est dialectique, toujours selon Hegel. Vous connaissez peut-être ce terme, en tout cas vous devez connaître une des caricatures auxquelles l'idée a donné naissance : thèse, antithèse, synthèse. Une dissertation se construirait ainsi : ce qu'on affirme, puis son contraire, et enfin… quoi ? Un mélange des deux ? Sûrement pas. Le terme même de « synthèse » est trompeur. Il suppose une sorte de rassemblement ultime. Comme si vous mélangiez du blanc (thèse, affirmation), du noir (antithèse, négation) et que vous obteniez du gris. Eh bien, ce n'est pas de cela qu'il s'agit. L'idée de dialectique suppose d'abord que chaque élément soit animé d'une tension interne et qu'il finisse par engendrer son contraire. Exemple : la monarchie absolue (thèse) finit par mourir de ses propres abus, elle engendre la Révolution française (antithèse), mais le mouvement ne s'arrête pas là ! La Révolution française va succomber à son tour à ses contradictions internes (luttes des factions, Terreur). Ce qu'on a dénommé à tort la « synthèse » n'est pas une fusion de ces deux premiers moments. C'est la destruction du deuxième moment, c'est-à-dire la « négation de la négation », mais celle-ci ne revient pas à la case départ !

Vous allez le comprendre à l'aide d'un point de vocabulaire : il existe, en allemand, un verbe très curieux, *aufheben,* qui signifie à la fois « conserver » et « supprimer ». Les deux sens coexistent, y compris dans la vie courante. « Faire des conserves », c'est *aufheben,* et, dans les trains, quand il s'agit en cas de danger de « briser » la vitre, c'est encore *aufheben* ! Hegel utilise ce verbe à deux sens pour nommer le troisième moment, qui supprime l'antithèse tout en conservant quelque chose de son existence. Exemple (suite) : après la monarchie et la république, l'empire de Napoléon. Il supprime, en un sens, la Révolution française (au profit de l'empire, du régime de pouvoir personnel), mais il la conserve également : il combat les royalistes et préserve le principe de l'égalité des citoyens.

Ainsi, aux yeux de Hegel, l'histoire de l'humanité avance de manière dialectique et sensée. Rien n'est inutile, rien n'est perdu. Même les drames, les guerres, les massacres sont finalement « récupérables » et en fin de compte utiles à la marche de la raison. Bref, l'histoire est tout entière pourvue d'un sens.

Sens et non-sens

Aux yeux de Schopenhauer, au contraire, elle n'en a aucun. La position de ce philosophe allemand, contemporain de Hegel, est d'ailleurs encore plus radicale. On pourrait presque dire que, selon lui, l'histoire n'existe pas. Cela ne signifie pas, évidemment, qu'il ignore l'existence du passé, ou bien qu'il ne sait pas que nous ne vivons plus comme au Moyen Âge ! Cela signifie que pour lui le passage des siècles, la succession des civilisations, le changement des techniques et des coutumes ne modifient rien d'essentiel. Les hommes restent les mêmes, quelles que soient les époques. Ils vivent les mêmes rêves et les mêmes désillusions. Ils répètent les mêmes drames et les mêmes malheurs. Les armes font des progrès, mais pas les meurtriers. La technique permet de tuer plus vite, plus loin. La méchanceté et la folie des êtres humains, elles, demeurent toujours identiques.

LA CONSCIENCE DE SOI

« Excepté l'homme, aucun être ne s'étonne de sa propre existence, c'est pour tous une chose si naturelle, qu'ils ne la remarquent même pas » (Arthur Schopenhauer, *le Monde comme volonté* et *comme représentation,* 1819).

UNE EXPLICATION DE L'HISTOIRE ADMISE PAR TOUS

« Les gouvernements des États parties à la présente Convention, au nom de leurs peuples, déclarent : Que, les guerres prenant naissance dans l'esprit des hommes, c'est dans l'esprit des hommes que doivent êtres élevées les défenses de la paix ; Que l'incompréhension mutuelle des peuples a toujours été, au cours de l'histoire, à l'origine de la suspicion et de la méfiance entre nations, par où leurs désaccords ont trop souvent dégénéré en guerre…

Schopenhauer est un philosophe pessimiste. C'est même l'inventeur du mot pessimisme (du latin *pessimum*, « le pire »), pour désigner la pensée selon laquelle le pire est toujours certain et le malheur, dans l'existence, toujours au rendez-vous. Quand il entend parler de progrès dans l'histoire, Schopenhauer ricane : voilà bien une illusion et une idiotie ! Il considère d'ailleurs Hegel comme « un cerveau malade ».

La philosophie de l'histoire de Hegel a inspiré Marx, puis Lénine et toute la pensée marxiste et révolutionnaire du XIXe et du XXe siècle. Ce que Marx garde de Hegel, c'est l'idée que l'histoire humaine est compréhensible et qu'elle progresse de manière dialectique. Mais Marx « remet sur ses pieds », comme il dit, cette dialectique qui marche chez Hegel « la tête en bas ». Que signifient ces formules ? La clé de l'histoire humaine, c'est pour Marx le rapport des hommes à la nature, leur manière de la transformer pour subvenir à leurs besoins : le travail, la production, l'économie. Ce n'est pas par magie que la monarchie laisse place à la république, mais parce que la bourgeoisie commerçante et industrielle l'emporte sur la vieille aristocratie féodale. À son tour, la bourgeoisie capitaliste devrait disparaître devant la classe ouvrière, capable de libérer l'humanité définitivement. La fin ultime de l'histoire, c'est pour Marx la vie humaine libérée de l'oppression et de l'exploitation.

La violence et les guerres

L'histoire du XXe siècle pourrait bien redonner au pessimisme de Schopenhauer une nouvelle actualité. Ce siècle qui avait été annoncé par Nietzsche, avant 1880, comme devant être « le siècle des guerres », a été celui des massacres de masse.

La violence dans l'histoire est-elle en mesure de laisser place à l'humanisation, ou bien est-elle destinée à se répéter sans fin, de manière de plus en plus meurtrière ? Au siècle des Lumières, on avait voulu voir dans la violence seulement un archaïsme, une survivance de nature ancienne, un vestige d'avant la civilisation. Au XIXe siècle, ceux qui croyaient aux progrès sans fin de l'humanité étaient convaincus que la loi, l'éducation, la culture, le raffinement des mœurs et des sensibilités pouvaient réduire définitivement les manifestations de brutalité à des traces presque infimes. Les grandes destructions physiques étaient en voie de disparition. La sauvagerie allait être totalement transformée et dépassée. La fin de son règne aveugle avait commencé au moment où se conjuguaient, pour sortir l'humanité du chaos, le pouvoir de l'État, l'instauration de l'ordre et du droit, les progrès de la morale.

...Que la grande et terrible guerre qui vient de finir a été rendue possible par le reniement de l'idéal démocratique de dignité, d'égalité et de respect de la personne humaine et par la volonté de lui substituer, en exploitant l'ignorance et le préjugé, le dogme de l'inégalité des races et des hommes» (*Acte constitutif de l'Unesco*, 16 novembre 1945).

Les violences qui existaient encore étaient destinées à s'éteindre, croyait-on. Elles étaient seulement des régressions temporaires. Les guerres ? Des accidents. Les tortures ? Des bavures. Les massacres ? Des moments de folie, de mauvaises circonstances, de fâcheux hasards. Malgré tous les propos qu'on a pu tenir pour se persuader que tout allait se dérouler de mieux en mieux, le XXe siècle, à côté de grandes victoires scientifiques et techniques, a connu des amoncellements de cadavres et la progression des horreurs.

Aussi est-il arrivé que des philosophes finissent par se dire que la violence humaine est éternelle. Que l'ordre social l'intensifie au lieu de la restreindre. Que le pouvoir la manipule et l'aiguise sous prétexte de l'étouffer. Que la barbarie est sans fin. L'expérience de la violence pourrait bien être, contrairement à ce qu'on croit généralement, ce qui réunit les hommes, les porte à se rapprocher – pour se protéger et se déchirer en même temps. Si l'on suit Schopenhauer, il n'y aurait en ce domaine ni progrès ni rémission : la violence change de visage, emprunte des voies nouvelles, mais elle ne disparaît ni ne diminue. L'espèce humaine s'ingénie à la destruction. Se raconter autre chose est plus confortable. Mais ce serait trompeur.

Deux forces adverses

Vous avez envie de protester et vous avez raison. N'oublions pas que la même humanité fait des efforts constants, pathétiques, mais parfois victorieux, pour interrompre le cours de la violence. Songez au Bouddha, à Socrate, au Christ, jugeant préférable d'être victime que bourreau. Songez aux droits de l'homme, à Gandhi, au travail d'Amnesty international, et aux gestes innombrables qui s'opposent à la brutalité régnante, s'attachent à résister au pire, s'acharnent à construire les bribes d'un monde en paix. Va-t-on les considérer seulement comme des cache-misère, des trompe-l'œil ? Allons-nous décréter que les forces de destruction sont seules à mener le monde ?

Il ne s'agit pas de sous-estimer l'étendue et la puissance de ce qui détruit, désagrège, anéantit et disperse les constructions où l'humain tente d'être meilleur. Acceptons même de voir que cette destruction est puissamment désirée, qu'elle est source de connivences et de délectations anciennes. Mais n'allons pas oublier pour autant que l'humanité tente, sans fin aussi, d'endiguer l'horreur et de modifier le cours du fleuve. Elle ne le désire pas de manière moins intense ni moins profonde. Les humains ont inventé deux grandes activités gratuites, recherchées pour elles-mêmes et non pour servir à quelque autre but. On les connaît l'une comme l'autre sous divers noms : la destruction et la construction, la cruauté et la bonté, la mort et l'amour. Vous avez à vous demander qui peut l'emporter, et pour quels motifs.

La brute inhumaine habite les figures de la guerre, depuis Homère jusqu'à Hugo. On n'a cessé d'âge en âge de bestialiser l'adversaire, de le considérer comme barbare, plus proche de la nature et de ses puissances aveugles que de l'humanité raisonnable. L'autre, l'ennemi, fut presque toujours situé aux confins du monstrueux, proche de la bête. Là réside le risque de la perpétuité : dès que la haine s'exerce envers des êtres jugés dissemblables, moins humains, différents par nature, elle est sans fin. La lutte contre l'animalité échappe à tout processus politique. Les espèces animales qui s'affrontent le font éternellement. Elles ne concluent pas d'alliance tactique, n'entrent jamais dans des compromis éphémères. Sortir de ce modèle, c'est comprendre que l'ennemi d'aujourd'hui, s'il est humain, peut être l'allié de demain. On entre alors dans le jeu des rapports de force mobiles et des renversements d'alliance possibles. Comme vous voyez, c'est fort différent !

MASSACRE ET PASSION
« Le massacre stimule ceux qui le perpètrent. Ils sont comme électrisés. L'apparence de froideur et d'insensibilité est trompeuse. Intérieurement, la passion les anime et les pousse » (Wolfgang Sofsky, *Traité de la violence*, 1998).

L'humanitaire et la pitié

Parmi les caractéristiques de notre histoire récente figure une forme de négation de l'humain qu'il paraît difficile d'inscrire dans la simple continuation de la violence de toujours. La question centrale du monde qui est en train de se construire est sans doute celle de savoir quel sens donner à l'idée d'humanité.

Ce n'est plus simplement l'ensemble des individus vivant sur cette planète. Lorsqu'on parle aujourd'hui de crime contre l'humanité, on désigne ainsi les déportations, les tortures, les massacres, les viols et les actes jugés «inhumains». Cette réflexion peut conduire à prendre pour fil directeur la question de l'humanitaire. L'humanitaire est en effet lié aux guerres de ce siècle et donne à comprendre un nouveau type de rapports entre l'histoire et l'éthique.

La guerre a changé

La guerre, comme vous le savez même si vous n'y avez sans doute pas beaucoup réfléchi, a profondément changé de nature au XXe siècle. Ce qui est nouveau, par rapport aux affrontements militaires anciens, ce n'est pas seulement la mondialisation des conflits. C'est le fait que la mobilisation guerrière ne laisse de côté aucun élément de la société et de la culture, englobe tous les aspects de la vie collective et de celle des individus. La guerre, au XXe siècle, n'est plus une affaire de soldats. La frontière entre militaires et civils n'est plus pertinente, la distance entre nation et armée tend à s'annuler. Sans doute ce changement de nature de la guerre a-t-il commencé à se préparer bien avant les conflits mondiaux qui ont marqué le XXe siècle. La Révolution française voit naître le soldat-citoyen des temps modernes et met fin à ce qu'on pourrait appeler l'«ancien régime» de la guerre. Le comte de Guibert, auteur d'un *Essai général de tactique,* a discerné cette mutation. En 1790, il écrit: *«Quand les nations elles-mêmes prendront part à la guerre tout changera de face; les habitants d'un pays devenant soldats, on les traitera comme ennemis, la crainte de les avoir contre soi, l'inquiétude de les avoir derrière soi les fera détruire.»*

À ce «nouveau régime» de la guerre qui a marqué la modernité, et surtout le XXe siècle, de nouvelles institutions de la paix ont tenté de répondre. Vous savez, là encore, que le XXe siècle a vu se constituer, avec la Société des nations après la Première Guerre mondiale et avec l'ONU après la Seconde, des organisations internationales sans précédent, qui sont pour une part les héritières des projets de paix perpétuelle des philosophes des Lumières, comme Kant. Mais ces institutions ne peuvent parvenir à résoudre une difficulté plus profonde que la rivalité des États dans la politique internationale.

L'humain en péril

La philosophe Hannah Arendt, après la Seconde Guerre mondiale, a insisté sur cette situation inédite. La conquête du pouvoir, son maniement, sa conservation, tout ce que désignait classiquement le terme de « politique », sont mis hors jeu. Il s'agit d'entrevoir à quelles conditions, et sur quels fondements, un monde commun pourrait exister après que tout a été détruit. Tout détruit… Vous pourriez demander : qu'est-ce que cela veut dire ? Que des villes furent rasées et des nations défaites ? Qu'on vit des familles anéanties et des œuvres piétinées ? Que les cadavres ne se comptaient plus ? Pas seulement. Avant, l'histoire avait charrié bien des massacres. Mais les crimes nazis ne vinrent pas s'inscrire dans la liste des tueries guerrières poursuivie de siècle en siècle. Ils furent d'un autre type, jusqu'alors inconnu. Dès 1946, Hannah Arendt tenta de comprendre « ce qui s'est réellement passé ». Elle écrivit au philosophe allemand Karl Jaspers, qui avait dirigé sa thèse vingt ans auparavant : *« Des individus ne sont pas assassinés par d'autres individus pour des raisons humaines, mais* […] *on tente de façon organisée d'exterminer la notion d'être humain. »*

LA SOLIDARITÉ HUMAINE CONTRE LA GUERRE
« Une paix fondée sur les seuls accords économiques et politiques des gouvernements ne saurait entraîner l'adhésion unanime, durable et sincère des peuples et que, par conséquent, cette paix doit être établie sur le fondement de la solidarité intellectuelle et morale de l'humanité » (*Acte constitutif de l'Unesco*, 16 novembre 1945).

La question politique et philosophique du XXᵉ siècle pourrait donc se formuler en ces termes : comment, après des millions de morts, après cette tentative d'extermination de l'humain lui-même, retrouver l'idée d'humanité ? Quel sens lui donner ? Ce n'est pas une question abstraite. Elle ne se résoudra pas seulement par des voies théoriques. Bien que nous n'ayons pas de réponse à ces interrogations, nous pouvons en discerner des éléments dans des réalités contemporaines que vous connaissez.

En particulier, les mouvements d'action humanitaire, comme Médecins sans frontières et Médecins du monde. Essayons de les regarder d'un point de vue philosophique. L'idée même d'action «humanitaire» est somme toute une notion récente. Elle n'appartenait pas au vocabulaire courant voici seulement trente ans. On pouvait parler de motifs humanitaires, d'organisations humanitaires. Mais on n'employait pas le mot comme on le fait aujourd'hui. L'«humanitaire» – considéré comme une réalité sociale autonome, organisée, mondiale – n'occupait pas la place qui est devenue la sienne dans l'imaginaire social comme dans les réalités pratiques.

Quelle définition pouvons-nous donner de l'humanitaire ? Ce qui s'occupe de la souffrance brute du dénuement. Les philosophes ont l'habitude d'écouter les mots. Le philosophe est celui qui «tente de dire en y pensant ce que tout le monde dit sans y penser». Revenons donc sur le terme «humanitaire» et sur la manière dont il est formé. Ce mot a une curieuse terminaison en *-taire,* qui est relativement rare en français. Cette constatation peut nous conduire à réfléchir sur deux séries de mots : «égal», «égalisé», «égalitaire», d'une part ; «humain», «humanisé», «humanitaire», d'autre part. Les premiers termes des deux séries, «humain» ou «égal», désignent une qualité donnée. Les deuxièmes termes, «égalisé» ou «humanisé», parlent d'une transformation : ce n'était auparavant ni égal ni humain, et ce l'est devenu ; on égalise ce qui n'était pas égal, on humanise ce qui n'était pas humain.

Les troisièmes termes des deux séries sont plus curieux. Ils évoquent finalement ce qui s'emploie à créer le premier terme. Une mesure égalitaire ne va pas forcément rétablir l'égalité, mais elle va créer les conditions de l'égalité. Cela peut-il nous apprendre quelque chose sur l'humanitaire ? On pourrait soutenir que l'humanitaire est ce qui s'emploie à préserver ou à sauvegarder de l'humain. Mais c'est encore une vaste définition : une multiplicité d'activités et d'institutions, s'y consacrent. Temples, musées, bibliothèques, y participent. On pourrait même estimer que les archives ont, en ce sens, une fonction humanitaire.

La souffrance brute

Il nous faut donc limiter la définition pour être plus précis. Ce n'est pas très difficile. Ce que l'humanitaire préserve, ce n'est pas l'humain « en général », mais l'humain réduit à sa plus simple expression, c'est-à-dire l'humain en état de souffrance brute, qu'il va falloir tirer de cette situation.

Il faut encore préciser. Que signifie en effet « l'humain réduit à sa plus simple expression » ? C'est le corps qui a faim, qui saigne, qui a froid, le corps que la fièvre secoue, que la vermine assaille, le corps malade, blessé, affaibli, apeuré. Réduit à sa plus simple expression : ce corps parle de lui-même. Il appelle du regard, il geint, il se tord. S'il reste prostré, silencieux ou mutique, il appelle encore d'une certaine manière. Ce corps dit seulement : « Aide-moi. » Il ne dit pas pourquoi il se trouve là. Il ne cherche pas qui l'a blessé. Il ne se demande pas non plus comment les convois de vivres ont été détournés et il demeure muet sur les raisons de l'épidémie, ou sur ce qui a envoyé les familles sur les routes ou sur ce qui a surchargé les bateaux en partance. La souffrance elle-même est la souffrance brute, celle qui ne fait pas de discours.

LA VIE EST ÉPOUVANTABLE
« Si l'on nous mettait sous les yeux à chacun les douleurs, les souffrances horribles auxquelles nous expose la vie, l'épouvante nous saisirait » (Arthur Schopenhauer, *le Monde comme volonté et comme représentation*, 1819).

Cette souffrance réclame de cesser, avant même de se demander comment faire pour cesser. Elle cherche à survivre avant de chercher à comprendre. On ne se demande pas, dans le dénuement, pourquoi on crie, pourquoi les choses se sont passées ainsi, quel est le sens de la situation et quelle sera son issue.

Le dénuement, c'est finalement une situation particulière de la souffrance, où les moyens d'élaborer un sens se sont affaiblis et se révèlent insuffisants. Le dénuement, celui qui mobilise les actions humanitaires, n'est pas simplement une pauvreté matérielle, un manque temporaire de ressources. Ce n'est pas seulement un temps où la souffrance domine parce que les recours font défaut, c'est aussi, et peut-être de façon indissociable, un moment où la possibilité de faire quelque chose de cette souffrance a disparu. La souffrance « en général » ne suffirait pas à mobiliser l'action humanitaire dans tous les cas, et ils sont nombreux, où cette souffrance peut s'inscrire dans un cadre qui rend possible de l'endurer.

Le sens de l'indignation

Cela explique que l'humanitaire se fonde sur une forme de mise entre parenthèses de toute considération directe de politique ou de motifs religieux ou ethniques. La question de savoir qui a raison et qui a tort n'est pas pertinente. On refuse de distinguer entre les « gentils » et les « méchants », pour ne retenir que la souffrance brute, le besoin vital qu'ont certains humains qui souffrent. On agit sans demander de justifications, de papiers, sans même demander aucune forme de reconnaissance préalable.

Mais cette définition n'est pas encore suffisante. Il y a toujours eu des souffrances de ce type, alors que les actions humanitaires sont récentes. Il manque donc un élément à cette première approche. Nous le trouverons en nous interrogeant sur le sens de l'indignation, et sur le rapport entre l'indignation et l'oubli des autres. La naissance des mouvements humanitaires marque-t-elle un changement dans l'histoire, ou bien s'inscrit-elle dans une sorte de répétition de ce qui a toujours existé ? Ne pourrait-on se contenter de penser qu'il y a toujours eu des égoïsmes et des mains tendues? Il y a toujours eu des souffrances et de la pitié, de la compassion, de la solidarité.

La pitié comme impulsion

La pitié est probablement, de tous les sentiments, celui qui est le plus universel. Il existe des philosophes de la pitié, qui mettent ce sentiment au centre de leur système. C'est le cas, par exemple, de Schopenhauer, dont nous avons parlé tout à l'heure. Mais on trouve la même attitude en Chine, avec Mencius, qui forge un exemple célèbre, dans un texte datant du Ier siècle de notre ère. Il parle d'un enfant qui joue au bord d'un puits et risque d'y tomber, de se tuer d'un instant à l'autre. L'homme qui passe à proximité court spontanément, sans avoir réfléchi, pour sauver l'enfant. Il accomplit ce geste sans délibération préalable : il ne se demande pas s'il connaît l'enfant ou ce que vont penser ses parents.

Cette idée de la pitié comme impulsion non réfléchie contient des éléments qui nous intéressent pour penser l'humanitaire : l'immédiateté, la spontanéité, l'urgence, le fait que l'on réfléchit après. On y va, le plus vite possible, et c'est tout ! Mais vous pourrez souligner, et à juste titre, que tout cela est vieux comme le monde. Une lutte de toujours oppose altruistes et égoïstes, don et consommation, ouverture et repli. À quoi correspond, en tant que phénomène récent, la nouvelle forme d'action humanitaire ?

La réponse, là encore, ne sera pas très compliquée. Il a évidemment toujours existé des mouvements charitables, de la compassion, des formes diverses de solidarité. Mais ce que

LA PITIÉ, VERTU NATURELLE
«Je ne crois pas avoir aucune contradiction à craindre, en accordant à l'homme la seule vertu naturelle, qu'ait été forcé de reconnaître le détracteur le plus outré des vertus humaines. Je parle de la pitié, disposition convenable à des êtres aussi faibles, et sujets à tant de maux que nous le sommes» (Jean-Jacques Rousseau, *Discours sur l'origine et les fondements de l'inégalité parmi les hommes*, 1755).

nous appelons «le monde» est un phénomène récent. La société instantanée, mondialisée, globale, celle où l'on peut savoir qui souffre, où et quand, tout de suite, s'est créée au cours des dernières décennies. Et l'humanitaire, sous la forme que nous lui connaissons, est directement lié à l'émergence de cette société d'information. Nous le savons bien, inutile d'y insister.

Résister à l'intolérable

PERFECTION = RÉALITÉ
«Par perfection et par réalité, j'entends la même chose» (Baruch Spinoza, *Éthique*, 1678).

L'humanitaire est alors une manière de dire non à cette pellicule d'images et d'indifférence. C'est une tentative pour résister, par tous les moyens à portée de main, à ce monde qui devient comme déchargé du souci des autres, de leur existence, de leur survie, de leurs souffrances. Combattre cet oubli des autres n'est pas confortable. La résistance à l'oubli des autres passe par l'indignation, qui est une forme de sursaut contre l'indifférence. Elle s'oppose au monde tel qu'il est pour dire: «Non, ceci n'est pas possible», même si cela existe. L'indignation oppose un ordre du monde préférable à l'ordre du monde qui règne effectivement. Elle est fondée sur une forme positive d'intolérance: l'intolérance à l'intolérable. C'est une intolérance qui sauve. On se trompe en prônant une forme de tolérance molle, qui veut que tout le monde ait raison. Cela peut aboutir à des monstruosités comme, par exemple, d'admettre que les nazis avaient leur opinion, que c'était une opinion comme une autre.

Sur ce point, nous ne devons pas craindre d'être intransigeants. On demande généralement à l'indignation de ne pas faire trop d'histoires, de faire confiance, d'attendre un peu, de se plier au réalisme. La vertu de l'indignation, c'est au contraire son caractère non négociable, inentamable, entier. L'indignation n'est pas seulement la pitié, ni la rébellion. C'est la volonté de marquer un horizon du souhaitable, de départager l'indigne et l'insupportable.

L'éthique sans phrase

On pourrait conclure que l'éthique n'est pas « au-dehors » ni « au-dessus » du corps vivant. Elle n'a aucune existence séparée de la vie. Quoi qu'en disent bon nombre de penseurs, l'éthique n'est sans doute pas liée à l'univers du jugement, aux procédures de la rationalité, au sens des valeurs, au respect des règles.

Qu'est-elle donc ? Rien d'extérieur à la vie. Quelque chose sans phrase, sans raison, sans idée, lié au sentiment par lequel celui qui vit s'éprouve lui-même et reçoit le monde. Autre chose pourtant que l'instinct, la brutalité, la pulsion sans frein. Un art de l'usage de soi en vie, une tournure à donner à l'existence pour qu'elle soit «juste» – comme on le dit d'une voix, d'un instrument de musique, d'un geste. Cette justesse diffère de toute mise en conformité avec l'idée de justice. Elle se confond avec un «devenir soi-même» qui dissipe les désaccords et finalement les «questions morales» et leurs dilemmes. *«La solution du problème que tu vois dans la vie, c'est une manière de vivre qui fasse disparaître le problème»,* écrit le philosophe britannique d'origine autrichienne Wittgenstein dans les *Remarques mêlées.*

L'éthique suppose une conversion, mais qui dispose à devenir plus et mieux ce qu'on est. C'est un «ressaisissement», mais destiné à retrouver une forme de vie plus intense. Aucun de ces termes ne doit fournir l'occasion d'introduire un écart, un arrière-monde, un espace de jugement. «Bien faire» ne signifie pas avoir discerné le bien et le prendre pour but de ses actes. L'éthique est du côté de ce qui ne peut se dire, et doit se montrer. Voilà pourquoi, toujours chez Wittgenstein, tout s'organiserait «pour» et «par» l'éthique, tandis que rien ou presque ne se dirait «sur» l'éthique. Lui-même l'a souligné : *« Si je ne pouvais expliquer à autrui l'essence de ce qui est éthique que par le biais d'une théorie, ce qui est éthique n'aurait pas de valeur du tout. »*

A-t-on besoin de philosophes ?

Une vigilance internationale

Sans doute avez-vous compris, au cours de cette première approche des principaux domaines d'aventures des philosophes, que leurs parcours ne sont jamais terminés. J'espère aussi que vous avez senti combien la philosophie n'est pas une activité périmée, une chose du passé, mais bien une possibilité toujours ouverte et féconde, y compris aujourd'hui. Faut-il dire surtout aujourd'hui?

Dans une société de plus en plus technique, scientifique, électronique, on aurait pu croire que la réflexion philosophique allait finir au musée, pour une visite guidée les jours de vacances. C'est l'inverse. De tous côtés, aujourd'hui, dans des milieux professionnels très divers, dans des pays et des systèmes d'enseignement différents, la nécessité de la réflexion philosophique est reconnue et affirmée.

Vous n'en êtes pas sûr? Voici quelques indices. En 1994, le directeur général de l'Unesco m'a confié la responsabilité d'une enquête mondiale sur la place de la philosophie dans l'éducation des citoyens. Soixante-sept pays ont répondu, représentatifs de toutes les régions du monde et de tous les systèmes d'enseignement. Leur conviction est unanime: la réflexion philosophique est de plus en plus nécessaire.

Examinons certains exemples. Réponse venue du Maroc: *« Plus qu'indispensable, cet enseignement est vital, au sens fort du terme. Le monde actuel connaît des évolutions à la fois rapides et simultanées. Si les citoyens ne disposent pas d'un outil intellectuel intégrateur très puissant et polyvalent (la philosophie), les forces qui travaillent notre monde les pousseront dans la voie de la désintégration. Le savoir-philosopher développe une forme d'immunité intellectuelle contre les réductions particularistes.»* Réponse venue de la Norvège: *«Il existe un fort intérêt pour l'éthique qui reflète indubitablement les problèmes de la société moderne: justice distributive, contrôle des technologies (génie génétique) et questions d'environnement. Les milieux politiques semblent considérer ces questions philosophiques comme légitimes dans une plus large mesure qu'auparavant.»* Réponse venue du Brésil: *«Les uns et les autres s'accordent à affirmer que seule la philosophie pourra fournir l'outil critique et démystificateur des présupposés et des effets de la technique ainsi que des discours et des projets politiques qui s'en inspirent.»* Réponse venue de Turquie: *«La philosophie constitue peut-être la tentative humaine la plus essentielle contre le principe du "tout se fait" et la prétendue égalité des valeurs et de toutes les normes.»* Réponse venue de l'Uruguay: *«La philosophie est particulièrement indispensable à l'époque où le pouvoir technique dont dispose l'humanité est un pouvoir de destruction réelle de l'autre, de sa propre planète, d'autodestruction de l'homme. Former des hommes qui soient à la hauteur des défis du XXIe siècle, ce n'est pas possible sans la philosophie.»*

Pas de débouchés, pas d'intérêt ?

Quel est le principal reproche formulé contre l'enseignement philosophique par ceux qui voudraient le voir réduit, ou carrément supprimé, et remplacé par des formations directement utilisables dans la vie professionnelle ? La philosophie ne sert à rien. Alors qu'il y a tant d'apprentissages techniques possibles, débouchant sur des emplois nouveaux, pourquoi donc encombrer les emplois du temps et les esprits avec de vieilles questions insolubles ? Voilà à peu près ce que disent les adversaires de la philosophie. Sous cette forme, le problème est mal posé. Il est absolument nécessaire de ne pas faire entrer en concurrence la formation scientifique, technique et professionnelle avec la formation philosophique.

Toutes les formations dispensées dans le cadre des études supérieures devraient pouvoir inclure des cours de philosophie adaptés à leurs centres d'intérêt. Ces cours ne devraient pas être considérés comme des éléments extérieurs aux études professionnelles et techniques. Ils devraient au contraire y être pleinement intégrés. Au lieu d'être considérés comme un temps soustrait aux choses sérieuses et rentables, ils devraient être vus comme un moment essentiel de leur assimilation. Ce qui compte, dans l'apport de la philosophie, ce ne sont pas les emplois offerts. C'est le regard différent porté sur ce qu'on fait. C'est la compréhension des techniques permise par une interrogation plus large. C'est le partage des perplexités et des subtilités intellectuelles qui font l'humanité.

Ceci ne convaincra pas les méfiants. Leur argumentation fait valoir que les programmes, partout, sont de plus en plus chargés, les horaires des études de plus en plus lourds et difficiles à organiser. Pourquoi, dans ces conditions, consacrer une partie, même minime, d'un temps précieux à des considérations qui peuvent être « intéressantes », mais sont toujours moins utilisables, de manière directe et pratique, que les apprentissages techniques ?

C'est un vieux débat. On pourrait ironiser : pourquoi réfléchir, alors qu'il y a tant de choses à faire ? Pourquoi chercher à comprendre, au lieu d'apprendre ? Pourquoi penser, au lieu de faire ? Il est vrai que le règne de la technique peut conduire vers ce type de fonctionnement. Mais l'inhumain est alors possible. Ne croyez pas malgré tout que vous allez devenir « inhumain » si vous laissez de côté la philosophie pour vous consacrer à une carrière d'ingénieur ou d'informaticien !

« Fonder », « critiquer » et « croiser »

L'aventure philosophique n'est donc ni inutile ni ennuyeuse ni périmée. En partageant les explorations des philosophes, nous abordons des questions qui sont toujours au cœur des préoccupations des individus et des collectivités : la liberté civile, les fondements des droits de l'homme, l'universalité de l'éthique, la justice, l'égalité, la responsabilité ainsi que, par-delà l'infinie diversité des cultures et des langues, la communauté même des êtres humains. Cette liste, vous le savez maintenant clairement, pourrait être allongée.

En effet, si vous êtes parvenu jusqu'à cette page, vous ne risquez pas de croire, à partir de ces quelques exemples, que seule une philosophie « politique et morale » correspond à notre temps. Comme vous l'avez aperçu, la constitution des sciences, leur mode spécifique de développement, leur éthique, trouvent place dans les préoccupations centrales des philosophes. La réflexion sur l'histoire aussi, tout comme le souci métaphysique le plus fondamental, à savoir l'interrogation sur l'être lui-même, qui paraît dépourvue de toute portée pratique mais qui taraude les hommes de siècle en siècle.

UNE RÉFLEXION SUR SA PROPRE EXISTENCE

« Il est possible de parvenir à des connaissances qui sont fort utiles à la vie, et qu'au lieu de cette philosophie spéculative qu'on enseigne dans les écoles, on en peut trouver une, pratique, par laquelle, connaissant la force et les actions du feu, de l'eau, de l'air, des astres, des cieux et de tous les autres corps qui nous environnent, aussi distinctement que nous connaissons les divers métiers de nos artisans, nous les pourrions employer en même façon à tous les usages auxquels ils sont propres, et ainsi nous rendre comme maîtres et possesseurs de la nature » (René Descartes, *Discours de la méthode*, 1637).

L'ESPRIT «POÉTIQUE»
«Au vrai, toute création de l'esprit est d'abord "poétique" au sens propre du mot; et dans l'équivalence des formes sensibles et spirituelles, une même fonction s'exerce, initialement, pour l'entreprise du savant et pour celles du poète. De la pensée discursive ou de l'ellipse poétique, qui va plus loin, et de plus loin? [...] La réponse n'importe. Le mystère est commun. Et la grande aventure de l'esprit poétique ne le cède en rien aux ouvertures dramatiques de la science moderne» (Saint-John Perse, *Allocution au banquet Nobel*, 1960).

Comment résumer ce parcours? Vous en connaissez déjà les dénominateurs communs. Peut-être pourrait-on rassembler l'essentiel des aventures philosophiques en deux verbes: «fonder», «critiquer». Ces deux fonctions forment l'essentiel de toute la philosophie.

Rôles anciens, fonctions nouvelles

«Fonder» constitue la tâche première de la philosophie. Chercher ce qui est vrai, c'est chercher sur quoi reposent nos affirmations. On peut même s'interroger, comme l'a fait Nietzsche, sur ce qui fonde l'idée même de vérité, sur ce que valent les valeurs. Dans tous les cas, il s'agit de dégager le plus nettement possible l'ancrage rationnel d'un concept, ou la justification logique d'une thèse. On peut arriver à conclure que cette vérité est inaccessible, comme l'ont fait les sceptiques. Ou peut aussi arriver à l'idée que des passions et des illusions se masquent la logique et l'amour du vrai. Mais ces conclusions correspondront à chaque fois à une investigation, une exploration en profondeur. Une tâche essentielle des philosophes, vous avez commencé à l'apercevoir, est de délimiter la base théorique des problèmes. Chercher à dégager ce qu'il y a «sous» les questions que nous nous posons, mettre au jour le socle sur lequel repose tout le reste, telle est leur activité primordiale.

«Critiquer» est leur deuxième grande tâche. Il s'agit toujours de prendre une distance envers les évidences. Elle doit nous permettre de voir autrement les évidences sur lesquelles reposent nos actes et nos jugements. Critiquer ce que nous croyons savoir, ce que nous tenons pour le plus vrai ou le mieux assuré, c'est éviter d'y être rivé, collé, figé sans mobilité ni recul.

Ce rôle critique de la philosophie est bien connu. Encore faut-il réellement s'exposer à le mettre en œuvre. Or c'est toujours plus simple sans lui. Sans la critique, en effet, le confort des monologues peut se poursuivre. Au contraire, dès lors qu'on prend au sérieux cette dimension critique, c'est l'inconfort de la présence de l'autre, et le caractère intempestif de sa parole qu'il nous faut non seulement endurer, mais susciter et aussi, en un sens, apprendre à aimer. Ces deux rôles habituels de la philosophie continuent.

Mais s'ajoute, aujourd'hui, un nouveau rôle. Car, de mille manières, la philosophie s'ouvre. De nombreux chercheurs abordent aujourd'hui de manière philosophique des langues, des cultures, des problématiques, des écoles, des usages de la raison, des types de connaissances qui étaient considérés autrefois comme tout à fait étrangers aux préoccupations des philosophes. On commence ainsi à reconnaître réellement que la philosophie a pour langues le sanskrit, le chinois, l'arabe, l'hébreu. Qu'elle se développe aussi en Afrique et en Amérique latine, se dit en aphorismes comme en dialogues, en traités comme en contes.

Dans le même mouvement, au sein même de l'histoire de l'Occident, des courants et des auteurs jusqu'alors plus ou moins méconnus surgissent de l'ombre : cyniques, philosophes grecs tardifs, néoplatoniciens mystiques, premiers médiévaux, hermétistes de la Renaissance, libertins de l'âge classique, face cachée des Lumières, utopistes du XIXe siècle… entre autres. Il semble bien que l'on soit en train de quitter une image trop épurée et très réductrice qu'on se faisait de la philosophie. On retrouve à présent les liens très divers des philosophes avec les sages, les barbares, les géographes, les physiciens, les biologistes, les gens d'images, de chiffres ou d'extases.

Un horizon multiple

Ces mondes très divers, vous imaginez facilement qu'il est indispensable de les comparer, de les rapprocher, de les faire communiquer les uns avec les autres. C'est pourquoi, en plus de « fonder » et de « critiquer », la philosophie doit accomplir aujourd'hui une troisième tâche, que l'on pourrait appeler « croiser ». Elle consiste à faire se parler, se répondre, s'entrechoquer parfois, des traditions et des champs de savoir très différents. Sans doute n'est-ce pas une tâche entièrement neuve : la pensée n'a jamais été uniforme, et a vécu en partie de ces croisements entre des disciplines et des traditions différentes. Mais le travail qui vient consiste à croiser les philosophies en provenance de champs culturels divers, à favoriser toutes les initiatives qui permettent d'entendre la philosophie comme le nom d'une multiplicité, et non plus du seul horizon de l'Occident.

Ce qui nous attend, nous tous, c'est la nécessité du dialogue entre les philosophies du monde, qui ne fait que commencer. Quand nous parviendrons à « croiser » ainsi les philosophies, nous verrons que ce geste revient aussi à les « critiquer » les unes par les autres, ce qui nécessairement doit conduire à repenser, ou à « fonder » à nouveau, ce qu'on appelle la philosophie.

Les gardiens de l'ignorance

Reste à savoir ce que sont les philosophes, et ce que pourrait être la philosophie, si l'on résume les indications de notre parcours. Un philosophe est sans doute un individu à qui il est arrivé « quelque chose » – illumination, extase, deuil, intuition, possession et autres crises que connaissent aussi bien poètes et mystiques. Mais les philosophes, à partir de ce type d'expérience, décident de transformer leur existence par l'intelligence continuée et vécue de ce qui leur arrive, compréhension qu'ils doivent conquérir en ne comptant que sur leurs propres forces.

Peut-être faut-il cesser d'opposer moralistes et logiciens, temps des sagesses antiques et temps des systèmes théoriques modernes, pour comprendre que tout philosophe chemine sur les deux registres. Il existe toujours une morale sous les concepts, et toujours une logique à l'œuvre dans l'éthique. Il n'y a qu'un seul travail de la pensée.

Ce serait donc une grande erreur, sous prétexte de retrouver le sens de la philosophie vécue, de se débarrasser du travail des concepts, des démonstrations et des arguments. Il convient au contraire de comprendre que discours et mode de vie sont intimement liés, renvoient l'un à l'autre, ne cessent de se soutenir réciproquement. Les philosophes sont les seuls à se demander, obstinément, depuis vingt-cinq siècles, comment vivre sans faire appel à une autre croyance que la confiance en la raison. Mais cela ne veut pas dire, vous l'avez constaté, que les philosophes soient remplis de certitudes. Au contraire. Ils ne cessent de souligner ce que nous ne savons pas, ce dont nous pouvons douter. En ce sens, les philosophes sont les gardiens de l'ignorance. Ils soulignent obstinément les limites des savoirs. C'est pourquoi la société présente, et celle qui vient, ont grand besoin d'eux. Dans un temps où s'affermit

LE RIRE
« Le rire a toutes espèces de causes : on rit de joie ou de colère ou par timidité ; on rit au spectacle de choses étranges ou ridicules; on rit devant des usages étrangers ou des difficultés extraordinaires. Ici, il s'agit d'une difficulté absolument extraordinaire » (*Traité de la grande perfection de sagesse*, texte bouddhiste anonyme du Ier ou 2e siècle ap. J-C.).

l'empire des techniques, où s'accentue le cynisme des pouvoirs, où revient par moment la folle certitude des fanatismes, la tâche des philosophes est peut-être, avant tout, de garder en éveil la conscience de nos limites.

Joies de l'incertain

La mise en question des certitudes semble parfois inquiétante. Mais elle peut aussi réjouir. Pourquoi l'incertain serait-il attristant ? Les philosophes, à la suite de Platon, ont généralement préféré le fixe, l'immuable, le roc des vérités immuables. Ils ont cherché ce qui demeure, s'accrochant à l'éternel et à l'inusable. Que ce soit dans les sciences ou dans la politique, dans le domaine des religions ou dans celui des arts.

Ils ne sont pas fort nombreux, les penseurs que les éclipses de vérité réjouissent. Qui donc, chez les philosophes, s'accommode allègrement du fait que tout soit en mouvement, que rien ne puisse être assuré ? Qui prend plaisir à constater l'incessante instabilité de toutes choses ? Héraclite, Montaigne, Nietzsche. Mais aussi Diderot, cette belle figure sans vrai disciple. Il demeure aussi seul aujourd'hui qu'il avait choisi de l'être en son temps, malgré sa foule d'amis. Diderot a cultivé le plaisir du passage d'une pensée à une autre, la douceur de la divagation d'idée en idée, la légèreté du papillonnage, les joies de l'incertitude.

Avec Diderot, le philosophe découvre que les thèses qui ont sa préférence demeurent, en fin de compte, infondées. Il demeure méfiant envers ses propres convictions. Il se persuade à mesure des limites de toute connaissance. Mais cette finitude ne lui paraît pas tragique. Jamais il ne verse dans les craintes de l'incertitude. Au contraire ! De l'absence de certitude naît une fête sans fin. La quête intellectuelle se fait libertinage, suite indéfinie de rencontres, séductions, découvertes, inconstances, diversité, surprises. On ne trouve pas trace, chez Diderot, d'un vertige du scepticisme, aucun signe d'un écrasement par le doute. Il ne profère aucun gémissement face aux assurances qui se dérobent. Il vit dans la jubilation du provisoire, l'enthousiasme du précaire. Le philosophe n'est plus chasseur de vérités éternelles. Il sait qu'on revient bredouille. Alors il se contente de faire un bout de chemin avec chaque belle idée qui passe. Il effeuille les concepts, et s'enchante indéfiniment de leurs nouveautés successives. La vérité autrefois recherchée, en se révélant inexistante ou inaccessible, libère une possibilité illimitée de mouvements et d'aventures. Déception des grandes espérances, naissance interminable d'une multitude de forces gaies.

Il se pourrait que nous ayons beaucoup à entendre de ces joies-là, nous autres qui vivons des temps incertains. Cessant de croire nécessairement inquiétante la perte des repères et terrible l'effacement des grandes vérités, peut-être pourrions-nous trouver là des raisons d'être gais. Ce n'est pas dire, évidemment, que toute incertitude soit bonne. Il serait obscène, quand tant d'humains ne sont pas sûrs de manger tout à l'heure, de dormir à l'abri ou de conserver leur emploi, d'expliquer que la précarité doit être toujours légère et joyeuse.

Précisons donc en quels domaines l'incertitude peut susciter des joies : uniquement les savoirs et les croyances. Ce n'est pas la totalité du champ des activités humaines ! Dira-t-on qu'il est trop facile, et finalement frustrant, de passer sans cesse d'une idée à une autre ? Objectera-t-on que nous ne pouvons indéfiniment demeurer dans le miroitement superficiel d'un monde pailleté ? Tout cela fut déjà vu, et réfuté. Diderot écrit à Sophie Volland : *« Il faut souvent donner à la sagesse un air de folie, afin de lui procurer ses entrées. »*

SUIVRE LA PREMIÈRE IDÉE SAGE OU FOLLE...
« Je m'entretiens avec moi-même de politique, d'amour, de goût ou de philosophie. J'abandonne mon esprit à tout son libertinage. Je le laisse maître de suivre la première idée sage ou folle qui se présente, comme on voit dans l'allée de Foy nos jeunes dissolus marcher sur les pas d'une courtisane à l'air éventé, au visage riant, à l'œil vif, au nez retroussé, quitter celle-ci pour une autre, les attaquant toutes et ne s'attachant à aucune » (Denis Diderot, *le Neveu de Rameau,* 1761-1174).

G. de Chirico

POINTS CLÉS

Pour maîtriser
les sujets de cours

Le cours et ses difficultés dans le détail, sujet par sujet. Les mots difficiles sont identifiés et expliqués dans le dico.

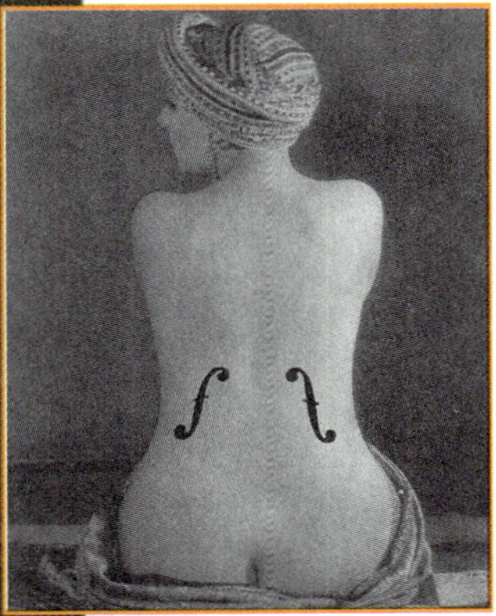

Points clés

Platon et le monde des Idées

Platon (428-348 av. J.-C.).

À la philosophie de Platon est associée la célèbre théorie des Idées : au-delà du monde sensible existerait un monde des Idées, intelligible, constitué d'essences éternelles et immuables, et fondement de l'être même des choses matérielles et sensibles.

Il n'y a de science que des essences

Quelles sont les caractéristiques de ce monde accessible aux sens dans lequel nous vivons et que nous croyons être la réalité même ? Platon, qui a subi l'influence d'Héraclite, répond : le changement et la multiplicité. Changement car les choses sensibles, à proprement parler, ne « sont » pas, elles deviennent ; elles sont soumises au cycle indéfini de la naissance et de la mort. Multiplicité car les réalités sensibles ne sont donc jamais identiques à elles-mêmes ; elles existent dans la dispersion. Ces deux caractères rendent impossible toute science véritable. En effet, savoir, c'est définir, c'est répondre à la question : *« Qu'est-ce que… ? »* Or, la définition d'une chose est invariable. Répondre à la question : *« Qu'est-ce que la vertu ? »*, par exemple, ce n'est pas, comme le fait Ménon interrogé par Socrate, donner des exemples de vertu, mais dire ce qu'elle est en elle-même, pour tous les êtres possibles auxquels elle peut être attribuée. Il y a ainsi une Vertu en soi, toujours identique à elle-même, comme une Beauté en soi ou une Justice en soi, c'est-à-dire des essences immuables et éternelles qui ne peuvent donc exister qu'en dehors du monde sensible, fait de choses changeantes et périssables. ■

À la Renaissance, la philosophie platonicienne servira d'inspiratrice pour sortir du monde clos de l'imagerie médiévale.

Réalité et apparences sensibles

Les essences constituent la réalité véritable. Elles seules, en toute rigueur, possèdent l'être. Parler du monde des Idées – du grec *eidos* – peut, en ce sens, prêter à confusion. Car il ne s'agit pas d'« idées » au sens moderne du terme, c'est-à-dire au sens de « contenu mental subjectif », de représentation. L'« Idée » platonicienne est, au contraire, l'objectivité même, en regard de laquelle les choses sensibles ne sont que des apparences fugitives. Mais c'est une réalité intelligible, accessible à l'intelligence seule – *« l'œil de l'âme »*. Cette réalité intelligible est transcendante, c'est-à-dire à la fois extérieure et supérieure au monde sensible. Mais ce monde séparé est aussi le fondement du monde sensible, qui n'en est que la copie, tirant tout son être du modèle « idéal ». C'est par exemple parce qu'il existe une Beauté en soi que certaines réalités sensibles peuvent être dites « belles ». ■

L'organisation du monde intelligible

Dans sa quête d'unité, la connaissance ne peut pas s'arrêter aux essences intelligibles, car si chacune d'elles est une et identique à elle-même, celles-ci demeurent toutefois différentes entre elles. Il existe donc, au-delà des essences et supérieures à elles en être et en dignité, un principe absolument unique et inconditionné, cause de tout ce qui existe, y compris du monde intelligible, et que Platon nomme le Bien – ou « l'Un-Bien ». Le monde des Idées est ainsi un monde organisé dominé par le Bien, à partir duquel s'ordonnent hiérarchiquement toute la réalité et les essences elles-mêmes. D'autre part, ce monde des Idées n'est pas un monde inerte. Les essences communiquent entre elles et avec le Bien et présentent en cela un caractère mixte d'unité et d'altérité. C'est à cette communication entre les genres de l'être (le *Sophiste*) que s'attacheront les *Dialogues* de la maturité et de la vieillesse de Platon. Au prix d'un retour critique sur la première formulation, par Parménide, de la théorie des Idées, Platon finira par faire, non plus de la montée du sensible vers l'intelligible, mais de l'analyse des relations entre les Idées et des Idées avec le Bien, l'objet de la science philosophique ou « dialectique ». ■

Dico → **bien • idée • intelligible • Platon • sensible**

Points clés

Aristote et l'observation des faits

Élève de Platon, Aristote devient le précepteur du jeune Alexandre de Macédoine, avant d'ouvrir à Athènes sa propre école, le Lycée. Les écrits issus de son enseignement serviront de modèle d'argumentation logique et d'explication scientifique du monde à l'Europe chrétienne et à la culture musulmane pendant tout le Moyen Âge.

Une recension encyclopédique des réalités

Une fresque de Raphaël, *l'École d'Athènes* (1511), montre Platon tendant son index vers le ciel et Aristote abaissant le sien vers la terre. Cette peinture exprime un trait saillant de ce que nous connaissons des travaux d'Aristote. Au lieu de suivre l'intuition platonicienne qui pense la réalité vraie du monde à l'aide d'Idées et de mathématiques, Aristote s'intéresse d'abord aux réalités données et à leur recension encyclopédique. Son *Histoire des animaux* décrit l'aspect et les mœurs de centaines d'espèces. Les premiers analytiques de son œuvre logique *(l'Organon)* détaillent quatorze formes de raisonnement – des « syllogismes ». Ses recherches politiques l'amènent à étudier les Constitutions de cent cinquante-huit cités. Aristote veut que la science nous fasse connaître les singularités réellement existantes ; c'est pourquoi savoir consiste d'abord chez lui à aller des données sensibles aux raisons des choses et à s'élever par paliers des faits particuliers aux vérités générales. ■

Dans la fresque de Raphaël représentant l'École d'Athènes, *Platon est figuré au centre, l'index dressé vers le ciel, et Aristote sur la gauche, en toge rouge sombre, le doigt dirigé vers le sol.*

Un penseur de la nature

Aristote est avant tout un penseur de la nature *(physis),* c'est-à-dire de ce qui, parce que naturel, est en quelque sorte vivant dans les choses. Il s'efforce, dans cet esprit, de saisir notamment le mouvement propre à chaque réalité, les déplacements, les changements de taille ou d'état. Pourquoi les astres suivent-ils éternellement leurs parcours circulaires ? Pourquoi une pierre jetée vers le haut retombe-t-elle ? Pourquoi une semence d'homme devient-elle un homme fait ? Pour Aristote, chacun de ces mouvements trouve son origine et ses particularités dans la nature intime, dans l'essence de la chose même. C'est pourquoi, par exemple, le mouvement violent de la pierre lancée vers le ciel n'aura finalement pas raison : privé de support dans l'être de la pierre, il ralentira, s'éteindra et laissera agir la force qui entraîne toute pierre vers le sol. Les observations d'Aristote sur le mouvement et le repos des choses correspondent à nos représentations coutumières ; elles ne font que leur donner une plus grande précision. ■

La cause finale

Expliquer ainsi la réalité consiste alors, comme Aristote l'établit au livre II de sa *Physique,* à la penser par rapport à quatre types de causes : la matière dont elle est faite (cause matérielle), ce qu'elle est (cause formelle), ce qui la fait agir (cause efficiente), ce vers quoi elle tend (cause finale). La plus importante, celle qu'il considère comme son apport original, est la cause finale. Aristote se tient à la source d'une représentation de la nature qui durera jusqu'aux révolutions scientifiques du XVIIe siècle et qui considère que nous comprenons une chose quand nous saisissons le but qu'elle cherche à atteindre. Le mouvement, objet privilégié des observations d'Aristote, ne s'explique pas lui-même autrement dans cette conception. Il opère la réalisation en acte de la forme finale que n'importe quelle réalité matérielle est censée viser et qu'elle n'est encore qu'en puissance. ■

Le fondateur de la logique

Tout en s'appuyant sur des faits connus par sensation, mémoire, expérience, la science aspire encore à connaître les choses par rapport à des principes universels ou à des vérités premières. Toute une partie de l'œuvre d'Aristote est consacrée à analyser les raisonnements capables de donner à la science une forme démonstrative. Elle fait de lui le fondateur de la logique et se prolonge, dans des écrits réunis sous le nom de *Métaphysique,* avec le projet d'une philosophie première capable de rendre raison de « l'être en tant qu'être ». ■

Les cahiers et dessins de Léonard de Vinci (1452-1519) esquissent, dans un esprit encyclopédique, le projet d'une science complète du visible.

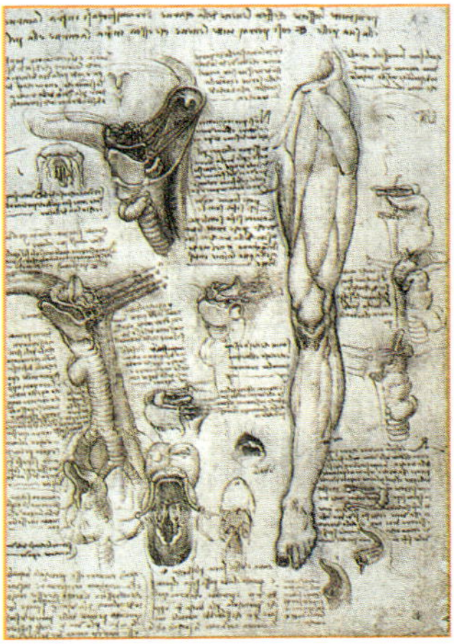

Points clés

Les stoïciens et la fermeté de l'âme

Le stoïcien veut vivre comme un dieu, c'est-à-dire être dirigé par la seule raison. La grandeur du stoïcisme vient de cette fermeté de l'âme qui constitue une éthique du courage. Mais le sage stoïcien se condamne peut-être à s'autodétruire s'il porte son système jusqu'à ses extrêmes conséquences et finit par nier l'existence même de la douleur.

Marc Aurèle, empereur et philosophe romain.

En accord avec le monde

L'activité de l'école stoïcienne s'étend sur plus de trois siècles après l'arrivée à Athènes de Zénon, son fondateur, en 300 av. J.-C. Celle-ci parvient à conserver une certaine unité, principalement centrée autour de l'idée de fermeté de l'âme. Cette fermeté, qui est la source du bonheur, s'appuie d'abord sur un monde ordonné par une raison providentielle, immanente, divine, qui régit le destin du tout selon des périodes déterminées. Il n'y a pas de mal véritable dans le monde. L'âme de l'homme est un souffle de feu, une partie de l'âme du monde. De sorte que la force de l'âme implique une tension suffisante dans le jugement et l'action pour s'accorder avec le monde. Le projet éthique du stoïcien consiste à faire corps avec le tout qui, selon la physique, est en sympathie avec lui-même, comme de suivre par la logique la nécessité de l'enchaînement des événements. ■

Ce qui dépend de nous et ce qui n'en dépend pas

L'âme ferme s'appuie sur le monde avant de s'appuyer sur elle-même. Cicéron décrit le mouvement dialectique de la nature à la sagesse. Mené par son instinct, l'homme recherche d'abord ce qui est bon par nature et fuit ce qui est mauvais. Le bien naît de la répétition de ce choix. Petit à petit, l'homme abandonne ses penchants naturels et recherche l'accord en lui-même. Ainsi, le sage Épictète, qui veut garder l'âme ferme sans osciller entre le désir et le chagrin selon les vicissitudes du sort, divise les choses en deux catégories, selon qu'elles dépendent de nous – les opinions, les mouvements, les désirs – ou qu'elles n'en dépendent pas – le corps, les biens, la réputation. Cette distinction doit être adoptée comme règle permanente et non épisodique, comme les enfants qui changent de rôle. Il faut se rappeler que notre liberté ne se fonde que sur la première catégorie de choses, la seconde étant dépendante et, à la limite, étrangère. En installant la liberté à l'intérieur de la conscience, le stoïcisme parvient à réunir un esclave, Épictète, et un empereur, Marc Aurèle. ■

Jouer son rôle

Ayant suspendu tout désir relatif aux choses qui ne dépendent pas de nous, le sage décide du bien et du mal. *« L'opinion qu'on a que la mort est un mal, voilà le mal »*, affirme Épictète, car la mort est une opération naturelle de substitution des éléments les uns aux autres. Le sage se tend vers l'accord, ne se plaint de rien, n'accuse personne, n'envie pas, ne compatit pas, sauf de l'extérieur. Il se borne à jouer le rôle que le destin lui propose en réfrénant les mouvements qui le conduiraient à intervenir ou à se soucier de ce qui adviendra. La fermeté stoïcienne permet-elle de supporter la douleur ? Là encore, la doctrine affirme que la douleur n'est pas un mal, le seul mal étant l'affaiblissement de l'âme révoltée ! Mais Épictète propose au sage la possibilité du suicide s'il est atteint d'une maladie incurable ou s'il souffre de douleurs insupportables : *« N'est-ce pas comme au jeu, où l'on reste tant qu'on s'y plaît ? »* Zénon et Cléanthe se laissèrent mourir de faim… Si le stoïcisme est une école de lutte contre la tyrannie des hommes, le stoïcien peut-il lutter contre la tyrannie de la nature sans devenir un mannequin raide et privé de vie ? ■

Le stoïcien Sénèque se donne la mort sur l'ordre de Néron qui l'avait impliqué dans une conjuration.

Points clés

Les épicuriens et la recherche du plaisir

Si le plaisir, comme le dit Épicure, est le « souverain bien » et le but de la morale, l'épicurisme n'est pourtant pas un appel à la débauche. Il s'agit au contraire d'une morale ascétique qui associe plaisir et vertu.

Une tendance naturelle

Dès leur naissance, les hommes recherchent spontanément le plaisir, par la sensation de bien-être, et fuient la douleur. Épicure (341-270 av. J.-C.) estime qu'il est naturel de rechercher le plaisir, car c'est vivre en conformité avec la nature. L'homme malheureux est celui qui a oublié la nature en lui et qui s'égare dans des désirs vains et artificiels. Il lui faut revenir aux exigences naturelles et laisser la nature en lui être juge du bien comme du mal, plutôt que de vouloir juger par lui-même de la voie à suivre. C'est par la sensation du plaisir que la nature prononce en nous son jugement. S'il est naturel, le plaisir est ainsi limité : suivre la nature signifie rester dans les bornes que celle-ci impose. Pour ce faire, il convient de distinguer les désirs naturels des désirs vains, des désirs d'opinion. Certains désirs, enseigne Épicure, sont naturels et nécessaires (boire ou manger) ; d'autres naturels et non nécessaires (désir sexuel ou esthétique) ; certains encore ni naturels ni nécessaires (le désir de gloire ou d'opulence). La poursuite de ces derniers conduit inévitablement les hommes à l'insatisfaction car ils sont illimités et dépassent la norme naturelle. Seule la satisfaction des désirs naturels et nécessaires est source d'un plaisir stable. ■

La Bacchanale *de Titien exprime une idée galvaudée de l'épicurisme.*

« Quand nous disons que le plaisir est notre but ultime, nous n'entendons pas par là les plaisirs des débauchés ni ceux qui se rattachent à la jouissance matérielle, ainsi que le disent les gens qui ignorent notre doctrine, ou qui sont en désaccord avec elle, ou qui l'interprètent dans un mauvais sens. Le plaisir que nous avons en vue est caractérisé par l'absence de souffrances corporelles et de troubles de l'âme » (Épicure, *Lettre à Ménécée*).

La tranquillité

Épicure distingue ainsi deux formes de plaisir : le plaisir en mouvement (joie et gaieté) et le plaisir en repos (absence de trouble et de douleur). Ce dernier état d'équilibre et de bien-être est l'objet de la philosophie qui apprend à se défaire des craintes et à revenir au plaisir limité de la nature. Ce plaisir stable, absence de trouble – *ataraxia* en grec – est une tranquillité de l'âme. On a pu reprocher à Épicure de ne livrer qu'une définition négative du bonheur. Comment la privation ou l'absence de trouble pourraient-elles constituer le bonheur ? Cette absence de trouble est certes négative, mais, comme le dit le philosophe français Marcel Conche commentant cette notion d'ataraxie, *« l'absence de désordre est la positivité de l'équilibre »*. Ainsi, le « plaisir du ventre », c'est-à-dire la satisfaction des besoins vitaux, est la condition même de l'équilibre et de la sérénité. Pour être heureux, dira sobrement Épicure, il faut manger du pain et boire de l'eau. Le plaisir naturel est au fondement du bonheur véritable du sage. En effet, ne désirant rien qui excède les limites naturelles, celui-ci parvient à un état d'indépendance, d'autarcie *(autarkeia)*, dans lequel le corps et l'âme s'équilibrent. ■

Éloge de Vénus

Dans son livre sur la nature, *De natura rerum,* le poète Lucrèce (Ier siècle av. J.-C.), influencé par Épicure, fait l'éloge de la recherche universelle du plaisir, incarnée par Vénus : *« Par les mers, les montagnes, les fleuves impétueux, / Les abris feuillus des oiseaux, les plaines reverdies, / Plantant le tendre amour au cœur de tous les êtres, / Tu transmets le désir de propager l'espèce. / Et puisque tu es seule à régir la nature, / Puisque rien ne s'élève aux rives divines du jour, / Rien d'heureux ni d'aimable ne s'accomplit sans toi, / C'est avec toi Vénus que je souhaite m'allier / Pour écrire ce poème sur la nature des choses. »* ■

Points clés

Les cyniques ou la rébellion en actes

Socrate exhortait les citoyens d'Athènes à s'examiner sans complaisance, à traquer les connaissances et les qualités qu'ils s'attribuaient sans les posséder réellement et à trouver ainsi le vrai chemin de la vertu. Les philosophes cyniques appliquent ce programme de façon radicale.

La rude vie du philosophe

Les cyniques se rattachent à l'enseignement de Socrate par l'intermédiaire d'Antisthène, qui fut l'un de ses disciples. Xénophon le décrit, dans son *Banquet,* comme un partisan d'une interprétation dure du socratisme. Antisthène aurait rejeté les faux biens que sont la richesse, les plaisirs, les honneurs, les apparences et aurait professé la valeur exclusive du vrai et de la vertu. Pour lui, chercher la sagesse devient synonyme d'adopter *« la rude vie du philosophe »*. Arrivé à Athènes vers 340 av J.-C., Diogène en donne une illustration spectaculaire. Originaire de Sinope, Diogène subit avec la même indifférence sa condition d'exilé à Athènes puis, après avoir été capturé par des pirates et vendu, celle d'esclave à Corinthe. Sans demeure, sans famille ni serviteurs, il habite un tonneau, porte un vêtement grossier, fait tenir tout ses biens dans une besace, se nourrit d'aliments de fortune. Diogène fait de sa manière de vivre une provocation. Il ne respecte aucune loi divine ni humaine et aucune convenance. Il mord au lieu de parler,

Diogène et sa lanterne cherchant un homme en plein jour dans les rues d'Athènes.

Les cyniques ont identifié leur recherche de la sagesse aux travaux d'Héraklès.

Le court chemin vers la sagesse

Son mépris des convenances et des règles sociales ne fait pas du cynisme une philosophie au service des exclus. En cherchant un homme en plein jour, dans les rues d'Athènes, une lanterne à la main, Diogène montre qu'il considère tous ses contemporains comme des êtres inférieurs à la condition d'homme. Pour les cyniques, l'humanité ne ressemble pas à ce que les humains en font, dans une démarche prométhéenne, en développant leur capacité à fabriquer des objets et à prononcer de beaux discours. Le héros cynique n'est pas Prométhée, qui enseigne aux hommes à surmonter leurs faiblesses et leurs peurs à l'aide de leur industrie, mais Héraclès, qui débarrasse la Terre des monstruosités. Car les hommes créent sans cesse de nouvelles monstruosités destinées à les conduire au bonheur, mais qui les asservissent et sont, en fait, la cause de leurs malheurs. En prônant *« le court chemin vers la sagesse »*, les cyniques enseignent de cesser de courir après l'image illusoire de l'homme paré de toutes les qualités de la civilisation. L'homme n'est pas obligé de se faire l'ennemi de lui-même en dissimulant et en réprimant tout ce qui ne correspond pas à cette image. Il peut devenir lui-même en acceptant ce qu'il est et y trouver sa vraie liberté. Le cynisme se rapproche ainsi du stoïcisme, et c'est mêlés aux stoïciens que les cyniques ont continué de professer leurs idées à Rome jusqu'aux premiers siècles de notre ère. ■

étale sa vie privée sur la place publique au lieu de l'abriter dans une maison, vole dans les temples au lieu d'y apporter des offrandes, admet toutes les pratiques sexuelles au lieu de les différencier, propose de manger les défunts au lieu de les inhumer. Ce renversement des valeurs établies fait exploser les divisions entre le noble et le vulgaire, le public et le privé, l'ami et l'ennemi, le terrestre et le divin, sur lesquelles reposait la société athénienne. Il nie la discrimination qui frappe les esclaves, les étrangers, les femmes. Les cyniques compteront ainsi une célèbre femme philosophe : Hipparchia. ■

Comme tous les ascètes, Diogène éprouvait son corps. **« L'été, [il] se roulait dans le sable brûlant, tandis que l'hiver il embrassait les statues couvertes de neige »** *(Diogène Laërce,* **Vie et propos des philosophes illustres,** *IIIe s.).*

Dico → ascèse • Diogène • liberté • loi • sagesse

Points clés

Saint Augustin, la philosophie et le christianisme

La philosophie de saint Augustin – «J'ai désiré voir par l'intelligence ce que je croyais» – est la première (la seule ?) philosophie chrétienne. Après sa conversion, Augustin voit ses doutes durablement apaisés dans la sagesse et la bonté divines. Il témoignera de l'impuissance de la raison à se suffire à elle-même, à guider l'intelligence et à résister au désir.

Saint Augustin (354-430).

La préexistence de l'âme

Saint Augustin est le Père fondateur de l'Église latine. Par son itinéraire de l'âme à Dieu, l'esprit recueille l'héritage précieux de la pensée antique. Dieu est à notre pensée ce que le Soleil est à notre vue (Platon). Au plus intime de notre âme, nous découvrons sa transcendance. Rien n'est extérieur à l'âme, la sensation elle-même résulte de l'attention que l'âme porte au corps qui a reçu l'impression sensible, et non de cette dernière. Les idées sont connues par la réminiscence platonicienne, qui témoigne non de la préexistence de l'âme mais plutôt de celle de Dieu. L'âme possède toujours un savoir d'elle-même. Mais elle peut ne pas faire attention à elle, ne pas se penser, bien qu'elle se connaisse toujours. La démarche de Descartes est préparée par Augustin.
Si je me trompe, je suis, car celui qui doute pense certainement.
Ainsi Augustin sort-il des doutes des Nouveaux Académiciens, qu'il connaissait par Cicéron. En pensant à elle-même, l'âme mobilise trois facultés : mémoire, intelligence et volonté, c'est-à-dire souvenir de soi, pensée de soi et – par l'intermédiaire de l'attention à soi – volonté de soi. L'âme offre bien une image de la Trinité divine. Elle est immatérielle et indestructible si on ne la confond pas, comme les manichéens, avec les images des choses corruptibles qu'elle aime, dans lesquelles elle s'enroule. ■

«J'y ai lu non pas en ces termes, à la vérité, que [...] "dans le principe était le Verbe, et que le Verbe était en Dieu, et que le Verbe était Dieu", [...] que le Verbe Dieu n'est issu "ni de la volonté d'un homme ni de la volonté de la chair, mais de Dieu". Mais je n'y ai pas lu que "le Verbe s'est fait chair et qu'il a habité parmi nous" [...] et qu'"il s'est humilié en se rendant obéissant jusqu'à la mort" » (Saint Augustin, *les Confessions*, 397-401).

La progression historique

Augustin interprète spontanément Plotin dans le sens de l'Évangile de Jean. Il retrouve dans les trois registres de la réalité selon Plotin les trois personnes de la Trinité : le Père, le Fils et le Saint-Esprit. Pourtant, comment l'Un, ineffable, au-delà de tout être, dépourvu de pensée, peut-il être sage et capable de décision comme le Dieu chrétien ? Au sein d'une métaphysique de l'émanation, l'acte de création introduit une rupture. Le monde antique est éternel tandis que la création inaugure l'histoire en créant d'un coup matière et forme à partir de rien. Le monde créé était bon. Le péché originel vint d'un détournement orgueilleux de l'homme. D'où ignorance et concupiscence. Désormais, nul n'est capable de vertu véritable sans une grâce surnaturelle de recréation. Dieu révèle alors sa loi, non pour que l'homme s'y soumette, car de lui-même il en est incapable, mais pour qu'il comprenne que Dieu seul peut l'y aider par l'octroi gratuit de sa grâce élective. Ainsi, seule la grâce accomplit la liberté. La liberté ne s'affronte plus au destin antique mais à la prédestination. L'histoire a un sens, celui de préparer le triomphe final de la cité céleste (thème des Psaumes) – celle des hommes qui aiment Dieu jusqu'au mépris de soi – sur la cité terrestre – celle des hommes qui s'aiment eux-mêmes jusqu'au mépris de Dieu. Élus et damnés coexistent jusqu'à la séparation finale. La révélation, par l'intermédiaire de saint Augustin, a donc donné à la raison occidentale, jusqu'à Hegel et Marx et même au-delà, la règle de la progression historique de l'origine à la fin et son contenu spirituel enrichi : l'humanité. ■

Saint Augustin raconte dans ses Confessions *comment il renonce à la vie dissipée de sa jeunesse et se convertit au christianisme.*

Points clés

Montaigne, scepticisme et tolérance

Penseur profondément sceptique, Montaigne n'a cessé de pourfendre toute forme d'hypocrisie, d'intolérance, de racisme ou de colonialisme. Son refus du dogmatisme rend possible une sagesse à hauteur d'homme.

Michel de Montaigne (1533-1592).

«Je suis peu défiant et soupçonneux de ma nature; je penche volontiers vers l'excuse et interprétation plus douce; je prends les hommes selon le commun ordre, et ne crois pas ces inclinations perverses et dénaturées, si je n'y suis forcé par grand témoignage, non plus que monstres et miracles» (Michel de Montaigne, *Essais,* 1580).

Scepticisme et relativisme

Bien qu'il soit magistrat et maire de Bordeaux, Michel de Montaigne n'a rien d'un homme de pouvoir, intrigant et sûr de son fait. *«Je sais bien soutenir une opinion, mais non pas la choisir»,* écrit-il. Dans ses *Essais* (1580), qu'il rédige dans la retraite que constitue sa bibliothèque – sa «librairie» –, Montaigne se montre avant tout sceptique à l'égard de toute forme de dogmatisme. En se peignant lui-même impitoyablement, Montaigne *«a peint la nature humaine»,* notera Voltaire, séduit par cet esprit libre. Car se peindre, c'est peindre l'«humaine condition» que chacun porte en soi, avec ses contradictions, ses doutes, sa misère. Tel qu'il est, le monde *«n'est qu'un branloire pérenne»* (une balançoire perpétuelle). Rien n'y est stable et constant. Montaigne est profondément sceptique à l'égard de la métaphysique et de sa prétention à connaître l'être (l'ontologie) et du dogmatisme religieux. Sa philosophie relève tout à la fois du scepticisme et du relativisme – il ne cesse d'affirmer que les lois, les coutumes, les sciences sont relatives. *«Que sais-je ?»* sera sa devise intellectuelle, qu'il emprunte au sceptique grec Sextus Empiricus (IIIe siècle). ■

« Je hais cruellement la cruauté »

Ces positions philosophiques s'accompagnent d'une extraordinaire attention à son époque, dont Montaigne refuse l'hypocrisie et la cruauté. Il dénonce impitoyablement la vénalité des juges comme les superstitions de ses contemporains. Montaigne condamne notamment celles qui conduisent aux procès en sorcellerie, où se mêlent les croyances irrationnelles et la répression politique des marginaux.
Adoptant une attitude en rupture avec son époque, Montaigne fustige encore la cruauté des conquérants européens qui, sous couvert de religion, massacrent les « sauvages » du Nouveau Monde : *« Nous les pouvons donc bien appeler barbares, eu égard aux règles de la raison, mais non eu égard à nous qui les surpassons en toutes sortes de barbaries. »* ■

La « librairie » de Montaigne est installée dans la tour de son château de Dordogne.

Une sagesse humaine

Toutefois, ce regard lucide sur son temps, toujours d'actualité, ainsi que son scepticisme philosophique ne procèdent pas d'une vision tragique de l'existence. Montaigne veut par-dessus tout défendre la liberté d'esprit et la liberté d'expression. Sa pensée est un appel à la tolérance qui sera entendu par les philosophes des Lumières. Au cœur de cette tolérance se trouvent le respect de la liberté des consciences et la conviction d'une unité universelle du genre humain, d'une égalité entre tous les hommes, par-delà leurs différences. Montaigne est marqué à la fois par la philosophie stoïcienne, lorsqu'il affirme que l'homme doit méditer sur la mort pour l'« apprivoiser » librement, et par le goût épicurien pour des plaisirs modérés. Il est avant tout un humaniste qui nous dit que l'*« homme doit savoir jouir loyalement de soi »*. ■

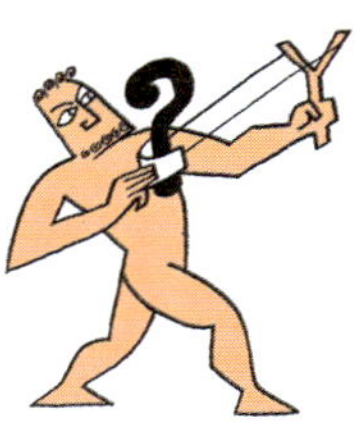

Points clés

Descartes et le nouveau départ de la philosophie

René Descartes (1596-1650).

Obtenu au terme d'une longue méditation consistant à rejeter tout ce qui lui paraissait douteux, le célèbre « je pense, donc je suis » de Descartes inaugure une nouvelle forme de savoir où le sujet pensant – et non plus la tradition ou l'expérience sensible – est le centre et le fondement d'un univers infini dont il faut s'assurer la maîtrise.

L'esprit connaissant

C'est pour se remettre de la déception provoquée par l'enseignement scolastique reçu au collège de La Flèche, qui lui paraissait confus et stérile, que René Descartes décide de jeter les bases d'une nouvelle connaissance, prenant pour guide et modèle la déduction mathématique. En contact avec les savants de son temps, prenant position sur les problèmes scientifiques agités par son époque, auteur de découvertes comme celle des principes de la géométrie analytique, il s'attelle à la rédaction d'un grand *Traité du monde et de la lumière* dont il suspend la publication quand il apprend, en 1633, la condamnation de Galilée par le Saint-Office. À la place, il publie en 1637 trois essais, la *Dioptrique,* les *Météores,* la *Géométrie,* précédés d'un *Discours de la méthode « pour bien conduire la raison et chercher la vérité dans les sciences »* appelé à devenir un des textes les plus célèbres de la philosophie. ■

Les quatre préceptes

Désireux de sortir des controverses interminables entre savants ainsi que du conflit entre la science et l'autorité religieuse, Descartes propose une véritable refondation du projet contenu dans l'idée de science. Un premier déplacement est opéré dès les *Règles pour la direction de l'esprit* (1628). Il consiste à considérer les sciences non plus, comme le faisaient les Anciens, du point de vue de la diversité de leurs objets, mais de celui du sujet qui les connaît : *« Toutes les sciences ne sont rien d'autre que l'humaine sagesse qui demeure une et identique à elle-même quelque différents que soient les objets auxquels elle s'applique »* (règle 1).

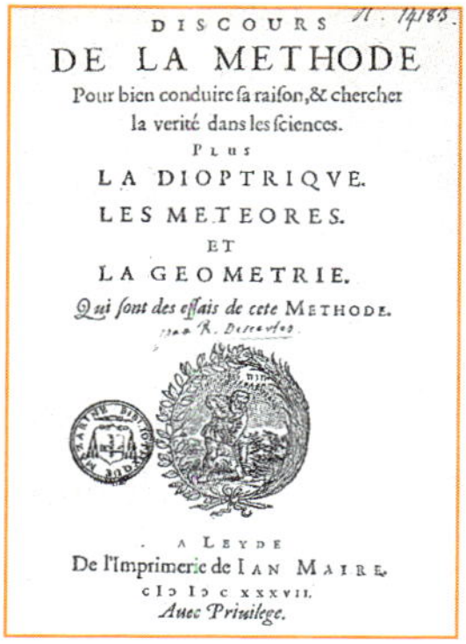
DISCOURS
DE LA METHODE
Pour bien conduire sa raison, & chercher
la verité dans les sciences.
PLUS
LA DIOPTRIQVE.
LES METEORES.
ET
LA GEOMETRIE.
Qui sont des essais de cete METHODE.

A LEYDE
De l'Imprimerie de IAN MAIRE.
CIϽ IϽ C XXXVII.
Avec Privilege.

Discours de la méthode « pour bien conduire la raison et chercher la vérité dans les sciences ».

L'unité des sciences et de la philosophie provient donc de l'esprit connaissant. Encore faut-il se prémunir contre le faux, accroître progressivement la science, conduire à la connaissance vraie de tout ce qui peut être atteint. Quatre préceptes essentiels définis dans le *Discours de la méthode* précisent alors la marche à suivre : n'admettre jamais aucune chose pour vraie qui ne soit connue évidemment être telle ; diviser chacune des difficultés en autant d'éléments qu'il est possible ; partir des choses simples pour aller peu à peu vers la connaissance des choses composées ; pratiquer des dénombrements exhaustifs afin de ne rien omettre. ■

Éliminer les préjugés

Les *Méditations métaphysiques* (1641) examinent les conséquences de cette représentation de la science sur la situation de l'homme et sur son rapport à Dieu. La pratique du doute méthodique et hyperbolique (consistant à considérer comme faux tout ce qui n'est que douteux) permet au sujet de faire table rase de tous ses préjugés et de parvenir à la première vérité de la philosophie, la seule qui soit absolument indubitable, l'existence de l'esprit tel qu'il se connaît par lui-même. Cette première vérité délivre le critère de toute vérité possible à savoir l'idée évidente, claire et distincte. Mais elle risquerait de demeurer unique si l'idée d'infini, que nous sommes incapables, en tant que créature finie, de produire par nous-même, ne nous permettait pas de poser, hors de nous, l'existence d'un Dieu parfait, auteur de notre être et garant de la conformité de nos représentations claires et distinctes avec le monde hors de notre esprit. L'univers cartésien se caractérise alors par le dualisme des substances – substance pensante et substance étendue – qui en l'homme sont, comme âme et corps, temporairement unies. Dépourvue de tout dynamisme propre, la nature peut être entièrement comprise par les lois du mécanisme et l'on peut sans scrupules décider de s'en rendre « maître et possesseur ». Doué par son esprit d'une infinie liberté, l'homme peut d'autre part, par sa volonté, maîtriser ses passions et cultiver la vertu suprême de la générosité. ■

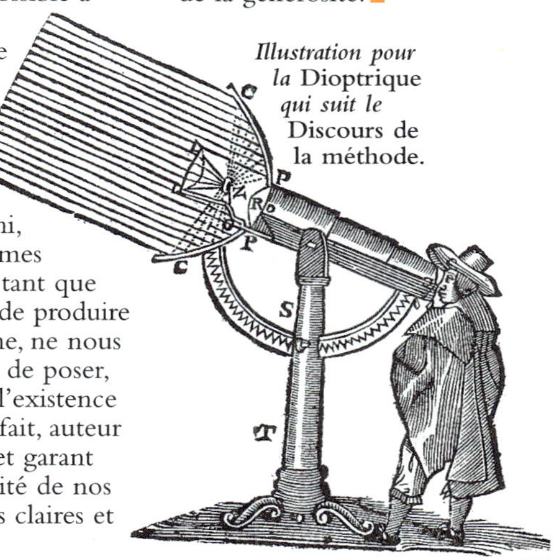

Illustration pour la Dioptrique *qui suit le* Discours de la méthode.

N

Points clés

Spinoza, déterminisme et liberté

Système qui cherche à atteindre l'objectivité mathématique, la pensée spinoziste constitue une véritable exhortation au rationalisme. Protégé par les grands de l'époque, Spinoza suscite l'intérêt de Leibniz mais fait aussi scandale dans les milieux juifs et chrétiens pour sa critique de la religion.

Baruch d'Espinoza, dit Spinoza (1632-1677).

Spinoza, un juif sans Dieu ?

Dans ce grand siècle rationaliste, il n'est pas de bon ton de remettre en cause le dogme religieux, fût-ce au nom de la liberté de penser. Sans être athée, Spinoza n'est pas croyant et il insiste pour placer *« la foi au-dessous de la raison »*. Né à Amsterdam dans une famille de juifs portugais exilés, Baruch d'Espinoza, qui était destiné aux études rabbiniques, fréquente les milieux chrétiens libéraux et s'intéresse à la critique de la dogmatique religieuse. Il suit notamment, à partir de 1652, les cours d'un certain Van den Enden, jésuite défroqué. Amsterdam est une ville économiquement et culturellement florissante où affluent de nombreux étrangers. Sa réputation de tolérance religieuse y est pour beaucoup. Toutefois, Spinoza est effrayé par le formalisme qui règne dans le milieu juif. Il renonce aux études de rabbin et est exclu de sa communauté religieuse pour excès de libéralisme. Le *Traité théologico-politique* (1670) est publié anonymement et la plupart de ses textes, dont l'*Éthique* (1677), feront l'objet d'une publication posthume. Le Dieu pensé par Spinoza n'est pas celui des Écritures : c'est un principe métaphysique à partir duquel il construit une ontologie – une conception de l'être et du fondement de l'ordre des choses. Dieu ou Nature ou substance : ces trois termes désignent le même principe qui est aux fondements de la pensée spinoziste. Ce Dieu n'est pas incarné ni doté de volonté. Il est cause de soi, c'est-à-dire, écrit Spinoza dans ces quelques définitions qui ouvrent l'*Éthique* (démontrée *« selon la méthode géométrique »*) : *« ce dont l'essence enveloppe l'existence, autrement dit ce dont la nature ne peut être conçue qu'existante »* (définition 1). Il ajoute que par *« substance »* il désigne *« ce qui est soi et est conçu par soi, c'est-à-dire ce dont le concept n'a pas besoin du concept d'une autre chose pour être formé »* (définition 3). Le réel constituant un ensemble de causes et d'effets nécessaires élaborés en Dieu, c'est au cœur de ce déterminisme absolu que la liberté humaine prendra forme et sens, sachant qu'*« est dite libre la chose qui existe d'après la seule nécessité de sa nature et est déterminée par soi seule à agir »* (définition 7). ■

La réforme de l'entendement et la béatitude

Points clés

La connaissance rationnelle est donc le seul passage de la servitude à la liberté. L'homme, qui cherche à accroître sa puissance d'exister, à augmenter l'aspect actif de son être que Spinoza nomme *conatus,* doit se débarrasser avant tout de sa connaissance imaginative et confuse des causes. Il ne doit pas lier son sort à l'illusion qu'il serait libre, à sa confiance dans le pouvoir d'un soi, à sa croyance superstitieuse dans une divinité incompréhensible. Il doit opérer une réforme de son entendement : substituer, à un savoir des effets séparés de leurs causes – connaissance du premier genre, par expérience vague ou par ouï-dire – un ordre de ses idées adéquat à l'ordre des choses – connaissance du deuxième genre, ou raison. Dépasser ensuite cette connaissance même, qui procède encore par propositions universelles, au profit d'une connaissance qui connaît par les causes et en dernier ressort par les attributs de Dieu – connaissance du troisième genre, ou science intuitive. Les idées adéquates des deuxième et troisième genres modifient notre pouvoir d'être affecté par les choses. Elles font de la rencontre avec les choses non plus des occasions de diminuer notre puissance d'agir, de nous tenir en deçà de notre perfection, d'éprouver des passions tristes, mais au contraire des possibilités d'augmenter notre puissance, notre perfection, notre joie. Les idées adéquates du troisième genre nous mettent même en pleine possession de cette perfection, nous la font éprouver sous un aspect d'éternité, et nous installent dans ce que Spinoza nomme « béatitude » ou « amour intellectuel de Dieu ». ■

Le port d'Amsterdam, à l'époque de Spinoza.

Dico → conatus • déterminisme • dieu • dogmatisme • liberté

Points clés

Leibniz et la question métaphysique

Pourquoi y a-t-il quelque chose plutôt que rien ? Pourquoi les choses existent-elles ainsi plutôt qu'autrement ? À ces questions résumant l'essence de la métaphysique, Leibniz, plus que tout autre philosophe, s'est efforcé de répondre. Il a tenté la construction d'un système qui soumet le monde aux exigences logiques et morales de notre raison.

Gottfried Wilhelm Leibniz (1646-1716).

Les insuffisances de la raison et de l'expérience

Pour penser et connaître le monde, nous disposons de plusieurs outils : la logique et ses principes (principe d'identité et de non-contradiction) nous permettent de savoir si une chose est ou non possible ; l'expérience sensible nous renseigne sur les phénomènes du monde physique. À eux seuls, toutefois, les principes logiques de la raison, comme les expériences que nous livrent nos sens, apportent des réponses insuffisantes à la principale interrogation humaine : pourquoi le monde existe-t-il et, subsidiairement, pourquoi ce monde-ci plutôt qu'un autre ?

La logique guidée par le principe de non-contradiction nous dira qu'une chose est impossible – par exemple un cercle carré – ou bien qu'elle est possible, mais non pas, hélas, si cette chose est réelle. Il n'y a, par exemple, aucune contradiction logique dans l'idée d'un Brutus n'assassinant pas César, pas plus que dans l'idée d'un monde où cet événement ne se serait pas produit.

L'expérience nous indiquera de son côté qu'une chose est réelle, que Brutus a réellement assassiné César, que telle cause a engendré tel effet, sans nous livrer autre chose qu'une série contingente, une suite infinie d'effets et de causes dont on ne peut, en dernière analyse, exposer le pourquoi. ■

Le choix de Dieu

Il faut donc poser à l'origine du monde et hors de lui un être qui puisse rendre compte à la fois du possible et du réel, une raison suffisante de l'être : Dieu. Être parfait et nécessaire, Dieu dispose dans son entendement de la totalité du possible. C'est en comparant les avantages respectifs des différents mondes possibles qui se présentent à son esprit qu'il décide, par un acte de volonté, en se laissant guider par le principe du meilleur, de créer ce monde-ci plutôt qu'un autre. Parmi tous ces mondes logiquement équivalents, il y en a un, en effet, qui se présente comme meilleur que tous les autres, plus riche, plus divers, un monde qui vaut d'être plutôt que de pas être. Ainsi calculé et réglé d'avance par Dieu, le monde n'est pas – comme il paraît l'être aux observateurs superficiels que nous sommes – une collection d'éléments agissant séparément les uns sur les autres. Il est le déroulement d'une sorte de programme global mis en œuvre, conformément à un ordre harmonieux et préétabli, par une infinité de substances que Leibniz appelle « monades ». Même si chaque monade développe son point de vue propre, imparfait et limité – ce qui explique qu'à côté d'idées claires nous avons aussi des idées confuses –, l'action de chacune, en raison de son lien avec toutes les autres, exprime la totalité de l'univers. ■

Philosophe et savant, Leibniz est aussi l'inventeur, entre autres, d'une machine à calculer.

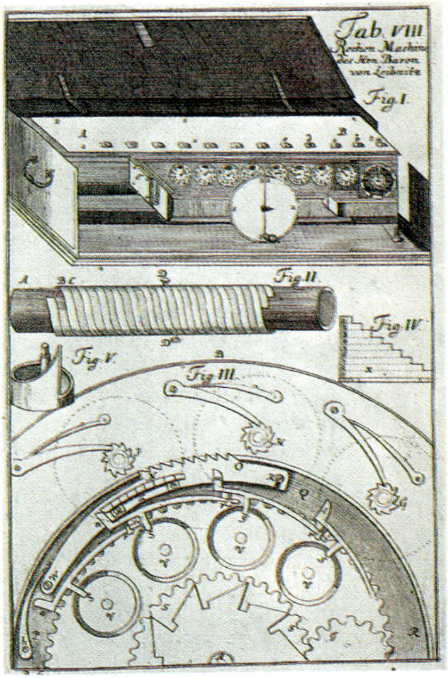

Une raison suffisante d'être

Ce système – au sens propre, puisque tous les éléments sont liés les uns aux autres – pose bien sûr la question de la liberté humaine. Dans un monde où tout est réglé par avance et où tout a une raison suffisante d'être, il ne reste aucune place pour le libre arbitre. La distinction entre le possible et le réel, qui fonde la distinction entre les vérités nécessaires (dont le contraire implique contradiction) et les vérités contingentes ou de fait, apparaît cependant comme une manière d'échapper à une représentation fataliste. Il n'était pas absolument impossible – c'est-à-dire pas logiquement contradictoire – que Brutus n'assassine pas César. Tout, dans le monde, n'est donc pas absolument nécessaire, mais tout a une raison suffisante de se produire ou d'exister. ■

Dico → expérience • dieu • logique • métaphysique • monade

Points clés

Hume : l'expérience et la raison

À l'image de ce que Newton avait fait pour la nature physique, Hume entreprend de construire une science de la nature humaine en recherchant les principes généraux qui règlent les pensées et les passions de l'homme.

L'empirisme

David Hume est empiriste. Cela signifie qu'il fait de l'expérience l'origine de nos idées, qui sont les « copies » d'impressions sensibles. Il en fait également le fondement de la validité des idées : le seul moyen de savoir si une idée a un contenu objectif et n'est pas qu'un mot vide de sens est de la rapporter aux impressions sensibles dont elle peut dériver. Selon Hume, l'expérience contient aussi la clé pour expliquer les associations et les combinaisons d'idées. ■

L'association des idées : l'exemple de la causalité

Il existe des lois qui expliquent l'attraction entre les idées. Nous pouvons combiner celles-ci librement, mais nous avons tendance à les associer en fonction de leur ressemblance, de leur contiguïté ou de leur causalité. Or ces associations sont le résultat de l'habitude, elle-même née de l'expérience.

Si, par exemple, nous disons de quelqu'un qui a mangé du pain que sa faim en sera atténuée, ce n'est pas que nous avons perçu, ni par raisonnement pur, ni par expérience directe, la relation causale qui existe entre l'événement « manger du pain » et l'événement « faim satisfaite », mais c'est que la relation invariante constatée jusqu'alors entre ces deux événements fait que, à la perception du premier, l'esprit associe l'attente du second. L'analyse empiriste que Hume fait de la causalité se rapproche de celle de Kant sur un point et s'en sépare absolument sur un autre. Les deux philosophes s'accordent pour affirmer que la causalité n'est pas dans les choses, mais dans l'esprit. Mais pour Kant, la causalité est une catégorie intellectuelle indépendante de l'expérience *(a priori)* grâce à laquelle nous l'organisons ; pour Hume, au contraire, elle n'est que la tendance acquise de l'esprit à associer deux idées habituellement conséquentes. ■

David Hume (1711-1776).

Le scepticisme

Sur quelles certitudes pouvons-nous nous fonder ? Hume distingue à cet égard les *« relations d'idées »,* c'est-à-dire les vérités logiques et mathématiques, et les *« relations de faits »,* c'est-à-dire les jugements portant sur des réalités. Les relations d'idées renferment une entière certitude, mais elles ne disent rien sur le monde. Les relations de faits sont informatives, mais n'induisent aucune certitude absolue puisqu'elles sont fondées sur de simples habitudes mentales nées de la constance de l'expérience passée. Rien ne nous garantit, affirme Hume, le caractère indubitable d'une proposition comme : *« Le soleil se lèvera demain. »* Ce n'est, en toute rigueur, qu'une croyance issue de la tendance de l'esprit à supposer que l'expérience future ressemblera à l'expérience passée, ce dont on ne peut donner une preuve formelle. Tel est le scepticisme de Hume. Contrairement au scepticisme antique – « pyrrhonien », d'après le nom de Pyrrhon d'Elis, fondateur de l'école sceptique –, le philosophe britannique ne prône pas la suspension du jugement, mais prétend seulement montrer que nos jugements les plus assurés n'ont pas le caractère de vérité qu'ils pensent avoir. C'est un scepticisme « mitigé » ou « académique », qui n'empêche ni d'agir ni de vivre, mais vise à reformuler la plupart de nos prétendues certitudes en termes de croyances. ■

Edimbourg à l'époque où Hume y vivait.

Le mouvement transmis d'une boule de billard à une autre ne contient pas l'idée de causalité.

Dico → causalité • empirisme • expérience • idée • raison

Points clés

Les Encyclopédistes et l'émancipation par le savoir

Composé à partir du grec *egkuklios*, « cercle », et *paideia*, « enseignement », le terme « encyclopédie » désigne à la fois la totalisation systématique du savoir et sa diffusion publique. Exposer publiquement le savoir raisonné, c'est répandre les « Lumières », faire accéder chacun à la vérité, affranchir du joug de l'obscurité.

Communication

Œuvre originale, l'*Encyclopédie* est d'abord une entreprise gigantesque. Sous la direction de Diderot et d'Alembert, cent cinquante collaborateurs, dont Rousseau, Montesquieu et Voltaire pour la philosophie, mais aussi des savants et des techniciens, entreprennent d'exposer la somme des connaissances de l'époque dans tous les domaines. Trente-cinq volumes seront publiés entre 1751 et 1772, dont dix-sept de texte et onze de planches illustrant les arts et métiers, sans compter les suppléments et index. L'opération mobilisera mille ouvriers et quatre libraires différents. Quatre mille deux cents exemplaires seront vendus lors de la première édition. Cette communication du savoir réunit tout ce que l'Europe compte d'esprits curieux et cultivés, dans les milieux intellectuels et scientifiques ainsi que dans l'ensemble de la bourgeoisie en plein essor. Mais le projet attire les foudres du pouvoir royal. Car, à la différence des dictionnaires antérieurs, l'*Encyclopédie* est porteuse d'un projet critique dont l'objectif est politique : émanciper le public de toute tutelle intellectuelle, politique et, surtout, religieuse. Il faudra toute l'opiniâtreté de Diderot pour venir à bout des censures et des interdictions. ■

Réunion chez les Encyclopédistes – *par Lemonnier* –, *autour du buste de Voltaire, dans le salon de Mme Geoffrin.*

Démystification

Dans son *Discours préliminaire,* d'Alembert définit le projet général de l'œuvre : constituer le tableau du savoir, faire la généalogie des sciences, exposer les progrès de l'esprit humain. Il s'agit principalement d'éclairer ceux qui s'instruisent par eux-mêmes. Mais dans l'article « Encyclopédie », Diderot souligne la dimension critique et démystificatrice de l'ouvrage. L'*Encyclopédie* procède par un jeu de renvois d'un terme à un autre, d'une chose à une autre, qui constitue comme un commentaire discret, mais subversif, des vérités reconnues. Les renvois ont *« la double fonction de confirmer et de réfuter ; de troubler et de concilier »,* afin de *« détromper les hommes »* en renversant secrètement les opinions ridicules, en attaquant les préjugés sans leur substituer d'autres dogmes, en invitant le lecteur à remettre en questions ses convictions indiscutées, en l'amenant au libre examen de son propre savoir. C'est ainsi, par exemple, que l'article « Eucharistie » renvoie insidieusement à l'article « Anthropophagie ». ■

*Une des planches de l'***Encyclopédie** *consacrées aux arts et métiers, relative ici à la distillation de l'eau-de-vie, coloriée postérieurement.*

« Je me représente la vaste enceinte des sciences, comme un grand terrain parsemé de places obscures et de places éclairées. Nos travaux doivent avoir pour but ou d'étendre les limites des places éclairées, ou de multiplier sur le terrain les centres de lumière » (Denis Diderot, ***De l'interprétation de la nature,*** **proposition XIV, 1753).**

Émancipation

La diffusion du savoir n'a pas pour seul objectif d'accroître les connaissances du plus grand nombre. Les Encyclopédistes visent aussi à *« changer la façon commune de penser »,* comme l'écrit Diderot. La diffusion publique du savoir est alors l'instrument d'une *« émancipation ».* L'émancipation désigne, littéralement, l'accès à la majorité, l'affranchissement de la tutelle parentale pour mener une existence autonome. Le projet de l'*Encyclopédie* est de sortir le peuple de la minorité dans laquelle le retiennent, d'un commun mouvement, son ignorance, ses préjugés et les pouvoirs politiques et religieux. Par là, les Encyclopédistes anticipent sur le message que Kant formulera en 1784 dans *Qu'est-ce que les Lumières ?* : *« Ose penser par toi-même. »* ■

Dico → **Diderot • Lumières • Montesquieu • Rousseau • Voltaire**

Rousseau, la nature et l'éducation

C'est en 1762 que Rousseau publie *Émile ou De l'éducation* et *Du contrat social ou Principes du droit politique.* Cette simultanéité s'explique. *Émile* se veut l'équivalent, sur le plan éducatif, de ce que l'auteur développe sur le plan politique dans le *Contrat social :* énoncer des principes abstraits à partir desquels va se construire une anthropologie où la nature occupe une place déterminante.

Jean-Jacques Rousseau (1712-1778).

La nature, mère de tous les hommes

Alors que l'époque est tournée vers la science nouvelle (Galilée, Newton...) et l'émergence d'une nouvelle vision du monde où la nature s'appréhende comme « horizon du savoir », Jean-Jacques Rousseau s'intéresse davantage à former l'homme moral. Il considère que celui-ci est doté d'une bonté originelle et d'une liberté naturelle et qu'il est appelé à vivre dans une nature plutôt bienveillante où règne une égalité naturelle. Toutefois, loin d'être une réalité, cet *« état de nature »* – tel qu'il est décrit dans le *Discours sur l'origine et les fondements de l'inégalité parmi les hommes* (1755) – n'est qu'un instrument théorique pour expliciter la genèse des sociétés politiques. Héritier des penseurs de l'école dite « du droit naturel », Rousseau pense que l'autorité politique, qui n'existe pas dans la nature, ne peut que se construire. C'est pourquoi il développe l'idée d'une science politique libérée de ses liens avec la théologie sur la base de conventions entre les hommes. Or *« la nature veut que ses enfants soient enfants avant que d'être hommes. Si nous voulons pervertir cet ordre, nous produirons des fruits précoces, qui n'auront ni maturité ni saveur et ne tarderont pas à se corrompre »,* écrit-il dans *la Nouvelle Héloïse* (1761). Il faut ainsi, pour préparer la société politique de demain, élaborer une véritable pensée éducative afin de préserver l'enfant. On ne naît pas homme : on le devient. ■

La découverte de l'enfance

Grâce aux thèses développées dans *Émile,* Rousseau introduit l'idée, très novatrice pour l'époque, d'une particularité propre à l'enfance – que l'on retrouvera bien plus tard chez de nombreux penseurs de l'éducation. L'enfant est pensé comme un être libre que l'on doit respecter dans sa spécificité. Bien naturel et inaliénable, la liberté doit être la clé de voûte d'un système éducatif dans lequel l'enfant se heurte aux nécessités qu'il expérimente ou que son précepteur lui impose, mais non pas à des règles sociales hors de sa compréhension. La première éducation est d'abord négative. *« Prenez le contre-pied de l'usage,* écrit Rousseau dans *Émile, et vous ferez presque toujours bien. »* Le secret de l'éducation consiste à laisser mûrir l'enfance dans l'enfant. La pédagogie naturelle doit reposer sur des acquis propres. Loin d'être une école des exemples célèbres, des codes et des artifices qui ont façonné la culture, l'éducation de cet enfant fictif qu'est Émile constitue un ensemble de stratégies destinées à ce que la nature de l'enfant ne dégénère pas. ■

La condamnation du Petit Conseil

Émile aussi bien que le *Contrat social* seront condamnés par le Petit Conseil. Cette instance politique genevoise n'y verra qu'une destruction de la religion chrétienne. Aux *Lettres écrites de la campagne,* dans lesquelles Tronchin, procureur général du Conseil de Genève et auteur d'un mandat d'arrêt contre Rousseau, attaque avec virulence les thèses du philosophe, celui-ci répond par ses *Lettres écrites de la montagne* (1764), qui tentent de préciser le sens de son projet politique. Il y dénonce notamment la tendance à la tyrannie qui se développe tant que la loi n'agit pas comme principe normatif. ■

***Sous la Révolution française, Marie-Joseph Chénier déclare que Rousseau est* « celui des philosophes qui a le mieux connu la véritable théorie de l'éducation ».**

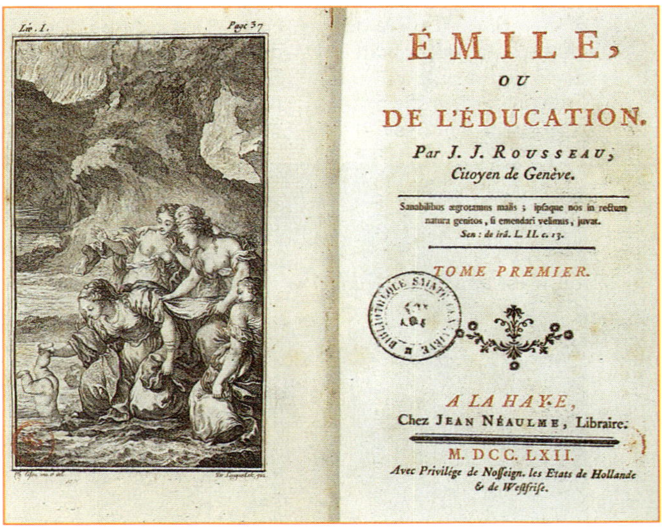

Points clés

Kant, pouvoirs et limites de la raison

« Critique » est le terme que Kant a légué à l'histoire de la philosophie. La *Critique de la raison pure* (1781) sépare deux ères et deux conceptions de la philosophie : la philosophie précritique et la philosophie critique. L'attitude critique, en philosophie comme ailleurs, consiste à demander jusqu'où l'on peut étendre ses connaissances et à quel titre on a le droit de le faire.

Emmanuel Kant (1724-1804).

La révolution copernicienne

Que puis-je connaître, que dois-je faire ? Pour Kant, la métaphysique ne peut ignorer les limites que rencontre le pouvoir de la raison. Elle ne peut parvenir, sur ses objets traditionnels tels que l'idée d'une cause première des choses, l'incorruptibilité de l'âme ou la liberté humaine au sein de la nature, à un savoir de même type que la certitude mathématique ou l'objectivité physique. Aussi doit-elle d'abord s'interroger sur elle-même. La physique, depuis Copernic, explique le mouvement des planètes en se plaçant du point de vue de l'observateur : Emmanuel Kant, lui aussi, révolutionne la connaissance en plaçant le sujet au centre du processus de production de connaissance, tandis que, jusqu'à lui, on procédait à partir de l'objet. Ce renversement « copernicien » consiste à redéfinir le rapport du sujet et de l'objet : est objet ce qui est définissable pour nous sous certaines conditions, est sujet l'unité de ces conditions.

Marcel Maréchal incarnant le professeur de philosophie Cripure – pour « Critique de la raison pure » –, dans sa mise en scène du roman le Sang noir *(1935) de Louis Guilloux.*

Sensibilité et entendement

Si connaître consiste à associer des représentations l'une à l'autre et à les lier dans des jugements nécessaires et universels, alors il doit exister des règles universelles et nécessaires *a priori,* permettant de lier. Pour être universelles et nécessaires, ces règles ne peuvent pas être issues de la généralisation de l'expérience, c'est-à-dire empiriques : elles doivent donc être transcendantales. Notre faculté de connaître se décompose en deux éléments : sensibilité et entendement. La sensibilité nous permet de recevoir des impressions d'un monde extérieur que nous n'avons pas créé nous-mêmes. Cette sensibilité est limitée. Nous avons l'intuition, nous faisons l'expérience des phénomènes qui sont dans l'espace et dans le temps, par leur étendue et leur durée. Mais l'espace et le temps eux-mêmes ne sont pas des objets offerts à la réceptivité : ils sont les formes *a priori* de notre sensibilité et de tous contenus perceptifs. Ces contenus ne peuvent acquérir d'objectivité que grâce à des concepts *a priori,* des catégories par lesquelles notre entendement organise la diversité sensible. Ce sont des outils, des schèmes, qui nous permettent de construire un raisonnement pour parvenir à une généralité des phénomènes que la seule sensibilité des empiristes rejetait dans des abstractions vides de sens. Le pouvoir de l'entendement nous est donc donné en même temps que sa limite : nul concept ne saurait déboucher sur une objectivité quelconque s'il n'est schématisable. ■

« Copernic essaya de voir s'il ne réussirait pas mieux en faisant tourner le spectateur. [...] On peut faire un essai du même genre en métaphysique, au sujet de l'intuition des objets » (Emmanuel Kant, Critique de la raison pure, *1781).*

La liberté morale

Mais nous sommes ainsi faits que notre raison ne se satisfait pas des connaissances d'entendement. Elle cherche toujours une raison dernière. Si elle sait produire une définition logique de ces raisons dernières en leur donnant le nom de Moi, Monde ou Dieu, la sensibilité finie de l'homme ne saurait lui en fournir l'expérience. Il nous reste donc la possibilité, à défaut de les connaître, de penser ces objets au titre d'idées régulatrices pour la compréhension du monde. La rationalité de la connaissance bute donc sur les limites de l'expérience, mais elle libère ainsi un espace pour l'action morale enfin dégagée des certitudes illusoires de la métaphysique et de la religion. La *Critique de la raison pratique* (1788) fonde la morale sur la liberté. Définie comme autonomie, capacité d'obéir à la loi que l'on s'est donnée à soi-même, la Raison pratique donne une règle *a priori* à la volonté humaine, sous la forme d'un impératif catégorique qui fait de l'universalisation possible des intentions le critère sûr de la moralité. ■

Dico → critique • entendement • pratique • sensibilité

Points clés

Hegel et l'histoire

Friedrich Hegel (1770-1831).

Avec Hegel, l'histoire devient pour la première fois une question authentiquement philosophique. C'est que la vérité n'est plus conçue comme éternelle, mais bien comme incarnée dans les processus historiques.

Récit et philosophie

Friedrich Hegel distingue l'histoire racontée et écrite – *Historie* en allemand – de l'histoire vécue événementielle – *Geschichte*. L'historien peut trouver dans la première une cohérence et un fil directeur, à travers la chronologie. En revanche, le sens commun désespère de trouver dans le chaos des événements la moindre logique. Ainsi, les passions des hommes les amènent à détruire ce qu'ils ont créé. *« Il est déprimant,* écrit Hegel dans l'introduction à ses *Leçons sur la philosophie de l'histoire* (1837), *de savoir que tant de splendeur et de vitalité a dû périr et que nous marchons au milieu de ruines. »* Loin pourtant de conduire au pessimisme, ce côté négatif et arbitraire de l'histoire doit faire l'objet d'une réflexion philosophique nécessaire. *« La réflexion philosophique n'a d'autre but que d'éliminer le hasard [...]. Nous devons chercher dans l'histoire un but universel, le but final du monde – non un but particulier de l'esprit subjectif ou du sentiment humain ».* ■

La marche de la liberté

À la différence de Platon, Hegel conçoit la vérité absolue de manière immanente, c'est-à-dire dans le monde. La Raison possède à ses yeux une vie et un devenir. *« Tout ce qui est rationnel est réel, tout ce qui est réel est rationnel »,* écrit-il dans les *Principes de la philosophie du droit* (1821). Ainsi, « Absolu » et « histoire » cessent d'être des termes contradictoires. L'Absolu se développe dans une histoire mouvementée qui est une *« odyssée de l'esprit universel ». « L'histoire universelle est le progrès de la conscience de la liberté »,* écrit Hegel. La liberté est l'essence même de cette vérité absolue. À travers l'histoire tourmentée des hommes et de leurs passions, c'est en fait l'histoire de l'Esprit libre divin qui se réalise et prend conscience de soi. ■

La victoire de Napoléon sur les Prussiens lors de la bataille d'Iéna est considérée par Hegel comme un des grands événements historiques de son époque.

« Rien de grand ne s'est accompli dans le monde sans passion »

Mais, contrairement aux philosophes des Lumières, Hegel ne manifeste pas un grand optimisme à l'égard du progrès. Le progrès de l'histoire n'est pas linéaire, mais dialectique, c'est-à-dire qu'il s'accomplit par son contraire – la déraison, les guerres, les passions destructrices. Dans son *Histoire universelle du point de vue cosmopolitique* (1784), Kant interprétait déjà, du point de vue cosmopolitique, les conflits humains comme un nécessaire aiguillon au progrès. Mais, là où Kant posait une hypothèse de lecture, Hegel entend dévoiler une logique interne et immanente à l'histoire. Il ne se livre pas pour autant à une apologie de la guerre. Hegel considère que *« les périodes de bonheur dans l'histoire sont ses pages blanches »*. Ainsi, derrière le chaos apparent des événements, la Raison universelle se réalise en se servant des passions humaines particulières : telle est la ruse de la Raison. ■

« La tare [des sans-droits] n'est pas de ne pas être égaux devant la loi, c'est qu'il n'existe pour eux aucune loi » (Hannah Arendt,** **l'Impérialisme, *1951*).

Marx critique de Hegel

En retenant le principe hégélien d'un progrès dialectique et conflictuel de l'histoire, Marx veut en finir avec l'idéalisme philosophique, qui ignore le rôle des forces de production, et rendre l'histoire aux hommes qui la font. D'instruments inconscients d'un plan de la Providence, les hommes deviennent acteurs. *« Jusqu'ici, les hommes n'ont fait qu'interpréter le monde de différentes manières, il s'agit désormais de le transformer. »* Le moteur de l'histoire est, selon Marx, le « matérialisme dialectique », la lutte des classes. ■

Kierkegaard et l'existence

Penseur de l'existence singulière contre les philosophies qui réduisent l'existence à un concept, Kierkegaard est un précurseur de l'existentialisme moderne.

L'existence contre le concept

Élevé dans une foi luthérienne très stricte, Søren Kierkegaard est un penseur de l'existence. À ce titre, il apparaît comme un ancêtre de l'existentialisme moderne. Contemporain de Hegel, philosophe rationaliste systématique, Kierkegaard s'est toujours élevé contre la domination du concept en philosophie. Tandis que Hegel prétendait réconcilier le Concept absolu et la Vie, Kierkegaard fait valoir en philosophie le droit de l'existence individuelle et de la subjectivité. Cette attitude le conduit à des prises de position parfois très virulentes contre toute forme de système et de pensée globalisante : il s'en prend ainsi à l'institution ecclésiastique de son temps, qu'il accuse de dénaturer le sens existentiel de la foi chrétienne. Kierkegaard entend renouer le rapport de l'homme à l'absolu par la singularité de l'existence, dans un face-à-face de l'homme avec son Créateur. Cette relation existentielle à Dieu est présentée en trois grandes étapes, qui correspondent à trois périodes majeures de la vie de Kierkegaard. ■

« Pour la réflexion objective, la vérité est quelque chose d'objectif, un objet, et il s'agit de faire abstraction du sujet ; pour la réflexion subjective, la vérité est l'appropriation, l'intériorité, la subjectivité, et il s'agit de s'approfondir en existant dans la subjectivité » (Søren Kierkegaard, post-scriptum aux *Miettes philosophiques,* 1846).

Søren Kierkegaard (1813-1855).

Points clés

« Ma Cordelia ! On lit dans de vieux contes qu'un fleuve s'éprit d'une jeune fille. Ainsi, mon âme : un fleuve qui s'est épris de toi » (Søren Kierkegaard, le Journal d'un séducteur, *1843).*

Les « trois stades de l'existence »

Le premier stade, dit stade esthétique car fondé sur le plaisir, est représenté, entre autres, par la figure littéraire et musicale de Don Juan. Don Juan vit pour le plaisir de l'instant, sans parvenir pourtant à se satisfaire. C'est qu'il cherche l'absolu dans l'instant fugace du plaisir. Aussi est-il « condamné » à cumuler ses conquêtes et à courir après le temps. L'homme du stade esthétique est profondément mélancolique. Ce désir d'absolu trouve dans le stade éthique un provisoire accomplissement. Il ne s'agit pas ici du plaisir, mais du devoir et de la bonne conscience. Ce stade est celui des valeurs générales, détachées de l'existence concrète. L'homme qui suit cette voie rigoureuse et sérieuse ignore pourtant le tragique fondamental de l'existence. Aussi connaît-il déceptions et trahisons. C'est uniquement dans le dernier stade, le stade religieux, que l'homme reconnaît le tragique de son existence (le péché originel) tout en s'efforçant de le surmonter. Ici, l'homme est un individu face à Dieu. Seule compte la foi – et d'abord la reconnaissance du péché même de l'existence de l'homme sans Dieu. En affirmant sa subjectivité radicale, sa solitude coupable, l'homme, par un saut de la foi, engage et risque toute son existence pour pouvoir rencontrer Dieu. Car *« c'est dans le rapport personnel entre la foi du croyant et la personnalité de Dieu que se situe le concept de foi »*. ■

Sartre et l'existentialisme athée

La philosophie de l'existence de Kierkegaard a influencé l'existentialisme moderne. Sartre notamment, qui développe un existentialisme athée en affirmant le rôle central du sujet singulier et de sa liberté et l'épreuve décisive de l'angoisse existentielle. *« L'existence précède l'essence » :* autrement dit, l'homme n'a pas d'abord une essence – ou nature – en fonction de laquelle il va ensuite exister. Il n'est rien par essence, il existe, c'est-à-dire qu'il vit son être sur le mode du projet. Il a ainsi tout à être, à devenir, à faire. Affirmer l'existence contre toute théorie essentialiste ou positiviste, c'est accorder un droit absolu à la liberté humaine individuelle. ■

Dico → absolu • existentialisme • plaisir • Sartre • subjectivité

Points clés

Schopenhauer et le sens de la vie

Pourquoi cherchons-nous le sens de la vie ? Nous en attendons des réponses qui nous apprendront pourquoi nous souffrons et si nous mourons vraiment. Nous espérons en extraire un guide pour notre liberté, qui l'empêchera d'errer et d'être annihilée par le destin. La philosophie de Schopenhauer répond bien à ces attentes.

Arthur Schopenhauer (1788-1860).

La souffrance, fond de l'existence

La pensée d'Arthur Schopenhauer est l'héritière des Veda, les textes sacrés de l'Inde ancienne, et de celle de Kant. Schopenhauer est à son tour l'inspirateur du jeune Nietzsche. Celui-ci affirmera plus tard que le philosophe a posé la question, décisive à ses yeux, du sens de l'existence. Schopenhauer est un penseur dont les thèmes majeurs contrastent avec la confiance optimiste du XIXe siècle européen dans le développement progressif des sciences et de l'humanité. Il considère l'existence comme une donnée première dont la souffrance – la vieillesse, la maladie, la mort – constitue le « fond », en accord avec l'enseignement du Bouddha. La satisfaction et le bonheur ne sont considérés qu'en négatif, en cela qu'ils se bornent à nous ôter le tourment du désir. Notre vécu oscille de la souffrance à l'ennui, lequel est lui-même souffrance. La tragédie de l'existence vient de ce que la volonté d'être, qui est le fond métaphysique commun aux individus, s'apparente à une tension aveugle. Cette volonté ne sait pas ce qu'elle veut car elle est, en elle-même, étrangère à toute forme de connaissance. Elle se précipite dans l'existence en s'adjoignant la connaissance comme moyen ; de là découle le monde phénoménal pour ce néokantien. Ainsi pourra-t-elle apprendre, après coup, ce qu'elle est.

« La volonté étant la chose même en soi, le fond intime, l'essentiel de l'Univers, tandis que la vie, le monde visible, le phénomène n'est que le miroir de la volonté, la vie doit être comme la compagne inséparable de la volonté. [...] Aussi, vouloir vivre c'est aussi être sûr de vivre » (Arthur Schopenhauer, *le Monde comme volonté et comme représentation,* 1818).

Renaître ou ne pas renaître

Quel est donc le sens de la vie ? Une acception du mot « sens » est « orientation ». Si l'on considère cette acception, peut-on dire que le sens de la vie est la mort ? La mort met fin à l'erreur ou à la faute de l'existence individuelle dans l'espace et dans le temps. Mais cette destruction de l'existence n'est que phénoménale. Car le fond de notre être, qui est volonté, est indestructible. Comme les hindouistes, Schopenhauer pense que notre disparition spatio-temporelle n'interdit pas notre renaissance. Pour cela, il suffit de continuer de vouloir. À l'heure de la mort s'opère un grand choix entre vouloir renaître et ne pas vouloir, c'est-à-dire renoncer au désir. La décision dépend de l'interprétation que l'individu donne de sa vie. Il faut ici faire appel à une autre acception du mot « sens » : celle de « signification ». L'individu tentera de déterminer la signification de sa vie. Il pourra en conclure que le destin accomplit un projet individuel parfaitement singulier, à travers répétitions et coïncidences apparemment fortuites, mieux que notre raison et notre conscience n'auraient pu le faire... De ce constat découlent beaucoup de désillusions mais aussi le comique de l'existence, celui qui fait dire : *« J'ai bien navigué quand j'ai fait naufrage. »* Mais, compris autrement, le message du destin pourra inviter au renoncement. Schopenhauer en appelle à la liberté, que le sens de la vie n'empêche pas de se manifester. Chacun peut interpréter la souffrance et la perspective de la mort comme l'occasion de réaffirmer son attachement à la vie ou d'y renoncer. Dans le premier cas, *« il a aussi peu à craindre la mort que le soleil la nuit »*, c'est-à-dire que la vie suivra immanquablement, car sa volonté est aussi celle qui pose le monde. Dans le second cas, il renonce à son affirmation avide, impressionné par l'universelle souffrance. Les terreurs de la vie ne le suivront pas dans la mort. ■

Dico → **désir** • **mort** • **phénomène** • **volonté**

Points clés

Auguste Comte, la science au pouvoir

Auguste Comte (1798-1857).

Fondateur du positivisme, Auguste Comte prétend réorganiser la société sur des bases nouvelles correspondant à l'âge scientifique dans lequel est entrée l'humanité, et qui est son âge définitif. Comment passe-t-il du *Cours de philosophie positive* (1830-1842) au *Système de politique positive* (1851-1854), de la philosophie à la religion de l'humanité ?

La loi des trois états

La philosophie d'Auguste Comte repose sur l'énoncé d'une loi fondamentale de l'évolution humaine. Celle-ci affirme que l'humanité est passée successivement par trois états, trois âges mentaux en quelque sorte : l'âge théologique, au cours duquel l'esprit explique les phénomènes par l'intervention d'agents surnaturels, et auquel correspondent les institutions féodales et militaires du Moyen Âge ; l'âge métaphysique, pendant lequel les agents surnaturels sont remplacés par des entités abstraites : il a débuté avec la Réforme, au XVIe siècle, et correspond à une phase de transition, essentiellement critique ; enfin l'âge positif, ou scientifique, état définitif de l'humanité, où l'esprit renonce à vouloir expliquer les causes premières et absolues des phénomènes pour se contenter de dégager, grâce à l'observation et l'expérience, les lois qui les régissent. À cet âge doit correspondre une nouvelle organisation sociale, fondée sur la domination politique des industriels et des banquiers, comme l'âge théologique était fondé sur la domination politique de la noblesse féodale. ■

Pouvoir spirituel et pouvoir temporel

À chaque état correspond donc un type d'institutions sociales et politiques, mais aussi un type de domination spirituelle. Ainsi, l'état théologique se caractérise par la domination spirituelle de l'Église catholique. De même, il faut à l'état positif un nouveau pouvoir spirituel – le pouvoir temporel appartenant aux *« chefs des travaux industriels »*. Ce sera à la classe des *« philosophes positifs »* de l'exercer. Car les savants sont trop naturellement enfermés dans les murs de leur spécialité. Le philosophe est quant à lui *« le spécialiste des généralités »*, c'est-à-dire

«Le sacerdoce positif doit donc régénérer à la fois toutes les fonctions relatives à notre propre perfectionnement, en destinant la science à étudier l'Humanité, la poésie à la chanter, et la morale à l'aimer, afin que, d'après cet irrésistible concours, la politique s'applique sans cesse à la servir» (Auguste Comte, *Discours sur l'ensemble du positivisme,* 1848, cité par Laurent Fedi dans *Comte,* 2000).

qu'il peut s'élever à la compréhension synthétique de l'ensemble des connaissances scientifiques. Il est donc le mieux placé pour régler les mœurs et réorganiser l'éducation, tâche principale du pouvoir spirituel. Le pouvoir spirituel et le pouvoir temporel doivent être, pour Comte, rigoureusement séparés – le second ne pouvant notamment recevoir aucune charge politique. Son rôle est d'éduquer et d'influencer l'opinion publique pour contraindre les chefs temporels à ne pas s'écarter de leur véritable destination sociale. ■

La religion positive

La philosophie de Comte évolue dans un sens de plus en plus religieux. Cette transformation s'explique par l'importance de plus en plus grande que Comte accorde au sentiment, celui-ci finissant par devenir le principe subjectif de la grande synthèse positiviste. Le positivisme est une religion athée : c'est une *«sociolâtrie»* qui voue un culte à l'humanité, ce *«Grand Être»* qui unit les hommes dans la continuité des générations. Elle a ses rites, ses cérémonies, ses saints – les grands hommes – et son clergé. Les philosophes, auxquels était confié primitivement le pouvoir spirituel, sont ainsi appelés à devenir les prêtres de la nouvelle religion positive, grâce à laquelle Comte espère la régénération organique de la société et la fin de la crise métaphysique qui a culminé avec la Révolution française. ■

«Le culte positif érige le sexe affectif en providence morale de notre espèce. Chaque digne femme y fournit la meilleure représentation du vrai Grand-Être» (Auguste Comte, Catéchisme positiviste, *1852).*

Points clés

Charles Fourier et les utopistes

Le mot « utopie » est inventé par Thomas More en 1516. Il vient du grec *ou*, « non », et *topos*, « lieu », et signifie « lieu de nulle part », « non-lieu ». C'est au XIXe siècle qu'il prend sa dimension conceptuelle moderne.

Les recherches d'un monde nouveau

Il convient de distinguer le socialisme utopique de ses avatars. Le socialisme utopique incarné par Saint-Simon, Charles Fourier ou Robert Owen se veut un moyen d'accéder au bonheur par le biais de la création d'un monde nouveau où les relations sociales seraient radicalement transformées. Le néo-utopisme apparaît comme une tentative de conciliation du socialisme utopique avec les idées dominantes : il propose seulement un aménagement de l'ordre existant. Il sera la cible principale des critiques de Marx et d'Engels dans *l'Idéologie allemande* (1846). Quant au nouvel esprit utopique, dont Pierre Leroux est la figure emblématique, il ne cherche plus à apporter de l'extérieur ou d'en haut un système au prolétariat, mais se développe dans la critique de la pratique révolutionnaire de 1848 et renoue avec la situation d'*« écart absolu »* des utopies originelles : on le trouve chez Ernest Cœurderoy, Joseph Déjacque ou William Morris. ■

« La plus intime impulsion donnée à l'utopie fouriériste, il faut la voir dans l'apparition des machines. Le phalanstère devait ramener les hommes à un système de rapports où la moralité n'a plus rien à faire. Néron y serait devenu un membre plus utile de la société que Fénelon. Fourier ne songe pas à se fier pour cela à la vertu, mais à un fonctionnement efficace de la société dont les forces motrices sont les passions. Par les engrenages des passions, par la combinaison complexe des passions mécanistes avec la passion cabalistique, Fourier se représente la psychologie collective comme un mécanisme d'horlogerie. L'harmonie fouriériste est le produit nécessaire de ce jeu combiné » (Walter Benjamin, *Paris, capitale du XIXe siècle,* 1939).

Charles Fourier

L'« écart absolu », ou « doute absolu », est la méthode d'inspiration cartésienne que Charles Fourier expose dans sa *Théorie des quatre mouvements et des destinées sociales* (1808). Il s'agit de douter de la civilisation, c'est-à-dire de l'ébranler dans ses principes mêmes, en montrant qu'elle ne saurait être notre destinée sociale, contrairement à ce que croyait le XVIIIe siècle. Ne pouvant détruire les passions, la civilisation tente de les entraver ou de les fausser. Fourier critique la société de son temps, qui détourne les tendances les plus généreuses de l'homme. ■

Charles Fourier (1772-1837).

L'attraction passionnée

Contre cette société aujourd'hui en vigueur, il faut établir un nouvel ordre social qui organise les passions et les individus, sans tenter de les changer par l'éducation. Dieu a voulu que, à l'image de l'attraction matérielle dans l'ordre physique, *« l'attraction passionnée »* règne dans l'ordre social. La passion est fille du Ciel, et non de l'enfer. À une civilisation reposant sur la licence commerciale (ou libre concurrence) et le mariage exclusif de la femme (liberté civile, mais non amoureuse), qui engendre la spoliation du corps social et la limitation de la jouissance des plaisirs, doit se substituer l'universelle harmonie. On ne saurait en conséquence résister aux passions, qui sont naturelles, puisqu'elles viennent de Dieu, tandis que la morale et le Code civil, qui tentent de les réprimer, sont une production artificielle de l'homme. Mieux : en utilisant les penchants, en accordant les impulsions, en unissant les volontés, l'homme verra son intérêt personnel se conjuguer avec l'intérêt général ; et le jeu des passions, enfin libéré des contraintes morales et sociales qui pèsent sur lui, substituera l'harmonie et l'unité à la contrainte et à l'incohérence qui caractérisent le milieu humain et présent. ■

Dico → doute • passion • société • utopie • vertu

Points clés

Marx et la transformation du monde

Karl Marx (1818-1883).

Transformer le monde signifie ici modifier radicalement l'organisation de la société. Il ne s'agit donc pas de la transformation de la nature, qui s'est accélérée avec l'essor des sciences et des techniques. La transformation qui occupe Karl Marx est d'ordre politique : elle résulte de la compréhension de la société comme ensemble de rapports de force qui atteignent un tel développement au XIXe siècle que des contradictions s'y révèlent indépassables.

L'aliénation de l'homme

Dans la *Contribution à la critique de l'économie politique* (1859), Karl Marx rappelle la découverte essentielle qu'il a faite en 1842-1843, alors qu'il était rédacteur à la *Rheinische Zeitung :* l'existence sociale, politique, intellectuelle des hommes est déterminée par le mode de production de leur vie matérielle.

Lénine prendra la tête d'une révolution inspirée par les principes marxistes.

Chaque époque (asiatique, antique, féodale, bourgeoise) possède une certaine structure économique, qui correspond à un stade de développement des forces productives, et qui fait vivre les hommes selon certains rapports nécessaires indépendants de leur volonté. Sous ces formes variées, l'existence humaine est chaque fois une expression de cette structure. L'histoire des hommes n'est donc pas celle de leur conscience ni des progrès de leurs idées juridiques, politiques, religieuses, artistiques ou philosophiques. Les idées ne sont qu'une forme de conscience traduisant à chaque époque les contradictions entre rapports de production et forces productives. Ce n'est donc pas en ayant conscience de soi et de ses idéaux, mais en se connaissant comme effet d'une structure sociale, que l'homme peut diriger son existence. Il lui est possible d'accompagner l'histoire dans la résolution de ces contradictions et d'ouvrir des ères nouvelles. Mais l'État n'est pas un moyen approprié à la résolution des problèmes nés des intérêts opposés des hommes. Il ne conduit en aucun cas à l'avènement de la liberté. L'État ne doit être considéré que comme une superstructure juridique et politique servant à dominer et à opprimer le prolétariat au profit de la classe dominante. ■

Le salaire de l'ouvrier

La seconde découverte de Marx concerne le salaire que reçoit l'ouvrier. Ce salaire n'est pas le prix du travail accompli, mais la compensation de la force de travail déployée par le prolétaire. Non seulement le travail constitue une exploitation, mais sa rémunération, qui est sans rapport avec la chose produite, peut être seulement considérée comme ce qui permet à l'ouvrier de retrouver sa capacité à retravailler le lendemain. L'écart entre le salaire versé et la valeur de la marchandise constitue un bénéfice que Marx nomme la « plus-value » et qui fonde l'exploitation de l'ouvrier par le patron. Or le travail doit permettre la vie et non la seule survie, et ses fruits doivent être redistribués de manière égalitaire. ■

Une pratique théorique

Cette compréhension de la société à partir de l'histoire réelle, qui fonde le matérialisme historique, inscrit une rupture dans la philosophie. Il ne s'agit plus de comprendre avec le but uniquement théorique de contempler un ordre immuable, mais de comprendre avec le but pratique de transformer le cours de l'histoire et l'organisation politique de la société. Avec Marx, la philosophie devient donc une pratique théorique dont l'objectif est de déterminer les conditions du changement et de mettre au jour la forme de la nouvelle société. L'avènement de cette communauté nouvelle, qui naît par la révolution, porte le nom de « communisme ». Mais celle-ci ne saurait rester localisée. Le *Manifeste du parti communiste* (1848) projette la transformation politique de l'Europe, mais aussi, par extension, du monde. Il ne peut y avoir de transformation locale. Celle-ci doit être totale puisque partout dans le monde existent des prolétaires, dont le corps constitue la seule richesse. La transformation devrait conduire à un monde où l'homme serait enfin placé au centre de la société et où l'économie aurait pour seule fonction de le servir. ■

L'homme libéré des chaînes de l'esclavage, selon l'art officiel soviétique.

« Les philosophes n'ont fait qu'interpréter diversement le monde, ce qui importe c'est de le transformer » (Karl Marx, *XIe Thèse sur Feuerbach,* 1845).

Points clés

Nietzsche et les origines de la morale

Dans quelles conditions l'homme a-t-il inventé à son usage ces deux évaluations: le bien et le mal? Quelle valeur ont-elles par elles-mêmes? Ce sont les questions que pose l'œuvre de Nietzsche.

Les morales du maître et de l'esclave

Pour répondre à ces deux questions, Nietzsche prétend fonder une histoire de la morale et remonter à l'origine des valeurs et de leur déchéance. Pour cela, il se demande: qui évalue, du maître et de l'esclave, quelle est la valeur des valeurs? Dans *Par-delà bien et mal* (1886) et dans *la Généalogie de la morale* (1887), Nietzsche montre qu'il existe deux types de morales: celle des nobles (les maîtres) et celle des esclaves. Pour les aristocrates, est bon ce qui exprime leur fierté, leur noblesse; est mauvais ce qui est vulgaire : lâcheté, peur, mesquinerie, mensonge. La morale des esclaves n'est que réaction à la domination des maîtres; comme l'écrit Deleuze (*Nietzsche et la philosophie,* 1962), le maître dit: *«Je suis bon donc tu es méchant»;* et l'esclave dit: *«Tu es méchant donc je suis bon».* Il s'agit donc d'un renversement radical puisque, sous l'effet du ressentiment, ce qui était le «bon» de la morale noble est devenu pour la morale des esclaves le «méchant». La condamnation du fort par le faible va de pair avec la transformation de la propre impuissance de ce dernier en bonté, de sa bassesse craintive en humilité, de sa soumission en une obéissance à celui qu'il appelle Dieu, bref, de sa lâcheté en vertu: *«Oui, il faut la vie éternelle, afin qu'on puisse se dédommager éternellement dans le "règne de Dieu" de cette existence terrestre passée dans la foi, l'espérance et la charité.»* ■

La mauvaise conscience

L'origine de la faute, c'est la dette impayée. Pour Nietzsche, l'hypothèse religieuse s'empare de la dette pour en faire un système de la souffrance ou de l'autovivisection masochiste. L'homme ne pouvant plus payer ses dettes, celles-ci s'étendent sur plusieurs générations, jusqu'à être intériorisées sous la forme de la conscience de la faute, ou mauvaise conscience.

Friedrich Nietzsche (1844-1900).

« Comment ? L'homme ne serait-il qu'une méprise de Dieu ? Ou bien Dieu une méprise de l'homme ? (Friedrich Nietzsche, le Crépuscule des idoles, *1888).*

Finalement, et c'est là la solution du christianisme, Dieu paie les dettes lui-même, il les rachète en se sacrifiant (passion du Christ) parce qu'il est le seul à pouvoir payer ce prix. *« Dieu lui-même, s'offrant en sacrifice pour payer les dettes de l'homme, telle est l'invention suprême du christianisme. »* L'homme devient alors le pécheur et la faute morale est le péché. L'homme est malade de l'homme, malade de lui-même, et le problème est de savoir comment il peut retrouver son innocence. ■

L'ascétisme

L'ascète est celui qui se prive non seulement du superflu, mais aussi du nécessaire ; en ce sens, le prêtre ascétique est négation de la vie, et c'est pourtant lui qui veut maintenir la vie dégénérescente des hommes pécheurs. À chacun, le prêtre dit que le coupable n'est autre que lui-même et son péché. Selon Nietzsche, c'est combattre l'effet et non la cause. L'existence tend à se réduire à la moindre place possible : le sens de l'idéal ascétique, c'est la réduction au néant.

L'idéal ascétique a tout corrompu. Nous sommes *« infectés »* de morale et nous persistons à l'ignorer. Pourquoi n'y a-t-il pas eu de résistance ? Parce que les adversaires apparents de l'idéal ascétique lui appartiennent. Même la science, pour autant qu'elle recherche la vérité, reste enracinée dans l'idéal ascétique : non seulement elle est partie prenante des solutions pour calmer la souffrance, mais la volonté de la vérité est elle-même religieuse, ascétique. ■

Le nihilisme

La réaction aboutit à une troisième force, le nihilisme passif : *« Il n'y a plus de volonté que la volonté du néant. »* Pour sortir de l'idéal ascétique, il faudra opérer la transmutation des valeurs, passer à un « oui » qui ne soit plus celui de l'assomption, mais celui de la délivrance ; il faut non pas se charger des valeurs, mais les créer. Il faut donc passer au-delà du repère des valeurs, s'en prendre non à telle ou telle valeur, mais à leur espace. La critique ne doit pas être gouvernée par le ressentiment, mais devenir affirmative et briser la table des valeurs : *« La philosophie,* écrit Nietzsche, *doit être faite à coups de marteau. »* ■

Dico → **ascèse • conscience • morale • nihilisme**

Points clés

Freud et la découverte de l'inconscient

Sigmund Freud (1856-1939).

La découverte de l'inconscient par Freud ébranle les prétentions de maîtrise de la conscience. Mais, en posant le principe de l'essence insaisissable de la pensée, le psychanalyste renouvelle l'exigence de la connaissance et les voies qu'elle emprunte.

Une autre scène de la pensée

Nous savons que nous ne sommes pas conscients de tout ce qui se passe en nous : notre métabolisme est involontaire. Affirmer, comme le fait Sigmund Freud, qu'il peut y avoir de la pensée dans cet inconscient constitue une révolution philosophique. Pourtant, Freud, médecin spécialisé en neurologie, n'est généralement pas présenté comme un philosophe. Leibniz avait posé le principe de l'existence de perceptions « inaperçues » dans leur détail. Mais ni l'effort d'attention ni le calcul ne livrent la connaissance de l'inconscient psychique, dont nous ne pouvons avoir idée qu'à travers ses irruptions dans un comportement volontaire – « actes manqués » ou lapsus – ou encore par ses « rejetons » – fantaisies ou fantasmes – qui troublent la pensée consciente. ■

Le désir refoulé

Freud part de l'hypothèse que les symptômes des maladies dites « nerveuses » n'ont pas pour cause une déficience du cerveau, mais sont signe de quelque chose qui échappe à la conscience. Pour établir sa théorie et soigner ses patients, Freud applique la *talking cure :* la parole vient « dire » à la place du symptôme. La pensée inconsciente n'est pas, selon lui, le souvenir d'un trauma, mais la trace de désirs « refoulés » et « censurés », noués dans ce qu'il appelle le « complexe d'Œdipe ». Ce terme désigne les désirs inconscients d'inceste et de meurtre universellement partagés. Encourageant l'examen des symptômes, l'hypothèse d'un inconscient psychique apporte un gain d'intelligibilité aux comportements humains. Le rêve est la voie de la révélation des désirs refoulés : il se lit comme un rébus, crypté par des processus primaires de condensation et de déplacement. Contrairement à Carl Gustav Jung, Freud ne pense pas que les rêves fassent référence à un « inconscient collectif ». Le concept d'inconscient, que Freud ne cesse de retravailler, fournit ainsi la maille centrale d'un réseau de concepts (refoulement, pulsions, transfert…) qui renouvelle non seulement les thérapeutiques, mais les sciences humaines. ■

La fonction de la parole

L'inconscient n'est pas un monstre obscur tapi au fond de nous. Il existe parce que nous sommes des « êtres parlants ». Empruntant au linguiste Ferdinand de Saussure son modèle de description de la langue, Jacques Lacan dira que l'inconscient est *« structuré comme un langage »*. Il est comme un système de signes, fait de signifiants dans lesquels nous sommes pris, parce que tout être humain est pris dans le discours tenu sur lui et dans l'ordre symbolique du discours – marque de l'Autre qui fait que *« je est un autre »*. La découverte de l'inconscient aurait contribué à la *« mort du sujet »* au sens d'un moi conscient transparent à lui-même. Mais il n'y a là aucun renoncement à la pensée ni à la raison et encore moins à la création, pas plus qu'il n'y a renoncement à une libération par la connaissance. Reconnaître qu'il y a toujours déjà du sens et du désir là où nous ne nous y attendions pas, c'est nous montrer disponibles à l'irruption intempestive de la pensée et prêts à mobiliser toutes les ressources de l'intelligence pour élucider et mettre en forme ce qui est ainsi donné. Là où « ça » pense, « je » peut advenir – non pas un moi illusoire, haïssable selon Pascal, mais une parole en nom propre, formule renouvelée du *« Connais-toi toi-même »*. ■

« Les processus de pensée les plus compliqués et les plus parfaits peuvent se dérouler sans exciter la conscience. De ce point de vue, ce sont les phénomènes psychiques conscients qui constituent la plus petite partie de la vie psychique sans être pour autant indépendants de l'inconscient » (Sigmund Freud, *l'Interprétation des rêves,* 1900).

Le cabinet de Freud à Londres, où le psychanalyste, d'origine juive, s'est exilé en 1938.

Points clés

Bergson et les données de la conscience

La conscience ne peut pas être définie, c'est-à-dire pensée du dehors. Elle doit se réfléchir en elle-même, puisqu'elle est à la fois ce qui est pensé et ce qui pense. Il s'agit alors d'éprouver ce qu'elle est et de la décrire.

La durée intérieure

La première donnée que la conscience appréhende est celle du temps : quelque chose passe, qui est éprouvé comme allant d'un point à un autre. Or le temps, pour Henri Bergson, est une sorte de numération, de divisibilité à l'infini, une succession d'instants. Cela signifie donc que ce temps est extérieur à l'homme en tant qu'il est représenté, c'est-à-dire spatialisé : il ne peut constituer une donnée de la conscience puisqu'il est construit par l'intelligence, la pensée. Si effectivement quelque chose passe, cela est nécessairement une sorte de vécu qui présente d'abord une certaine continuité, du fait de l'attention qui le soutient (la discontinuité est toujours spatiale, la conscience est flux homogène). D'autre part, ce qui est éprouvé ne peut être divisé et se révèle donc non mesurable. Enfin, ce qui passe est aussi ce qui change, ce qui arrive au sens d'une anticipation du futur, et celui-ci résulte d'un choix, d'une décision de la conscience qui le rend imprévisible. Cet état de la conscience comme donnée première est ce que Bergson nomme la durée intérieure, car elle est proprement intime. Elle est non seulement le fond même de cette conscience mais celui de notre être. ■

Le temps est extérieur à l'homme, selon Bergson.

L'attention

Si la conscience est fondamentalement durée, elle est aussi nécessairement attention, mémoire et anticipation. En effet, pour que ma conscience se porte vers ou sur quelque chose, il faut une tension qui rende présent l'objet à mon esprit, ce qui caractérise l'attention. Ensuite, il ne peut y avoir de présent pour la conscience que si ce qu'elle reçoit est suffisamment consistant et résistant à la disparition. Or ce qui donne cette texture à ce qui passe est précisément la mémoire, ou rétention du passé. Enfin, ce mouvement qui donne à l'éphémère la consistance qu'il n'a pas est aussi tourné vers sa venue, au sens où le futur qui n'est pas encore là est attendu, anticipé. La conscience se découvre donc comme durée parce qu'elle intègre comme condition intérieure de son être la non-séparation des différents temps. ■

Henri Bergson (1859-1941).

Le choix

Mais Bergson insiste sur une autre dimension de la conscience qui est en rapport avec le futur et l'anticipation, et qui porte le nom de « choix ». Dans *l'Énergie spirituelle* (1919), il montre que l'apprentissage est lié à la décision délibérée d'effectuer chaque geste et que les automatismes s'acquièrent seulement parce que la conscience s'y investit totalement et librement. Bergson rapproche cette constitution des gestes devenus habituels des crises intérieures qui ont pour cause l'hésitation. C'est lorsqu'il nous faut décider, « trancher » – qui est le sens grec du mot « crise » –, que la conscience est le plus aiguë. Notre passé aide certes à la décision, mais il ne garde son sens qu'en relation avec le futur qui va advenir en tant que je le crée. On peut bien dire que la conscience est choix ou création puisque le futur n'a plus une simple dimension spatiale, mais relève de cette intériorité qu'est mon être. La conscience est donc cette unité vécue de l'intérieur et appréhendée sous le caractère de la durée. Elle donne consistance au réel et à moi-même et fait de l'existence un flux ininterrompu où chaque décision est la continuité de mon être. ■

« Qu'est-ce que la conscience ? Vous pensez bien que je ne vais pas définir une chose aussi concrète, aussi constamment présente à l'expérience de chacun de nous » (Henri Bergson, *l'Énergie spirituelle*, 1919).

Heidegger, être et étant

À la domination moderne de la technique sur le monde des choses (les étants), Heidegger oppose une «pensée de l'être» qui accorde à la poésie une place primordiale.

L'« oubli de l'être »

Figure majeure de la philosophie du XXe siècle, Martin Heidegger a réorienté la phénoménologie de son maître Husserl vers l'ontologie, vers la théorie de l'être. Dès les premières lignes de *Être et Temps* (1927), Heidegger constate que *« la question de l'être est aujourd'hui tombée dans l'oubli »*. Mais il ne s'agit pas seulement de rappeler à ses contemporains une question oubliée en raison du positivisme ambiant et de la foi dans la science et la technologie. Cet *« oubli de l'être »,* dit Heidegger de façon surprenante, caractérise toute la tradition occidentale de la philosophie métaphysique. Non que celle-ci ait ignoré la question de l'être, mais cette question est restée comme « en réserve » et insuffisamment pensée pour elle-même. Ainsi, c'est en relisant les auteurs de cette tradition – Parménide, Platon ou Kant – que Heidegger entreprend de penser l'impensé de la métaphysique, à savoir l'être lui-même dans sa différence avec l'étant. ■

Martin Heidegger (1889-1976).

«Dès que ce mot "être" frappe notre oreille, nous affirmons qu'à son propos on ne peut rien se représenter, qu'à son sujet l'on ne peut rien concevoir. [...] Sans se donner la peine de méditer sur l'être, sans se soucier d'un chemin de pensée vers lui, on s'arroge la prétention d'être l'instance qui décide si le mot "être" parle ou ne parle pas. [...] On ne peut se faire aucune idée à propos du mot "être". Et si nous supposions que c'est alors l'affaire des penseurs de fournir une lumière sur ce que signifie "être"? Dans le cas où même les penseurs auraient un certain mal à fournir une telle lumière, ceci du moins pourrait demeurer leur affaire: montrer toujours et à nouveau l'être comme le digne d'être pensé, et ce de sorte que ce digne-d'être-pensé demeure en tant que tel dans l'horizon des hommes» (Martin Heidegger, *la Thèse de Kant sur l'être*, 1963).

La « différence ontologique » entre être et étant

Lorsque la métaphysique interroge l'être, c'est pour répondre à la question du pourquoi. *« Pourquoi y a-t-il quelque chose et non pas plutôt rien ? »,* demande ainsi Leibniz. L'être est conçu comme cause, principe, fondement ou encore raison de l'existence de ce qui est, de l'étant. La métaphysique interprète l'être comme être de l'étant, comme ce qu'il y a de plus réel. Elle se veut même le savoir de l'Étant suprêmement réel qu'est Dieu. Pour accéder à la question de l'être même, il s'agit d'opérer une distinction radicale, dite « différence ontologique », entre être et étant. Cette distinction doit mener sur la voie d'une autre forme de pensée et d'un dépassement de la métaphysique. Dépasser la tradition métaphysique signifie, pour Heidegger, faire émerger l'impensé, l'implicite qui a d'abord rendu possible cette tradition. En effet, pour pouvoir poser la question du pourquoi de l'être de l'étant, il faut d'abord que l'être soit, simple présence, fait et événement d'être. *« La merveille des merveilles,* écrit-il, *c'est qu'il y ait quelque chose. »* ■

Métaphysique et technique

Cette merveille est niée par la technique moderne, qui soumet la nature et la domine. Cette domination est une conséquence de l'interrogation rationnelle de la philosophie. En effet, interroger l'essence des choses est une manière de se les approprier pour mieux les utiliser et ainsi accomplir le programme cartésien de la philosophie : se rendre *« comme maître et possesseur de la nature ».* À cette domination philosophico-technique de l'étant, Heidegger oppose une pensée poétique de l'être. ■

« Heidegger ne pense jamais "sur" quelque chose; il pense quelque chose » (Hannah Arendt,* Martin Heidegger à 80 ans, *1969).

Poésie et « pensée de l'être »

Penser l'événement de l'être, le il-y-a, pur don de présence, est la tâche à la fois la plus simple et la plus difficile. Cela implique un autre mode de pensée que celui adopté par la tradition philosophique, qui veut toujours rendre raison, expliquer, démontrer. La pensée de l'être même n'explique rien, mais accueille l'être dans sa survenue. Cette méditation est l'objet de la poésie. Car le langage, par son pouvoir poétique de nommer les choses, en accueille la présence même. *« Le langage est la maison de l'être »,* affirme Heidegger. La poésie définit à ses yeux l'essence même de tout art, compris comme dévoilement de la vérité de l'être. ■

Dico → **Dasein • Husserl • langage • ontologie • phénomène**

Points clés

Sartre : liberté et engagement

Auteur de romans et de pièces de théâtre, directeur de la revue *les Temps modernes,* opposant au nazisme, compagnon de route du communisme, partisan de l'indépendance de l'Algérie, ami d'Israël, défenseur du tiers-monde, figure tutélaire de la révolte de mai 1968, Jean-Paul Sartre incarne exemplairement la « littérature engagée ». Mais cette œuvre qui se veut aussi action refuse de s'identifier à son geste littéraire et édifie parallèlement un système de philosophie fondamentale.

Une pensée de l'existence

Prenant pour point de départ le sujet, la philosophie de Sartre s'inspire de la phénoménologie de Husserl. Elle en reprend une conception de la conscience qui rompt avec sa représentation traditionnelle comme substance autosuffisante, qui la décrit comme rapport *« intentionnel »* au monde, *« conscience de quelque chose »*. L'expérience de la guerre (que Sartre se reproche de n'avoir pas vue venir), le conduit néanmoins à vouloir dépasser l'idéalisme subsistant de cette orientation, et à se tourner vers une pensée de l'existence, inspirée des critiques adressées par Heidegger à Husserl. ■

Contingence, facticité, transcendance

La spécificité de l'existence humaine telle que la résumera la célèbre formule de *L'existentialisme est un humanisme* (1946) – *« l'existence précède l'essence »* – peut être saisie à partir de trois caractères : la contingence, la facticité et la transcendance. La contingence désigne le fait que mon existence n'a pas de raison absolue d'être, que j'aurais pu aussi bien – n'étant pas l'auteur de mon existence, ni la créature d'un dieu qui aurait auparavant déterminé mon essence – ne pas exister, ce que le héros de *la Nausée* (1938) traduit par l'expression *« de trop »*. La facticité pourrait se définir comme le fait même de mon existence, que je constate comme toujours déjà là sans que j'aie pu choisir d'être : cet aspect est une donnée irréductible, une factualité indépassable. La transcendance est liée à ce que, n'étant originellement rien, je suis toujours au-devant de moi-même dans un projet d'être. ■

Jean-Paul Sartre (1905-1980).

L'insurrection étudiante de 1968 est allé chercher auprès de Sartre une compréhension de ses rêves de révolte.

La « situation »

Pour Sartre, l'homme est absolument libre, il est *« à faire »* et n'est que ce qu'il fait. À chaque instant, il se choisit par ses actes. Les données historiques, sociologiques, voire psychologiques ne constituent pas des objections à la thèse de l'absolue liberté : le donné ne surgit et ne prend sens qu'en fonction de l'orientation que lui donnent ma liberté et mon projet. C'est ce que Sartre appelle la *« situation »*. ■

« Si l'existence précède l'essence et que nous voulions exister en même temps que nous façonnons notre image, cette image est valable pour tous et pour notre époque tout entière. Ainsi, notre responsabilité est beaucoup plus grande que nous ne pouvions le supposer car elle engage l'humanité entière » (Jean-Paul Sartre, *L'existentialisme est un humanisme,* 1946).

L'engagement

Le néant originel ne mène toutefois pas vers une démission. La responsabilité de l'homme se trouve au contraire accrue. L'homme doit s'engager : en se choisissant, l'individu choisit en quelque sorte pour toute l'humanité présente dans la multiplicité de ses visages singuliers. Le danger réside plutôt dans le vertige de la liberté, qui peut se traduire par une inhibition de l'action. C'est ce qu'illustre le personnage d'Hugo dans *les Mains sales* (1948), auquel Hoederer fait remarquer : *« Comme tu tiens à ta pureté mon petit gars, eh bien reste pur, moi j'ai les mains sales, jusqu'aux coudes, je les ai plongées dans la merde et dans le sang. »* Il est encore plus difficile d'échapper à ce que Sartre nomme les *« conduites de mauvaise foi »*, où le sujet oscille entre la facticité et la transcendance, cédant à la tentation de devenir une chose objective, et donc déresponsabilisée, en même temps qu'il se revendique comme insaisissable parce que toujours au-delà de lui-même. L'élucidation philosophique n'a au fond de sens que si elle conduit à la lucidité de l'homme qui n'arguë pas du caractère impossible de la condition humaine pour esquiver sa responsabilité d'intellectuel. C'est pourquoi Sartre n'a jamais reculé pour sa part devant ce qu'il estimait être sa tâche : l'engagement public de l'intellectuel. ■

Points clés

Wittgenstein et les jeux de langage

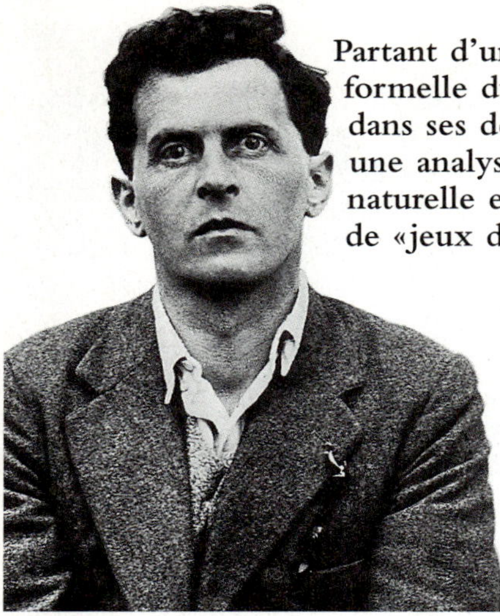

Ludwig Wittgenstein (1889-1951).

Partant d'une conception formelle du langage, Wittgenstein, dans ses derniers travaux, propose une analyse philosophique de la langue naturelle et sociale sous forme de «jeux de langage».

Langage et monde réel

Dans le seul ouvrage publié de son vivant, le *Tractatus logico-philosophicus* (1921), le philosophe britannique d'origine autrichienne Ludwig Wittgenstein établit que le seul langage doué de sens est celui qui exprime des «faits» du monde. La logique tient dans ce raisonnement un rôle fondamental, dans la mesure où l'analyse logique permet d'atteindre des «états de choses», que le logicien Bertrand Russell nomme quant à lui des «faits atomiques».

La logique a dorénavant à voir avec le monde, plus exactement avec sa structure fondamentale. En d'autres termes, par la logique formelle, Wittgenstein entend exprimer la forme de la réalité, la forme logique reflétant la structure des faits réels, par combinaisons de propositions. Cependant, le contenu du monde en est l'«élément mystique», indicible. *«Ce dont on ne peut parler, il faut le taire»*, affirme-t-il à la fin du *Tractatus logico-philosophicus.* ■

«Mais combien de sortes de phrases existe-t-il ? L'affirmation, l'interrogation, le commandement, peut-être ? – Il en est d'innombrables sortes ; il est d'innombrables et diverses sortes d'utilisation de tout ce que nous nommons "signes", "mots", "phrases". Et cette diversité, cette multiplicité n'est rien de stable, ni de donné une fois pour toutes ; mais de nouveaux types de langage, de nouveaux jeux de langage naissent, pourrions-nous dire, tandis que d'autres vieillissent et tombent dans l'oubli [...]. Le mot "jeu de langage" doit faire ressortir ici que le parler du langage fait partie d'une activité ou d'une forme de vie» (Ludwig Wittgenstein, *Recherches philosophiques*, 1953).

La langue comme «forme de vie»

Les *Recherches philosophiques* (1953), qui exposent la deuxième philosophie de Wittgenstein, proposent d'interroger le langage naturel, celui de la communication et des échanges sociaux. Refusant l'idée d'un «langage privé» et le mythe d'une intériorité close sur elle-même, Wittgenstein montre que le sens du langage naturel n'existe pas en dehors des «jeux de langage». En effet, les mots et les énoncés prennent sens dans un jeu, une combinaison multiple. Ainsi, la phrase: *«Après avoir dit cela, il la quitta comme le jour précédent»* est incompréhensible en dehors du contexte dans lequel elle prend place. Toute activité sémiotique relève à ce titre d'un jeu de langage. Le sens varie chaque fois en fonction du contexte. Ce contexte est celui des multiples jeux de langage, qui définissent autant de «formes de vie». Le but du philosophe n'est pas ici de changer le monde. Il s'agit plutôt de dévoiler des structures langagières, de les montrer, de les formuler. Wittgenstein a ainsi contribué à élaborer une pragmatique du sens. Le sens ne s'éclaire plus à partir du contenu interne à la langue, mais dans un rapport pratique entre les sujets. Par là même, les jeux de langage, comme donner des ordres, faire des conjectures, inventer une histoire, etc., participent d'une conception complexe et évolutive de la langue, en rupture avec l'idée d'une antériorité de la pensée sur la pratique concrète de la langue. Wittgenstein interroge donc le langage comme phénomène empirique, indissociable de l'histoire naturelle et culturelle de l'homme. Il n'établit aucune hiérarchie entre les divers jeux de langage; les usages en sont multiples et polymorphes. Ces pratiques du sens que sont les jeux de langage sont au cœur d'une sociologie du langage. ■

Au pays des merveilles, l'Alice de Lewis Carroll découvre que le sens des paroles dépend des règles qu'applique celui qui parle.

Points clés

Hannah Arendt, la réinvention du politique

D'origine juive allemande, Hannah Arendt a émigré aux États-Unis où, devenue citoyenne américaine, elle a notamment écrit *les Origines du totalitarisme* (1951), *la Condition de l'homme moderne* (1958) et *la Crise de la culture* (1961).

Hannah Arendt (1906-1975).

«La liberté n'est pas seulement l'un des nombreux problèmes et phénomènes du domaine politique proprement dit, comme la justice, le pouvoir ou l'égalité ; la liberté est [...] la condition qui fait que les hommes vivent ensemble dans une organisation politique. Sans elle la vie politique serait dépourvue de sens. La raison d'être de la politique est la liberté et son champ d'expérience est l'action» (Hannah Arendt, *la Crise de la culture,* 1961).

L'oubli du politique

Les régimes totalitaires apparus au XXe siècle sont moins une nouvelle forme d'organisation politique qu'un renoncement à ce qui constituait traditionnellement le sens et l'enjeu de toute vie politique. Au lieu de fonder un espace politique au sein duquel les hommes peuvent agir librement, ils prétendent forger un homme nouveau dans une société nouvelle en recourant à l'usage de la terreur. Vouloir fabriquer une société sans classes ou une société racialement pure est en contradiction avec la vie politique puisque ces prétentions détruisent les conditions d'une action libre menée à plusieurs. L'émergence du système totalitaire désigne ainsi un oubli du politique propre à l'époque moderne, qui a vu triompher la puissance technologique et, avec elle, la prétention à la domination totale des hommes sur la nature et sur les hommes. ■

Travail, œuvre et action

C'est en examinant les différentes activités humaines et leur condition respective qu'Arendt retrouve le sens propre de l'action politique. Le travail *(labor)* est conditionné par la vie, le fait que nous sommes vivants et devons travailler pour assurer la reproduction de nos forces vitales. L'œuvre *(work)*, c'est-à-dire la fabrication d'objets d'usage ou la création d'œuvres d'art, est conditionnée par notre « appartenance au monde », par le fait que nous habitons un monde humain forgé de nos mains et qui se reconnaît à ce que nous appelons une culture. L'action *(action)*, elle, est conditionnée par la pluralité, par le fait que nous ne vivons jamais seuls mais toujours à plusieurs et que nous avons donc continuellement à décider ensemble des formes que nous voulons donner à notre « vivre-ensemble ». L'action seule est véritablement politique puisqu'elle relie les hommes, les révèle les uns aux autres directement et dessine l'espace public où leurs actes libres peuvent se déployer au vu des autres et être jugés par eux. La pensée politique moderne a généralement confondu l'action avec le travail ou l'œuvre en croyant que l'enjeu de la vie politique était de libérer les travailleurs de leurs chaînes ou de fabriquer de toutes pièces un monde unifié. C'est pourquoi elle a réduit l'espace politique à la figure de l'État et défini celui-ci comme l'institution détenant *« le monopole de l'usage de la violence légitime »* (Max Weber). Hannah Arendt y voit un contresens. Elle dissocie la notion d'espace public de la notion d'État en même temps qu'elle distingue le pouvoir, qui est l'action libre menée à plusieurs, de la domination, qui est la contrainte exercée par quelques-uns sur les autres. Elle réinvente ainsi le sens noble du politique : agir ensemble avec les autres au sein d'un espace public de visibilité partagée pour que puisse s'instaurer, entre des êtres humains que leur vie et leur culture séparent, un monde de liberté commun. Le civisme est l'attitude par laquelle nous honorons la liberté et la singularité d'autrui en accordant à l'espace public de sa comparution plus de valeur qu'à la simple défense de notre vie privée et de notre identité culturelle. C'est alors que la vie politique retrouve le sens qu'elle semblait avoir perdu. ■

Points clés

Quand la politique n'est plus comprise comme moyen d'agir à plusieurs, elle est remplacée par la recherche de domination.

Dico → **liberté** • **politique** • **société** • **travail**

Points clés

Michel Foucault et la mort de l'homme

Historien et philosophe, Michel Foucault étudie les changements dans l'histoire des mentalités qui ont donné naissance aux asiles et aux prisons. Disciple de Nietzsche, il questionne la volonté de savoir de la civilisation occidentale. Il annonce également la *« mort de l'homme »*, ce qui a donné lieu à bien des contresens.

Folie, prison, sexualité

Nietzsche, à la fin du XIXe siècle, avait eu le projet d'écrire ce qu'il appelait une *« histoire des sentiments »*. Il est en effet probable que l'amour, la haine, la jalousie ou même la pudeur n'ont pas le même sens ni le même contenu suivant les époques. Un siècle plus tard, Michel Foucault réalise une partie de ce programme. Il écrit une *Histoire de la folie* (1961), où il montre que le grand enfermement des délinquants et des marginaux, à partir de l'âge classique, au XVIIe siècle, correspond à un profond changement dans les mentalités. Foucault explore de la même manière la naissance de la prison (*Surveiller et punir,* 1974) et publie trois volumes d'une *Histoire de la sexualité* (1976-1984). ■

« Un visage de sable »

Mais c'est la contestation par Foucault de l'humanisme et son annonce de la *« mort de l'homme »* qui ont le plus marqué. En 1966, dans *les Mots et les Choses,* le philosophe n'hésite à parler du *« profond apaisement de penser que l'homme n'est qu'une invention récente »*. Cette *« figure qui n'a pas deux siècles »* n'est qu'un *« simple pli dans notre savoir »,* qui *« disparaîtra dès que celui-ci aura trouvé une forme nouvelle »*. En une dernière page devenue fort célèbre, il imagine que, si venaient à changer les dispositions qui firent naître, à une date récente, cette nouvelle figure du savoir, *« alors on peut bien parier que l'homme s'effacerait, comme à la limite de la mer un visage de sable »*. Ces formules ont fait beaucoup parler, au prix de contresens. On a cru

Michel Foucault (1926-1984).

pouvoir mettre en parallèle cette *« mort de l'homme »* avec la *« mort de Dieu »* constatée par Nietzsche. On a oublié que Foucault parlait seulement d'une figure du savoir. À ses yeux, l'Europe s'était mise, dans des circonstances historiques précises, à considérer qu'il fallait instituer « l'homme » en objet de disciplines scientifiques et d'investigations savantes. Il ne s'agissait pas de « l'humain » en général. Foucault n'envisageait évidemment ni une

« La prison, cette région la plus sombre dans l'appareil de justice » (Michel Foucault).

extinction prochaine de l'espèce, ni même l'abandon pur et simple de toute forme d'humanisme. On en vint pourtant à se demander sur quoi, si la figure de l'homme commençait ainsi à pouvoir s'estomper, les droits de l'homme étaient encore fondés. Foucault fut accusé de mettre en danger les fondements du droit et les assises de la morale. ■

Un changement d'humanisme

Pourquoi y eut-il tant de résonance à cette idée que l'homme, invention récente, était susceptible d'une disparition prochaine ? C'est qu'en quelques mots Foucault peignait ce qui hanta le XXe siècle : l'effacement du visage. Sans doute n'appartenait-il pas à son projet d'évoquer les exterminations de masse, le meurtre industriel, les génocides et les déportations, l'amoncellement des corps et des débris. Toutefois, lues dans la perspective de l'histoire du XXe siècle, ces formules prennent une autre dimension. Il demeure évidemment possible de voir le siècle autrement. En même temps que meurt la notion d'homme élaborée avec la naissance de la société disciplinaire, on voit renaître le concept d'humanité dans le droit de Nuremberg, ou de la Déclaration universelle des droits de l'homme de 1948. Et Foucault n'a jamais cessé de s'engager contre les traitements inhumains, notamment au sein du Groupe d'information sur les prisons. La mort de l'homme, en ce sens, fut une bonne nouvelle : l'annonce d'un changement d'humanisme. ■

Dico → anthropocentrisme • droit • norme • psychologie • puissance

Points clés

Gilles Deleuze, philosophie et résistance

Introducteur profond et déroutant à de grands auteurs, Gilles Deleuze révèle, à travers l'architecture des systèmes, toutes les pratiques vivantes.

Gilles Deleuze (1925-1995).

Penser les mouvements

Gilles Deleuze a participé activement à *« la guerre des joies contre les tristesses »*. Il a rappelé que les discours ne se limitent pas à être des objets théoriques, qu'ils sont tout entiers traversés d'expérimentations, d'événements, d'aventures du corps. Derrière tout, il y a des mouvements. Peu importent les contextes. Ils multiplieront indéfiniment les cas de figure. La démarche de Deleuze consiste à permettre toujours des mouvements, à tenter de les penser, en prenant le risque d'accompagner leur cours. C'est une démarche politique : *« Si les oppressions sont si terribles, c'est parce qu'elles empêchent les mouvements et non parce qu'elles offensent l'éternel. »* À un antique amour de la vérité, essence figée, Deleuze a voulu substituer l'attention multiple aux métamorphoses des langues, des corps et des peuples. En cela, évidemment, il fut fidèle à Nietzsche, qui le premier déchira la *« déplorable croyance en la vérité »*. ■

L'histoire, ni moteur ni cause

Mais sans doute Deleuze fut-il, sur plusieurs points, plus net que Nietzsche. Il affirme par exemple que l'histoire n'est pas le lieu des mutations décisives. Mieux : l'histoire serait seulement le nom des obstacles qu'il convient d'écarter pour qu'advienne quelque nouveauté effective. *« L'histoire désigne seulement l'ensemble des conditions, si récentes soient-elles, dont on se détourne pour "devenir", c'est-à-dire pour créer quelque chose de nouveau. »* Cette nouveauté est celle des expériences de pensée. L'histoire en est comme le lieu d'émergence, ou la condition d'apparition. Elle n'en est ni le moteur ni la cause : *« L'expérimentation n'est pas historique, elle est philosophique. »* ■

Une guérilla avec soi-même

Ce serait donc une erreur de croire que les mouvements deleuziens nécessitent un déplacement, une agitation ou même quelque transport spatial. Au contraire, les plus bouleversants ont lieu sans que rien, apparemment, ne bouge. Ainsi procède la philosophie, qui se tient entre guerre et paix et *« ne se sépare pas d'une colère contre l'époque, mais aussi d'une sérénité qu'elle nous assure »*. La philosophie ne peut livrer bataille contre ces puissances que sont *« les religions, les États, le capitalisme, la science, le droit, l'opinion, la télévision »*. Elle ne peut que les harceler en menant *« une guerre sans bataille, une guérilla contre elles »*. Mais de tels mouvements de résistance ne mobilisent pas des groupes. La guérilla que mène la philosophie n'oppose pas les penseurs aux pouvoirs, les marginaux aux tenants de l'ordre ou les créateurs aux gardiens de tous les *statu quo*. *« Comme les puissances ne se contentent pas d'être extérieures, mais passent aussi en chacun de nous, c'est chacun de nous qui se trouve sans cesse en pourparlers et en guérilla avec lui-même, grâce à la philosophie. »* ■

Résister à toutes les pesanteurs

Guerre de chacun contre soi : belle définition. Les formes de cette guerre : le style *(« Les grands philosophes sont aussi de grands stylistes »)*. Ses armes : des concepts qui ne diraient pas l'essence, mais l'événement. Son but : la vie, c'est-à-dire une vie plus grande *(« Dans l'acte d'écrire, il y a la tentative de faire de la vie quelque chose de plus que personnel, de libérer la vie de ce qui l'emprisonne »)*. Ses ennemis : les puissances ? Oui, mais sous les formes qu'elles prennent au sein de nous-mêmes : les pesanteurs de la langue, par exemple, qui engendrent les lourdeurs de la bêtise et le faux sérieux des conformismes. Parmi de tels ennemis, il ne faut pas oublier le moi *(« On n'écrit pas avec son moi, sa mémoire et ses maladies »)* ni les évidences trompeuses de ce qu'on croit comprendre *(« On parle du fond de ce qu'on ne sait pas »)*. Deleuze rappelle que la philosophie est affaire de création plutôt que d'histoire des textes. Son rôle est de construire des systèmes, de forger toujours de nouveaux concepts, afin de résister à toutes les pesanteurs. ■

À la suite de Spinoza, Deleuze pense la force du désir, qu'expriment les **Love Parades.**

Qu'est-ce que la phénoménologie ?

Bien que le terme ait été utilisé pour la première fois dès 1764 par Johann Heinrich Lambert pour désigner la « science des phénomènes », la phénoménologie n'est devenue une des composantes essentielles de la philosophie qu'avec Husserl, qui a cherché à la constituer en « science rigoureuse ».

Cette illusion d'optique laisse apparaître simultanément les profils d'une jeune femme et d'une vieille femme.

Le retour aux choses mêmes

Lorsque Hegel écrit la *Phénoménologie de l'esprit* (1807), il entend décrire le chemin qui mène la conscience vers le savoir de soi, qu'il nomme Esprit. Hegel pense retrouver dans ce cheminement de la conscience la logique même des choses. À l'inverse, Edmund Husserl entreprend un *« retour aux choses mêmes »* (*l'Idée de la phénoménologie,* 1907). Avec lui, la phénoménologie désigne une exigence de description et de compréhension du réel tel que celui-ci apparaît à la conscience. Il s'agit de faire ressortir la manière dont les choses se donnent à la conscience pour saisir ce qui constitue leur évidence première, leur sens.

L'objet est donné à la conscience à travers une série d'esquisses.

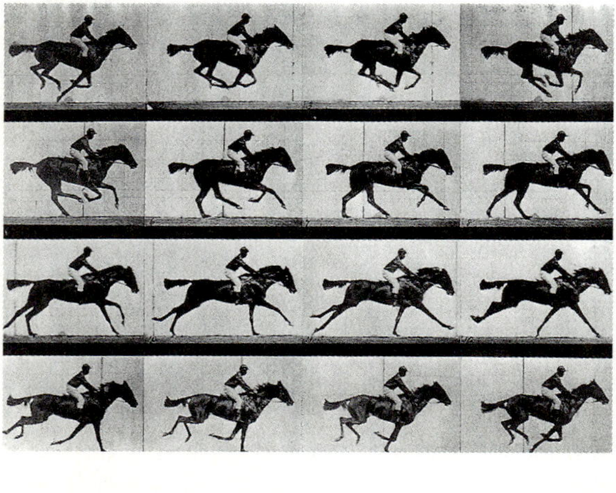

Le « phénomène » – du grec *phainomenon,* « ce qui se manifeste, ce qui apparaît » – est saisi non pas comme une réalité empirique hors de la conscience, mais, dans la conscience elle-même, comme une intuition qui précède le jugement ou la réflexion. Par là, la phénoménologie ne se confond pas plus avec une science positive, qui explique des processus réels, qu'avec une psychologie, qui explique des états de conscience : elle tente de décrire la manière dont le monde fait sens pour une conscience. ■

L'attitude réflexive

Toute conscience est intentionnelle : elle est conscience de quelque chose. Il n'y a pas de conscience de rien. La conscience est ainsi indissociable de ce dont elle a conscience. Elle est soit perception de cette table, soit imagination de ce parc, soit souvenir de Pierre, etc. Elle n'existe pas hors de la relation à la table, au parc, à Pierre. La phénoménologie décrit la manière dont la conscience constitue les sens « table », « parc », « Pierre ». Elle invite à se défaire de « l'attitude naturelle » qui consiste à prendre les choses empiriques comme des réalités positives indiscutables, en procédant par la méthode de « réduction ». Celle-ci consiste à suspendre notre croyance naturelle aux choses, à mettre les choses entre parenthèses, pour nous concentrer sur la « constitution » du sens et nous situer sur le plan d'une attitude réflexive. L'attitude réflexive est celle qui correspond à la raison. La phénoménologie telle que la conçoit Husserl doit se déployer comme la philosophie première qui fonde toute science et toute théorie. ■

Pour Husserl, la méthode phénoménologique est une manière de « revenir des discours et des opinions aux choses mêmes ».

La phénoménologie après Husserl

À partir de Husserl, la phénoménologie connaît différentes inflexions, en Allemagne et en France principalement. Sous le signe d'une ontologie, Heidegger l'infléchit vers une interrogation de l'être (*Être et Temps,* 1927), Sartre vers une explicitation du sens de l'existence humaine (*l'Être et le Néant,* 1943), tandis que Merleau-Ponty tente de réhabiliter le monde de la perception en deçà des appropriations scientifiques de la réalité (*Phénoménologie de la perception,* 1945). La phénoménologie française place la question d'autrui au centre de sa réflexion. C'est encore cette question qui organise toute la réflexion de Levinas (*Totalité et Infini,* 1961), qui reconnaît dans le visage d'autrui l'obligation éthique fondamentale qui commande mon existence dans le monde. Levinas conduit la phénoménologie en deçà de la conscience et de son rapport à l'être (ontologie) en nous invitant à comprendre que ce n'est pas moi mais l'autre qui me fait sujet, conscience, responsabilité. ■

« La phénoménologie est née dès que, mettant entre parenthèses – provisoirement ou définitivement – la question de l'être, on traite comme un problème autonome la manière d'apparaître des choses » (Paul Ricœur, *À l'école de la phénoménologie,* 1986).

Dico → **époché** • **intentionnalité** • **phénomène** • **réflexion**

Points clés

Qu'est-ce que la philosophie analytique ?

La philosophie analytique désigne un courant de pensée né en Grande-Bretagne au début du siècle, et dont le but est de renouveler la philosophie de la connaissance à partir d'une analyse logique du langage.

Le « tournant linguistique » de la philosophie contemporaine

Aux XVIIe et XVIIIe siècles, la philosophie classique de la connaissance opère un renversement que Kant appelle *« la révolution copernicienne en philosophie »*. Celui-ci consiste à considérer que ce n'est pas l'esprit qui doit se régler sur les objets, mais les objets qui se règlent sur l'esprit. Pour comprendre comment la connaissance est possible, il faut donc partir d'une analyse des facultés de l'esprit ou des « idées », c'est-à-dire considérer le monde comme notre représentation. La philosophie analytique opère une deuxième révolution copernicienne en déplaçant la question de la connaissance de l'esprit au langage. À l'interrogation kantienne : *« À quelles conditions les concepts peuvent-ils représenter objectivement le monde ? »*, la philosophie analytique substitue celle-ci : *« À quelles conditions le langage peut-il signifier le monde ? »* ■

« Le tableau représente la réalité parce qu'il représente une possibilité de l'existence et de la non-existence des états de choses » (Ludwig Wittgenstein,* Tractacus logico-philosophicus, *1921).

Se débarrasser des faux problèmes

L'originalité de la philosophie analytique, inspirée par Gottlob Frege, réside dans l'utilisation du formalisme logique pour le traitement des problèmes philosophiques. Ce choix procède d'une méfiance à l'égard des langues naturelles et d'une volonté de renouer avec le projet d'une langue philosophique idéale, qui était déjà celui de Leibniz, au XVIIe siècle. L'utilisation de l'outil logique doit permettre de se débarrasser des faux problèmes qui encombrent la philosophie. À l'instar de Wittgenstein dans le *Tractacus logico-philosophicus* (1921), la philosophie analytique conçoit avant tout l'exercice philosophique comme un exercice thérapeutique qui vise à guérir la langue philosophique de la *« mauvaise grammaire »* dont elle s'est jusqu'ici servie pour poser et tenter de résoudre ses problèmes. Un exemple du traitement de ces problèmes philosophiques mal posés est donné par Gilbert Ryle dans son étude de la façon dont Descartes aborde la question du sujet pensant. Descartes conçoit l'âme et le corps comme deux entités distinctes et séparées. Or, pour Ryle, la notion d'esprit telle qu'elle se trouve chez Descartes est une catégorie erronée : les phénomènes dont elle essaie de rendre compte peuvent être traduits en des termes plus adéquats. L'« esprit » de Descartes n'est donc qu'un *« fantôme dans la machine »*. La convergence existant entre ces préoccupations de la philosophie analytique et la démarche de penseurs « continentaux » comme Frege ou Wittgenstein interdit d'en faire un courant spécialement anglais ou anglo-saxon. ■

Les philosophes d'Oxford

À la fin de la Seconde Guerre mondiale, une nouvelle génération de philosophes analytiques apparaît à Oxford, en Grande-Bretagne. Ses représentants les plus marquants sont Gilbert Ryle, Peter Frederick Strawson et John Langshaw Austin. Alors que Bertrand Russell et les philosophes de Cambridge se préoccupaient surtout d'un traitement logique du langage et de la construction d'une langue philosophique pure, et n'abordaient le langage que du point de vue de son rapport à la vérité, les philosophes d'Oxford portent leur attention sur le langage ordinaire. Ainsi Austin, dans *Quand dire, c'est faire* (1962), veut montrer que le langage n'est pas seulement un moyen de connaître le monde, mais un acte total qui implique un jeu de relations complexes entre les interlocuteurs, le contexte, les conditions de communication, etc. Cette nouvelle génération de philosophes est conduite à s'intéresser non plus seulement aux énoncés cognitifs, mais aussi, par exemple, aux énoncés esthétiques ou moraux. ■

Bertrand Russell (1872-1970), logicien et philosophe britannique.

Dico → analyse • cercle de Vienne • connaissance • langage • langue

Points clés

Qu'appelle-t-on sciences cognitives ?

La « machine humaine » est un système complexe : presque autonome, elle est également en interaction permanente avec le milieu externe. Le cerveau reçoit l'information et décrypte, codifie, donne sens. Il forge un langage intelligible sur le monde. Les sciences cognitives s'efforcent de mettre en évidence et de pénétrer ces mécanismes de la compréhension.

Comprendre comment nous comprenons

Éminemment ancrées dans la modernité, les sciences dites cognitives ont émergé au cours de la seconde moitié du XXe siècle. On rassemble sous cette dénomination un peu floue les disciplines qui étudient les processus d'acquisition de toute connaissance, chez l'homme aussi bien que chez l'animal. En étudiant ces processus, on tente de les « modéliser » afin de pouvoir ainsi simuler l'intelligence. Il s'agit donc de comprendre scientifiquement quels sont les modes opératoires de l'intelligence – le raisonnement, la mémorisation, le discernement, etc. – tant sur le plan philosophique que sur le plan physiologique. Il s'agit de mettre en évidence les mécanismes à l'œuvre dans le cerveau humain au cours de son activité cognitive – établissement de la connaissance et apprentissage. Bref, l'objectif des sciences cognitives est de comprendre comment le cerveau traite l'information. ■

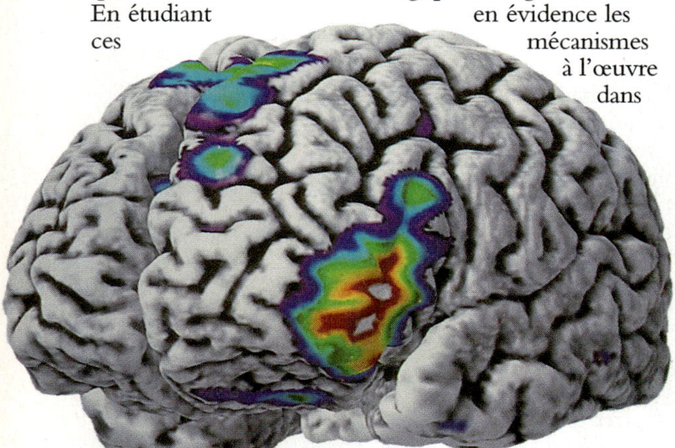

Localisation d'une activité cérébrale relative à la parole.

L'intelligence artificielle

Font partie de ce vaste ensemble de recherches la psycholinguistique, la philosophie, la logique, les sciences du comportement telles que la sociologie et la psychologie, enfin, la neurologie et les neurosciences. Mais les sciences cognitives abordent l'univers scientifique sous tous les angles. Les mathématiques, la chimie, la robotique, l'anthropologie peuvent aussi prétendre légitimement y prendre part. Loin de se cantonner à l'abstraction, ces sciences ont pour

La pensée animale a-t-elle vraiment des limites ?

finalité, outre la compréhension pure des phénomènes de cognition, la reproduction par voie artificielle de l'intelligence. Elles travaillent à l'élaboration de « l'intelligence artificielle ». Et de fait, leurs recherches ne sont pas pour rien dans le développement de l'informatique (conceptualisation et élaboration des langages informatiques, méthodes automatiques de tri et de recherche de l'information, programmes de simulation et construction de modèles) et dans les progrès réalisés en électronique (mémoires d'ordinateurs). Les systèmes informatiques sont ainsi conçus par analogie avec le cerveau, ce que le vocabulaire spécifique confirme. L'utilisation par exemple du vocable « mémoire » dans la désignation des composants (ROM, RAM) l'atteste d'autant plus qu'elle ne traduit pas qu'un effet de langage : dans une certaine mesure, ces composants n'ont pu être élaborés que grâce aux résultats des recherches des sciences cognitives. ■

Cognitivisme et connexionisme

On distingue aujourd'hui deux grands courants : le cognitivisme et le connexionisme. Les cognitivistes estiment notamment que la construction cognitive est le résultat d'opérations internes, d'un travail d'arrière-plan de l'inconscient sur les perceptions immédiates. Ils pensent qu'il s'opère une sorte d'encadrement et de traitement intellectuel, presque une traduction dans un langage spécifique, du perçu. Le courant connexionniste, quant à lui, considère plutôt que l'acte de cognition se réalise à la faveur de recoupements, par comparaison, classification, rassemblement et évaluation chiffrée – par une sorte de traitement mathématique – des données de nos perceptions, sans que désirs et références culturelles interviennent de quelque manière que ce soit en arrière-plan dans l'interprétation de ces données. ■

Dico → behaviorisme • connaissance • instinct • langue • mémoire

Points clés

Qu'est-ce que l'homme ?

L'homme ne semble pas se distinguer des autres êtres de la même façon qu'une espèce animale diffère d'une autre, ou même qu'un animal diffère d'un végétal ou d'un minéral. Au milieu de tout ce qui est, il existe d'une manière radicalement singulière.

L'Antiquité

La question « Qu'est-ce que l'homme ? » n'est pas véritablement posée par les philosophes grecs de l'Antiquité. Ceux-ci s'intéressent plutôt au perfectionnement des qualités humaines susceptibles de former le citoyen juste, le général valeureux, l'homme d'affaires avisé, l'homme pieux ou le sage. Platon cherche à définir l'essence propre de chacune de ces qualités, mais, comme le montrent les exemples qu'il analyse, il ne pense pas leur perfection d'une manière réellement différente de celle qu'on attribuerait à une chose, un végétal ou un animal. Cette démarche apparaît encore plus clairement chez Aristote. Celui-ci forge la célèbre définition de l'homme comme *« animal possédant le* logos » – *zoôn logikon,* animal « logique » ou « raisonnable » –, mais il considère cette qualité comme une simple caractéristique du vivant humain, qui le destinerait à vivre dans des cités. ■

« Par essence, il n'y a pas de zoologie des peuples » (Edmund Husserl).

De Rome à la Renaissance

C'est dans la Rome antique que la question « Qu'est-ce que l'homme ? » commence à prendre son sens spécifique et que se forge le projet de reconnaître à l'humanité une « dignité » particulière. Cette démarche aboutit, à la Renaissance, à l'affirmation de Pic de La Mirandole : *« Rien de plus admirable dans le monde que l'homme »* (*De la dignité de l'homme,* 1486). Les humanistes du XVIe siècle proposent aux hommes de leur temps d'imiter les modèles antiques d'humanité et de s'inspirer de leurs idéaux éducatifs. Thomas More les transpose dans son *Utopie* (1516), Érasme dans son *Éducation libérale des enfants* (1529), Rabelais dans son *Gargantua* (1534). ■

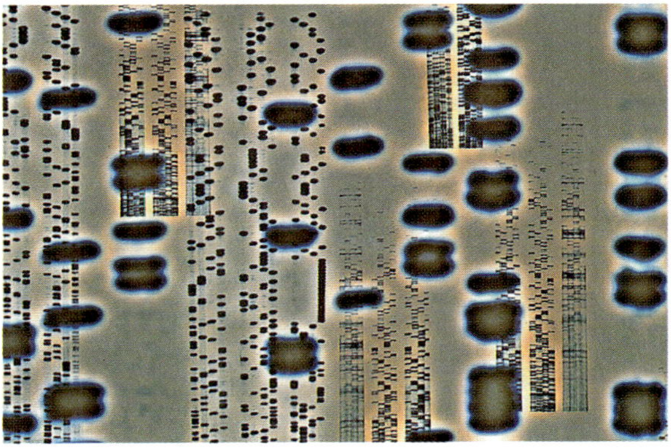

L'homme est-il réductible à sa carte génétique?

Le progrès de l'espèce

Nourri des auteurs anciens et de leur exemple, Montaigne, dans ses *Essais* (1588), affirme que *« chaque homme porte en soi la forme entière de l'humaine condition »* et qu'il montre en même temps le chemin d'une connaissance particulière de son humanité individuelle. Ce chemin nouveau ne passe pas par une identification à une forme fixe de l'humain, mais par un exil et un vagabondage hors de soi, dans les lectures et dans les pensées changeantes. Nécessaire pour devenir pleinement homme, cette sortie de soi-même est confiée par Kant, au siècle des Lumières, à l'espèce humaine, par-delà l'individu. L'homme dépasse sa propre condition animale en satisfaisant ses besoins à l'aide d'outils inventés et en formant, avec d'autres hommes, des communautés utiles. Pour Kant, l'homme n'atteint sa vraie destination qu'au terme d'une longue conquête des générations successives, en se connaissant et en se faisant reconnaître *« comme estimable non pas comme moyen pour les fins d'autrui ni même pour les siennes propres, mais au contraire comme une fin en soi-même, c'est-à-dire en tant que possédant une dignité (une valeur intérieure absolue) par laquelle il force au respect de lui-même toutes les autres créatures raisonnables »* (Kant, *Métaphysique des mœurs,* 1797). ■

L'homme « ek-sistant »

Identifié à sa dignité supérieure, l'homme continue néanmoins à être pensé à partir de son animalité. On ne sort pas de la représentation d'un animal doté, en outre, du langage, de la faculté rationnelle, de l'âme immortelle, du caractère personnel. Pour Heidegger, ces interprétations traditionnelles de l'homme cherchent à juste titre à l'élever et à l'ennoblir, mais n'atteignent pas encore sa véritable essence. L'humanité de l'homme ne peut pas être pensée tant qu'on saisit ce dernier comme une espèce spécifique parmi d'autres vivants. Son langage n'est pas une capacité de plus, mais proprement une *« maison qu'il habite »*. Aussi faut-il, écrit Heidegger dans la *Lettre sur l'humanisme* (1947), le saisir comme en dehors, comme *« ek-sistant »*. Libérée de la question de la nature humaine, l'interrogation sur l'homme se rend alors disponible pour les aventures philosophiques contemporaines. ■

Dico → anthropologie • déterminisme • dignité • ethnologie • pour soi

L'homme seul a-t-il un monde?

Les individus des espèces animales non grégaires évoluent seuls dans leur environnement et ne croisent leurs congénères qu'occasionnellement. L'homme saurait-il vivre seul? N'est-il pas privé de monde dès lors qu'il est livré à lui-même?

Le monde comme culture

L'idée du monde est problématique. Par le terme de *kosmos,* les Grecs désignent un tout indépendant, sans commencement ni fin, ordonné dans ses parties et englobant en lui la totalité des êtres. Par le terme de *mundus,* les Latins désignent la communauté temporelle des hommes d'une époque. C'est pourquoi on peut parler de «mondes» – au pluriel – si l'on désigne par là la manière dont des hommes d'une même culture, à une époque donnée, ont donné un sens commun à leurs expériences, à leurs représentations de la société et de la nature. Ces hommes ont institué un système de valeurs partagées et ont donc codifié symboliquement leur univers. Le monde n'est pas alors une simple réalité physique – une nature –, mais le produit des activités des hommes, de leurs réflexions comme de leurs actes – une culture. Ainsi, les hommes transforment le simple donné de l'expérience en un système symbolique, en une langue commune, qui peut faire sens pour tous. Et qui donne sens à leur existence. ■

«Le monde n'est pas humain pour avoir été fait par des hommes, et il ne devient pas humain parce que la voix humaine y résonne, mais seulement lorsqu'il est devenu objet de dialogue» (Hannah Arendt, *Vies politiques,* 1974).

Le monde humain tend à recouvrir de ses symboles tous les milieux.

Le monde est commun

Mais le monde est l'œuvre de tous. Il est la scène commune où s'entrecroisent les regards, les paroles et les actes de chacun. Une conscience seule n'aurait pas de monde : elle n'aurait en face d'elle que des choses. Elle aurait un environnement, un milieu, mais il serait « immonde » – il ne constituerait pas un monde en lui-même. C'est que l'« être-au-monde » des hommes est en même temps un « être-avec-les-autres ». Heidegger a développé ce thème dans *Être et Temps* (1927) : le *Dasein,* écrit-il (l'« être-là » qui caractérise l'existence des hommes), est un *Mitdasein* (un « être-là-avec-les-autres »). Je n'existe jamais seul ou alors je n'existe pas à proprement parler. Même quand il m'arrive d'être seul, les autres sont encore là qui m'accompagnent, affectivement ou en pensée. C'est parce que je suis « avec » eux que je « suis », grâce à eux, donc. Dans les mêmes années, Husserl développe le concept de « monde de la vie » *(Lebenswelt)* pour décrire comment la conscience se déploie dans un univers propre partagé avec d'autres consciences. Sans ce partage, il y aurait vie, certes, mais pas monde. Et l'on ne saurait alors parler d'existence. ■

« Umwelt » animal et monde humain

Mais ce monde commun sans lequel toute existence serait dépourvue de sens, condamnée au solipsisme (*solus ipse,* « être soi-même seul »), est-il propre aux hommes ? Est-on en droit de parler de « monde » à propos des animaux, si leur font défaut aussi bien l'activité réfléchie d'une conscience que la constitution symbolique de leur milieu ? À la même époque que Husserl et Heidegger, Jakob von Uexküll, biologiste et fondateur de l'éthologie animale – la science des comportements animaux – analyse, dans *Mondes animaux et mondes humains* (1934), le monde vécu des animaux, monde de leurs perceptions et de leurs conduites, qu'il appelle « milieu » *(Umwelt).* Il le distingue des éléments physiques, décrits par la science, qui constituent leur entourage. Ainsi, les animaux ont un monde propre lié à leur perception tandis que les hommes excèdent le monde de leur seule perception pour le doter d'un sens commun à l'aide d'une symbolique et d'une action communes. ■

Les philosophies de la conscience

En définissant l'homme par sa conscience et non plus par son appartenance à un ordre naturel et cosmique, Descartes inaugure l'ère moderne des philosophies de la conscience et du sujet.

« Étant assuré que je ne puis avoir aucune connaissance de ce qui est hors de moi que par l'entremise des idées que j'en ai eu en moi [...] » (René Descartes, **Lettre au père Gibieuf,** *19 janvier 1642).*

Descartes et le « cogito »

Entreprise fondatrice à bien des égards que celle de Descartes qui, doutant de l'existence de tout *« ce en quoi il se pourrait imaginer le moindre doute »,* découvre l'identité du *« je pense, donc je suis ».* Car il s'agit bien d'une identité première, celle de la pensée et de l'être, et non d'un raisonnement logique de type syllogistique. Cette identité du moi pensant, le *cogito,* revient en fait à poser que toute pensée est pensée réfléchie et consciente de soi et que l'être de l'homme réside dans cette conscience de soi. Nous sommes loin ici du *daimon*, cette voix intérieure et mystérieuse dont Socrate se disait habité et sous l'impulsion de laquelle il philosophait. Pensant l'être à partir du sujet conscient, Descartes fonde ainsi l'ère des philosophies modernes. ■

Husserl et l'intentionnalité

Le *cogito* reste problématiquement replié sur lui-même. Cette solitude essentielle, dite « solipsisme », entraîne un dualisme opposant le sujet à l'objet, l'homme au monde. C'est pour échapper à cette division qui fait de la conscience un intérieur clos sur lui-même que Husserl propose, dans ses *Méditations cartésiennes* (1931), de repenser l'héritage de Descartes. *« Toute conscience est conscience de quelque chose »,* affirme-t-il. Ce qui signifie que la conscience ne se définit plus en termes d'intériorité et comme rapport exclusif à soi, mais est un rapport à autre chose que soi. Comme l'écrira Sartre à la suite de la phénoménologie husserlienne, *« la conscience n'a pas de "dedans", elle n'est rien que le dehors d'elle-même ».* Ainsi, pour Husserl,

Cette scène du film Huis clos *(1954), de Jacqueline Audry, d'après l'œuvre de Sartre, illustre l'affirmation de celui-ci selon laquelle « être vu me constitue comme un être sans défense pour une liberté qui n'est pas ma liberté »* (l'Être et le Néant, *1943).*

le *cogito* est inséparable de son *cogitatum,* c'est-à-dire de ce qui est pensé. Le moi est foncièrement bipolaire. Cette redéfinition de la conscience comme intentionnalité permet de surmonter le dualisme sujet/objet. Le monde objectif est une dimension de la conscience qui le vise ; c'est un « vécu » de la conscience. Le monde n'est plus seulement saisissable à travers des représentations ; il est immanent à la conscience, laquelle, à son tour, ne se définit que par son rapport à l'extériorité du monde. Ainsi, le monde vécu est dans ma conscience comme ce qui transcende le moi, l'ego. *« Transcendance immanente du monde »,* écrit Husserl, qui rappelle au positivisme de son temps que la science n'a pas de vérité en dehors du sujet. ■

« Je ne conjecture pas l'existence d'autrui : je l'affirme. Une théorie de l'existence d'autrui doit simplement m'interroger dans mon être, éclaircir et préciser le sens de cette affirmation et surtout, loin d'inventer une preuve, expliciter le fondement même de cette certitude » (Jean-Paul Sartre, *l'Être et le Néant,* 1943).

Le rapport entre les consciences

La pierre d'achoppement des philosophies de la conscience reste le rapport entre les consciences. Sartre a bien vu, dans *l'Être et le Néant* (1943), qu'autrui reste pour Husserl « objet » de connaissance. Ainsi, la relation entre deux consciences est manquée et l'on n'échappe pas totalement au solipsisme. Sartre propose alors de penser le *cogito* au pluriel. L'évidence du « je suis » est en même temps celle de l'existence d'autres consciences pensantes et libres. Ainsi se trouve défini un mode fondamental de communication entre les consciences, dit intersubjectivité. ■

« Qui veut sérieusement devenir philosophe doit, au moins une fois dans sa vie, faire retour sur soi et chercher en lui-même à bouleverser toutes les sciences existantes et à en reconstruire l'édifice » (Edmund Husserl, Méditations cartésiennes, *1929-1931).*

Points clés

Inconscient physique et inconscient psychique

Le terme d'«inconscient» ne prend son sens, quoi qu'il recouvre – absence, seuil de perception ou encore mémoire dynamique –, qu'à partir de la conscience, qui fonde pour la philosophie l'unité d'un sujet transparent à lui-même et, par extension, maître de soi et de son rapport au monde.

Conscience et perception

La conscience est la connaissance immédiate que j'ai de mes penchants, de mes actes, mais aussi de mes pensées. Or ce qui se donne à la conscience n'est toujours, relativement à la mémoire ou au savoir, qu'une infime partie de ce que l'on possède. On peut alors employer le terme d'«inconscient» comme un adjectif: sera dit «inconscient» ce qui n'est pas présent à la conscience, ici et maintenant, mais qui n'a pas pour autant disparu. On pourrait dire de ce savoir inconscient passif qu'il est en attente d'être appelé, virtuel en quelque sorte. Une autre distinction porte sur le système perceptif lui-même. Lorsque Leibniz déclare que *«les cartésiens ont fort manqué, ayant compté pour rien les perceptions dont on ne s'aperçoit pas»* (*Monadologie,* 1714), il nous fait comprendre, selon le principe de continuité, que la nature ne fait pas de «saut»: une corde tendue qui rompt avait déjà commencé de rompre avant sa rupture, mais nous ne nous en sommes pas rendu compte et nous ne percevons que celle-ci. Cela peut être appliqué à l'ensemble du système perceptif : le son, pour qu'il parvienne à la conscience, a dû déjà pénétrer notre oreille sans être entendu. Le moment où nous le percevons est le moment où il possède une intensité décelable par la conscience. Il existait donc avant que la conscience en ait conscience. Cet inconscient est formé par ce que Leibniz nommera *«les petites perceptions»,* c'est-à-dire ce qui est perçu sans être pour autant conscient. ■

Une puissance dynamique autonome

Le changement de sens vient avec Nietzsche et Freud. L'inconscient est conçu comme une puissance dynamique, relativement autonome, spécifique à la vie de l'homme et qui concerne le contenu propre des représentations de l'esprit. Nietzsche critique l'idée que la conscience soit transparente à elle-même et qu'elle soit à l'origine des idées et de leurs relations entre elles. Or, si nous portons attention à la venue des idées en nous, nous sommes obligés de reconnaître que nous les découvrons, mais que nous ne les produisons pas. Les idées s'agencent en nous d'elles-mêmes, selon des affinités et des forces. Le point de vue de Freud n'est pas très éloigné, avec toutefois cette distinction essentielle : pour lui, l'inconscient se constitue à partir de refoulements qui résultent des conflits entre le moi et le surmoi et qui relèvent de la confrontation entre le désir et sa réalisation. Si l'homme est animé d'un principe de plaisir, il rencontre aussi un principe de réalité qui l'oblige à des compromis avec le réel. La particularité du désir ou de l'énergie qui le constitue – que l'on nomme libido – est de tendre vers sa fin, qui n'est autre que la satisfaction de ce désir. Si celle-ci n'est pas obtenue, il y a alors refoulement, oubli de la part de la conscience ; mais la tension persiste, ce qui a pour conséquence la constitution dynamique de l'inconscient en vue de la satisfaction du désir. Ainsi, Freud explique l'emploi d'un mot pour un autre comme la manifestation des désirs qui perturbent l'activité consciente : ce ne sont pas des erreurs mais des lapsus. Il en va de même du rêve, qui n'est plus pensé comme une suite incohérente d'images, mais comme une production de l'inconscient qui se joue de la censure de la conscience, révélant des désirs insatisfaits. L'inconscient de la psychanalyse est donc lié à l'histoire du sujet humain et de ses refoulements. Il est en quelque sorte une mémoire dynamique que le sujet continue d'ignorer, puisque la conscience pense avoir résolu les problèmes, mais qui ne cesse d'agir à son insu,

« Les processus inconscients ne nous sont connaissables que dans les conditions du rêve et des névroses » (Sigmund Freud, **Métapsychologie**, *1915).*

ce qui fait de l'homme un être conflictuel. Nous sommes ainsi passés, de Leibniz à Freud, d'un inconscient qui caractérise une étape de l'appareil perceptif et que l'on peut qualifier de « physique » à un inconscient « producteur d'idées » ou manifestation de désirs refoulés que l'on peut qualifier de « psychique », son contenu étant lié aux représentations de l'homme et à son histoire. ■

Dico → **désir • Freud • inconscient • psychanalyse • refoulement**

Psychanalyse et neurosciences

Les développements actuels des neurosciences semblent contredire la théorie psychanalytique. Pour autant, il n'est rien moins que certain qu'ils puissent en invalider les hypothèses.

La confrontation

L'intention de Freud, en fondant la psychanalyse, dans les premières années du XXe siècle, était de créer une science de l'esprit. Cette volonté d'établir une connaissance scientifique du fonctionnement de notre psychisme se trouve donc exposée à d'éventuelles réfutations par les avancées actuelles du savoir scientifique. Or, depuis les dernières décennies du XXe siècle, les connaissances relatives au fonctionnement des neurones ont fait des progrès considérables. On commence donc à pouvoir confronter ces découvertes aux théories de Freud. Bien que cette comparaison fasse l'objet de recherches encore en cours et que les premiers résultats de celles-ci soient controversés, il semble toutefois que les neurosciences (biologie du cerveau, neurochimie) ne confirment pas les hypothèses freudiennes. ■

L'exemple du refoulement

La théorie du refoulement, par exemple, l'une des pierres angulaires de la psychanalyse, ne rencontre apparemment aucun appui dans les études actuelles. Pour Freud, notre esprit est pourvu d'un mécanisme d'autoprotection, destiné à y préserver un calme relatif en neutralisant les désirs insupportables et excessivement perturbateurs. Chassés de la conscience, ces désirs refoulés ne disparaissent pas pour autant. Ils continuent à vouloir se manifester, tandis qu'une force de résistance persiste à les maintenir au-dehors. Ce conflit au sein de notre vie psychique explique, aux yeux de Freud, la formation des rêves,

Apparue au XIXe siècle, la psychanalyse est fille d'une époque qui ne désespère pas de retrouver scientifiquement les vérités exprimées par les anciens mythes.

Les manifestations électro-physiologiques du sommeil sont un domaine de recherche privilégié des étendues physico-chimiques du système nerveux.

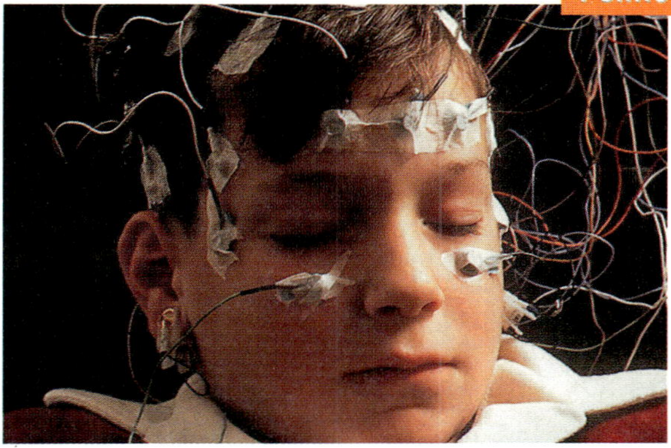

l'apparition de symptômes, la survenue d'oublis, qui sont interprétés par la psychanalyse comme autant de compromis entre le désir refoulé – inconscient – et la censure empêchant le *« retour du refoulé »*. Or les recherches récentes sur le fonctionnement de la mémoire et sur ses blocages ne se préoccupent pas de la notion de refoulement. Le travail des scientifiques dans ce domaine s'est poursuivi sans avoir recours aux notions psychanalytiques. Comme l'écrit Joëlle Proust, philosophe et spécialiste des neurosciences : *« Les découvertes contemporaines sur le cerveau et la psychopathologie ne laissent guère de place aux hypothèses freudiennes sur l'importance des grandes étapes du développement, ni aux concepts fondamentaux freudiens, comme ceux du complexe d'Œdipe et du refoulement. »* ■

Une comparaison difficile

Il convient toutefois de noter que les deux démarches se déroulent sur des registres si différents qu'il n'est pas certain qu'il soit possible de les comparer, ni de parler d'une réfutation expérimentale. En effet, à côté de ses prétentions scientifiques, la psychanalyse prend pour point de départ la question du sens, pour l'interprétation des rêves et des symptômes en relation avec l'histoire individuelle d'un patient. Le caractère thérapeutique de la parole est central, au point que le nom donné à la première méthode de Freud par une de ses patientes anglophone fut *talking cure*. C'est sur un plan très différent que se poursuivent les recherches des neurosciences, qui ne font pas appel au sens des souvenirs ni à l'histoire de l'individu pour expliquer de quelle manière on se souvient ou bien ce qui peut bloquer la remémoration. La question qui demeure en suspens est donc de savoir s'il existe ou non un terrain commun qui puisse permettre de comparer de manière sensée ces deux types d'approche. S'il n'existe pas de possibilité expérimentale de mettre en question les hypothèses de la psychanalyse, si donc le critère de « falsifiabilité » de Popper conduit à conclure que la théorie freudienne n'est pas une science, elle ne se trouve pas pour autant disqualifiée comme art de l'interprétation et savoir-faire thérapeutique. ■

Points clés

Le désir est-il manque ou plénitude ?

Aucun être humain ne saurait vivre sans désirer. Le désir est le moteur fondamental de notre conduite. Nous sommes des êtres de désir. Pourtant, le désir est difficile à expliquer.

Le désir précède le manque

Le désir n'est ni une volition ni un besoin. La volition est une résolution de la volonté. Or je peux vouloir ce que je ne désire pas et désirer ce que je ne veux pas. Le désir s'impose à moi, il n'est pas de l'ordre du simple souhait ou de l'intention. Le besoin, quant à lui, est une nécessité de l'organisme. Or je ne désire pas ce qui m'est nécessaire, c'est au contraire ce que je désire, parce que je le désire, qui m'est indispensable. Le besoin s'explique par le manque qu'il exprime. Mais, alors que la satisfaction du besoin comble ce manque, le désir, lui, ne s'explique pas par l'absence : c'est lui qui rend compte du manque. J'ai faim parce que je manque de nourriture. Mais est-ce parce que l'être que j'aime me manque que je le désire ? Non, c'est au contraire parce que je le désire qu'il me manque. Le désir précède le manque. Comment expliquerait-on que la personne aimée nous manque si nous ne la désirions pas ? ■

« Désir : qui, sauf les prêtres, voudrait appeler cela “manque” ? Nietzsche l'appelait Volonté de puissance. On peut l'appeler autrement. Par exemple, grâce. Désirer n'est pas du tout une chose facile, mais justement parce qu'il donne, au lieu de manquer [...]. Le manque renvoie à une positivité du désir, et pas le désir à une négativité du manque » (Gilles Deleuze, *Dialogues* [avec Claire Parnet], 1977).

L'autre nous mène à la fois vers les mirages et vers la vérité de notre désir.

L'origine du désir

Il y a un paradoxe du désir. Loin d'exprimer un manque originaire, le désir semble présupposer un moment de bonheur satisfait. Je ne peux désirer quelqu'un que parce que je le sais désirable. Mais comment le saurais-je, sinon parce que j'ai déjà éprouvé une satisfaction liée à cette personne ? Le désir est toujours précédé de sa satisfaction. Le premier désir est déjà le second. À son origine se trouve une situation de plénitude d'être où rien ne manque. C'est ce qu'illustre Platon dans *le Banquet* en y faisant raconter un mythe par Aristophane. À l'origine, chaque être humain était double, composé de soi-même et de son autre, de sorte que rien ne lui manquait. C'est parce que les êtres humains ont été ensuite coupés en deux, séparés d'eux-mêmes, qu'ils désirent aujourd'hui la partie d'eux-mêmes qui leur manque et qu'ils recherchent en tout autre. ■

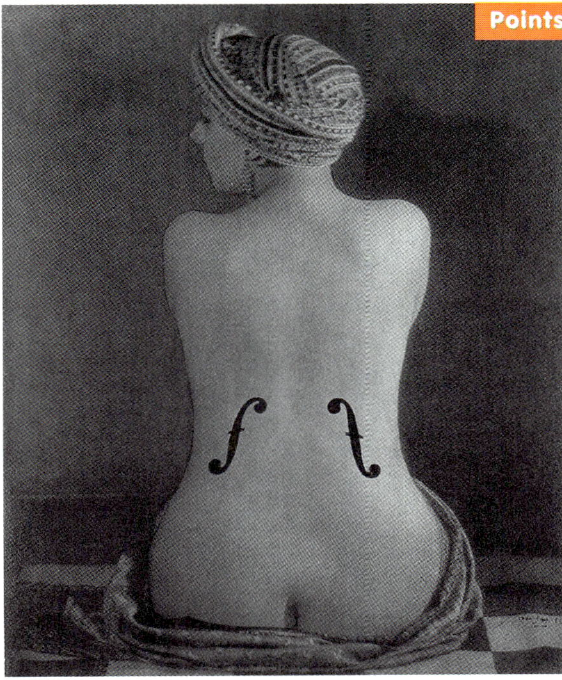

Le désir est l'essence de l'homme

Le mythe d'Aristophane illustre le mouvement du désir, mais comme manque rejoignant une plénitude. Cet achèvement est un mirage. Le désir, poursuit Socrate dans *le Banquet,* naît simultanément de *pénia,* « pénurie », et de *poros,* « abondance ». Le désir est toujours déjà là, plein de ressources, et toujours ce que nous désirons nous manque, de sorte que nous ne cessons jamais de désirer. Le désir constitue notre être. Il est, comme le dira Spinoza, l'essence de l'homme, l'effort *(conatus)* par lequel chacun persévère dans son être (*l'Éthique,* 1677). Freud se souviendra de cette analyse et du mythe d'Aristophane : il reconnaîtra dans le désir, sous le nom de « libido », le moteur de toute notre conduite, forgé dans l'expérience originaire de satisfaction du nourrisson. Lacan retiendra que le désir, lié à une demande toujours insatisfaite, est constitué d'un manque qui ne peut être comblé. ■

Dico → autrui • besoin • conatus • Deleuze • désir • volonté

Y a-t-il une raison des passions ?

Il est commun de voir dans la passion un emportement qui fait perdre la raison et entraîne vers des conduites excessives. Rien n'est plus déraisonnable qu'une passion, pense-t-on. Mais c'est encore une vue de la raison. Y aurait-il une raison des passions que la raison ignore ?

Souffrance, inaction et désordre

La passion est l'état de celui qui pâtit. Pâtir, c'est souffrir, au sens général d'« être affecté » et au sens particulier de « subir un mal ». La passion est donc une affection (*pathos,* en grec) de l'âme, qui peut être heureuse – l'amour, par exemple – ou malheureuse – la jalousie. Affection subie, la passion renvoie à une passivité de l'être. Elle est pourtant aussi un mouvement impétueux ou un désir ardent, mais jamais volontaire et en grande partie incontrôlable. C'est pourquoi la passion s'oppose, d'une part, à l'action de produire quelque chose (Platon oppose *pathos* à *poiéma*) et, d'autre part, au déroulement logique des événements (Eschyle oppose *pathos* à *drama*). On glisse ainsi insensiblement du pathos (affection) au pathologique (maladie). La passion finit ainsi par désigner ce qui dérange un ordre sans rien produire de cohérent. La passion est alors vécue comme une souffrance destructrice, condamnant au malheur celui qui y succombe. Ainsi, dans la religion chrétienne, la Passion désigne l'agonie et la mort de Jésus-Christ. ■

« Une passion doit s'accompagner de quelques faux jugements pour être déraisonnable ; même alors ce n'est pas, à proprement parler, la passion qui est déraisonnable, c'est le jugement » (David Hume, *Traité de la nature humaine,* 1739-1740).

Le bon agencement de l'âme

Passive et pourtant « émouvante » – au sens littéral de « ce qui met en mouvement » –, créatrice et pourtant destructrice, heureuse ou malheureuse, la passion est ambiguë. Parce que la passion s'écarte de la droite raison et trouble le jugement, les stoïciens lui opposent l'apathie (l'absence de *pathos*), disposition d'esprit par laquelle on s'efforce de ne pas être affecté par les événements. Mais ce refus des passions nie ce qui constitue pourtant une part essentielle de la vie humaine. On ne saurait éliminer les passions sans produire en nous une souffrance plus grande encore.

Dans *les Passions de l'âme* (1649), Descartes se propose d'exposer le mécanisme auquel celles-ci obéissent afin de nous apprendre à contrer une passion par une autre, en opposant par exemple à la peur, la honte d'avoir peur. Toutefois, toutes les passions ne sont pas mauvaises. Spinoza distingue entre les passions tristes qui diminuent notre puissance d'être et procèdent d'une décomposition des corps (la haine) et les passions joyeuses qui résultent au contraire d'une heureuse composition des corps et augmentent notre puissance d'être (l'amour). ■

Les familles de Vérone, déchirées par la discorde, ne saisissent pas la chance d'union contenue dans la passion amoureuse de Roméo et Juliette.

Le mouvement profond de la vie

Les passions ne sont peut-être néfastes que pour ceux qui ne savent pas être heureux, c'est-à-dire qui n'assument pas le désir qui les porte. Qui connaît son désir et ses causes, dit Spinoza, est actif et libre, qui les ignore est passif et servile. En elle-même, la passion n'est jamais déraisonnable, affirme Hume, seul l'est le jugement qui l'accompagne. Il est même concevable que les passions soient au fondement de tout ce que nous entreprenons. Il y a deux manières de comprendre cela. Soit on reconnaît, comme Pascal, que *« le cœur a ses raisons que la raison ne connaît pas »* et l'on admet qu'il y aurait une raison des passions plus secrète que la raison elle-même. Soit on considère, comme Hegel, que *« rien de grand ne s'est accompli dans le monde sans passion »* et que celle-ci n'est qu'une ruse de la raison pour lancer les hommes, qui ne s'y engageraient pas spontanément, dans de grandes entreprises nécessaires à l'accomplissement de l'humanité. ■

Dico → ataraxie • hétéronomie • passion • raisonnable • volonté

Points clés

Quelle différence entre une erreur et une illusion ?

L'erreur est l'acte de l'esprit qui juge vrai ce qui est faux, ou inversement. L'illusion serait un cas d'erreur particulier : celui qui la commet est trompé par une apparence. Si l'erreur semble active, l'illusion est passive. Mais l'erreur ne tient-elle pas sa force de l'illusion ?

La rectification rétrospective

Soit une erreur de calcul : « 2 + 5 = 10 », dit celui qui confond les règles de l'addition et celles de la multiplication. Sitôt révélée, l'erreur disparaît, rectifiée par le savoir, l'expérience ou le raisonnement. Certes, on ne mettra pas sur le même plan l'erreur commise dans le cadre de théories explicatives qui se modifient, tel le modèle géocentrique des épicycles de Ptolémée, destiné à expliquer le mouvement des planètes. Pourtant, le mouvement rétrospectif d'élimination – par le modèle copernicien dans le cas de Ptolémée – vaut toujours. Il vaut aussi pour l'illusion qu'on découvre après coup, comme celle du trompe-l'œil ou comme l'illusion enfantine de la toute-puissance des parents. Mais les illusions ne disparaissent jamais complètement.

Un jeu de perspective truqué peut être à l'origine d'une illusion d'optique.

Les apparences ravivent la tentation du jugement illusoire car il correspond à un désir ou à une peur – ici la faiblesse de l'enfant, là le désir d'appréhender les choses de la façon dont nos sens ont l'habitude de se les représenter. Le sujet illusionné subit à la fois la situation trompeuse et son propre désir. Tout pourrait-il être illusoire ?

Erreur et volonté libre

L'erreur vexe la raison moins gravement que l'illusion. Ce d'autant que l'erreur témoigne d'une puissance d'indétermination des comportements humains – « erreur » vient de « errer ». Une machine ne fait pas d'erreur : elle tombe en panne. L'instinct animal est caractérisé par la sûreté du savoir-faire qui permet d'enchaîner les automatismes. Pouvoir se tromper indique que l'on n'agit pas automatiquement. L'erreur témoigne de la liberté dans sa dimension contingente de choix. Descartes note l'activité de la volonté dans l'erreur. La volonté infinie coopère avec l'entendement fini pour affirmer ou nier les idées que celui-ci lui présente. Si l'idée est obscure et/ou confuse, la volonté peut affirmer plus que ce que l'entendement a conçu. Puisque la volonté de l'homme, ce demi-dieu, est libre, précipitation et prévention favorisent l'erreur sans l'expliquer. Prenons l'exemple de l'étonnement suscité par le cas d'hystérie masculine présenté par Freud. Le préjugé antiféministe voulait alors que les désordres du comportement hystérique fussent dus à un vagabondage de l'utérus à travers le corps… Cet exemple montre la dépendance de l'erreur envers l'illusion, en ce que l'intelligence médicale de l'époque était victime et complice des apparences – il y avait moins de cas d'hystérie masculine. ■

Comment supporter la rectification ?

La vie et les passions transforment l'errance en erreur par le biais de l'illusion. Les progrès du savoir révèlent l'erreur et la rectifient, au prix, souvent, de cruelles désillusions. Freud pointe ainsi les trois blessures narcissiques subies par l'humanité : la fin de l'illusion géocentrique empêche l'homme de se croire placé au centre du monde ; les progrès de la biologie le ramènent au rang des autres espèces animales du fait de l'évolution; enfin, la psychanalyse lui apprend que sa conscience souveraine n'est qu'une partie de son psychisme. L'homme est-il capable de se dépasser lui-même afin de supporter les conséquences parfois très lourdes de ses erreurs et l'amertume de la désillusion? ■

« Le réel n'est jamais "ce qu'on pourrait croire", mais il est toujours ce qu'on aurait dû penser. [...] En revenant sur un passé d'erreurs, on trouve la vérité en un véritable repentir intellectuel » (Gaston Bachelard, *la Formation de l'esprit scientifique*, 1938).

Dico → **apparence** • **bon sens** • **erreur** • **illusion**

Points clés

Les autres, amis ou étrangers ?

Parce qu'autrui est à la fois un autre moi *(alter ego)* et tout autre que moi, son existence est d'emblée problématique. Proches et lointains, les autres sont-ils amis ou étrangers ?

L'étrangeté de l'autre

Les Grecs de l'Antiquité avaient coutume de qualifier de barbare tout homme étranger à leur propre culture. Et l'on peut affirmer avec Montaigne que *« chacun appelle barbarie ce qui n'est pas de son usage »*. Mais l'étranger, ce n'est pas seulement l'homme d'une autre culture, c'est l'autre qui représente l'inconnu. Mon ami le plus intime peut me surprendre par ses réactions et, de proche qu'il était, devenir un étranger. Comment dans ces conditions parler d'amitié ? *« Je mets en fait,* écrit Pascal, *que si tous les hommes savaient ce qu'ils disent les uns des autres, il n'y aurait pas quatre amis dans le monde. »* ■

De l'« alter ego » à l'intersubjectivité

Pourtant, par-delà les divergences culturelles et les faux-semblants, l'autre me ressemble. Comme moi, il possède une conscience, un moi. Parce qu'il est un *alter ego,* on peut comprendre humainement autrui – même sans en partager la langue –, s'identifier à lui, se reconnaître en lui, voire souffrir avec lui – ce qui est le sens étymologique du mot « sympathie ». Même si la pitié peut être « dangereuse », comme l'écrira Stefan Zweig, et la compassion égoïste, on peut néanmoins y voir, avec Rousseau, un « sentiment naturel » à l'espèce humaine, antérieur à toute forme de réflexion et de culture.

Plus radicalement, la philosophie moderne montre que l'autre n'est pas extérieur à ma conscience, mais se trouve d'une certaine façon en moi. Que je sois bon ou méchant, je le suis par rapport à autrui. La conscience de chacun est habitée par autrui. Ce n'est pas

Entre autrui et moi, il n'y a pas extériorité, mais des allers et retours, comme le montre la parabole du retour de l'enfant prodigue.

le *cogito* solitaire de Descartes qui est premier, mais une relation entre des consciences, dite intersubjective. *« La découverte de mon intimité,* écrit Sartre dans *L'existentialisme est un humanisme* (1946), *me découvre en même temps l'autre, comme une liberté posée en face de moi, qui ne pense, et qui ne veut, que pour ou contre moi. Ainsi découvrons-nous un monde que nous appellerons l'intersubjectivité, et c'est dans ce monde que l'homme décide ce qu'il est et ce que sont les autres. »* ■

Du regard au visage

Je rencontre autrui comme tel quand je croise son regard. Un regard ne saurait mentir, tandis que les mots de la communication ordinaire peuvent n'être qu'apparence puisque le langage appartient à un espace commun et social, voire anonyme. Sartre estime que c'est par le regard d'autrui sur moi que je me découvre objet « pour-un-autre ». Le regard d'autrui me révèle ma structure d'être « pour-autrui ». Je fais alors l'épreuve angoissante et nécessaire d'une autre liberté, irréductible à la mienne. *« Autrui est le nécessaire médiateur entre moi et moi-même »,* affirme Sartre. Même si mon être est « pour-autrui » et que je ne peux me connaître qu'à travers le miroir d'une autre conscience, la spécificité de l'autre échappe toutefois à l'approche sartrienne. Soucieux de préserver sa radicale étrangeté, Levinas fait du visage l'expérience même de l'autre. Le visage d'autrui s'offre en effet à moi dans une totale nudité, une dépendance qui appelle ma responsabilité à son égard. Son visage toujours ouvert me dit : *« Tu ne tueras point ».* À moi d'assumer cette relation éthique foncièrement asymétrique. Accepter que l'autre soit à la fois proche et lointain, tel est le sens profond de l'amitié qui est, selon Kant, la synthèse de l'amour qui rapproche et du respect qui tient à distance. ■

Points clés Le même et l'autre

Ces deux termes constituent les deux pôles de toute réflexion philosophique, déclinés de manière différente selon les époques ou les domaines du savoir : être et néant, identité et altérité, moi et toi, etc. Pourquoi sont-ils fondamentaux ? Quelle dialectique les rend indissociables ?

Parménide et Héraclite

On dit d'un être qu'il est le même lorsqu'il reste dans le temps identique à lui-même, excluant tout changement, de l'engendrement comme de l'altération. Inversement, on peut dire de ce qui demeure identique à soi qu'il est. C'est ainsi que le philosophe Parménide d'Elée (v. 515-440 av. J.-C.) définit l'Être : *« Il faut dire et penser que l'être est : car de l'être, oui, il y en a. Du non-être, non, il n'y en a pas. »* L'Être est un, inengendré, immobile et inaltérable. Il est hors du temps. Il n'est jamais autre que ce qu'il est. À la même époque, un autre philosophe, Héraclite d'Ephèse (v. 540-480 av. J.-C.) soutient une thèse opposée. Tout est composé de contraires, affirme-t-il. La première conséquence est que tout s'écoule continûment, que l'être n'est jamais identique à soi et ne cesse donc d'être autre. *« On ne se baigne jamais deux fois dans le même fleuve »* car le fleuve, comme nous, ne cesse jamais de devenir autre. La deuxième conséquence est que *« le conflit* (polemos) *est père de toute chose »*. Le même est en guerre avec l'autre, qui en est comme la négation continuée. ■

L'être et le rien

Considérées séparément, l'identité du même et l'altérité de l'autre sont comme deux formes vides. L'être qui est toujours le même ignore le mouvement, la vie. Figé en soi dans son identité, il reste étranger à l'altérité de l'autre. L'être qui est toujours autre que soi ignore la permanence, l'intégrité. Le mouvement d'altération – de « devenir autre » – se mue en mouvement d'aliénation – de « devenir étranger à soi ». L'altérité est alors négativité : l'autre en tant que tel n'est rien. Renonçant aux principes d'identité et de non-contradiction qui régissent la logique classique, Hegel précise, dans la *Science de la logique* (1816), le rapport dialectique qui unit le même et l'autre sous les figures de l'être et du non-être. L'être pur, indéterminé, est un être sans qualité : *« Il n'est en fait rien et ni plus ni moins que rien. »* Mais le pur rien est lui-même *« identité simple à soi-même, parfaite vacuité, absence de détermination et de contenu [...] et, partant, la même chose ni plus ni moins que ce qu'est le pur être »*. C'est pourquoi *« le pur être et le pur rien sont la même chose »*. La dialectique consiste à reconnaître que la vérité première n'est pas l'affirmation de l'être ou celle du non-être mais, plus fondamentalement, celle du devenir, mouvement dans lequel l'être devient ce qu'il est en se faisant autre qu'il n'est.

« L'esprit dépasse sa forme concrète antérieure pour en acquérir une nouvelle » (Friedrich Hegel,* Conférences de Iéna, *1806).

Identité et altérité : le devenir

Devenir, c'est cesser d'être soi (en soi) pour devenir soi (pour soi). L'enfant n'est quelque chose que parce qu'il grandit : il est celui qui devient progressivement adulte. Mais grandir, c'est nier ce qu'il est présentement en affirmant qu'il est autre que ce dans quoi on a tendance à le figer. Cette altération revendiquée (devenir autre) n'est qu'une manière d'affirmer son identité : en devenant autre, j'affirme que je suis toujours le même, mais sur le mode de ce que je deviens de manière vivante et non sur le mode arrêté de ce que je suis « en soi ». Le devenir est l'altération du même et l'affirmation du même en son altérité reconduite. Sartre reconnaîtra dans cette altération assumée la figure de la liberté par laquelle l'être-pour-soi de la conscience s'affranchit de l'être-en-soi des choses. Levinas, lui, nommera « désir » le mouvement qui transporte le Même (moi) vers l'absolument Autre (autrui), et « obligation éthique » le rapport qui suspend l'identité du Même à l'altérité de l'Autre.

Dico → aliénation • altérité • contradiction • devenir • pour soi

Points clés

Erreurs de la perception, exactitude de la pensée

Nos sensations comportent de l'à-peu-près, voire du faux. Ces déficiences ont été soulignées par la science et la philosophie. Doit-on en conclure que la perception n'a pas de lois – non la perception de la vérité, mais celle du sens ? Le sujet percevant peut-il vivre, sentir et agir, c'est-à-dire errer, dans un monde de choses et de machines conçues par une pensée exacte ?

> «Nos sens ne nous enseignent pas la nature des choses mais seulement ce en quoi elles nous sont utiles ou nuisibles [...] ; après cette réflexion, nous quitterons sans peine tous les préjugés qui ne sont fondés que sur nos sens et ne nous servirons que de notre entendement» (René Descartes, *Principes de la philosophie,* 1644).

Les sciences

Un énoncé est exact – parfait – s'il est adéquat à ce qu'il est destiné à formuler. Il donne alors un critère de reconnaissance non ambigu de ce qu'il veut faire connaître. L'exactitude devient technique quand elle porte sur la mesure : une mesure est dite « exacte » quand elle n'est ni supérieure ni inférieure à la grandeur mesurée. On se trouve là dans un champ de la pensée, celui des sciences exactes, qui se caractérise par l'utilisation d'opérations réversibles et le recours plus général aux mathématiques. ■

La perception

Très instrumentées, les sciences contemporaines, à la fois mathématiques et expérimentales, ne se fient plus à la perception pour le découpage de leurs objets, encore moins pour l'explication et à peine pour l'observation initiale. Au stade ultime de la vérification, le regard se porte sur un chiffre indiqué par un appareil. On sait depuis Platon que le savoir véritable disqualifie la perception, celle des ombres confuses de la caverne allégorique. La pensée exacte impose une conversion du regard spontanément tourné vers le monde sensible, ainsi qu'une ascèse : celui qui se fie à la perception est complice du devenir, lieu des objets de nos passions. Celui-ci est aussi le lieu des choses qui ne sont qu'imparfaitement ce qu'elles sont. Ainsi, des bâtons de bois égaux ne sont pas vraiment égaux : aussi paraissent-ils tantôt égaux, tantôt inégaux, tandis que l'idée d'égalité demeure parfaitement égale. La revalorisation chrétienne du monde sensible comme lieu où Dieu s'incarne fera admettre l'idée d'imposer des mesures exactes au monde perçu. Galilée inaugurera les sciences expérimentales en questionnant la nature en termes mathématiques. ■

L'orientation des pennures placées à l'extrémité d'un même segment modifie la perception de la longueur de celui-ci.

L'erreur vitale

En elle-même, la perception peut-elle être erronée ? Certes, le géomètre se trompe s'il regarde trop la figure perçue en oubliant la figure conçue. La perception erre si on la réfère à une vérité objective possible qui ne peut se situer que sur un autre plan, celui du discours, éventuellement mathématique. Celui qui plonge la main dans un bac d'eau « tiède » la jugera froide s'il a auparavant plongé la main dans l'eau chaude ; il la trouvera chaude s'il l'a auparavant plongée dans l'eau froide. L'eau du bac « tiède » est-elle chaude ou froide ? Les réponses s'ordonnent en courbe de Gauss autour de la norme liée à la température d'un corps sain. Il n'y a pas d'exactitude possible de l'appréciation. La perception n'est ni vraie ni fausse. On peut donner la température exacte du bac d'eau « tiède » en ayant recours à un appareil théorique. Mais cette réponse n'est pas sur le même plan que la question. Garante de l'exactitude, l'unité de mesure est ici stable, extérieure à celui qui mesure, tandis que la perception erre, car son unité de mesure est le corps vécu qui varie sans cesse. L'erreur sur la qualité de l'eau est ici protectrice : elle a un sens vital. La vie nous presse de conclure. La norme de la perception n'est pas la vérité, mais le sens et l'utilité du corps propre. Alain note que le chasseur perçoit bien s'il sait retrouver ses chiens qu'il entend… Peut-on sans danger substituer à cette norme celle de l'utilité rationnellement comprise telle qu'elle se dégage de nos machines ? ■

Dico → erreur • impression • perception • sensibilité • subjectif

Points clés

Percevoir, c'est construire

Le paradoxe de la perception est que, justement, elle ne semble pas faire question. Le mot désigne l'acte de percevoir et son résultat, d'où l'équivoque. Y a-t-il réception passive de ce qui est « à l'extérieur » ou construction active ?

Sensation et perception

Spontanément, nous croyons que les objets extérieurs produisent en nous des sensations d'où résulte notre perception. Mais nos sensations, même à l'intérieur d'un seul registre sensoriel, la vue, par exemple, sont plurielles. Il faut donc les unifier. C'est l'intervention de l'intelligence qui explique pourquoi, malgré nos deux yeux, nous ne voyons qu'un seul objet. De même, selon la physiologie, nous devrions voir les objets renversés, puisque leur image arrive ainsi sur notre rétine. Supposé source de nos sensations, cet objet extérieur ne peut apparaître que si nous disposons celles-ci selon l'ordre spatial de la coexistence. Pour Kant, ce cadre de nos sensations diffère de leur contenu. La même analyse vaut pour l'ordre temporel : comment regarder un film sans imposer l'ordre de la succession *a priori* au flot des images ? L'organisation des sensations ressemble à un jugement sans prémisses, car *« la sensation n'est pas sentie »*. Seuls affleurent des complexes de sensations organisés en objet extérieur conscient par un jugement causal qui fait que nos sensations ne sont pas seulement à l'intérieur de nous, comme les affections de plaisir et de peine. Selon Ernst Mach, *« ce ne sont pas les corps qui produisent les sensations, mais [...] les complexes de sensations qui produisent les corps »*, par ce jugement causal. La preuve de celui-ci est apportée par l'illusion perceptive, le trompe-l'œil par exemple. ■

Mise en scène

La construction perceptive comporte une dimension critique qui agit en vue de réduire nos illusions et d'exorciser notre imagination, tentée de surestimer la taille de ce qui nous menace ou nous réjouit, de rapprocher ce qui nous intéresse et d'éloigner ce qui nous est indifférent. Car nous sommes concernés par cette mise en scène qui nous distancie du monde en l'extériorisant. Notre corps vécu est le fond mouvant ou houleux sur lequel s'élèvent les rapports perceptifs forme/fond. La perception ne dresse pas seulement un relevé géométrique ; elle prépare notre emprise sur le réel en déjouant ou en utilisant son emprise sur nous. La forme d'un objet vaut comme saisie esquissée. La perception *« est exactement une anticipation de nos mouvements et de leurs effets. Et, sans doute, la fin est toujours d'obtenir ou d'écarter quelque sensation, comme si je veux cueillir un fruit ou éviter le choc d'une pierre »* (Alain). Sauf en ces états de grâce où la baisse de tension permet la contemplation de notre travail artistique, la construction perceptive prépare l'action. ■

(Re)construction

Aussi l'acte de percevoir impose-t-il une interprétation hâtive de signes et signaux qui bouscule la vérité. D'autant plus hâtive que le langage abréviateur aura fourni par les mots un découpage préalable des complexes de sensations (dont la cause sera cherchée à l'extérieur) : on perçoit les choses dont on sait le nom. Dans un groupe, nous ne percevons aucun individu à moins de connaître son nom ou de le reconnaître. Toutes les fonctions mentales participent ainsi à cette construction recouverte par son propre résultat, car, le plus souvent, notre perception n'est qu'un exercice de mémoire distrait ou tendu. Construction ou reconstruction ? ■

Contrairement à l'animal, l'homme est engagé dans un monde de signification qui tient à son propre vécu perceptif. Ce détail de la Mosquée *de Renoir est à la fois lisible et illisible.*

« Il me semblait que j'avais appris de la nature toutes les autres choses que je jugeais touchant les objets de mes sens, pour ce que je remarquais que les jugements que j'avais coutume de faire de ces objets, se formaient en moi avant que j'eusse le loisir de peser, et considérer aucunes raisons qui me pussent obliger à le faire » (René Descartes, *Discours de la méthode,* 1637).

Points clés

L'espace et le temps

Entre passé et avenir, entre proche et lointain, l'homme est dans le temps et dans l'espace. Tissu intime de notre existence, espace et temps sont aussi le cadre de toute expérience et connaissance possibles : nous distinguer les uns des autres, désigner les objets, explorer le vaste monde...

Paradoxes

L'expérience de l'espace est d'abord celle des déplacements d'un lieu à un autre, selon des tracés familiers, qui peuvent s'étendre à d'autres espaces. Offert comme horizon de possibles, l'espace est découverte et liberté. Mais il porte aussi en lui le risque de perdre son chemin. De la conquête du monde à l'angoisse du labyrinthe, du désir de la fuite à celui de la fixation, notre rapport à l'espace est fait de contradictions. Peut-être parce que l'espace est d'abord celui des corps, de leur extension et de leur vulnérabilité. Le temps présente les mêmes traits contradictoires. Fluide comme l'eau des fleuves, il disparaît à peine vécu dans un passé que la mémoire tente de retenir. Aussi les hommes n'ont-ils jamais cessé de vouloir le dominer : horloges, calendriers, bibliothèques, monuments. Les historiens visent à établir du passé révolu la connaissance sûre, mais nos sociétés oublieuses ne cessent de se rappeler à elles-mêmes leur « devoir de mémoire ». ■

Contrôles

Foucault a bien montré que le contrôle social s'appuie sur le quadrillage de l'espace et le découpage du temps. Quadrillage des villes, parcours obligatoires, défenses d'entrer… Respect des emplois du temps, rythmes de travail, heures d'ouverture/de fermeture… C'est pourquoi les mouvements de révolte s'accompagnent très souvent de l'occupation des espaces interdits ou du refus des horaires imposés. ■

Espaces et temps scientifiques

Kant pose le temps et l'espace comme les conditions de possibilité de toute connaissance empirique. Ils ne sont ni des choses ni des propriétés des choses, mais forment le cadre *a priori* de la manifestation des phénomènes. Pour la science du XVIIIe siècle, espace et temps sont des quantités neutres, mesurables, homogènes, sans direction privilégiée, réversibles et infinies. L'espace et le temps donnent, dans un système à trois dimensions, les références à partir desquelles on peut écrire avec exactitude les équations des mouvements terrestres ou cosmiques. Mais la science moderne a rompu avec cette vision (trop) simple de la nature. Le temps biologique obéit à des lois plus subtiles, les transformations de l'énergie ne sont pas réversibles et l'on invente des géométries à *n* dimensions. Enfin, la théorie de la relativité décrit des espaces courbes, se repliant sur eux-mêmes, à la fois clos et infinis, tandis que le temps ralentit ou s'accélère selon les trajectoires et les lieux. ■

Fantaisies spatio-temporelles

La science moderne rendrait ainsi espace et temps à leur dimension de « fantaisie », de création imaginative, d'incongruité, d'indétermination inventive. Ne le savions-nous pas déjà ? Le théâtre, les romans, le cinéma aujourd'hui mélangent espaces et temps avec la plus grande liberté : théâtre dans le théâtre, inventions d'Univers, voyages dans le futur et retours en arrière. ■

« L'idée de l'espace et le comportement de l'homme sont toujours liés… L'homme se réfléchit dans l'espace et l'espace conçu le façonne en retour. La science, autrefois la religion, le définit ; (les mathématiques en inventent d'innombrables). La peinture en donne l'image ; elle en a trouvé de nombreuses » (Olivier Debré, peintre).

Loire d'orage *(1985), d'Olivier Debré, entre temps et espace.*

Dico → **catégorie • intuition • mémoire • prévision • Zénon**

Points clés

Mémoire individuelle, mémoire collective.

Mémoire individuelle et mémoire collective ne s'opposent pas comme subjectif et objectif, mais tissent en elles-mêmes, par le récit, ce qui nous est commun et singulier.

La prise en charge de l'identité

À la fois « champ mental des souvenirs » et action de se souvenir, la mémoire est mise au défi de relier passé et présent. Passéiste ou oublieuse, toute mémoire prend en charge la question de l'identité des êtres – individus ou sociétés – dans le temps. La mémoire propre à un individu pris isolément peut être suspecte à cause de cet isolement même : subjectivité, partialité, imagination peuvent invalider sa prétention à l'exactitude. Quant à la mémoire collective, elle est faite de mythes dont la fonction de cohésion l'emporte sur la critique. Individuel et collectif ne s'opposent donc pas comme subjectif et objectif. « Mémoire » s'oppose ici à « histoire » – « la mémoire installe le souvenir dans le sacré, l'histoire l'en débusque », écrit Pierre Nora dans *les Lieux de mémoire* (tome I, 1984). ■

L'opacité des souvenirs collectifs

Chacun croit voir ce qu'est un souvenir personnel. La notion de mémoire collective est plus opaque : qui se souvient, de quoi, et comment ? Y a-t-il un « nous » susceptible de mémoire ? N'est-ce pas le partage d'un souvenir qui crée ce « nous » ? Comment se fait ce « partage » ? Les cérémonies sont censées « entretenir » le souvenir : n'est-ce pas l'indice qu'il n'y aurait pas de mémoire collective « naturelle » sans « commémoration » ? Cette opération est suspecte de construire officiellement son objet, et artificiellement le lien collectif, comme si les procédés de la mémoire collective étaient étrangers aux processus de la mémoire individuelle. ■

Une mémoire individuelle partagée

Or, dans le « fonctionnement » de la mémoire individuelle, on peut distinguer plusieurs sortes de mémoires : à court, moyen, ou long terme ; involontaire ou volontairement organisée et durable ; résultat d'automatismes sensorimoteurs ou « sociale », même dans son exercice individuel, s'organisant grâce à des cadres, des représentations ayant cours dans une société. Qui plus est, *« le plus souvent, nous ne faisons appel à notre mémoire que pour répondre à des questions que les autres nous posent »* (Maurice Halbwachs, *les Cadres sociaux de la mémoire,* 1925).

Ainsi, tout souvenir « individuel » a recours à une langue commune, recherche une communication avec d'autres êtres de mémoire, suscite une « compagnie ». Lorsque Georges Perec écrit *Je me souviens* (1978), nous sommes prêts à égrener en souriant des souvenirs, qui vont se révéler ou non communs. Par là se construit une dimension collective, car un tel échange met en perspective un temps partagé en même temps qu'il fraie un espace commun. Mémoire individuelle et mémoire collective sont donc bien plus imbriquées qu'on ne croit. ■

Points clés

Les dates anniversaires des armistices donnent lieu à des manifestations d'un souvenir tant individuel que collectif.

Permanence et continuité

La distinction entre individuel et collectif est moins affaire de fonctionnement que de conformité ou d'écart par rapport à une norme. Qu'elle soit individuelle ou collective, la mémoire peut « effectuer » l'identité de deux manières, dans deux projets différents : par la célébration ou par le récit. La première vise davantage à produire une « permanence » – « ce qui reste, à travers » (le temps). La seconde vise à construire une continuité, une « identité narrative » (Paul Ricœur, *Temps et Récit,* 1983). Ainsi, ce ne sont pas seulement les célébrations qui font une mémoire collective vivante, mais toute l'activité parlée entre sujets – de récit, d'interprétation et aussi d'échange critique. Qu'il s'agisse de la Révolution française, des guerres de ce siècle, de catastrophes, de souffrances ou d'espoirs : ce sont les récits croisés, les multiples analyses singulières d'expériences dont on n'a pas fini de parler qui constituent le fond et la forme d'une mémoire collective – ou peut-être commune. Pour peu qu'on ne la confonde pas avec une version officielle, cette mémoire peut donc ne pas être étrangère aux points de vue de chacun et surtout à l'activité de leur échange, par laquelle s'instituent des formes du collectif. ■

Dico → communauté • mémoire • réminiscence

Points clés

La mémoire, entre l'animal et l'ordinateur

La mémoire de l'éléphant est légendaire. La capacité de stockage de l'ordinateur se compte en gigaoctets : on la nomme «mémoire morte» ; et c'est la «mémoire vive» qui travaille. A-t-on affaire à des fantaisies de vocabulaire ou à des similitudes plus profondes ?

La société moderne est modelée par l'ordinateur et par son énorme capacité à gérer et à stocker les informations, grâce à ses «puces». Mais cela aide-t-il les hommes à mieux communiquer entre eux ?

Le stockage

La question de la mémoire est d'abord celle de la capacité des êtres vivants à conserver une certaine quantité d'informations.
La mémoire «génétique» de l'individu s'inscrit au niveau de ses cellules. Elle se distingue de la mémoire «acquise», dont le siège est situé dans le cerveau, organe de coordination et de régulation. Les opérations liées à cette mémoire s'effectuent, chez les mammifères, dans le cortex, partie du cerveau particulièrement développée chez l'homme. Une première théorie veut que les phénomènes de mémoire s'inscrivent dans les structures moléculaires. Une seconde théorie considère que cette fixation se fait dans le cerveau par le biais de connexions interneuronales «en boucle». Une hypothèse corollaire distingue des «proto-circuits» caractéristiques de l'espèce et des «méta-circuits» fonctionnels résultant de l'apprentissage et de l'expérience du sujet – à moins que l'apprentissage ne se borne à sélectionner des circuits préexistants (Jean-Pierre Changeux, *l'Homme neuronal,* 1983). Si l'on s'en tient au schéma général, à l'infrastructure, le modèle proposé est similaire à celui qui préside à la conception de l'ordinateur : circuits, connexions, câblage. ■

Le codage

Entre le moment où elle est captée et celui où elle est rappelée, l'information subit de nombreuses transformations, correspondant à autant de codages : sensoriel, au niveau des récepteurs, puis plus abstraits, sous formes de schèmes d'action ou de représentation. Ceux-ci sont « imagés » dans le cas de l'éléphant – une sorte de mémoire « pure », une « photographie » de l'événement. Pour les humains, il semblerait que l'information sensorielle soit ressaisie dans une forme linguistique. Ce codage permettrait des opérations logiques de classement, de hiérarchisation et d'organisation sémantique et fonctionnelle selon des « cartographies » régionales interconnectées. À cet égard, l'ordinateur, par ses modes de codage et de calcul, travaille comme un cerveau humain. ■

« La question des limites du progrès humain ne peut être posée sans celle des limites de la pensée, [...] qui apparaît comme la principal dépositaire du potentiel évolutif de l'espèce humaine » (Gilbert Simondon, *les Limites du progrès humain,* 1959).

La conscience et l'oubli

Dans le *Gorgias,* Platon évoque la mémoire par la métaphore d'un tonneau percé car, selon lui, l'âme est fluide comme l'eau : elle court et se disperse. Comment la retenir ? Il semble que le souvenir procède par associations entre systèmes de signes : certains, présents à la conscience, jouent le rôle d'« indices de récupération » à partir desquels la mémoire de travail – la mémoire à court terme – mobilise dans la mémoire à long terme les informations à rappeler. Le reste est « oublié » tout en demeurant disponible ; l'oubli est ainsi une nécessité fonctionnelle. Là encore, l'éléphant, l'ordinateur et nous-mêmes agissons de façon similaire : ce sont les situations ou les tâches présentes qui convoquent les savoirs mémorisés. En ce sens, il est paradoxal, mais exact, de dire que l'usage de la mémoire est dirigé vers l'avenir : la mémoire est un ensemble de structures mentales organisé de façon dynamique et intentionnelle. Y a-t-il une spécificité de la mémoire humaine ? On peut considérer que la mémoire de l'animal comme celle de l'ordinateur sont des systèmes relativement clos.
La mémoire humaine, en revanche, possède des capacités beaucoup plus souples ; ouverte comme l'est la pensée, dont elle est une sorte d'auxiliaire, elle connaît des restructurations permanentes : on n'en finit jamais d'apprendre et d'oublier. ■

Dico → **mémoire • pensée • réminiscence**

L'oubli

L'oubli est pour partie l'effet de notre étourderie. Il est aussi la marque de notre finitude. On peut cependant le souhaiter. Plus curieux : il semble n'être jamais définitif et, même, être inséparable de la mémoire.

L'étourderie et l'inadvertance

Nous sommes sujets à l'oubli, des objets quotidiens jusqu'à nos sentiments les plus vifs. On peut même oublier le fait qu'on a oublié : là, tout semble perdu, jusqu'au souvenir de la perte. Par ailleurs, nous cherchons aussi l'oubli, parfois. En sommes-nous maîtres ? Sans parler des formes pathologiques de l'oubli, « j'ai oublié » est parfois donné comme excuse. Or on peut reprocher à quelqu'un ce manque d'attention, de précautions, de sens des responsabilités. Il y a une forme d'oubli imputable à la légèreté, qui est inexcusable, car il existe des moyens rationnels de lutter contre l'inadvertance : pense-bête, *check-list* du pilote ou du navigateur… Parmi les méthodes de lutte contre l'oubli figure l'inscription de « ce dont on doit se souvenir », *memorandum*. Encore faut-il ne pas oublier de relire et de repenser ce que l'on a écrit. L'écriture elle-même peut rendre les hommes oublieux, nous prévient Platon (le mythe de Theut dans *Phèdre*) : en se reposant sur les notes prises, on ne fait plus l'effort de mémoriser. Mais on peut se donner des règles méthodiques : appuyer la mémoire sur la raison et la raison sur la mémoire ; constituer des enchaînements clairs et logiques plutôt que hasardeux, et se les remémorer régulièrement – comme le conseille Descartes dans son *Discours de la méthode* (1637).

La finitude

Mais l'oubli n'est pas seulement l'effet de notre étourderie. Il est plus tragiquement, et moins subjectivement, l'indice de la fragilité des affaires humaines. Ainsi, rien ne dure, tout peut « tomber dans l'oubli », même ce qui vaudrait de passer à la postérité. Nous rusons : récits, commémorations, éducation sont nos manières de « lutter contre l'oubli ». Nous nous reconnaissons des « devoirs de mémoire », sans cependant bien savoir comment se transmettent le souvenir et la conscience. Toute transmission est traduction, donc trahison. Mais il n'y a pas de mémoire pure, pas d'existence même, sans oubli. L'oubli est nécessaire, pour que « la vie continue ». La « possibilité d'oublier » est *« quelque chose qui fait que le bonheur est le bonheur »* (Nietzsche, *Considérations inactuelles,* 1873-1876). Leurre, d'autant plus que l'oubli n'est jamais total ni définitif. Ainsi se confirme le paradoxe : d'un côté *« tout peut s'oublier »* (Jacques Brel, *Ne me quitte pas*), de l'autre *« le passé n'est jamais mort »* (Marcel Proust, *À la recherche du temps perdu*). ■

Même notre nom et notre date de naissance, notre identité, sont archivés.

L'oubli, face cachée du sens

Un goût retrouvé, un bruit, un rien, et toute l'expérience ancienne nous est de nouveau présente. Nos sensations et les émotions qu'elles ont suscitées font irruption, alors qu'elles échappaient à tout effort de mémoire volontaire. Ce qui s'est inscrit est en fait comme un réseau de résonances, oublié, mais actif à l'insu de la conscience. Est-ce à dire que notre être sensitif « enregistre » tout ? Ne rien oublier équivaudrait à tout percevoir, comme ce personnage de Borges dans la nouvelle « Funès ou la mémoire » (*Fictions,* 1944) : ce serait invivable. C'est ici que les liens paradoxaux de la mémoire et de l'oubli peuvent s'éclairer : il n'y a pas de sens sans oubli. L'oubli est comme l'ombre variable de l'acte qui porte à la lumière. Ainsi, toute mémoire de ce qui se présente comme passé, parce qu'elle est perspective, comporte de l'oubli. Dans l'oubli même, il est question d'avenir et pas seulement de présent ; de liberté et pas seulement de bonheur. Pourtant, l'oubli « volontaire » de ce qui dérange ne nous garantit aucunement d'avoir fait « table rase » du passé : il pourra être libérateur de rappeler à la conscience ce que le passé lui-même a organisé comme oubli. ■

Dico → conscience • liberté • mémoire • raison

« La mort n'est rien pour nous »

En affirmant que *« la mort n'est rien pour nous »,* le philosophe grec Épicure ne prétend pas que la mort ne nous affecte pas. Il demande à l'homme de se rendre maître de la crainte de la mort, ce qui est l'attitude du sage et la première étape pour élaborer une philosophie du bonheur.

Épicure (341-270 av. J.-C.).

Délivrer l'homme de la crainte

Le but de la philosophie, estime Épicure, en accord avec de nombreux penseurs de l'Antiquité, est d'apprendre à bien vivre. Toutefois, le bonheur nous échappe trop souvent et l'homme meurt accablé d'occupations et de soucis. Il s'agit donc, écrit Épicure dans sa *Lettre à Ménécée,* de se mettre à philosopher tout de suite et sans aucun retard. Il y va de la découverte d'un bonheur stable et authentique, de la « santé de l'âme ». La philosophie est une « thérapie » dont le but est de délivrer les hommes des craintes et des peurs qui les accablent ici-bas.

Or la première de ces peurs, qui constitue un obstacle majeur au bonheur, est la crainte de la mort. Il n'est pas question, pour autant, d'oublier purement et simplement l'échéance inéluctable : *« On peut se mettre en sûreté contre toutes sortes de choses, mais, en ce qui concerne la mort, nous habitons tous, tant que nous sommes, une cité sans défense » (Maximes fondamentales).* En revanche, l'homme peut apprendre à ne plus se représenter la mort comme un mal ou un bien. ■

« Il n'y a rien à craindre des dieux. Il n'y a rien à craindre de la mort. On peut atteindre le bonheur. On peut supporter la douleur. » (Les quatre remèdes de l'épicurisme que Diogène d'Œnoanda [IIe siècle ap. J.-C.] avait fait graver sur le mur d'un portique).

Seul existe ce qui peut être senti

« Prends l'habitude de penser que la mort n'est rien pour nous, écrit Épicure à Ménécée. *Car tout bien ou tout mal résident dans la sensation : or la mort est privation de sensibilité.* »
La mort étant absence de sensibilité, elle n'est objectivement et concrètement rien : c'est un néant totalement étranger à la vie, laquelle, au contraire, se caractérise par la sensation. Ainsi, la mort *« n'existe ni pour les vivants ni pour les morts, puisqu'elle n'a rien à faire avec les premiers et que les seconds n'existent plus »*.
Par cet argument matérialiste, Épicure veut délivrer les hommes de la crainte de la mort qui repose sur une représentation idéaliste, de nature religieuse. L'homme craint la mort car il s'imagine vivant et souffrant dans un au-delà, estime Lucrèce. ■

Matérialisme et bonheur

La philosophie matérialiste d'Épicure trouve son origine dans la théorie des atomes de Démocrite. Celle-ci décrit un système physique qui fait l'économie de la notion de finalité. Pour Épicure, tout ce qui existe est composé d'atomes en mouvement dans le vide. L'univers repose sur la matière – c'est-à-dire la sensation. Bien qu'infini, il périra un jour. L'âme elle-même – matérielle et composée d'atomes – est donc mortelle. Au moment de la mort, ces atomes se disperseront dans l'infini. Épicure récuse ainsi l'immortalité de l'âme et, par là même, les représentations religieuses menaçantes rattachées à l'enfer. Ce matérialisme n'est pas synonyme d'athéisme : les dieux sont bienheureux et vivent insouciants. Dès lors, cessant de craindre la mort et les dieux, l'homme apprend, en suivant cette doctrine, à se délivrer de toute inquiétude et de tout désir vain. Pour le sage, le bonheur ne se décline pas au futur, mais au présent. Il consiste dans un juste équilibre entre les « plaisirs du ventre » et ceux de l'esprit. ■

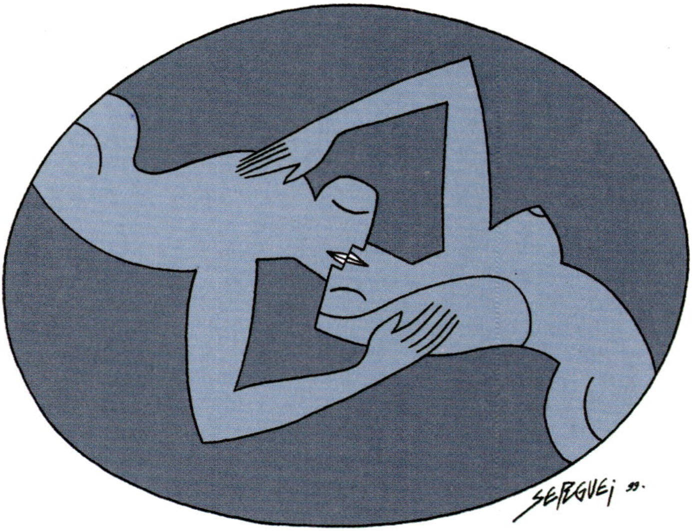

Dico → âme • atomisme • bonheur • matérialisme

L'homme est un « être-pour-la-mort »

La mort n'est pas seulement pour les hommes une réalité biologique inéluctable. L'homme est le seul animal qui se sache mortel. En disant que l'homme est « un être-pour-la-mort », Heidegger montre que la mort est liée intimement à la vie et qu'elle lui donne son sens authentique.

Mort anonyme et mort « en propre »

Au cours de leur existence, les hommes considèrent le plus souvent la mort comme une perspective lointaine et sans rapport avec leur propre vie. *« Je sais que je mourrai,* écrit Jacques Madaule, *mais je ne le crois pas. »* Pascal dénonçait déjà la propension humaine au divertissement et à la fuite devant la mort. Heidegger, quant à lui, nous montre l'homme s'efforçant d'oublier sa mort dans la banalité et l'inauthenticité de la vie quotidienne, qu'il qualifie de *« soucieuse insouciance »*. La mort, affirme-t-il dans *Être et Temps* (1927), est pensée comme un événement neutre et anonyme : *« Oui, on meurt, mais chaque fois ce n'est justement pas moi, le "on" ce n'est personne »*. Dans le même ouvrage, Heidegger fait allusion à *la Mort d'Ivan Ilitch,* le magnifique récit de Tolstoï. L'auteur y confronte deux visions de la mort d'un même individu : d'un côté, le malaise et le désordre social que produit la mort d'Ivan Ilitch et, de l'autre, la mort propre d'Ivan Ilitch qui, au moment de son agonie, comprend le sens et la valeur de toute sa vie. L'anonymat de la mort, ou le caractère d'événement extérieur et social qu'« on » cherche à lui donner, occulte le fait que la mort est pour chacun *« la possibilité absolument propre et inconditionnée de son être »*. En d'autres termes, « on » ne meurt pas : la mort est une affaire personnelle et intime où mon être et ma vie sont en jeu. Rilke écrit, dans *le Livre de la pauvreté et de la mort : « Car nous ne sommes que l'écorce et que la feuille. / La grande mort que tout homme en soi porte / Tel est le fruit autour duquel gravite tout. »* ■

Une philosophie de l'existence

Sitôt *« jeté dans le monde »*, nous dit Heidegger, l'homme est livré à la possibilité de mourir. *« Dès qu'un homme vient au monde, il est assez vieux pour mourir »,* affirme un proverbe allemand repris par Heidegger. Cet abandon fondamental, cette déréliction qui caractérise la situation humaine est source d'angoisse, mais en même temps mode d'être, manière de vivre sa propre vie. Ainsi, la mort n'est pas un événement strictement biologique qui nous ferait « sortir » du monde. Au contraire, elle nous dévoile notre manière d'*« être-dans-le-monde »* comme être fini et projeté vers cette fin. C'est l'existence même de l'homme qui se trouve définie par la possibilité de mourir. Car ce possible, qui est en même temps la fin de tous les possibles, décide du sens réel que l'homme peut donner à sa vie, de sa relation aux autres, de sa *« liberté pour la mort »*. En arrachant ainsi la mort à l'anonymat et à la déperdition, Heidegger montre que l'homme comprend l'authenticité de son être fini et temporel par le biais de l'épreuve angoissante de sa mort en propre. Plus que le rappel d'une échéance inéluctable, l'angoisse devant la possibilité de sa propre mort révèle à l'homme la nature même de son *Dasein,* la structure de son « être-là » : le Souci pour l'être. ■

« La pluie est finie veut dire qu'elle a disparu. Le pain est fini veut dire qu'il est consommé, qu'il n'est plus disponible comme utilisable. Aucun de ces modes de finir ne convient pour caractériser la mort comme fin de l'être-là. Si le trépas était entendu comme être-à-la-fin au sens d'une fin de ce genre, alors l'être-là serait par là même posé comme étant là-devant ou comme utilisable. Dans la mort, l'être-là n'est ni achevé ni simplement disparu, pas plus qu'il n'est terminé ou entièrement disponible comme utilisable. De même que l'être-là *est* constamment déjà son pas-encore pendant tout le temps qu'il est, de même il *est* aussi toujours déjà sa fin. Le finir auquel on pense dans le cas de la mort ne signifie pas pour l'être-là être-à-la-fin, mais au contraire un *être-vers-la-fin* de cet état » (Martin Heidegger, *Être et Temps,* 1927).

Au Mexique, têtes de mort et squelettes sont des accessoires de fête.

Dico → angoisse • Dasein • divertissement • mort

Points clés

L'essence et l'existence

Ces deux notions jouent un rôle capital dans l'histoire de la pensée occidentale. L'interrogation sur l'essence et l'existence constitue le socle d'une large partie de la philosophie, depuis Platon jusqu'à Sartre.

Idée et réalité

Ce qui constitue «l'essence» d'une réalité, quelle qu'elle soit, c'est ce qui fait son identité, sa nature propre. Par exemple, il appartient à l'essence d'un triangle d'être un polygone fermé et d'avoir trois côtés. Il n'appartient pas à son essence d'être dessiné à la craie ou découpé dans du carton, pas plus que d'être bleu, rouge ou vert. Ce sont là des propriétés accidentelles et périssables. Celles-ci ne nous empêchent pas de reconnaître une conformité entre les triangles que nous percevons dans la réalité et l'essence du triangle que nous pouvons concevoir grâce à notre intelligence. Mais, si nous considérons seulement cette essence, nous ne pourrons pas en déduire qu'il existe des triangles en dehors de notre pensée, ni leur nombre éventuel. D'un strict point de vue logique, nous ne pouvons déduire de l'essence du triangle, qui comme pour tous les êtres mathématiques nous est donnée par sa définition, que certaines propriétés, par exemple que les médiatrices de ses côtés se coupent en un même point, ou que la somme de ses angles est de 180°. Mais nous ne pouvons rien conclure au sujet de ses modalités d'existence. ■

Le nécessaire et le contingent

On dira alors que les propriétés du triangle sont nécessaires, ce qui signifie que, étant donné son essence, ces propriétés ne peuvent pas ne pas être. Par exemple, il est impossible, dans la géométrie d'Euclide, qu'un triangle présente des angles dont la somme soit supérieure ou inférieure à 180°. Mais l'existence d'objets triangulaires, en plastique ou en bois, petits ou grands, de telle couleur ou de telle autre, est dite contingente : ces réalités existent, mais elles auraient pu ne pas exister, ou être différentes. ■

L'idée contradictoire d'un Dieu inexistant

Cet écart, cette distance entre essence et existence n'a cessé d'être au cœur des interrogations philosophiques. Platon a tenté de le réduire en concevant le monde matériel comme une copie du monde des Idées : il n'y a qu'une essence, éternelle et unique, de chaque chose, mais une infinité de reflets ou de copies de ce modèle forme le monde des réalités matérielles existantes. La philosophie d'inspiration chrétienne a tenté de réduire cet écart par une autre voie, en analysant l'idée d'un être parfait. Parmi les preuves classiques de l'existence de Dieu, celle qu'on nomme la preuve ontologique, conçue par saint Anselme puis reprise et développée par Descartes, consiste à déduire l'existence de Dieu de son essence. La démarche repose sur l'idée d'un être parfait. Si j'ai une telle idée, c'est l'idée d'un être dont l'essence ne comporte aucun manque. S'il lui manquait l'existence, il ne serait plus parfait. L'essence même de l'être parfait implique donc son existence. La critique de cette preuve par Kant repose sur la distinction entre l'idée d'existence et l'existence réelle : *« Ma pensée,* conclut-il, *n'impose aucune nécessité aux choses. »* ■

Les qualités contingentes des hommes, leurs existences réelles et visibles, sont plus faciles à connaître qu'une essence de l'humanité.

L'existentialisme

C'est à partir du XIXe siècle, avec la réflexion de Kierkegaard, puis, au XXe siècle, avec l'œuvre de Sartre, que se développe l'attitude philosophique nommée « existentialisme ». Elle consiste à souligner la contingence et la singularité de l'existence. Le personnage principal du roman qui a fait connaître Sartre, *la Nausée* (1938) est saisi par le sentiment du caractère injustifiable de l'existence. Sartre explique en 1949 que, pour l'homme, *« l'existence précède l'essence ».* Cela signifie qu'il n'existe pas de nature humaine, pas d'essence de l'homme qui en constituerait le modèle. Nous sommes *« jetés dans le monde », « seuls et sans excuses »,* et nous avons tout à inventer de nos conduites. Avec l'existentialisme, l'ancienne relation de l'existence et de l'essence se trouve donc profondément modifiée. ■

« Si, en effet, l'existence précède l'essence, on ne pourra jamais rien expliquer par référence à une nature humaine donnée et figée ; autrement dit, il n'y a pas de déterminisme, l'homme est libre, l'homme est liberté » (Jean-Paul Sartre, *L'existentialisme est un humanisme,* 1946).

Points clés

Le naturel et l'artificiel

Il semble que nous puissions diviser le monde en deux sphères : à l'une, composée de choses et d'êtres vivants, nous donnons le nom de « nature » ; nous définissons l'autre, celle des objets que nous fabriquons, comme le monde de la technique, de la culture, de l'artifice. Mais où passe exactement la frontière ?

Quelle distinction ?

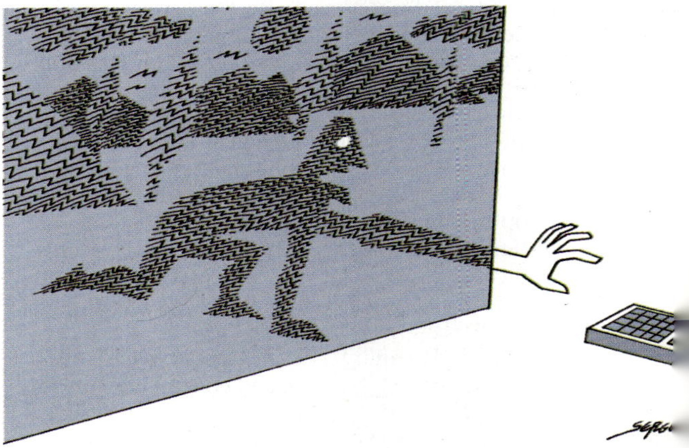

L'homme crée des objets qui, sans lui, n'existeraient pas. Dans l'*Éthique à Nicomaque,* Aristote donne l'exemple de l'architecture. Elle témoigne d'un pouvoir, proprement humain, de mettre au monde des œuvres que nous créons par la pensée et que nous réalisons par des procédés techniques. De telles œuvres sont dites « artificielles » parce que, au lieu d'être le résultat d'une nécessité naturelle ou d'une puissance propre d'exister, elles sont le fruit de notre art, les effets de notre volonté consciente. La distinction paraît claire. Pourtant, face à un objet inconnu, un archéologue peut avoir du mal à déterminer qui, de la nature ou de l'homme, en a été l'auteur. De même, peut-on vraiment différencier de nos fabrications la formation par l'eau des stalactites dans les grottes, ou la construction de nids par les oiseaux, dans la mesure où toutes ces productions nécessitent une action, obéissent à un plan, répondent à une utilité directe ou indirecte ? L'homme demeure un être naturel. Il ne fabrique rien de toutes pièces : ni le schéma de ses inventions, ni les matériaux dont elles sont faites, ni le milieu où elles apparaissent. Il n'est même jamais plus fier que lorsque ses artifices (fleurs ou... intelligence « artificielles ») deviennent indiscernables des œuvres naturelles. D'un autre côté, l'humanité perçoit les créations de la nature à travers son expérience de la technique et ne se les explique qu'en y projetant ses propres procédés. L'idée d'une productivité naturelle qui serait radicalement différente de la sienne lui demeure aussi bien inaccessible. ■

Le pouvoir de l'homme sur la nature

En réalité, l'enjeu de la distinction entre le naturel et l'artificiel renvoie au pouvoir que nous désirons exercer sur les choses. Celle-ci nous retient de nous attribuer un pouvoir illimité, en imagination ou dans la réalité. Mis en présence de la capacité humaine de créer des choses que la nature ne produit pas spontanément et serait même dans l'incapacité de produire seule, confrontés à l'exaltation de cette capacité par le mouvement de pensée des sophistes, les hommes de l'Antiquité prêchent la prudence et la modération. Surmontant la crainte que leur inspirent malgré tout les épidémies, les éruptions volcaniques ou les tremblements de terre, ils réaffirment que les réalités fondées en nature présentent une stabilité plus forte et une valeur plus grande que les créations humaines. Cette attitude conduit Platon, fer de lance de la lutte contre les sophistes, à dévaloriser, au livre X de sa *République,* l'artisan, comme créateur de second ordre, et plus encore l'artiste, comme créateur de troisième ordre. La capacité technique des hommes est ramenée à un règne s'exerçant seulement sur un univers d'artifices ou sur un monde d'apparences. L'essor des sciences à l'âge moderne réhabilite la technique. C'est en comparant la nature à une grande horloge, et donc en faisant fi de la distinction, qu'au XVIIe siècle Descartes forme le projet d'une domination totale de l'homme sur son environnement naturel. Marx parachève cette vision après la révolution industrielle en décrivant le travail et l'industrie comme un pouvoir des hommes non seulement de façonner un monde à leur mesure, mais même de transformer leur propre nature et de se faire des êtres essentiellement historiques. C'est aux contemporains, par exemple à Heidegger, dans la *Question de la technique* (1953), qu'il reviendra de mettre en garde contre une volonté de puissance qui enlève à la nature son statut de partenaire face auquel l'humanité éprouve sa liberté. Lorsque toutes choses sont comprises comme un fonds inépuisable au service des humains, l'homme se perd, et confond sa liberté avec sa toute-puissance. ■

«Le thème de la nature a du bon, non parce qu'il nous apporte la fraîcheur ou nous rappelle "l'hier", mais parce qu'il permet d'améliorer ce qui nous éloigne d'elle et nous en dispense» (François Dagognet,* Nature, *1990).

Dico → acquis • altérité • art • création • nature • technique

Points clés

Lois de la nature et lois humaines

Nous utilisons un même mot, celui de «lois», pour désigner des régularités observables dans la nature, des prescriptions politiques et juridiques, des obligations morales. Cette homonymie a-t-elle un sens?

L'Antiquité

L'idée de loi suggère que toutes les situations particulières, réelles ou imaginables, peuvent être pensées ou commandées par des formules universelles. Mais, dès l'Antiquité, Aristote note que si le feu brûle chez les Athéniens de la même façon que chez les Perses, on ne peut en dire autant des lois religieuses ou humaines, qui sont variables (*Éthique à Nicomaque*). À la différence des lois de la nature, les lois des sociétés semblent, comme les coutumes, les règles, les rites, receler une part d'arbitraire. Ce point de vue est porté à un point extrême au Ve siècle av. J.-C. par les sophistes, qui popularisent la thèse selon laquelle les valeurs et institutions humaines pourraient même être purement conventionnelles. Du coup, d'autres penseurs cherchent à conserver à l'idée de loi son sens général et à maintenir les affaires des hommes sous la dépendance de principes universels. Dans une tragédie exemplaire, *Antigone,* Sophocle montre que les décrets humains du roi de Thèbes, Créon, sont dépassés par une législation supérieure exprimant un ordre éternel du monde. *La Cité de Dieu* de saint Augustin expose comment les efforts des cités terrestres pour instituer la justice et la paix écrivent une histoire seulement humaine d'événements qui sont en réalité sous la loi de Dieu. ■

Antigone et Créon, ou le conflit entre la loi divine et la loi de la cité. «La femme, écrit Hegel, est l'éternelle ironie de la communauté, car c'est elle qui éduque le futur roi.»

«Il s'en faut bien que le monde intelligent soit aussi bien gouverné que le monde physique. Car, quoique celui-là ait aussi des lois qui, par leur nature, sont invariables, il ne les suit pas constamment comme le monde physique suit les siennes» (Montesquieu, *De l'esprit des lois,* 1748).

Le siècle des Lumières

Au cours des siècles suivants, le monarque est pensé comme source de toutes les lois temporelles, juridiques, religieuses, mais seulement parce qu'il est de droit divin et qu'il tient son autorité de Dieu. Le siècle des Lumières laïcise ces représentations, mais n'en continue pas moins à refuser l'arbitraire en maintenant l'exigence de fondements. Montesquieu rattache les lois à la nature : *« Dans la signification la plus étendue, les lois,* écrit-il dans *De l'esprit des lois* (1748), *sont les rapports nécessaires qui dérivent de la nature des choses ».* Dans *Du contrat social* (1762), Rousseau définit la loi comme l'*« expression de la volonté générale »,* présente en chacun à titre de disposition. Kant identifie la loi au pouvoir d'universalisation de notre raison libre. Celle-ci, sur le plan moral, nous ferait un devoir de donner aux maximes de notre action une forme universelle. Sur le plan du droit, elle nous amènerait à définir les relations juridiques entre les hommes à partir de l'idéal d'une Constitution politique parfaite. ■

La loi comme recherche d'un ordre

C'est donc, semble-t-il, pour soumettre à des principes fixes les actions variables des hommes que la pensée de la loi se développe dans notre culture et qu'elle tend, sous diverses formes, à rapprocher les conduites humaines des phénomènes naturels à la régularité impassible. Il demeure que la nature n'offre peut-être pas, à cet égard, tout le soutien souhaité. Ce que la science appelle « lois de la nature » met certainement de l'ordre dans les phénomènes que nous observons et de l'unité dans notre représentation du monde matériel. La loi de la gravitation possède un pouvoir explicatif, prédictif et unificateur entre des phénomènes aussi divers que la chute des corps, les trajectoires des planètes et les marées. Mais son énonciation en tant que loi, c'est-à-dire comme hypothèse universelle valant pour tous les cas tombant sous sa législation, ne peut se fonder entièrement sur des données de fait. Les lois de la nature ne peuvent décrire un ordre que pour autant que notre esprit le postule. Leur différence avec les lois humaines est moins tranchée qu'il ne paraît. Ce qu'exprime l'idée de loi est moins un ordre donné des choses que la recherche d'un tel ordre dont nous avons absolument besoin pour vivre. ■

Dico → accident • anomie • déterminisme • théorie • universel

Points clés

Qu'est-ce qu'un événement ?

L'événement est, selon Cicéron, *« ce qui arrive selon le temps, les devoirs et les nécessités » (De finibus)*. En tant que fait, il est donc le résultat de l'enchaînement d'autres faits à partir desquels on peut en rendre raison. Ces faits présentent une unité temporelle. Un événement est donc un fait dans la série des faits dont l'unité est celle d'une coupe temporelle.

Un fait modificateur significatif

Si le temps est une continuité, toute coupe dans le temps suppose la différenciation et la comparaison de deux états de fait. Un événement est en conséquence un fait ayant une unité temporelle, mais doté d'un effet modificateur. Par exemple, l'arrivée de l'automne fait événement dans sa différence avec l'été. Toutefois, tout ce qui arrive de nouveau ne fait pas nécessairement événement : un fait divers est limité dans le temps et transforme l'état antérieur, mais ce n'est pas un événement. Il convient donc introduire un principe d'évaluation afin de hiérarchiser les faits selon leur importance. Un événement doit produire une modification significative. ■

Quel critère ?

La question devient alors celle du critère retenu pour juger de l'importance d'un fait au regard de sa reconnaissance comme événement. Le critère du journaliste – et il faudrait encore distinguer entre le chroniqueur des faits divers et l'éditorialiste – est différent de celui de l'historien. Celui du philosophe est encore autre chose : si, pour Kant, la Révolution française est un événement, c'est qu'elle signifie pour le genre humain la possibilité d'accéder à la liberté. Pour le philosophe, la distinction temporelle sera expressive de la série idéale (l'histoire du genre humain) jouant comme critère d'évaluation. ■

« De quoi témoigne un témoin ? De ceci qu'il est un singulier qui vit une expérience sur son bord, à son passage à la limite, et qu'en même temps, pourtant, cette expérience ne lui appartient pas en propre, mais qu'elle est commune » (Jean Borreil, **la Raison nomade, *1993).***

France-Soir

RENAULT permanence 604.12.19

DE GAULLE EST MORT

Il s'est éteint subitement lund soir à Colombey les-Deux-Églises

dans sa propriété de «La Boisseri

Il avait quitté le pouvo le 28 avril 1969

Le général aurait eu 80 ans le 22 novembre

TIERCÉ du 11 novembre à Saint-Cloud

L'œil de l'observateur

Si le temps n'est pas un processus réel, mais naît de mon rapport aux choses, alors il n'y a pas d'événement sans observateur et pas de temps sans une vue sur le temps. Cette analyse de Merleau-Ponty a soulevé plusieurs objections. On ne peut concevoir un observateur isolé et immobile car alors il ne pourrait y avoir de confrontation entre les points de vue de deux observateurs distincts, ni de distinction entre perception et hallucination, cette dernière étant une perception sans objet. L'événement ne saurait d'autant moins être réduit à l'observateur que si une chose est perçue, c'est qu'elle doit être perceptible (Kryszof Pomian, *l'Ordre du temps,* 1984). Mais surtout, la définition de l'événement comme simple effet de la perception de l'observateur ignore que la perception n'est pas seulement réception passive, mais activité. Et que cette activité, en sélectionnant un événement parmi d'autres et en l'intégrant dans un univers de permanence produit par l'observateur, produit du nouveau et donc un monde à elle (Alfonso M. Iacono, *l'Événement et l'Observateur,* 1998). L'observateur transforme ainsi l'action en événement. Il fait lui même partie de l'observation par l'interprétation qu'il en donne. C'est pourquoi l'histoire est inséparable d'une « histoire de l'histoire » (Fontenelle, *Sur l'histoire,* 1761) qui s'interroge sur ce qui commande la sélection pour l'accession d'un fait au rang d'événement. ■

«Le présent est la conséquence du passé et l'avenir la conséquence du présent. Cette célèbre métaphore est en réalité très confuse. Car [...] la notion même d'événement n'a pas de place dans le monde objectif [...]. Les "événements" sont découpés par un observateur fini dans la totalité spatio-temporelle du monde objectif. Mais, si je considère ce monde lui-même, il n'y a qu'un seul être indivisible et qui ne change pas. Le changement suppose un certain poste où je me place et d'où je vois défiler les choses; il n'y a pas événements sans quelqu'un à qui ils adviennent et dont la perspective finie fonde leur individualité. Le temps suppose une vue sur le temps» (Maurice Merleau-Ponty, *Phénoménologie de la perception,* 1945).

Points clés

Le travail de l'historien

En quoi consiste aujourd'hui le travail de l'historien ? Il s'agit moins de décrire ou de reconstituer des événements que d'explorer des registres différents du temps.

De la surface aux profondeurs

Dès la fin du XIXe siècle fut mise en cause toute histoire qui ne serait que récit des événements. Ceux-ci ne constituent en effet que la surface des choses. *« Aucun accident particulier ne paraît digne d'étude. Ce sont, sur l'océan des choses humaines, des fluctuations de vagues qui s'effacent l'une l'autre »*, écrit par exemple Léon Bourdeau dans *l'Histoire et les Historiens* (1888), essai critique sur l'histoire considérée comme science positive. Cette situation s'est profondément modifiée au cours du XXe siècle. Avec Lucien Febvre et Marc Bloch est née ce que l'on appelle la « nouvelle histoire », celle de l'école regroupée autour de la revue des *Annales.* À la vieille science des surfaces, des événements et des grands hommes se substitue une histoire des profondeurs, de la longue durée et de la vie des masses. ■

La critique du document

L'observation historique étant la plupart du temps indirecte, l'historien se trouve confronté à des documents qui témoignent des événements soit volontairement – les Mémoires des acteurs, l'historiographie… –, soit involontairement – les documents administratifs, les traces archéologiques… Marc Bloch, dans *Apologie pour l'histoire ou le métier d'historien* (1949), montre que l'historien doit partir de questions qu'il pose à ces documents, car *« ceux-ci ne parlent que si on sait les interroger »*. Il faut donc mettre en œuvre des techniques érudites pour les rassembler, les classer par type, les déchiffrer et les authentifier. Et comme les témoins ne doivent pas forcément être crus sur parole, l'historien doit adopter une méthode critique. Celle-ci fait ses premiers pas au XVIIe siècle, lorsque l'on passe du commentaire et de l'interprétation à la critique, avec le moine Jean Mabillon (*De re diplomatica,* 1681), qui montre comment authentifier les chartes conservées dans les monastères, avec Descartes et son doute

L'historien Jules Michelet (1798-1874) est « celui qui ranime les morts en rajoutant à leur parole ce qui leur a toujours manqué » (Jacques Rancière,* Histoire et récit, *1993).

«L'historien sait que la lecture qu'il donne de telle période n'est pas définitive et qu'il ne dit pas tout ; [...] parce qu'il est lui-même l'homme d'une époque et qu'il entreprend sa recherche avec des préoccupations déterminées. Mais, parce [...] qu'il a dû, obligé par le statut de la discipline qu'il pratique, justifier les interprétations nouvelles qu'il propose, il sait aussi que sa recherche constitue un pas en avant dans la connaissance du passé» (François Châtelet, *la Naissance de l'histoire,* 1962).

méthodique, avec Richard Simon et Spinoza (*Traité théologico-politique,* 1670), qui pratiquent l'exégèse de la Bible. La critique apparaît comme une précaution contre l'erreur et le mensonge. La logique de la méthode critique requiert un travail de comparaison. *«Le témoignage renseigne souvent non tant sur ce qui est vu que sur ce que, de son temps, on estimait naturel de voir»,* note Lucien Febvre. ■

La périodisation

La temporalité historique était autrefois pensée comme un long mouvement continu depuis les origines, en marche vers un but postulé explicitement ou non. Avec les historiens de l'école des *Annales,* la question n'est plus de savoir comment des événements discontinus peuvent se relier, mais à quel niveau analyser le discontinu. La périodisation n'est plus alors un donné, elle doit être construite. Mieux : il n'y a plus une périodisation, mais plusieurs, selon des temporalités différentes (cycle de la production dans les travaux de Braudel, cycle de la population dans ceux de Le Roy Ladurie...). ■

L'entrelacement du vieux et du nouveau fait éclater la temporalité homogène des récits anciens.

Deux positions du réel

La situation de l'historiographie fait apparaître l'interrogation sur le réel en deux positions bien différentes dans la démarche scientifique : le réel en tant qu'il est connu (ce que l'historien étudie, comprend et «ressuscite» d'une société passée) et le réel en tant qu'il est impliqué par l'opération scientifique (la société présente, à laquelle se réfèrent la problématique de l'historien, ses procédures, ses modes de compréhension et finalement une pratique du sens). D'une part, le réel est le résultat de l'analyse et, d'autre part, il est son postulat. Ces deux formes de la réalité ne peuvent être ni éliminées ni ramenées l'une à l'autre. *«La science historique tient précisément dans leur rapport. Elle a pour objectif propre de le développer en un discours»,* affirme Michel de Certeau dans *l'Écriture de l'histoire* (1975). ■

Dico → devenir • historicisme • méthode

Points clés

La notion de cause en histoire

La notion de cause en histoire pose bien des problèmes, à la fois dans son maniement et dans sa conception épistémologique.

« Méfions-nous de cette histoire brûlante encore, telle que les contemporains l'ont sentie, décrite, vécue au rythme de leur vie, brève comme la nôtre » (Fernand Braudel, **la Méditerranée à l'époque de Philippe II,** *1949).*

Finalité et hasard

Quelles sont les « causes » de la prise de la Bastille ? Les idées des Lumières, le peuple en marche, tel homme en particulier ? Les circonstances, ce qui « se tient autour », pourront être décrites. On pourra reconstituer l'événement dans son irréversibilité, « heure par heure ». On identifiera des « acteurs » et des « facteurs ». Mais les causes ? Et les causes de quoi ? De la destruction d'un édifice ou d'un symbole ? De la Révolution ? Dès l'Antiquité, Polybe cherchait à trouver les causes des événements qu'il rapportait. Mais la Fortune à laquelle il attribuait le cours de l'histoire supposait à la fois une finalité et un résidu de hasard inconnaissable. L'histoire, longtemps rattachée à la mémoire et à la littérature plus qu'à l'exercice du raisonnement scientifique, fut aussi longtemps racontée pour la gloire de quelques-uns plus que pour la recherche d'une intelligibilité de son cours. ■

L'histoire comme science

L'introduction de la notion de cause marque la prétention de l'histoire à se constituer comme une discipline régie par le principe commun aux sciences du déterminisme : pas d'effet sans cause. Voilà qui exclut du discours scientifique tout recours à une finalité ou à l'intervention de la Providence, ainsi que toute explication « paresseuse » par le hasard. Il s'agit de chercher des enchaînements, des logiques immanentes aux affaires humaines : pas seulement les causes conjointes et immédiates des singularités factuelles que l'on nomme événements, mais des « lois », comme dans la nature. Tel est l'apport du XIXe siècle. Or, dans le même temps, les philosophes s'interrogent sur ce qui se passe à l'insu des individus dans le mouvement même de l'histoire. Les hommes sont-ils vraiment acteurs, ou emportés par leurs passions, dans un mouvement qui les dépasse et qui est celui de l'Esprit ou bien du progrès, ou bien de la lutte des classes ? Qu'il y ait des causes en histoire ne signifie pas que les individus y participent consciemment et volontairement. Eux-mêmes peuvent en être le jouet. Le « sujet de l'histoire », plutôt qu'individuel (les « grands hommes » et les têtes couronnées de l'ancienne histoire) devient alors collectif (peuples, classes, groupes). ■

L'événement cristallisateur

Mais si l'effet est un événement, il est impossible de le reproduire : à la différence des phénomènes, il ne se répétera pas. Comment peut-on alors prétendre en connaître les causes? L'effet « événement » peut même se révéler insaisissable : sur le champ de bataille de Waterloo, on ne sait même pas quand se joue l'issue de la bataille ; la bataille de Bouvines se trouve être un « objet » si complexe que le fait historique qu'elle représente excède la simple notion d'événement. Et les causes se révèlent un faisceau multiforme de ce qu'on appellera prudemment des facteurs : ceux-ci s'organisent-ils selon des lois ? Les théoriciens de la « nouvelle histoire », née en 1929 dans l'activité de recherche de la revue des *Annales,* affirment que l'histoire n'a pas une temporalité unique. Il y a, selon Braudel, l'histoire *« quasi immobile »,* l'histoire *« lentement rythmée »* et l'histoire *« événementielle ».* Toutes sortes de phénomènes entrent alors dans l'étude. De nouveaux modèles de causalité y sont intégrés : phénomènes cycliques ou fluctuations économiques, sous la forme des probabilités ; effets de « causalité circulaire », dans les phénomènes humains de mobilisation ou de panique ; effets de prise en masse, de cristallisation, de « catastrophe ». La notion d'événement en est transformée : la question est moins de situer celui-ci dans un enchaînement causal au sein duquel il deviendrait à son tour une cause que de le comprendre comme un point cristallisateur de sens d'un ensemble factuel. ■

Événement plutôt que fait explicable ou explicatif en rapport avec d'autres faits, la prise de la Bastille appartient à une temporalité indécidable.

Points clés

Y a-t-il un langage animal ?

Cette question sollicite fortement l'imaginaire : l'idée d'un univers animal semblable à celui des hommes, mais (devenu) inaccessible à eux, renvoie au mythe d'une communauté de destin originaire dont nous conserverions la nostalgie. Mais au delà de l'imaginaire ?

L'« animal parlant »

La question de l'existence d'un langage animal concerne la définition même de l'homme. En ce sens, elle intéresse depuis toujours la tradition philosophique qui, dès les Grecs, définit l'homme comme *zôon logikon* – « animal parlant ». Le langage établit-il une coupure infranchissable entre l'humanité et l'animalité ? Sur quelles propriétés précises du langage s'appuie l'idée d'une telle coupure radicale ? D'ailleurs, est-ce le langage lui-même qui confère à l'homme son humanité ou est-ce la Raison dont le langage n'est que la manifestation extérieure ? Significativement, en Grèce ancienne, le terme *logos* désigne à la fois, la « mesure », le « discours » (c'est-à-dire le langage soumis à un ordre) et la « Raison » en tant que faculté de discerner un ordre existant dans le Cosmos. ■

« Un écho en fait autant » (Bossuet,* De la connaissance de Dieu et de soi-même, *1722).

Langage et pensée

On peut penser que c'est Descartes, dans la cinquième partie du *Discours de la méthode* (1637), qui pose de manière moderne la question du langage animal (voir également sa *Lettre au marquis de Newcastle,* 23 novembre 1646). Il le fait dans le cadre d'un dualisme métaphysique fondamental qui distingue radicalement l'âme et le corps. Ne possédant pas d'âme, les bêtes ne sont que de pures mécaniques susceptibles seulement de réagir au milieu dans lequel elles évoluent. L'argumentaire cartésien repose sur un fait principal : les animaux, qui peuvent exprimer de la joie (quand on leur présente leur nourriture préférée) ou de la douleur (quand ils souffrent), n'expriment pas de pensée. La pensée, exprimée dans le langage, repose sur une propriété qu'on ne rencontre dans

Points clés

aucun de leurs modes d'expression : la créativité. La faculté humaine du langage, au contraire, suppose qu'on soit en mesure de s'exprimer, comme dit Descartes, « à propos des choses qui se présentent », c'est-à-dire en dehors de situations stéréotypées qui ont simple valeur de déclencheur d'une expression toujours identique et seulement modulable en intensité. L'homme peut « parler sa joie ou sa douleur » en dehors de toute situation de plaisir ou de peine actuelle. Il peut évoquer les choses en leur absence. Il peut enfin « créer » des énoncés nouveaux (qu'il n'a jamais prononcés ni entendus auparavant), contrairement au perroquet. Mais est-ce le langage qui manque à ce dernier, ou la pensée ? ■

Le langage, instrument de médiation

Certains spécialistes contemporains du comportement animal ont essayé de préciser la question de deux manières. Ils ont étudié les comportements (notamment sexuels) de certains insectes (diptères), mettant en évidence l'utilisation de systèmes de communication symboliques (des codes) acquis et transmis de génération en génération (ritualisation symbolique). Ils ont aussi essayé de faire acquérir à certains individus appartenant à certaines espèces de chimpanzés des codes inventés, constitués de signes arbitraires et non-iconiques semblables à des signes linguistiques – ne ressemblant pas à ce qu'ils désignent. La conclusion est que les animaux semblent pouvoir adopter ou acquérir des comportements symboliques. Cela signifie-t-il qu'ils « parlent » au sens humain du terme ? Le langage humain ne se limite pas à la communication, il est plutôt un mode d'être au monde dans lequel l'homme s'approprie et sa propre nature et le monde lui-même, en liaison étroite avec sa capacité à intervenir activement sur son milieu et le transformer. Ensemble, pensée, langage, société et technique font de l'homme un être des « médiations ». L'animal reste cantonné, lui dans la relation immédiate au milieu dont il fait partie. Il ne lui manque donc que la parole, mais elle lui manque… ■

Points clés

Le monde humain est un monde de langage

« Monde » est d'abord un mot de notre langue. Cette définition est à la fois la plus simple et la plus proche de nous. Est-elle satisfaisante ?

Pensée et langage

L'une des manières les plus courantes de caractériser le langage humain est de le définir comme un « instrument de communication ». On insiste alors sur le rapport entre sujets, et l'on définit le langage comme un code permettant d'élaborer des messages et de transmettre de l'information. En fait, cette définition très réductrice s'inspire d'une conception technicienne très étroite et restrictive – même si elle est efficace – de la communication, qui laisse de côté le plus important : la constitution du prétendu « code ». Dans un code quelconque, l'information précède l'encodage, qui a seulement pour fonction de « l'habiller » afin de la transmettre selon un ensemble de « conventions » reconnaissables par une communauté. Concernant le langage humain, peut-on dire que celui-ci « habille » une pensée, un ensemble de représentations, qui existe indépendamment de lui ? Le langage n'est-il qu'un moyen pratique, un truchement commode ? Deux objections s'imposent aussitôt :
– il existe différentes langues : y aurait-il donc autant de mondes ?
– si la « pensée » est indépendante du langage, comment s'exprime-t-elle : pouvons-nous la concevoir autrement que comme un langage ? ■

Deux conceptions extrêmes

La tradition philosophique fournit deux réponses extrêmes et opposées à ces questions :
– la vraie pensée est celle qui échappe à l'expression langagière, qui n'est qu'une dégradation de la pensée : la pensée est continue, le langage discontinu (Henri Bergson, William James…) ;
– la pensée n'est que le langage et l'homme ne dispose d'aucun autre accès au monde (thèse nominaliste médiévale reprise sous différentes formes). Ces deux réponses extrêmes impliquent chacune une prise de position ontologique (qui concerne l'être). Ramener la pensée

« Il n'est pas donné à tout le monde d'être un artisan de noms, mais à celui-là seulement qui, les yeux fixés sur le nom naturel de chaque objet, sait en imposer la forme aux lettres et aux syllabes » (Platon, Cratyle*).*

au langage, c'est admettre que la pensée est une « matière » dont les lois peuvent être mises au jour et étudiées : le monde n'est que l'ensemble des énoncés que les hommes construisent à son propos – énoncés scientifiques compris –, et les énoncés sont des objets du monde. Distinguer la pensée et le langage, c'est plutôt affirmer que « l'esprit » est d'essence spéciale et que le langage n'est qu'un vêtement – plutôt, un travestissement – qui ne détermine pas l'esprit dans son essence spéciale ni ne menace l'objectivité du monde « en lui-même », parce que hors de portée. ■

D'autres positions

Entre ces deux extrémités du spectre, plusieurs positions sont possibles qui pourront soit insister sur le caractère « relativement » inconnaissable du monde objectif hors du langage (comme le deuxième Wittgenstein, qui estime que le monde est le résultat des « jeux de langage » humains) ; soit distinguer des usages linguistiques radicalement différents (ce qu'illustre l'opposition entre *« l'universel reportage »* du langage courant et le langage « essentiel » de la poésie chez Mallarmé, ou le commentaire par Heidegger du vers de Hölderlin, *« l'homme habite le monde en poète »*) ; soit considérer que ce que disent les hommes dans les mythes, la diversité historique et géographique des langues, la science ou l'art constituent un monde, celui des « formes symboliques », par lequel les hommes s'approprient le réel en construisant un univers « humanisé » (Ernst Cassirer, Maurice Merleau-Ponty). ■

Vérité et discours

Si on ne prend pas le terme « langage » dans un sens léger et métaphorique – comme lorsqu'on parle d'un langage des fleurs, par exemple –, dire que le monde humain est un monde de langage, c'est poser une triple série de thèses : sur la nature du langage, sur l'esprit et sur la réalité. C'est donc prendre une option philosophique sur une définition de la vérité qui a toujours été écartelée, dans la tradition, entre le fait que ne peut être dit « vrai » que ce qui « est » hors du discours et le fait que le « vrai » n'est attestable rationnellement que dans un discours (Platon, *Cratyle*). ■

Points clés

Comment une langue organise-t-elle le monde ?

Le mythes nous présentent la diversité des langues comme une anomalie, un scandale, une punition. La vie courante nous représente cette diversité comme une limitation empirique regrettable, mais surmontable. Pour le philosophe, s'agit-il d'un défi à l'idée d'universalité ?

Des structures différentes

« *Le fait est que la "réalité" est, dans une grande mesure, inconsciemment construite à partir des habitudes langagières du groupe* », déclare le linguiste anthropologue Edward Sapir. De fait, les linguistes sont bien placés pour savoir que les langues possèdent des organisations, des structures différentes. Certaines langues, comme celle des Indiens Hopis d'Amérique du Nord ne possèdent pas de formes linguistiques, de constructions ou d'expressions permettant de nommer le temps – cet écoulement du passé vers le futur qui passe par un présent. Cela pose trois problèmes : celui des catégories linguistiques propres à chaque langue – les Hopis ignorent-ils la catégorie du temps ? – ; celui de la traduction – comment se fait-il qu'elle soit toujours possible, et de manière à peu près satisfaisante, malgré les différences de langue à langue ? – ; celui des parties du discours (noms, verbes, adjectifs…) – si elles recèlent quelque chose d'universel, pourquoi alors leur nombre et leur nature peuvent-ils varier d'une langue à l'autre ? ■

Manuel d'enseignement du français aux Africains datant de l'époque coloniale.

Le relativisme linguistique

On a longtemps pensé que les langues reflétaient différemment des modes de pensée au fond identiques, universels, étudiés par la logique. On a même cru que l'on pouvait classer les langues et les hiérarchiser selon le degré d'éloignement qu'elles manifestaient à l'égard des opérations fondamentales de la pensée logique. Aux XVIIe et XVIIIe siècles, époque où l'on n'était pas grammairien sans être philosophe, se met en place une certaine conception du « génie des langues » – et son cortège de préjugés ethnocentristes. Au XIXe siècle, la connaissance approfondie des langues passées et présentes, de leur généalogie, de leur apparentement au sein de familles et de leurs différenciations, notamment dans le temps, oriente plutôt les chercheurs vers la thèse d'un « relativisme

Points clés

« La langue naît et se développe au sein de la communauté humaine, elle s'élabore par le même procès que la société, par l'effort de produire des moyens de subsistance, de transformer la nature et de multiplier les instruments » (Émile Benveniste, *Structure de la langue et structure de la société,* 1968).

linguistique » solidaire d'un « relativisme culturel » : les langues ne sont que les produits contingents de l'histoire de communautés humaines qu'elles reflètent. Pour Wilhelm von Humboldt, le génie d'une langue réside dans sa structure singulière, absolument originale, qui reflète et conserve une expérience collective du monde, ce qui rend toutes les langues égales en dignité. Mais cela veut-il dire que chaque langue enferme ses locuteurs dans une représentation du monde strictement « subjective » ? Ferdinand de Saussure propose une distinction importante entre la « valeur » d'une unité linguistique et sa « signification ». Dans une langue qui, à côté du singulier et du pluriel, admet le « duel » pour ce qui marche par deux – comme le sanskrit ou le grec –, le singulier et le pluriel n'ont pas la même valeur qu'en français, par exemple, où le duel n'existe pas. *Beef* – « viande de bœuf » – et *ox* – « bœuf sur pied » – peuvent être traduits de l'anglais en français par « bœuf » avec la même « signification », mais pas la même « valeur ».

Langue et différences

Les langues organisent donc le monde de manières différentes, mais le paradoxe est qu'elles le font toutes en faisant signe vers un monde unique, objectif. La seule universalité qui ne soit pas un leurre ou une réduction violente des différences culturelles est peut-être alors celle qui s'exprime indéfiniment dans l'effort d'élaboration d'une signification qui tient compte des différences sans s'en contenter. *« Nous pensons un monde que notre langue a d'abord modelé »,* écrit le linguiste Émile Benveniste, indiquant par là que la diversité des langues peut être une puissante motivation à « penser », en nous arrachant aux certitudes confortables de la langue maternelle, dont nous ne prenons néanmoins jamais conscience que par différence.

Qu'est-ce qu'une image ?

Honnie par les uns, célébrée par les autres, puissance merveilleuse ou apparence maléfique, l'image est au cœur du monde contemporain.

Image et simulacre

Si l'image sous toutes ses formes (photographie, cinéma, télévision, vidéo, ordinateur, monde virtuel) est à l'honneur dans le monde moderne, les hommes se sont pourtant longtemps défiés de son pouvoir d'illusion. C'est ainsi que Platon condamne la peinture d'imitation, parce qu'elle ne produit pas une chose réelle, comme un artisan qui fabrique un lit, mais l'apparence partielle de la chose. L'image peinte est ici considérée comme un simulacre. Elle consacre le triomphe de l'apparence sur l'essence. Cette attitude se retrouve au XVIIe siècle chez Pascal. Celui-ci fustige la *« vanité de la peinture, qui attire l'admiration par la ressemblance des choses dont on n'admire point les originaux »*. C'est que l'image, en redoublant les apparences extérieures, nous éloigne toujours davantage du modèle premier et, plus largement, de l'originel, voire du Dieu unique. Le judaïsme condamne ainsi toute représentation, qui est suspectée d'introduire une relation idolâtrique au sacré. *« Tu ne feras pas de statue ni aucune forme de ce qui est dans le ciel en haut, ou de ce qui est sur la terre en bas, ou de ce qui est dans les eaux au-dessous de la terre » (Exode).* ■

Dans le linceul christique, l'image dérive encore directement de la présence réelle.

Idole et icône

L'image peut être considérée de deux façons. Elle peut être prise comme idole tout d'abord, représentation qui se confond avec son modèle et veut être adorée pour elle-même. Dans l'Ancien Testament, Moïse enseigne la transcendance de Dieu par rapport à ses représentations et brise le Veau d'or façonné et adoré par les Hébreux pendant son absence. En revanche, l'icône chrétienne est une image tournée, orientée vers son modèle premier. L'image iconique est une présence visible du Dieu invisible, c'est une médiation entre Dieu et les hommes. Contempler une icône, c'est accéder à la source sacrée des images, au-delà de l'image apparente.

« Conscience imageante » et imaginaire

Mais l'image peut aussi être considérée comme une invention spécifiquement humaine. En opposition avec une tradition empiriste qui fait dépendre l'image de la perception sensible et qui la tient pour une copie de la réalité ou pour un simulacre mental d'un objet extérieur, Sartre montre, dans *l'Imaginaire* (1940), que l'image est avant tout une relation de l'homme au monde. *« Le mot d'image ne saurait donc désigner que le rapport de la conscience à l'objet [...], une certaine façon qu'a la conscience de se donner un objet. »* Celle-ci sera désignée comme « conscience imageante » et l'image artistique comme « analogon » – et non simple copie – de la visée intentionnelle de la conscience. En réalité, la littérature, la poésie, le langage produisent autant d'images que la peinture, la photographie, le cinéma. L'image résulte d'une tendance en nous, double et inextricable, à donner un cours visible à ce que nous pensons et à conférer aux choses corporelles un pouvoir de nous parler. L'histoire des images engage toute la dimension symbolique et imaginaire de l'homme. *« La valeur d'une image,* écrit Bachelard dans *l'Air et les Songes* (1943), *se mesure à l'étendue de son auréole imaginaire. Grâce à l'imaginaire, l'imagination est essentiellement ouverte, évasive. Elle est dans le psychisme humain l'expérience même de l'ouverture, l'expérience même de la nouveauté. »* Et si l'homme était fondamentalement un être d'images ?

Dico → analogie • idole • illusion • imagination

L'imagination : force ou faiblesse ?

L'imagination trahit l'empreinte du réel sur l'esprit. Les images qu'elle construit ne sont jamais de pures créations *ex nihilo,* c'est-à-dire à partir de rien. L'imagination représente, en alliance avec la raison, une force spécifique de l'esprit humain.

Les quatre types d'imagination

Pour juger de ce que l'imagination a de positif ou au contraire de trompeur, d'illusoire ou de néfaste, il convient au préalable de définir ce qu'est l'acte d'imaginer, et de déterminer quels sont les principaux types d'imagination. L'imagination désigne, pour l'esprit humain, la faculté de produire en pensée des images. Selon les cas, celles-ci représentent un objet absent mais existant, ou bien proposent le modèle cohérent de quelque réalité qui n'existe pas encore, ou bien encore reproduisent de façon trompeuse le monde extérieur en se substituant à nos perceptions, ou enfin « habillent » et parent la réalité.
Dans le premier cas, l'acte d'imaginer consiste simplement à reproduire une entité réelle. On parle à ce titre d'imagination reproductrice. Dans le deuxième cas, l'imagination est ce par quoi nous concevons quelque chose de nouveau. Ainsi en va-t-il pour la création artistique et pour l'invention scientifique. L'une et l'autre sont le fruit d'une imagination créatrice. Dans les deux derniers cas, nous avons affaire à une imagination délirante, onirique ou ludique qui, dans un même mouvement stérile, invente, reproduit et substitue. ■

« Imagination : c'est cette partie dominante dans l'homme, cette maîtresse d'erreur et de fausseté, et d'autant plus fourbe qu'elle ne l'est pas toujours ; car elle serait règle infaillible de vérité, si elle l'était infaillible du mensonge » (Blaise Pascal, *Pensées,* 1670).

Bons et mauvais usages de l'imagination

L'imagination constitue une force lorsqu'elle conduit l'homme de science vers l'élaboration d'une nouvelle théorie – par exemple, Newton imaginant la possibilité d'une attraction universelle. C'est une force lorsqu'en lui elle schématise une intuition qui, par ce mûrissement, devient exprimable et contribue ainsi à faire avancer l'humanité sur la voie du progrès scientifique. C'est une force encore lorsque par elle l'artiste peut exprimer, « visualiser » son inspiration. L'imagination constitue en ce sens un langage alternatif qui participe incontestablement à l'enrichissement culturel des sociétés humaines. En revanche, lorsque l'imagination est à l'œuvre dans le délire du malade victime de ses chimères et qui perd de vue la réalité, elle se révèle une force destructrice. On peut parler alors d'imagination à caractère pathologique, en ce sens qu'elle est l'expression incontrôlée d'un comportement anormal et déréglé de l'esprit humain. Ni force ni faiblesse, l'imagination qui est à l'œuvre dans les rêves – où sont intégrés et mis en scène des bruits extérieurs détournés de leur contexte – et dans le jeu – lorsque, par un mécanisme de projection, l'enfant fait d'un bâton une merveilleuse épée de chevalier – se révèle toutefois comme une faculté naturelle – essentielle ? – de l'esprit. Dans ces deux derniers champs d'expression, l'imagination apparaît comme garante d'une certaine santé mentale. Dans le cas du rêve, notamment, la faculté de produire des images et d'inventer des histoires apparaît comme le moyen pour le psychisme d'exprimer des désirs refoulés et, par là, d'évacuer une réelle tension qui menace à terme son équilibre. ■

« Il [Sénèque] donne par la force de son imagination un certain tour à ses paroles, qui touche, qui agite et qui persuade par impression » (Nicolas Malebranche, *De la recherche de la vérité*, 1674).

L'imagination est l'un des moyens que l'homme possède de nier et de dépasser la réalité.

Dico → création • imagination • impression • progrès

Points clés

Qu'est-ce qu'un raisonnement ?

Le mouvement naturel de l'esprit est celui de l'évidence, mais nos jugements doivent encore être confirmés, justifiés par des arguments, des explications. On appellera «raisonnement» un enchaînement d'énoncés conformes à certaines règles d'où découle une conclusion irréfutable. Est-ce toujours possible ?

Les diverses formes logiques

Le raisonnement le plus naturel est celui qui s'appuie sur des associations d'idées. Celles-ci reposent sur l'expérience, se consolident dans l'habitude, s'organisent en schémas généraux et peuvent nourrir des convictions très solides. Le raisonnement par analogie est plus abstrait car, derrière les situations qu'il compare, il met en parallèle des significations ou des structures.
Il intervient dans la formation des hypothèses et la résolution de problèmes. Le raisonnement déductif a trouvé sa première formalisation avec le syllogisme.
Dans la pensée moderne, la démonstration mathématique, qui enchaîne les résultats à partir de postulats ou de définitions et qui applique à chaque étape des théorèmes démontrés par ailleurs, constitue la forme la plus parfaite de la pensée déductive.
Le raisonnement par induction, utilisé dans les sciences de la nature, consiste à tirer une conclusion générale d'une série de cas observés. Le raisonnement expérimental est de type hypothético-déductif : d'une hypothèse obtenue par induction, on tire un certain nombre de conséquences que l'observation expérimentale viendra ou non confirmer. Le raisonnement par l'absurde est aussi hypothético-déductif : quand une proposition ne peut pas être prouvée directement, on prend la proposition inverse comme prémisse et si les conséquences en sont inacceptables, c'est que la prémisse est fausse et donc que son contraire est vrai. Le raisonnement par récurrence s'appuie sur les propriétés de la suite des nombres.
Il s'agit de montrer que si une proposition est vraie pour *n* et vraie pour *n* + *1*, elle est aussi vraie pour toutes les valeurs de *n*. ■

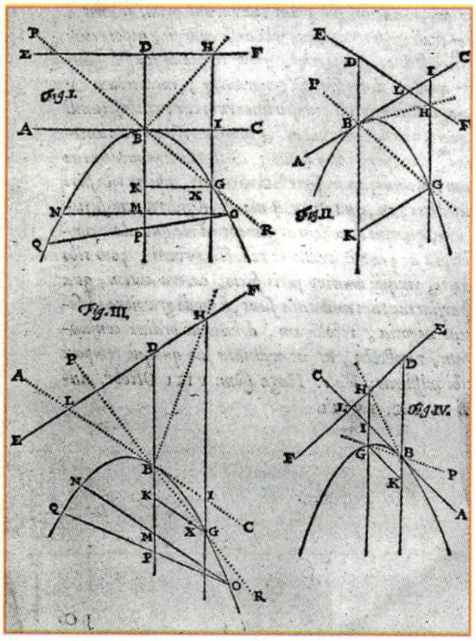

«La méthode est nécessaire pour la recherche de la vérité», ***affirme Descartes – dont sont ici représentés des figures de géométrie – dans les*** **Règles pour la direction de l'esprit** ***(v. 1628).***

Règles et connaissances

Dans la vie pratique, les raisonnements ont rarement la forme réglée de la logique. Les études effectuées dans ce domaine montrent que les sujets font souvent des fautes de raisonnement, mais que, sur les questions où ils sont compétents, leurs conclusions sont correctes. Notre pensée, plutôt que de suivre des enchaînements déductifs linéaires, avancerait de façon plus globale, mobilisant des connaissances diverses qui s'épaulent l'une l'autre, revenant en arrière, reprenant un argument pour l'améliorer ou l'abandonnant s'il se révèle peu probant, en ajoutant de nouveaux pour faire face à une objection. C'est ainsi que se déroulent nos discussions. Le raisonnement humain utiliserait en fait peu de règles et beaucoup de connaissances. ■

Plutôt que d'imposer sa loi aux esprits et aux choses, la raison moderne se diversifie et apprend à comprendre des ordres instables.

Raisonnements « flous » ?

Même dans la pensée scientifique, l'opposition « vrai/faux » est loin d'être pertinente. Le philosophe et logicien allemand Hans Reichenbach suggère de la remplacer par « 1/0 », de sorte que la probabilité qu'une proposition soit vraie est susceptible d'être affectée de valeurs graduelles : 0,1, 0,2, 0,3, etc. Si, dans un enchaînement déductif, chaque maillon est affecté d'une valeur inférieure à 0,5, la chaîne perd tout intérêt prédictif et il y a de grandes chances pour que le raisonnement soit faux. Pour décrire et tenter d'expliquer cette catégorie de raisonnements « flous », on parlera de « scénarios » mettant en relations des connaissances imparfaites, coordonnées de façon provisoire. C'est peut-être dans ces situations que l'esprit raisonne de la façon la plus intense et la plus créative, quand il lui faut réfléchir de façon critique à la fois sur les connaissances qu'il construit et sur les règles qu'il peut utiliser. ■

Points clés

Jugement logique et jugement de goût

En disant *« c'est vrai »* ou *« c'est beau »*, nous portons des jugements. Mais ils ne sont pas tous de même nature.

S'enraciner dans la faculté de penser

Dans la langue ordinaire, le terme « jugement » renvoie à une option personnelle ou à une décision prise après délibération, comme dans une cour de justice. Les philosophes préfèrent rechercher les fondements de la faculté de juger. Tous leurs textes s'inscrivent dans l'acte de connaissance comprenant la formation des idées ou concepts et la faculté d'émettre un jugement grâce à la *« puissance d'élire »*. Même si Descartes postule un humain doué de *« libre arbitre »* en raison de sa volonté infinie de choix, « juger » en philosophie s'éloigne toujours de l'opinion subjective afin de s'enraciner dans la faculté de penser, ou entendement. Cette faculté permet de poser des règles et de connaître par des concepts : le jugement sera une sorte de fil conducteur établissant des relations entre des représentations afin de les unifier. L'entendement a la faculté de *« subsumer sous des règles »*. ■

Jugement déterminant ou réfléchissant

Deux types de réflexion s'opposent au sujet du jugement : l'une vise la vérité objective de la connaissance, l'autre le sentiment de beauté partagé par tous. Un décalage apparaît entre les jugements cognitifs et les jugements esthétiques. C'est dans cette séparation que les concepts de *« jugement logique »* et de *« jugement de goût »* établis au XVIIIe siècle par Kant trouvent leur origine. Comment synthétiser leurs similitudes et leurs différences ? Pour Kant, le jugement logique sera *« déterminant »* alors que le jugement de goût sera *« réfléchissant »*. La faculté de juger est la faculté de penser le particulier comme compris sous l'universel. Si l'universel – la règle, le principe, la loi – est donné, alors la faculté de juger est déterminante ; si seul le particulier est donné, et si la faculté de juger doit trouver l'universel qui lui correspond, elle est simplement réfléchissante (*Critique de la faculté de juger*, 1790). ■

Jugement analytique ou synthétique

En reprenant les règles de la logique déjà dégagées par Aristote et en les étendant à l'acte même de connaître, Kant permet de comprendre qu'en étudiant les jugements on découvre toutes les fonctions de la faculté de penser. Une *« table des jugements »* décidera de leurs différentes caractéristiques logiques – quantité, qualité, relation, modalité : pour la forme qualitative, un jugement peut être affirmatif, négatif ou indéfini ; pour la forme quantitative, il peut être universel, particulier ou singulier. En plus de ces caractères formels des jugements, Kant distingue le type de connaissance sur lequel ceux-ci portent : le *« jugement analytique »,* tel « l'homme est mortel », expose ce qui est déjà inclus dans le concept ; le *« jugement synthétique* a posteriori *»,* tel « cet homme est robuste », produit la synthèse de plusieurs données d'expérience ; le *« jugement synthétique* a priori *»,* tel « le corps humain est pesant », relie le concept à une donnée ni comprise dans son énonciation ni simplement empirique. ■

L'universalité contenue dans l'affirmation qu'une chose est belle est pour Kant de l'ordre du jugement subjectif et ne relève plus du concept.

L'originalité du jugement de goût

Si le jugement logique n'appartient qu'à l'acte de connaître, le jugement de goût réalise une sorte d'harmonie imprévisible entre les diverses facultés, à savoir l'imagination, l'entendement, la sensibilité et la raison. Son originalité réside dans le fait que la représentation, bien que rapportée au sujet individuel (sentiment de plaisir ou de déplaisir, de beau ou de laid), doit s'inscrire sous une législation universelle, sorte de « sens commun » esthétique des humains. La beauté d'une chose est alors communicable sous plusieurs règles : sans intention conceptuelle, sans visée utilitaire, sans représentation préalable ni d'une finalité ni d'un idéal. Pour Kant, le jugement de goût est un *« jugement synthétique* a priori *»* alors que pour Hegel il manifeste une idée dans le sensible, voire la conscience d'une époque historique. Comment dépasser les fondements dans lesquels la réflexion se noue ? Comment juger autrement de ce dont le jugement dépend ? Là réside le nœud gordien de cette thématique. ■

Idées et réalité

La relation entre idées et réalité est au cœur de toute la réflexion philosophique. Le contenu donné à chacun de ces termes a varié au cours de l'histoire, délimitant des problématiques fondamentales.

Platon et le monde intelligible

En grec, *eidos* signifie « forme ». Pour Platon, qui pose les données fondatrices de toute la philosophie européenne sur la place des idées, ces *« formes »* ne peuvent être atteintes que par la pensée. Il ne faut donc pas se méprendre sur le sens du terme « forme » : selon Platon, quand nous démontrons un théorème de géométrie concernant le cercle, le triangle ou le carré, ce ne sont pas les formes des figures visibles qui constituent les idées, mais uniquement les définitions abstraites, que nous pouvons penser mais non pas sentir. Or ces idées de la géométrie entretiennent un rapport particulier avec le monde matériel. En effet, les propriétés géométriques du cercle ou du triangle sont identiques – que les figures qui les représentent soient grandes ou petites, vertes ou rouges, tracées à l'encre ou à la craie, découpées dans du tissu ou du bois. ■

Unité, identité, permanence

Platon tire toutes les conséquences de ces particularités des idées géométriques. Celles-ci sont uniques : il n'existe qu'une idée du cercle ou du triangle, alors qu'il existe une infinité de cercles et de triangles « concrets ». Elles sont immuables : les figures concrètes s'abîment, se déchirent, s'usent ou se déforment, alors que ces idées demeurent éternellement identiques à elles-mêmes, sans changement ni altération. Elles peuvent enfin être considérées comme les modèles dont les figures concrètes ne sont que les copies. C'est ce que fait comprendre, dans *la République,* l'allégorie de la caverne : les idées sont « plus réelles », elles forment un monde qui est le seul monde réel, dont ce que nous appelons « réalité » n'est qu'un reflet. ■

L'expérience

Cette conception fut souvent critiquée. Platon lui-même, dans le dialogue intitulé *Parménide,* en examine une curieuse conséquence : s'il existe des idées de tout, il faut admettre que dans ce monde parfait existent éternellement des idées-modèles des réalités les plus viles : la crasse, la boue, les rognures d'ongle ! Aristote formule également d'importantes critiques de cette conception des rapports entre idées et réalité. Il n'en demeure pas moins que l'influence durable de Platon se reconnaît au fait que, pour Aristote comme pour un grand nombre de philosophes au cours des siècles, la réalité la plus haute se trouve du côté des idées. C'est exactement l'inverse chez les philosophes qui font dériver nos idées de l'expérience. Pour ces philosophes empiristes – du grec *empeïria,* « expérience » –, c'est à partir de nos perceptions de la réalité extérieure que se forment peu à peu en nous des idées, par un processus d'association, de généralisation, de comparaison. Pour Hume, par exemple, la vivacité et la force appartiennent aux sensations et aux émotions, alors que les idées sont comme une forme de réalité seconde et affaiblie : *« Par idées, j'entends ces faibles images que laissent les impressions dans la pensée et dans le raisonnement »,* écrit-il dans le *Traité de la nature humaine* (1740). ■

De nouvelles relations entre idées et réalité

Il existe plusieurs voies possibles pour sortir de cette opposition. La philosophie critique de Kant, principalement, élabore une analyse de l'interdépendance entre les idées et la construction même de ce que nous appelons réalité. On peut également se dire qu'il existe, avec les créations de concepts propres à l'activité philosophique, un renouvellement des idées qui parvient à modifier la réalité. Au lieu de concevoir des relations figées entre deux mondes, il faudrait se représenter les liens entre idées et réalité de manière mobile, dynamique, évolutive. ■

« Le virtuel ne s'oppose pas au réel, mais seulement à l'actuel. Le virtuel possède une pleine réalité, en tant que virtuel » (Gilles Deleuze, Différence et Répétition, *1969).*

Dico → définition • essence • expérience • idéalisme

Qu'appelle-t-on idéalisme ?

L'idéalisme caractérise toute pensée qui articule sa réflexion autour de la croyance que la matière n'a pas de réalité en soi. Les uns diront qu'il existe un monde séparé où demeurent les modèles et où les Idées sont la mesure de toute chose ; d'autres, que c'est l'homme percevant qui fonde toute réalité.

Le monde des idées

On appelle « idéalisme » l'une des réponses à un conflit que les philosophes tentent de résoudre depuis les origines : celui qui oppose l'intelligible au sensible. La philosophie s'est en effet donné pour objectif de rendre compte des phénomènes, d'expliquer le réel à la lumière de la raison. Pour accomplir cette tâche, elle a emprunté deux voies contraires : l'idéalisme et le matérialisme. La voie de l'idéalisme est d'abord choisie par des penseurs insatisfaits de la corruptibilité et de l'imperfection du monde des réalités sensibles – comme Pythagore et ses idées-nombres – et qui sont à la recherche de modèles parfaits. Les idéalistes, dans leur grande majorité, diront que rien n'existe dans le monde en dehors de la pensée, qui conçoit les choses et les êtres. L'idée pose la réalité de toute existence ; elle seule est réelle et intelligible. ■

Platon, Berkeley, Kant

Mais l'idéalisme est multiple. De Platon à Kant en passant par Berkeley, entre autres, il a pris plusieurs visages. Platon défend ce que l'on a nommé par la suite un « réalisme des idées ». C'est un idéalisme pur et dur qui considère les réalités sensibles comme les reflets irréels, imparfaits et matériels d'Idées pures, immatérielles et transcendantes qui constituent les seules vérités et réalités authentiques. Pour lui, les objets sensibles ne sont que de pseudo-réalités, tandis que les Idées sont au contraire des paradigmes qui définissent tout, même les valeurs morales, car il existe une

« Rien de tout cela n'est une pipe ; mais un texte qui ressemble à un texte ; un dessin qui ressemble à un dessin » (Michel Foucault, **Ceci n'est pas une pipe** ***[à propos du tableau de Magritte], 15 janvier 1968).***

Idée modèle de ce qui est bien ou courageux, vertueux, juste, etc. Berkeley, au XVIIIe siècle, assimile idéalisme et sensualisme en affirmant que rien n'existe en dehors de la sensation. Il n'y a de réalités, selon lui, que les réalités perçues : *« être, c'est être perçu »*. La matière, hors de la perception multiple que nous en avons, n'existe tout simplement pas, car on ne peut dire l'être d'une chose qu'à travers la perception que l'on en a. Avec Kant, le sujet range les phénomènes sous les concepts de l'entendement et les formes *a priori* que sont l'espace et le temps. C'est ainsi qu'il connaît. C'est le sujet qui, grâce à cette saisie cognitive, appréhende et décrypte les choses du monde. L'homme perçoit et comprend le monde parce que son entendement possède les cadres de toutes les compréhensions possibles. Ces cadres sont là avant toute chose et toute connaissance, et nécessairement : ils sont *a priori* et transcendantaux. Ils sont, pour le sujet, la condition de toute connaissance. Pour ce motif, l'idéalisme kantien est dénommé « idéalisme transcendantal ». ■

Hegel

Ce qu'on appelle idéalisme en philosophie, c'est donc une manière d'appréhender et de dire le réel, d'exprimer le vrai. C'est le premier pas vers la constitution d'une métaphysique, dans la mesure où l'idéalisme conduit toujours à mettre en question l'être. C'est avec Hegel que l'idéalisme connaît un nouveau développement. En effet, pour celui-ci, le monde est le théâtre où s'exprime la Raison et où se réalise l'Esprit universel. Ce cheminement spirituel est un processus historique et dialectique au terme duquel s'accomplit l'Esprit absolu : *« L'histoire est le produit de la Raison éternelle et la Raison a déterminé ses grandes révolutions. »* C'est ainsi que *« nous devons chercher dans l'histoire un but universel, le but final du monde »*. L'Esprit absolu répandu dans l'histoire travaille à sa propre révélation. Il s'agit ici d'un idéalisme absolu. ■

Dico → absolu • a priori • entendement • idée • système

Le concept d'infini

L'infini est-il une réalité ? En avons-nous une expérience sensible ou bien n'est-ce qu'une construction abstraite ? Mais de quel ordre ? L'histoire de ce concept montre qu'il a été sans cesse remanié et que son sens continue à évoluer selon ses domaines d'application.

L'application du concept

La notion d'infini s'applique « en extension » à des grandeurs physiques – l'espace et le temps – dont on ne voit pas comment leur assigner de limites, ainsi qu'en mathématiques, dans la théorie des nombres. Mais, dans l'un et l'autre cas, on peut donner à la notion une signification « intensive » en tant que les grandeurs concernées sont aussi divisibles « à l'infini ». Dans la tradition religieuse, l'infini est un attribut essentiel de Dieu pour désigner une puissance au-delà de toute puissance, absolue et parfaite, qui ne saurait admettre aucune limite, face à laquelle l'homme apparaît comme un être imparfait et fini. ■

La nébuleuse de la Tête de cheval illustre l'infinité de l'Univers que Giordano Bruno enseignait déjà, ce qui lui a valu d'être brûlé vif, le 17 février 1600.

Du monde clos à l'univers infini

Les physiciens-philosophes de l'Antiquité admettent l'existence primordiale d'une matière indéterminée ou illimitée, mais dont on ne peut rien connaître. La connaissance exige la détermination, la mesure, l'intervention de formes. En fait, quand les Anciens veulent penser l'infini, ils ne trouvent que de l'indéfini, ce que Hegel appellera le *« mauvais infini »*. L'idée d'infini est donc rejetée du côté du non-être. La conception qu'a Lucrèce d'un monde reposant sur le mouvement des atomes *« dans le vide immense »* reste isolée. D'Aristote à Copernic, le monde est nécessairement fini, enclos dans une sphère. Le cercle est en effet la forme la plus parfaite ; le mouvement du cercle sur lui-même n'ayant ni commencement ni fin, son mouvement est éternel. Mais si la cosmologie prégaliléenne ne peut accepter l'infinité de l'Univers, elle admet, indirectement, que le temps puisse être infini. Avec Descartes, Leibniz et Newton, penser l'infinité de l'Univers passera par la mathématisation de l'espace : la droite géométrique, en premier lieu, est infinie et l'espace l'est également dans ses trois dimensions. ■

L'infini mathématique

L'infini mathématique a été perçu dès l'Antiquité selon des approches différentes. La plus intuitive est celle de la suite des entiers naturels. Plus complexe est la découverte, attribuée à Hippase, de l'incommensurabilité de la diagonale et, corrélativement, de l'existence de nombres irrationnels. Le deuxième paradoxe de Zénon, celui d'« Achille et de la tortue » – qui vise en fait à démontrer l'impossibilité du mouvement –, repose sur l'hypothèse de la divisibilité à l'infini du continu spatial et temporel. L'invention de l'algèbre, la notion de nombres négatifs puis la découverte par Leibniz du calcul infinitésimal marquent les étapes d'une formalisation de plus en plus poussée du concept, mais il faut attendre les travaux de Richard Dedekind et de Georg Cantor sur la théorie des ensembles, en 1879, pour libérer le concept d'infini de tout contenu intuitif et le faire accéder à un statut strictement mathématique. Cantor a montré que, de façon générale, la puissance de l'ensemble des parties d'un ensemble A est plus grande que celle de A ; cela indique qu'il y a une hiérarchie d'infinités, à laquelle on peut appliquer le concept de nombre transfini. ■

Fini/infini

De fait, les théories physiques se heurtent constamment à la question des limites : elles butent sur le « zéro absolu » en température (–273,15 °C), sur la vitesse absolue de la lumière (300 000 km/s), sur l'instant t_0 du big-bang (il y a environ quinze milliards d'années). Chaque fois, le fini se substitue à l'infini. Mais *« ces limites finies ne sont finies qu'en apparence,* souligne J.-M. Levy-Leblond, *ce sont des limites théoriques »* locales, car, dans le domaine de l'astrophysique, on peut démontrer que le cœur d'un trou noir est de masse infinie et qu'un mobile qui s'en approche mettra un temps infini à l'atteindre. ■

Dico → dieu • indéfini • infini

Le concept de lumière

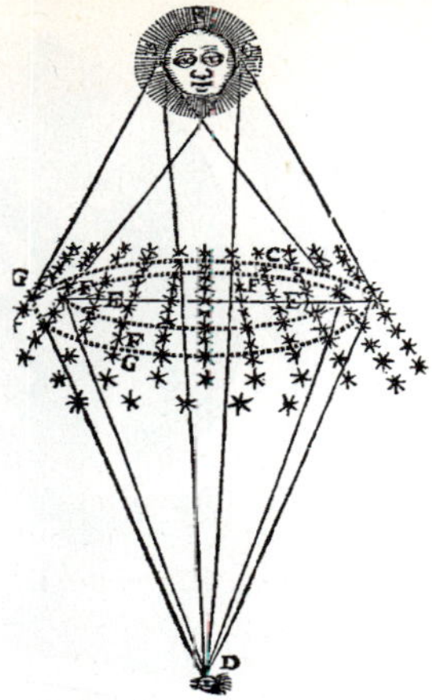

Illustration pour la Dioptrique *(1637), traité d'optique de Descartes.*

La lumière est un phénomène d'exception. Sa connaissance scientifique est complexe. Mais c'est aussi la lumière qui nous rend visibles les choses. Elle apparaît alors, métaphoriquement, comme la condition, sinon la source, de toute connaissance.

Le visible, la représentation

Les physiciens de l'Antiquité émettent déjà l'hypothèse que la lumière est composée de petits grains et que la vision repose sur le trajet que la lumière emprunte, soit de l'objet vers l'œil (selon Aristote ou Leucippe), soit de l'œil vers l'objet (selon Pythagore ou Euclide). Ainsi, non seulement la lumière est au principe de la connaissance, mais le visible est pensé comme image de l'intelligible – c'est ce que montre le mythe de la caverne de Platon – ou comme structure de la représentation – telle que le développera la théorie de la perspective à la Renaissance. ■

La métaphore de la connaissance

Le symbolisme de la lumière, dans son opposition aux ténèbres, est ainsi utilisé depuis la plus haute Antiquité pour opposer la vérité à l'erreur, la connaissance à l'ignorance, le bien au mal. Dans la philosophie médiévale, la lumière joue le rôle d'intermédiaire entre l'âme et le corps, entre l'homme et Dieu. Elle est le principe matériel qui organise l'ordre du monde ; elle en est la forme, et l'optique est le modèle de toute connaissance. Nul mieux que Descartes n'a exprimé l'adéquation entre la netteté de la vision et la connaissance exacte : les caractères distinctifs de la vérité sont, selon lui, ceux d'une vision « claire » et « distincte ». De Descartes à Leibniz et à la philosophie des « Lumières », la pensée rationnelle est considérée comme la seule lumière capable de guider l'homme dans toutes ses actions. Mais la philosophie contemporaine ne s'est pas départie de cette métaphore. Pour Maurice Merleau-Ponty, si les choses sont connaissables, c'est dans le double mouvement de leur « apparaître » et de notre « ouverture au monde », c'est-à-dire dans le « dedans » de leur visibilité. *« Il s'agit de faire parler l'espace et la lumière qui sont là »,* écrit-il dans *l'Œil et l'Esprit* (1964). La compréhension de notre expérience du monde passe ainsi par celle de l'énigme de la visibilité, dont l'interrogation du peintre fournit la meilleure illustration : *« C'est la question de celui qui ne sait pas à une vision qui sait tout. »* ■

Les représentations scientifiques de la lumière

Il est remarquable que les différents « modèles » de compréhension des phénomènes lumineux, proposés par les théories de la lumière émises depuis l'Antiquité jusqu'à nos jours, ont tous conservé leur pertinence. On a vu que le modèle corpusculaire est défendu par les savants grecs. La théorie cartésienne énoncée dans la *Dioptrique* (1637) propose une géométrisation des phénomènes lumineux : le rayon lumineux est assimilé à un segment de droite ; la réflexion et la diffraction sont ramenées à des relations d'angles. Mais Descartes laisse en suspens la question de la nature « physique » de la lumière : ne l'assimilant pas à une substance, il lui confère une nature « cinétique » et la compare à une « vibration » dans un milieu de propagation, l'éther. Au XVIIe siècle, Francesco Maria Grimaldi et Robert Hooke consolident l'hypothèse vibratoire, mais Newton réintroduit, dans son *Optique* (1704), l'hypothèse de corpuscules lumineux susceptibles d'« ébranler » les vibrations de l'éther. La polémique renaît au cours du XIXe siècle. La théorie électromagnétique développée par Augustin Fresnel et James Clerk Maxwell privilégie la thèse ondulatoire, alors que la mécanique quantique, avec les concepts de photon et de quantum d'énergie, reprend celle des « grains de lumière ». En 1924, Louis de Broglie démontre la compatibilité des deux théories : la lumière est « à la fois » onde et corpuscules. En prenant la vitesse de la lumière comme référence absolue des mouvements dans l'Univers, la théorie générale de la relativité d'Einstein ne fait qu'épaissir le mystère. ■

> **« Le développement des doctrines relatives à la lumière, après avoir imposé l'idée d'ondes lumineuses, a montré que cette idée était insuffisante et qu'il fallait y ajouter l'idée de grains de lumière, et réaliser au prix de conceptions nouvelles et hardies un amalgame des images opposées d'onde et de corpuscule » (Louis de Broglie, *Ondes, corpuscules, mécaniques ondulatoires*, 1935).**

Certains peintres, comme Cézanne, ont fait triompher la lumière.

Points clés

Le concept de réflexe

Les concepts scientifiques ont une histoire. Il est possible de discerner leur date d'apparition et le contexte dans lequel ils ont été créés. Il en est ainsi, en biologie, de la notion de «réflexe».

Contre le «virus des précurseurs»

Si l'on peut parler de naissance d'un concept, c'est que celui-ci n'est pas donné de toute éternité : il apparaît dans une conjoncture déterminée, souvent complexe, que l'histoire des sciences, aidée par l'épistémologie, devra démêler. S'élevant contre l'idée qu'il y aurait des concepts éternels de la science, et ce qu'il nomme le «virus des précurseurs», le philosophe français contemporain Georges Canguilhem pose la question de la formation des concepts. *«Il ne peut pas y avoir, en science,* écrit-il dans *la Formation du concept de réflexe* (1955), *de notions vieilles comme ces choses dont la naissance n'a pas eu de témoins. Il peut y avoir des notions solides de toujours, résistantes dès leur apparition, mais elles ont eu un commencement, c'est-à-dire qu'elles portent un nom. C'est le cas de la circulation, qui porte un nom, celui de Harvey.»* C'est en effet le médecin anglais William Harvey qui a découvert, au XVIIe siècle, le mécanisme de la circulation du sang dans le corps humain. ■

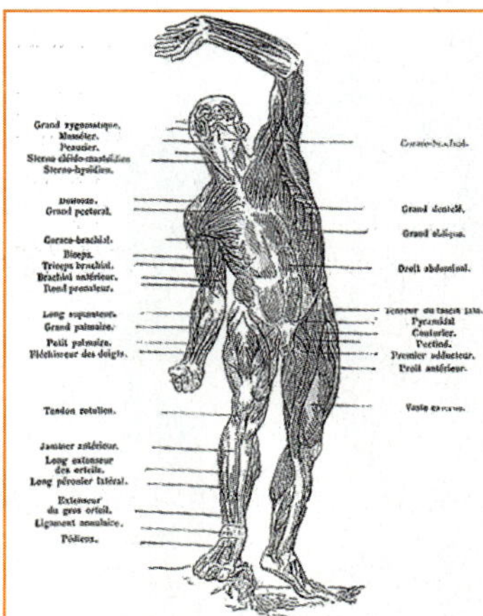

Système musculaire. — Muscles superficiels de la partie antérieure du corps (D'après l'écorché de Caudron.)

Le corps n'est pas seulement une machine, comme le croyait Descartes.

L'exemple de la théorie du réflexe

Il était établi depuis le XIXe siècle que la théorie du réflexe était née au sein de l'idéologie mécaniste du XVIIe siècle, qui appliquait aux corps vivants le modèle des machines. Canguilhem démontre au contraire que la philosophie de Descartes, qui assimile le corps à une machine, fait obstacle à cette élaboration de la théorie du réflexe. Celle-ci provient de Thomas Willis, qui assimile le mouvement réflexe à l'image d'un rayon lumineux réfléchi. Cette conception ne se rattache donc pas au mécanisme (doctrine assimilant les corps aux machines), mais au vitalisme (explication des phénomènes vivants par un principe vital qui obéirait à d'autres lois que la matière inerte). C'est Georg Prochaska qui inscrit le réflexe dans l'analyse des fonctions sensori-motrices

Georges Canguilhem est l'un des principaux épistémologues français de la seconde moitié du XXe siècle.

« Travailler un concept, c'est en faire varier l'extension et la compréhension, le généraliser par l'incorporation des traits d'exception, l'exporter hors de sa région d'origine, le prendre comme modèle ou inversement lui chercher un modèle, bref lui conférer progressivement, par des transformations réglées, la fonction d'une forme » (Georges Canguilhem, *la Formation du concept de réflexe,* 1955).

et de leur décentralisation par rapport au cerveau. De sorte que le mouvement réflexe peut être défini, au début du XIXe siècle, comme *« celui qui, immédiatement provoqué par une sensation antécédente, est déterminé selon les lois physiques, et en relation avec les instincts, par la réflexion des impressions nerveuses sensitives et motrices, au niveau de la moelle épinière avec ou sans conscience concomitante ».* ■

La spécificité de l'histoire des sciences biologiques

L'une des conclusions que l'on peut tirer de cet exemple, outre l'impossibilité d'étudier l'histoire des sciences hors du point de vue épistémologique, est qu'il y a une spécificité de l'histoire des sciences biologiques par rapport à celle des sciences physiques : le moment décisif n'est plus, pour les premières, celui de la formalisation et de la constitution de la théorie, mais de la constitution de l'objet de la formation du concept. *« L'objet en histoire des sciences n'a rien de commun avec l'objet de la science. L'objet scientifique, constitué par le discours méthodique, est second, bien que non dérivé, par rapport à l'objet initial, et qu'on dirait volontiers, en jouant sur le sens, pré-texte. L'histoire des sciences s'exerce sur ces objets seconds, non naturels, culturels, mais n'en dérive pas plus que ceux-ci ne dérivent des premiers. L'objet du discours historique est, en effet, l'historicité du discours scientifique, en tant que cette historicité représente l'effectuation d'un projet intérieurement normé, mais traversée d'accidents, retardée ou détournée par des obstacles, interrompue de crises, c'est-à-dire de moments de jugement et de vérité »* (Georges Canguilhem, *Études d'histoire et de philosophie des sciences,* 1968). ■

Dico → concept • épistémologie • mécanisme • vitalisme

Points clés

Qu'est-ce qu'une théorie scientifique ?

Le terme grec *theôria* renvoie d'abord à l'activité désintéressée de celui qui cherche la « vision », la « contemplation » des choses, par-delà leur caractère éphémère et changeant.

Une représentation de la réalité

Cette recherche des « principes » immuables, des « essences », a longtemps caractérisé l'attitude quasi sacrée du sage qui se soustrayait un temps aux impératifs de la vie courante pour contempler le monde sous le signe du divin, avant d'y retourner et de l'éclairer aux yeux de tous.

Sa lunette convainc Galilée de la réalité physique des théories mathématiques coperniciennes.

L'émergence lente et complexe de l'activité scientifique a sensiblement modifié le sens du mot « théorie ». Dans les sciences modernes, « théorie » ne s'oppose pas à « pratique » (éthique et politique), mais plutôt à « empirisme » (qui relève de l'expérience). De la définition que l'on donne de la théorie dépend donc la conception que l'on se fait de la science, ou plutôt des sciences, classées justement en fonction des relations que chacune instaure entre « théorie » (abstraction) et « réalité » (concret). Dans ce cadre très général, on peut définir une théorie comme une représentation de la réalité selon les deux sens du terme : construction d'une « image » donnée à voir ; schématisation abstraite rigoureuse à laquelle les propriétés de la réalité sont transposées et comme déléguées.

Une construction consciente et rationnelle

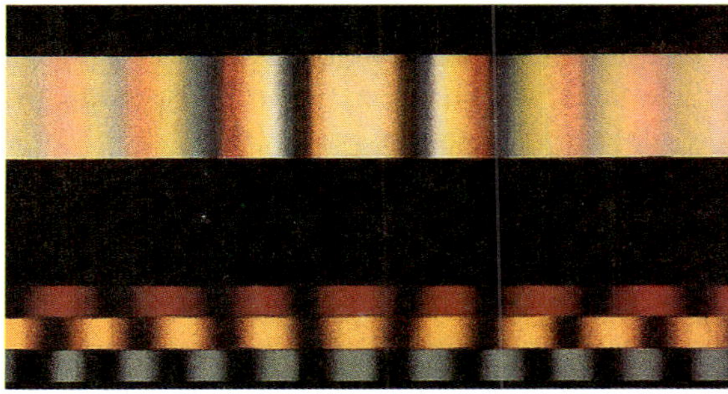

Les mesures de la vitesse de la lumière par Michelson aideront Einstein à élaborer sa théorie de la relativité.

C'est pourquoi toute représentation n'est pas une théorie au sens scientifique du terme. Le mythe est une représentation du « vécu » humain qui donne sens aux souffrances humaines sans les expliquer ni donner prise sur elles. Les *« théories sexuelles infantiles »* de Freud sont des représentations nécessaires à la construction de l'individu, mais qui comblent un besoin apparu sur *« l'autre scène »* de l'inconscient. L'activité théorique à l'âge de la science est la construction consciente et rationnelle d'une représentation d'un « segment » de la réalité : une théorie ne donne pas un sens global à la réalité dans sa totalité. À l'intérieur de celle-ci, elle circonscrit un objet selon des règles explicites et contrôlables ; elle y dégage des régularités qu'elle décrit et explique ; elle cherche à valider cette représentation abstraite par des procédures, démonstratives et/ou expérimentales, de validation – et pas nécessairement de vérification – qui peuvent être effectuées à nouveau dans les mêmes conditions. ■

Des systèmes d'énonciation et de validation diversifiés

Cette définition générale oblige à distinguer différents types de théories scientifiques, essentiellement en fonction de la nature des objets, d'une part, et de celle des procédures de validation, de l'autre. Les objets de la logique moderne et des mathématiques sont des idéalités au statut ontologique problématique, dont les théories se valident de manière strictement démonstrative (règles de déduction et axiomes dans les systèmes formels ordonnés selon la forme « si… alors… »). Les théories des sciences empirico-formelles, comme la physique, doivent, quant à elles, satisfaire à un double ordre d'exigences : non-contradiction formelle et déductibilité d'une part, prédictibilité des faits et adéquation empirique à la réalité de l'autre. Quant aux sciences « humaines », comme l'économie, la sociologie, la psychologie ou la linguistique, elles prennent en charge l'expérience humaine avec une double difficulté : impossibilité d'expérimenter, limites de la formalisation des théories. La théorie y est toujours possible – en ethnologie, en économie, dans la théorie des jeux –, mais elles ont moins affaire à des « causes » et à des « lois » qu'à des significations (histoire, psychanalyse). ■

Dico → axiome • cause • empirisme • falsifiabilité • loi • principe

Points clés

L'expérimentation dans les sciences

S'il n'est de science que théorique, en retour la validité d'une théorie, dans le domaine des sciences qui ne sont pas purement formelles, exige une adéquation à la réalité. Par quelles procédures?

L'instance ultime de validation

L'importance de l'expérience a été mise en évidence par Roger Bacon, au XIIIe siècle, puis par Descartes, dans le *Discours de la méthode* (1637). Pour ce dernier, si toute connaissance doit découler déductivement de celle des *« principes premiers »*, l'expérience constitue néanmoins l'instance ultime de validation des théories, dans la mesure où elle seule permet de *« venir au-devant des causes par les effets »*. Le cadre général de la problématique de l'expérimentation scientifique est ainsi posé: exigence de prédictibilité des phénomènes, qui est la marque de la *« connaissance vraie »*, et jeu complexe entre *« l'observable »*, qui se présente aux sens comme un *« effet »* descriptible, et la *« cause »* qui, elle, est dissimulée au regard, mais détient la valeur *« explicative »* de la théorie. ■

La réponse de la nature

L'histoire des sciences et de la réflexion sur les sciences ne cesse d'affiner et de compliquer la conception du dispositif expérimental qui caractérise la connaissance scientifique, ainsi que son interprétation épistémologique. La mathématisation des théories, qui suppose un « accord » mystérieux entre l'esprit, qui connaît « activement », et la réalité donnée « passivement », conduit à questionner l'innocence présumée des notions de fait et d'observation. Kant affirme, dans la *Critique de la raison pure* (1781), que *« la raison ne voit que ce qu'elle produit elle-même d'après ses propres plans [...], qu'elle doit obliger la nature à répondre à ses questions, [...qu'] il faut que la raison se présente à la nature tenant, d'une main, ses principes [...] et, de l'autre, l'expérimentation qu'elle a imaginée d'après ces principes [...], comme un juge en fonction qui force les témoins à*

«Nous choisissons la théorie qui se défend le mieux dans la compétition avec d'autres théories. Ce sera celle qui non seulement a jusqu'alors résisté à l'épreuve des tests les plus sévères, mais est aussi suceptible d'être soumise à des tests de la manière la plus rigoureuse» (Karl Popper, *la Logique de la découverte scientifque,* 1959).

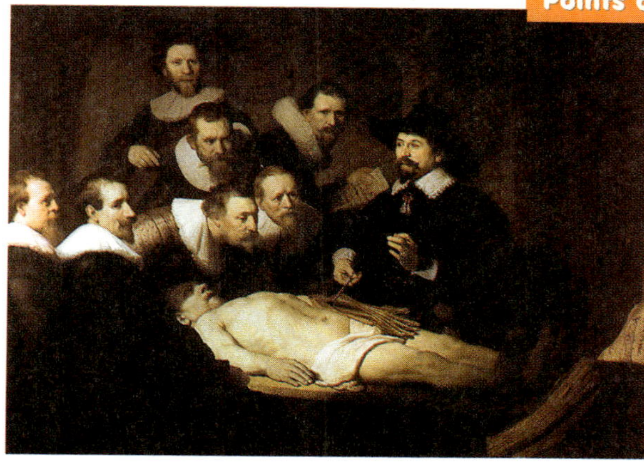

répondre aux questions qu'il leur pose». Il souligne ainsi deux points liés à la mathématisation de la connaissance de la nature. D'une part, aucune loi générale ne peut être obtenue par une simple généralisation de l'expérience immédiate, c'est-à-dire par induction. On peut regarder indéfiniment tomber des corps sans jamais parvenir à formuler la loi mathématique qui régit leur chute. Seule cette loi nous permet de voir, dans un corps au repos, un objet dont la chute est empêchée par une force contraire. Seule la formulation mathématique du principe d'inertie nous permet de construire le dispositif expérimental permettant de le valider. Mais, d'autre part, cette faculté qu'a la raison d'organiser l'expérience, loin d'être l'expression de sa toute-puissance, est la marque de sa limitation: si l'expérience immédiate que nous faisons du monde ne nous apprend rien, les constructions de la raison n'ont de validité que si elles sont formulées de manière à permettre une ratification dans et par l'expérimentation. Une «vérité» infalsifiable (Popper) est un préjugé, un article de foi, une croyance idéologique, toujours confirmés par les «faits». De ce point de vue, Pangloss, dans le *Candide* de Voltaire, qui ne voit dans des événements de sens contraires que la manifestation d'un même et unique principe «rationnel», est le prototype caricatural de l'esprit antiexpérimental. ■

«Le problème de l'expérimentation sur l'homme n'est plus un simple problème de technique, c'est un problème de valeurs» (Georges Canguilhem, la Connaissance de la vie, *1952).*

Sciences et tests

Les sciences de la nature n'ont pas seulement une histoire – comme les Dupond-Dupont ont un chapeau melon –, elles sont de part en part historiques, parce qu'elles organisent sans cesse les procédures d'élimination des théories possibles (François Jacob, *le Jeu des possibles,* 1981) en inventant des dispositifs expérimentaux de test. La raison expérimentale n'est pas efficace malgré ses limites, mais grâce à ses limites, à sa relativité anthropologique et historique. ■

Dico → cause • expérience • fait • observation • vérité

Hypothèse et mise à l'épreuve

La question de l'hypothèse et de sa mise à l'épreuve prend place dans la méthode de validation des théories appartenant au domaine des sciences de la nature.

Les deux langages

Dans le cadre des sciences de la nature, on sait que l'expérimentation possède un caractère crucial. C'est là que se situe le rapport de l'esprit, qui construit consciemment et rigoureusement des théories de manière axiomatique et déductive, et de la réalité, que l'esprit « reçoit » comme un « donné » qu'il ne construit pas lui-même et cherche à connaître.

Dans les théories scientifiques modernes, on dit que la science élabore en fait deux « langages » : l'un, théorique, qui ne contient que des termes logiques ; l'autre, « descriptif », qui se rapporte à des états de fait.
Le problème est que le premier procède à la manière des sciences formelles (logique et mathématiques), par définition d'axiomes et de règles de déduction.

Les axiomes sont des propositions générales qui ne sont pas elles-mêmes déduites, mais qui rendent possibles toutes les déductions qu'on peut faire. Cette axiomatique obéit donc pour l'essentiel à la règle de non-contradiction formelle des systèmes hypothético-déductifs – si l'on admet X et Y, alors il s'ensuit nécessairement Z. Mais, pour qu'une théorie physique en soit vraiment une, il faut qu'elle satisfasse à d'autres conditions, qu'on résume dans les théories modernes à une propriété unique : que cette structure formelle soit « interprétable », c'est-à-dire qu'on puisse lui conférer un contenu empirique par transposition du « vocabulaire » et de la « syntaxe » du premier langage (théorique) dans ceux du second (observationnel et descriptif). ■

Le langage expérimental

L'interprétation d'une théorie est un problème « sémantique » – comment se rapporte-t-elle à la réalité ; quel est son sens, ou plutôt sa référence ? Ce problème est résolu par une méthode : une « mise à l'épreuve des faits ». Dans les sciences modernes, cette mise à l'épreuve se fait le plus souvent à travers la construction d'un « modèle », sorte de langage intermédiaire entre la théorie déductive et les faits empiriques, qui constitue à la fois une schématisation déjà abstraite de la réalité et une concrétisation de la théorie. C'est ce langage expérimental « mixte », où ce que l'on connaît par d'autres théories déjà validées cerne et précise ce que l'on cherche à connaître, qui constitue la mise à l'épreuve d'un dispositif expérimental. À partir de là, Karl Popper décrit deux possibilités qui font apparaître une dissymétrie dans les démarches. Première possibilité : une proposition théorique s'accorde avec une proposition expérimentale – elle affirme ou nie la même chose – et il s'ensuit que la théorie est «confirmée ». Mais il ne s'ensuit pas pour autant qu'elle est « vérifiée » : la logique des propositions (tables de vérité) montre que de prémisses fausses peut découler une conséquence vraie. La simple probabilité montre qu'on peut parvenir au vrai à partir d'un raisonnement faux. Seconde possibilité : une proposition formulée en langage théorique contredit une proposition du langage expérimental et, dans ce cas, la valeur informative de la confrontation est essentielle, puisqu'on apprend que la théorie est fausse – du vrai, on ne peut déduire le faux – et qu'elle doit être éliminée et/ou reformulée. ■

Points clés

« Le réel immédiat est un simple prétexte de pensée scientifique et non plus un objet de connaissance », affirme Gaston Bachelard dans **le Nouvel Esprit scientifique** *(1963).*

Corroboration/réfutation

Il y a donc bien solidarité fondamentale entre « formulation d'hypothèses » et « mise à l'épreuve » : la « confirmation » d'une théorie ne nous apporte rien concernant sa valeur de vérité, tandis que sa réfutation montre la vraie nature des théories scientifiques : elles sont corroborées aussi longtemps qu'elles n'ont pas été réfutées. L'histoire des sciences expérimentales est en quelque sorte un cimetière d'hypothèses, éliminées par la dialectique corroboration/réfutation (Karl Popper), science périmée/science – provisoirement – sanctionnée (Gaston Bachelard). La modalité hypothétique ne referme pas la science sur son imperfection (scepticisme), mais l'ouvre indéfiniment sur son avenir (progressisme, sans fatalité ni destin). ■

Dico → axiome • cercle de Vienne • expérimentation • vérification

Points clés

Mathématiques et monde réel

« Le nombre entier est aussi réel que la mer du Nord », déclarait le logicien et mathématicien allemand Gotlob Frege. Si cette phrase peut apparaître comme une provocation, c'est bien que la réalité des objets mathématiques est éminemment problématique.

Réalisme et mathématiques

Pour celui qui considère que la réalité est le monde immédiatement accessible aux sens, l'idée d'objets mathématiques « réels » ne va pas de soi. Certes, la géométrie offre aux sens ses *« figures »* qui parlent à *« l'imagination »* (Descartes). Un cercle tracé sur le sable est perceptible immédiatement. Le chiffre 3 est aussitôt appréhensible à travers l'énumération de trois objets. Il s'agit bien de réalités. Mais s'agit-il de réalités mathématiques ? Pour demeurer « réaliste » en mathématiques, Platon propose une conversion complète de nos habitudes mentales les plus profondément acquises. Mieux, il prend appui sur l'expérience intellectuelle du mathématicien pour inventer une nouvelle vision de notre rapport au monde. ■

« La mathématique produit elle-même son propre sol [...]. Il ne sert à rien de creuser le sol de la mathématique pour découvrir le sous-sol originaire secret, et mathématiquement muet sur lequel elle serait née [...]. Jamais on ne se trouvera confronté à l'événement de l'origine radicale : ici aussi, la naissance est indicible : elle ne se montre que dans le produit et du dehors (Jean Toussaint Desanti, *les Idéalités mathématiques,* 1968).

Réalité empirique, réalité de l'âme

En effet, le cercle tracé soigneusement et celui esquissé maladroitement ne diffèrent pas fondamentalement l'un de l'autre, sitôt que les yeux du corps se règlent non pas sur ce qu'ils perçoivent, mais sur ce que voient *« les yeux de l'âme ».* Si l'âme ne « voit » rien à proprement parler, elle peut concevoir l'idée abstraite d'une figure constituée d'une ligne dont tous les points seraient équidistants d'un centre. La figure dessinée n'est plus alors qu'un *« auxiliaire de*

« Que prouve une preuve mathématique ? » (Imre Lakatos).

l'imagination ». À partir d'une telle conception, au nom de quoi refuser la « réalité » à ce que nous présente l'âme ? Cette réalité correspond à ce que voient toutes les âmes de la même manière – alors que la réalité empirique est toujours perçue d'un point de vue particulier. De plus, cette réalité repose sur des propriétés stables, alors que la réalité empirique est soumise à la loi de la naissance-croissance-déclin-mort. Enfin, cette réalité existe indépendamment de la représentation concrète que j'en donne. Quand je raisonne sur le cercle, je raisonne sur un certain nombre de propriétés remarquables et non sur ce cercle en particulier dont les propriétés sont plus ou moins correctement appliquées. Ainsi compris, le cercle dessiné n'est plus que la copie du cercle conçu, qui en est le modèle. Être « réaliste » en mathématiques, c'est admettre qu'il existe des entités mathématiques idéales que nous pouvons découvrir par l'intelligence, mais qui existent de façon autonome hors de notre intelligence. ■

La puissance explicative des mathématiques

Cette manière de concevoir les rapports entre objets mathématiques et réalité a été discutée, dès Aristote, en raison de sa solidarité avec une métaphysique des « arrière-mondes », du « divin », dont les mathématiciens entendaient se passer. Dans une perspective « intuitionniste », qui renvoie au fonctionnement « psychologique », on peut concevoir les objets mathématiques comme de pures *« constructions de l'esprit »* dont l'existence ne réside que dans les procédures de démonstration et de réfutation, seule réalité des objets. On peut enfin, dans une perspective qui n'est pas très éloignée de l'empirisme, ne considérer que les manifestations « perceptibles » des mathématiques. On souligne alors le fait que la pratique mathématique est avant tout une pratique d'écriture réglée de symboles qui ne renvoient qu'à eux-mêmes et dont la valeur est fonction de leurs relations à d'autres symboles, à l'image du « jeu d'écriture » en quoi consiste la résolution d'une simple équation. Qu'on considère la « réalité mathématique » comme une entité métaphysique, une « construction » ou un « jeu de symboles », le véritable mystère réside dans la puissance explicative des mathématiques à l'égard de la réalité empirique : ce que Galilée exprimait dans la métaphore de la nature, imaginée comme un livre *« aux pages couvertes de signes mathématiques ».* ■

Dico → **empirisme** • **imagination** • **logique**

Points clés

Tout est-il mathématisable ?

La plus grande partie du savoir humain sur le monde et du pouvoir que les hommes exercent sur la nature vient plus ou moins directement de l'activité mathématique. Cela signifie-t-il que « tout est mathématisable » ?

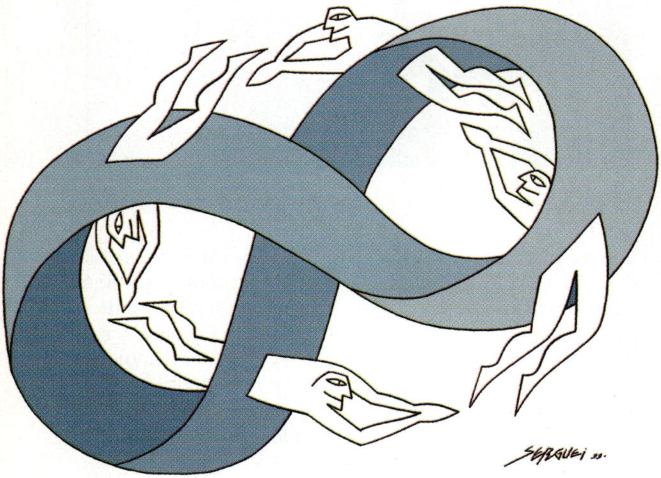

Quel « tout » ?

La réponse à la question dépend de deux paramètres : d'une part, qu'entend-on par « tout » ? D'autre part, qu'est-ce que « mathématiser » un domaine de la réalité – naturelle, vivante, humaine ? Une protestation « humaniste » contre le monde moderne fera valoir – pour la dénoncer – l'emprise grandissante de la science mathématisée sur la vie des groupes et des individus. Réciproquement, un progressisme scientiste se fondera sur l'accélération cumulative des résultats passés de la science pour prophétiser une « mathématisation » intégrale de l'avenir et pour s'en réjouir. « Tout » est ici un indéfini dont s'accommode mal une vision « scientifique ». ■

Quelle mathématisation ?

Cette alternative prophétique de sens contraire ne dit rien sur la nature du processus de mathématisation lui-même. Il y a quelques années, le mathématicien André Lichnerowicz mettait en évidence le fait que l'histoire du développement scientifique se confond avec l'histoire de sa mathématisation. Il rappelait que ce processus a commencé avec la formulation mathématique des lois de la mécanique (Galilée), s'est étendu avec la mécanique newtonienne et l'astronomie mathématique, avec la mathématisation de la quasi-totalité des théories physiques et avec l'extension de « l'outil » mathématique à des domaines jusque-là largement « intuitifs » : théorie de l'hérédité, démographie, économétrie… Mais surtout, il soulignait le fait que, au cours de cette histoire, la « mathématisation » du réel a changé de sens.

C'est, selon lui, une « loi d'évolution » qui veut que les mathématiques passent du statut d'« instrument » mettant en forme l'observation et l'expérimentation qui restent prédominante, à une forme d'« autonomie » de la théorie mathématique. Dans ce cadre, le passage du statut « inductif » de la théorie – où les mathématiques mettent en forme, « traduisent » un secteur de la réalité – au statut déductif est décisif.
À partir d'une ou deux données expérimentales seulement, Paul Dirac déduit et calcule la structure entière du spectre de l'hydrogène. Les théories mathématiques de la nature ne sont plus alors des théories « physiques » qui utilisent le langage des mathématiques mais des théories dont l'expression mathématique forme *« la chair et le sang »* (Lichnerowicz). ■

« Placez […] trois points au hasard sur un plan, il est peu probable que l'un des points se situe au milieu des deux autres. Il n'y a pas d'ordre naturel dans un plan ; tout ordre est nécessairement imposé par une logique extérieure » (Maurice Matieu, la Ronde, ou le Peintre interrogé, *1991).*

Mathématisation et scientificité

Toute la question est de savoir si ce lien indéniable et « constituant » des mathématiques avec la physique, loin d'être un modèle pour toutes les sciences, ne serait pas une exception ou au moins un cas particulier. On fait souvent valoir que n'est mathématisable que ce qui a affaire avec la quantité. Mais tous les concepts mathématiques ne concernent pas la quantification – ceux de dérivée ou de limite ne sont pas des concepts numériques. De plus, certaines disciplines scientifiques comme la géologie, la chimie ou la biologie moléculaire sont peu mathématisées. Elles disposent de leurs propres concepts, organisent elles-mêmes leur cohérence et définissent leurs protocoles expérimentaux. Quant aux sciences humaines, leur mathématisation repose sur une forme de rationalité mathématique spécifique – probabilité et statistiques – où le rapport entre le « calculable » et la réalité ne ressemble pas à celui qui prévaut, par exemple, dans la loi du mouvement uniformément accéléré de Galilée. Il faut donc sans doute se garder de faire de la mathématisation le critère ultime de la scientificité. Tout ce qui n'est pas mathématisé n'est pas « non scientifique » pour autant. Tout ce qui est mathématisé l'est de manière spécifique dans chaque domaine. ■

« Si les axiomatiques que proposent le psychologue, l'économiste peuvent servir au progrès de la science, ce n'est pas en ce qu'elles paraissent singer les constructions des mathématiques. C'est en ce qu'elles offrent à une pensée rationnelle le seul moyen d'échapper aux sollicitations du fait vécu » (G. G. Granger, *Pensée formelle et sciences de l'homme,* 1967).

Points clés

Les particularités de la matière vivante

Il semble facile de séparer le monde qui nous entoure en deux ensembles distincts : l'inanimé et le vivant. Mais la frontière entre les deux est loin d'être claire. Si l'on écarte, d'une part, l'idée que la vie a une origine supranaturelle et si l'on constate, d'autre part, que les êtres vivants sont faits de la même matière que les choses, comment définir le vivant?

Les propriétés du vivant

Les organismes vivants se caractérisent par un certain nombre de propriétés observables: ils se déplacent, se nourrissent, etc. Ils se définissent aussi par leur précarité et leur existence limitée dans le temps. Pourtant, depuis les êtres unicellulaires jusqu'aux mammifères complexes comme l'homme, les organismes vivants se reproduisent de façon relativement stable et durable. ■

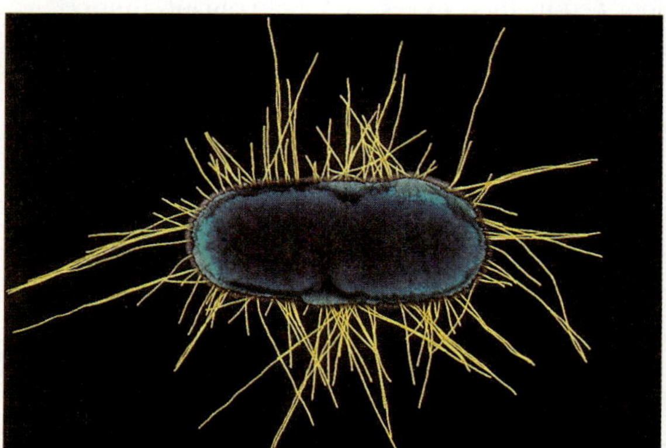

Ordre et désordre

Tout être vivant a besoin d'énergie pour se maintenir en vie. Plus il est complexe, plus il lui faut d'énergie pour maintenir son organisation interne. Or, dans tout système naturel, la consommation d'énergie est une cause d'entropie, de désorganisation interne. Les êtres vivants sont donc pris dans cette dialectique: systèmes organisés sur le plan interne, ils sont aussi ouverts sur l'extérieur en raison de leur besoin d'échanges matériels et énergétiques avec leur milieu. La vie se définit ainsi par un double processus de destruction-régénération qui est réglé par un ensemble d'« horloges internes ». Cela permet à la matière vivante de maintenir sa structure, mais aussi de s'adapter aux conditions du milieu et d'évoluer. Le temps constitue ainsi un des paramètres essentiels du vivant. ■

« L'être vivant tend vers un but, mais qu'aucune volonté n'a choisi. Ce but, c'est de préparer un programme identique pour la génération suivante » (François Jacob, **la Logique du vivant,** ***1970).***

La théorie cellulaire

L'idée selon laquelle le vivant est constitué d'éléments simples apparaît dès l'Antiquité. Mais il s'agit alors d'éléments matériels devant recevoir de l'extérieur le souffle divin ou le fluide vital qui doit les « animer ». Comment penser l'autosuffisance « vitale » du vivant ? Il ne suffit pas d'observer des cellules au microscope, ce que fit Robert Hooke en 1671. Il faut construire le concept de cellule comme celui de l'unité « vivante » d'explication et de production des êtres vivants. Énoncée par Rudolf Virchow en 1849, la théorie cellulaire revêt ainsi deux aspects : structurel et génétique. Selon le premier, tout organisme vivant est composé de cellules qui sont les éléments porteurs de tous les caractères de la vie ; selon le second, toute cellule dérive d'une cellule antérieure. ■

« La théorie cellulaire n'est pas l'affirmation que l'être se compose de cellules, mais d'abord que la cellule est le seul composant de tous les êtres vivants, et ensuite que toute cellule provient d'une cellule préexistante » (Georges Ganguilhem, *la Connaissance de la vie,* 1952).

Unité et diversité

L'unité du vivant peut se penser à trois niveaux. Au niveau de l'individu, l'identité est sauvegardée par le « capital génétique » défini par les portions d'ADN contenues dans ses gènes. Au niveau supérieur, l'unité de l'espèce repose sur ses caractéristiques génétiques. De façon générale, l'unité du vivant repose sur les vingt-trois acides aminés qui composent les protéines entrant dans la constitution de la cellule. Mais chaque individu est unique puisque la fécondation entraîne la fusion des programmes génétiques des parents en un programme nouveau – le nombre de combinaisons possibles atteint des grandeurs infinies. Comme le souligne Albert Jacquard, les hommes sont à la fois profondément semblables et tous différents. Finalement, le propre de l'être vivant – paradoxalement – est de maintenir son unité tout en se transformant et se diversifiant de façon illimitée. ■

Dico → individu • matière • vie • vitalisme

Évolution et sélection

Le monde naturel est-il immuable ou est-il sujet à des transformations ? La question s'est posée notamment pour les espèces vivantes. Ces transformations sont-elles lentes, presque invisibles, ou plus brutales ? Quels sont leurs mécanismes ?

Le transformisme

On conçoit que des espèces vivantes aient disparu. On imagine que des croisements d'espèces différentes puissent faire naître de nouvelles espèces. Il est déjà plus difficile d'accepter l'idée que l'espèce humaine descende des reptiles ou de petits marsupiaux. La thèse du transformisme, dont on repère les premières traces dès l'Antiquité, trouve sa formulation scientifique au XIXe siècle. Elle suppose que les différentes espèces vivantes dérivent les unes des autres par modifications successives, selon un schéma de complexification croissante. Cette hypothèse heurte en particulier l'idée d'un monde créé une fois pour toutes selon les plans d'une volonté divine. ■

De l'évolutionnisme au néo-darwinisme

Dans *Philosophie zoologique* (1809), Lamarck énonce une théorie des mécanismes de l'évolution biologique fondée sur l'idée que chaque individu perfectionne au cours de sa vie son adaptation à son milieu et que les caractères ainsi acquis deviennent héréditaires. *L'Origine des espèces* (1859) de Darwin substitue à ce progrès continu des espèces l'idée de sélection naturelle. Le néodarwinisme prolonge cette intuition en ajoutant les phénomènes de mutations attestés par la génétique moderne. ■

Les preuves de l'évolution

L'étude des fossiles par Cuvier montre que les règnes végétaux et animaux ont évolué de formes simples vers des formes de plus en plus complexes. À la même époque, l'anatomie comparée prouve que des espèces différentes présentent des organes similaires ayant évolué de façon différente au fil du temps. Les études d'embryologie feront longtemps autorité. Elles montrent que les caractères généraux et communs apparaissent avant les caractères spécifiques : mammifères et poissons, par exemple, passent par les mêmes ébauches organiques au cours de leur développement embryonnaire, avant de se différencier. Mais aujourd'hui, les meilleures preuves de l'évolution sont fournies par la génétique. ■

La multiplicité des formes de vie possibles éveille en nous peurs, nostalgies, curiosités et responsabilités, comme tente de le démontrer le film Jurassic Park, *de Steven Spielberg.*

Le débat autour de l'évolution

Le débat tourne autour de trois concepts : adaptation, sélection, hérédité. Lamarck privilégie l'action du milieu et l'adaptation de l'individu : ce sont les contraintes de l'environnement (climat, relief) qui amènent les individus à développer ou renforcer certains organes tandis que d'autres, non utilisés, s'atrophient. Les transformations acquises seraient alors transmises par les adultes à leur descendance. Mais le lamarckisme ne peut prouver ce type d'hérédité. Darwin part de constats différents. Ce serait au cours de son voyage à bord du *Beagle* (1831-1836), en comparant la faune des îles Galápagos à celle de l'Amérique du sud, que l'idée de la « variation » des espèces lui serait venue. S'appuyant sur la réalité de la sélection « artificielle » opérée par les éleveurs auprès d'espèces animales domestiques, il fait, par analogie, l'hypothèse d'une « sélection naturelle ». Le facteur déterminant de celle-ci réside dans les variations qui peuvent survenir chez un individu afin de lui procurer un avantage dans la « lutte pour la vie ». La sélection ne crée rien ; elle conserve ce qui est le mieux adapté aux conditions du milieu. La génétique moderne permet de comprendre aujourd'hui comment peuvent se produire de telles mutations et comment les caractéristiques génétiques d'une espèce peuvent se modifier. Les études en laboratoire confirment que deux types de facteurs interviennent dans l'évolution : les mutations génétiques et les conditions du milieu. ■

Dico → **évolution** • **génétique** • **individu**

L'anthropologie est-elle une science ?

La racine grecque du mot « anthropologie », forgé au XVIIIe siècle, met l'homme *(anthrôpos)* en position d'objet d'une recherche scientifique. Mais comment savoir ce qui, chez l'homme, peut faire l'objet d'une science ?

La diversification culturelle

À sa naissance, l'anthropologie comprend deux sections. L'anthropologie physique délimite un champ d'observations analysables par les sciences exactes déjà constituées comme sciences du vivant. L'anthropologie philosophique est définie, selon Kant, par sa finalité pragmatique : l'étude des hommes doit conduire à améliorer les conditions de vie globales de l'humanité. Comme sa filiation philosophique le laisse entrevoir, une telle anthropologie suppose qu'il existe une nature humaine, philosophique, contenue dans l'universalité de la raison. De telles idées ne pouvaient que faire obstacle à l'étude objective des divers modes de vie adoptés par les hommes et qui définissent leur culture. On ne s'étonnera donc pas de la disparition de ces deux acceptions du terme. L'anthropologie, à partir de la fin du XIXe siècle, se livre à la comparaison des différentes cultures et formes de socialisation que la conquête des nouveaux mondes a permis de découvrir. Comme l'ethnographie et l'ethnologie, l'anthropologie se spécialise dans la description et l'analyse systématique des sociétés dites « primitives ». La réalité de cultures différentes de la nôtre s'impose en même temps que l'idée selon laquelle l'unité de l'espèce humaine consiste dans son aptitude à la diversification culturelle, tant géographiquement qu'historiquement. ■

N'entrevoit l'« homme » que celui qui fait l'expérience de l'étranger.

« Car pour parvenir à s'accepter dans les autres, but que l'ethnologue assigne à la connaissance de l'homme, il faut d'abord se refuser en soi. C'est à Rousseau qu'on doit la découverte de ce principe, le seul sur lequel peuvent se fonder les sciences humaines… » (Claude Lévi-Strauss, *Anthropologie structurale,* 1973).

L'observation participante

L'objet de la science se précise : chercher la cohérence entre les formes des conduites individuelles et collectives, règles et formes des institutions. Le structuralisme s'impose comme orientation fondamentale de l'anthropologie. Étudier le système de parenté qui structure la cohésion sociale permet d'analyser l'organisation d'une communauté donnée, de comprendre la manière dont les biens tant symboliques que matériels sont échangés : c'est comprendre les modalités de la communication qui assurent au groupe les conditions de sa reproduction. L'observation « participante » exige de l'anthropologue qu'il se plonge dans un univers étranger et que, à la différence du sociologue ou de l'historien, il vive parmi les hommes qu'il étudie. Reconnaître la différence qui constitue l'identité de l'autre homme doit être le premier pas pour fonder l'objectivité de l'analyse. Mais ne risque-t-on pas de verser dans l'ethnocentrisme, c'est-à-dire de prendre sa propre culture comme modèle de référence ? ■

Critique de l'évolutionnisme

L'anthropologie naissante épouse l'évolutionnisme issu de l'idéologie progressiste des Lumières. Fondé sur la croyance de l'unité psychique du genre humain et sur l'idée exprimée par Condorcet d'un progrès continu des civilisations, ce courant donne lieu, avec Lamarck et Darwin, à une recherche sur l'origine des espèces par sélection naturelle. Séduit par cette compréhension de l'histoire de l'homme, l'anthropologue américain Lewis Henry Morgan publie en 1877 *la Société archaïque* où, à partir de ses enquêtes de terrain sur les sociétés indiennes, il partage l'évolution humaine en trois phases : sauvagerie, barbarie, civilisation. Archaïque ou primitive, la communauté observée par l'anthropologue doit refléter l'état antérieur du développement de la société d'où l'observateur est issu. La différence culturelle s'intègre dans la progressive constitution de l'identité unique et progressive d'une espèce humaine en voie de perfectionnement. Depuis ce coup d'envoi, l'anthropologie n'a cessé de critiquer l'évolutionnisme en son sein. Faut-il, pour reprendre l'idée de Louis Dumont, nécessairement s'acheminer *« vers une anthropologie de nous-mêmes »* ? ■

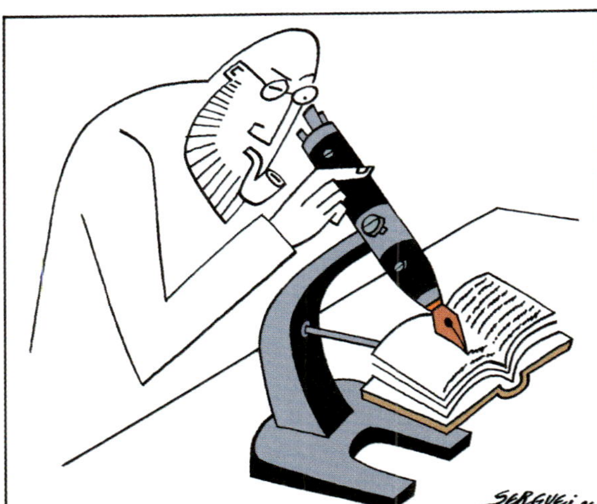

Dico → anthropologie • évolution • Lumières • science

Points clés

Qu'est-ce qui échappe à la raison ?

Tout n'est peut-être pas accessible à la raison humaine. Certains ont pu soutenir que c'est la rationalité même du réel qui nous échappe.

La « chose en soi »

La raison, dont les pouvoirs sont réexaminés par la philosophie critique, de Hume à Kant, perd au XVIIIe siècle ses prétentions dogmatiques. Il n'est plus possible de rêver d'une métaphysique capable de pénétrer l'essence de la chose en soi, de l'âme et de Dieu. La *« chose en soi »* n'est pas accessible à la connaissance. Ce que Kant nomme ainsi, c'est la réalité telle qu'elle est *« en elle-même »*, indépendamment de la manière dont elle nous apparaît. Si cette réalité n'est pas connaissable, c'est parce que toute connaissance est pour nous dépendante des catégories de notre esprit et des formes de notre sensibilité (l'espace et le temps). Autrement dit, nous pouvons connaître la réalité comme elle nous apparaît, et non pas telle qu'elle est en elle-même. ■

L'essence des choses

Sans l'intuition sensible, nos concepts et la raison n'ont aucun contenu à organiser, unifier et synthétiser : il n'y a plus rien à connaître. Contrairement à Dieu, nous ne possédons pas la connaissance des choses grâce à des intuitions intellectuelles. Le danger, c'est que la raison se tourne vers ce qu'elle posait comme la dépassant – Dieu, l'âme, le monde – en croyant pouvoir s'étendre au-delà de ses limites. Kant établit que notre outillage cognitif n'est adapté qu'à la saisie et la compréhension du réel sensible. L'illusion consiste à croire que l'on peut appliquer les principes de la raison discursive (causalité, nécessité...) à l'inconditionné. En s'interrogeant sur la possibilité d'une connaissance métaphysique, la *Critique de la raison pure* (1781) offre ainsi la réponse la plus aboutie à notre question : la raison (théorique et discursive) n'est l'architecte de la connaissance (logique) que lorsqu'elle a affaire au réel sensible saisi sous le concept. L'essence des choses échappe à notre humaine raison. L'idée pure est sans contenu et ne permet pas de passer à une connaissance objective, encore moins à l'existence de l'objet. ■

« Il faut que le rationaliste soit du temps de la science que nous vivons actuellement » (Gaston Bachelard,* De la nature du rationalisme, *1950).

« Rendre raison » du monde

Kant réhabilite ainsi le pouvoir de la raison, qui avait perdu chez Hume toute prétention à la connaissance. Dans ses *Essais philosophiques sur l'entendement humain* (1748), Hume avait en effet montré que toute notre connaissance n'est que le fruit du travail de l'imagination associé au sentiment d'habitude. Ainsi en est-il lorsque l'on établit avec une fausse certitude que le Soleil se lèvera demain. Nous expliquons, inférons, prévoyons et croyons savoir alors que, comme Hume le souligne, *« ce n'est pas la raison qui est le guide de la vie, mais l'accoutumance »*. Qu'en est-il du savoir rationnel ? Qu'en est-il de la raison ? La voilà apparemment réduite à peu de chose, conduite à seulement *« rendre raison »* du monde tel qu'il est. La rationalité de l'ordre du monde, l'intelligibilité du réel semblent devoir nous échapper totalement. Kant sauva la raison d'un tel scepticisme, mais au prix d'une redéfinition de son rôle et de ses limites. ■

Concevoir ce qui échappe à la pensée claire

Toutefois, dans la démarche de Kant, la raison parvient à concevoir ce qui lui échappe. Elle pose elle-même ce qui la dépasse (la connaissance des idées de la raison, les noumènes) comme la dépassant. En fin de compte, le mouvement de la connaissance rationnelle consiste toujours à trouver un moyen de prendre en compte ce qui semble d'abord échapper à la raison pour parvenir à en trouver la logique. Freud a recherché, avec la psychanalyse, les moyens d'expliquer rationnellement le comportement irrationnel de l'esprit. En effet, les rêves, les lapsus, les oublis, les associations d'idées imprévues semblent totalement irrationnels : on ne voit pas le lien qu'ils entretiennent avec le reste de la vie mentale. C'est en approfondissant le travail d'interprétation que la psychanalyse met au jour le caractère compréhensible de ce qui paraissait d'abord devoir échapper à la raison. ■

Dico → habitude • irrationnel • noumène • raison

Points clés

Sens et interprétation

« Dire quelque chose de quelque chose, c'est, au sens complet et fort du mot, interpréter », **écrit Paul Ricœur, commentant Aristote (*De l'interprétation,* 1965). Quelle est la nature de l'interprétation ? Où localiser au juste ce qu'on appelle communément « le sens » ?**

Le sens n'est jamais donné

Une des façons d'accéder – plutôt que de répondre – à la question du sens consiste à porter son attention sur l'acte d'interprétation. Or celui-ci n'est jamais plus fortement exigé que lorsque le sens n'est plus évident et semble, justement, absent. L'énigme du destin humain adressée à Œdipe par le Sphinx a valeur plus qu'exemplaire. Ce qui marche à quatre pattes le matin, sur deux pattes le midi et sur trois le soir n'est un homme (« sens » de l'énigme) que pour un sujet qui accepte une dimension essentielle de sa condition : l'accès au sens ne se fait que par la médiation de symboles qui, d'un même mouvement, révèlent et dissimulent le sens. Plus exactement, et au-delà même de toute énigme, dans la communication la plus prosaïque, le sens n'est jamais donné, mais à conquérir. ■

Ce dessin, où l'on peut voir un canard ou un lapin, a retenu l'attention de Ludwig Wittgenstein.

L'interprétation, art du soupçon

Dans cette mesure, on peut dire que nous sommes confrontés à l'art d'interpréter chaque fois que, nous détournant de la connaissance de la nature par les causes – connaissance qui est loin d'être toujours accessible, praticable, utile ou réconfortante –, nous cherchons à déchiffrer le sens dans les systèmes de signes que les activités humaines produisent : discours, textes et rituels des religions, objets inutiles de l'art, langues diverses, techniques innombrables dont nous nous servons sans connaître les principes de leur fonctionnement, coutumes… L'art d'interpréter (herméneutique) est, comme Nietzsche l'a fortement fait valoir, un *« art du soupçon »* qui repose sur un présupposé massif : il n'y a interprétation que si le sens est par nature dédoublé en sens manifeste ou « littéral », d'une part, et sens caché ou « métaphorique », de l'autre. ■

Un vertige sans fin

L'interprétation serait donc toujours un discours second de déchiffrement des mots sous les mots. Le « vrai » sens serait donc toujours celui qu'un commentaire explicite s'efforcerait de déplier dans de nouveaux signes. Mais comment concevoir alors que le sens puisse être « présent » dans le discours manifeste sans être perceptible dans son intégralité ? Comment concevoir une limite à l'interprétation, des garanties de vérité de l'interprétation seconde, si l'explicitation dans le discours second est explicitation d'un sens qui attend de s'y révéler indéfiniment ? Mieux, y a-t-il jamais autre chose que de l'interprétation, comme le voulait Nietzsche, puisque nous nous exprimons toujours au moins à travers une langue particulière, un système de signes quelconque, qui donne forme – une forme – à ce que nous disons ? L'interprétation met en face d'un vertige du sens. Ce vertige serait-il le sens même ? Celui que la logique s'efforcerait d'assigner à résidence en le réduisant à la « vérité », celui que la tradition religieuse ouvre indéfiniment sur le commentaire ? Celui dont la philologie fait un devenir infini puisque toute interprétation doit être elle-même interprétée ? ■

Le désir lui-même

Il s'agit surtout là d'un problème crucial lié aujourd'hui au développement des sciences humaines : une science qui ne rendrait compte des actions humaines que comme « comportements » (béhaviorisme) rendrait-elle compte complètement de son objet, puisque l'une des dimensions des comportements humains est précisément d'avoir un sens aux yeux des acteurs eux-mêmes ? Comment définir dans ces conditions une « objectivité » ? La psychanalyse donne l'exemple d'une pratique qui se donne pour tâche de faire émerger un sens dans une relation d'interprétation (celle du psychanalyste) à interprétation (interprétation de la première par le « patient »), soulignant par là le fait que le désir de sens est le désir même et qu'il est étroitement lié à l'existence de « l'autre ». ■

Dico → behaviorisme • herméneutique • Nietzsche • psychanalyse

Comment définir la vérité ?

Convoquée par les philosophes, les théologiens, les scientifiques ou encore les logiciens, la vérité est une notion difficile à déterminer.

Vérité et réalité

Les notions de vérité et de réalité sont souvent confondues. On parlera ainsi de vraies pierres ou d'une histoire vraie pour exprimer l'idée qu'ils sont réels. Mais, à bien y regarder, choses et événements ne sont ni vrais ni faux : ils sont, simplement. C'est notre jugement qui est susceptible de vérité ou d'erreur, selon qu'il correspond ou non à ce qu'il vise.

La philosophie classique qualifie ainsi la vérité d'adéquation de l'esprit et de la chose. Toutefois, si le jugement seul peut être dit vrai, il doit pour cela se régler ou se conformer à son objet. C'est ainsi que la philosophie, à l'instar du sens commun, retrouve l'identité entre vérité et réalité. Mais la réalité véritable, l'être, se distingue ici du paraître. ■

Réalité absolue et apparences

La métaphysique platonicienne se veut un savoir de la vérité absolue ou transcendante. Par là même, il s'agit d'atteindre la véritable réalité. Ce sont donc les choses telles qu'elles se révèlent à nous et le jugement qui se porte sur elles – l'opinion – qui deviennent ici suspects. La réalité immédiate est apparence, la vraie réalité est essence,

accessible à la raison, au *logos,* et non aux sens. La pensée grecque qualifie de *logos* à la fois le discours rationnel sur l'être véritable et l'être révélé par ce discours. Ainsi, c'est en cherchant à définir rationnellement la vérité que le philosophe peut espérer atteindre le vrai absolu en son unité. Si le philosophe désire la Vérité absolue, par-delà les apparences trompeuses, c'est parce que la cité des hommes est en crise, en proie à l'injustice et au désordre. Connaître le Vrai, c'est en même temps connaître le Bien et le Beau, qui permettront, estime Platon dans *la République*, de dresser le portrait d'une cité idéale, modèle de justice et d'harmonie. ■

Le « Je pense », certitude première

En se proposant de rejeter *« toutes les opinions qu'on a reçues auparavant en sa créance »,* Descartes recherche une vérité première et évidente par elle-même. Il pratique pour cela le doute méthodique, contestant l'existence le monde matériel, les vérités mathématiques élémentaires, voire l'existence d'un Dieu bon. Le *« Je pense, donc je suis »* – *Cogito ergo sum* –, s'impose comme la vérité *« claire et distincte ».* Ce *« Je pense »* désigne la conscience de l'unité de la pensée et de l'être. À ce titre, il se trouve au fondement de la philosophie subjective moderne. ■

Points clés

« La vérité est son propre critère et celui du faux » (Baruch Spinoza, l'Éthique, *1677).*

L'objectivité scientifique

En mesurant la prétention de la métaphysique à l'aune de la science moderne, Kant opère une véritable révolution en philosophie. Il estime que l'on n'a jamais affaire aux choses en elles-mêmes, mais seulement aux choses telles qu'elles nous apparaissent – les *« phénomènes ».* Ainsi, le réel en soi, le vrai absolu, reste inconnaissable et seulement pensable. Sa *Critique de la raison pure* conduit à une redéfinition de la vérité dans le domaine de la connaissance. La vérité s'entend à présent comme objectivité scientifique et non plus métaphysique. Est dit scientifiquement vrai ce qui a une validité universelle et nécessaire pour tous les sujets – la théorie de la gravitation universelle, par exemple. Ce n'est plus Dieu ou le cosmos qui est garant du vrai ou du faux dans le monde moderne, mais le sujet autonome qui donne ses lois à la nature. ■

Dico → cogito • objectivité • vérité

Points clés

Vrai, véridique et vraisemblable

Comment distinguer le vrai du véridique et du vraisemblable ? Existe-t-il des différences de degré entre ces notions ou faudrait-il les distinguer par nature, comme le fait le rationalisme classique ?

Véridique ou vraisemblable ?

Le sens commun paraît peu soucieux de distinguer les qualificatifs « véridique » et « vraisemblable ». Dès lors que l'on tient une chose – un fait, un énoncé, une histoire, une doctrine – pour vraie, on pourrait indifféremment la juger véridique, c'est-à-dire « ayant le caractère d'être vrai », ou vraisemblable, c'est-à-dire « qui semble vrai ». Toutefois, des différences notables opposent ces notions : être vrai et sembler ou paraître vrai ne sont pas synonymes. Il y a ainsi ce qui est vrai par soi-même, la vérité se désignant d'elle-même – *index sui* –, selon Spinoza ; et il y a la vérité relative, vraie seulement pour les sujets particuliers, vraisemblable plutôt que vraie. Cette différence recouvre également la distinction entre la conviction et la persuasion. ■

«La forme de la pensée vraie doit être contenue dans cette pensée même sans relation à d'autres, et elle ne reconnaît pas comme cause un objet, mais doit dépendre de la puissance même et de la nature de l'entendement. Par exemple, pour former le concept d'une sphère, je forge une cause à volonté, à savoir qu'un demi-cercle tourne autour d'un centre et qu'une sphère est comme engendrée par cette rotation. Cette idée est vraie, bien que nous sachions que nulle sphère n'a jamais été engendrée de la sorte dans la nature» (Baruch Spinoza, *Traité de la réforme de l'entendement,* 1677).

Descartes, le vrai contre le vraisemblable

Alors qu'il désire trouver un fondement stable et inébranlable pour les sciences, Descartes entreprend de se défaire de toutes les opinions et les idées toutes faites qu'il a *« autrefois reçues en sa créance »*. Pour ce penseur rationaliste – et à la différence de Leibniz –, la vérité n'admet pas de degré ou de mélange : l'évidence est un critère discriminatoire de la vérité. Descartes exclut ainsi ce qui est seulement vraisemblable. La vérité ne doit pas être persuasive ou, pis encore, s'affirmer par le biais de ruses ou de séductions : elle doit s'imposer par elle-même, dans la lumineuse évidence d'une intuition intellectuelle, c'est-à-dire d'une vision de l'esprit. C'est ainsi que Descartes condamne les pseudo-savoirs, qui donnent plus l'apparence de la vérité que la vérité elle-même. Il dénonce ainsi, dans le *Discours de la méthode* (1637), la philosophie dialectique pratiquée depuis le Moyen Âge, qui offre *« le moyen de parler vraisemblablement de toutes choses et de se faire admirer des moins savants »*. ■

Nietzsche, du vrai au vraisemblable

C'est Nietzsche qui porte le coup le plus dur au rationalisme cartésien. En interrogeant la valeur de la vérité, il soupçonne en effet que la vérité est une fiction, une « fable » rassurante créée de toutes pièces par les hommes afin d'échapper au caractère instable et infiniment changeant de la vie. Nietzsche dénonce ainsi impitoyablement la métaphysique pour laquelle *« le monde vrai doit aussi être véridique, ne pas nous tromper ni nous duper ; croire en lui est presque une obligation »*. La vérité « véridique » possède en effet traditionnellement une connotation morale très marquée – le Vrai est le Bien pour Platon. Nietzsche y repère une morale de la peur et du ressentiment devant les dangers et les illusions de l'existence. La vérité est donc seulement vraisemblable à ses yeux, dans la mesure où elle relève d'une croyance subjective et non pas d'une évidence objective et normative. Pour échapper à ce nihilisme moral de la vérité, Nietzsche propose de faire l'éloge des apparences et des illusions. C'est à l'art que revient le dernier mot – l'art de l'ivresse sensuelle dionysiaque plutôt que celui du beau idéal, apollinien –, parce que l'art est le domaine des apparences et des passions. L'illusion ou la vraisemblance des apparences artistiques nous « sauve » de la croyance nihiliste en la « vérité » absolue. *« Nous avons l'art pour ne pas mourir de la vérité »*, écrit Nietzsche dans ses fragments posthumes. ■

Pour s'interroger sur le sens de notre volonté de vérité, Nietzsche est amené à penser « par-delà le vrai et le faux ».

Dico → art • Descartes • évidence • Nietzsche • vérité

Points clés

Le travail : accomplissement ou contrainte ?

Le travail est-il essentiel à l'homme ? Est-ce une activité indispensable à sa réalisation ? Correspond-il au contraire au temps de la nécessité en tant que moyen de produire les biens nécessaires à la vie ?

Une tâche formatrice

Le travail n'a pas qu'une valeur matérielle ; il ne sert pas qu'à produire de la richesse. Il a aussi une valeur morale, parce qu'il oblige à différer la satisfaction des besoins et qu'il force à persévérer pour aboutir. Autrement dit, le travail constitue une discipline. Par le travail, estime Alain, nous nous confrontons à la nécessité du réel, de sorte que travailler, c'est sortir du monde de l'enfance, dominé par le principe de plaisir. Aussi Kant voit-il dans la contrainte propre au travail une des conditions de l'éducation morale des enfants, condition que remplit l'école. Ce point de vue renverse la perspective chrétienne traditionnelle, telle que l'exprime la Genèse. Dans le texte de la Bible, en effet, le caractère pénible du travail constitue la punition infligée par Dieu à Adam pour lui avoir désobéi – *« tu travailleras à la sueur de ton front. »* Pour Kant ou pour Alain, au contraire, c'est précisément le caractère contraint, non spontané, du travail humain qui lui confère sa valeur morale, et donc éducative. ■

« La nature semble avoir mesuré la dotation animale de l'homme au plus court et au plus juste en fonction du besoin le plus pressant d'une existence à ses débuts, comme si elle voulait que l'homme, lorsqu'il serait parvenu un jour de l'état le plus brut à celui de sa plus grande habileté, [...] n'en doive attribuer le mérite qu'à lui seul » (Emmanuel Kant, *Histoire universelle au point de vue cosmopolite,* 1784).

La réalisation de l'essence humaine ?

Le travail est une activité propre à l'homme en ce qu'il suppose la possibilité de se représenter un objectif à atteindre. Marx remarque que ce qui distingue l'architecte le plus maladroit de la plus habile abeille construisant la structure géométrique parfaite de ses cellules de cire, c'est que le premier construit d'abord la maison dans sa tête. Le produit d'un travail correspond ainsi à la réalisation d'un projet. Marx reprend l'analyse de Hegel en affirmant que, dans le travail, l'homme transforme la nature en lui imposant sa marque. Le produit du travail constitue ainsi de l'humanité objectivée dans laquelle le travailleur peut se reconnaître. Le travail est un moyen privilégié de la manifestation de soi. Dans cette perspective, il n'a pas seulement une valeur morale, mais aussi une valeur anthropologique. Pourtant, cette conception semble contredite par la réalité sociale de certains travaux, non seulement particulièrement durs et pénibles, mais qui empêchent également, par l'abrutissement qu'ils provoquent, la réalisation du travailleur dans son travail, mais aussi en dehors. Cela signifie-t-il que le travail n'a aucune valeur anthropologique essentielle ou bien faut-il constater, avec Marx, l'existence d'un divorce entre l'essence du travail et son organisation sociale ?

Les critiques du travail

La valorisation anthropologique du travail, telle que l'ont définie Hegel et Marx, se heurte à deux types de critiques. La première est aristocratique : c'est celle de Nietzsche qui, derrière la *« glorification du travail »,* voit l'encensement de l'instinct social du troupeau et la négation de l'individu. Le deuxième type de critique consiste, comme le fait Arendt, à retrouver l'inspiration d'Aristote pour faire de l'activité productrice de l'homme une activité certes nécessaire, mais moins élevée dans l'échelle des activités humaines que celle relative à l'action politique, par exemple, ou à l'exercice de la pensée. Cette critique suppose que toutes les activités humaines ne sont pas à proprement parler du « travail » même si, dans nos sociétés, elles en prennent la forme générale, notamment par le biais d'une contrepartie sous forme de rémunération.

Monument de l'époque soviétique élevé à Moscou, exaltant la force du travail conquérant.

Points clés

Ce qui s'échange et ce qui ne s'échange pas

Nous échangeons des regards, des sentiments, des coups parfois. Nous échangeons des cadeaux à l'occasion des fêtes. Nous pouvons ne pas répondre à un sourire, refuser une invitation. Cela ne va pas sans risque. Marcel Mauss insiste sur la nécessité du retour, du contre-don. Celui-ci peut être hostile ou bienveillant. Peut-il ne pas avoir lieu ?

Deux formes du lien social

On peut distinguer deux types d'échanges : le don et le contrat, qui définissent deux stades de socialité, primaire et secondaire. Le premier concerne l'univers de la famille, les relations de voisinage ou de camaraderie. Les échanges s'y font de façon spontanée et viennent renforcer les relations entre les personnes. Le second concerne les domaines de l'État et de l'économie. Les échanges y sont institutionnalisés, planifiés, rationalisés dans un souci de contrôle, d'efficacité et de justice garantis. Certains échanges sont plus complexes. Les chefs d'État ou les chefs d'entreprise échangent parfois des cadeaux. Au sein de la famille, frères et sœurs peuvent refuser de se prêter des objets, même sans valeur en apparence. L'échange ou son refus ont alors une portée symbolique et des significations inconscientes ou cachées. ■

Source de l'échange, la volonté de gagner est ce qui ne peut pas s'échanger.

Le Père Noël,
un don
sans contre-don?

> **« L'éthique du don produit des liens communautaires, celle du contrat rend l'homme libre de la communauté. En ce sens, ces deux régimes d'échange fondent deux aspects immanents à l'identité humaine, l'un étant en quelque sorte l'inconscient culturel de l'autre »**
> **(Ivaylo Ditchev, *Donner sans perdre,* 1997).**

La logique des cadeaux

Mauss soumet la dynamique des échanges à une triple obligation : celle de donner, celle de revevoir et celle de rendre. On ne peut en effet refuser un cadeau sans risquer de vexer le donateur et de s'en faire un ennemi « mortel ». Mais il y a aussi des cadeaux « empoisonnés » qui créent une relation de dépendance. Comment les refuser ? Donner met autrui dans une situation de dette. Faire un cadeau en retour libère de la dette. Mauss conclut que le système du don est un *« phénomène social total »* qui assure la stabilité des collectivités, permet de régler les conflits éventuels et définit pour chacun sa place et ses différents rôles. Ainsi, qu'il s'agisse de contrats commerciaux, de mariage (selon Lévi-Strauss, à travers le don d'épouses, deux groupes d'hommes contractent des liens politiques) ou de cérémonies religieuses (les hommes font des offrandes aux dieux pour obtenir leur protection), l'échange aurait pour but d'organiser et de « pacifier » les relations interpersonnelles. ■

Points clés

Don de soi ou indifférence

Donner, recevoir, rendre : ces trois actes renforcent les liens entre les personnes, mais ils marquent aussi l'exercice d'un pouvoir. En donnant, on peut essayer d'influencer ou de dominer autrui, car ses réactions restent incertaines. Une théorie générale de l'échange devrait prendre en compte à la fois le fait qu'il médiatise l'opposition entre moi et les autres et qu'il renforce cette opposition. En donnant, on « se donne » toujours un peu ; en acceptant, on « se livre » d'une autre façon. Dans la société de consommation, qu'étudie Jean Baudrillard, biens et produits prolifèrent. Tout s'échange, tout se vend, jusqu'aux objets les plus sacrés comme le corps ou les organes. Dans cette civilisation dépersonnalisée du drugstore où tout est marchandise, le don risqué et gratuit, qui est toujours un peu don de soi, désir de reconnaissance et ouverture vers autrui, serait alors la forme la plus vraie des relations entre personnes. ■

Points clés

La main et l'outil

Le verbe grec *cheirotonein* signifie «tenir solidement dans sa main». Comme le fait Achille, maniant son épée sur le champ de bataille ou Ulysse à la barre de son navire. De la chirurgie à la chiromancie, que ne fait-on avec la main – et d'abord, dessiner le monde?

L'intelligence de la main

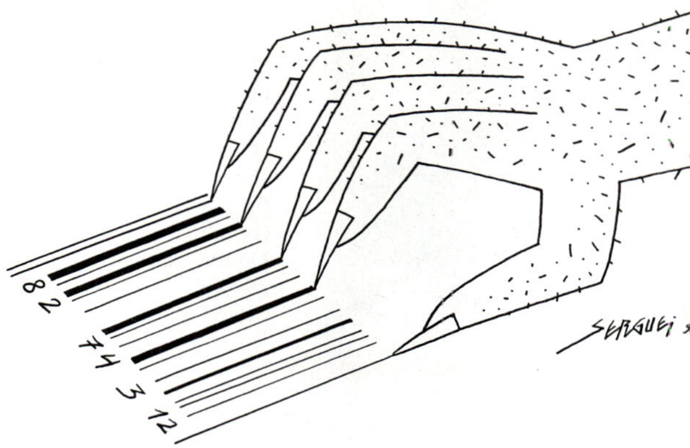

André Leroi-Gourhan nous apprend que l'évolution des mammifères montre un développement parallèle de la boîte crânienne et des capacités de préhension: *«la construction crânienne suit la typologie fonctionnelle de la main»* (*le Geste et la Parole,* 1964). Les mains saisissent, retournent, comparent: cela donne à réfléchir. Elles frappent, portent, lancent: l'homme fait l'expérience de sa force. Elles touchent, caressent: quand les voix se taisent, les mains peuvent encore parler. Dans *Éloge de la main* (1943), Henri Focillon écrit: *«l'esprit fait la main, la main fait l'esprit».* La main n'est pas le prolongement du corps: elle en est l'expression la plus pure et la plus complète. Médiatrice entre l'homme et le monde, elle le façonne et l'anime. Le monde qui est «à portée de main» se déploie devant les hommes dans son «être disponible». Mais cet usage du monde, dont la première médiation est la main, se dévoile aussi dans l'usage par la main des outils qu'elle invente. *«L'action même de marteler découvre la "maniabilité" spécifique du marteau et cette maniabilité révèle le monde dans son "ustensilité", dans ses usages possibles. Le mode d'être de l'outil dans lequel celui-ci manifeste de soi ce qu'il est, nous le nommons l'être disponible»,* écrit Heidegger (*Être et Temps,* 1927). La main et l'outil renvoient ainsi à un usage du monde qui est aussi celui de la pensée. Prolongée par le geste, la main désigne des directions dans l'espace, organise des mesures, et les outils de l'arpenteur en établissent la cartographie. *«Sans la main, point de géométrie»,* écrit encore Focillon. ■

L'efficacité de l'outil

L'outil n'est pas la machine : il est à mesure de la main. Tailler un silex, fabriquer une hache, une lance ou une faucille, soulever un bloc de pierre avec un levier, voilà qui permet d'augmenter, de décupler les capacités de la main et des bras. L'outil détermine l'espace instrumental de l'efficacité technique. L'outil appelle d'autres outils, ils se complètent, établissent entre eux des modes de relation articulés dans le temps et dans l'espace. L'outil n'est pas seulement un prolongement du corps, il peut être transmis pour être utilisé par d'autres, il ne disparaît pas avec la mort de son utilisateur, il a son existence propre. Il peut aussi émigrer vers d'autres usages non prévus : Michel Serres remarque ainsi que l'*Homo faber* détourne à l'occasion les outils pacifiques dont il dispose vers des œuvres de destruction (*Statues,* 1987). Ainsi se constitue progressivement un monde des outils, où des machines-outils fabriquent d'autres outils. L'outil s'affranchit de la main et de l'esprit qui l'ont conçu, et l'intelligence manœuvrière de l'homme se déploie hors de lui. ■

André Leroi-Gourhan a renouvelé la compréhension de la préhistoire par son étude des peintures rupestres.

La fin des outils ?

Mais, dans le même temps, les outils, remplacés par les machines et les chaînes de montage, ne sont-ils pas en train de disparaître de notre horizon ? *« Depuis ces dernières années, les outils nous sont tombés des mains »,* remarque Jean-Louis Trassard (*Inventaire des outils à main dans une ferme,* 1981). Inemployés, ils vont rejoindre dans les musées les outils des sociétés disparues. Le temps ne serait-il pas venu pour l'homme de fabriquer des outils qui ne servent à rien ? Champ d'expérimentation pour les artistes, ces outils inutiles auraient alors pour sens de poser à notre civilisation une question fondamentale : une société sans outil est-elle encore une société humaine ? Mais Ovide écrivait déjà : *« Dans les champs vides gisent épars les sarcloirs, les râteaux pesants, les longs hoyaux »* (*Métamorphoses*). ■

Points clés La civilisation des machines

On oppose volontiers l'univers inhumain des machines au monde de la nature, plus respectueux de l'homme. Les sociétés modernes doutent des bienfaits illimités du progrès technique. Mais sont-elles prêtes à rejeter un modèle de civilisation qu'elles ont adopté depuis si longtemps ?

Distinctions

Il n'est pas pertinent d'opposer la technique à la culture. La culture est pétrie par la technique – l'écriture ou l'outil le prouvent abondamment. Il n'est pas non plus juste d'opposer à la liberté les formes modernes de l'esclavage que seraient les machines. Marx ne dénonce pas les machines mais la division sociale du travail, en quoi il voit la véritable source d'aliénation des travailleurs. Dans le monde grec, la « machine » *(mêkhanê)*, c'est l'invention efficace, l'astuce, l'habileté dont la maîtrise devient un art *(tekhnê)* – toutes qualités dont Ulysse fait preuve. C'est dire si les machines et les techniques, bien loin d'étouffer l'intelligence humaine et sa liberté ingénieuse, témoignent en leur faveur. ■

Le développement du machinisme

Une machine est un ensemble de mécanismes combinés, destiné à transformer l'énergie qui l'anime – humaine, hydraulique, thermique, électrique, etc. – en énergie mécanique. Les premières machines remontent à l'Antiquité : ce sont le levier, la poulie, le treuil. Le Moyen Âge développe la roue dentée, l'engrenage, le ressort et l'arbre à cames. Mais c'est l'invention de la machine à vapeur et de la machine-outil, au XVIIIe siècle, et l'essor de l'industrie au siècle suivant qui font entrer nos sociétés dans l'« ère des machines ». L'histoire du XXe siècle est celle du perfectionnement et de l'extension des machines : chaînes automatisées et auto-surveillées, généralisation de l'utilisation de l'électronique, conception de robots, etc. Les machines ont ainsi étendu leur territoire à toutes les sphères de la vie sociale et domestique. Nous les utilisons quotidiennement ; elles sont intégrées au tissu de notre existence. ■

La machine de Moloch du film* Metropolis *de Fritz Lang illustre l'aspect envahissant de la mécanisation.

La technique et la question morale

Si l'utilité des machines n'est plus guère discutée, les effets et le sens de la technique soulèvent aujourd'hui un problème. D'un côté, on peut considérer que la technique n'est qu'un moyen, un intermédiaire de l'action. En ce sens, les machines n'ont ni valeur morale ni finalité : elles sont neutres. Les choix et les décisions incombent aux seuls hommes : fabriquer des machines de guerre, par exemple. On peut objecter que l'homme n'est pas un être abstrait, mais qu'il est déterminé par les conditions, notamment techniques, de son action. Dans cette optique, la logique technicienne arrache les peuples à leurs territoires, à leurs rythmes de vie ; elle fabrique de l'« inhumain », selon l'expression de Jean-François Lyotard. En effet, les technologies modernes ne sont pas des objets isolés : elles font « système ». Elles ne sont pas neutres, mais elles constituent « un » monde, voire « le » monde. Non seulement elles régissent la marche des sociétés, mais elles créent leur propre éventail de valeurs : ordre, précision, rapidité, efficacité. ■

Machinerie politique

Lewis Mumford émet l'hypothèse que l'origine de la machine doit être recherchée dans les empires des IIIe et IIe millénaires avant notre ère. Les machines, au sens étroit, ne sont que les éléments d'un champ plus large, avant tout politique. Nous promettent-elles un monde concentrationnaire ? Ce serait une erreur de le croire, car les machines « vivent » avec plus de liberté qu'il n'y paraît. Leur monde est un monde « ouvert », pragmatique, évolutif et inventif, comme doivent l'être les démocraties. ■

« À la place de la machine singulière surgit un monstre mécanique dont le corps emplit des bâtiments entiers de la fabrique et dont la force démoniaque, d'abord cachée dans la mise en mouvement mesurée et presque solennelle de ses bras de géant, éclate dans la danse enfiévrée, folle et tourbillonnante des innombrables et véritables organes productifs » (Karl Marx, *le Capital*, 1867).

Points clés

Le monde informationnel

Le développement rapide des technologies et des technosciences (cybernétique, systémique, informatique...) au cours des dernières décennies autorise aujourd'hui à affirmer l'existence d'une société d'information, voire de communication.

Civilisation ou culture ?

Un espace virtuel est né. Il constitue une sorte de « toile d'araignée » qui couvre l'ensemble des divers territoires du monde – continents, nations, civilisations, cultures, pays... Le *world wide web,* (« Internet ») ou l'« intranet » permettent de relier les hommes entre eux, en facilitant la communication de leurs messages, dont la transmission est accélérée. Ces « autoroutes de l'information » structurent aujourd'hui le « monde informationnel ». Deux représentations semblent se confondre à cette occasion. La première, plus spatiale, renvoie à une civilisation aux valeurs essentiellement techniques qui fonderait le progrès humain sur l'artificiel considéré en tant que produit de l'art – ici, de l'art de l'ingénieur – et transformerait la nature en la reconstruisant à travers l'agencement des outils. L'autre se réfère à une culture, plus historique et temporelle, qui chercherait l'élaboration et la maturation des processus d'hominisation. ■

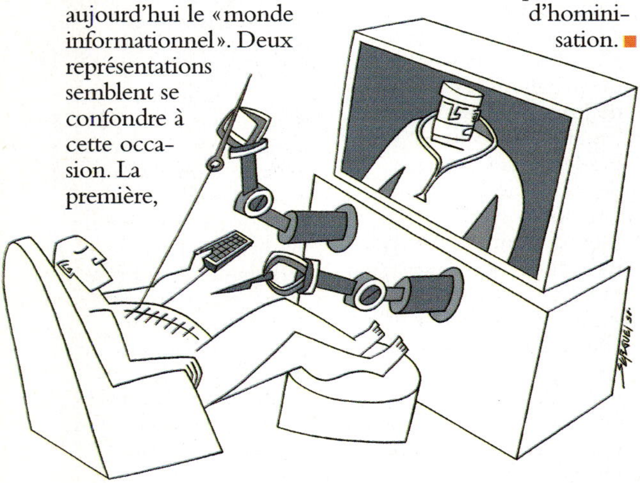

Information et communication

Information et communication ne doivent pas être trop vite confondues. Le langage courant entretient cette absence de distinction, notamment en parlant globalement des nouvelles technologies de l'information et de la communication. Ces techniques correspondent effectivement à un ensemble de connexions, de relations, qui facilitent le transport, voire le traitement, de l'information entre les hommes. Mais nous avons également besoin du mot « communication » pour désigner la relation plus intime, plus explicitement intersubjective, qui existe entre des interlocuteurs et des partenaires directs. Dans l'information, l'émetteur seul joue un rôle important ; il n'y a pas vraiment d'interlocuteur ni de partenaires. Il semble donc important de distinguer ces deux concepts et d'en repérer les spécificités respectives.

«La présence de l'homme aux machines est une invention perpétuée. Ce qui réside dans les machines, c'est de la réalité humaine, du geste humain fixé ou cristallisé en structures qui fonctionnent» (Gilbert Simondon, *Du mode d'existence des objets techniques,* 1969).

Des danses rituelles aux ordinateurs, il semble exister une distance considérable. Poutant, n'est-ce pas toujours une même fonction qui s'exerce: transmettre et communiquer?

L'information est une transmission de contenus; la fidélité, voire la «haute fidélité» en matière de reproduction du son, d'une telle transmission constitue la norme. Le «bruit», les différentes formes de «parasitage», les distorsions constituent des «nuisances» de nature pathologique. À l'opposé, l'intelligence de la communication intersubjective repose sur un modèle réputé naturel – biologique. C'est un processus, une façon d'être, certes relativement prévisible, mais comportant explicitement des possibilités de surprise et d'effets inattendus. Ce processus est toujours inscrit dans une temporalité – une durée, une historicité –, alors que l'information privilégie un «temps réel», plus proche d'une simultanéité idéale. ■

Une distinction nécessaire

Du fait même de l'intentionnalité et des attentes d'appropriation des contenus échangés à travers la situation de communication, l'altération, voire la trahison, de ceux-ci devient plus naturelle, plus «normale» et, pourquoi pas, plus légitime. Les interrogations éthiques restent indissociables de la communication alors que l'information s'assortit tout au plus d'une déontologie. Il ne s'agit plus, alors, d'une simple différence de méthodes, mais bien plutôt de conceptions épistémologiques «autres», tout à fait hétérogènes, entre information et communication intersubjective. L'information ressort de l'explication, tandis que la communication suppose une optique plus compréhensive. La première se subordonne au contrôle, la deuxième suppose l'évaluation. Dans les pratiques (sociales, gestionnaires, éducatives, administratives, soignantes), à la maison comme à l'école ou dans l'entreprise, les relations humaines supposent tout autant, et parfois contradictoirement, l'une et l'autre. Mais, faute de cette distinction préalable entre elles, le «monde informationnel» risque de n'être qu'un des nombreux fantasmes de la postmodernité. ■

Dico → culture • épistémologie • progrès • technique

Points clés

Qu'est-ce qu'une œuvre d'art ?

Michel-Ange peint *Moïse,* Puccini compose *Tosca.* Les œuvres d'art se rangent parmi les créations humaines. Mais elles y occupent un statut particulier, puisque, sans fonction pratique, elles ne peuvent être assimilées aux objets simplement utiles ou décoratifs.

L'imitation d'un modèle

Une œuvre d'art se comprend d'abord par comparaison avec une production naturelle. À ce titre, elle est d'abord le produit d'une activité consciente, sinon entièrement réfléchie, qu'on appelle un « art ». Toutefois, l'homme n'est pas l'inventeur total de l'œuvre qu'il produit, puisque, aux yeux de l'Antiquité et pendant des siècles, l'œuvre d'art est pensée comme l'imitation d'un modèle. Pour Platon, l'œuvre d'art est ainsi une imitation au troisième degré. Au premier degré se trouve pour Platon l'idée-modèle, d'origine divine, de ce qu'est un lit. Au deuxième plan se trouve le menuisier, qui façonne dans du bois la forme d'un lit. Enfin l'artiste crée une image du lit qui s'applique à copier le plus fidèlement possible la traduction sensible de l'Idée opérée précédemment par le menuisier. Ainsi comprises, les œuvres d'art témoignent d'un effort général des hommes pour faire ressembler le monde, naturellement chaotique, à certaines formes stables, idéales, éternelles. Mais elles ne jouent qu'un rôle secondaire dans la mise en ordre du monde et peuvent être nuisibles au bon fonctionnement de la cité car elles demeurent malgré tout des simulacres. ■

La révélation sensible d'une vérité

La théorie de l'imitation, comprise comme imitation de la nature, sera le modèle dominant de l'interprétation de l'œuvre d'art jusqu'au XVIIIe siècle, et la ressemblance sera le critère principal pour la juger. Diderot s'extasie devant un épagneul peint par Greuze, si proche de son modèle qu'on a l'impression qu'il va aboyer. Mais cette théorie mimétique échouera à expliquer la place toujours plus importante conquise par l'œuvre

Points clés

« Le tableau de Van Gogh est l'ouverture de ce que le produit, la paire de chaussures de paysans, est en vérité » (Martin Heidegger, l'Origine de l'œuvre d'art, *1932).*

d'art dans notre culture. Cette éminence devient intelligible à partir du moment où l'on voit en elle la révélation sensible d'une vérité qui, sans elle, demeurerait inaccessible. Dans ses *Leçons sur l'esthétique* (1820-1829), Hegel explique que les hommes créent des œuvres d'art comme l'enfant brise la surface d'un plan d'eau en y lançant des pierres. Au lieu de se mirer passivement dans son reflet, l'enfant qui fait des ronds agit sur le monde pour y trouver une image de ce qu'il est réellement : non une simple créature naturelle, mais un être doué du pouvoir de se connaître lui-même. Chez Hegel, toutefois, l'art n'est qu'une étape dans l'histoire de l'humanité, il ne fait que présenter une première approximation d'un savoir que la raison portera à sa pleine lumière. Ne méconnaît-il pas, du même coup, la spécificité de l'œuvre d'art ? ■

La question du sens

L'*Origine de l'œuvre d'art* (1932) de Heidegger repart de l'œuvre comme chose. À la différence de l'outil, qui ne fait voir que l'usage qu'il permet, l'œuvre dévoile la vérité. Lorsque Van Gogh peint une paire de gros godillots, il dévoile justement leur être-outil, qui n'apparaît plus dans leur usage. L'œuvre d'art ouvre ainsi sur un monde de significations. Mais cette compréhension de l'œuvre demeure-t-elle à son tour pertinente lorsque celle-ci paraît menacée dans ce qui constituait son fondement, à savoir son unicité ? Les œuvres du XXᵉ siècle – celles de la photographie, du cinéma – qui existent en de multiples exemplaires, ce qui brouille la distinction entre copie et original, correspondent-elles encore à ces définitions ? Walter Benjamin souligne, dans *l'Œuvre d'art à l'époque de sa reproductibilité technique* (1936), que celle-ci a perdu de son aura en abandonnant son caractère sacré et en devenant reproductible à l'infini. Hors de tout critère objectif, en rupture avec son passé, l'œuvre d'art nous place aujourd'hui devant une responsabilité. Face à certaines réalisations qui donnent à sentir et à penser, le jugement – individuel, collectif, politique – du spectateur devient la condition d'une authentification : ceci est une œuvre d'art ! ■

Dico → art • esthétique • idée • illusion

Le beau et le sublime

Dans la langue commune, le sublime semble désigner le degré extrême ou l'apothéose de la beauté. Mais, à partir du XVIIIe siècle, le beau et le sublime s'imposent comme deux notions distinctes et complémentaires. Leur analyse constitue le passage obligé de cette nouvelle forme de science qu'est l'esthétique.

De l'objet au sujet

Pour désigner certains états profonds et intenses déclenchés par la contemplation de réalités naturelles ou artistiques particulières, le terme de « beau » paraît insuffisant, voire inadéquat. L'idée du beau est en effet toujours associée à celles d'harmonie, d'équilibre, de proportion. L'âge classique, qui tente de mettre au point une approche objective de la beauté, a déjà l'intuition d'une spécificité de la beauté « sublime », notamment à travers la traduction par Boileau d'un texte grec anonyme du Ier siècle, le *Traité du sublime* (1674). Le sublime, qui ne désigne qu'une forme particulière du style oratoire, devient alors spécifiquement associé au surprenant et à l'extraordinaire. Mais il faut attendre la naissance de l'« esthétique » – du titre d'un livre d'Alexander Baumgarten, *Aesthetica* (1750) – pour que la réflexion sur le sublime se développe grâce à un déplacement de perspective menant de l'objet contemplé vers le sujet contemplatif. ■

« Le sublime touche. Le visage de l'homme qui éprouve la plénitude du sublime est sérieux, parfois figé et surpris » (Emmanuel Kant,* Observations sur le sentiment du beau et du sublime, *1764).

Mesure et démesure

Dans sa *Recherche philosophique sur l'origine de nos idées du beau et du sublime* (1756), Burke jette les bases d'une distinction en s'appuyant sur des considérations psychologiques et physiologiques et en se fondant sur la différence des sentiments et des sensations éprouvés par le spectateur. Le plaisir que procure le beau serait lié à la perception de certaines formes régulières. Le sublime désignerait une excitation plus forte, un délice, que nous éprouverions devant la discordance ou devant la dissolution de ces formes. La distinction ne cesse plus, alors, de se préciser. Le beau exprimerait une sensation de détente, un apaisement, une sorte de joie calme. Le sublime renverrait au terrible, au démesuré, à ce qui provoque en nous un faisceau d'impressions oscillant entre ravissement et terreur. Il romprait les frontières de la finitude tout en ne faisant pas ressentir cette rupture comme une destruction, mais comme une sorte d'exaltation et de libération. Ainsi, loin d'exprimer seulement un degré supérieur du beau, le sublime en vient à désigner un sentiment esthétique à part entière. ■

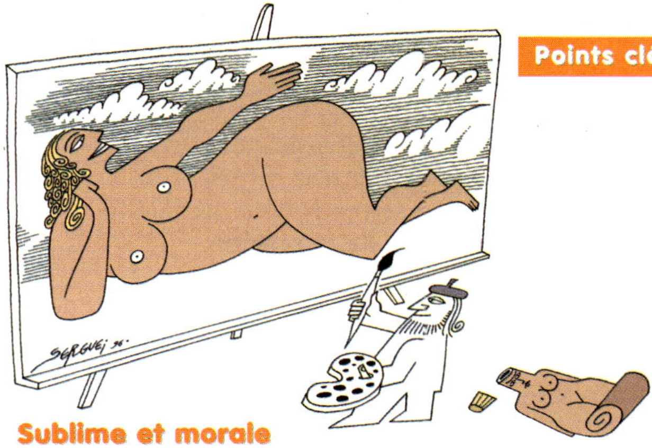

Sublime et morale

Avec Kant, la réflexion sur le beau et le sublime atteint sa grandeur philosophique. La *Critique de la faculté de juger* (1790) prolonge l'orientation subjective de l'esthétique, faisant du beau et du sublime non des catégories de l'objet, mais des caractéristiques du jugement de goût formulé par le sujet. Le beau est défini par Kant comme *« ce qui plaît universellement sans concept »*. On ne peut en effet, remarque-t-il, faire du beau un concept, même s'il désigne autre chose qu'une sensation agréable et même si le sujet qui juge une chose belle se sent fondé à universaliser son jugement et à l'enraciner dans une qualité objective de l'objet. Le rôle du beau est en fait de nous révéler un accord spontané entre les facultés de notre esprit, une harmonie entre notre sensibilité et nos concepts ainsi qu'une certaine disposition d'âme commune à tous les humains nommée *sensus communis*. Le sublime, quant à lui, est lié à la perception de phénomènes terrifiants ou d'œuvres monumentales. Il résulte du conflit que la raison engage avec l'imagination en exigeant d'elle de figurer l'Inconditionné ou l'Infini. Il engendre donc un désaccord en l'homme, qui est en même temps positif : l'impossibilité d'une telle figuration équivaut en effet à une présentation indirecte ou négative. Le sublime nous permet donc d'avoir l'intuition de notre destination d'humain, c'est-à-dire notre destination morale. ■

Dico → beau • esthétique • jugement • Kant

Comment définir une religion ?

Le phénomène religieux existe sous des formes tellement diverses que le problème se pose d'une définition générale et unique de la religion.

Une étymologie ambiguë

Le latin *religio* a deux origines possibles : *religare,* qui signifie « relier », ou *religere,* qui veut dire recueillir ». La première étymologie rend compte du double lien qui caractérise la vie religieuse : celui qui relie les hommes entre eux et celui qui relie les hommes au divin. La seconde étymologie renvoie au scrupule qui préside à la fréquentation du sacré.

En raison de cette ambiguïté étymologique, la tentative de définition de la religion doit tenir compte d'une triple dimension : le caractère social de la religion ; l'affirmation d'une impossible autosuffisance de la condition humaine ; l'existence d'une attitude spécifique, soit collective à travers le rituel, soit privée par le biais de la piété. ■

Le profane et le sacré

Quoi de commun entre le culte public rendu aux dieux dans la Grèce antique, l'intériorité de la foi chrétienne, le totémisme, le culte de l'Humanité prôné par Auguste Comte, la spiritualité bouddhiste, etc. ? La diversité des manifestations de la vie religieuse est telle qu'elle rend impossible de les qualifier par un adjectif unique. Peut-on réduire la religion à quelques dénominateurs communs ? Émile Durkheim voit dans l'opposition du sacré et du profane la *« forme élémentaire »* du fait religieux. Une religion se reconnaît à ce qu'une communauté exclut de la réalité ordinaire (la sphère profane) un certain nombre d'êtres, de lieux, de choses investis d'une signification extraordinaire, qui inspirent crainte et vénération et qu'on ne peut manipuler que de façon rituelle (la sphère sacrée). Les religions seraient donc, dans leur diversité historique et sociale, des déclinaisons multiples de cette forme élémentaire générale. ■

Chez les Anciens, le culte de Dionysos illustre non la sacralisation d'un ordre auquel il faut sacrifier, mais la libération des contraintes.

Le sens de la transcendance

Mais l'analyse de Durkheim ne permet pas de déterminer ce qui confère sa sacralité à un objet, un être ou un lieu. La sacralité proviendrait de la manifestation d'un « autre chose », d'un « numineux » – du latin *numen,* « divinité » –, pour reprendre le terme proposé par le théologien Rudolph Otto afin de ne pas réduire l'objet de l'expérience religieuse au Dieu judéo-chrétien. Il existe en effet des religions sans Dieu, du bouddhisme à la religion de l'Humanité qu'Auguste Comte avait prétendu fonder. Mais il n'en existe pas sans l'idée ou le sentiment d'une puissance qui dépasse l'homme et dont celui-ci dépend. Ainsi, c'est dans le sens de la transcendance que réside la signification ultime de l'expérience religieuse. Se pose alors le problème de la foi, définie de façon paradoxale comme une confiance totale en ce qu'on ne comprend pas. C'est ce paradoxe qu'exprime la fameuse formule de Pascal : *« Le cœur a ses raisons que la raison ne connaît pas. »* L'auteur des *Pensées* (1670) signifie par là qu'une connaissance rationnelle de Dieu, si même elle est possible, ne peut fonder la religion – la religion, c'est *« Dieu sensible au cœur »* et non à la raison. Mais d'autre part, cette supériorité de la foi n'est pas un aveuglement : ce que la raison ignore, ce sont les « raisons » du cœur. ■

Une religion « dans les limites de la simple raison » ?

La religion dans les limites de la simple raison est le titre, surprenant, d'un ouvrage de Kant publié en 1793. L'expression peut paraître contradictoire. Comment pourrait-il exister une religion rationnelle ? Au XVIIIe siècle, pourtant, s'affirme l'idée d'une religion « naturelle », c'est-à-dire conforme à la lumière naturelle – à la raison –, d'une part, et trouvant d'autre part le témoignage de la parole divine dans l'ordre rationnel de la nature plus que dans un texte révélé. La piété religieuse change alors de signification. Chez Spinoza ou chez Kant, par exemple, elle consiste moins dans la stricte observance des rites que dans le sens moral accordé par le croyant aux préceptes de sa religion. ■

Dico → Comte • dieu • Kant • Pascal • raison • religion

Points clés

Étudier une religion, est-ce la défendre ou la combattre ?

On devrait pouvoir étudier les religions comme tout autre domaine, sans prendre parti. Mais il existe un antagonisme entre les principes mêmes de l'enquête scientifique et les croyances religieuses.

La difficulté d'étudier une religion

L'étude des religions, qu'on nomme également «sciences des religions» ou «anthropologie religieuse», s'est trouvée confrontée, au cours de son histoire, à des difficultés spécifiques qu'il est intéressant d'aborder d'un point de vue philosophique. Il s'agit, en effet, de problèmes liés non pas à la recherche historique ni à l'étude des textes, mais à la question fondamentale de la relation entre croire et savoir. Une religion possède des réponses aux questions relatives à son apparition, son évolution, son rôle, son avenir. Et toute enquête qui risque de remettre en cause ces réponses pour des raisons objectives risque d'être considérée, d'un point de vue religieux, comme une menace. Ce mécanisme est encore plus net pour ce qui concerne les religions révélées, c'est-à-dire celles qui affirment tenir leurs Écritures de Dieu lui-même. Les études relatives à la composition de ces Écritures, à leur datation, à leurs auteurs peuvent passer pour des attaques contre la foi. À la question de savoir, par exemple, d'où vient le christianisme et comment il s'est constitué, il existe une réponse «chrétienne»: Dieu a envoyé aux hommes son fils Jésus, qui est mort pour délivrer tous les êtres humains, et la religion chrétienne s'est développée pour diffuser cette «bonne nouvelle» – en grec, «évangile», *euangelion*, signifie «bonne nouvelle». Et si l'on demande d'où vient l'islam, les musulmans répondent : Dieu a choisi Mohammed pour qu'il devienne son prophète et le Coran forme le message reçu de Dieu et transmis par le Prophète. ■

«L'abolition de la religion en tant que bonheur illusoire du peuple est l'exigence que formule son bonheur réel»
(Karl Marx, Contribution à la critique de la philosophie du droit de Hegel, *1843-1844).*

Une alternative insatisfaisante

Dès que l'on tente de placer dans une perspective historique les questions relatives, par exemple, à la formation des textes sacrés, à leur diversité, à leur transmission et à leurs éventuelles transformations, ces interrogations mêmes, indépendamment des intentions personnelles des savants, peuvent être considérées comme des atteintes à la foi religieuse. Ainsi risque-t-on de se voir enfermé dans une alternative insatisfaisante : ou bien étudier une religion « du dedans » en acceptant ses croyances, ce qui revient à la renforcer, ou bien l'étudier « du dehors », mais cette attitude objective revient à la remettre en cause, donc à l'attaquer.
Il faut souligner qu'il s'agit là d'un cas de figure très particulier. En règle générale, l'étude se distingue clairement de la défense ou de l'attaque. C'est évident pour les sciences de la nature : les physiciens ne sont ni pour ni contre les lois de la thermodynamique, et les chimistes ne sont ni partisans ni adversaires de l'hydrogène. Pour les sciences de l'homme et de la société, le partage entre l'étude et l'engagement est parfois plus ambigu : ainsi, l'influence des opinions politiques chez les historiens travaillant sur la Révolution française ne peut être totalement écartée. Mais c'est dans le cas des religions que la tension est la plus vive. Car il demeure extrêmement difficile de se contenter de l'étude, dans la mesure où, sur bien des points, le savoir et la croyance se révèlent incompatibles. ■

Dans le monde technique et rationalisé d'aujourd'hui, les sectes sont de plus en plus nombreuses.

Un problème masqué

Dans la pratique, il semble bien que ce problème ait fini par être plutôt masqué que résolu. Il est en effet devenu habituel, dans les départements universitaires et les centres de recherche, que les études concernant le catholicisme soient conduites par des catholiques, celles relatives au protestantisme par des protestants, etc. Cette situation a le mérite d'avoir mis fin à la guerre qui opposait, au XIXe siècle, les églises et les historiens. Mais elle n'a pas résolu la contradiction entre foi et savoir : chercher les causes qui expliquent une religion, c'est ne pas y croire. ■

Dico → anthropologie • dieu • idéologie • matérialisme • religion

Points clés

L'homme, « animal politique »

Considéré sous l'angle de l'espèce, l'homme semble par nature destiné à vivre en société, à l'image de nombreux animaux. Ses besoins ne peuvent être assurés sans la coopération de ses semblables.

« Mais que l'homme soit un animal politique à un plus haut degré qu'une abeille quelconque ou tout autre animal vivant à l'état grégaire, cela est évident. La nature, en effet, ne fait rien en vain ; et l'homme, seul de tous les animaux, possède la parole *(logos)*. Or, tandis que la voix *(phônè)* ne sert qu'à indiquer la joie et la peine, et appartient pour ce motif aux autres animaux également (car leur nature va jusqu'à éprouver les sensations de plaisir et de douleur, et à se les signifier les uns aux autres), le discours sert à exprimer l'utile et le nuisible, et par suite aussi, le juste et l'injuste » (Aristote, *Politique, I, 2*).

Individu et société

Sans les autres et une organisation collective du travail, nul ne saurait survivre, s'adapter au milieu naturel et le transformer. Mais cette coexistence originaire ne va pas toujours de soi. Si l'argument de la survie, illustré par la fable de Tarzan, l'homme-singe, semble très convaincant, il porte tout autant l'accent sur la difficulté que l'homme éprouve parfois à vivre parmi les siens. Ne faut-il pas considérer l'existence au sein de la société comme une condition nécessaire, mais non suffisante à l'existence humaine ? Si évident que paraisse ce lien social premier, la résistance que l'on peut ressentir à se plier aux contraintes collectives, le désir de certains de se retirer dans la solitude témoignent d'une revendication individuelle, d'un droit à vivre selon la voie que l'on a soi-même choisie. Parce qu'il ne peut exister que dans la société, l'homme doit-il aussi ne vivre que par et pour elle ? Une tension existe entre les exigences de l'individu et celles que requiert sa condition d'animal social. La revendication d'un droit individuel à « vivre sa vie » pose la question de sa légitimité.

La sociabilité naturelle

Mais dans la mesure où, à la différence des animaux, nous sommes doués de langage, nous détenons un principe pour comprendre les revendications de chacun et harmoniser les valeurs et modes d'existence différents que, pour lui-même, chacun d'entre nous est en droit de défendre. La Nature nous ayant dotés de la faculté de parler, ne nous a-t-elle pas soumis à un principe de « communication obligatoire » ? Ce lien que forge entre nous la capacité d'exprimer nos besoins personnels, mais aussi de convaincre autrui de leur légitimité, c'est la nature qui nous l'a légué en faisant de nous des animaux qui dialoguent. Les Grecs ont appelé ce lien premier de communication *koïnônia,* la « communauté ». Ce lien étant par nature, il fonde une « sociabilité naturelle » des hommes. ■

« Tout animal est d'abord une bande, une meute. [...] C'est là le point où l'homme a affaire avec l'animal » (Gilles Deleuze et Félix Guattari, Mille Plateaux, *1980).*

La cité

Reste qu'un pas supplémentaire doit être franchi pour comprendre la dimension politique de cette sociabilité. Le langage nous permet d'harmoniser les revendications les plus contradictoires. Or, si ce lien social naturel existe, si le langage tisse et renforce notre désir de vivre en commun, c'est dans l'organisation sociale qui aura reconnu ce principe que notre existence doit pouvoir trouver son plein épanouissement.

La cité reconnaît comme activité spécifiquement humaine la capacité de délibérer du juste et de l'injuste. Pour Aristote, c'est dans la cité *(polis)* et non dans d'autres formes d'organisation collective que nous pouvons accomplir notre condition d'homme, notre condition d'animal politique. Mais qu'adviendra-t-il de ceux qui sont privés de cette capacité, et par conséquent du pouvoir de revendiquer le droit de parler ? ■

« On ne peut affirmer que la même chose soit et ne soit pas : il suffit que l'adversaire dise seulement quelque chose. S'il ne dit rien, il est ridicule de chercher à discuter avec quelqu'un qui ne peut parler de rien : un tel homme est semblable à une plante » (Aristote, *Métaphysique Gamma 4).*

Dico → **Aristote • citoyenneté • communauté • État • société**

L'insociable sociabilité de l'homme

Avec Aristote, l'Antiquité décrivait l'homme comme un « animal politique », fait pour vivre dans une cité. Cette représentation posait une complémentarité naturelle et inégalitaire entre homme et femme, adulte et enfant, sujet libre et esclave. L'époque moderne souligne au contraire qu'elle repose paradoxalement sur une « insociabilité » de l'être humain.

Se soumettre ou se démettre

Parler de société, c'est évoquer la condition nécessaire, mais peut-être non suffisante, du développement de l'homme. L'espèce humaine est, par nature, une espèce d'êtres sociaux. En dehors de la société, *« l'individu n'est qu'une abstraction » :* nul homme ne saurait survivre seul au sein d'un monde que nous devons transformer pour l'adapter à nos besoins. Héritier des générations passées et de leur patiente domestication de la nature, l'homme reçoit de la société les conditions et les formes de son épanouissement. En fait comme en droit, la société prime sur l'individu, à qui elle impose le devoir de se soumettre ou de se démettre. Loin d'apparaître une condition de notre liberté et de notre épanouissement, les mœurs et les coutumes reçues de la tradition nous semblent bien souvent contraignantes. L'individu et la société apparaissent donc à la fois indissociables et en perpétuel conflit. ■

L'invention des règles

Kant désigne cette condition humaine contrariante comme l'*« insociable sociabilité »* de l'homme. Il voit dans cette contradiction une source de richesse pour l'humanité. Les hommes veulent se protéger : ils fondent une société. Mais ils veulent en même temps échapper aux contraintes d'une telle association. L'antagonisme des individus, leur diversité de goûts et d'intérêts les poussent à une compétitivité de plus en plus rationalisée. Loin de les jeter dans le conflit permanent, c'est leur insociabilité même qui leur enjoint d'inventer des règles et de s'y soumettre afin de réaliser leurs désirs en rendant compatibles leurs intérêts. C'est ainsi par une ruse que la Nature fait progresser l'espèce humaine. Insociable par inclination personnelle, mais sociable par nécessité,

l'homme doit inventer les modalités de sa coexistence avec ses semblables. L'histoire de l'espèce humaine peut ainsi se lire comme si elle était orientée par un *« dessein de la nature »*. La légalité, le droit, les règles qui organisent la compatibilité des désirs et des intérêts contradictoires résultent mécaniquement du jeu même de ces penchants naturellement égoïstes. L'insociable sociabilité donne ainsi naissance à l'État et à une société de plus en plus propice au développement de la vertu. ■

L'affrontement est au cœur de la sociabilité.

Le progrès de l'espèce

Points clés

Au cours de l'histoire, les actions humaines, d'abord conflictuelles, mues par des passions égoïstes, se transforment d'elles-mêmes pour devenir de plus en plus conformes à des actions mues par des intentions vertueuses. Le progrès de l'espèce humaine apparaît donc comme une fiction plausible, pour peu que l'on prenne soin d'accepter l'hypothèse de l'insociable sociabilité, sorte de fil conducteur qui, s'il ne permet pas de connaître en vérité quel cours prendra l'histoire (contrairement à la philosophie hégélienne de l'histoire et à sa « ruse de la Raison »), permet cependant de penser l'histoire en lui donnant un sens. ■

« Le moyen dont la nature se sert pour mener à bien le développement de toutes ses dispositions est leur antagonisme au sein de la Société, pour autant que cet antagonisme finira pourtant par être la cause d'un ordre réglé par des lois. J'entends ici par antagonisme l'insociable sociabilité des hommes, c'est-à-dire leur inclination à entrer en société, inclination qui est toutefois doublée d'une répulsion générale à le faire menaçant sans cesse de dissoudre cette société. Une telle disposition est très manifeste dans la nature humaine » (Emmanuel Kant, *Idée d'une histoire universelle au point de vue cosmopolitique,* 1784).

Points clés

Les théories du contrat social

La société impose des règles aux hommes, dont elle organise la coexistence pacifique. Comment justifier ce contrôle de nos désirs les moins conformistes ? Quelle est l'origine de la vie en société et quels fondements la légitiment ?

Jean-Jacques Rousseau, auteur du* Contrat social *(1762).

Une décision prise en commun

À cette question des origines, la réponse contractualiste affirme que la société ne résulte pas d'une nécessité naturelle. Nul individu ne saurait se suffire à lui-même tel que la nature l'a fait naître. Pour autant, dans cet « état de nature », ce ne sont ni les liens de parenté ni les liens de voisinage qui rendent nécessaire la vie en société. Les hommes s'assemblent en société à partir d'une décision volontaire prise en commun. La cité, la *polis* grecque ou la *societas* romaine, résulte d'un contrat qu'on dit « social » parce qu'il détermine les rapports, la sociabilité que les hommes ont décidé d'entretenir. ■

Du pacte au contrat

L'origine de la société et les fondements de la vie politique relèvent-ils d'une même théorie ? Au Moyen Âge, le *pactum associationis* concerne l'engagement du Prince devant Dieu et sa promesse de garantir le bien-être de ses sujets, qui lui doivent en retour obéissance. Une première difficulté apparaît : comment concilier ce contrat des origines, reposant sur une décision volontaire collective, et l'obligation où chacun se trouve en fait de se soumettre à l'autorité des gouvernants de son État ? Les théories du contrat social ne considèrent pas tant la réalité historique et empirique du pacte que le principe explicatif et légitimant du social. L'idée du contrat social s'avère opératoire pour résoudre la question de la légitimité d'une vie en société. Elle est alors reliée à la fiction d'un hypothétique « état de nature », essentiellement défini comme le contraire de la civilité et comme le règne de la force. ■

Quelle autorité ?

Pufendorf, Hobbes, Spinoza, Locke ou Rousseau font de la théorie du contrat social une théorie rationnelle de l'État qui en permette une déduction à partir des prémisses du droit. Ils s'accordent pour penser que, dans cet hypothétique état de nature, chacun dispose librement d'un pouvoir sur les choses, limité seulement par la concurrence du pouvoir des autres et l'inégalité naturelle. La sortie de l'état de nature a lieu quand un accord collectif fait naître une loi civile qui réorganise l'ensemble des pouvoirs et les redistribue sous la garantie de son autorité. C'est sur les fondements de l'autorité que les divergences vont se cristalliser. Pufendorf, théoricien du droit naturel, considère que l'autorité civile doit être assujettie à l'autorité ultime de la Nature, qu'il identifie à la loi universelle, laquelle, émanant du Créateur, est valable pour toutes créatures. Le contrat social est à la fois un pacte d'association et un pacte de gouvernement sous l'autorité de magistrats redevables envers Dieu. Selon Hobbes, c'est pour échapper à la guerre de tous contre tous que chacun se désiste de son droit naturel en fonction d'un calcul rationnel d'intérêts. Tous faisant de même, ces droits sont confiés à un tiers chargé de les représenter et d'agir en leur nom. Le pacte institue la *Res publica*. Rousseau ne considère pas le contrat comme un transfert de droit motivé par un désir de paix. *Du contrat social* fait de la liberté la motivation du contrat. C'est elle qui fait naître le peuple en corps, puis l'érige en Volonté générale. Chacun contracte, non seulement, avec chacun et avec lui-même, mais en outre avec le tout. ■

« Les hommes ne retirent pas d'agrément, mais au contraire un grand déplaisir, de la vie en compagnie, là où il n'existe pas de pouvoir capable de les tenir tous en respect » (Thomas Hobbes, *Léviathan,* 1651).

La critique hégélienne

Peut-on sans contradiction voir dans le contrat qui lie des individualités le socle d'un engagement envers une entité collective ? Hegel conteste cette logique rousseauiste. Un contrat est un accord entre deux volontés particulières qui se reconnaissent mutuellement. C'est un acte qui relève du droit privé. Importé dans la sphère de la vie publique, il fait dériver l'État vers une liberté et des droits abstraits, incapables de garantir l'organisation sociale qu'il devait pourtant achever. ■

Page de titre du Léviathan *(1651) dans lequel Thomas Hobbes développe sa théorie du contrat social selon laquelle c'est l'instinct de conservation qui pousse les hommes à conclure un pacte social par lequel ils transfèrent leurs droits naturels à la société.*

Points clés

Le conflit entre l'État et l'individu

L'État est conçu comme une institution au service de l'intérêt de l'ensemble du corps social et qui doit, pour remplir sa fonction, se doter de moyens de contrainte efficaces. L'État n'est-il que l'expression paradoxale d'un droit du plus fort ?

« Le prolétariat utilisera sa domination politique pour arracher progressivement le capital à la bourgeoisie » (Karl Marx et Friedrich Engels,* Manifeste du parti communiste, *1848).

Le contrat, garant du droit

Max Weber définit l'État comme l'institution qui détient *« le monopole de la violence physique légitime »*. Mais l'usage de la violence pour éradiquer la violence rend problématique la notion d'État. Une telle situation pose la question de l'origine du pouvoir de l'État et, plus encore, des raisons qui poussent les individus à y obéir. Conformément à l'hypothèse du contrat social, la légitimité de l'institution doit pouvoir se déduire des prémisses du droit. Puisque les hommes naissent libres et égaux en droits, aucun pouvoir ne saurait être légitime s'il ne repose sur leur consentement général et sur le renoncement volontaire de chacun à son droit naturel. Par le contrat social, une limite est posée aux pouvoirs de l'État. Souverain en ce qu'il n'existe pas d'autorité supérieure à lui, il se voit cependant limité par la réciprocité inhérente au contrat. Renoncer au droit naturel en faveur d'un État de droit, c'est la possibilité pour l'individu de soumettre l'État à certains devoirs. L'individu ne doit obéissance à l'État que tant que celui-ci lui semble user légitimement de son pouvoir. ■

L'État, garant de l'individu

« Membre de l'État » parce que membre du corps social institué, l'individu a renoncé à son droit naturel. Mais si l'État abuse du pouvoir qui lui a été conféré, n'est-ce pas un droit légitime que de désobéir ? Limiter sa liberté au seuil de celle d'autrui, renoncer aux droits qui nuiraient à la communauté, cela suppose-t-il de renoncer à tout autre droit ? Les droits de l'homme et ceux du citoyen ne se recouvrent pas trait pour trait. La frontière qui sépare leurs domaines limite l'intervention légitime de l'État à l'espace public, sans qu'il intervienne dans la vie et l'espace privés. L'enjeu de cette séparation est la liberté, qui est au fondement même de la légitimité de l'État. Selon les théoriciens d'une rationalité de l'État de droit, la liberté des individus est garantie en théorie par le fait que le peuple, en obéissant au souverain – expression de la volonté générale –, n'obéit qu'à lui-même. L'autonomie de l'individu est alors pleinement conciliable et entièrement garantie par l'État démocratique. ■

« On peut considérer une société comme une sorte de gros animal. [...] Eh bien, il me semble que tout mouvement démocratique s'élève contre les réactions du gros animal, et tend à balancer l'association naturelle, disons l'organisme social, par une espèce de contrat antisocial » (Alain, *Propos d'un Normand,* 1906-1914).

L'illusoire transcendance de l'État

Marxisme et anarchisme contestent différemment la conception de l'État de droit. Les deux doctrines refusent la légitimité d'une séparation de l'organe coercitif et régulateur. Pour la première, la transcendance de l'État ne saurait être qu'illusoire, masquant la défense des intérêts de la classe dominante. Pour la seconde, la séparation entre l'origine et l'exercice de la souveraineté, qui fait que tout pouvoir est nécessairement délégué, est une contradiction insurmontable. Tout État, quel qu'en soit le principe, doit être aboli. Les deux conceptions refusent également l'autonomie du politique à l'égard du social. Mais l'égalité devant le droit ne dégénère pas nécessairement, comme le pensait Tocqueville, en uniformité des mœurs, pas plus que l'institution d'un pouvoir politique distinct de la société ne dégénère en domination d'une classe sociale sur les autres. Une telle séparation n'est-elle pas alors la seule garantie pensable des libertés individuelles, des résistances et des contre-pouvoirs ? ■

L'État n'est pas un être parlant, mais une machine exerçant un pouvoir.

« Nous repoussons toute législation, toute autorité et toute influence, [...] même sortie du suffrage universel » (Mikhaïl Bakounine, Dieu et l'État, *1861).*

Points clés

Qu'est-ce qu'être citoyen ?

Le citoyen est-il un sujet possesseur de droits conférés une fois pour toutes par les institutions ou la Constitution ? Ou bien est-ce la manière dont il institue les affaires comme publiques qui (re)constitue le sujet politique comme citoyen ?

Citoyenneté antique, citoyenneté moderne

La citoyenneté antique définit l'appartenance à la cité. Elle requiert l'égalité des droits et des devoirs dans la participation à la vie politique, indissociablement avec l'accès de chacun à la magistrature, c'est-à-dire à la décision politique. Mais ce statut unitaire ne concerne qu'une minorité de la population : en sont exclus les étrangers, les femmes et les esclaves. La citoyenneté moderne, qui apparaît au XVIIIe siècle avec les révolutions américaine et française, procède de la séparation de l'État et de la société civile. Les droits civils se distinguent des droits d'accès à la magistrature. Comment, dès lors, penser la représentation du peuple souverain ? Cette représentation politique peut reposer soit sur un principe censitaire, soit sur le suffrage universel ; ce dernier critère est souvent complété, pour le choix du représentant, par celui de la compétence à la gestion administrative, faisant de la citoyenneté moderne une citoyenneté capacitaire. Loin d'évoluer vers plus d'identité ou d'identification entre gouvernés et gouvernants, le lien représentatif serait aujourd'hui en crise. ■

La crise de la représentation

Selon certains, comme Blandine Kriegel (*la Cité républicaine,* 1998), cette crise de la démocratie vient d'abord de l'indétermination du concept moderne de citoyenneté, qui procède de quatre sources :
– les philosophies du contrat social (Spinoza, Pufendorf, Hobbes, Locke, Rousseau), qui fondent la société sur un acte de volonté du peuple et pour lesquelles le citoyen est un individu abstrait et désincarné, à l'image du *cogito* cartésien ;
– le droit civil, qui reconnaît des pères et des mères, des hommes et des femmes, des enfants, des propriétaires et des non-propriétaires, dans des relations inégalitaires (là où le sujet cartésien était libre et égal à tout autre en raison) ;
– la Déclaration des droits de l'homme et du citoyen, puisque les droits civils sont en principe l'expression des droits naturels reconnus à chacun (le citoyen est alors le citoyen d'une République universelle au sein de laquelle toute fonction ou honneur devrait dépendre exclusivement du mérite) ;
– le droit des peuples, parce qu'avec l'apparition du principe de nation, à la fin du XIXe siècle, la souveraineté n'est plus reconnue au prince ou au monarque, mais au peuple (si la citoyenneté est définie par l'appartenance à une communauté nationale, la question est alors de savoir si on est citoyen par le droit du sol ou par le droit du sang).

La pluralité des sources du concept de citoyenneté serait la cause de la crise actuelle, identifiée comme un déficit de la citoyenneté que l'État serait sommé de réduire : c'est-à-dire la républicanisation nécessaire de la république. Le présupposé de cette démarche réside dans le fait que le citoyen est conçu comme un sujet possesseur de droits.

Le buste de Marianne, symbole de la République.

Dès lors, toute la question est de savoir s'il exerce ces droits ou non. ■

Redevenir sans cesse citoyen

Une autre manière de définir le citoyen serait de considérer que ce n'est pas parce qu'il y a des droits institutionnalisés qu'il y a des citoyens, et que le sujet politique ne préexiste pas à l'acte et à la parole qui le constituent comme tel. Dans la démocratie, il faut sans cesse réinventer un espace public et un espace politique sous le signe de l'égalité devant les lois *(isonomia),* un agir politique constitutif d'un peuple de citoyens (Miguel Abensour, *la Démocratie contre l'État,* 1997). La citoyenneté viendrait donc plutôt de l'acte perpétuel par lequel on n'en finit pas de redevenir citoyen sans pouvoir s'installer dans la citoyenneté. On ne serait pas alors citoyen toute sa vie durant, mais seulement dans certains moments où l'on agit comme tel (Jacques Rancière, *Aux bords du politique,* 1999). ■

Dico → citoyenneté • démocratie • égalité • Montesquieu • politique

Points clés

Peut-on imaginer un monde sans violence et sans guerre ?

« *Tout se fait par discorde* », disait Héraclite. Empédocle, qui prône l'amitié, la dit inséparable de la discorde. Dès la naissance de la philosophie et au moins jusqu'au Moyen Âge, la guerre, partout glorifiée, constitue l'horizon du monde. Avec le rationalisme classique apparaît l'idée d'un droit à la paix, puis naissent des projets de paix perpétuelle portés par la philosophie des Lumières.

Le Mahâtma Gandhi, apôtre de la non-violence.

La paix et son contraire

Trois positions se rencontrent dans l'histoire de la philosophie. La première revient à considérer que la guerre est vérité de la paix et que la violence à l'état pur gouverne les États. C'est par exemple la thèse de Hobbes qui, dans le *Léviathan* (1651), décrit l'état de nature comme *« guerre de tous contre tous »*. C'est également la thèse de Pascal, pour qui *« comme on n'a pas pu faire que la justice soit forte, on a fait que la force soit juste »*. Ces problématiques sont fondées sur l'idée que la violence appartient fondamentalement à la nature. La deuxième position présente toujours la paix comme la vérité de la guerre, mais cette dernière n'est que l'altération d'une nature bonne et généreuse. Cette vision fondée sur le droit est celle de saint Thomas d'Aquin. Elle autorise seulement les guerres justes, qui sont le rétablissement de la politique par les voies naturelles.

La sadisme réduit l'autre à n'être que l'objet de mon désir.

La troisième position considère la paix comme un idéal qui doit être institué. Kant, qui la défend, écrit en 1795 un *Projet de paix perpétuelle* qui s'inspire directement de celui de l'abbé de Saint-Pierre commenté par Rousseau, mais le resitue dans sa philosophie critique et le formule catégoriquement comme loi universelle de la raison pratique. ■

La paix perpétuelle

Quelles sont les conditions de possibilité d'une paix durable entre les peuples et les États ? Selon Kant, elles sont au nombre de trois : la constitution politique de chaque nation doit être républicaine, c'est-à-dire fondée sur les principes de liberté de chaque membre de la société, d'égalité des citoyens et de dépendance de tous envers une législation unique et commune ; le droit international doit être fondé sur un fédéralisme d'États libres reposant sur une alliance permanente protégeant de la guerre ; enfin, le droit cosmopolite doit se restreindre aux conditions de l'hospitalité universelle. Cela signifie que tout étranger a le droit, et donc le devoir, de rendre visite, au moins en pensée, à tous les citoyens de la Terre ; inversement, tout citoyen n'est citoyen que si, tout en étant citoyen de son État d'origine, il peut s'en dissocier quand le droit n'est plus de son côté. Être citoyen du monde, en ce sens, serait dissocier la citoyenneté de la nationalité et de la territorialité en pensant une double citoyenneté – citoyenneté d'appartenance et citoyenneté de séjour. ■

Un droit universel

Pour Kant, il s'agit pas seulement de régler et de limiter la guerre et la violence, mais de supprimer la possibilité d'y recourir – d'instaurer un droit de la paix comme droit à la paix. Cela présuppose une volonté partagée d'établir durablement la paix par le droit. En dernière instance, c'est la morale qui est au fondement du refus de la violence et de la guerre. La paix est un « devoir-être », une idée qui commande l'instauration d'un nouvel état du monde où la paix sera perpétuelle, c'est-à-dire universelle. Comment réaliser cette idée morale dans la politique ? Kant répond : par une société des nations, par l'institution d'un droit public des nations. Peut-on réaliser cette paix entre les nations ? Y a-t-il un lien de cause à effet possible entre elle et la pacification dans les relations intersubjectives ? La thèse d'une agressivité naturelle des hommes n'étant pas biologiquement fondée, il convient de s'interroger sur la part de violence présente dans l'instauration de notre rapport aux autres. ■

Dico → démocratie • Hobbes • Kant

La force et le droit

Depuis la naissance de la philosophie occidentale, la force et le droit s'opposent comme la violence et la raison, ou la nature et la loi.

Calliclès et Socrate

C'est l'enjeu de l'affrontement entre Calliclès et Socrate dans le *Gorgias* de Platon. Pour Calliclès, la loi n'est que la sanction d'un rapport de force, et la violence est fondatrice de tout droit. S'il en est autrement, c'est que la loi est une fausse loi imposée par la ruse des faibles. Socrate réfute Calliclès en montrant que c'est au nom de son désir sans limites que celui-ci brise la loi. Or l'homme du désir illimité est forcément malheureux, parce que l'ordre du monde est sa limite, ou parce qu'un désir illimité est forcément insatisfait. Socrate en conclut que le bonheur, donc la justice, est lié à l'acceptation de la loi. La force doit être séparée du droit. ■

Hobbes et Rousseau

Le Calliclès auquel s'oppose Rousseau, c'est Hobbes. Dans *le Léviathan* (1651), Hobbes tente de démontrer que la force fonde le droit, et que le seul droit est celui du plus fort. À l'état de nature, l'homme est un loup pour l'homme, parce que chacun peut tuer l'autre – sinon par sa propre force, du moins par ruse ou par alliance –, qu'il est donc à égalité avec lui et désire les mêmes biens. De là l'insécurité généralisée de l'état de nature, où règne la guerre de tous contre tous. Le pacte social sanctionnera le droit du plus fort, chacun abandonnant au Léviathan ses droits naturels en échange de la sécurité. Le *Contrat social* (1762) de Rousseau réfute cette thèse. Selon celui-ci, la force ne fonde aucun droit. Au contraire, le droit a pour origine une convention : le contrat social. Effet d'un acte rationnel – de la raison individuelle (le législateur chez Platon) ou collective (le peuple pour Rousseau) –, l'ordre social, ou du moins l'ordre social tel qu'il devrait être, n'exprime pas un rapport de force ; et, s'il le fait, c'est que la société est malade, pathologiquement affectée. Il faudra attendre Hegel pour que s'introduise l'idée qu'il y a une rationalité de la violence et une violence de la rationalité. ■

La philosophe Simone Weil (1909-1943) a étudié le nazisme compris comme maladie de l'âme moderne.

Le «printemps de Prague», en 1968, et sa répression par les forces du pacte de Varsovie apparaissent, selon l'écrivain Vaclav Havel, comme le résultat logique, d'une «prise de conscience et une autolibération de la société».

L'État et le monopole de la violence légitime

Faut-il différencier la force et la violence – celle-ci étant réduite à l'usage illégitime de celle-là ? Max Weber répond négativement. Il soutient, dans une conférence de 1919 parue dans le recueil *le Savant et le Politique,* que l'État contemporain, dans l'Occident moderne, peut et doit utiliser la violence comme moyen, à titre de menace mais aussi effectivement. Selon Weber, l'État détient *«le monopole de la violence légitime»* sur son territoire. Le droit est donc l'organisation institutionnelle d'une violence monopolisée. Cette violence est originaire et indépassable, et puisqu'on ne peut s'en débarrasser, les sociétés modernes en ont rationalisé et codifié l'usage. Pour autant, la socialité, sous condition de l'élimination de toute violence physique directe, n'exclut pas la compétition mutuelle et la volonté de contraindre l'autre. Dans l'État de droit démocratique, l'entente – qui exclut la violence manifeste – n'est qu'une mise en forme des conditions de la lutte pour l'appropriation d'avantages inégalement distribués. ■

«Le plus fort n'est jamais assez fort pour être toujours le maître, s'il ne transforme sa force en droit et l'obéissance en devoir. De là le droit au plus fort; droit pris ironiquement en apparence, et réellement établi en principe. Mais ne nous expliquera-t-on jamais ce mot? La force est une puissance physique; je ne vois point quelle moralité peut résulter de ses effets. Céder à la force est un acte de nécessité, non de volonté; c'est tout au plus un acte de prudence. [...] Convenons donc que force ne fait pas droit, et qu'on n'est obligé d'obéir qu'aux puissances légitimes» (Jean-Jacques Rousseau, *Du contrat social,* 1762).

Dico → désir • État • loi • violence

Points clés

Droit positif, droit rationnel

La notion de droit renvoie tout à la fois aux notions de règle sociale, de justice et de sanction, de loi et de devoir moral. La distinction entre le droit positif et le droit rationnel intervient dès le moment où l'on réfléchit sur la constitution du droit et sur ses fondements.

« La Constitution républicaine est la seule qui soit pleinement conforme aux droits de l'homme; mais elle est aussi la plus difficile à établir et plus encore à conserver » (Emmanuel Kant, Projet de paix perpétuelle, *1795).*

Le droit positif

Le droit, pour Kant, repose sur l'autonomie de la raison, mais cela peut se comprendre de deux façons. D'un côté, le droit se présente sous sa forme rationnelle pure, c'est-à-dire sous la forme de règles dont la raison reconnaît *a priori* la validité et qui s'imposent à elle de façon inconditionnelle. D'un autre côté, le droit se manifeste comme droit positif, constitué des règles adoptées dans le cadre d'une société par un législateur. Le droit n'est pas seulement une règle de vie, même si l'on peut en trouver les premières formes à travers l'existence de coutumes ou d'usages sociaux obligés. À ce titre, il est clair que, dans une société donnée, tout n'est pas permis et que la notion de droit est liée à celle de sanction. Mais l'idée de droit positif désigne davantage : l'existence du droit est liée à celle d'un contrat social par lequel les individus manifestent leur volonté et leur décision de vivre ensemble. Le droit dépend donc de l'autorité publique, c'est-à-dire de l'État et de ses institutions, qui l'énoncent et en garantissent l'application. Le droit positif se manifeste ainsi dans des ensembles de lois, d'institutions, de pratiques judiciaires d'une grande variété selon les sociétés et les époques, et dont les évolutions historiques, depuis le tribunal de l'Héliée à Athènes jusqu'aux actuelles juridictions internationales, montrent la complexité croissante. ■

Le droit rationnel

Le droit est-il pour autant contingent ? Non, car le droit positif, dans sa positivité même et sa fonction de rationalisation des relations sociales, en réfère à l'idée d'un droit premier dont il serait la manifestation et qui lui servirait de fondement. On désignera ainsi par droit rationnel un concept pur du droit, universel et ne relevant que de la seule raison. Chez les Anciens, il trouve son fondement dans l'ordre des choses ou encore dans l'idée de Nature considérée comme l'ordre auquel le monde obéit – ce pourquoi on l'appelle aussi droit « naturel ». C'est le point de vue platonicien et c'est aussi celui de saint Thomas, qui écrit : *« La loi éternelle est le gouvernement du monde par la raison divine. La raison dont la règle est le droit de la nature est la raison divine » (Somme théologique).* Chez Kant, nous l'avons dit, le droit repose sur l'autonomie de la raison, c'est-à-dire sur la capacité de celle-ci à se donner des lois à elle-même. Ce sont *« des lois dont le caractère peut être reconnu* a priori *par la raison.* [Elles constituent] *des principes immuables sur lesquels doit être fondée toute législation positive »* (*Doctrine du droit,* 1797) ■

Le droit et la morale

Le droit se distingue de la morale en ce qu'il ne s'intéresse qu'aux faits, au résultat de l'action. La morale en revanche concerne l'intention qui préside à l'action, et trouve son principe dans l'idée d'une volonté bonne et libre de toute détermination. Néanmoins, le droit concerne aussi l'ensemble des conditions qui le rendent concrètement possible. La première est que la volonté de chacun puisse coexister avec celle des autres ; cette limitation s'exprime dans le droit positif, mais elle n'est rationnellement réalisable que sur la base d'une idée universelle de l'humanité en tant qu'elle est constituée de sujets libres et égaux « en droit ». C'est à ce titre qu'il peut y avoir une morale des droits de l'homme. ■

« Il faut qu'en aimant les lois on sache les juger » (Condorcet, Rapport sur l'instruction publique, *20-21 avril 1792).*

Dico → droit • Kant • morale • raison

Comment définir ce qui est juste ?

Le sens de ce qui est juste apparaît évident à travers ses manifestations singulières. Mais où trouver les critères universels pour reconnaître le juste en soi? Quel rapport peut-il y avoir entre égalité et équité?

Le légal

Que faut-il entendre par «juste»? Une première approche montre aussitôt la pluralité des sens. Dans la langue de tous les jours, «juste» peut vouloir dire insuffisant, trop serré (des résultats scolaires «encore justes», une robe «juste») ou bien exact («ça tombe juste», «ça arrive juste») ou encore se rapporter à un jugement moral (décision «juste», homme «juste»). Dans ce domaine où se rencontrent à la fois la question de la règle juridique et celle de la loi morale, un des principaux critères du juste, c'est la conformité. Dans la sphère du droit, il s'agit d'une conformité à la loi, à une loi reconnue et posée comme règle de l'action et du jugement. Ce qui est juste est donc, dans cette mesure, ce qui est légal. Voilà une première détermination. Il faut pourtant se garder de conclure trop hâtivement. Comment, dans ce cas, pourrait-on dire qu'une loi est injuste? Si on ne retenait que le critère de la légalité, il faudrait supposer une cité idéale où les lois seraient sans défaut et ne porteraient jamais préjudice à personne. Tel n'est pas le cas. ■

L'équitable

Cette première formulation ne met pas assez en lumière l'idée d'équilibre. Le juste, c'est aussi l'équitable. Pas de justice sans équité: ce qui est juste est ce qui est légal tant que la loi ne commet pas d'injustice. Quand la loi fait défaut, le juste s'établit selon l'équité. L'équité est donc le correctif nécessaire au droit positif qui définit une justice légale mais pas toujours moralement juste. Que l'on songe aux législations qui instaurent entre les citoyens d'un même État des discriminations liées à leur religion ou à leur sexe ou encore à la couleur de leur peau. Ces mesures peuvent être légales, au sens où elles ont fait l'objet d'une loi qui est entrée en application. Au regard des droits de l'homme, toutefois, de telles mesures demeurent illégitimes et injustes. ■

Justice distributive et justice commutative

À cette distinction entre ce qui est légal et ce qui est légitime s'ajoute celle entre l'égalité et l'inégalité de traitement. Ce qui est juste, nous semble-t-il, c'est de traiter également chaque citoyen et d'accorder à tous les mêmes droits et devoirs. Mais selon quels principes doit s'organiser cette répartition ? Aristote pose que *« le juste est ce qui [...] respecte l'égalité »*. Dans l'*Éthique à Nicomaque,* il établit sur ce point la distinction fondamentale entre justice distributive et justice commutative. La première pose comme règle une égalité proportionnelle, qui s'exprime par une inégalité de fait, et nous conduit à définir le juste comme une rétribution selon la règle « à chacun son dû ». Ce qui est juste, alors, c'est par exemple de récompenser plus largement celui qui a fait preuve d'un plus grand mérite. Dès qu'il s'agit de prendre en compte des mérites ou des fautes, le principe même de la justice est un traitement inégal et justifié. La justice commutative, quant à elle, a pour règle une égalité arithmétique. Cette égalité serait injuste dans les faits s'il s'agissait de l'appliquer à l'impôt. Elle est au contraire éminemment juste lorsqu'elle règle ou rectifie les échanges selon l'égalité des valeurs et des proportions : par exemple, « à travail égal, salaire égal ». Ce qui est juste est alors ce qui est strictement équivalent. On peut d'ailleurs remarquer que cette double face de l'idée de justice est intuitivement connue de tous. Même s'ils ne la formulent pas de manière conceptuelle, les enfants savent bien qu'il existe des cas où il est juste que l'un ait un bonbon et l'autre pas (justice distributive) et des cas où il est juste que chacun ait un bonbon (justice commutative). ■

« Est juste toute action qui permet ou dont la maxime permet à la liberté de l'arbitre de tout un chacun de coexister avec la liberté de tout autre suivant une loi universelle » (Emmanuel Kant, **Doctrine du droit,** *1797).*

Points clés

Que signifie « je dois » ?

Deux conditions rendent le « devoir » possible. Il faut une volonté, c'est-à-dire une capacité de choisir. Il faut aussi une conscience capable de dire « je ». Une telle combinaison ne constitue-t-elle pas un monstre logique ?

L'ambivalence de l'obligation

L'obligation qui caractérise le devoir apparaît ambivalente : à la fois intimement singulière et impersonnelle. Absolue, pour ne pas se confondre avec une obligation conditionnelle, liée à la satisfaction d'une passion fluctuante et variable selon la nature de chacun, donc relative. Et, en même temps, librement choisie. Impérative et non nécessaire. Comment l'obligation morale peut-elle avoir un sens ? ■

Une loi de la raison

Le devoir est d'abord transcendant à la sensibilité particulière des hommes singuliers. D'après Kant, il est plus facile de connaître son devoir en écoutant sa raison que de réaliser un bonheur soumis à la Nature. Le devoir étant par définition distinct des mobiles de la sensibilité, il se présente sous la forme d'une loi de la Raison et il s'impose comme un fait – *factum*. Parce qu'il est fils de la raison, le devoir en a la forme universelle, en vertu de quoi sa force d'obligation se fait absolue. Mais puisqu'il est fils de la Raison, c'est envers soi-même que chacun obéit en respectant son commandement. Kant formule le devoir par un impératif catégorique qu'il distingue de tous les *« impératifs hypothétiques »*. Ces derniers sont

«La Raison certes réclame de l'unité, mais la nature demande de la multiplicité, et l'homme est sollicité par ces deux législations. La loi de l'une et l'autre est gravée en lui : il a de la première une conscience incorruptible, de la seconde un sentiment indestructible. Aussi la culture apparaît-elle encore imparfaite dans tous les cas où le caractère moral ne peut s'affirmer qu'en sacrifiant le caractère naturel ; et une Constitution sera certes très incomplète si elle n'est capable de produire l'unité qu'en supprimant la multiplicité» (Friedrich von Schiller, *Lettres sur l'éducation esthétique de l'homme,* 1793-1794).

Friedrich von Schiller.

assimilables à des règles de l'habileté ou à des conseils de prudence tels que les morales empiriques – et, en dernière analyse, la soumission et la passivité devant nos désirs – les ont dispensés jusque-là. La morale est loi et le «je dois» devient une obligation de respecter la forme de la loi. Indépendance à l'égard de la situation où mon destin me plonge, le «je» qui obéit n'est pas ce «moi» biographique et empirique, mais celui qui sait agir *«comme si la maxime* [motif subjectif] *de [son] action devait être érigée par [sa] volonté en loi universelle de la nature»* (*Fondements de la métaphysique des mœurs,* 1785). ■

« Je dois, je peux »

Est-ce seulement faisable ? Oui, car, pour Kant, «je dois» signifie avant tout, instantanément, «je peux». Néanmoins, c'est sous la forme du conflit moral et du remords, ou de l'erreur morale, que le plus souvent la voix de la conscience se fait entendre.
La tragédie met en scène ces conflits entre deux règles impératives qui laissent le sujet dans l'obligation de choisir une immoralité contre une autre. Peut-on séparer l'intention morale du monde concret où l'action doit s'inscrire ?
Ne doit-on pas soupçonner, dans ce divorce, le caractère illusoire tant du commandement moral que du sujet qui s'y plie ? L'autonomie morale de la Raison n'est-elle pas le déguisement raffiné d'une crainte honteuse devant la cruauté des plus forts qui soumettent ceux qui cèdent à la peur et à la faiblesse ? Si la formule kantienne *«je dois, je peux»* a une signification, c'est la suivante : une subjectivité s'éprouve chaque fois qu'elle a la liberté de refuser des opinions érigées en normes, de «préférer ne pas» s'y soumettre ou de les accueillir pour principes dans l'incertitude des conséquences de nos actions dans le monde et dans l'incertitude des causes qui les motivent. ■

Points clés

La notion de responsabilité

La notion de responsabilité se retrouve dans les domaines différents du droit civil, du droit pénal ou de la morale.

Hannah Arendt a tenté de redonner sens à la réflexion après les massacres du XXe siècle.

Responsabilité objective ou subjective

Dans le droit moderne, la responsabilité civile implique l'indemnisation, par son auteur, du dommage causé à autrui. La responsabilité pénale implique pour sa part qu'une peine soit subie en réparation d'une infraction commise. Il s'agit ici de la responsabilité « objective ». Celle-ci relève d'une institution et oblige le sujet à se soumettre – sous peine de sanction – à une contrainte extérieure. On parle aussi de responsabilité « subjective », c'est-à-dire de responsabilité morale. Celle-ci ne connaît pour sanction que des sentiments, comme le remords, et pour autorité le seul tribunal intérieur de l'homme. *« Est responsable celui qui porte en lui-même le principe de son acte : celui qui en est source et origine »*, écrit Aristote dans son *Éthique à Nicomaque*. Pour Kant, l'individu est seul cause de ses actes, en tant que sujet conscient et volonté libre. Mais la responsabilité se limite-t-elle au domaine éthique ? ■

« Le problème de la culpabilité ou de l'innocence de l'individu, de la justice rendue à l'accusé et à la victime, sont les choses qui comptent lors d'un procès criminel » (Hannah Arendt,* Eichmann à Jérusalem, *1963).

Qui et comment ?

La question est de savoir jusqu'où s'étend la responsabilité. Elle ne peut être réduite au sentiment que l'individu peut en avoir, mais personne n'est effectivement responsable de tout ce qui se passe dans le monde et de tous. Et qui est responsable : seulement l'individu, ou bien également, dans bon nombre de cas, la collectivité ? L'un des philosophes qui ont le mieux étudié cette question est sans doute Karl Jaspers, dans le cours qu'il prononça à l'université de Heidelberg, pendant l'hiver 1945-1946, sur la situation spirituelle de l'Allemagne après sa défaite (*la Culpabilité allemande,* 1946). Jaspers distingue quatre types de culpabilité :

– la culpabilité criminelle, qui affecte les individus et les punit individuellement pour leur crime ;
– la culpabilité politique, qui incrimine un peuple comme responsable de son gouvernement – c'est ici, et peut-être seulement ici, que l'on peut parler de responsabilité collective ; la responsabilité politique ne concerne que le citoyen, qu'il soit complice ou opposant ;
– la culpabilité morale, qui est individuelle par excellence, puisque seule la conscience est juge ;
– la culpabilité métaphysique enfin, manquement à la solidarité absolue qui nous lie à tout être humain comme tel.

Comme le remarque Paul Ricœur (*Lectures I*, 1969-1991), les deux premières culpabilités relèvent de l'étranger, les deux autres de l'intimité de chacun et de la sympathie de l'ami. La première et la troisième relèvent de la culpabilité individuelle, la deuxième et la quatrième peuvent être collectives. Mais n'a-t-on pas affaires, finalement, à la même culpabilité morale et individuelle qui se projetterait d'abord sur le plan de la loi (où le crime est déterminé comme tel par l'étranger), puis se réfléchirait sur le plan de la conscience, où l'ami peut aider, et enfin se mesurerait à une distance infinie, divine, de l'amour parfait aux yeux duquel *« il n'est pas un juste, non pas même un seul »* ? ■

Points clés

Pour une éthique de la responsabilité

Dans *le Principe de responsabilité* (1979), Hans Jonas dresse un double constat : la technique, en prétendant étendre sa compétence au-delà du monde naturel, jusqu'à la nature de l'homme, est devenue une menace ; d'autre part, il existe un vide de valeurs, qui exige un renouveau de la réflexion éthique afin de définir une *« responsabilité à longue distance »*, allant au-delà des conséquences prévisibles d'une action accomplie. Le principe de responsabilité s'exerce à l'égard de la postérité et peut se formuler ainsi : « Agis en sorte que les effets de ton action soient compatibles avec la permanence d'une vie authentiquement humaine sur terre » ou bien : « Inclus dans ton choix actuel l'intégrité future de l'homme comme objet secondaire de ton vouloir ». Au-delà de l'idée kantienne du respect de la personne et de la réciprocité, la responsabilité, à l'âge technologique, s'étend jusqu'aux générations futures, qui nous resteront inconnues. ■

Dico → Arendt • Aristote • responsabilité

L'idée de personne humaine

Notion à la fois juridique et philosophique, l'idée de personne humaine se trouve au cœur de la morale occidentale.

Une notion juridique et morale

Personna désigne, en latin, le masque porté par les acteurs dans le théâtre tragique. Dans le même ordre d'idées, pour le philosophe stoïcien Épictète, la personne désigne la représentation extérieure, le rôle, que chacun doit jouer devant les autres. Avec le droit romain apparaît en Occident la notion proprement juridique et sociale de «personne». On qualifie de personne tout individu doté d'une existence civile, ce qui le distingue de l'esclave, qui est totalement dépourvu de droits. Par la suite, le droit distinguera la personne physique (individu soumis à la loi) de la personne morale (l'être rationnel ou le sujet juridique). Avec le christianisme, l'idée de personne humaine acquiert une dimension universelle. L'amour du prochain est prescrit sans discrimination juridique, sociale ou culturelle. Même pauvre, étranger ou esclave, l'homme est toujours une personne morale digne de respect. Les Évangiles posent ainsi les fondements d'une pensée de l'égalité entre les personnes. On désigne aujourd'hui par personne morale un groupement de personnes réunies pour un but précis. Comme tel, ce groupement est sujet de droit et doit respecter des obligations légales. Il se distingue des individus particuliers qui le composent, même s'il peut arriver que ces derniers aient à supporter personnellement les dettes du groupement. Ces individus, qui ont mis en commun leurs biens et leurs activités, sont représentés juridiquement par cette personne morale. Le droit français considère comme personne morale l'État, les collectivité publiques (régions, départements, communes), les universités, les hôpitaux, mais aussi les associations et fondations à but lucratif ou non lucratif. ■

La personne est une « fin en soi »

C'est Kant qui donne ses lettres de noblesse philosophiques à l'idée de personne humaine. Dans ses *Fondements de la métaphysique des mœurs* (1785), il établit le caractère absolu de la personne humaine, qu'il distingue de la valeur toute relative de la chose. La personne ne doit pas être confondue avec l'individu particulier. L'idée de personne repose sur le statut rationnel de l'homme et donc sur sa valeur absolue. Celle-ci lui confère la dignité d'une « fin en soi », tandis que la valeur des choses dépend de la fonction qu'elles remplissent. L'impératif pratique moral se formule ainsi pour Kant : *« Agis de telle sorte que tu traites l'humanité aussi bien dans ta personne que dans la personne de tout autre, toujours en même temps comme fin, et jamais uniquement comme moyen. »* La personne comprise comme être rationnel et autonome, indépendant de la détermination naturelle, porte donc en elle-même la valeur propre de l'humanité, l'idée d'homme universel. Attenter à la personne humaine est toujours plus qu'agresser un individu particulier : c'est s'en prendre à la qualité même d'homme. La Déclaration universelle des droits de l'homme et du citoyen de 1789 illustre les grandes lignes de la philosophie universaliste kantienne de la personne. ■

« Que l'homme puisse disposer du "je" dans sa représentation : voilà qui l'élève à l'infini au-dessus de tous les autres êtres vivants sur la Terre. Il est par là une personne, et en vertu de l'unité de la conscience maintenue à travers tous les changements qui peuvent lui advenir, une seule et même personne, c'est-à-dire un être totalement distinct, par le rang et par la dignité, des choses, au genre desquelles se trouvent les animaux dépourvus de raison avec qui on peut se comparer à sa guise » (Emmanuel Kant, *Anthropologie du point de vue pragmatique,* 1798).

Chacun porte en sa personne l'humanité tout entière.

Dico → fin • impératif • morale • personne

Points clés

Que veut dire respecter une personne ?

Estime et considération ressenties envers quelqu'un ou quelque chose, le respect implique, d'une part, une distance par rapport à l'objet sur lequel il porte et, d'autre part, la conscience de la supériorité de celui-ci.

Le caractère social de la personne

Respecter une personne suppose-t-il que la subjectivité et la sensibilité soient mises à distance et objectivées ? Respecter l'homme et respecter une personne, est-ce la même chose ? L'étymologie de « personne » renvoie à *persona,* mot latin désignant le masque que portaient les acteurs de théâtre et qui indiquait leur rôle sur la scène. « Personne » désigne d'abord le caractère social du personnage et, par la suite, le dépositaire même de fonctions, d'obligations, ou le détenteur de droits. La personne est ainsi entièrement saisissable dans son objectivité, sociale : la personne est juridique. ■

Respecter des fonctions

Plus que la singularité d'une existence telle que la décrivent les biographies – encadrée par la naissance et la mort –, la personne semble porter une universalité déduite de la fonction qu'elle occupe au sein de ses relations sociales. La personne, comme somme de ses relations, mérite le respect dû à son rang et son statut. Respecter une personne, c'est ne respecter personne en particulier, mais respecter les obligations et les droits de ces fonctions impersonnelles déterminées par les règles et les mœurs sociales. Cela ne consiste pas à s'adresser à la subjectivité et la sensibilité particulières d'un individu que son nom propre identifie, mais bien respecter avant tout ses droits, ses devoirs, bref respecter l'existence anonyme d'un sujet de droit auquel la loi donne une identité formelle. ■

Personne et individu

Mais la personne entièrement objectivée ne se trouve-t-elle pas réduite au statut d'exemplaire d'une classe et d'une typologie fonctionnelle – fonctionnaire, hypertendu, brun, petit, chauve, nerveux, etc. ? Entre cet individu relevant de ces multiples savoirs et la personne que je suis, n'y a-t-il aucun reste ? L'identification est-elle parfaite ? Quel statut attribuer à ce qu'on appelle l'intériorité, la sensibilité unique de notre expérience du monde, qui fait de chacun d'entre nous une singularité originale ? Comment concilier en la personne son existence singulière et son statut d'exemplaire de l'espèce humaine ? ■

« Dans toute société, le corps est pris à l'intérieur de pouvoirs très serrés » (Michel Foucault, Surveiller et punir, *1975).*

L'être raisonnable de l'homme

Kant reconnaît une actualité immédiate et entière à la personne, dans le domaine de la morale. C'est comme catégorie morale que la personne permet de saisir l'individu en tant que singularité universelle. Tout homme peut dire « je » et il doit reconnaître tous les êtres qui comme lui peuvent dire « je ». La personne est l'être raisonnable de l'homme, c'est-à-dire l'homme considéré sous l'angle de sa raison pratique, en tant qu'il a la capacité, de par sa volonté, de se proposer des buts qui aient en même temps valeur de législation universelle. Se donner à soi-même ses lois et ses objectifs fait de l'homme une valeur en soi. L'homme est libre parce qu'il est à lui-même sa propre fin. Il ne doit jamais être traité comme un moyen car, lorsque la loi de la raison est bafouée, c'est ce qu'il a de plus personnel qui se trouve dégradé en lui. ■

« Les êtres dont l'existence dépend de la nature n'ont, quand ce sont des êtres dépourvus de raison, qu'une valeur relative, celle de moyens, voilà pourquoi on les nomme des choses ; au contraire, les êtres raisonnables sont appelés des personnes parce que leur nature les désigne comme fin en soi. [...] Agis de telle sorte que tu traites toujours l'humanité aussi bien dans ta personne que dans la personne de tout autre toujours en même temps comme une fin, et jamais simplement comme un moyen » (Emmanuel Kant, *Fondements de la métaphysique des mœurs,* 1785).

Dico → **droit • fin • individu • loi • obligation**

Le bonheur n'est-il qu'un rêve ?

Si le désir d'être heureux est commun à chacun, les conditions de sa réalisation semblent bien difficiles à déterminer. Au point qu'on peut se demander si le bonheur sur terre n'est pas qu'un rêve.

Une idée de l'imagination

Les hommes veulent être heureux. Mais comment être heureux, se demandait déjà Kant dans les *Fondements de la métaphysique des mœurs* (1785) ? Par la richesse ? *« Que de soucis, d'envies, que de pièges ne peut-il pas par là attirer sur sa tête ! »* Par davantage de connaissance ? Mais n'est-ce pas alors accroître notre lucidité et mieux voir encore les maux qui nous entourent ? En vivant plus longtemps ? Mais qui nous dit qu'une vie plus longue n'est pas une souffrance plus longue ? On ne peut pas commander le bonheur, qui est, selon Kant, un *« idéal, non de la raison, mais de l'imagination, fondé uniquement sur des principes empiriques »*. Ce caractère fugace et instable du bonheur est souvent mis sur le compte du plaisir fugitif avec lequel on le confond. Sénèque, au Ier siècle av. J.-C., notait qu'*« après le plaisir vient l'ennui, et après un premier élan le plaisir se flétrit » (De la vie heureuse).* ■

« Un rêve est un regard plongé dans l'infini… Quelque chose de bleu, comme un coin de légende… » (André Breton,* le Rêve, *1911).

La vie du sage

C'est pour échapper à l'incertitude caractérisant la doctrine hédoniste que les philosophes stoïciens fondaient le bonheur sur la volonté et la raison. Épictète (50-130), qui était esclave, proposait de distinguer *« les choses qui dépendent de nous »* (jugement, désir, etc.) de celles qui *« ne dépendent pas de nous »* (corps, fortune, honneurs, etc.). S'il dépend de moi d'être heureux, il ne dépend assurément pas de moi d'être grand ou petit. Si l'on s'attache aux choses qui ne dépendent pas de nous, on court le risque de subordonner son bonheur à des circonstances extérieures et de le voir nous fuir, car on désire ce qui échappe par nature à notre prise. La vraie servitude et le malheur sont liés, dit Épictète, au mauvais usage que chacun peut faire de sa pensée. En revanche, celui qui se rend maître de *« ses pensées et représentations »* accepte les coups du sort sans en souffrir. Celui-là peut se dire vraiment libre et heureux, car il approuve volontairement l'ordre du monde, ordre divin et nécessaire. Bonheur et liberté de pensée sont donc étroitement liés. *« Ne demande pas que ce qui arrive arrive comme tu veux. Mais veuille que les choses arrivent comme elles arrivent, et tu seras heureux »*, écrit Épictète dans son *Manuel*. S'inspirant de la doctrine stoïcienne, Descartes, dans son *Discours de la méthode* (1637), propose comme troisième maxime de sa morale de *« tâcher toujours plutôt à me vaincre que la fortune, et à changer mes désirs que l'ordre du monde ; et généralement de m'accoutumer à croire qu'il n'y a rien qui soit entièrement en notre pouvoir que nos pensées »*. Descartes estime ainsi que l'on peut *« se rendre content »*. ■

Bonheur et beauté

« La beauté est une promesse de bonheur », écrit Stendhal. Commentant cette formule, Nietzsche y voit la possibilité de se délivrer de l'idéal ascétique et nihiliste de la morale par l'art. Être heureux, ce n'est pas ici se guérir des désirs, mais au contraire les exciter et accroître leur force vitale. Nietzsche s'oppose ainsi à la sagesse antique qui identifie le bonheur à la vertu. En faisant de l'art une *« excitation de la volonté »*, il critique la compréhension kantienne du beau comme plaisir désintéressé. Le désintérêt esthétique de Kant n'est, aux yeux de Nietzsche, qu'une morale de négation de la vie qui n'avoue pas son nom. ■

Dico → Épictète • Nietzsche • sagesse

Points clés

Qu'appelle-t-on le libre arbitre ?

Le libre arbitre pose la volonté comme cause première des actions des hommes. Il peut s'agir de se déterminer en l'absence de causes apparentes ou de raisons précises. À l'inverse, nous pouvons décider de choisir le contraire de ce qui paraît raisonnable. Dans les deux cas, c'est bien la volonté pure qui semble être la cause originelle de notre action.

Pour Descartes, la volonté est la faculté rapprochant le plus l'homme et Dieu.

Décider, c'est créer

La figure qui revient systématiquement pour illustrer le libre arbitre est celle forgée par un philosophe scolastique du XIVe siècle, Jean Buridan : elle présente un âne qui, placé devant un seau d'eau et une botte de foin, ne peut se décider pour l'un ou l'autre et, en conséquence, meurt de faim. Si cette histoire semble peu vraisemblable, elle sert d'argument pour démontrer que l'homme, parce qu'il est doué de raison, ne peut mourir d'une telle manière. Toutefois, même si l'homme opère ses choix de façon rationnelle, il peut se trouver dans la situation de l'âne de Buridan, et ne pouvoir utiliser sa réflexion pour faire un choix entre deux choses d'égale valeur. Il peut encore, selon un exemple choisi par Descartes, se trouver à la croisée de chemins, perdu dans une forêt et sans argument rationnel pour décider d'aller à gauche plutôt qu'à droite. En de pareils cas, c'est la spécificité de l'homme, la raison, qui se trouve mise en échec. Mais celle-ci n'est pas la seule caractéristique de l'homme. La liberté différencie l'homme de l'animal et fait du premier un être qui se détermine de manière autonome. Si l'on considère que la liberté consiste à prendre une décision sans l'appui d'autre puissance que la sienne propre, on peut alors avancer l'idée que décider, c'est créer : en ce sens, nos actes créent bien une nouvelle causalité. ■

La liberté d'indifférence

Lorsque la raison se trouve impuissante à nous éclairer dans nos choix, sommes-nous, à l'exemple de l'âne de Buridan, condamnés à ne plus rien pouvoir faire ? Pour le philosophe, l'animal ressemble à une machine perfectionnée qui obéit aux lois de la nature et n'a donc pas le pouvoir d'improviser : si la loi naturelle est tenue en échec, alors l'organisme qui en dépend est lui aussi immobilisé. Cela ne peut arriver à l'homme, qui, lui, pense ses actes. Lorsqu'il n'y a pas matière à réflexion, la liberté consiste alors non pas à décider, mais à trancher en l'absence de toute raison, par l'effet de la seule volonté. Cette liberté fait alors exister quelque chose qui ne peut exister qu'en vertu de sa seule puissance. On la nomme la « liberté d'indifférence » puisqu'elle relève de la pure volonté, sans aucune raison. Descartes écrira, dans ses *Méditations métaphysiques* (1641), qu'*« elle est le plus bas degré de la liberté »* et qu'elle *« fait paraître plutôt un défaut dans la connaissance, qu'une perfection dans la volonté »*. ■

Une volonté échappant à toute détermination

Selon Descartes, le pouvoir même de douter est le fruit d'une décision, et c'est bien parce que la volonté peut soutenir le doute infiniment que les méditations peuvent s'accomplir. Si le doute cesse généralement lorsque des arguments sont avancés, si la volonté se soumet habituellement à la raison, cette volonté infinie et autonome peut toutefois continuer de nier. Descartes va jusqu'à prétendre que, placés devant la vérité, nous pouvons encore rejeter celle-ci à la condition de fermer les yeux. N'est-ce pas ce qui se produit dans l'action morale ? Nous voyons ce qu'il faut faire et nous choisissons de faire autrement. *« La grandeur de la liberté consiste,* affirme Descartes, *ou dans une grande facilité que l'on a à se déterminer, ou dans le grand usage de cette puissance positive que nous avons de suivre le pire, encore que nous connaissions le meilleur. »* Une volonté peut donc choisir délibérément le mal pour le mal en vue d'affirmer sa liberté absolue. Le libre arbitre repose donc principalement sur la volonté pensée comme créatrice et échappant à toute détermination. On peut alors dire du libre arbitre qu'il est double : il est à la fois décision et décision de décider. ■

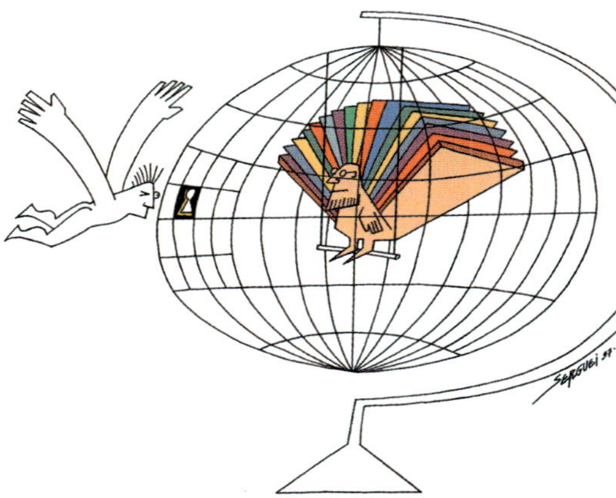

Points clés La critique du libre arbitre

Nous nous croyons libres, et nous éprouvons cette autonomie de notre volonté comme une sorte d'évidence. Il se pourrait malgré tout que ce ne soit qu'une illusion, liée à notre ignorance des causes qui nous font agir.

Spinoza

L'existence du libre arbitre, c'est-à-dire de la totale liberté de notre volonté, après avoir été hautement affirmée par Descartes, a été mise en cause par Spinoza de la manière la plus radicale. Pour Spinoza, en effet, *« l'homme est une partie de la Nature »* (*l'Éthique,* 1677). Les êtres humains se trouvent donc, comme toutes les autres parties de la Nature, soumis au déterminisme : leurs comportements comme leurs désirs et leurs décisions découlent de causes précises. Si les hommes se croient libres, c'est parce qu'ils ignorent les causes qui les font agir. Le libre arbitre est donc, selon Spinoza, une illusion qui provient de notre ignorance : ne sachant pas, la plupart du temps, quelles sont les causes qui motivent nos décisions, nous nous imaginons que nous décidons *« par nous-mêmes »*. ■

Leibniz

Cette critique du libre arbitre s'est ensuite prolongée chez Leibniz, en fonction de deux principes fondamentaux. Le *« principe de raison suffisante »* veut que tout ce qui arrive en ce monde ne soit pas le produit du hasard, mais possède une raison d'être. Notre volonté, si l'on applique ce principe, n'est donc pas cause d'elle-même. Ce que nous pensons avoir décidé librement découle d'un élément particulier, même si celui-ci nous échappe. L'autre principe est que *« la nature ne fait pas de saut »,* ce qui signifie que tout événement découle de manière nécessaire de ce qui le précède. En ce sens, l'idée d'un commencement radical des actes libres et l'affirmation que la volonté en est la seule cause participent plus de l'illusion que de la connaissance. Cette analyse peut se comprendre de manière simple à partir

> «On n'est jamais indifférent à l'égard de deux partis [...], par exemple de tourner à droite ou à gauche [...], car nous faisons l'un ou l'autre sans y penser» (Gottfried Wilhelm Leibniz, *Nouveaux Essais sur l'entendement humain,* 1704).

d'un exemple concret. Lorsque, dans un ensemble de pièces de monnaie identiques, nous en prenons une pour régler un achat, nous pourrions penser que c'est, là aussi, la volonté qui détermine nos actes et que, sans elle, rien ne se ferait. Or il nous faut constater que cette situation est totalement déterminée. La raison qui nous fait choisir telle ou telle pièce de monnaie ne relève pas d'un choix. D'abord parce que la rapidité de l'acte ne laisse pas le temps de la réflexion. Ensuite parce que la répartition des pièces dans la main se présente selon un ordre qui peut nous influencer : nous prendrons la pièce qui est plus près de nos doigts, par exemple, en fonction donc d'une configuration spatiale qui a sa propre raison d'être et qui est indépendante de notre volonté. ■

Action morale et responsabilité éthique

Quelle que soit la diversité des analyses, toutes les critiques du libre arbitre présentent la même démarche, qui consiste toujours à replacer notre volonté et ses décisions dans des ensembles plus vastes – lois de la nature, séries causales, automatismes physiques ou psychiques. Dès qu'elle n'est plus considérée comme un monde à part, souverain et autonome, notre volonté voit son indépendance et son pouvoir illimité remis en cause. Le problème capital qui reste à résoudre, si l'on admet cette critique du libre arbitre, se situe dans le domaine de l'action morale et de la responsabilité éthique. En effet, si le libre arbitre n'existe pas et si toute décision se trouve entièrement soumise à un enchaînement de causes qui agissent sur notre volonté, comment tenir qui que ce soit pour responsable ? Comment porter un jugement moral sur les actes de qui que ce soit ? Le problème est posé par Kant, qui affirme que, même si les actes d'un homme étaient entièrement explicables, il faudrait malgré tout le considérer comme autonome sur le plan de la volonté. ■

«Les hommes se trompent en ce qu'ils se croient libres» (Baruch Spinoza, l'Éthique, *1677).*

Points clés

Le déterminisme n'est pas un fatalisme

La notion de fatalisme en philosophie n'évoque pas, comme dans la langue ordinaire, un état de résignation face aux événements. Le fatalisme repose, comme le déterminisme, sur l'idée de la prévisibilité des événements, mais il attribue leur caractère inéluctable à la volonté d'une Raison supérieure.

Chez les stoïciens

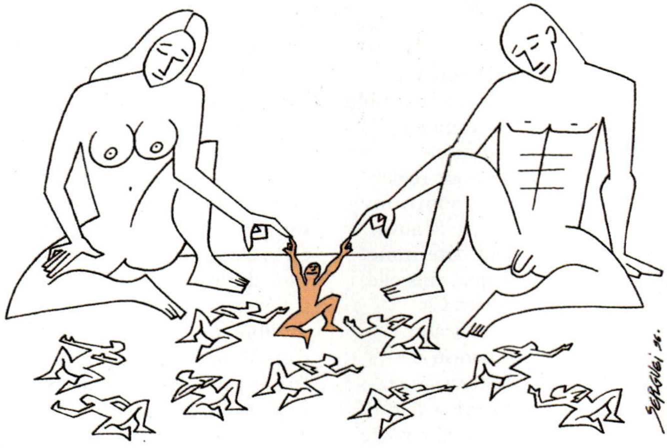

Il est possible de croire au déterminisme scientifique sans étendre le postulat d'une métaphysique naturaliste à la volonté humaine. La bienveillance et la haute perfection d'un esprit créateur permettraient en ce cas la coexistence de l'organisation déterminée des corps avec la volonté libre des humains. Mais, dans l'hypothèse où le fondement philosophique serait celui des métaphysiques naturalistes, comment l'être humain pourrait-il demeurer doué de liberté et ne pas être le jouet du destin? Comment les stoïciens, ou encore Spinoza, démontrent-ils que le déterminisme n'est pas un fatalisme? Dans le naturalisme stoïcien, la matière est animée par un principe corporel appelé âme, cause ou raison. Cette âme du monde pénètre tous les corps dont se compose l'Univers et assure ainsi à la fois la cohésion physique et la possibilité de «sympathie» de chaque partie avec le tout. Enfin, cette âme du monde est régie par une nécessité naturelle. Dans la pensée stoïcienne, une place pour la liberté humaine demeure malgré tout. Cette liberté est alors entendue non comme un pouvoir illimité de faire ou de ne pas faire, mais comme la compréhension consciente de l'ordre universel et l'acquiescement à l'harmonie naturelle. La liberté de l'homme sage maîtrise ses passions de manière active et y renonce. Cet assentiment au destin procure au sage la paix de l'âme ou «ataraxie». ■

Pour Spinoza

Pour Spinoza également, la béatitude éternelle du sage ne peut être atteinte sans la compréhension du concept de liberté. Dans *l'Éthique* (1677), Spinoza explique que le contraire de la liberté n'est pas la nécessité, mais la contrainte. Toute contrainte renvoie à des déterminations extérieures qui nous obligent à telle ou telle action. La liberté présuppose au contraire des agissements qui ne dépendent que de notre seule nature. Spinoza n'oppose donc plus liberté et nécessité mais *« nécessité externe »* et *« nécessité interne ». « Etre libre, c'est être conscient des causes qui nous déterminent. »* La métaphysique spinoziste permet d'oublier définitivement le libre arbitre, sorte de délire propre à l'imagination humaine. L'absence de causes objectives à une action ne renvoie pas à la présence d'un pouvoir illimité en nous, mais à l'ignorance des causes naturelles qui nous déterminent. Tous les événements sont soumis à un déterminisme absolu. Comprendre et accepter ce qui advient, c'est accéder à l'ordre du monde *« sous l'espèce de l'éternité ».* Là demeure la vraie liberté, à savoir celle de l'homme sage. Mais être libre, c'est aussi savoir *« persévérer dans notre être » – conatus –* afin de réaliser tout ce que notre nature comprend dans ses modalités d'existence. L'effort et l'activité sont convoqués afin de nous permettre de devenir ce que nous sommes originairement. On est donc fort loin, avec la pensée déterministe de Spinoza, d'une passivité et d'une soumission fatalistes !

« Le destin est la fiction d'un être qui sait l'avenir et qui pourrait l'annoncer » (Alain, **les Arts et les Dieux, *1958).***

Les remises en cause du déterminisme

Il ne faudrait toutefois pas oublier que l'idée du déterminisme s'est heurtée à des objections en philosophie comme en sciences. Au XVIIIe siècle, par exemple, le philosophe empiriste Hume démontre que les relations de cause à effet ne peuvent être établies que par inférence à partir d'expériences particulières. Elles ne peuvent donc être nécessaires ni universelles, ce qui invalide le principe de causalité, fondement du déterminisme. Kant, fidèle à Hume, pense le déterminisme comme placé par notre esprit dans l'ordre des phénomènes et non comme ordre de la nature. Quant à la physique quantique du XXe siècle, avec les relations d'incertitude de Werner Karl Heisenberg et la mise en cause du principe d'identité par Erwin Schrödinger, elle constitue un socle pour l'indéterminisme physique des phénomènes.

Points clés

Liberté de choix, liberté d'action

On considère souvent que la liberté de choix est première et qu'elle conditionne l'idée d'une liberté des actes. Mais ne seraient-ce pas les actes qui nous donnent le goût de la liberté et l'idée que des choix sont possibles ?

Choix et détermination

Sommes-nous libres, et en quoi ? La liberté peut être pensée comme le fait de ne pas être déterminé par des causes antérieures et comme le fait d'être soi-même cause de quelque chose – cause indéterminée, originaire. Ce pouvoir d'agir comme cause première définit la liberté d'action, laquelle serait précédée d'une conscience de l'indétermination et donc des choix offerts au sujet : une liberté de choix. Cette conception soulève toutefois toutes sortes de problèmes. En effet, pour être une véritable indétermination, la liberté d'avoir le choix entre plusieurs options devrait être indifférence à l'un ou l'autre choix. Mais elle risque alors de rendre impossible tout choix, comme dans la fable attribuée à Buridan de l'âne indécis qui, hésitant entre manger et boire, meurt finalement de faim et de soif. Elle serait donc le plus bas degré de notre liberté. Devant les choix à faire, nous sommes plutôt pris dans le mouvement d'une hésitation sinueuse et dynamique qui, progressivement, nous fait pencher vers telle ou telle conclusion (Bergson). Mais alors, le choix libre n'est pas nécessairement le plus indéterminé. Comment s'assurer qu'il soit le meilleur ? On le voudra alors autonome, c'est-à-dire déterminé en nous par autre chose que la chaîne des causalités phénoménales, qu'il s'agisse de déterminations extérieures ou de déterminations intérieures. Dès lors, c'est le choix effectué selon la seule raison – et son impératif catégorique – qui, idéalement, témoignerait d'une liberté véritablement inconditionnée (Kant). ■

« S'éprouver, se risquer, se découvrir en découvrant les choses, se changer en changeant le monde, c'est vivre. Quoi de mieux ? » (Jean-Paul Sartre, Mallarmé, *1952).*

Points clés

La liberté comme acte

Cette idée et cet idéal de la liberté rendent-ils compte de nos actions ? À vrai dire, l'acte lui-même comme inscription d'un possible dans le réel, comme réalisation, risque bien de n'être jamais un pur effet de raison. On peut alors essayer de penser la liberté d'action comme spontanéité exprimant par elle-même un choix dont on est plus ou moins conscient. Ici, on ne démontre pas que nos actes sont libres à certaines conditions de choix, mais on présuppose que la notion d'acte implique celle de liberté. La liberté comme acte devient le propre de l'existence humaine : nous n'avons pas le choix d'être libres, parce qu'il y a de l'indéterminé dans notre être. Notre essence même est indéterminée et notre existence est constituée par ces actes-choix qui manifestent notre rapport au monde, notre projet (Sartre). ■

Le possible et le réel

D'autres perspectives sont possibles. Selon l'une, le déterminisme multiforme auquel nous serions soumis doit d'abord être reconnu, nous conduisant à revenir sur les illusions du choix, spontané ou rationnel. La liberté serait alors d'abord connaissance, et si elle devait s'accomplir en actes, ce serait à condition d'inscrire l'action dans la logique des nécessités dont on a entrepris la connaissance. La raison intervient toujours, moins pour argumenter un choix que pour établir les enchaînements nécessaires (Spinoza). Un réalisme sans illusion doit pouvoir maintenir ouverte la possibilité de la liberté comme inscription du possible dans le réel. Ici, ce n'est pas l'idée pure, c'est le réel qui nous prouve, dans l'histoire, qu'il y a eu du possible. Car la liberté n'est peut-être pas toute « intérieure » : elle est une expérience d'espace politique (Arendt), l'expérience de ce qu'il y a du possible dans l'espace et dans le temps des relations avec autrui. Ce sont les actes qui attestent qu'il y a eu du possible, devenu réel par le passé, et qu'il peut encore y en avoir. C'est parce que de la liberté a toujours déjà eu lieu comme actes que des choix sont ouverts comme espace d'avenir, qui attendent d'être actualisés dans des initiatives et des courages. ■

Dico → acte • déterminisme • liberté

Points clés Le mythe de la caverne (Platon)

Dans *la République,* Platon expose les principes essentiels de sa philosophie sous la forme d'une allégorie célèbre.

L'allégorie

Imaginons, nous dit Platon, une caverne profonde et obscure, où la lumière du jour ne pénétrerait que par un seul orifice. Face à la paroi du fond se tiendraient des hommes enchaînés, prisonniers depuis leur enfance. Ils ne sauraient rien de ce qu'il y a derrière eux ; ils ne verraient pas le sentier escarpé qui progresse vers la lumière du jour et en travers duquel se dresse un petit muret, ni la sortie de la caverne. Derrière le muret, dans le dos des prisonniers qui ne peuvent les voir, des personnes parleraient en brandissant des figures d'hommes et d'animaux, tels des montreurs de marionnettes. Grâce au feu allumé à l'entrée de la caverne, les prisonniers apercevraient les ombres des figurines portées sur le mur devant eux ; ils entendraient aussi les paroles des manipulateurs renvoyées en écho par la paroi. Ne connaissant rien d'autre que ces ombres et ces échos, ils croiraient naturellement percevoir les objets eux-mêmes. ■

Comme tout grand texte philosophique, la République *a fait l'objet de lectures contradictoires : certains y ont vu l'origine du totalitarisme moderne, d'autres le concept de l'utopie démocratique.*

Monde sensible, monde intelligible

La leçon de cette allégorie est que les objets que nous voyons, sentons, etc. – le monde sensible – et que nous prenons pour la réalité même ne sont que des apparences. Les réalités véritables appartiendraient à un autre monde que Platon situe en dehors de la caverne. Fait de réalités intelligibles que seul *« l'œil de l'âme »* peut contempler, ce monde intelligible serait lui-même dominé par un principe unique, à l'origine de tout ce qui existe comme de la connaissance que l'on peut en acquérir. Ce principe est symbolisé par l'allégorie d'un soleil éclairant le monde du dehors et, indirectement, celui du dedans. Présentée comme une véritable libération, la philosophie consiste à se débarrasser des liens qui nous enchaînent aux ombres de notre caverne et à s'élever progressivement vers sa sortie pour accéder aux réalités intelligibles et, au-delà, au principe inconditionné dont celles-ci dérivent. Certes, il existe aussi une connaissance des ombres, mais elle relève de l'opinion, non de la science. ■

Les prisonniers de la caverne ressemblent fort, par leur situation, aux premiers spectateurs des démonstrations de lanterne magique qui croyaient avoir affaire à la réalité même.

L'éducation philosophique

Le chemin qui conduit le prisonnier hors de la caverne est escarpé. Le parcourir requiert une longue éducation philosophique. Celle-ci commence par un brusque et pénible détournement du regard, une inversion de l'axe qui nous relie au réel. C'est une véritable conversion, au sens religieux du terme, qui nous arrache à l'expérience sensible immédiate. Nous sommes naturellement attachés au sensible ; retournés brusquement vers un réel insoupçonné, n'est-il pas naturel, dans un premier temps, de prendre l'ombre pour la réalité et le réel pour l'ombre ? Platon entend ainsi rendre compte du discrédit qui frappe le philosophe auprès de ces concitoyens. Il veut aussi signifier qu'on ne s'éduque pas seul à la philosophie. L'intervention d'un éducateur, dont Socrate est, pour lui, la figure exemplaire, est nécessaire. En ce sens, l'éducation scientifique est une contrainte : dans son allégorie, Platon présente l'ascension vers la sortie de la caverne comme une marche forcée. L'éducation philosophique est d'ailleurs sélective : tous les prisonniers ne sont pas délivrés. Seuls ceux qui possèdent un *« naturel philosophe »* sont aptes à une initiation aussi ardue. ■

Le philosophe-roi

Ce n'est qu'arrivé au terme de son voyage philosophique que l'ex-prisonnier, en contemplant les réalités véritables, considérera les ombres pour ce qu'elles sont. Lui qui, tout d'abord, rechignait à parcourir le long chemin de la connaissance ne voudra plus, alors, regagner un monde dont il connaît maintenant l'infériorité ontologique. Il faudra pourtant, dit Platon, le forcer à redescendre comme on l'avait forcé à monter. Car la philosophie a une destination politique : il incombe au philosophe d'organiser la cité selon le règne du vrai et du juste, dont celui-ci connaît l'essence. Platon oppose ainsi aux institutions démocratiques d'Athènes le modèle d'une aristocratie philosophique. ■

Dico → idée • illusion • intelligible • Platon

Points clés Le petit esclave du « Ménon » (Platon)

Qu'est-ce que savoir ? C'est posséder une connaissance et savoir qu'on la possède. Comment le savoir est-il possible ? Est-ce par une acquisition extérieure ? Si l'on ne savait pas déjà ce que l'on cherche, comment le reconnaîtrait-on ?

« Le réel n'est jamais "ce qu'on pourrait croire", mais il est toujours ce qu'on aurait dû penser. La pensée empirique est claire après coup, quand l'appareil des raisons a été mis au point. [...] En fait, on connaît contre une connaissance antérieure, en détruisant des connaissances mal faites, en surmontant ce qui, dans l'esprit même, fait obstacle à la spiritualisation » (Gaston Bachelard, *la Formation de l'esprit scientifique*, 1938).

Apprendre est impossible

Le dialogue de Platon intitulé *Ménon*, du nom d'un notable athénien, met en scène le problème auquel se trouve confronté l'ignorant qui veut acquérir une connaissance. Voulant savoir ce qu'est la vertu, Ménon interroge Socrate. Ce dernier déclare l'ignorer et propose à Ménon de chercher par lui-même ce qu'elle peut être. Ménon lui répond que l'*« on ne peut chercher ni ce qu'on connaît ni ce qu'on ne connaît pas : ce qu'on connaît parce que, le connaissant, on n'a pas besoin de le chercher ; ce qu'on ne connaît pas, parce qu'on ne sait même pas ce qu'on doit chercher »*. Son objection revient à affirmer qu'on ne peut rien apprendre. L'ignorant ne peut sortir de son ignorance puisqu'il lui faudrait pour cela savoir ce qu'il veut apprendre. Mais s'il le sait déjà, c'est qu'il n'est pas totalement ignorant. Seul pourrait donc apprendre celui qui sait déjà. Mais s'il sait déjà, pourquoi lui faudrait-il apprendre ? ■

Jeune esclave grec servant son maître.

Le mythe et le fait

L'objection est sérieuse. Socrate va montrer, par l'évocation d'un mythe et par une démonstration factuelle, qu'on n'apprend rien, en effet, qu'on ne connaisse déjà. Le mythe est celui de la réminiscence. Dans une vie antérieure, dit Socrate, l'âme a contemplé les idées de toute chose. En s'unissant au corps, elle a tout oublié. Apprendre, c'est donc se ressouvenir de ce savoir possédé et perdu : la connaissance est une réminiscence. Cette histoire ne prétend pas être vraie : c'est un mythe destiné à nous faire comprendre qu'il y a quelque chose d'incompréhensible dans l'apprentissage. Le savoir ne peut être « appris » que s'il est déjà su. La preuve factuelle du savoir est apportée par l'interrogation du petit esclave de Ménon qui, bien que n'ayant jamais rien appris, va indiquer par quelle opération on peut doubler la surface d'un carré. Certes, l'esclave répond aux questions de Socrate, mais Socrate ne lui apprend rien. C'est seul et par lui-même que l'esclave trouve la solution. Qu'est-ce à dire ? ■

Apprendre, c'est comprendre

Que l'esclave ignorant sache les mathématiques sans qu'on les lui ait apprises signifie qu'il les savait déjà, mais qu'il ignorait qu'il les savait. La discussion avec Socrate, qui utilise l'art de la maïeutique, révèle ce savoir. Maintenant, il sait et il sait qu'il sait. L'exemple de l'esclave indique que le vrai savoir n'est jamais celui qui est appris d'un maître ou d'un livre, sans qu'on ait à fournir d'efforts. C'est celui qu'on produit par soi-même quand on entreprend de donner forme et cohérence aux idées ou aux intuitions qu'on possède déjà mais qu'on n'a jamais pris soin d'enchaîner les unes aux autres par des raisonnements logiques. La différence entre Ménon et son esclave est que Ménon voudrait qu'on lui apporte un savoir tout fait, tandis que l'esclave, pris au jeu de l'interrogation, animé du désir de comprendre, a transformé par un travail de réflexion personnelle ses sensations immédiates en une science construite. ■

Points clés

Problème de la duplication du carré

Comment, à partir d'un carré donné, construire un autre carré de surface double ?

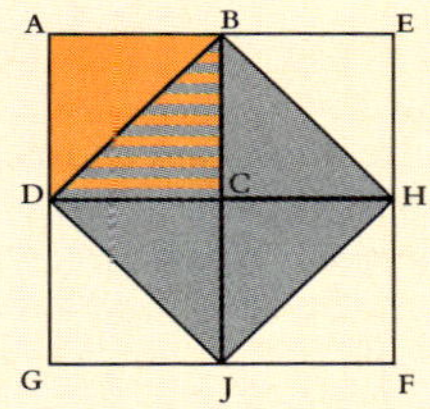

Le carré donné est le carré ABCD. L'esclave de Ménon commence par se tromper, pensant qu'il suffit de doubler le côté du carré donné. Or cela aboutit à quadrupler – et non à doubler – la surface initiale. Cette erreur est mise à profit par Platon pour faire apparaître le carré DBHI et faire remarquer que la diagonale d'un carré partage celui-ci en deux triangles rectangles isocèles dont chacun est de surface moitié moins grande que l'aire initiale. Adjoindre quatre de ces triangles par leur angle droit permet donc d'obtenir un carré de surface double de celle du carré donné.

Points clés

La tasse de Diogène

Dans l'Antiquité, la recherche du savoir est inséparable d'un art de vivre. Ce qui est visé est une sagesse complète, comme l'illustrent par exemple les témoignages sur Diogène de Sinope, fondateur de l'école cynique au Ier siècle avant J.-C.

Bonheur et autarcie

Entre autres anecdotes, les *Vies et doctrines des philosophes illustres,* écrites environ trois siècles après les faits par un autre Diogène, Diogène Laërce, rapportent que *« voyant un jour un petit garçon boire dans ses mains, le philosophe cynique jeta son gobelet hors de sa besace en s'écriant : un gamin m'a dépassé en frugalité ! »* Au centre du propos se tient un objet fabriqué : un gobelet. Il porte en lui toute la signification de l'éloignement de l'homme par rapport à la nature et de sa différence par rapport aux animaux. L'homme, semble-t-il, ne lape pas, mais boit dans un gobelet. Comme l'enseigne le mythe de Prométhée, rappelé par Platon dans le *Protagoras,* l'homme est un être vivant qui, étant mal adapté à la vie naturelle si on le compare aux autres animaux, crée son cadre de vie en développant des capacités techniques. Il forge des objets, produit un monde de langage, se façonne des aptitudes, bref invente une civilisation. Les capacités techniques de l'homme ont le pouvoir de transformer entièrement la nature. Elles ne rendent pas forcément heureux. Avec beaucoup d'autres, Diogène rappelle que le bonheur – but réel et dernier d'une sagesse – ne réside pas dans une extension insensée de la civilisation, mais dans le fait de ne manquer de rien – exprimé par le mot grec *autarkeia,* « qui se suffit à soi-même ». ■

L'empereur : « Demande ce que tu voudras. » Le philosophe : « Ôte-toi de mon soleil ! »

Sagesse et dépouillement

Dans le monde déjà opulent des cités grecques, l'autarcie du sage se conquiert par un effort de dépouillement. Même la besace légère dans laquelle le philosophe cynique remise tout son avoir peut encore être soulagée du gobelet qu'elle contient, comme le montre l'allégorie de la tasse. Remplaçons les mains qui manient les outils et produisent indéfiniment des choses nouvelles par des mains qui nous débarrassent des inventions superflues et recueillent les bienfaits de la nature même, propose Diogène. Celui-ci enseigne à rivaliser d'ingéniosité pour satisfaire à peu de frais les besoins réels. Le modèle à suivre n'est pas le pouvoir des hommes parvenus à l'âge de l'industrie, mais la liberté qu'on prête aux dieux à l'égard des besoins ou la vie simple et innocente que mènent les animaux et les enfants. ■

L'enseignement des peines

Abusés par l'idée fausse d'une humanité mal outillée par la nature pour affronter la vie, les hommes considèrent les efforts qu'ils doivent faire comme de mauvais moments à passer en prévision de plaisirs futurs. Ils repoussent à plus tard leur bonheur, au lieu de voir qu'il s'inscrit déjà dans les expériences quotidiennes vécues comme des peines – en grec, *ponoi*. Un coup du sort – être chassé de sa cité, se retrouver sans argent ni nourriture, être abandonné par son serviteur, subir le mépris des gens qui se croient honnêtes – peut se révéler source de libertés insoupçonnées. Diogène n'a pas oublié la leçon de Socrate pour qui la première erreur est de croire que l'on sait. Le rôle du philosophe cynique est de découvrir des libertés inconnues dans les infortunes que lui envoie le destin, dans les épreuves qu'il peut s'infliger, dans les difficultés qu'un enfant ou un petit animal résoudraient avec facilité. La philosophie de Diogène se constitue au fil de hasards auxquels il s'expose sans crainte et de trouvailles qu'il applique méthodiquement sous forme d'exercices ascétiques et dont il transmet la leçon à ses contemporains sans leur épargner la peine que coûte son apprentissage. ■

Vivre selon la nature, transgresser les règles, comme le font les hippies, forment l'héritage des cyniques.

Dico → autarcie • nature • sagesse

Points clés

Le morceau de cire (Descartes)

Nos sensations à elles seules, même aidées de l'imagination, sont incapables de nous faire connaître un objet. C'est ce que démontre une célèbre analyse de Descartes, dans la deuxième de ses *Méditations métaphysiques* (1641), à propos d'un morceau de cire.

Les limites des sensations

Nous croyons spontanément que nous connaissons d'abord les objets à travers nos sensations. Prenons l'exemple d'un morceau de cire, propose Descartes. Il *« vient d'être tiré de la ruche : il n'a pas encore perdu la douceur du miel qu'il contenait, il retient encore quelque chose de l'odeur des fleurs dont il a été recueilli ; sa couleur, sa figure, sa grandeur, sont apparentes ; il est dur, il est froid, on le touche, et si vous le frappez, il rendra quelque son »*. On le voit, nos sensations nous donnent de multiples informations sur le morceau de cire. Elles nous font connaître toutes ses qualités, gustatives, odorantes, visuelles, tangibles, sonores, et nous croyons communément que la collection de ces qualités nous fait accéder à la connaissance distincte d'un tel objet. Approchons néanmoins le morceau de cire du feu : *« ce qui y restait de saveur s'exhale, l'odeur s'évanouit, sa couleur se change, sa figure se perd, sa grandeur augmente, il devient liquide, il s'échauffe, à peine le peut-on toucher, et quoiqu'on le frappe, il ne rendra plus aucun son »*. Toutes les qualités sensibles ont disparu, et pourtant nous savons que le morceau de cire est toujours là, toujours le même. ■

Quand la cire va fondre, tout va changer : couleur, odeur, son…

Le recours à l'imagination

Pour expliquer ce savoir, il faut faire appel à une autre source de connaissance que nos sensations. Nous possédons en particulier l'imagination, grâce à laquelle nous sommes capables justement de nous représenter un objet sous de nombreuses formes différentes. Nous pouvons, par exemple, imaginer ce morceau de cire sous des formes ronde, carrée, triangulaire, ou lui prêter, s'il fondait, une très grande étendue. Mais, par l'imagination, nous ne pouvons nous représenter qu'un très grand nombre de formes possibles ; nous ne pouvons ni en appréhender l'infinité, car l'imagination est une faculté finie, ni saisir à travers elles l'unité de ces variations. *« Je ne saurais,* écrit Descartes, *parcourir cette infinité par mon imagination, et par conséquent cette conception que j'ai de la cire ne s'accomplit pas par la faculté d'imaginer. »* ■

Toute connaissance trouve son fondement vrai dans le sujet qui connaît.

L'intellect est premier

Ainsi, puisque nous connaissons distinctement ce morceau de cire qui est là devant nous et que cette connaissance ne se laisse expliquer ni par nos sensations ni par notre imagination, nous sommes conduits à poser que nous le connaissons par un acte – une *« inspection »* – de l'esprit seul. Il faut inverser la représentation traditionnelle qui veut que la conception intellectuelle vienne simplement couronner une connaissance donnée d'abord par les facultés liées au corps – les sensations, l'imagination. C'est l'intellect qui est premier. Lui seul me donne d'emblée l'idée qu'il y a là un morceau de cire. Mon âme étant unie à un corps, cette conception s'accompagne certes de mouvements sensitifs et imaginatifs. Mais la démonstration de Descartes pose qu'au fondement de toutes les vérités se tient avant tout la certitude intellectuelle. ■

Points clés

Le pari (Pascal)

S'adressant à l'incroyant, Pascal lui propose de parier sur l'existence de Dieu. Il prend ainsi le contre-pied des philosophes et des théologiens qui s'efforcent de prouver celle-ci rationnellement.

L'homme « milieu entre rien et tout »

Dans la querelle qui oppose les jansénistes aux jésuites, Pascal prend fait et cause pour les premiers contre les seconds. Son œuvre apparaît comme une apologie de la religion chrétienne. Rompant avec la science aristotélicienne antique, selon laquelle le monde est parfait et fini, Pascal, aidé par la science moderne, conçoit le monde comme infini. Tiraillé entre deux infinis, l'infiniment grand et l'infiniment petit, l'homme occupe dans la nature une place instable et incertaine. Il *« est un milieu entre rien et tout »*. Toutefois, estime Pascal, *« la pensée fait la grandeur de l'homme »*. Par sa pensée, il fait l'épreuve de sa grandeur – *« par la pensée, je comprends »* l'espace et l'Univers – et, dans le même temps, celle de sa misère et de sa petitesse – *« par l'espace, l'Univers me comprend et m'engloutit comme un point »*. L'homme, dont la nature est justement de penser, se trouve ainsi pris dans un cercle angoissant où grandeur et misère, joie et peine se renvoient l'une à l'autre. ■

Pascal a été transformé par l'extase mystique qu'il a vécue en 1654.

« Misère de l'homme sans Dieu »

Toutefois, plutôt que de chercher à fuir cette situation intenable et de tenter d'oublier le néant de sa propre existence par le biais du divertissement et des plaisirs, Pascal propose à l'homme d'opérer une conversion. Il intitule ainsi « Misère de l'homme sans Dieu » la première partie de ses *Pensées* (1670), tandis que la seconde, restée à l'état d'ébauche, devait s'appeler « L'homme avec Dieu ». Comment persuader l'homme incroyant, joueur et libertin de la nécessité d'une telle conversion ? Par le pari, répond Pascal. ■

Les Pensées *de Blaise Pascal seront éditées à titre posthume par Port-Royal.*

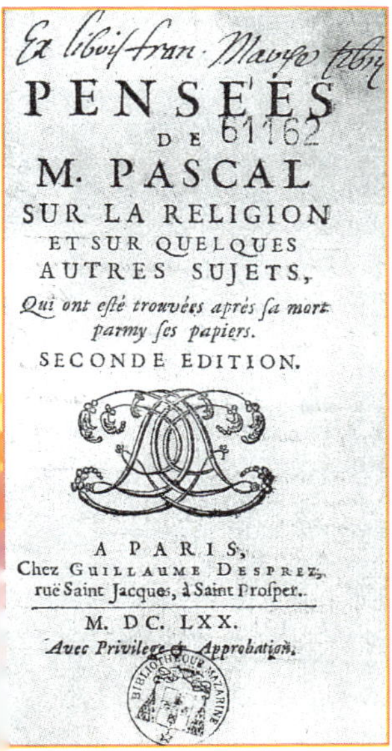

PENSÉES
DE
M. PASCAL
SUR LA RELIGION
ET SUR QUELQUES
AUTRES SUJETS,
Qui ont esté trouvées après sa mort parmy ses papiers.
SECONDE EDITION.

A PARIS,
Chez GUILLAUME DESPREZ,
ruë Saint Jacques, à Saint Prosper.
M. DC. LXX.
Avec Privilege & Approbation.

Les joueurs de dés risquent « certainement le fini pour gagner incertainement le fini ».

Parier l'infini

Pascal estime que Dieu est *« infiniment incompréhensible »* à la raison humaine finie et limitée. Il se montre ainsi sceptique à l'égard du Dieu des philosophes : *« Dieu d'Abraham, Dieu d'Isaac, Dieu de Jacob, non des philosophes et des savants. »* Aussi, plutôt que de chercher à démontrer l'indémontrable, Pascal propose à l'incroyant de parier sur l'existence de Dieu. Le pari ne prétend pas prendre la place de la démonstration rationnelle, par exemple, de l'existence de Dieu par la perfection de son concept ; il se veut un autre rapport à Dieu, relation existentielle de la foi vécue qui n'est pas sans évoquer l'attitude d'un Kierkegaard. La nécessité du pari s'impose d'elle-même et n'a rien d'une construction intellectuelle abstraite. Vous n'avez pas le choix, nous dit Pascal, car *« vous êtes embarqué »*. En reprenant le vocabulaire du joueur libertin, il remarque que celui-ci risque *« certainement le fini pour gagner incertainement le fini »*. Tandis que celui qui parie l'infini et Dieu, celui qui parie la vie éternelle, a, selon lui, tout à gagner et rien à perdre. ■

« Puisqu'il vous faut choisir, voyons ce qui vous intéresse le moins. Vous avez deux choses à perdre : le vrai et le bien, et deux choses à engager : votre raison et votre volonté, votre connaissance et votre béatitude ; et votre nature a deux choses à fuir : l'erreur et la misère. Votre raison n'est pas plus blessée en choisissant l'un que l'autre, puisqu'il faut nécessairement choisir. Voilà un point vidé. Mais votre béatitude ? Pesons le gain et la perte, en prenant choix que Dieu est ; si vous gagnez, vous gagnez tout ; si vous perdez, vous ne perdez rien. Gagez donc qu'il est sans hésiter » (Blaise Pascal, *Pensées,* 1670).

Dico → athéisme • dieu • infini • Pascal

Points clés

La pierre qui se croit libre (Spinoza)

Chacune de nos décisions et chacun de nos désirs sont déterminés par des causes qui nous font agir. Comme la plupart du temps nous ignorons ces causes, nous nous attribuons la décision et nous nous croyons libres. C'est une illusion, selon Spinoza.

La critique du libre arbitre

Spinoza critique de manière radicale l'idée de libre arbitre. S'imaginer que l'homme décide souverainement de ses actes, c'est faire de l'humanité une exception incompréhensible. En effet, tout dans la nature apparaît comme la conséquence d'une cause. On ne saurait imaginer un phénomène naturel qui se produirait «sans cause». Tout ce qui arrive dans le monde de la nature est donc déterminé. Une fois ces causes données, leur conséquence ne peut pas ne pas se produire: si la chaleur est suffisante, l'eau s'évapore. Or, selon la formule célèbre de Spinoza dans *l'Éthique* (1677), *«l'homme n'est pas un empire dans un empire»*. Il n'obéit pas à des lois différentes de celles qui régissent l'ensemble du monde naturel. *«L'homme est une partie de la nature»*, souligne *l'Éthique.* Si rien dans la nature n'est sans cause, rien dans l'homme non plus ne peut en être dépourvu. Nos décisions, nos désirs, nos projets sont eux aussi déterminés. Notre volonté n'est pas plus libre que n'importe quel phénomène de la nature. Nos comportements découlent de ce qui agit sur nous. ■

Spinoza fut rejeté comme destructeur de la religion et de la moralité, ou comme un «athée ivre de Dieu».

L'illusion de liberté

Si l'on admet ces différents points, il reste toutefois à expliquer l'illusion qui nous fait croire à l'existence de notre libre arbitre. Comment se fait-il, si nous ne sommes pas libres, que nous pensions l'être? La liberté humaine, écrit Spinoza dans la *Lettre 58, «consiste en cela seul que les hommes ont conscience de leurs appétits et ignorent les causes qui les déterminent».* Nous savons que nous désirons, mais nous ignorons ce qui nous fait désirer. En d'autres termes, nous éprouvons la conséquence – tel ou tel désir –, mais nous ne connaissons pas les causes dont celle-ci provient. Nous pensons donc désirer *«sans cause»,* par le seul effet de notre volonté, librement. Ce n'est qu'une illusion. ■

Un exemple frappant

Pour mieux faire comprendre cette situation, le philosophe forge pour son correspondant, dans cette même lettre, un exemple frappant. Pensons, lui dit-il en résumé, à une pierre que quelqu'un a lancée. Son mouvement a pour cause l'impulsion qu'elle a reçue du lanceur. Et sa trajectoire est entièrement déterminée par cette impulsion initiale. On peut en effet aisément imaginer que, selon le mouvement de départ, l'angle de lancement, etc., la trajectoire de la pierre est totalement prévisible. Rien n'est moins libre que cette pierre : ni la courbe qu'elle décrit, ni le point où elle va tomber ne dépendent d'elle en aucune manière. *« Concevez maintenant, si vous voulez bien,* écrit Spinoza, *que la pierre, tandis qu'elle continue de se mouvoir, pense et sache qu'elle fait effort, autant qu'elle peut, pour se mouvoir. »* En donnant à la pierre une conscience de son effort, on retrouve la situation qui est la nôtre, selon Spinoza. En effet, la pierre *« se croira très libre »*. Elle pensera que c'est par le fait de sa volonté que son mouvement se poursuit. Ignorant les causes de son mouvement – l'impulsion reçue –, elle s'imagine qu'elle est cause elle-même. Cet exemple permet d'éclairer le mécanisme de l'illusion de liberté. Un enfant, souligne Spinoza, croit désirer librement le lait, alors que son appétit est entièrement déterminé par sa constitution. Lui aussi est conscient de son désir, mais ignore les causes qui le déterminent. En fait, nous tombons dans la même illusion chaque fois que nous croyons *« agir par un libre décret de l'âme »*. Cette illusion n'est que l'effet de notre ignorance des causes qui nous font agir. ■

Que se passerait-il si ces amateurs de chute libre se persuadaient qu'ils tombent parce qu'ils le veulent?

«L'expérience nous apprend assez qu'il n'est rien dont les hommes soient moins capables que de modifier leurs passions [...]: ils se croient libres cependant, et cela parce qu'ils n'ont pour un objet qu'une faible passion à laquelle ils peuvent facilement s'opposer par le fréquent rappel du souvenir d'un autre objet» (Baruch Spinoza, *Lettre à Schiller*).

Dico → déterminisme • illusion • Spinoza

Les cent thalers (Kant)

Le raisonnement de Kant, illustré par l'exemple des «cent thalers», consiste à démontrer l'impossibilité de prouver l'existence réelle de Dieu par l'argument ontologique que Descartes a formulé rigoureusement.

De l'essence à l'existence

L'argument ontologique soutient qu'il y a un passage logique du concept d'un être parfait à l'existence de cet être. Soit la définition possible, c'est-à-dire pensable sans contradiction, d'un être parfait. On peut, comme un mathématicien le ferait, déduire de cette définition ses conséquences, parmi lesquelles se trouve le fait pour cet être… d'exister. S'il était privé de l'existence, il ne serait plus parfait, puisqu'il lui manquerait quelque chose. Donc cet être existe. L'argument peut-il devenir valable pour un autre genre d'être ? Les objets mathématiques, pures idéalités, offrent un premier terrain pour comprendre l'argument et l'erreur que dénonce Kant.
Il est ainsi contradictoire de considérer un triangle dont la somme des angles ne serait pas égale à la valeur de deux angles droits, puisque telle est la définition même du concept de triangle. Mais Kant réfute qu'on puisse déduire l'existence du triangle de son essence : du penser à l'exister, il y a un saut et non pas un passage. S'il est contradictoire de se donner le triangle et d'en nier les qualités (l'égalité à deux droits de la somme de ses angles), il n'y a aucune contradiction à supprimer ensemble le prédicat (l'égalité…) et le sujet (le triangle). Il est impossible que la somme des angles d'un triangle ne soit pas égale à deux droits, mais il n'est pas nécessaire que quelque chose comme un triangle existe ! ■

Les conditions de l'expérience

En va-t-il de même avec l'être parfait ? Oui, selon Kant. Cent thalers – monnaie prussienne de l'époque de Kant –, un triangle et Dieu sont en tout point comparables du point de vue de leur existence pensable. Dans tous les cas, il faut faire la différence entre une possibilité logique et une possibilité réelle. Cent thalers possibles et cent thalers réels donnent droit aux mêmes prestations. Mais si vous ne pouvez pas les échanger, si vous ne les détenez qu'en pensée, vous n'obtenez réellement rien. Vous possédez « en pensée » tout ce qui pourrait « réellement » vous appartenir. La possibilité réelle implique un accord avec les conditions de l'expérience. Or, dans le possible, aucune intuition sensible, aucune expérience de l'objet ne m'est donnée. ■

L'existence est une position

L'erreur dénoncée par Kant consiste à traiter l'existence comme un prédicat de même nature que les autres. Le concept d'être parfait est celui d'un être tel qu'il n'entre dans sa définition que des affirmations. Considérer son existence comme non nécessaire aboutirait à une contradiction. Donc il existe. Mais la possibilité ici démontrée n'est qu'une possibilité logique ou conceptuelle. L'existence ici affirmée n'est qu'une existence en idée. Or, l'existence est irréductible à un concept : elle est une position. C'est l'ensemble des prédicats du sujet, mais tels qu'ils sont ensemble posés ou donnés dans l'existence. Il s'agit en toute chose de ne pas confondre ce qu'elle est (son essence) et le simple fait qu'elle soit là (son existence, ou *Dasein*). ■

Les comptes, comme les idées, doublent la réalité en lui ajoutant une dimension imaginaire.

« Cent thalers réels ne contiennent rien de plus que cent thalers possibles. Car, comme les thalers possibles expriment le concept et les thalers réels l'objet [...], si celui-ci contenait plus que celui-là, mon concept n'exprimerait plus l'objet tout entier, et par conséquent n'y serait plus conforme. Mais je suis plus riche avec cent thalers réels que si je n'en ai que l'idée (c'est-à-dire s'ils sont simplement possibles). [...] Cette preuve ontologique (cartésienne) si vantée, qui prétend démontrer par des concepts l'existence d'un être suprême, perd donc toute sa peine, et l'on ne deviendra pas plus riche en connaissances avec de simples idées qu'un marchand ne le deviendrait en argent si, dans la pensée d'augmenter sa fortune, il ajoutait quelques zéros à son livre de caisse » (Emmanuel Kant, *Critique de la raison pure,* 1781).

Points clés

Les porcs-épics (Schopenhauer)

Nous savons que les hommes ont beaucoup de mal à se supporter les uns les autres. Nous nous demandons pourquoi la répulsion succède à l'attraction, que nous jugeons naturelle. Pessimiste, Schopenhauer se demande en premier lieu si cette attraction ne tire pas beaucoup de sa force du fait que les hommes ne se supportent pas eux-mêmes.

« Je fut frappé d'un sillon sarcastique autour de sa bouche. Il n'avait rien de la raideur d'un philosophe » *(Paul Armand Challemel-Lacour,* **Un bouddhiste contemporain en Allemagne : Arthur Shopenhauer,** *1870).*

Chaud, froid et piquants

Le « froid » dont veulent se garantir les porcs-épics de Schopenhauer évoque le fait que les hommes ne recherchent pas la société, mais se fuient eux-mêmes à cause *« du vide et de la monotonie de leur propre intérieur »*. Les « piquants », dont l'effet provoque la dispersion du troupeau de porcs-épics, sont, chez les hommes, d'ordre moral et intellectuel. Le philosophe dénonce l'avidité des hommes, leur méchanceté cruelle et leur envie mesquine face à toute position supérieure. Mais il déplore surtout la platitude de leur esprit borné. Le commerce avec les hommes abaisse l'individu. Il le rend commun par les multiples accommodements qu'il exige de lui au profit d'une société avec laquelle il ne peut être en harmonie s'il présente quelque supériorité intellectuelle. Le sage n'a pas avantage à un tel commerce. Lui, *« qui possède beaucoup de chaleur en lui-même, préfère rester en dehors de la société pour n'éprouver ni ne causer de peine »*. Pour Schopenhauer, il existe une idée de l'homme, c'est-à-dire une manifestation immédiate de la volonté qui constitue le fond commun des êtres. Chaque individu n'en est qu'*« une petite fraction ayant besoin d'être additionnée de beaucoup de ses semblables pour constituer en quelque sorte une conscience humaine entière »*. Ainsi, l'homme cherche l'homme afin de combler un manque métaphysique par la chaleur de la communion. Le sage, lui, comble ce manque en se représentant le tout et ce qu'il a de commun avec lui. ■

Est-ce notre avenir ?

Est-il loisible à l'homme d'aller ou de ne pas aller vers les autres ? L'homme vit en communauté. Seules les communautés les plus riches et les plus complexes permettent à l'individu de se distancier du groupe. La famille, en premier lieu, indispensable à la survie de l'homme, l'est aussi à son humanité comme être de langage. La situation des porcs-épics présente pourtant quelque chose d'indépassable : la déception causée par la réunion sociale, qui nous dispense souffrance… et instruction. C'est pourquoi la fable des porcs-épics demeure très actuelle. La société contemporaine cultive et valorise de plus en plus les petites différences individuelles – les « piquants » –, de sorte que chacun apparaît à l'autre presque comme un danger. Et, comme les hommes vivent en masse dans les villes, à tout moment chaque porc-épic inflige à l'autre une cuisante blessure que les règles du droit ne sauraient empêcher sans que le remède ne soit pire que le mal.

Aussi Schopenhauer a-t-il raison de prôner la politesse et les belles manières, qui relient les hommes en les distanciant. Hélas, notre époque n'aime pas les attitudes préparées et refuse la médiation du costume, de la formule, de la cérémonie !

Allons-nous assister à une mêlée horrible de porcs-épics sanguinolents pansés par des équipes épuisées de psychanalystes et de médecins ?

« Par une froide journée d'hiver, un troupeau de porcs-épics s'était mis en groupe serré pour se garantir mutuellement contre la gelée par leur propre chaleur. Mais tout aussitôt, ils ressentirent les atteintes de leurs piquants, ce qui les fit s'éloigner les uns des autres. Quand le besoin de se chauffer les eut rapprochés de nouveau, le même inconvénient se renouvela, de sorte qu'ils étaient ballottés de çà et de là entre les deux souffrances, jusqu'à ce qu'ils eussent fini par trouver une distance moyenne qui leur rendît la situation supportable » (Arthur Schopenhauer, *Parerga et Paralipomena*, 1851).

Dico → communauté • mal • Schopenhauer • volonté

Points clés La loi des trois états (Auguste Comte)

L'esprit humain passe successivement par trois états, dans chacune des branches du savoir. Le faire comprendre constitue pour le père fondateur du positivisme la tâche principale de l'éducation, qui permettra la création d'un nouvel ordre social.

Des mathématiques à la « sociologie »

Auguste Comte est d'abord un mathématicien. En 1816, il quitte toutefois l'École polytechnique pour devenir le secrétaire de Saint-Simon, qui souhaite réorganiser la société par un *« industrialisme »* fondé sur la fraternité d'un *« nouveau christianisme »*. Mais il s'émancipe bientôt du cercle de ce penseur socialiste, qu'il trouve trop ancré dans les nécessités politiques, pour élaborer un remède théorique à la crise qui affecte la civilisation. Comte va travailler à la constitution d'un nouveau pouvoir spirituel, un ensemble de croyances partagées qui soit séparé de l'État. Dès son « Plan des travaux scientifiques nécessaires pour réorganiser la société », qu'il établit en 1822, Comte propose d'élaborer une physique sociale qu'il appellera « sociologie » dans son *Cours de philosophie positive,* en 1830. Cette analyse expose le passage successif de la nature de l'esprit humain par différentes phases de conceptions générales qui guident l'intelligence dans son explication de toutes choses. La description de ces phases successives constitue la *« loi des trois états »*. ■

L'astronomie fut enseignée par Auguste Comte aux ouvriers comme propédeutique à la sociologie.

Théologique, métaphysique, positif

Dans l'état théologique, les hommes expliquent les faits observés par les idées surnaturelles. Il s'agit à ce stade d'expliquer des phénomènes, non de concevoir le salut : c'est pourquoi Comte ne parle pas d'état religieux. Le second âge est l'état métaphysique, ou abstrait, qui est un état de transition dans lequel

Le drapeau du Brésil arbore une devise directement inspirée de la doctrine positiviste d'Auguste Comte.

on rend compte des faits par des entités personnifiées. Le troisième état achève le parcours qui mène à la science : les faits sont liés par des lois réelles et vérifiables, des faits généraux. C'est l'état scientifique, ou positif. Chaque science se développe en passant par ces trois états. Cette loi de filiation va de pair avec une loi de classement des spéculations humaines qui distingue six sciences constituant le cadre du savoir : les mathématiques, l'astronomie, la physique, la chimie, la physiologie, la physique social, ou sociologie. Les sciences qui traitent de phénomènes simples deviennent positives avant les autres, et les plus complexes n'atteignent l'âge positif qu'en dernier lieu. L'ordre chronologique est donc solidaire de l'ordre logique. ■

«Il y a beaucoup d'analogies entre la philosophie positive et ce que les savants anglais entendent, depuis Newton surtout, par philosophie naturelle. Mais je n'ai pas dû choisir cette dernière dénomination, non plus que celle de la philosophie des sciences qui serait peut-être encore plus précise, parce que l'une et l'autre ne s'entendent pas encore de tous les ordres de phénomènes, tandis que la philosophie positive, dans laquelle je comprends l'étude des phénomènes sociaux aussi bien que de tous les autres, désigne une manière uniforme de raisonner applicable à tous les sujets sur lesquels l'esprit humain peut s'exercer» (Auguste Comte, « Avertissement » au *Cours de philosophie positive*, 1830).

Positivisme et éducation

La loi des trois états est une loi de la nature, et spécialement une loi de la nature humaine. Ce progrès linéaire rompt avec le concept de cycle, de retour éternel. Il existe ainsi une marche de l'esprit humain dont il est possible de rendre compte seulement à partir de la physique sociale, qui couronne l'édifice de la science. Cette philosophie positive devrait, selon Comte, avoir un effet sur l'éducation. Pour lui, l'éducation doit consister à présenter les différentes sciences comme autant de branches d'un seul tronc, ce qui implique d'isoler l'esprit de ces sciences, c'est-à-dire leur méthode. Éduquer, ce sera donc présenter l'esprit et les méthodes des sciences. La régénération sociale viendra d'une réforme de l'éducation fondée sur la physique sociale. Pour Comte, la pédagogie est la première application du savoir, puisque celui-ci y devient lui-même source de savoir. ■

Dico → Comte • épistémologie • positivisme

Points clés

Le chameau, le lion et l'enfant (Nietzsche)

Ces figures animales représentent les trois métamorphoses de l'esprit. Ce sont les premières paroles du nouveau prophète imaginé par Nietzsche, Zarathoustra. Objectif: en finir avec la culpabilité.

«Je suis un disciple du philosophe Dionysos: je préférerais encore être considéré comme un satyre que comme un saint [...]. Renverser les idoles – j'appelle ainsi toute espèce d'idéal –, c'est mon affaire» (Friedrich Nietzsche, Ecce Homo, *1888).*

La mort de Dieu

Qu'annonce Nietzsche ? Que Dieu est mort. *« On peut mourir d'être immortel. »* Dieu est ce à partir de quoi l'homme se définissait. Mais le retrait de Dieu ne peut s'accomplir que si l'homme se défait de l'image de lui-même qu'il a construite à travers Dieu : l'idée chrétienne du péché originel, l'angoisse inutile et néfaste liée au sentiment de la culpabilité de l'existence. Il faut donc vouloir la mort de Dieu en nous, et pas simplement la constater. Comment vaincre cette pesanteur et parvenir à dépasser la morale ? Le chemin de la sagesse selon Nietzsche comporte trois étapes. Comme il ne s'agit pas seulement d'un raisonnement ou d'un discours argumentatif, mais aussi d'un cheminement spirituel, Nietzsche l'expose sous la forme d'une fable. *Ainsi parlait Zarathoustra* (1883-1885) est un livre à la fois poétique, philosophique et prophétique. Lorsque Zarathoustra, personnage qui représente pour Nietzsche l'annonciateur des temps nouveaux, descend de la montagne et commence à parler aux hommes, son discours s'ouvre sur une page devenue très célèbre, qui traite des *« trois métamorphoses de l'esprit »*, symbolisées par le Chameau, le Lion et l'Enfant. ■

Les trois étapes de la sagesse

Première étape : il faut d'abord éprouver la pesanteur du négatif, surenchérir sur le respect des valeurs morales, aller jusqu'à l'ascétisme – se priver non seulement du superflu, mais aussi du nécessaire. La figure du Chameau, qui s'agenouille et réclame qu'on le charge de choses pesantes, manifeste le triomphe de la force réactive, celle dont toute l'action est réaction à ce dont elle s'accable : le devoir, les valeurs morales, Dieu. L'homme est volonté, mais veut sa force dans la négation de la nature. Pour Nietzsche, l'ascétisme est le vrai sens de la morale : il faut aller jusqu'à cette mutilation de la vie. Deuxième étape : il faut briser en soi la soumission, oser réagir contre la force réactive, combattre contre le Dragon « Tu dois », dont chaque écaille représente une valeur morale. Le Lion est cette force qui combat la soumission aux valeurs, qui les nie toutes par système. Avec le Lion, on quitte la communauté pour entrer dans le désert, car qui prend le contre-pied des valeurs communes se retrouve seul contre tous. La métamorphose de l'esprit en Lion, c'est la figure du nihilisme. Troisième étape : au-delà du bien et du mal. L'esprit, en plein désert, ne peut plus qu'affirmer. N'ayant plus de quoi réagir, il va se donner dans le vide de sa propre affirmation. L'homme n'est plus humilié par l'idée d'un mécanisme du monde, il a le sentiment joyeux d'être au premier jour de sa propre existence. L'Enfant – comme l'Aurore et la Danse – est ici la figure de cette force active qui est à même de tout affirmer, de créer de nouvelles valeurs. *« Innocence est l'enfant, et un oubli et un recommencement, un jeu, une roue qui d'elle-même tourne, un mouvement premier, un saint dire Oui. »* ■

« La croyance à la vérité commence avec le doute au sujet de toutes les vérités auxquelles on croyait jusqu'alors » (Friedrich Nietzsche,* Humain, trop humain, *1878).

Une philosophie de la joie

Le prophète Zarathoustra, qui annonce la mort de l'homme, son dépassement dans le Surhomme, n'est pas encore lui-même le Surhomme, mais sa promesse. Pour Nietzsche, l'homme est malade de l'homme, car la morale est maladie de la vie. Dans les pensées morales ou éthiques de Kant et de Hegel, Nietzsche voit l'idée d'un primat du négatif, une définition de l'humanité de l'homme comme puissance de négation de la nature. À cette morbidité de la civilisation, Nietzsche oppose une philosophie de la joie, de part en part affirmative. ■

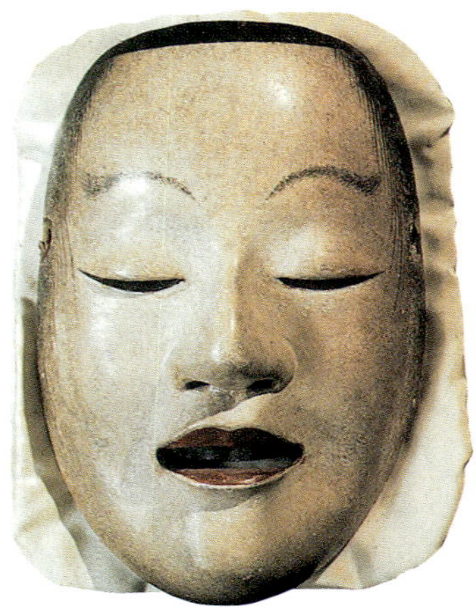

Dico → **devoir • dieu • morale • Nietzsche**

L'enfant à la bobine (Freud)

Dédommagement d'une absence, le jeu de l'enfant à la bobine est l'archétype de tout jeu. Il symbolise même le sens des créations humaines.

Jeu et absence

Freud remarqua un jour le jeu d'un bébé de dix-huit mois qui s'ingéniait à cacher puis à rechercher des objets et des jouets, plutôt que de les employer dans leur fonction première. Ainsi, au lieu de traîner derrière lui une *« bobine en bois entourée d'une ficelle »* pour *« jouer à la voiture »*, il la jetait hors de sa vue en « pronon*çant avec un air d'intérêt et de satisfaction le son o-o-o-o »*, identifié par ses proches comme le mot allemand *fort* – « loin », « va-t'en » –, puis il la ramenait *« en la saluant avec un joyeux "da" »* – « oui, voilà ». Freud, qui relate cette observation dans « Principe du plaisir et jeux d'enfants », extrait de ses *Essais de psychanalyse* (1920), met en relation ce manège, que l'enfant répéta *« pendant plusieurs semaines »,* avec l'absence de la mère. L'enfant *« se dédommageait pour ainsi dire de ce départ et de cette absence, en reproduisant, avec les objets qu'il avait sous la main, la scène de la disparition et de la réapparition ».* ■

Le jeu est toujours une certaine manière de s'approprier le monde. Les règles créent un espace nouveau, différent, où les déplacements prennent un sens propre.

Dédommagement

Freud utilise cet exemple pour faire comprendre pourquoi, à la suite d'un événement traumatique, des êtres revivent en rêve la scène pénible. Si le rêve ou le jeu sont la réalisation figurée d'un désir inassouvi, quel « bénéfice » trouve-t-on à la mise en scène et à la répétition de ce qu'on pourrait au contraire souhaiter oublier ? Freud donne deux interprétations de ce *« dédommagement ».* Selon la première, l'enfant passe de la position de celui qui subit les événements à la position de celui qui les « agit » et du désarroi de l'absence à la joie, désormais disponible à volonté, de la réapparition. Mais, dans le jeu du « va-t'en », l'enfant ne s'éprouve pas seulement comme le maître du retour : il jette et bannit, satisfaisant alors une impulsion de vengeance. Le plaisir direct du rejet figuré et la joie seconde

Le jeune enfant dont parle Freud dans l'exemple du «Fort-Da» était son propre petit-fils. Observateur de la vie psychique de ses patients, Freud scrutait aussi ses propres rêves.

de la maîtrise jouée font du jeu le moyen d'*«abréagir»* l'expérience pénible. Plus que la question de la nature et de l'intensité des pulsions – de répétition, de mort – qui président à ce jeu innocent, c'est l'expérience d'une perte fondamentale et la capacité de la symboliser qu'ont retenues les successeurs de Freud. Jouant tout seul et jusqu'à faire disparaître sa propre image – sa propre «bobine» pourrait-on dire – en s'accroupissant devant une glace, l'enfant se prouve qu'il peut exister sans le miroir constant du regard de sa mère : perte assumée, permanence assurée grâce à ce que Donald Woods Winnicott appelle *«l'espace potentiel»* du jeu (*Jeu et réalité : l'espace potentiel,* 1971). Le jeu est psychiquement vital à tout enfant dans son devenir d'autonomisation. ■

«Faire avec» l'absence

Ici se joue même l'accès à la parole de l'*infans* – étymologiquement, «celui qui ne parle pas». *«Surgissement de la dimension symbolique dans la relation mère-enfant»* selon Maud Mannoni (*l'Enfant, sa maladie et les autres,* 1967), le manège de l'enfant s'assimile à celui d'un moulin à paroles. Le bébé reprend dans son balbutiement les paroles que la mère lui a laissées en partant. Ce sont ces mots qui sont le véritable fil de son jeu, la continuité de son «je». L'enfant accède ainsi à la possibilité de re-présenter, par la parole, la perte fondatrice de son être-sujet. Mais alors, si le jeu est l'espace psychique d'une première distance dans lequel la pensée devient vivante, il est le prototype de toutes les activités humaines qui fabriquent des fictions de présence pour «faire avec» l'absence : les activités «poïétiques», créatrices. C'est ainsi que ce jeu-là est devenu exemplaire de ce que l'être humain attend secrètement des espaces de la parole, de la pensée, de toutes les formes d'art : symboliser son exil natal. ■

Dico → Freud • psychanalyse

Les pommes (Wittgenstein)

Ludwig Wittgeinstein invente à Cambridge, dans les années 1930, une manière singulière de jouer avec les mots et les pensées.

Wittgenstein, à mesure qu'on découvre son œuvre, apparaît comme une figure capitale.

Il n'y a pas d'énigme

La philosophie, selon Wittgenstein, a pour tâche de dissiper un à un les problèmes qui naissent de nos illusions à propos du langage. Elle mène *« un combat contre la fascination que des formes d'expression exercent sur nous »*, écrit-il dans le *Cahier bleu* (1958). En fait, il n'y a pas d'énigme. Nul mystère n'enveloppe le sens, sauf les embarras que l'on se fabrique en croyant qu'il existe un secret à élucider. Contrairement à ce que croient bon nombre de philosophes, interprètes et exégètes, *« un mot n'a pas un sens qui lui soit donné pour ainsi dire par une puissance indépendante de nous ; de sorte qu'il pourrait ainsi y avoir une sorte de recherche scientifique sur ce que le mot veut réellement dire. Un mot a le sens que quelqu'un lui a donné. [...] En ce sens, beaucoup de mots n'ont pas de sens strict. Mais il ne s'agit pas d'un défaut. Penser le contraire serait comme de dire que la lumière de ma lampe de travail n'a rien d'une véritable lumière, parce qu'elle n'a pas de frontière nette »*. ■

Les « crampes mentales »

Le sens d'un mot n'est rien d'autre que les façons que l'on a de s'en servir, de le définir, quand on peut y parvenir – ce n'est pas toujours le cas, et cela n'a rien de dramatique. Toutes les interrogations sur les idées et sur les significations ultimes constituent ce que ce philosophe nomme des *« crampes mentales » :* des questions sans réalité sur lesquelles on se crispe, alors qu'elles sont dépourvues de contenu. Nous seuls fabriquons les pseudo-énigmes et croyons y voir des questions profondes. Pour faire comprendre cela, Wittgenstein invente les « jeux de langage ». Ce sont des saynètes, des exercices, de courts problèmes, des situations troublantes, des « imaginons que... », « que se passerait-il si... ? », « dirions-nous toujours en ce cas... ? » Ces jeux n'hésitent pas à mettre en cause les assurances habituelles de la pensée. ■

Deux et deux font quatre

Imaginons une table, dit le philosophe. J'y pose deux pommes, puis deux autres, et j'entreprends de les compter. Je trouve trois pommes à mon premier calcul, cinq à mon second. J'en conclus que ces pommes sont truquées, qu'elles s'évanouissent ou apparaissent pour des raisons qui m'échappent, qu'on me joue un mauvais tour. Mais je ne penserai jamais que deux et deux ne font pas toujours quatre, que cela dépend des cas et que ces pommes en sont la preuve. Je suis en effet absolument convaincu que cette vérité est universelle, impérative, inscrite dans la nature même des choses : deux et deux doivent faire quatre, tout comme dix fois dix doivent faire cent, en Angleterre comme au Japon, sous César comme dans mille ans. Savoir calculer et avoir cette conviction sont un seul et même acte. La preuve de la vérité arithmétique n'est pas dans les pommes, mais bien dans le calcul lui-même. La géométrie me le confirme : en démontrant la propriété d'un triangle, celui qui est au tableau ou sur la page, je suis convaincu d'énoncer un résultat valable, partout et toujours, pour tous les triangles identiques. Sinon, ce que je fais ne serait pas de la géométrie. ■

À quoi tient notre certitude ?

Mais, demande Wittgenstein, d'où peut bien nous venir une telle conviction ? À quoi tient notre certitude ? L'expérience seule ne suffit pas à la fonder. Les règles de la logique ne sont ni vraies ni fausses. Elles ordonnent notre langage, révèlent la manière dont nous pensons, elles ne constituent nullement un savoir sur la « réalité ». En toute rigueur, je devrais dire que deux pommes ajoutées à deux autres font, pour nous, la plupart du temps, quatre. Et préciser : j'ignore ce qu'il en est d'un autre espace, un autre temps, ou même pour une autre forme de vie que la nôtre. ■

Peut-on dire que « ceci est une pomme » ? Pourquoi ? Et pour quelle raison pourrait-on en douter ?

Dico → langage • langue • Wittgenstein

FICHES PRATIQUES

Pour se documenter

Un guide pour préparer les épreuves du baccalauréat et pour aller plus loin avec la philosophie...

La tournure d'esprit philosophique

« On n'apprend pas la philosophie, on apprend à philosopher », écrit Kant. Que signifie cette distinction ? Philosopher, ce n'est pas prendre possession de l'ensemble des doctrines philosophiques comme d'un savoir. C'est adopter une certaine attitude intellectuelle face aux discours comme aux événements, aux savoirs comme aux pratiques. C'est appréhender ceux-ci autrement que nous ne le faisons spontanément. Mais c'est aussi adopter une nouvelle démarche intellectuelle en changeant, parfois même en inversant, nos habitudes mentales. En un mot, philosopher, c'est d'abord acquérir ce que l'on appelle la « tournure d'esprit philosophique ».

Une attitude intellectuelle

Il s'agit bien de « penser autrement », de faire un nouvel usage de son entendement. La tournure d'esprit philosophique se caractérise par une méfiance à l'égard des certitudes et des évidences, des réponses toutes faites que l'on peut apporter aux questions que l'on nous pose ou qui se posent, des lieux communs et des généralités vides que l'on confond avec des vérités universelles. Cette tournure d'esprit philosophique est faite de doute, de vigilance, d'étonnement qui nous conduisent à interroger et à analyser. Il ne s'agit pas de s'enfermer dans le doute ou le soupçon, mais de les utiliser pour accéder à une plus grande lucidité et pouvoir ainsi formuler clairement les problèmes qui demandent à être approfondis et réfléchis, soit parce qu'ils n'ont pas de solution préalable, soit parce qu'ils ne peuvent pas avoir de solution, mais qu'il est urgent de les penser. Il s'agit aussi de « penser par soi-même », d'accéder, selon une formule de Kant, à une « majorité intellectuelle », où l'on devient responsable de ce que l'on dit, avec les risques que cela comporte. La tournure d'esprit philosophique est ainsi plus qu'une manière de penser, elle est une manière d'être qui suppose le sens de la responsabilité intellectuelle.

La tournure d'esprit philosophique

Une démarche méthodique

Il faut d'abord procéder avec méthode dans l'analyse des données soumises à notre réflexion et, en particulier, dans la construction et l'approfondissement des problèmes ainsi que dans la compréhension et l'explication des textes. Avec méthode, cela veut dire cheminer en suivant un ordre, en nous appuyant sur des règles définies, ce qui signifie ici en posant des questions déterminées au sujet. Cette démarche a pour fin de substituer à l'affirmation dogmatique, c'est-à-dire non justifiée, de nos « opinions » ou au montage-collage d'énoncés prélevés ici ou là un discours cohérent et articulé dans lequel nous cherchons à prouver ce que nous affirmons, un discours qui témoigne de notre « présence » à ce que nous disons ou écrivons et de notre volonté de convaincre par voie rationnelle l'auditeur ou le lecteur.

Quelles difficultés sont à surmonter ?

Pour « penser autrement », il faudrait pouvoir se libérer de ce qui résiste à l'exercice de l'esprit critique, de ce qu'on appelle les préjugés, des jugements qui se sont formés à notre insu, avant toute réflexion. Certains témoignent de la pression que les groupes auxquels nous appartenons exercent sur notre pensée. D'autres ont une origine plus obscure, souvent inconsciente. Certes, tous les préjugés ne sont pas moralement condamnables. Certains peuvent témoigner de bons sentiments à l'égard des autres. Ils n'en sont pas moins un obstacle à l'exercice de la pensée. Aussi ne faut-il pas sous-estimer cette difficulté. La tournure d'esprit philosophique impose de la surmonter par l'examen et l'analyse de soi, en exerçant le « connais-toi toi-même » socratique.

De même, « penser par soi-même » est une belle exigence, mais elle ne signifie pas donner son avis sur tout sous le prétexte que toute opinion personnelle a valeur de vérité. Adopter une tournure d'esprit philosophique, c'est montrer un souci d'universalité et de rigueur démonstrative. Enfin « penser par soi-même » ne signifie pas exprimer ce que l'on a « dans la tête ». C'est être capable de formuler et d'exposer un énoncé significatif sous une forme écrite ou orale. La lecture en général – et, particulièrement, la lecture des philosophes – reste, pour celui qui cherche à « penser par soi-même », un instrument irremplaçable pour élargir et approfondir le champ de sa réflexion.

Un but principal : clarifier la pensée

« Le but de la philosophie est la clarification logique de la pensée.
La philosophie n'est pas une doctrine mais une activité.
Une œuvre philosophique consiste essentiellement en élucidations.
Le résultat de la philosophie n'est pas un nombre de "propositions philosophiques", mais le fait que des propositions s'éclaircissent.
La philosophie a pour but de rendre claires et de délimiter rigoureusement les pensées qui autrement, pour ainsi dire, sont troubles et floues » (Ludwig Wittgenstein, *Tractatus logico-philosophicus*, 1921).

Les épreuves suivant les sections

Toutes les séries du baccalauréat comportent une épreuve écrite de philosophie. Sa durée est de quatre heures. Les coefficients varient selon les séries : 4 en ES, 7 en L, 3 en S et 2 dans toutes les sections de la série technologique. Les sujets sont spécifiques à chaque série, en fonction des programmes étudiés. Tout candidat ayant obtenu une moyenne de 10/20 est déclaré admis. Les candidats ayant obtenu une moyenne égale ou supérieure à 8/20 et inférieure à 10/20 sont soumis à une épreuve orale de contrôle.

L'épreuve écrite

L'épreuve écrite est une dissertation. Les candidats ont le choix entre trois sujets. Ceux-ci peuvent porter sur une ou plusieurs parties du programme. Deux sujets se présentent sous forme d'une question à laquelle il faut répondre, le troisième est constitué par un texte à commenter. L'esprit de l'épreuve se dégage clairement des recommandations émises à l'intention de ceux qui rédigent les sujets. On leur demande d'éviter les sujets qui, « empruntant littéralement la formule du programme, paraissent inciter le candidat à reproduire le cours ». Mais il convient aussi d'éviter les sujets pouvant donner lieu à « des rédactions trop générales qui semblent n'avoir aucun rapport avec une ou plusieurs notions du programme ». Ainsi, l'épreuve est destinée à tester l'initiative du candidat. Un élève qui aurait appris son cours par cœur ne répondrait pas à l'attente de l'examinateur, pas plus qu'un élève qui, faute d'avoir suivi le cours et travaillé régulièrement, manquerait de savoir-faire et de culture. Le candidat doit montrer des qualités de réflexion dans l'approche des sujets, mais aussi de logique dans le discours, de clarté et de précision dans l'expression. Cela suppose l'acquisition d'une méthode d'analyse et d'une culture philosophique qui ne peut se faire que tout au long de l'année, tant à partir du cours que de lectures ou de travaux effectués par soi-même. De ce point de vue, le commentaire de texte n'est pas différent de la dissertation, même si la méthode d'analyse utilisée est différente, comme nous le verrons dans la fiche pratique consacrée à cet exercice. Dans les séries générales, le texte à commenter est simplement accompagné de la formule « Après une étude ordonnée du texte suivant, vous en dégagerez l'intérêt philosophique ». Dans les sections technologiques, le texte est suivi de quelques questions destinées à guider le candidat qui a reçu une formation moins approfondie.

Les épreuves suivant les sections

L'épreuve orale de contrôle

Le programme de philosophie de classe terminale impose à toutes les sections de la série générale l'étude d'une ou plusieurs œuvres philosophiques et la préparation d'une ou deux questions au choix. La liste des auteurs et des questions figure dans les programmes officiels. En terminale L, les élèves doivent étudier au minimum trois œuvres, dont une dans son intégralité, et ils doivent préparer deux questions au choix. Les élèves des terminale ES et S étudient au moins une œuvre, dans son intégralité ou sous forme d'extraits, et préparent une question au choix. Dans les séries techniques, l'étude de l'œuvre peut-être remplacée par celle d'un groupe de textes, à l'exception de la section Techniques de la musique et de la danse. Le candidat à l'épreuve orale doit présenter une liste sur laquelle figure le titre des œuvres ou des textes présentés, avec l'indication des passages étudiés, ainsi que l'intitulé des questions au choix. Cette liste doit porter le cachet de l'établissement et la signature du professeur, sauf si elle est fournie par un candidat libre. Le candidat doit se présenter devant son examinateur avec un double jeu d'œuvres ou de textes. Obligatoirement interrogé sur un extrait d'œuvre étudiée, il dispose d'un quart d'heure de préparation. Il lui faut situer le passage dans l'œuvre, le lire en montrant qu'il a compris le sens du texte et expliquer le texte en évitant le résumé ou la paraphrase. Le candidat conclut en mettant en lumière l'intérêt du passage concerné par rapport à l'ensemble de l'ouvrage. L'examinateur peut lui poser des questions pour lui éviter un contresens, pour l'aider à élargir sa réflexion ou pour tester sa culture. Le candidat doit être attentif aux questions ou aux remarques de l'examinateur et en tenir compte.

Sujets et sections

Exemples de sujets de dissertations en L :

– Peut-on ne pas savoir ce que l'on dit ?
– Peut-on dire que la perception est une connaissance ?
– Les mots peuvent-ils nous manquer ?
– Y a-t-il des fondements naturels à l'ordre social ?

Exemples de sujets de dissertations en ES :

– Les hommes ne désirent-ils rien d'autre que ce dont ils ont besoin ?
– Peut-on faire l'éloge de la passion ?
– Être temporels nous fait-il libres ou esclaves ?
– Travailler moins, est-ce vivre mieux ?

Exemples de sujets de dissertations en S :

– Quelle conception de l'homme l'hypothèse de l'inconscient remet-elle en cause ?
– La connaissance scientifique n'est-elle qu'une croyance argumentée ?
– Suffit-il de ne pas se contredire pour être logique ?
– Faut-il défendre l'ordre à tout prix ?

Savoir utiliser le temps limité

L'épreuve de philosophie du baccalauréat a une durée de quatre heures pour toutes les séries. Pour certains élèves des séries technologiques ou de la série S, qui manquent parfois de matière, cette durée peut paraître trop longue et il n'est pas rare de voir des candidats sortir au bout de deux heures. En revanche, certains élèves de terminale L, qui ont souvent beaucoup à dire et se montrent parfois trop scrupuleux dans leur démarche, trouvent ces quatre heures bien courtes. La durée étant fixée, il convient d'en faire le meilleur usage. Pour cela, le candidat devra évidemment disposer d'une montre qu'il consultera à intervalles réguliers.

Le temps du choix

La première tâche du candidat est de faire le choix d'un sujet. Il lui faut prendre le temps de lire les trois sujets en esquissant mentalement une interprétation des questions ou du sens du texte. Il doit évaluer l'intérêt que présente pour lui chacun des sujets et son aptitude à le traiter. Ce travail ne doit excéder quinze minutes. On peut admettre un changement de sujet pendant la première heure. Mieux vaut l'éviter. Passé ce délai, le choix doit être irréversible.

Le temps limité de la vie

« Pour tous les jours d'une vie sans éclat, le temps nous porte. Mais un moment vient toujours où il faut le porter. Nous vivons sur l'avenir : "demain", «plus tard", "quand tu auras une situation", "avec l'âge tu comprendras". […] Un jour vient pourtant et l'homme constate ou dit qu'il a trente ans. Il affirme ainsi sa jeunesse. Mais du même coup il se situe par rapport au temps. Il y prend place. Il reconnaît qu'il est à un certain moment d'une courbe qu'il confesse devoir parcourir. Il appartient au temps et, à cette horreur qui le saisit, il y reconnaît son pire ennemi »
(Albert Camus, *le Mythe de Sisyphe,* 1942).

Savoir utiliser le temps limité

Le temps de l'élaboration et de la construction

Une fois le sujet choisi, il faut se mettre au travail, stylo en main. Si le choix porte sur le sujet présenté sous la forme d'une question, trente minutes en moyenne sont nécessaires à la détermination précise de la question et à la mise en lumière du problème que celle-ci invite à poser et à développer. Environ une heure doit être consacrée à l'élaboration de la stratégie et du cheminement que le discours doit emprunter. Il convient de distinguer les étapes du parcours, les articulations du développement, éventuellement les détours à effectuer. Enfin, il faut préciser les arguments et noter les références avec le plus de précision possible. Cette étape peut s'achever par la rédaction schématique d'un plan où les parties, les arguments et surtout les articulations sont indiqués. Si le choix porte sur l'explication de texte, trente minutes, parfois plus, sont nécessaires pour comprendre et noter le sens du texte. Il convient de le relire plusieurs fois pour en saisir le fonctionnement, repérer les significations et les concepts qu'il contient et circonscrire les difficultés qu'il présente. L'objectif est, dans un deuxième temps, de dégager l'intérêt philosophique du passage, c'est-à-dire ce en quoi il nous donne à penser. Ce travail de préparation exige en moyenne une heure.

Le temps de la rédaction

La longueur optimale d'une dissertation de baccalauréat se situe entre une copie et demi et deux copies. Pour le sujet-question, deux heures de rédaction suffisent. Cela laisse le temps de relire chaque paragraphe et de veiller à la bonne articulation du discours en soignant l'argumentation et les transitions. Pour le sujet-texte, deux heures sont également nécessaires à la rédaction. Deux possibilités s'offrent au candidat. Il peut consacrer l'essentiel de sa dissertation à l'étude ordonnée du texte, en expliquant son intérêt dans la conclusion seulement. Ou bien il peut présenter une analyse précise mais brève du texte pour en dégager plus rapidement l'intérêt et centrer son développement sur les problèmes que celui-ci conduit à poser. Dans le cas du sujet-texte avec questions réservé aux séries technologiques, il faut compter une heure de lectures multiples et attentives pour répondre à la première question qui porte généralement sur le sens du texte et son organisation. Environ quarante-cinq minutes doivent être consacrées à la deuxième question et, enfin, une heure et demie à la troisième question qui doit prendre la forme d'une courte dissertation de deux à trois pages. Le candidat qui rédige un brouillon doit se réserver une demi-heure pour le recopier au propre. Cela suppose qu'il utilise à cette fin le temps de la relecture et qu'il prélève un quart d'heure sur le temps de préparation. Dans tous les autres cas, il faut se réserver quinze minutes pour relire la copie et vérifier la correction de la langue et de l'orthographe.

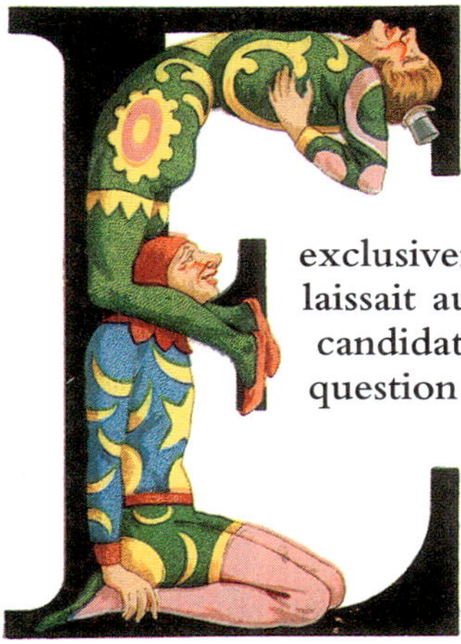

Il est intéressant de savoir que cette épreuve a été introduite au baccalauréat en 1864 par Victor Duruy, ministre de l'Instruction publique, pour revaloriser l'examen qui, jusque-là, était exclusivement oral. L'interrogation de philosophie ne laissait aucune place à la réflexion personnelle et le candidat devait réciter, par cœur et sans erreur, une question de cours tirée au sort, épreuve purement scolastique où la mémoire et le conformisme primaient l'intelligence et l'initiative. Aujourd'hui, sans être une épreuve de connaissance, la dissertation est destinée à tester l'aptitude du candidat à mettre en lumière un problème à partir d'une question ou d'un texte et à construire un développement clair, cohérent et progressif, en s'appuyant sur des références maîtrisées.

Le problème posé

Les sujets-question posés au baccalauréat ne portent pas sur des questions de cours, même s'ils sont en rapport avec les notions du programme. Ce sont des questions « directes et ouvertes » du type « Que signifie l'expression "la force des faibles" ? » ou encore « La violence est-elle un mal nécessaire ? ». Pour les aborder d'un point de vue philosophique, il faut oublier les réponses qu'on serait tenté de leur apporter spontanément. Car il ne s'agit pas ici de répondre aux questions posées, mais de les analyser, d'y réfléchir pour construire le problème qu'elles nous invitent à poser. Étymologiquement, « problème » vient du grec et signifie « ce qui a été jeté devant nous et nous empêche d'avancer », quelque chose comme un obstacle. Le mot désigne non pas, comme en mathématiques, une proposition qu'on peut résoudre à partir de théorèmes, mais plutôt « une proposition incertaine ou difficile à concevoir ou à expliquer » selon la définition que nous en donne le dictionnaire Littré.
Les questions philosophiques posent un problème dans la mesure où il est difficile d'y répondre de façon justifiée avant d'y avoir soigneusement réfléchi. À la question « La violence est-elle un mal nécessaire ? », on peut répondre aussi bien par « oui » que par « non ». Mais pour connaître la modalité du lien qui unit la violence et le mal, il faut tout d'abord approfondir le problème de l'origine de la violence, de son rapport à la nature, à l'histoire et à la liberté.

L'origine de la question

Quelle est l'origine de la question ? Déterminer l'origine de la question, le contexte dans lequel elle est posée, aide à définir le statut de celle-ci. Cela permet de savoir s'il s'agit d'une question ontologique, existentielle, théorique ou pratique, éthique ou politique, si elle peut être posée par tout homme, dans n'importe quelle situation, ou bien par certains seulement, dans des circonstances particulières. Ainsi explorée, la question perd son caractère scolaire pour devenir une parole concrète qu'un sujet réel pourrait prononcer.

Le sens de la question

Comment passer de la question au problème ? Une voie possible consiste à interroger la question elle-même, en cherchant sa signification, son origine et la raison pour laquelle elle est posée. Que signifie la question ? Il s'agit de savoir sur quoi porte l'interrogation. Ainsi « La violence est-elle un mal nécessaire ? » nous interroge sur le caractère nécessaire ou non nécessaire, c'est-à-dire contingent, du mal que représente la violence. Il convient, à cette étape, de déterminer la signification des termes utilisés en se plaçant, par exemple, dans la position du traducteur qui se préoccupe de la valeur et de la connotation des mots. Cette démarche permet d'éviter les contresens. Elle garantit la maîtrise du sens littéral du sujet.

Pourquoi la question ?

Pourquoi pose-t-on cette question ? La réponse à cette interrogation renseigne sur la finalité et l'enjeu du sujet. A-t-il pour but de nous conduire à clarifier un concept ou une locution énigmatique, comme dans le cas du sujet qui demandait « Que signifie l'expression "la force des faibles" ? ». Mais une question peut aussi avoir un enjeu pratique. Ainsi, répondre à la question « La violence est-elle un mal nécessaire ? » peut aider à déterminer ce qu'il est possible de faire pour lutter contre la violence. Après s'être ainsi interrogé, le candidat est capable de déterminer le problème que le sujet l'invite à approfondir et qu'il présentera dans son introduction après avoir analysé la question posée. Cette réflexion critique fondée sur un questionnaire précis peut ainsi jouer un rôle décisif dans l'élaboration de la dissertation.

Détourner une question

Il n'est pas impossible, pour finir une analyse, de détourner la question posée, c'est-à-dire de la comprendre en un sens inhabituel. On trouve de nombreux exemples de cette technique dans les répliques de Diogène. Quand on lui dit : *« Tu ne sais rien et tu fais le philosophe »*, il répond : *« Simuler la sagesse, c'est encore être philosophe. »* Et si quelqu'un prétend : *« Je ne suis pas fait pour la philosophie »*, il répond : *« Pourquoi vis-tu, si tu ne cherches pas à bien vivre ? »*

Les étapes du cheminement

Une fois le problème identifié, il faut encore définir le chemin à emprunter pour le traiter. Il convient pour cela d'établir les différentes étapes par lesquelles le développement doit passer pour énoncer une réponse justifiée à la question posée ou pour parvenir à la conclusion, fréquente, qu'il est impossible d'apporter une réponse. Or, il n'existe pas de plan type permettant de traiter n'importe quel sujet de dissertation, par exemple le plan en trois parties thèse-antithèse-synthèse. La manière dont le développement se construit et progresse est fonction du problème que l'on a mis en lumière à partir d'une analyse rigoureuse de la question posée.

L'introduction

L'introduction est la partie dans laquelle la question est littéralement « introduite » dans le devoir, c'est-à-dire posée et analysée. Les résultats des interrogations sur la signification et l'origine de la question et sur la raison pour laquelle celle-ci est posée doivent figurer ici. Une fois clairement exposé le problème que pose la question, il convient d'indiquer le plan du devoir ou de ménager une transition rapide vers le développement.

L'organisation du développement

Définissons la manière dont peut s'organiser un développement à partir du sujet « La violence est-elle un mal nécessaire ? ». La question peut se comprendre de la façon suivante : l'usage de la force pour imposer sa domination, ou parfois simplement pour se faire reconnaître, en portant atteinte aux personnes ou aux biens, ou en les menaçant, est-elle inéluctable ? S'impose-t-elle comme un déterminisme ? Ou bien est-elle contingente et avec elle tous les malheurs qu'elle engendre ? Rechercher l'origine de la violence doit permettre de décider quelle approche est la plus pertinente. L'objet du développement est d'examiner les thèses significatives que l'on peut énoncer à ce sujet. Ici, le développement peut se faire en trois étapes. Chacune de ces étapes doit être clairement définie sur le plan, qu'il est nécessaire de mettre au point avant de commencer à rédiger la copie.

Les étapes du cheminement

Les étapes du développement

Dans une première étape seront analysés les rapports que la violence entretient avec la nature. On examinera pour cela la thèse qui soutient que la violence est un mal nécessaire parce qu'elle provient de la nature elle-même, domaine du nécessaire, de ce qui est déterminé. Après avoir établi les limites de cette thèse, à partir d'exemples précis ou d'arguments logiques, on conclura qu'il est impossible de trouver dans la nature l'origine de tous les actes de violence. Ce constat conduira à la deuxième étape au cours de laquelle seront examinés les rapports entre la violence et l'histoire. L'histoire désigne le domaine de ce qui change et qui, sans être absolument contingent, aurait pu être autrement. Il existe, en effet, un déterminisme historique, même si celui-ci est moins contraignant que le déterminisme naturel. Bien évidemment, si la nature renvoie au biologique, l'histoire renvoie plutôt au social. Comme précédemment, on convoquera la thèse et son argumentation pour en déterminer le bien-fondé et les limites. On constatera alors que si la violence et le mal qui en découle peuvent trouver leur origine dans les conditions historiques et sociales, l'histoire et l'état des rapports sociaux ne suffisent pas à rendre compte de tous les actes de violence. Ce qui conduira à la troisième étape. Au cours de celle-ci, l'étude sera centrée sur les rapports entre la violence et la liberté. Quel crédit est-il possible d'accorder à la thèse qui fait dériver tout acte de violence d'un libre choix de la volonté et voit dans la méchanceté ou la perversion le principe de la violence ? Les arguments susceptibles d'étayer un tel énoncé sont multiples, qu'ils viennent de l'actualité ou de la production philosophique, psychanalytique ou littéraire. Cette thèse pourrait aboutir à une conclusion optimiste en apportant une réponse négative à la question posée. Mais elle se révèle, elle aussi, impuissante à régler seule le problème de l'origine de la violence. Ne serait-ce que parce que nous pouvons être méchants « malgré nous ».

Le spectacle de la violence

« J'élève les yeux et je regarde au loin. J'aperçois des feux et des flammes, des campagnes désertes, des villes au pillage. Hommes farouches, où traînez-vous ces infortunés ? J'entends un bruit, affreux ; quel tumulte ! quels cris ! J'approche ; je vois un théâtre de meurtres, dix mille hommes égorgés, les morts entassés par monceaux, les mourants foulés aux pieds des chevaux, partout l'image de la mort et de l'agonie. C'est donc là le fruit de ces institutions pacifiques. La pitié, l'indignation s'élèvent au fond de mon cœur. Ah, philosophe barbare ! va lire ton livre sur un champ de bataille ! » (Jean-Jacques Rousseau, *l'État de guerre*).

La conclusion

La conclusion s'impose. Dans l'incapacité où nous sommes d'assigner une seule origine à la violence, nous ne pouvons répondre à la question posée. La part de déterminisme naturel, social ou historique et la part de liberté à l'œuvre dans les actes de violence restent inassignables.

Soigner l'argumentation

Une dissertation est un discours ordonné, progressif et argumenté. Pour échapper au dogmatisme qui affirme sans preuve ni justification, il convient d'indiquer les raisons de ce que l'on affirme. Alors même que nous convoquons des thèses que nous serons conduits à discuter, voire à réfuter, la probité intellectuelle exige de produire les arguments qui leur donnent sens. Une fois le cheminement établi et le plan du devoir construit, il importe de rechercher les arguments qui seront utilisés dans chacune des parties du développement.

Les raisons logiques

L'argumentation peut prendre la forme d'une démonstration ou d'une déduction. La démonstration est un raisonnement qui montre l'accord, la non-contradiction, de ce qui est affirmé avec ce qui a été préalablement établi. Elle peut avoir valeur de preuve logique. Autre mode d'argumentation logique, la déduction consiste à dégager la ou les conséquences de ce qui a été préalablement établi. Si ce type d'argumentation garantit la cohérence du discours, s'il peut aider à élucider le sens d'une question, il est rarement suffisant pour établir le bien-fondé de ce qui est avancé. Le plus souvent, il faut aller au-delà des raisons logiques pour convaincre.

Les exemples

Pour donner sens et crédit aux énoncés, il est conseillé de recourir à la description de cas concrets prélevés soit dans le champ de la réalité, passée ou présente, soit dans le champ de la fiction, romans ou films. L'exemple a une fonction d'illustration. Il montre ce que l'on cherche à faire entendre en le rendant sensible, visible. L'exemple parle plus à l'imagination qu'à l'entendement. Son insertion ne doit pas être arbitraire. Elle doit aider à étayer le discours ou à le faire progresser. Parce qu'il est concret, l'exemple peut également aider à élucider le sens que peut prendre une notion, une thèse, voire un problème. Toutefois, l'exemple, qui illustre toujours un cas particulier, ne saurait fonder une conclusion universelle. Comme le dit Aristote, un exemple, qu'il soit réel ou imaginaire, ne peut fonder une idée ni lui donner valeur de vérité. Un exemple ne peut servir de preuve. Mais il peut aider à comprendre les éléments d'un problème ou d'un concept.

Soigner l'argumentation

Les références et les citations

Pour approfondir la réflexion, pour traiter le problème construit à partir de l'analyse du sujet, il est parfois nécessaire de se référer aux auteurs. Il ne s'agit pas ici de recourir aux résumés des grandes doctrines philosophiques, mais de se tourner vers des œuvres précises, ou des passages précis de ces œuvres, que l'on maîtrise pour les avoir étudié, soit sous forme de textes à expliquer, soit à l'occasion de la préparation de l'oral ou de lectures personnelles. Un règle s'impose ici : connaître ce dont on parle. La référence aux auteurs a plusieurs fonctions. Elle peut donner corps à une thèse que l'on se propose d'examiner et qui a pu être soutenue par un auteur. Par exemple, la thèse développée par Hobbes dans le chapitre XIII du *Léviathan,* qui apparente l'état de nature à l'état de guerre, pourrait nous aider à réfléchir sur ce qu'elle soutient, à savoir que la violence est un mal nécessaire parce qu'elle dérive de la nature. La référence peut aussi compléter une analyse, la conforter ou relancer la problématique. Dans tous les cas, non seulement elle doit être aussi précise que possible, mais elle doit être motivée, commentée et accompagnée des arguments développés par l'auteur. Mais il faut absolument éviter de s'abriter derrière l'autorité des auteurs : ce n'est pas parce qu'Aristote affirme telle chose que cela est vrai. Les références ne sont ni sacrées ni indiscutables et il est toujours possible de mettre en cause le bien-fondé ou la cohérence de la thèse que l'on convoque. Toutefois, la probité intellectuelle exige de ne pas trahir la pensée de l'auteur. Les citations enrichissent toujours une référence, à la condition de n'être ni tronquées ni déformées. Pour ce faire, il est inutile d'apprendre par cœur, la veille de l'examen, une liste de citations. Il suffit d'avoir pris la peine de fixer quelques-uns des textes expliqués durant l'année. On n'exige pas dans une dissertation de philosophie des références exclusivement philosophiques et il est parfaitement légitime de recourir à des ouvrages de sciences humaines.

Les exemples et leur usage

Appuyez vos analyses sur des exemples concrets qui ne doivent pas servir simplement à illustrer votre pensée, mais à la faire progresser. Pour réfléchir sur la violence, songez par exemple à distinguer la violence de la nature (volcans, séismes, raz de marée) et la violence des hommes (guerres, assassinats, massacres). Parmi les formes de violences provoquées par les humains, demandez-vous si elles varient ou non selon les époques et les contextes culturels (la violence des supplices au Moyen Âge, comparée à celle des prisons aujourd'hui ; y a-t-il des sociétés plus violentes que d'autres ?) Enfin, interrogez-vous sur la violence qui ne s'exerce pas par la force physique (l'injure, l'humiliation, le mépris).

Les types de sujets

Les sujets d'examen sont par définition imprévisibles. Toutefois, l'analyse des annales récentes permet de dégager quelques grands types de sujets. Il n'est pas inutile de les repérer.

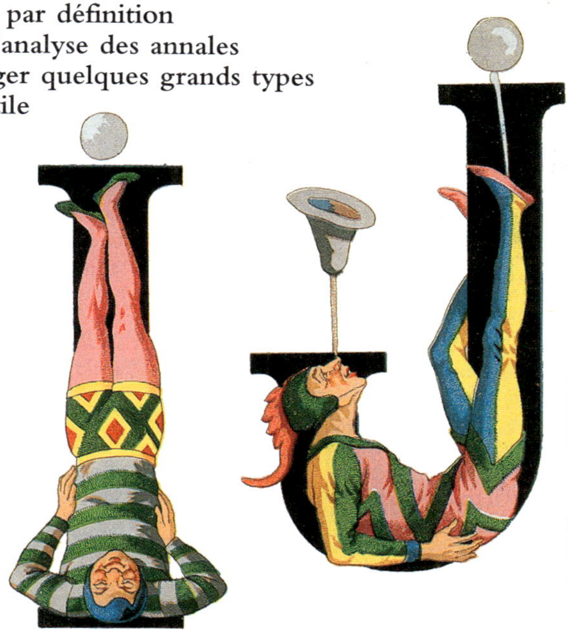

Les sujets écartés

Que peut nous apprendre un classement des sujets de philosophie proposés au baccalauréat ? Nous ne nous intéressons ici qu'aux sujet de dissertation. On sait que la question de cours est proscrite. Il est donc exclu que l'on vous demande de simplement restituer des connaissances sur telle ou telle partie du programme. On ne propose d'ailleurs jamais au baccalauréat un type de sujet qui demeure fréquent dans les épreuves d'examen ou dans les concours universitaires et qui consiste à soumettre à la réflexion du candidat, sans explication ni question formulée, une notion ou un couple de notions – par exemple, « le désir » ou « liberté et volonté ». Il est également rare de trouver dans les annales du baccalauréat des sujets qui invitent le candidat à problématiser une citation. Enfin les sujets qui pourraient être jugés trop compliqués dans leur formulation sont systématiquement écartés.

Les grands types de sujets

Restent les sujets qui prennent la forme d'une question « simple et directe ». Néanmoins, il est possible de repérer des différences et de distinguer plusieurs types de sujets.

– Ier type de sujets
Les questions simples qui posent un problème relativement facile à déterminer et comportant une référence sans équivoque à une notion du programme. Il faudra éviter de les traiter en question de cours. Exemple : « L'expérience est-elle seule source de connaissance ? » ou « Qu'est-ce qui peut donner sens au travail ? »

– 2e type de sujets
Les questions simples, voire triviales, qui en apparence n'ont pas de lien avec les notions du programme. En fait, ils en ont toujours un… qu'il faudra rechercher. Exemple : « Peut-on ne pas savoir ce que l'on fait ? » ou « Puis-je savoir si j'aime ? »

Les types de sujets

– 3e type de sujets
Les questions qui mettent en jeu des notions appartenant à des parties différentes du programme. Exemple : « Suis-je responsable de ce dont je n'ai pas conscience ? » ou « La vérité a-t-elle une histoire ? »

– 4e type de sujets
Les questions qui nous interrogent sur la finalité ou sur le fondement. Il ne faut pas les confondre. Exemple : « Pourquoi y a-t-il un devoir de mémoire ? » ou « Pourquoi obéir aux lois ? »

– 5e type de sujets
Les questions – certainement les plus fréquentes – qui mettent en jeu le verbe « pouvoir », tantôt au sens de « possibilité », tantôt au sens de « capacité ». Là encore, il ne faut pas les confondre. Exemple : « Peut-on donner un modèle mécanique du vivant ? » ou « Peut-on s'opposer au progrès technique ? »

– 6e type de sujets
Les questions qui nous invitent à construire une définition ou à approfondir le sens d'une locution. Exemple : « Qu'est-ce qu'un homme civilisé ? » ou « Comment comprendre l'expression : "Ne pas savoir ce que l'on fait" ? »

– 7e type de sujets
Les questions qui nous confrontent à une alternative. Exemple : « L'art fait-il réfléchir ou fait-il rêver ? » ou « L'État a-t-il pour but de maintenir l'ordre ou d'établir la justice ? »

– 8e type de sujets
Les questions qui, sans le dire, font référence à une analyse bien connue d'un philosophe. Il n'est pas nécessaire de la connaître pour traiter le sujet, mais cela facilitera évidemment notre réflexion e l'identifier. Exemple : « L'imagination est-elle nécessairement trompeuse ? » – la référence à l'imagination, « maîtresse d'erreurs et de faussetés » selon Pascal, est flagrante – ou « Penser, est-ce dire "non" ? » – sujet qui renvoie directement à la définition de la pensée qu'Alain propose dans les *Définitions*.

Quel que soit le sujet, il faut construire le problème. Mais l'identification du type auquel appartient le sujet peut éviter des erreurs et permettre de mieux maîtriser la situation.

Des sujets à classer

Voici huit sujets donnés au baccalauréat. Classez chacun dans l'un des huit types de sujets distingués ci-dessus.

a) À quoi reconnaît-on qu'un événement est historique ?

b) Une passion peut-elle résister au temps ?

c) L'homme doit-il se rendre maître et possesseur de la nature ?

d) Comment décider qu'un acte est juste ?

e) Le travail contribue-t-il à unir les hommes ou à les diviser ?

f) Le moi s'identifie-t-il à la conscience ?

g) Peut-on être heureux sans le savoir ?

h) La raison peut-elle vouloir la violence ?

Ébauche de dissertation

Rien de tel qu'un exemple pour prendre la mesure de l'enjeu que représente la rédaction d'une dissertation. Nous allons tenter de mettre en pratique les conseils fournis précédemment en abordant le sujet suivant : « Est-il raisonnable d'aiMer ? »

La construction du problème

Que signifie la question ? Le terme sur lequel porte l'interrogation est le mot « raisonnable ». Il signifie non pas ce que la raison peut concevoir, ce qui est rationnel, mais ce qu'elle peut vouloir. Ici « raisonnable » signifie « avoir une valeur pour la raison, constituer un bien qu'un être doué de raison peut légitimement rechercher ». La question m'interroge sur la valeur que l'acte d'aimer peut avoir pour la raison. Quelle est l'origine de la question ? L'amour, comme manifestation du désir, est l'objet d'évaluations contradictoires. Tantôt exalté comme principe d'immortalité et de conservation de soi (Platon, *le Banquet ;* Spinoza, *Éthique*), il peut être condamné comme source de déraison (les stoïciens ; Racine, *Phèdre*). Le sujet m'impose de réfléchir à ces évaluations contradictoires pour en saisir le fondement et pour les évaluer à leur tour. Quel est l'enjeu de la question ? En apparence, il s'agit de savoir quelle place réserver à l'amour dans la vie raisonnable. Mais peut-être y a-t-il un enjeu plus profond, qui serait de savoir comment concilier, voire réconcilier le désir qui est au principe de l'amour avec la raison. À quel problème un tel sujet nous invite-t-il à réfléchir ? Le problème est de savoir ce que veut dire aimer. Cette recherche sur la nature de l'amour et l'objet qui lui est propre constitue un détour obligé pour répondre à la question posée. L'ensemble de ces notations et remarques devra prendre place dans l'introduction.

Ébauche de dissertation

Le développement

I – Que veut dire aimer ? Si, pour toute une tradition philosophique qui va des stoïciens à Descartes, l'amour est une passion, un sentiment que l'on subit, il en est une autre, réunissant Platon *(le Banquet)*, Spinoza *(Éthique)*, Freud (*Métapsychologie,* « Pulsions et Destins de pulsions ») ou Jacques Lacan (le *Séminaire*), qui l'identifie au désir. Aimer, ce n'est pas seulement pâtir, subir des émotions mal contrôlées, c'est désirer. Désirer (voir le mythe généalogique d'Éros dans *le Banquet*), c'est faire l'épreuve d'un manque, d'une incomplétude dont la nature est obscure, mais c'est aussi éprouver une aspiration, une impulsion à nous unir à un être qui nous attire. Éveillé par la rencontre *« d'une forme que nous jugeons belle »* – un beau corps, un beau visage – et d'une belle âme ou de belles paroles, l'amour, éminemment actif et inventif comme le montre Platon, est élan, recherche, impulsion, voire création.

II – Quel est l'objet de l'amour ? Mais si aimer, c'est désirer, quel est l'objet du désir, que cherche-t-il, à quoi aspire-t-il ? On serait tenté de répondre qu'aimer, c'est aspirer à la jouissance, rechercher le plaisir égoïste ou l'appropriation de l'objet du désir – je t'aime, je te veux. À moins que l'amour n'ait un autre objet, plus secret, un objet réel qui se cacherait derrière son objet illusoire. Pour Platon, si nous en croyons la révélation de Diotime à Socrate *(le Banquet)*, l'objet de l'amour n'est ni la jouissance ni la possession, mais l'immortalité : aimer, nous dit Diotime, c'est désirer *« procréer dans la beauté »*. Ce que Lacan interprétera en disant que le désir amoureux n'est pas désir d'avoir, mais désir d'être. Spinoza ne disait peut-être pas autre chose quand il écrivait : « *L'amour n'est rien d'autre que la joie accompagnée de l'idée d'une cause extérieure* » – la joie étant pour lui le sentiment qui exprime l'augmentation de notre puissance d'agir et le passage à une plus grande perfection.

III – Est-il raisonnable d'aimer ? La détermination de l'amour et de ses objets nous permet de faire retour à la question initiale pour tenter d'y répondre.
Si l'amour ne trouvait son sens que dans la jouissance égoïste ou l'appropriation de son objet, aimer serait difficilement compatible avec une vie raisonnable. La quête de la jouissance, outre qu'elle est souvent décevante, s'accompagne de multiples effets pervers, apportant la douleur à la suite du plaisir, et la mort là où l'on aspirait à la vie et à la conservation de soi. Quant au désir de possession, il suscite des sentiments destructeurs, comme la jalousie. Mais si aimer, c'est aspirer à l'être, à l'immortalité, à la conservation de la vie, non seulement la raison ne peut condamner l'amour, mais il lui appartient de nous éclairer sur sa nature véritable.

La conclusion

Notre réflexion nous a conduit à admettre qu'aimer n'était pas contraire aux exigences de la raison. Ce qui veut dire que, même si l'amour n'est pas toujours raisonnable et peut nous conduire aux pires folies, il est difficile de concevoir une vie raisonnable sans amour.

À éviter absolument

**À la question de savoir ce qu'il faut éviter absolument dans l'activité intellectuelle, Descartes aurait répondu : la prévention et la précipitation.
Il s'agit, pour nous encore, de défauts majeurs dont nous devons nous préserver.**

Prévention et précipitation

La prévention consiste à aborder un sujet de dissertation ou un texte à lire ou à expliquer avec des idées préconçues. S'imaginer que l'on sait d'avance ce que l'on doit trouver interdit de chercher à comprendre et conduit le plus souvent à des faux sens ou à des contresens. Dans une dissertation, cela conduit souvent à ce que l'on appelle le « hors sujet ». La précipitation consiste à ne prendre le temps ni de lire, ni de questionner, ni de réfléchir. L'attention et la patience sont de bons antidotes.

Six règles d'or

- Concentration et clarté.
- Les mots justes.
- Patience.
- Phrases courtes.
- Pas de répétitions.
- Pas de néologismes.

À éviter dans la construction du problème

Il convient tout d'abord de ne pas découper les questions de façon arbitraire.
Une question est une totalité de sens qu'il faut savoir appréhender de façon globale, dans une approche synthétique, afin de la comprendre et de déterminer ce sur quoi elle porte.
Un mauvais découpage qui isole les unes des autres les notions que la question met en relation ou, pis encore, qui privilégie une notion sortie de son contexte, augmente le risque de faire des contresens et de se trouver hors sujet. Par exemple, la question « À quoi sert-il de punir ? » ne pose pas le problème de savoir s'il faut ou non punir, mais celui des fonctions de la punition.
Il faut aussi éviter de rechercher le sens caché d'une question avant de s'être assuré de son sens littéral.

À éviter absolument

À éviter dans l'élaboration du développement

Le désordre est le pire écueil. Une dissertation n'est pas une suite d'énoncés réglée par le principe de l'association d'idées. Elle se compose d'une introduction, d'un développement comportant plusieurs parties et d'une conclusion. La présentation du devoir doit témoigner de sa structure. L'organisation du devoir impose d'éviter également la juxtaposition des parties du développement. Articulées en paragraphes ou en groupes de paragraphes, celles-ci doivent être liées les unes aux autres. Le passage d'une partie à une autre doit faire l'objet d'une phrase de transition. Les répétitions doivent être évitées car elles entravent la progression du discours. D'autre part, rien ne doit être affirmé sans preuve, sous peine de tomber dans le dogmatisme. Quand la justification n'est pas possible, mieux vaut recourir au conditionnel. À l'inverse, il n'est pas nécessaire de multiplier les arguments pour justifier une thèse. Dans la majorité des cas, un seul argument bien choisi et bien analysé suffit. Enfin, il convient d'éviter l'incohérence qui résulte de la production d'arguments contradictoires avec des affirmations antérieures.

À éviter dans la lecture et l'étude des textes

Un texte philosophique ne se lit pas « en diagonale », sous peine de n'en retenir qu'une information vague et superficielle. L'explication philosophique portant sur l'enchaînement des idées, ce mode de lecture peut engendrer de graves contresens. Plus généralement, il faut éviter de chercher à expliquer un texte avant de l'avoir compris. Comprendre un texte, en saisir le sens global constituent la condition première de son explication, qui vise à analyser la production de sens dans le texte. Il convient de veiller à ce que l'« étude ordonnée du texte » évite la paraphrase. Paraphraser consiste à répéter un texte à l'aide de termes différents – et généralement moins heureux que ceux utilisés par l'auteur. Afin d'éviter la paraphrase, mieux vaut citer entre guillemets les passages du texte que l'on commente. Enfin, il faut éviter de prendre le texte comme prétexte à des considérations générales qui, loin d'aider à sa compréhension et à son approfondissement, finissent par le masquer et le rendre obscur.

À éviter dans la rédaction

Il faut prendre garde aux fautes de langue et d'orthographe, mais aussi aux redondances et au bavardage. Les phrases trop longues comprenant de nombreuses incidentes risquent de faire perdre au lecteur le fil de l'argument développé. Il convient aussi d'éviter d'employer des termes dont on ne connaît pas le sens, dans le seul but de faire bon effet dans un devoir de philosophie. Quant aux néologismes, termes qui ne sont pas encore entrés dans la langue, ils ne doivent être employés qu'en ultime recours.

L'explication de texte

L'un des trois sujets de l'épreuve de philosophie au baccalauréat se compose d'un texte philosophique emprunté à un auteur figurant dans la liste du programme, qu'il convient d'expliquer. Voilà pourquoi l'explication de texte est le deuxième type de devoirs, à côté de la dissertation, pratiqué en classe terminale.

De quoi s'agit-il ?

La formule qui précède le texte indique ce que l'on attend du candidat : « Après une étude ordonnée du texte, vous en dégagerez l'intérêt philosophique. » Il ne s'agit pas d'une épreuve d'histoire de la philosophie. Pour effectuer une explication de texte, il n'est pas nécessaire d'en connaître l'auteur ni l'œuvre de laquelle il est extrait. Bien qu'aucune méthode ne soit imposée, l'épreuve exige toutefois de suivre un cheminement réglé et ordonné.

Comprendre le texte

Si l'on tient compte de la parenté sémantique que le mot « texte » entretient avec les mots « textile », on peut définir celui-ci comme un ensemble de significations tissées entre elles de façon ordonnée dans le but de produire un effet de sens. Cette définition permet de déterminer les moments de l'étude ordonnée d'un texte. « Comprendre » est à la fois l'acte synthétique de « prendre ensemble » et l'acte par lequel on saisit un sens. Ce dernier terme désigne ce qui articule les différentes significations dont se compose un texte et l'intention qui habite celui-ci. On saisit le sens du texte en posant les questions suivantes :

– Que veut dire le texte ?
Il va de soi que la réponse à cette question ne peut se trouver dans telle ou telle phrase du texte. Le sens n'est déposé nulle part en particulier. Il est présent dans le texte tout entier puisque c'est lui qui articule les phrases. Mais sa présence n'est pas matériellement assignable. Le sens est ce que je comprends quand j'ai lu le texte.

– Que veut l'auteur ?
Il s'agit ici de formuler des hypothèses sur l'intention de l'auteur. En philosophie, on n'écrit pas pour le simple plaisir d'écrire. On écrit pour convaincre le lecteur de l'intérêt de la thèse que l'on défend. Un texte peut aussi être l'occasion d'exposer un problème. De même que nous saisissons les intentions d'un sujet parlant en prêtant attention à son intonation, nous pouvons beaucoup apprendre d'un texte philosophique en cherchant à l'« interpréter », au sens où un acteur pratique l'interprétation. En ce sens, la lecture à haute voix peut nous aider à comprendre un texte.

L'explication de texte

Expliquer le texte

Après avoir compris, il faut expliquer. Étymologiquement, « expliquer » signifie « déployer hors de ». Dans le cadre de cette épreuve, expliquer revient à démonter un dispositif capable de produire du sens pour voir comment il fonctionne. Si la compréhension suppose une approche synthétique et globale, l'explication nécessite d'adopter un point de vue analytique. Il convient pour cela de se poser plusieurs questions.

– Quelle est la stratégie du texte ? La stratégie est l'art de disposer des moyens en vue d'une fin. La fin, ici, c'est le sens ; les moyens, ce sont les significations et leur disposition. Identifier la stratégie d'un texte consiste à repérer les différentes unités de signification en déterminant le rôle de chacune d'elles dans la production du sens. L'analyse doit aussi prendre en compte les articulations du discours.

– Quels concepts le texte met-il en œuvre ? Il ne s'agit pas ici définir chaque terme, mais d'analyser les représentations qui synthétisent un savoir et qui peuvent s'exprimer en un mot, une locution, parfois une image.

Ce qu'il faut éviter

– La paraphrase. Mieux vaut citer le texte, pour mieux dégager le sens de chaque argument, que le répéter.

– Les généralités. Il s'agit de mettre en lumière le point de vue particulier que soutient le texte, et non de réciter une question de cours.

– Les connaissances « plaquées ». Ne croyez pas que tous les textes d'un auteur disent la même chose !

– L'effet d'hypnose. Vous comprenez le texte, mais vous n'arrivez pas à en sortir. Pour le mettre en discussion, il faut vous demander : comment dire le contraire ? quels autres points de vue sont envisageables ? À l'aide de quels arguments ?

Dégager l'intérêt philosophique

Après avoir procédé à l'« étude ordonnée » du texte, il convient d'en dégager l'intérêt philosophique. En langage financier, « intérêt » renvoie à « profit ». En philosophie, est profitable ce qui donne à penser. Or, ce qui m'invite à la réflexion, ce n'est pas ce que je comprends, mais ce que je ne comprends pas. Les raisons pour lesquelles je ne comprends pas un texte philosophique sont multiples. Elles peuvent m'être personnelles et tenir à mon ignorance de ce que ce texte présuppose, des concepts qu'il met en jeu, des particularités de son auteur et de l'œuvre de celui-ci. Les difficultés de compréhension d'un texte peuvent aussi avoir des raisons objectives : l'auteur peut développer une thèse paradoxale, ses arguments paraître contestables, la logique de son discours manquer de rigueur.

Dans tous les cas, l'intérêt philosophique d'un texte réside dans les résistances que celui-ci oppose à mon effort pour le maîtriser. La réflexion dissipera certaines de ces obscurités, d'autres demeureront. Pour dégager l'intérêt philosophique d'un texte, il faut savoir mettre en lumière les problèmes rencontrés au cours de sa lecture et éviter de les escamoter.

Exemple d'explication de texte

Un exemple d'explication de texte peut être : « Après une étude ordonnée du texte suivant, vous en dégagerez l'intérêt philosophique. »

« Le bon sens est la chose du monde la mieux partagée ; car chacun pense en être si bien pourvu, que ceux même qui sont les plus difficiles à contenter en toute autre chose n'ont point coutume d'en désirer plus qu'ils en ont. En quoi il n'est pas vraisemblable que tous se trompent ; mais plutôt cela témoigne que la puissance de bien juger et distinguer le vrai d'avec le faux, qui est proprement ce qu'on nomme le bon sens ou la raison, est naturellement égale en tous les hommes ; et ainsi la diversité de nos opinions ne vient pas de ce que les uns sont plus raisonnables que les autres, mais seulement de ce que nous conduisons nos pensées par diverses voies et ne considérons pas les mêmes choses. Car ce n'est pas assez d'avoir l'esprit bon, mais le principal est de l'appliquer bien. Les plus grandes âmes sont capables des plus grands vices aussi bien que des plus grandes vertus, et ceux qui ne marchent que fort lentement peuvent avancer beaucoup davantage, s'ils suivent toujours le droit chemin, que ne font ceux qui courent et qui s'en éloignent. »

René Descartes,
Discours de la méthode, 1637.

L'étude ordonnée

– Comprendre le sens du texte.
La capacité de progresser dans la recherche de la vérité ne relève pas d'une capacité intellectuelle privilégiée. L'aptitude à bien juger – le « bon sens » – peut être considérée comme naturellement également répartie entre les hommes. C'est donc une affaire de « conduite », de choix du chemin et de manière de le suivre, autrement dit de méthode.

– Comprendre l'intention de l'auteur.
L'intention de Descartes est de promouvoir l'idée de méthode qui est l'art de « bien appliquer » l'intelligence et de cheminer dans une direction définie, lentement, mais avec efficacité.
Il ne s'agit pas seulement de dire pourquoi la méthode est nécessaire à la recherche de la vérité, mais de montrer qu'elle met le progrès intellectuel à la portée de tous.

– Expliquer la stratégie discursive du texte.
Le texte paraît mettre en jeu trois unités de signification et se développer en trois temps.

1 – Depuis *« le bon sens »* jusqu'à *« égale en tous les hommes »*, Descartes expose l'idée de l'égalité naturelle du bon sens. Cette conception, qui joue un rôle capital dans la construction du sens, est étayée par une argumentation ironique. Descartes justifie, en effet, l'idée de l'égalité intellectuelle en faisant appel à l'expérience de chacun. Même *« ceux qui sont les plus difficiles à contenter [...] n'ont point coutume d'en désirer plus qu'ils en ont »*. Le philosophe considère cet argument comme un critère, non de vérité, mais de vraisemblance : l'essentiel est d'admettre l'égalité de la puissance de juger.

2 – La conséquence de cette égalité est la suivante : *« la diversité de nos opinions »* n'est pas une question d'aptitude intellectuelle, mais une question de conduite, de direction et d'attention. C'est la méthode ou l'absence de méthode qui fait la différence.

3 – La conclusion s'exprime à travers une maxime : *« Ce n'est pas assez d'avoir l'esprit bon, l'essentiel est de l'appliquer bien. »* Une suite de propositions à l'allure de sentences morales parachève le sens du texte et, sans l'éclairer davantage, témoigne de son enjeu qui est de définir une morale intellectuelle permettant de faire un bon usage de ce don naturel que représente la raison.

– Définir les concepts mis en œuvre par le texte. Le *« bon sens »* est identifié par Descartes à *« la puissance de bien juger et distinguer le vrai d'avec le faux »* ou encore à la raison ou à l'esprit. *« Juger »*, c'est affirmer qu'une idée est vraie ou fausse. La *« raison »* ou l'*« esprit »* désigne notre aptitude à décider de la valeur de ce que nous concevons. « Naturellement égale », cette aptitude est donnée à tous à la naissance et communément partagée. L'« opinion » est le produit du jugement, l'acte d'affirmer ou de nier un énoncé. Si le mot « méthode » n'apparaît pas dans le texte, le concept est présent à travers la locution « l'appliquer bien » et l'image du « droit chemin » que l'on suit en marchant lentement.

L'intérêt philosophique

Sous son apparente clarté, le texte cache quelques difficultés. Pour établir la thèse de l'égalité du bon sens, Descartes s'appuie sur un argument empirique puis convoque le consentement universel. Or, pour un rationaliste, ni l'expérience ni le consentement universel ne sont des critères du vrai. Si Descartes y a recours ici, c'est qu'il ne peut faire autrement. Cela signifie-t-il que l'on ne peut apporter de preuves à cette thèse, qu'il faut la considérer comme un présupposé légitime, mais non justifiable ? La question mérite d'être posée. Si le sens des comparaisons introduites dans la conclusion est compréhensible, il mériterait toutefois d'être éclairé. Une dernière question permet de mesurer l'intérêt philosophique de ce texte : Descartes, qui apparaît ici comme le militant de l'égalité de l'intelligence et le promoteur de la méthode comme art d'user des dispositions naturelles, peut -il être considéré comme le fondateur d'une pédagogie démocratique ?

Le texte avec questions

Dans les séries technologiques, le texte à expliquer est généralement suivi de questions qui doivent en guider l'étude. Savoir conduire son explication de façon ordonnée ne dispense pas de lire plusieurs fois le texte avec attention. Le questionnaire se compose de trois questions qui supposent un regard différent sur le texte.

1re question

La première question présente souvent la forme suivante : « Dégagez l'idée essentielle et les étapes de l'argumentation », ou encore : « Dégagez l'idée directrice et les principaux moments de l'argumentation ». Cette question est toujours une double question dont la première partie porte sur la compréhension du texte et dont la deuxième partie concerne son explication. L'idée directrice, ou l'idée générale, évoquée par la question est celle qui articule les différentes parties dont se compose le texte. Pour la mettre en lumière, il ne faut pas décrire le contenu du texte, mais exposer clairement ce que l'on a compris après sa lecture. Demandez-vous, par exemple : « Si je devais dire en une ou deux phrases, à quelqu'un qui ne l'a pas lu, de quoi traite ce texte, que lui dirais-je ? » La réponse à cette question doit à la fois être comprise par votre interlocuteur et refléter avec exactitude et précision ce que dit le texte. Ce n'est pas si simple ! Cela implique une approche synthétique, une appréhension globale du texte. Au contraire, déterminer les étapes ou les principaux moments de l'argumentation suppose une approche analytique du texte, que l'on va diviser en éléments qui sont autant d'étapes de l'argumentation. Il faudra ici repérer les différentes unités de signification dont se compose le texte et leur assigner un rôle dans la construction de l'idée générale.

2e question

La deuxième question nous invite à expliquer, soit un concept jugé décisif dans l'économie d'un texte – par exemple : « comment Bergson conçoit-il la "maîtrise" ? » –, soit certaines images ou certaines locutions qui nécessitent d'être précisées. Se livrer à ces explications revient à approfondir le sens du texte. Toutefois, pour éviter les interprétations absurdes ou simplement fantaisistes, il convient de porter la plus grande attention au contexte. Dans tous les cas, ne cherchez pas de complications inutiles. Repérer précisément l'enchaînement des idées permet d'éviter la plupart des contresens. C'est là un conseil très simple, mais qui peut éviter beaucoup d'erreurs. Le texte doit toujours être considéré comme un tout. Aucun auteur ne pose une phrase après une autre sans que celles-ci n'aient un rapport entre elles. Et les idées s'enchaînent toujours les unes aux autres.

3e question

En général, la troisième question problématise l'idée directrice du texte. Par exemple, à propos d'un texte de Nietzsche : « Vous vous demanderez si le monde extérieur est un produit de l'imagination » ou encore, après l'étude d'un texte de Descartes : « Le désir du bonheur est-il compatible avec la recherche de la vérité ? ». Il est ici demandé de rédiger un essai ou une courte dissertation qui permettra de tester vos qualités de réflexion et de rédaction. Le texte initial doit alors être oublié ou, plutôt, il doit être considéré seulement comme l'une des réponses possibles à une question d'ensemble qui en comporte d'autres. La question doit être introduite, analysée et le problème clairement exposé. Le développement doit être construit en deux ou trois paragraphes dans lesquels on envisage, de façon critique et argumentée, les réponses que l'on peut apporter à la question. Il sera bon de varier les points de vue, de formuler des objections, d'opposer une réponse à une autre. Le temps de la rédaction étant plus court, le discours devra être resserré et tout bavardage écarté. Il faut surtout éviter de paraphraser le texte.

Exemple de texte avec questions

Sujet national, septembre 1998, séries technologiques.

« [...] Comme dans les démocraties le peuple paraît à peu près faire ce qu'il veut, on a mis la liberté dans ces sortes de gouvernements, et on a confondu le pouvoir du peuple avec la liberté du peuple.
[...] Mais la liberté politique ne consiste point à faire ce que l'on veut. Dans un État, c'est-à-dire dans une société où il y a des lois, la liberté ne peut consister qu'à pouvoir faire ce que l'on doit vouloir, et à n'être point contraint de faire ce que l'on ne doit pas vouloir.
Il faut se mettre dans l'esprit ce que c'est que l'indépendance et ce que c'est que la liberté. La liberté est le droit de faire tout ce que les lois permettent ; et si un citoyen pouvait faire ce qu'elles défendent, il n'aurait plus de liberté, parce que les autres aurait tout de même[1] ce pouvoir. »

Montesquieu

Questions

1. Dégagez l'idée principale du texte et les articulations de son exposition.

2. a. Expliquez :

1) *« On a confondu le pouvoir du peuple avec la liberté du peuple » ;*

2) *« La liberté ne peut consister qu'à pouvoir faire ce que l'on doit vouloir, et à n'être point contraint de faire ce que l'on ne doit pas vouloir. »*

2.b. Pourquoi Montesquieu affirme-t-il que le citoyen n'aurait plus de liberté s'il pouvait faire ce que les lois défendent ?

3. En quoi les lois sont-elles nécessaires à la liberté ?

1. « Tout de même » signifie ici : « également ».

La préparation de l'oral

La préparation de l'oral joue un rôle important dans la formation philosophique. La lecture active des œuvres et le travail de recherche et d'enquête exigé par la préparation des questions au choix contribuent, en effet, à l'acquisition d'une culture philosophique.

L'oral pour qui ?

En principe, ne passent l'épreuve d'oral de philosophie du baccalauréat que les candidats dont la note à l'épreuve écrite est comprise entre 8/20 et 10/20. L'épreuve d'oral est une épreuve de contrôle qui doit permettre au candidat d'augmenter sa note d'écrit pour atteindre la moyenne. En dehors des élèves de la section L, peu de candidats présentent l'oral de philosophie au baccalauréat. Toutefois, ceux qui peuvent être amenés à le présenter ont intérêt à s'y préparer durant toute l'année.

Liste officielle des auteurs que l'on peut présenter à l'oral

Platon,
Aristote,
Épicure,
Lucrèce,
Épictète,
Marc Aurèle,
saint Augustin,
saint Thomas.

Nicolas Machiavel,
Michel de Montaigne,
Thomas Hobbes,
René Descartes,
Blaise Pascal,
Baruch Spinoza,
Nicolas Malebranche,
Gottfried Wilhelm Leibniz,
Charles de Montesquieu,
David Hume,
Jean-Jacques Rousseau,
Emmanuel Kant.

Friedrich Hegel,
Auguste Comte,
Antoine Augustin Cournot,
Søren Kierkegaard,
Karl Marx,
Friedrich Nietzsche,
Sigmund Freud,
Edmund Husserl,
Henri Bergson,
Alain,
Gaston Bachelard,
Maurice Merleau-Ponty,
Jean-Paul Sartre,
Martin Heidegger.

La liste des auteurs

Il n'existe pas de programme officiel de l'oral. Mais tous les candidats doivent présenter une liste d'œuvres philosophiques et de questions au choix étudiées dans l'année. Si aucune œuvre n'est imposée, il existe toutefois une liste officielle d'auteurs chez qui les œuvres doivent être sélectionnées. Une liste de questions au choix suit la liste des notions qui, en philosophie, tient lieu de programme officiel.

La préparation de l'oral

L'étude des œuvres

Un élève qui souhaite tirer profit de l'enseignement philosophique devra lire des ouvrages en totalité et ne pas se contenter des extraits qui figurent dans les recueils de textes. En section L, la préparation de l'oral impose l'étude de trois œuvres, dont l'une au moins doit être étudiée dans son intégralité. Ces œuvres sont choisies par le professeur qui veille à ce qu'elles soient accessibles à un élève de classe terminale. Avant de commencer la lecture d'un ouvrage, il convient de le situer dans la biographie et la bibliographie de l'auteur : la biographie, pour savoir à quelle période de son existence et dans quelle situation historique l'auteur l'a écrit ; la bibliographie, pour voir comment l'ouvrage étudié s'inscrit dans l'œuvre de l'auteur. Ces informations se trouvent aisément dans les préfaces des œuvres publiées par les éditions de poche ou les éditions scolaires. Après ces préliminaires, la lecture ou plutôt les lectures peuvent commencer.
Pour comprendre et pour rendre compte d'un livre de philosophie, il est, en effet, nécessaire de le lire plusieurs fois. Dans le cadre de l'étude d'ensemble, la première lecture sera cursive et intégrale : on ne s'arrêtera pas aux difficultés. Cette lecture achevée, on tentera de déterminer le sens de l'ouvrage, c'est-à-dire à la fois ce qu'il veut dire et son dessein ou sa finalité ? L'étude détaillée et l'approfondissement de l'œuvre pourront nous conduire à affiner notre réponse, voire à la modifier. Mais pour expliquer l'ouvrage, il est nécessaire de s'en faire une idée d'ensemble et d'avoir déterminé le projet de l'auteur. Une nouvelle lecture de l'œuvre permettra de déterminer la structure de celle-ci en étudiant son organisation interne et ses articulations, ce que l'on peut aussi appeler sa stratégie discursive.
L'étude détaillée de l'œuvre se fait souvent en classe. Les élèves choisissent, individuellement ou en groupe, les passages qu'ils expliquent en cours.
Il leur faudra pour cela lire l'extrait en montrant qu'ils en ont compris le sens, situer le passage par rapport à ce qui précède, dégager le sens général de l'extrait, analyser sa structure, expliquer les concepts utilisés, souligner les problèmes soulevés par le texte et conclure en indiquant le rôle du passage dans l'ensemble du livre.

La question au choix

La question au choix ne doit pas s'ajouter au programme des notions, mais en constituer un éventuel approfondissement. Choisie par le professeur en fonction des intérêts de la classe, elle implique une recherche personnelle qui doit aboutir à un exposé oral et à un travail écrit. Ce dernier prend la forme d'un dossier dans lequel l'élève présente de façon raisonnée les documents textuels ou iconographique collectés ou encore les résultats de l'enquête qu'il a menée. C'est ce dossier qui pourra faire l'objet d'une interrogation à l'épreuve orale.

La fiche de lecture

La lecture constitue une pratique indispensable des études de philosophie. Les élèves découvrent souvent les œuvres sous forme d'extraits, par manque de temps. La lecture in extenso de quelques ouvrages permet toutefois de suivre la démarche de leurs auteurs dans sa continuité. La rédaction de fiches de lecture est destinée à rendre compte de ses lectures.

La lecture philosophique

La fréquentation directe des textes philosophiques constitue un ferment de la pensée. Elle la stimule, l'éveille et lui permet d'accéder à une certaine maturité. Descartes estime ainsi que *« la lecture de tous les bons livres est comme une conversation avec les honnêtes gens des siècles passés »*. C'est une manière de dire que la lecture philosophique s'apparente au dialogue et qu'elle est donc active.
La lecture de certaines œuvres philosophiques est recommandée à l'occasion des travaux écrits ou oraux, de dissertations ou d'exposés.

Rédiger une fiche de lecture permet de trouver les bonnes références pour un travail précis. Cette fiche permet aussi de conserver la trace de la lecture et de s'y référer en d'autres circonstances. C'est ainsi que s'acquiert la culture philosophique. Une fiche de lecture doit avoir une longueur moyenne de quatre à cinq pages imprimées, soit environ une copie double grand format à une copie et demie. Mais comment faut-il l'élaborer ?

Deux manières de lire les philosophes

1) Pour s'informer. Prenez quelques notes sur ce que vous comprenez le mieux. Si des points vous paraissent obscurs, marquez-les d'un point d'interrogation. Quand vous aurez avancé dans votre lecture, il y a de fortes chances que la plupart des passages qui vous paraissaient opaques seront devenus plus clairs.

2) Pour se faire plaisir. Trouvez deux ou trois philosophes qui vous surprennent, vous charment, ou vous intriguent suffisamment pour avoir envie de les lire sans y être obligé. Vous pouvez aussi chercher à comprendre pourquoi les idées des penseurs que vous détestez vous insupportent tant.

La fiche de lecture

1re étape : la lecture cursive

On entend ici par lecture cursive une lecture en continu, mais la plume à la main, pour noter les passages qui nous paraîtront les plus significatifs ou les plus intéressants par rapport au sujet de dissertation ou d'exposé que nous préparons. Nous noterons également quelques passages difficiles ou obscurs sur lesquels il nous faudra revenir. Cela nous permettra de disposer, à la fin d'une première lecture, d'un ensemble de citations sur lesquelles nous pourrons nous appuyer pour notre travail de synthèse.

2e étape : synthèse et analyse

Après la première lecture, nous interrogerons l'ouvrage en lui posant les questions suivantes :

– Quelle est l'intention principale de l'auteur ? S'il y a lieu, on peut aussi se demander à quel autre penseur l'auteur veut répondre. Quel changement de perspective opère-t-il ? Doit-on, dans ce livre, distinguer un projet principal et d'éventuels objectifs secondaires ? On répondra à ces questions en notant ce que l'on a compris au terme de la lecture cursive, soit en résumant un argument en quelques phrases, soit en reprenant une citation significative.

– Quelle démarche le philosophe a-t-il suivie ? Ou bien : quel a été son cheminement ? Quel est son point de départ et son point d'arrivé ? En quoi diffèrent-ils ? Pour répondre à ces questions, on pourra s'appuyer sur la table des matières. En l'absence de sommaire, on essaiera de repérer les grandes articulations de l'ouvrage et les étapes de l'argumentation.

– Quelles idées nouvelles cette œuvre met-elle en jeu ? Le propre d'un ouvrage de philosophie est de produire des idées nouvelles qui nous permettent de penser autrement ou simplement de penser ce qui n'avait pas été pensé jusque-là. Qu'on songe au *« je pense »* cartésien, au *« transcendantal »* kantien ou à l'idée de durée chez Bergson. L'objet d'une lecture philosophique est de recenser ces idées ou concepts et de les approfondir en s'appuyant sur l'ensemble de l'œuvre.

3e étape : réflexion et jugements

Rédiger une fiche de lecture, ce n'est ni décrire un ouvrage ni le résumer. Le travail de synthèse implique une lecture active qui va bien au-delà de la compréhension littérale et suppose un effort intellectuel. De même, analyser les concepts ne se fait pas sans un certain travail de la pensée. Il peut être intéressant de réserver une partie de la fiche à la réflexion personnelle, aux remarques et notations qui traduiront vos réactions et vos pensées. Ces réactions ne seront peut-être pas les mêmes après une deuxième lecture. Mais elles témoigneront de votre niveau de réflexion et pourront servir de point de départ à un effort d'approfondissement ultérieur. Justifiez votre jugement. Vous serez peut-être surpris de constater, en reprenant cette fiche quelque temps après, que vous avez changé de regard sur le sujet concerné.

Se fabriquer un répertoire

La première difficulté en philosophie est une difficulté de langage ou plutôt de langue.

Une langue étrange

En écoutant le professeur de philosophie ou en lisant des textes de philosophes, on a l'impression d'être confronté à une langue non pas étrangère, mais étrange, comme si les mots de la langue ordinaire n'avaient pas ici le sens que nous leur donnons habituellement, par exemple « opinion », « intuition » ou même « vérité ». Ni jargon, ni langue technique, encore moins langue formalisée comme celle qu'emploient logiciens ou mathématiciens, la langue philosophique est comme décalée. Comment surmonter cet obstacle, comment parvenir à entendre et à utiliser cette langue étrange, à la fois proche puisque c'est la langue de tous les jours et lointaine puisque l'usage qu'elle fait des mots est souvent surprenant. Il existe des termes techniques en philosophie, mais ils sont rares. Des dictionnaires et des vocabulaires de philosophie sont censés faciliter l'accès à cette langue. Mais le meilleur lexique reste celui que l'on se fabrique soi-même. Nous le ferons à l'aide d'un répertoire qui nous servira aussi à élaborer un dictionnaire des auteurs et des personnages mythologiques historiques ou littéraires que l'on peut évoquer en philosophie parce qu'ils ont une valeur symbolique.

Complications utiles ou inutiles

Certains termes techniques sont indispensables, parce qu'ils correspondent à ces notions particulières qui ne possèdent pas d'équivalents dans les pensées courantes. Ainsi, par exemple, ce que Kant appelle « transcendantal », ce que Nietzsche nomme « nihilisme » ou encore ce que Husserl désigne par « intentionnalité ». Toutefois, à côté de ces termes spécifiques, assez peu nombreux et relativement faciles à apprendre, il faut vous méfier des complications de vocabulaire qui n'ont aucune raison d'être. Quand vous rencontrez un terme compliqué, notez-le : vous constaterez que, la plupart du temps, il peut être remplacé par un autre, plus simple, sans une perte de sens considérable. Évitez absolument d'employer sans raison majeure un vocabulaire compliqué. Dites « aspirine », et non « acide acétylsalicylique » !

Se fabriquer un répertoire

Le lexique

L'objet du lexique est d'apprendre à maîtriser le langage, à échapper aux pièges que nous tendent les mots dotés d'une pluralité de sens – ce que l'on appelle la polysémie. C'est pourquoi, dans la préparation des dissertations, il nous faut définir les concepts mis en œuvre par le sujet. L'étymologie grecque ou latine nous permet souvent d'accéder à un sens originaire à partir duquel il devient possible d'ordonner les différents sens qu'une notion peut prendre en fonction du contexte. Tentons de définir le mot « nécessaire » que nous rencontrons dans le sujet : « La violence est-elle un mal nécessaire ? ». L'étymologie nous apprend que le mot vient du latin *necessarius* qui signifie « inévitable, inéluctable ». Selon le contexte, le terme pourra prendre un sens économique : ce qui est requis par le besoin, ce dont on ne peut se passer sous peine d'en mourir ; ou bien un sens logique : une proposition est nécessaire quand son contraire implique une contradiction ; enfin un sens métaphysique : un être est nécessaire – par opposition à contingent – s'il ne pourrait pas ne pas être. Nous pourrons mettre en lumière ces significations soit en nous aidant des dictionnaires de la langue française, soit en réfléchissant aux usages que nous faisons des mots dans des occurrences différentes. S'exercer à ce travail, c'est déjà philosopher, à la manière dont Socrate le fait dans les dialogues platoniciens, lorsqu'il entraîne son interlocuteur à définir le courage, l'amitié ou la sagesse. L'étude des textes ou des œuvres nous imposera un exercice de même type, à cela près que, dans ce cas, il nous faudra déterminer le sens précis que le philosophe a donné aux termes qu'il emploie. Les concepts seront recensés, définis et les références exactes indiquées.

Le dictionnaire des auteurs

Chaque fois que nous rencontrerons un auteur, nous essaierons de recueillir les informations biographiques, bibliographiques, voire historiques, qui nous permettront de situer son discours dans le temps et dans l'espace. Il pourra être intéressant de consigner ce que l'étude des textes et des œuvres nous aura appris de la pensée de ces auteurs ainsi que les citations jugées les plus significatives.

Le dictionnaire des personnages

Il y a dans la culture occidentale un certain nombre de personnages qui appartiennent à la mythologie grecque, comme à la Bible ou aux Évangiles, à la littérature comme à l'histoire, qui constituent un patrimoine commun auxquels les philosophes peuvent avoir recours pour illustrer ou concrétiser leur pensée. Qu'on songe ici aux mythes platoniciens ou à l'usage que Freud fait des personnages d'Œdipe ou de Narcisse. On dit de ces personnages qu'ils ont une valeur symbolique. Les ignorer nous prive de la compréhension de certaines allusions faites par les auteurs. Elle nous prive aussi de certains moyens d'expression. Nous pourrions utiliser ce répertoire pour noter, quand on y fait référence, les informations recueillies dans les dictionnaires encyclopédiques ou, mieux, dans les œuvres où ces personnages apparaissent.

La philosophie dans les journaux

À côté des bibliothèques, des émissions de radio ou de télévision, n'oubliez pas que les journaux constituent une importante source d'information sur la philosophie en train de se faire. Quotidiens, hebdomadaires, mensuels, le choix est vaste !

Quelle qu'elle soit, la presse anime aussi la vie des idées.

Livres, cours, émissions

Pour alimenter votre réflexion et continuer d'approfondir une question philosophique, vous disposez aujourd'hui de moyens multiples. À commencer, bien sûr, par les livres, qui existent depuis toujours. En philosophie comme dans d'autres disciplines, ceux-ci présentent différents niveaux de difficulté, s'adressant au débutant ou au spécialiste.

Et plusieurs domaines les partagent, qui correspondent aux secteurs traditionnels de la réflexion philosophique (métaphysique, logique, morale, politique, esthétique), auxquels il convient d'ajouter le secteur de la philosophie des sciences, aux développements plus récents, ou celui des sciences cognitives, aux découvertes continuelles. À côté des livres, vous pouvez suivre des cours publics, des conférences, des rencontres ou colloques, des émissions de radio (en particulier sur France Culture). Les émissions de télévision consacrées aux livres invitent parfois des philosophes. Mais n'oubliez pas les journaux !

Les pages culturelles et littéraires des journaux

Il existe, en effet, dans plusieurs publications faciles à se procurer, des informations régulières sur la philosophie d'aujourd'hui. Vous pourrez lire par exemple les pages « Culture » de quotidiens ou d'hebdomadaires qui consacrent parfois des dossiers à des philosophes ou à des débats où des philosophes interviennent. C'est en effet une particularité de la vie culturelle française que l'habitude, bien établie, de voir des philosophes prendre position dans les débats de société et sur certaines questions politiques fondamentales. Dans les pages « Livres » ou les suppléments littéraires de ces journaux, vous pourrez également prendre connaissance des dernières parutions et lire des comptes rendus de livres de philosophie, des portraits de philosophes ou des entretiens inédits. L'ensemble de ces sources d'information doit vous permettre de saisir les enjeux de la vie des idées aujourd'hui.

La philosophie dans les journaux

Dans les quotidiens

Quels journaux présentent ce genre d'articles ? Parmi les quotidiens, *le Monde* est incontestablement celui qui accorde la plus grande place à la vie des idées, en particulier *le Monde des livres* (supplément vendu avec le numéro daté du vendredi). Ce quotidien, qui constitue une référence internationalement reconnue, permet à ses lecteurs, de manière régulière et dans un style aussi accessible que possible, de prendre connaissance des multiples recherches qui se poursuivent en histoire de la philosophie ainsi que des constructions de nouvelles formes de pensée adaptées à notre temps. *Libération* consacre également une large place aux livres d'idées et à la philosophie, avec des dossiers particulièrement bien faits. *Le Figaro* est nettement moins fourni dans ce domaine.

Dans les hebdomadaires et les mensuels

Parmi les hebdomadaires, c'est certainement *le Nouvel Observateur* qui fournit, sur la philosophie, les explications et commentaires les plus régulièrement intéressants. Vous trouverez également de bons articles dans *l'Express* et dans *le Point,* mais de manière plus espacée. Il faut accorder une mention spéciale à *l'Evénement du jeudi,* qui publie des dossiers originaux et souvent inattendus. De bons articles sont également à signaler dans *la Quinzaine littéraire,* bien qu'ils soient parfois un peu difficiles pour des débutants. Ce journal, comme son nom l'indique, paraît toutes les deux semaines. Parmi les mensuels, c'est *le Magazine littéraire* qu'il faut retenir. Ce journal est systématiquement composé de deux parties d'inégale longueur. La plus courte concerne l'actualité des livres, et vous y trouverez, comme dans d'autres périodiques, des critiques consacrées aux ouvrages de philosophie. La plus grande partie de chaque numéro est constituée par un dossier sur un auteur ou sur un thème. C'est donc chaque mois un numéro spécial, formant presque l'équivalent d'un livre, qui est consacré à un écrivain, à un poète ou à un philosophe. Il est bon que vous conserviez ces titres en tête quand vous irez chez votre marchand de journaux. Vous pouvez éventuellement découper certains articles, après les avoir lus, et les conserver dans un cahier ou dans un classeur de façon à vous constituer votre propre documentation. Enfin, il ne faut pas oublier que la plupart des titres signalés sont également consultables sur l'Internet.

Les penseurs et la presse

Dans l'histoire de la philosophie, la presse n'apparaît que tardivement : les journaux ne commencent vraiment à se développer qu'au XVIIIe siècle.

Toutefois, l'essor de la presse s'est accompagné de la présence de bon nombre de philosophes. Ainsi, Hegel fut rédacteur en chef, pendant quelques années, de *la Gazette de Bamberg,* et Marx vivait en partie des articles que lui demandaient les journaux de Londres.

Au XXe siècle, Hannah Arendt s'est vu confier de grands reportages par la presse américaine. En France, l'intervention de philosophes dans les journaux est habituelle. Sartre, Camus, Foucault ont consacré une partie de leur activité à des articles de presse.

La philosophie sur l'Internet

Les livres de philosophie sont présents sur l'Internet. Sur de très nombreux sites, Platon, Descartes et les autres voisinent avec quelques contemporains, comme Deleuze.

Des centaines de sites

Socrate, dans *la République* de Platon, affirme que le philosophe et le chien sont de même nature. Cette parenté continue de faire rêver. Ainsi une émission télévisée américaine tente-t-elle, depuis quelques années, de faire vivre une « télévision socratique » sous le titre *No dogs or philosophers allowed* – « ni les chiens ni les philosophes ne sont admis » ; elle propose un site Internet (www.syr.edu). Aujourd'hui, il faudrait énumérer plusieurs centaines de sites pour faire le tour des ouvrages de philosophie consultables en ligne ! On peut s'en faire une première idée en consultant la page *Philosophy on the Web* (www.phil.ruu.nl) qui regroupe une série d'adresses. Il faudrait continuer la recherche en se connectant, par exemple, au moteur de recherche spécialisé Hippias (www.hippias.evansville.edu) ou bien au Philosophy Documentation Center de la Bowling Green State University (www.bgsu.edu/pdc/). On peut enfin trouver une information pratiquement exhaustive dans l'ouvrage *Philosophy in Cyberspace,* sous la direction de Dey Alexander. Il regroupe en effet, sur quelques 500 pages, les précisions utiles pour consulter envi- Il peut évidemment être consulté en ligne. On notera enfin qu'une quinzaine de revues philosophiques sont disponibles en ligne sur *Poiesis* (pour *Philosophy Online Serials*), à la même adresse que le Philosophy Documentation Center. L'objectif de ce projet est de donner accès à une centaine de pério-

La philosophie sur l'Internet

L'accès aux œuvres

Ceux qui souhaitent accéder aux textes de Platon, Aristote ou Épicure les trouveront, généralement en version anglaise, à partir de *On-Line Books Page* (www.cs.cmu.edu), mais aussi, sous une forme commode pour la recherche d'occurrences, dans *Classics Internet Archive* (www.classics. mit.edu). Pour les francophones, l'un des meilleurs sites de départ est… encore américain : *ClicNet* rassemble en effet un choix excellent de sites francophones (clicnet.swarthmore.edu). On signalera également, parmi les pages de liens à des textes philosophiques, celle qui regroupe les principales œuvres classiques disponibles en français en ligne réunis en divers endroit (www.2nd.world.fr/club/chouette/liens/htm). Enfin et surtout, on n'oubliera pas le travail considérable accompli par l'Association des bibliophiles universels (ABU) qui a déjà rendu accessibles plus de deux cents volumes en français, parmi lesquels les œuvres de Diderot et de Voltaire. Le site, hébergé par le Conservatoire national des arts et métiers, est particulièrement rapide et efficace et permet notamment des recherches immédiates d'occurrences par œuvre ou sur la totalité de la base (www.cedric. cnam. fr/ABU/).

Fouiller, creuser, errer…

En fin de compte, on ne sait pas toujours très bien, au milieu de tant de références possibles, d'adresses diverses, d'initiatives les unes savantes et les autres farfelues, sur quoi l'on va tomber. C'est par exemple à Hongkong que se trouve le serveur permettant de lire la *Critique de la raison pure* de Kant en anglais (www.arts.cuhk.edu.h.k) ! Sans doute comprend-on aujourd'hui sur la Toile, peut-être mieux qu'autrefois dans la rue, ce que peut vouloir dire Hegel en parlant du surgissement divers et confus des événements comme d'une *« cohue bigarrée »*. Aucun sens global ne vient toutefois transformer à présent ce foisonnement en une totalité compréhensible. Il faut fouiller, creuser, errer, flairer comme savent le faire les philosophes et les chiens. Voyez ce que dit Deleuze : *« Après tout, un philosophe ce n'est pas seulement quelqu'un qui invente des notions, il invente aussi peut-être des manières de percevoir »* (extrait d'un cours donnée à Vincennes le 24 janvier 1978) – *Web Deleuze* accueille l'intégralité des cours donnés par le philosophe de 1971 à 1987 (www.imaginet.fr/deleuze). S'il est difficile de donner de la philosophie sur l'Internet une image qui ne soit pas aussitôt périmée, il en revanche très simple de partir au hasard, à partir de l'un des sites indiqués ici. Ce type de voyage, qui est l'un des modes de découvertes rendus possible par l'Internet, n'est pas sans inconvénient. On risque toujours de passer à côté de l'essentiel ou de ne pas savoir juger la qualité de ce qu'on trouve. Mais on aurait tort de minimiser les avantages : information rapide et découvertes souvent surprenantes. En tout cas, la philosophie sur l'Internet est en pleine expansion.

La philosophie dans le roman, le théâtre et le cinéma

La philosophie, tout comme le personnage du philosophe, n'a cessé d'inspirer des romanciers, dramaturges et, plus récemment, des cinéastes. Plusieurs œuvres constituent des classiques dans ces différents modes d'expression.

Roman et philosophie

Héros du *Sang noir* (1935) de Louis Guilloux, Cripure – surnommé ainsi par ses élèves en référence à la *Critique de la raison pure* de Kant – est un professeur de philosophie au physique ingrat, brisé par la souffrance, hypocrite, lâche et humilié par ses élèves. Il éveille cependant l'émotion, la sympathie et l'admiration pour son courage dans la lutte acharnée qu'il mène contre les conformismes et par sa fidélité au souvenir de la seule femme qu'il ait aimée. À travers la vie ratée de Cripure, sa misère quotidienne et sa fin tragique, Guilloux porte un regard qui tend vers l'universel sur la douleur du monde et la compassion qu'elle suscite. *Les Déracinés* (1897) de Maurice Barrès mettent en scène le personnage de Paul Bouteiller, inspiré d'Auguste Burdeau, professeur de philosophie de l'auteur. Appelé par Gambetta pour venir faire une carrière politique à Paris, Bouteiller quitte Nancy, accompagné par sept de ses disciples dont on suit l'éducation politique et spirituelle. Cet adepte de Kant qui précipite la jeunesse dans le mensonge, l'erreur et l'opportunisme en faisant renoncer ces «déracinés» à la richesse de leur terre natale symbolise le traître aux yeux de Barrès. Cette «figure noire» du philosophe permet à Barrès d'exposer les principes de son nationalisme: le déracinement détruit toute vie morale et l'amour de la patrie. Dans *le Disciple* (1889), Paul Bourget présente, sous les traits d'Adrien Sixte, un philosophe positiviste dont les études ont porté sur la volonté et les passions. Défenseur des origines animales de la sensibilité humaine, il soutient que l'univers moral est l'exacte reproduction de l'univers physique. Il est confronté à la mort de son disciple, Robert Greslou, tué par le frère d'une de ses élèves qu'il avait séduite par jeu – témoignage de fidélité philosophique à son maître – avant d'en être sincèrement épris. Dans la scène clé du roman, Sixte, qui veille la dépouille mortelle de Robert, prend conscience de la responsabilité qu'il porte dans cette tragédie, tandis que lui reviennent, à lui l'athée, les paroles du *Pater Noster.*

Louis Guilloux.

La philosophie dans le roman, le théâtre et le cinéma

Théâtre et philosophie

Peu d'œuvres philosophiques ont été écrites pour le théâtre mais certains textes ont fait l'objet d'adaptation théâtrale. C'est le cas de *Cripure* (1962), d'après le roman de Guilloux, ou du *Neveu de Rameau* (1762), dialogue dans lequel Diderot fustige avec l'ironie d'un cynique l'hypocrisie et les faux-semblants de son époque. Le personnage de Timon a inspiré l'adaptation théâtrale du dialogue de Lucien de Samosate (125-185), intitulé *Timon ou le misanthrope* et deux pièces célèbres : *Timon* d'Aristophane (450-385 avant J.-C.) et *Timon d'Athènes* (1608) de Shakespeare. Timon, misanthrope athénien ruiné par la guerre du Péloponnèse et abandonné par ses amis, retrouve la fortune grâce à Zeus qui a chargé Hermès et Pluton de l'enrichir. Ses amis lui reviennent alors, mais il les chasse sans pitié, alors que les dieux confrontent leurs pensées sur l'avarice, la prodigalité, les caprices de la fortune et leurs conséquences sur le comportement des hommes. *Cyrano de Bergerac* (1897) d'Edmond Rostand met en scène un Gascon philosophe, poète et polémiste, amoureux de sa cousine Roxane pour laquelle il écrit secrètement des lettres d'amour signées par le prétendant de celle-ci, Christian de Neuvilette. Après la mort de ce dernier suivie de l'entrée au couvent de Roxane, Cyrano est mortellement blessé par ses ennemis. Il avoue le secret de son amour à Roxane, l'abandonnant dans la souffrance d'un amour deux fois perdu. Dans une tirade magnifique, Cyrano s'adresse à la lune en exprimant de manière très poétique la vision aristotélicienne du monde.

Pages manquantes

Dans *l'Enfant,* le romancier Jules Vallès dépeint de manière sarcastique l'enseignement de la philosophie au XIXe siècle : « Monsieur Vingtras, quelles sont les preuves de l'existence de Dieu ? » Je me gratte l'oreille. « Vous ne savez pas ? » Il paraît étonné, il a l'air de dire : « Vous qui arrivez de Paris, voyons ! » « Gineston, les preuves de l'existence de Dieu ?
– Monsieur, je ne sais pas, il manque des pages dans mon livre. »

Cinéma et philosophie

Le professeur de philosophie est le personnage récurrent de plusieurs films français, depuis la fin des années quatre-vingt. On le retrouve dans *Noce blanche* (1989) de Jean-Claude Brisseau, *Conte de printemps* (1989) et *Conte d'automne* (1998) d'Éric Rohmer, *Encore* (1996) de Pascal Bonitzer, *les Voleurs* (1996) d'André Téchiné, *Comment je me suis disputé (ma vie sexuelle)* (1996) d'Arnaud Desplechin, *Terminale* (1998) de Francis Girod et *l'Ennui* (1999) de Cédric Kahn. Le professeur de philosophie y incarne un personnage à la mode dont la puissance de séduction repose sur la parole. Sa présence justifie l'analyse de sujets aussi divers que la transgression des tabous, la passion amoureuse, la fidélité conjugale ou les affres du vieillissement… Ce personnage contraste avec les figures intellectuelles que sont Brice Parain dans *Vivre sa vie* (1962) et Francis Jeanson dans *la Chinoise* (1967), deux films de Jean-Luc Godard. En trente ans, le personnage du philosophe-maître penseur s'est mué en faire-valoir donjuanesque.

Les cafés philo

Apparues en France en 1992, les rencontres au café pour mener des débats philosophiques se sont depuis lors multipliées. Elles sont devenues de plus en plus nombreuses et se sont étendues à d'autres pays. Dans leur extrême diversité, où voisinent évidemment des expériences plus ou moins intéressantes, les cafés philo témoignent du besoin d'une réflexion libre et partagée par tous.

Un mouvement durable

C'est en 1992 que Marc Sautet, s'inspirant de quelques expériences déjà conduites en Allemagne et dans l'Europe du Nord, inaugure à Paris les premières rencontres philosophiques dans un café. Personne ne pouvait songer que ce rendez-vous du dimanche en fin de matinée, au café des Phares, place de la Bastille, à Paris, allait donner naissance, au fil des ans, à un mouvement original et durable, qui rassemble à présent des milliers de participants dans toutes les régions de France et dans plusieurs pays d'Europe et d'Afrique. Les adversaires de cette initiative ont aussitôt fait remarquer que des « conversations de bistrot » ne pouvait pas aborder réellement des questions philosophiques.
Se réunir à vingt, à trente ou à cent dans un café pour discuter de sujets comme : « La violence est-elle spécifique à l'homme ou se retrouve-t-elle dans la nature entière ? », voilà qui pouvait en effet paraître impossible ou curieux. Mais la réalité s'est imposée, comme c'est souvent le cas, contre les jugements critiques et le scepticisme des professionnels. Le rendez-vous dominical autour de Marc Sautet au café des Phares s'est poursuivi. Sautet a expliqué le déroulement des discussions et l'évolution des premières années dans son livre *Un café pour Socrate* (1995). Ce qui importe, c'est que cette expérience n'est pas restée isolée. À partir de 1993, de nombreux cafés se sont mis en place dans Paris, puis dans les grandes villes françaises. On a d'abord cru à une mode destinée à disparaître vite, comme toutes les modes. Là encore, les faits se sont imposés à leur manière. Il existe aujourd'hui des dizaines et des dizaines de rendez-vous de ce type, y compris dans de petites villes.

Marc Sautet au café des Phares, à Paris.

Les cafés philo

Chaque dimanche

« Chaque dimanche, cela recommence. Le sujet change, mais le dialogue reprend. À la même heure, au même endroit. Dans un bistrot. Un bistrot banal il est vrai, un peu kitsch, désuet, assez bruyant, dans lequel le percolateur et le moulin à café, surtout, ont longtemps compromis la transmission des paroles – pour ne rien dire de la circulation automobile sur la place. Pourtant, depuis plus de deux ans maintenant, des gens qui ne se connaissaient pas, qui, pour la plupart, n'avaient rien en commun, n'ont cessé de se retrouver dans ce café pour "parler philo". De plus en plus nombreux » (Marc Sautet, *Un café pour Socrate,* 1995).

Le cadre des débats

Une fois par mois, en moyenne, des habitués ou de nouveaux venus se retrouvent pour échanger leurs idées et leurs arguments avec un « meneur de jeu », « animateur » ou « responsable » – ils incarnent tous ces rôles, et aucun terme ne leur convient vraiment. Celui qui organise la rencontre est parfois un professeur de philosophie, parfois un « amateur ». Ces rencontres n'obéissent pas à des règles fixes et leur style varie évidemment selon les personnes et les groupes. On peut malgré tout esquisser quelques caractéristiques générales. Le sujet du débat est le plus souvent choisi à l'avance. Après un bref exposé de départ destiné à mettre en lumière les premiers éléments du problème, chacun prend la parole. Il est fréquent que la discussion traverse des moments de confusion ou de flottement. Mais quand s'amorce, en fin de compte, une vraie réflexion collective, cela peut être passionnant. Que viennent chercher les participants ? Là aussi, les réponses sont extrêmement diverses. Mais ils n'attendent jamais des solutions toutes prêtes ni des certitudes. Le succès durable de ces rencontres est lié au plaisir de chercher en commun, d'échanger des idées, de soumettre son avis à la critique des autres. Est-ce de la philosophie ? Pas au sens scolaire ni universitaire. Mais au sens de la volonté de se servir de son intelligence pour guider son existence.

Des débats pour quels besoins ?

À quoi correspond exactement le phénomène social des cafés philo ? Parmi les éléments d'explication, il faut mentionner la complexité croissante de nos sociétés et le besoin pour chacun de trouver des outils d'analyse qu'il pourra appliquer lui-même dans sa situation propre. Il se pourrait bien que le manque de vrais débats politiques, le relatif déclin de la participation des citoyens aux réflexions sur la vie de la cité incitent à la constitution de groupes de parole où peuvent s'exprimer des propositions de toutes sortes. Finalement, ces rencontres sont des cadres de départ. Chaque fois, l'image elle-même reste à inventer, en fonction de l'instant et des personnalités présentes. Pour savoir s'il existe un café philo dans votre région, si cela vous intéresse de participer ou simplement d'assister à un débat, vous pouvez vous procurer un journal intitulé *le Vilain Petit Canard,* qui donne la liste des noms et adresses de la plupart de ces cafés, en précisant les jours de réunion.

Faire de la philo, et après ?

À quoi mène l'apprentissage de la philosophie en classe terminale ? Quels sont les éventuels débouchés de cette discipline ?

La Sorbonne, haut lieu de l'enseignement de la philosophie en France.

Ce qui reste

On peut se dire qu'après avoir rencontré la philosophie – et surtout un prof de philo, et l'activité qu'il suscite –, on n'est plus exactement « le même » devant les choses, devant « le monde » et spécialement face aux paroles, aux textes, aux idées, aux arguments. Ce qui peut rester de cette rencontre, c'est d'abord une certaine distance, quelques souvenirs de découvertes, des habiletés d'argumentation, une forme d'ouverture aux enjeux de sens, de pouvoir et de liberté. Il demeure aussi parfois une perplexité durable. Mais cette mise en doute n'est pas nécessairement négative : on aura au moins gardé l'idée que « rien ne va de soi » et que des questions se posent là où, d'habitude, on n'en remarque pas.

Et après ?

Chacun garde donc une trace de son premier contact avec l'enseignement philosophique. Mais ensuite, dans le cours des études, que peut-on faire de cette initiation ? Certains se retrouvent « mordus ». Ils veulent aller voir de plus près et font des études de philosophie. Ils sont pris par la passion de comprendre, le goût de radicaliser les questions et de chercher dans l'histoire de la philosophie les pas décisifs de la culture occidentale, les héritages et les défis de la pensée. Professionnellement parlant, il n'y a en philosophie qu'un « débouché » assuré : le professorat, en classes terminales ou à l'université, après une licence et un concours ou deux, réputés difficiles. Beaucoup de candidats, peu d'élus.

La culture générale

Mais entre faire son métier de la philosophie et n'en rien faire du tout, il y a d'autres voies. La culture générale acquise au cours d'une licence de philosophie peut permettre d'aborder d'autres études, par exemple dans le domaine du journalisme, ou encore des sciences politiques, de l'histoire, de la psychologie. On reconnaît de plus en plus l'importance d'une telle formation pour d'autres métiers que l'enseignement ou d'autres disciplines que la philosophie. On acquiert en effet, dans une formation philosophique, le sens des problèmes, de la mise en perspective, de l'utilisation des concepts, de l'argumentation critique. Et cela peut servir en toutes sortes d'occasions. Ainsi, partout où il est question de comprendre les affaires humaines, partout où des interprétations et des modèles d'intelligibilité sont en jeu, l'approche philosophique est précieuse.

Faire de la philo, et après ?

Le retour à la philo

Inversement, d'autres reviennent à la « philo » après des études dans des domaines fort différents. En creusant leur propre discipline, ils ont rencontré des questions critiques « incontournables », et c'est en approfondissant leur travail qu'ils sont en quelque sorte conduits à la philosophie par le chemin d'une recherche différente. Ainsi, en médecine, en biologie, en histoire ou en psychanalyse, des questions philosophiques deviennent souvent inévitables dans le double registre du développement des théories elles-mêmes et des pratiques qui en sont la conséquence : questions épistémologiques sur les développements d'une science, questions éthiques sur l'usage des pouvoirs qui s'en suivent. L'action politique invite aussi à penser les formes de pouvoir que nous acceptons ou rejetons, les formes de liberté que nous ménageons ou dont nous rêvons. Tous les métiers qu'on ne peut exercer sans discernement peuvent aussi solliciter la réflexion philosophique : les situations de jugement réfléchi, les métiers de responsabilité peuvent rappeler ou reprendre cette formation critique à la réflexivité, soit que les études y fassent droit, soit qu'à défaut on puisse se reporter alors à quelques cours de terminale. Le métier de professeur, par exemple, conduit nécessairement à s'interroger sur l'éducation, ses fins, ses modalités. Les métiers de la santé conduisent à s'interroger sur les normes auxquelles nous nous référons ainsi que sur les modèles, les hypothèses, les visées de l'action thérapeutique. Les métiers de la justice appellent aussi des interrogations sur la façon dont nous pensons nos valeurs et nos institutions.

Penser et agir

Dans tous ces cas, et il y en a bien d'autres, la philosophie ne donne aucune réponse. On se tromperait totalement en imaginant les philosophes en détenteurs de solutions à tous les problèmes et de réponses à toutes les questions. Mais leur pouvoir de critique ou d'intelligibilité peut indirectement éclairer, sinon libérer, la capacité de juger. C'est là au moins une chance à courir. Les raisons de faire de la philosophie sont donc fort diverses. Ce peut être pour le plaisir, pour la passion d'un certain type de connaissance pour l'importance de ne pas être un simple exécutant qui aurait abdiqué toute pensée. C'est toujours, en fin de compte, pour une certaine idée de ce que peuvent être penser et agir.

Choisir les professions du tourisme ou se bâtir son île déserte intérieure ?

L'enseignement de la philosophie dans le monde

Non, l'enseignement de la philosophie dans le secondaire n'est pas une exception française. Il se pratique dans bien d'autres pays et s'étend régulièrement, encouragé par les instances internationales.

On découvre à présent que la philosophie est multiple.

La prétendue singularité française

On croit généralement que l'enseignement de la philosophie en classe terminale est une singularité absolue du système d'enseignement français. Ce serait seulement en France que les lycéens sont invités à disserter du bien chez Platon ou du *cogito* chez Descartes. Cette exception ferait de nos établissements secondaires, selon les uns, le dernier rempart contre l'uniformisation médiatique et électronique. Au contraire, selon d'autres, cet enseignement ne serait que la survivance d'une époque dépassé. Tout cela est faux!

Non, notre système n'est pas une singularité incomparable. Aujourd'hui, des dizaines de pays dans le monde dispensent dans l'enseignement secondaire une formation philosophique - souvent dès la classe de seconde ou de première. Et cette initiation ne se réduit pas à quelques heures de cours sur l'histoire des idées. Elle constitue souvent un véritable entraînement à l'exercice de l'esprit critique et à l'indépendance du jugement. Bref, il faut en finir avec l'image, devenue caduque, d'une exception française.

Les origines

Certes, les Français furent les premiers. Après 1789, ils se crurent, non sans quelque raison, des modèles offerts au monde et des porte-parole de l'universel. Après avoir constitué une république laïque, proclamé les droits de l'homme, organisé l'instruction publique, la Révolution française ne pouvait manquer de s'interroger sur l'apprentissage de la liberté d'esprit et le développement de la raison chez chaque citoyen. Ce grand idéal, dessiné en 1795 par Lakanal, n'a commencé à se concrétiser qu'une cinquantaine d'années plus tard - l'Empire et Restauration, entre-temps, avaient compliqué la situation. Victor Cousin mis en place, à partir de 1844, la classe de philosophie, l'agrégation, les dissertations, bref l'essentiel d'un système dont les bacheliers et professeurs sont toujours les héritiers.

L'enseignement de la philosophie dans le monde

Le modèle français

Ce modèle est à présent en pleine expansion. Des dizaines de nouveaux États, au cours des dernières décennies, ont accédé à l'indépendance, fondé des systèmes éducatifs, ouvert des collèges et des universités là où, il y a trente ou cinquante ans, n'existait aucun établissement. On lit et on commente Platon ou Aristote, à présent, en plus de langues, dans plus de pays, dans des contextes culturels et sociaux plus divers qu'on ne le fit jamais depuis les écoles de l'Athènes classique. Une pertinence politique nouvelle s'est dessinée, d'un continent à l'autre, pour cet ancien exercice de la philosophie « à la française » – si l'on accepte de désigner ainsi, par opposition au souci des Anglo-Saxons de réserver la discipline aux experts, l'accent délibérément mis sur la démocratie des esprits et l'éducation du citoyen à l'autonomie du jugement. Dans les pays d'Amérique latine, d'Asie, d'Afrique, d'Europe de l'Est qui sortent des dictatures, et qui inventent ou redécouvrent le débat public et la liberté d'expression, le rôle de l'éducation philosophique, dans l'enseignement secondaire comme dans la vie culturelle, apparaît comme un élément essentiel pour rendre durables les processus de démocratisation.

L'extension de l'enseignement de la philosophie dans le monde

Pour s'aviser des conséquences de cette situation mondiale, il faut disposer d'enquêtes sur la place de la philosophie dans l'enseignement de très nombreux pays. L'Unesco a rassemblé des informations en provenance de soixante-six pays répartis dans les diverses régions du globe, afin de permettre aux professeurs de philosophie de prendre des initiatives nouvelles en fondant des réseaux pour chaque continent. Les résultats de l'enquête « Philosophie et démocratie dans le monde », dont l'essentiel a été publié en un livre de poche en français, en anglais et en espagnol montrent que l'enseignement de la philosophie, d'une point de vue global, s'étend et se rénove. Pour saisir en quelques mots ce nouvel état d'esprit international envers la philosophie, le plus simple est sans doute de se reporter au texte de la Déclaration de Paris pour la philosophie adopté en 1995 par des philosophes venus de dix-huit pays, signé ensuite parmi des centaines de professeurs dans le monde, dont certains célèbres comme Karl Otto Apel, W.V. Quine, Paul Ricœur, Gilles-Gaston Granger, Cornelius Castoriadis. Cette Déclaration affirme notamment : *« Une activité philosophique libre doit être partout garantie, sous toutes les formes et dans tous les lieux où elle peut s'exercer, à tous les individus. L'enseignement philosophique doit être préservé ou étendu là où il existe, créé là où il n'existe pas encore, et nommé explicitement "philosophie". »*

Les programmes philosophiques de l'Unesco

L'agence de l'ONU pour l'éducation, la science et la culture a toujours accordé une place particulière à la diffusion de l'enseignement philosophique.

« Les défenses de la paix »

Dès 1942, au milieu de la Seconde Guerre mondiale, les ministres de l'Éducation des pays alliés, en lutte contre le nazisme, se réunissent pour mettre sur pied une institution susceptible de contribuer, par des moyens d'ordre intellectuel et moral, à l'édification d'un monde où la haine, le fanatisme et l'obscurantisme seraient bannis. De la naîtra, dès la sortie de la guerre, l'Organisation des nations unies pour l'éducation, la science et la culture, connue sous son sigle anglais Unesco. Adopté le 16 novembre 1945, l'acte constitutif de l'Unesco proclame que *« les guerres prenant naissance dans l'esprit des hommes, c'est dans l'esprit des hommes que doivent être élevées les défenses de la paix »*. Le moyen de parvenir à cette fin est le développement de contacts et d'échanges destinés à favoriser la connaissance et la compréhension mutuelle entre les hommes.

Les objectifs philosophiques

La présence d'une réflexion philosophique dans l'éducation est apparue dès le début des activités de l'Unesco comme un élément important de la compréhension des cultures et de l'indépendance d'esprit des citoyens. Dans le domaine de la philosophie, l'Unesco s'est donc donné deux tâches : mettre au service de l'avancement des études philosophiques des instruments internationaux adéquats, en favorisant tout ce qui peut faciliter le dialogue des communautés philosophiques et des penseurs – depuis l'organisation de rencontres internationales jusqu'à la diffusion de bibliographies, lexiques et traductions ; mettre la philosophie au service de l'éducation internationale des peuples, en lui faisant jouer un rôle dans la formation de l'esprit public et en incitant les penseurs à réfléchir sur les problèmes de l'état présent de la civilisation et les incertitudes de la conscience moderne, ainsi que sur les remèdes à y apporter.

La paix entre les peuples n'est pas simplement une affaire d'économie.

Les programmes philosophiques de l'Unesco

Quelques programmes

Il n'y a pas pour autant de philosophie orthodoxe de l'Unesco. Depuis 1964, la division de la philosophie organise des activités telles que :

- Le programme « Démocratie et philosophie dans le monde ». Visant à accroître le rôle de la philosophie dans l'éducation, il a débuté en 1994 par une enquête mondiale reprenant et élargissant celle dirigée par Georges Canguilhem en 1954. Celle-ci devait répondre à quatre questions : Comment l'enseignement de la philosophie est-il dispensé ? Quelle place la philosophie occupe-t-elle dans la vie culturelle ? Quels problèmes spécifiques pose l'éducation philosophique selon les régions et les cultures ? Quelles solutions pratiques sont envisageables ? Ses résultats ont été publiés en livre de poche, en français, anglais et espagnol. Ils ont également permis la rédaction d'une Déclaration de Paris pour la philosophie, et la mise en place de réseaux régionaux en Asie du Sud-Est, en Afrique, en Europe et en Amérique latine, qui se réunissent et publient régulièrement.
- Les chaires Unesco de philosophie. Actuellement au nombre de huit (Santiago du Chili, Caracas, Paris, Séoul, Ankara, Tunis, Montréal, Moscou et Saint-Pétersbourg), ces chaires constituent des lieux de circulation d'enseignants, de chercheurs et d'étudiants de haut niveau, contribuant ainsi au partage des savoirs. Ce sont aussi – à l'image de la démocratie – des espaces de libre expression du désaccord, ouverts au pluralisme des références et des écoles, recherchant le dialogue au-delà de toutes les frontières et requérant au nom du droit à la philosophie la communauté des égaux dans le travail de la réflexion philosophique.

D'autres programmes se développent parallèlement, notamment sur l'éthique universelle et sur l'Encyclopédie multimédia des sciences philosophiques. L'objectif, là encore, consiste à confronter la rigueur de la réflexion philosophique aux problèmes du monde actuel, et de la rendre accessible au plus grand nombre. De ce point de vue, l'éducation philosophique peut être considérée comme un élément essentiel de la sensibilisation aux valeurs de la paix et de la démocratie.

Compléments d'information

Des informations complémentaires peuvent être trouvées auprès de :
- la division de la philosophie de l'Unesco (1, rue Miollis, 75015 Paris) ;
- les éditions de l'Unesco (même adresse) ;
- le Courrier de l'Unesco (revue d'information) :
- le site web www.unesco.org

Il existe également des bureaux de l'Unesco en de nombreux lieux dans le monde. Vous pouvez enfin vous renseigner sur le club Unesco le plus proche de chez vous.

Vivre avec la philosophie

Bonne nouvelle : vous ne serez pas étudiant toute votre vie. Mais vous pouvez continuer à tenir compte, dans des circonstances très diverses, de ce que vous avez compris des philosophes.

La recherche d'outils

« *La philosophie enseigne à faire, non à dire* », écrivait Sénèque. Sans doute sommes-nous loin, historiquement, de cette idée liée aux écoles de sagesse de l'Antiquité. Toutefois, notre époque demande à nouveau à la philosophie autre chose que des analyses purement théoriques. On cherche aujourd'hui, dans les œuvres des philosophes, des instruments pour mieux comprendre les situations contemporaines aussi bien que des éclaircissements sur la manière de vivre. Une des caractéristiques nouvelles de ce retour vers la philosophie réside dans l'usage personnel des concepts. Ce ne sont pas des réponses et des conseils que l'on cherche dans les œuvres philosophiques, mais avant tout des outils dont on se servira dans des circonstances diverses. Aussi faut-il souhaiter que la philosophie puisse demeurer dans votre vie autre chose qu'une matière étudiée un temps et vite oubliée ensuite. Vous ferez des études pendant plusieurs années, mais vous vous ne cesserez pas de vivre en être humain qui a toujours besoin d'exercer sa pensée et de l'appliquer à son existence. Kant faisait déjà remarquer que l'on exerce tel ou tel métier quelques heures par jour, mais que l'on est homme 24 h sur 24 ! Ces remarques peuvent-elles déboucher sur des conseils pratiques ? Va-t-on vous conseiller de faire de la philosophie une heure par jour ou trente jours par an ? Évidemment pas. Quelques suggestions peuvent malgré tout vous aider, si vous avez envie de voir se poursuivre le cheminement entamé.

Vivre avec la philosophie, c'est éviter que « le sommeil de la raison [n']engendre des monstres », comme l'affirme le titre de cette œuvre de Goya.

Vivre avec la philosophie

Le choix des auteurs, des thèmes, de l'âge

Dites-vous, en premier lieu, que la philosophie ne s'arrête pas. Ni dans votre tête ni dans la société. Vous pouvez continuer à écrire vos pensées et remarques, à noter les citations qui vous plaisent ou vous intéressent, continuer à lire des ouvrages, des journaux et des revues, continuer à écouter la radio et à regarder la télévision. Et pas seulement, bien sûr, quand il y est question des philosophes ! La réflexion philosophique peut se nourrir d'une infinité d'informations et s'exercer sur quantité de sujets. D'autre part, cherchez les auteurs que vous aimez ou les questions qui vous intéressent, ceux et celles avec lesquels vous vous sentez à l'aise, que vous avez envie de découvrir mieux, d'approfondir. Sachez qu'une grande œuvre philosophique est inépuisable : vous pouvez passer votre existence entière à la fréquenter, vous y ferez toujours des découvertes ! Retenez aussi qu'il existe pour chacun des moments particuliers pour découvrir un auteur. Une pensée qu'on ne pouvait pas comprendre ni aimer à 18 ou 20 ans peut se révéler importante et « parlante » à 30 ou à 40 ans.

Le choix des « ennemis »

N'hésitez pas non plus à faire le compte des philosophes que vous détestez franchement. Il ne s'agit pas de ceux qui vous paraissent ennuyeux et incompréhensibles, mais de ceux qui vous paraissent menaçants, dangereux ou nuisibles. C'est tout à fait important. *« On n'est jamais trop soigneux dans le choix de ses ennemis »,* disait ironiquement l'écrivain Oscar Wilde. Même si ce conseil pratique vous semble curieux, ce n'est pas un plaisanterie. Il est utile d'avoir des sortes de colère dans la réflexion. « Comment peut-on penser une chose pareille ? Voilà une idée impossible, insupportable, inadmissible ! » Si vous trouvez des philosophes qui suscitent en vous ce genre de réactions, ne les fuyez pas ! Cherchez au contraire à approfondir votre jugement, à vraiment bien comprendre pourquoi vous réagissez ainsi.

La pensée et l'existence

Tentez enfin de mettre en rapport, comme vous pouvez, quand vous pouvez, ce que vous avec compris et ce que vous vivez. Votre existence, comme celle de tous les êtres humains, va traverser des moments de joie, de détresse, des amours, des deuils, des retrouvailles, des ruptures, des choix moraux, des actes politiques, des connaissances, du travail, des voyages… Tout cela a des rapports avec la pensée. Et la pensée, réciproquement, entretient des liens avec tous ces moments d'existence. Essayez de ne pas l'oublier. Cela pourrait bien vous être plus utile que vous ne le croyez à présent. Dans la vie, vous vous en doutez peut-être, ce que l'on pensait superflu ou inutile peut se révéler indispensable. Bref, n'oubliez pas que les philosophes existent. Vous en faites partie, chaque fois que vous le voulez vraiment, et que vous faites ce qui est en votre pouvoir pour que cette volonté devienne votre réalité. C'est aussi simple que cela à formuler. C'est un peu plus long à mettre en pratique. Bonne chance !

DICO

Pour retrouver une définition, une notion

De A à Z, l'explication des mots difficiles et des notions importantes.

Absolu

Qui possède en soi sa propre raison d'être, indépendamment de toutes conditions.

● En ce sens, la métaphysique désigne l'être existant par lui-même, c'est-à-dire Dieu comme cause de soi.

● Selon la métaphysique kantienne, l'absolu désigne la chose en soi car elle est indépendante de toutes représentations subjectives.

● L'absolu s'oppose au relatif. Existant en soi et par soi, l'absolu est en dehors de toutes relations.

➜ **pages :** ***222, 224, 322, 390.***

Abstraction

Opération qui consiste à isoler par la pensée un élément d'une représentation.

● L'abstraction permet de détacher un élément d'une partie alors que cet élément n'est jamais donné seul dans la réalité, la pensée abstraite ne tient pas compte du concret.

● Chez Kant, l'abstraction fait partie des actes de l'entendement qui produisent les concepts.

➜ **page :** ***58.***

Absurde

Qui est contraire à la raison, qui s'oppose au bon sens.

● La logique distingue le faux de l'absurde. Un raisonnement absurde renferme une contradiction interne, alors qu'un raisonnement faux n'est pas nécessairement contradictoire.

● Pour l'existentialisme, l'absurde est un concept central. Il caractérise l'existence qui échappe à toute tentative de justification et à laquelle il est impossible de donner un sens (*le Mythe de Sisyphe,* d'Albert Camus).

● La démonstration par l'absurde consiste à prouver de manière indirecte qu'une proposition est vraie en montrant que sa négation conduit à une contradiction.

Accident

Ce qui arrive de façon fortuite, contingente et qui peut revêtir un caractère déplaisant.

● La métaphysique désigne par ce terme ce qui existe en une chose de façon contingente et aléatoire.

● Un accident désigne aussi ce qui peut être modifié, disparaître sans entraîner la destruction d'un sujet ou d'une chose.

● Le terme désigne enfin ce que fait un être, ou ce qui lui arrive, indépendamment de son essence.

➜ **pages :** ***298, 300.***

Acquis

Ce qui n'est pas donné immédiatement.

● L'acquis s'oppose à ce qui est inné, à ce que l'on possède dès la naissance.

● Les caractères acquis s'ajoutent à la nature d'un être au cours de son existence.

● Ce terme désigne ainsi l'ensemble des connaissances acquises par un individu, fruit d'une éducation, d'une expérience ou d'un effort personnel.

➜ **page :** ***296.***

Acte

Exercice ou manifestation d'une faculté.

● Selon Aristote, l'être en acte, par opposition à l'être en puissance, est l'être pleinement réalisé. La fleur est ainsi acte du bouton qui est puissance du fruit.

- L'acte pur, ou Dieu, est l'être qui ne comporte rien en puissance.

➜ **pages : *196, 406.***

Acte manqué

Acte par lequel un individu substitue involontairement une action imprévue à une action délibérée.

- À travers des actes tels que l'oubli ou le lapsus, un individu révèle, selon Freud, la réalité d'un désir inconscient. Freud interprète les actes manqués comme un compromis entre une tendance manifeste et une tendance latente.

Actualisation

Passage de la puissance à l'acte.

- Se dit de ce qui était virtuel et qui devient réel.

Agnosticisme

Doctrine selon laquelle l'essence du réel demeure cachée et reste pour nous inconnaissable.

- L'homme ne pouvant aller au-delà des apparences sensibles, la réalité du monde reste pour lui inconnaissable.
- L'agnosticisme est à l'origine du positivisme d'Auguste Comte.
- On désigne également par agnostique celui qui juge la question de Dieu impossible à élucider.

Alain (Émile-Auguste Chartier, dit)

Philosophe, écrivain et journaliste français (1868-1951).

- Professeur au lycée Henri-IV à Paris, il se fait connaître dès 1906 avec la publication des *Propos,* recueil de courts fragments, qui paraissent quotidiennement dans la presse jusqu'en 1914.
- La philosophie d'Alain est un humanisme cartésien empreint du souci de sauver l'homme contre toutes formes de tyrannie.
- Cette philosophie l'a conduit au pacifisme et vers une expression laïque de la morale.

Aliénation

État de ce qui est asservi, dominé, spolié.

- Le sens premier de ce terme est juridique : il signifie cession d'un bien en échange d'un autre.
- Avec Marx notamment, le terme prend une connotation politique et économique. Il désigne l'état d'un individu, le prolétaire, qui devient l'instrument de la société industrielle et cesse de s'appartenir pour devenir l'esclave du capital.
- Il s'applique aussi à tout homme tombé sous l'emprise trompeuse d'une idéologie.
- Ce terme est enfin utilisé en psychiatrie pour désigner les troubles mentaux où le sujet devient étranger à lui-même et au monde qui l'entoure.

➜ **pages : *232, 276, 374.***

Allégorie

Récit ou œuvre exprimant une idée fondamentale à l'aide d'une série d'images ou d'éléments narratifs.

- L'allégorie présente toujours un double sens, littéral et figuré. Ce dernier peut être religieux, moral ou philosophique.

- Les philosophes ont souvent utilisé ce procédé pour présenter un problème métaphysique. Les éléments narratifs sont alors des métaphores qui correspondent terme à terme au développement de l'idée à exprimer.
- Un exemple célèbre d'allégorie est celui de la caverne, dans *la République,* de Platon.

Altérité

Caractère de ce qui est autre.

- L'altérité s'oppose à l'identité.

→ **pages :** ***274, 276, 296.***

Altruisme

Dévouement à autrui.

- La morale altruiste a pour finalité le bien de nos semblables.
- Le terme a été créé par Auguste Comte pour désigner ce qui s'oppose à l'égoïsme : le sentiment désintéressé, l'amour d'autrui.

Âme

Principe de vie et de pensée distinct du corps.

- Dans la tradition judéo-chrétienne, l'âme est la réalité spirituelle de toute créature humaine.
- Elle ne peut, selon Aristote, exister sans la matière dont elle est la forme. Définie comme *« substance pensante »* par Descartes, par opposition à la *« substance étendue »,* elle n'a aucun rapport avec les dimensions ou les propriétés de la matière dont le corps est composé.

→ **pages :** ***75, 78, 204, 290.***

Amoral

Étranger à ce qui est moral.

- Ce terme est employé à tort comme synonyme d'immoral, car l'immoral va consciemment à l'encontre de la morale alors que l'amoral n'en a pas même conscience.
- Les lois de la nature sont amorales parce que nécessaires.

Amour de soi

Sentiment légitime et naturel qu'un individu se porte à lui-même.

- L'amour de soi est, selon Rousseau, une passion naturelle et saine liée à l'instinct de conservation.
- L'amour de soi n'exclut pas que le bonheur puisse être hors de nous.

Amour propre

Sentiment de dignité et de fierté personnelles.

- Au sens classique, l'amour-propre est un sentiment égoïste, qui subordonne tout à la réalisation de son bien-être.

Analogie

Identité de rapport entre des êtres ou des phénomènes.

- Raisonner par analogie consiste à assimiler l'un à l'autre deux phénomènes apparemment distincts.

→ **pages :** ***312, 316.***

Analyse

Décomposition d'un tout en ses éléments constitutifs.

- L'analyse décompose afin de mieux saisir les relations qui unissent les parties au tout.
- L'analyse, chez les Grecs anciens, consiste à supposer le problème

résolu pour remonter à un principe dont la conséquence nécessaire était la solution supposée.
➜ **page** : *254.*

Analytique

Qui procède par analyse ou qui constitue une analyse.

- Analytique s'oppose à synthétique.
- Toutes les propositions analytiques sont des jugements *a priori* même si leurs concepts sont empiriques.
- L'analytique transcendantale, chez Kant, est l'étude des formes *a priori* de l'entendement.

Anarchie

Doctrine politique rejetant l'autorité de l'État.

- D'un point de vue sociologique, l'anarchie désigne l'état de désordre dans lequel est plongé une société qui refuse toute autorité et tout pouvoir coercitif pour ne faire prévaloir que le libre exercice des volontés individuelles.

➜ **page** : *378.*

Angoisse

Sentiment engendré par la vacuité de l'existence.

- Ce terme fut introduit en philosophie par Kierkegaard, père de la pensée existentielle, pour qualifier l'état d'inquiétude qui résulte, chez l'humain, de sa liberté et du pressentiment de la faute possible.
- En psychologie, l'angoisse est un sentiment d'oppression lié à une crainte sans objet déterminé.

➜ **page** : *292.*

Anomie

Absence de loi.

- Ce terme désigne, en sociologie, une absence de lois fixes ou une absence d'organisation.

➜ **pages** : *298, 378.*

Anthropocentrisme

Doctrine qui fait de l'homme le centre de l'univers.

- L'anthropocentrisme subordonne tout ce qui constitue l'univers à l'homme qui est considéré comme la finalité suprême.

➜ **pages** : *248, 260.*

Anthropologie

Ensemble des sciences positives qui ont l'homme pour objet.

- L'anthropologie peut être philosophique. Selon Kant, c'est la connaissance de l'homme d'un point de vue pragmatique en tant que l'homme est un être de libre arbitre.
- L'anthropologie est physique lorsqu'elle étudie l'homme en tant qu'espèce animale.
- L'anthropologie est culturelle lorsqu'elle compare et étudie les diverses cultures. Elle englobe alors l'ethnologie et l'ethnographie.

➜ **pages** : *218, 258, 310, 344, 370.*

Antinomie

Contradiction entre des lois.

- Kant désigne par « antinomies de la raison pure dans la cosmologie rationnelle » les contradictions auxquelles aboutit la raison quand elle prétend à l'absolu.

A posteriori

Locution latine signifiant « ce qui est postérieur ».

- Cette locution devint synonyme d'empirique à partir de Leibniz. Elle se dit de toute chose affirmée, acquise ou fondée grâce à l'expérience.
- Elle désigne chez Kant tout ce qui est donné par la sensation ou la perception.

A priori

Locution latine signifiant « ce qui est antérieur ».

- Dans le langage courant, une idée *a priori* est une idée préconçue, sans fondement véritable.
- D'un point de vue épistémologique, une hypothèse *a priori* est une hypothèse qui n'a pas encore été vérifiée par l'expérience.
- Selon Kant, l'espace et le temps sont le cadre *a priori* de la sensibilité car ils sont antérieurs à l'expérience et indépendants d'elle.

➜ **pages :** *294, 322.*

Apathie

Absence d'émotion, au sens propre.

- Finalité morale de la philosophie stoïcienne, l'apathie désigne un état de l'âme indifférent à la douleur et qui ne se laisse pas troubler par les passions.
- Le terme est aujourd'hui synonyme de passivité affective.

Aperception

Acte de la conscience qui se saisit elle-même.

- Ce mot a été créé par Leibniz : *« Il est bon de faire la distinction entre la perception qui est l'état intérieur de la Monade représentant les choses externes ; et l'aperception qui est la conscience ou la connaissance réflexive de cet état intérieur. »*
- Kant distingue l'aperception empirique et l'aperception pure ou transcendantale : *« Le "je pense" doit pouvoir accompagner toutes mes représentations ; car autrement il y aurait pour moi quelque chose de représenté, qui ne pourrait pas être pensé, ce qui revient à dire ou que la représentation serait impossible, ou du moins qu'elle ne serait rien pour moi. »*

Apodictique

Qui est nécessaire en droit.

- Une proposition apodictique est une proposition nécessairement vraie, en vertu d'une évidence ou d'un raisonnement déductif.
- Dans *Critique de la raison pure* (1781), Kant désigne les jugements apodictiques comme des jugements nécessairement vrais, relevant de la troisième catégorie de la modalité, après les jugements assertoriques et les jugements problématiques

Apollinisme

Désigne la mesure, la sérénité, l'harmonie et la belle apparence.

- À partir de la référence à la tragédie grecque, Nietzsche pose l'antagonisme de deux forces naturelles que sont l'apollinien et le dionysiaque : *« Expériences psychologiques fondamentales : le mot d'apollinisme désigne la contemplation extasiée d'un monde d'imagination et de rêve, du monde de la belle apparence qui nous délivre du devenir. »*

Apologétique

Partie de la théologie qui a pour objet de défendre la foi contre toute attaque.

● L'apologétique vise à établir la Révélation par des arguments historiques et rationnels.

Aporie

Difficulté logique d'où l'on ne peut sortir.

● L'aporie socratique est l'impasse devant laquelle se trouvent les interlocuteurs de Socrate lorsqu'ils sont incapables de dépasser l'opinion pour accéder à l'universel.

● Chez Aristote, l'aporie désigne deux arguments contraires mais également raisonnables en réponse à une même question.

Apparence

Aspect extérieur d'une chose donnée dans la représentation.

● Dans la philosophie classique, l'apparence désigne le reflet trompeur de l'être véritable.

● L'apparence est assimilable au phénomène chez Kant et s'oppose alors à la chose-en-soi.

➜ **page** : *272.*

Arbitraire

Qui ne dépend que d'une décision individuelle.

● L'arbitraire engendre des choix qui ne répondent à aucune nécessité logique.

● Ce terme est souvent pris dans un sens péjoratif car il est souvent attribué à des décisions prises selon le caprice d'un individu, sans souci de justice ou de vérité.

Archétype

Modèle idéal d'une chose.

● Les idées sont chez Platon des archétypes, la beauté sensible étant, par exemple, le reflet de l'idée archétypale du beau intelligible.

● L'usage courant actuel lui donne à tort le sens d'un modèle opposé à des copies.

➜ **pages** : *294.*

Architectonique

L'art de l'architecte.

● Aristote applique ce terme aux sciences qui subordonnent une ou plusieurs sciences à leurs propres fins : *« Les fins des arts architectoniques doivent être préférées à toutes celles des arts subordonnés, puisque c'est en vue des premières fins qu'on poursuit les autres. »*

● Pour Kant, l'architectonique désigne l'art des systèmes qui représente la part scientifique de nos connaissances.

Arendt (Hannah)

Philosophe américaine d'origine allemande (1906-1975).

● L'œuvre d'Hannah Arendt est une tentative pour comprendre le totalitarisme et l'extermination des classes ou des races prétendument condamnées par la nature et par l'histoire. Saisir comment la terreur et l'horreur sont devenues banales et comment l'avènement d'un tel type de régime a été possible a constitué le défi de cette philosophe dont on retiendra de son œuvre *les Origines du totalitarisme* (1951).

➜ **pages** : *246, 392.*

Argumentation

Suite d'arguments développés pour convaincre ou persuader autrui.

- L'argumentation désigne la manière de présenter et de disposer des arguments en vue d'agir sur l'opinion.

Aristocratie

À la fois gouvernement des plus puissants et gouvernement des meilleurs.

- L'aristocratie désigne un régime politique dans lequel le pouvoir appartient à une minorité qui se considère comme une élite.
- *« Lorsque la souveraine puissance est entre les mains d'une partie du peuple, cela s'appelle une aristocratie »* (Montesquieu).

Aristote

Philosophe grec (385-322 av. J.-C.).

- La philosophie aristotélicienne a abordé les différents domaines de la connaissance : la logique, la physique, la biologie, l'éthique, la politique, l'ontologie.
- L'œuvre d'Aristote est une tentative de totalisation du savoir.
- Parmi ses écrits, seuls ceux qui n'étaient pas destinés à être publiés ont été conservés.
- Élève de Platon à l'Académie, Aristote fonde, à la mort de celui-ci, une école rivale, le Lycée *(Peripatos)*.
- Aristote s'oppose à Platon qui, pour établir la certitude de la connaissance, avait séparé le monde intelligible, celui des idées, du monde sensible. Aristote fait l'économie de cette division, l'intelligibilité est immanente au sensible mais il existe une hiérarchie des êtres qui part de la matière informelle jusqu'à la forme pure qui est dieu. La dichotomie platonicienne a cédé la place à une dualité intra-mondaine.
- L'aristotélisme, avec saint Thomas d'Aquin, deviendra la doctrine officielle de l'Église.

➜ **pages : *89, 196, 372, 388, 392.***

Art

Ensemble de procédés soumis à des règles qui permettent à l'homme de fabriquer des objets.

- En tant qu'il est indépendant des applications pratiques, l'art s'oppose à la science. Il s'oppose également à la nature qui est soumise à ses propres règles.
- L'art a longtemps été considéré comme l'imitation et la reproduction fidèle d'un modèle existant.
- C'est au XVIIe siècle qu'« art » devient synonyme de « Beaux-Arts » – pratiques ayant pour fonction de créer le Beau.

➜ **pages : *150, 160, 296, 352, 364.***

Ascèse

Exercice, discipline, au sens propre.

- Règle de vie austère, l'ascèse est censée conduire l'individu à la perfection morale.
- L'ascèse du doute chez Descartes correspond à la suspension méthodique de tout jugement, soumis au doute systématique.
- Le terme désigne aujourd'hui un mode de vie fondé sur le renoncement aux plaisirs sensibles.

➜ **page : *234.***

Assertorique
Jugement vrai mais non nécessaire.
- Kant utilise ce terme pour qualifier les jugements qui sont des vérités de fait.

Ataraxie
Absence de trouble.
- L'ataraxie est la finalité morale de l'épicurisme en tant qu'elle est l'absence de souffrance corporelle et de trouble de l'âme obtenue par la recherche de plaisirs simples et de désirs naturels.

➜ **page :** *270.*

Athéisme
Doctrine qui consiste à nier l'existence de Dieu.
- L'athéisme a souvent servi d'alibi pour accuser les penseurs, philosophes ou théologiens qui n'avaient pas une conception de Dieu conforme à la foi orthodoxe.

➜ **page :** *416.*

Atomisme
Doctrine philosophique selon laquelle la matière est formée d'atomes.
- Cette doctrine est développée dès l'Antiquité par Démocrite, Épicure et Lucrèce.

➜ **page :** *290.*

Attribut
Propriété essentielle d'une substance.
- L'attribut désigne chez Spinoza *« ce qu'un intellect perçoit de la substance comme constituant son fait-d'être ».*
- L'attribut constituant l'essence d'une chose s'oppose à l'accident.

➜ **page :** *294.*

Aufklärung
Voir **Lumières (Philosophie des).**

Augustin (saint)
Docteur et père de l'Église (354-430).
- Les *Confessions* (393-401) relèvent aussi bien de la philosophie que de la théologie. Saint Augustin y relate sa jeunesse et ses erreurs, ainsi que sa conversion au christianisme. Les livres suivants sont consacrés à une méditation sur Dieu.
- Saint Augustin distingue l'amour de soi *(amor sui)* et l'amour de Dieu *(amor Dei)*. L'amour de soi est à l'origine de la cité humaine, une cité contingente où les malheurs ne sont pour les chrétiens qu'épreuves et châtiments. Mais selon saint Augustin, la vie temporelle n'est que le noviciat de l'éternité. L'amour de Dieu est à la base d'une autre cité où les hommes vivent selon la loi divine, une cité dont les fins transcendent les fins humaines vers une paix inaltérable dans la perfection et où la fusion finale avec Dieu devient possible. Mais l'accès à la cité de Dieu est soumis au jugement divin. Le salut de l'homme dépend de la grâce de Dieu.
- La connaissance d'un Dieu éternel est innée chez l'homme et l'âme humaine, bien qu'entachée par le péché originel, peut contempler les vérités éternelles grâce à cette connaissance. Si la foi est essentielle, la raison doit nous amener à comprendre ce que l'on croit.

➜ **page :** *204.*

Autarcie

État de celui qui se suffit à lui-même.

● D'un point de vue économique, le terme désigne un régime qui vit de ses propres ressources sans avoir recours à l'échange.

➜ **page :** *412.*

Autonomie

Fait de se donner ses propres lois, d'obéir à ses lois.

● Dans les sciences politiques, l'autonomie est le propre des sociétés qui se gouvernent elles-mêmes.

● L'autonomie caractérise chez Kant, la volonté pure qui, en se conformant aux devoirs de la raison pratique, n'obéit pas à un intérêt externe.

➜ **page :** *402.*

Autorité

Pouvoir d'imposer l'obéissance.

● Perçue comme pertinente, l'autorité se distingue de la domination ou de la coercition.

➜ **page :** *376.*

Autrui

Synonyme de l'autre comme autre moi.

● Selon Rousseau, autrui désigne mon semblable, tout être qui vit et qui souffre.

● Autrui est le terme essentiel, chez Hegel, de la dialectique du maître et de l'esclave, en tant qu'il est constitutif de chaque conscience et donc de la lutte à mort pour la reconnaissance des consciences dans une relation toujours conflictuelle.

➜ **page :** *268.*

Axiomatique

Ensemble de propositions fondées sur des hypothèses et admis comme point de départ d'un système hypothético-déductif.

➜ **page :** *338.*

Axiome

Principe évident et non démontrable.

● L'axiome est une proposition ou un principe fondamental, indiscutable d'un point de vue épistémologique.

● Il désigne en philosophie les principes premiers.

➜ **pages :** *330, 334.*

Bachelard (Gaston)

Philosophe français (1884-1962).

● L'œuvre de Gaston Bachelard s'oriente dans un premier temps vers l'épistémologie, qui le conduira à affirmer une rupture entre la connaissance commune et la connaissance scientifique. Le savoir n'évolue pas, selon lui, de façon continue mais par rupture méthodologique ; le chemin qui mène à la connaissance est semé d'obstacles épistémologiques intrinsèques. Bachelard défend l'idée d'un rationalisme appliqué où s'ordonnent vérités de raison et vérités issues de l'expérience. Dans les dernières années de sa vie, Bachelard se tourne vers une réflexion sur l'imaginaire. Il distingue l'imagination créatrice authentique et l'imagination reproductrice. Après avoir ouvert la voie à un nouvel esprit scientifique, Bachelard ouvre celle de l'imaginaire qui transcende toute la réalité. On peut citer parmi ses ouvrages *le Nouvel Esprit scientifique* (1934), *la Formation de l'esprit scientifique : contribution à une psychanalyse de la connaissance objective* (1938), *la Psychanalyse du feu* (1938), *l'Eau et les Rêves* (1942).

Beau

Qui éveille le plaisir esthétique par l'harmonie des formes, l'équilibre des proportions.

- Le beau est le concept normatif du jugement esthétique, comme le vrai l'est pour la logique ou le bien pour la morale.
- Selon Kant, le beau est universel et ne relève que du jugement de goût.
- Le beau présente une valeur morale pouvant susciter l'admiration.

➜ **pages :** ***155, 157, 366.***

Behaviorisme

Théorie qui n'admet pour fondement de la psychologie que l'observation expérimentale du comportement en excluant toute référence à la conscience.

➜ **pages :** ***256, 348.***

Bergson (Henri)

Philosophe français (1859-1941).

- Philosophe de l'élan vital, Bergson s'est d'abord attaché à l'étude des données de l'expérience immédiate. Il est hostile au kantisme et au positivisme qui n'accordent pas à l'intuition la place qui lui est due. Voie de l'immédiateté, l'intuition nous fait pénétrer au cœur du réel et de la connaissance de la durée pure.
- L'influence de Bergson est considérable jusqu'à la Seconde Guerre mondiale. On peut citer parmi ses ouvrages *Essai sur les données immédiates de la conscience* (1889), *Matière et Mémoire* (1896), *le Rire* (1900), *l'Énergie spirituelle* (1919).

➜ **page :** ***238.***

Besoin

Sensation de manque ou sentiment d'une privation.

- D'un point de vue biologique, cet état de manque correspond à une nécessité vitale.
- Le besoin s'oppose au désir qui est contingent.

➜ **pages :** ***268.***

Bien

Ce qui est conforme à l'idéal moral.

- Platon place au-dessus de la vérité l'idée du bien, que l'âme doit avoir absolument contempler pour parvenir à la sagesse.
- Le souverain bien désigne, en philosophie, l'aspiration ultime d'un individu à une fin qui serait synonyme de contentement absolu.

➜ **page :** ***194.***

Bien commun

Ce qui contribue de façon spirituelle ou matérielle au bien-être.

Bon sens

Capacité à raisonner sainement.

- Le bon sens désigne chez Descartes la faculté de discerner le vrai du faux.

➜ **page :** ***272.***

Bonheur

État de satisfaction caractérisé par sa plénitude et sa stabilité.

- Le bonheur se distingue du plaisir ou de la joie qui sont éphémères.
- L'eudémonisme caractérise toute doctrine morale qui pose l'idée de bonheur comme fin ultime de l'action.

➜ **pages : *71, 290, 398.***

Bouddhisme

Doctrine philosophique et religieuse qui s'est répandue il y a 2 500 ans en Extrême-Orient et qui revêt selon les pays de multiples formes.

- Le bouddhisme correspond à l'enseignement de Siddharta Gautama (560-480 av. J.-C.) qui fut surnommé Bouddha, ce qui signifie « l'Éveillé » en sanskrit.
- Le bouddhisme est une religion non théiste, sans transcendance : *« Siddharta Gautama est un Maître, rien qu'un Maître : il proclame des faits qui lui sont apparus au cours de ses investigations, de ses méditations et il indique les moyens propres à nous amener à voir ce qu'il a constaté, propres à nous "éveiller", comme il s'est "éveillé", à nous délivrer, comme il s'en est délivré, du rêve peuplé de fantasmagories où l'ignorance nous retient »* (Alexandra David-Neel). Selon le bouddhisme, toute existence est soumise à la loi de dépendance causale et au devenir. Le savoir qui mène au salut *(nirvana)* en nous libérant du cycle des réincarnations consiste dans les Quatre Nobles Vérités : toute existence est souffrance, la cause de cette souffrance est la soif de vivre, ce qui libère de la souffrance est l'extinction de la soif de vivre et ce qui mène à la suppression de la soif de vivre est le noble octuple sentier qui comprend les huit commandements de Bouddha. Ces derniers sont : point de vue droit, état d'esprit droit, discours droit, action droite, moyens d'existence droits, aspirations droites, réflexion droite, droite dissolution. La finalité du bouddhisme est le *nirvana* auquel l'Éveillé, ou Bouddha, peut accéder de son vivant : *« Je n'enseigne qu'une chose, ô disciple : la Souffrance et la Délivrance de la Souffrance. »*
- Après la mort de Bouddha, le bouddhisme a pris différentes directions : celle du bouddhisme monastique qui se réduit à un petit nombre d'élus et qui a pris le nom de « Petit Véhicule » ou École de Hînayana, et celle du « Grand Véhicule » nommé Mahayana, tournée vers le salut d'un plus grand nombre. Les bouddhistes du Grand Véhicule vénèrent Bouddha à l'instar d'un Dieu. Ils sont aidés sur la voie du salut par les Bodhisattvas qui refusent d'accéder au *nirvana* par amour pour l'homme.

➜ **pages : *90.***

Canguilhem (Georges)

Medecin et philosophe français (1904-1995).

- Les travaux de Canguilhem se situent dans la continuité de l'œuvre de Bachelard. Premier représentant de l'épistémologie biologique en France, Canguilhem a analysé d'un point de vue historique et critique tout ce qui pouvait faire obstacle au développement scientifique. La finalité de l'épistémologie devient, avec Canguilhem, *« l'historicité du discours scientifique en tant que cette historicité représente l'effectuation d'un projet intérieur normé, mais traversé d'accidents, retardé ou détourné par des obstacles, interrompu de crises, c'est-à-dire de moments de jugements et de vérité ».*

➜ **page :** *328.*

Canon

Système de normes.

● Les canons de la morale, de la logique et particulièrement de l'esthétique ont souvent varié au cours des époques.

Canonique

Système de normes régissant une discipline.

● La canonique désigne, chez les épicuriens, les règles de la pensée, la logique.

Capital

Quantité de biens nécessaires pour assurer la production.

● Un capital peut être investi pour produire de nouvelles richesses, mais il peut également produire de lui-même un revenu.

Capitalisme

Organisation économique des sociétés industrielles.

● La propriété privée des capitaux, la libre concurrence, l'économie de marché basée sur l'offre et la demande ainsi que le salaire définissent les sociétés de type capitaliste.

Catégorie

Concept général.

● La substance, la quantité, la qualité, la relation, le temps, le lieu, la situation, l'action, la passion et l'avoir sont les dix catégories de l'être selon Aristote.

● Pour Kant, les catégories ne concernent pas l'être mais la connaissance. Ce sont les concepts purs de l'entendement (la quantité, la qualité, la relation et la modalité relatives chacune respectivement à trois jugements) par lesquels s'organise notre connaissance.

➜ **page :** *282.*

Catégorique

Proposition où l'assertion est affirmative et ne contient ni condition, ni alternative.

● L'impératif catégorique désigne chez Kant un impératif moral absolument inconditionnel.

Causalité

Ce qui établit le rapport de la cause à l'effet.

● Selon le principe de causalité, un phénomène a toujours une cause ; dans les mêmes conditions, la même cause produit toujours les mêmes effets.

● Si la causalité est pour les rationalistes un concept *a priori,* nécessaire et universel, elle ne revêt pour les empiristes qu'une nécessité subjective liée à l'habitude : *« L'esprit ne peut sans doute jamais trouver l'effet dans la cause supposée par l'analyse et l'examen les plus précis. Car l'effet est totalement différent de la cause et, par suite, on ne peut jamais l'y découvrir. Le mouvement de la seconde bille de billard est un événement distinct du mouvement de la première ; il n'y a rien dans l'un qui suggère la plus petite indication sur l'autre »* (David Hume).

➜ **page :** ***214.***

Cause

Phénomène qui en détermine un autre en le précédant.

- Aristote distingue la cause formelle qui définit l'essence d'une chose, la cause matérielle qui définit la matière dont l'objet est fait, la cause efficiente ou motrice qui définit l'agent de la transformation et la cause finale qui désigne ce en vue de quoi une chose a été faite.
- Spinoza distingue la cause adéquate et la cause inadéquate : *« J'appelle cause adéquate celle dont on peut percevoir l'effet clairement et distinctement par elle-même ; j'appelle cause inadéquate ou partielle celle dont on ne peut connaître l'effet par elle seule. »*
- Cause de soi *(causa sui) : « J'entends par cause de soi ce dont l'essence enveloppe l'existence ; autrement dit, ce dont la nature ne peut être conçue sinon comme existante »* (Baruch Spinoza).
- La cause première est une cause qui a en elle-même sa propre raison d'être et qu'aucune autre cause ne précède.
- La cause seconde est la cause qui résulte d'une autre cause et qui se trouve sous sa dépendance.
- Pour l'empirisme, la cause est l'antécédent constant d'un phénomène, elle n'est pas ce qui le produit : *« Nous pouvons […] définir une cause comme un objet suivi d'un autre, et tel que tous les objets semblables au premier soient suivis d'objets semblables aux seconds. Ou, en, d'autres termes : tel que, si le premier objet n'avait pas été, le second n'eût jamais existé »* (David Hume).

➜ **pages :** ***196, 372, 380.***

Cercle de Vienne (le)

École de l'empirisme logique représentée par le philosophe Moritz Schlick, le physicien Ilia Frank, l'économiste et sociologue Otto Neurath et le logicien Rudolf Carnap.

- Rejetant comme métaphysiques, les énoncés qui ne sont ni des énoncés de fait ni des formules logiques, le Cercle de Vienne fonda le positivisme logique.

➜ **pages :** ***244, 254, 334.***

Citoyenneté

Qualité de citoyen.

- Dans l'Antiquité, le citoyen jouissait du droit de cité et donc des privilèges reconnus aux seuls habitants
- La citoyenneté procure des droits politiques tel que le vote mais crée aussi des devoirs envers l'État (impôts, service militaire).

➜ **pages :** ***372, 380.***

Cœur

Siège des sentiments.

- Le cœur s'oppose à la raison, à la logique, mais il peut être le lieu d'une connaissance intuitive parfois considérée comme supérieure à elles.

➜ **page :** ***374.***

Cogito
Mot latin signifiant « Je pense ».

● Chez Descartes, le *cogito* désigne cette évidence première qui jaillit après avoir fait table rase de toute connaissance et malgré le doute méthodique : *« Cogito, ergo sum »* – « Je pense donc je suis ». Il s'agit malgré la forme du raisonnement d'une véritable intuition où le sujet saisit de façon simultanée la coexistence de la pensée et de l'être.

➜ pages : *262, 274, 350.*

Commun
Qui appartient à plusieurs.

● Les notions communes en logique sont celles qui font partie intégrante de la raison et sont communes à tous les hommes.

Communauté
Caractère de ce qui est commun.

● Ce terme s'applique à tous les groupes d'individus soit parce qu'ils vivent en commun en rejetant toute forme de propriété individuelle, soit parce qu'ils sont unis par un intérêt commun.

➜ pages : *260, 284, 300, 308, 310, 372, 422.*

Comte (Auguste)
Philosophe français (1798-1857).

● Fondateur du positivisme, selon lequel l'absolu est pour l'esprit humain inconnaissable, Comte fonde ses théories sur la loi des trois états. L'homme explique d'abord le monde par des phénomènes surnaturels (état théologique), puis par des entités abstraites (état métaphysique) et accède enfin à l'état scientifique ou positif en ne recherchant plus le pourquoi ou la cause mais en se tournant vers la connaissance de faits établis dans le but d'énoncer des lois générales que seules l'observation et l'expérience permettent de formuler. Comte a également jeté les bases de la sociologie.

➜ pages : *228, 368, 424.*

Conatus
Ce terme latin désigne un effort, une tendance.

● Pour Spinoza, le *conatus* représente la tension par laquelle un être persévère dans son être.

➜ pages : *210,268.*

Concept
Représentation générale et abstraite.

● Selon Kant, les concepts sont les idées les plus abstraites et les plus générales. Il désigne par concept pur (ou *a priori*) un concept qui n'est jamais tiré de l'expérience.

● Kant se distingue ainsi des empiristes pour lesquels la formation des concepts se fait à partir de l'expérience.

➜ pages : *250, 328.*

Conceptualisme
Théorie selon laquelle les concepts ne sont que des constructions de l'esprit.

● En ce sens, le conceptualisme s'oppose au réalisme, car rien de concret ne correspond à un concept hors de l'esprit. Il se distingue également du nominalisme selon lequel les concepts ne sont que des signes conventionnels qui facilitent la communication de la pensée.

Concret

Ce qui est fournit comme tel par l'expérience.

- Ce terme désigne des êtres ou des objets réels. Il s'oppose à abstrait.
- Utilisé comme substantif, « concret » désigne l'existence, la réalité immédiate.

Condition

Circonstance sans laquelle le phénomène ne se produirait pas.

- Une condition *sine qua non* est une condition absolument nécessaire, sans laquelle le phénomène ne pourra jamais se produire.
- On distingue la condition de la cause comme origine d'un effet : si la santé est une condition du bonheur, elle n'en est pas la cause.
- L'existentialisme substitue à la notion de nature humaine considérée comme universelle et intemporelle la notion de condition humaine, situation particulière, unique et nécessaire pour chaque homme d'être dans le monde.

→ **page : *260.***

Conditionnel

Qui dépend d'une condition.

- En philosophie, ce terme est synonyme d'hypothétique et s'oppose à catégorique.

Connaissance

Acte par lequel la pensée saisit un objet présent aux sens ou à l'intelligence.

- La connaissance se distingue de l'affectivité mais également de la croyance et de l'imagination.
- La théorie de la connaissance est la partie de la philosophie qui soulève le rapport entre le sujet et l'objet, en traitant des différentes facultés du sujet dans le processus de la connaissance.

→ **pages : *102, 254, 256, 410, 414.***

Conscience

Sentiment qu'un individu possède de lui-même et de ses actes.

- La conscience morale est une aptitude propre à l'être humain qui le conduit à distinguer le bien du mal et à porter des jugements de valeur sur des actes ou des comportements.
- La conscience de classe, dans le vocabulaire marxiste, est l'ensemble des sentiments déterminé par l'appartenance à une classe sociale.

→ **pages : *234, 238, 262, 288, 390.***

Contemplation

État de l'esprit qui s'absorbe dans la connaissance.

- La contemplation désigne chez Platon la vision par l'âme de l'idée du bien, terme ultime de l'ascension spirituelle.

→ **pages : *326.***

Contingent

Ce qui est conçu comme pouvant être ou ne pas être ou être autre qu'il est.

- Ce terme désigne, dans la métaphysique, tout ce qui ne possède pas en soi sa raison d'être.
- Le caractère contingent d'une chose s'oppose à sa nécessité.

→ **pages : *294.***

Contradiction

Relation entre deux propositions dont l'une est la négation de l'autre.

● Le principe de contradiction suppose que deux propositions contradictoires ne peuvent êtres toutes les deux vraies en même temps (ou toutes les deux fausses en même temps).

● La contradiction est au cœur de la logique hégélienne, elle est le moteur de la dialectique, suivant le rythme de la pensée. L'affirmation (thèse), la négation de l'affirmation (antithèse) puis la négation de la négation (synthèse) sont ainsi unies en un principe supérieur où la contradiction est en même temps dépassée et conservée et marque alors le progrès de la conscience.

➜ **pages : *110, 276.***

Contrat

Convention par laquelle une ou plusieurs personnes s'engagent envers une ou plusieurs autres à donner, à faire ou à ne pas faire quelque chose.

● Selon le Code civil, le contrat peut également porter sur une action réciproque des contractants.

● Dans le langage de la philosophie politique, le contrat, fictif, puisque ces termes n'ont jamais été énoncés, consiste, pour les individus cherchant à instituer le pouvoir commun, à échanger leur liberté contre la sécurité et la paix. Pour certains philosophes, le pouvoir ainsi conféré peut être placé entre les mains d'un homme ou de plusieurs et peut devenir illimité. Pour Rousseau en revanche, le contrat social constitue le fondement idéal du droit politique. Chaque individu uni à tous, n'obéit qu'à l'autorité unique de la loi. Soumis aux lois qu'ils se donnent, ils ne sont assujettis à personne et demeurent aussi libres qu'auparavant.

➜ **pages : *218, 376.***

Corps

Substance matérielle caractérisée par l'étendue (longueur, largeur, profondeur), l'impénétrabilité, la masse et qui s'offre à notre perception.

● Le corps assure les fonctions nécessaires à la vie.

● Pour Platon et ses successeurs, le corps est le tombeau, la prison de l'âme. Cette union entre l'âme et le corps est conçue comme une chute et une corruption. La mort n'est plus à craindre puisque par elle l'âme se libère du corps et qu'elle peut dès lors s'élever vers les vérités éternelles.

● Avec la philosophie nietzschéenne, le concept de corps va être réhabilité et accéder à une nouvelle dignité : *« "Je suis corps et âme", voilà ce que dit l'enfant. Et pourquoi ne devrait-on pas parler comme les enfants ? Mais celui qui est éveillé, celui qui sait, dit : "Je suis corps de part en part, et rien hors cela ; et l'âme ce n'est qu'un mot pour quelque chose qui appartient au corps" »* (Friedrich Nietzsche).

● Les phénoménologues distinguent le corps propre ou corps sujet, ensemble de significations vécues du corps matériel et naturel, objet dans le monde.

➜ **page : *280.***

Cosmogonie

Théories sur l'origine de l'univers.

● La cosmogonie prend souvent la forme d'une légende ou d'un mythe, son langage est poétique et symbolique.

Cosmopolitisme

Doctrine qui considère comme contraire à la justice et à la fraternité humaine le morcellement de l'humanité en nations rivales.

● Ce sont les stoïciens qui les premiers instaurèrent cette idée de l'homme appartenant à une société universelle et vivant dans un monde conçu comme une cité universelle. Cette idée fut reprise par Kant sous le terme de « communauté civile universelle ».

Cournot (Antoine Augustin)

Mathématicien, économiste et philosophe français (1801-1877).

● Professeur de mathématiques, Cournot est l'auteur d'un essai d'économie mathématique. Il élabore ensuite une théorie des fonctions ainsi qu'une théorie de la probabilité, avant de se tourner vers la philosophie. Cournot fait une place importante au hasard, qu'il définit comme rencontre causale indépendante et irréductible et qui permet à la philosophie d'assurer le progrès des connaissances en saisissant des lois de parenté et d'harmonie.

Création

Production d'un objet radicalement nouveau dans sa forme au moyen d'éléments déjà existants.

● La création du monde par Dieu est une création *ex nihilo.* Dieu a créé le monde par la parole en le tirant du néant. La création continuée est, selon Descartes, l'acte par lequel Dieu maintient le monde et ses créatures dans l'existence. Dans la tradition grecque, la création du monde s'opère à partir d'une matière informe.

→ **pages :** ***296, 314.***

Critique

Jugement d'appréciation.

● Il peut être esthétique quand il concerne une œuvre d'art ; philosophique ou scientifique quand il concerne une théorie ou une expérience ; moral lorsqu'il porte sur une conduite ; historique lorsqu'il concerne l'analyse et l'appréciation de documents ou de témoignages.

● Dans le langage courant la critique a souvent une connotation défavorable pouvant aller de la désapprobation à la condamnation.

● La critique désigne, dans la philosophie kantienne, le moment décisif dans la théorie de la connaissance où la raison, accablée depuis toujours de questions qu'elle ne peut résoudre, est sommée de remettre en question ses propres fondements et d'instituer un tribunal qui assurera la légitimité de ses prétentions aux noms de lois éternelles et immuables.

→ **page :** ***220.***

Culture

Ensemble des connaissances acquises de génération en génération par une société ou par l'humanité et qui élève l'homme du particulier à l'universel.

● Dans son sens le plus large, le terme de culture recouvre l'ensemble complexe des arts, des sciences, de la morale, des lois, des traditions, de la coutume qui caractérise une population ou une société. Il désigne ainsi le mode de vie de ces populations comme étant le résultat dynamique de ce processus de transmission qui s'impose par l'imitation ou l'éducation.
● En définissant la culture comme étant *« tout ce par quoi la vie humaine s'est élevée au-dessus des conditions animales et par où elle diffère de la vie des bêtes »*, Sigmund Freud l'assimile à la civilisation, et refuse la discrimination faite par certains qui considèrent la civilisation comme étant le degré le plus élevé de la culture.
➜ **pages :** ***360, 362.***

Dasein

Mot allemand signifiant « être-là », « existence ».

● Ce terme désigne chez Kant, la catégorie de l'existence en tant qu'elle s'oppose à la non-existence.
● Chez Hegel, le *Dasein* est la synthèse de l'être et du néant. Le terme prend chez Heidegger un sens beaucoup plus étendu : présence de l'étant humain à l'être, présence au monde qui est propre à la contingence humaine.
➜ **pages :** ***240, 260, 292.***

Déduction

Raisonnement qui consiste à énoncer à partir de propositions données, une autre proposition qui en est la conséquence nécessaire.

● La déduction est le passage de l'implicite à l'explicite dont la forme la plus courante est le syllogisme.
● Une proposition est dite hypothético-déductive quand les propositions initiales sont seulement supposées à titre provisoire.
➜ **page :** ***208.***

Définition

Explication du sens d'un mot par le biais d'autres mots ou de l'étymologie.

● Dans le domaine de la logique ou de l'épistémologie, la définition d'un concept ou d'une idée doit dégager l'essence d'une chose. Elle nous fait connaître selon Aristote, ce qu'est la chose, et doit pour être parfaite, selon Spinoza, nous révéler l'essence intime de la chose.
➜ **page :** ***320.***

Déisme

Qui admet l'existence de Dieu mais écarte tout dogme et toute révélation.

● Le déisme s'est répandu au XVIIIe siècle en France. Il est synonyme de religion naturelle et s'oppose au théisme.

Deleuze (Gilles)

Philosophe français (1925-1995).

● Professeur à l'université, Deleuze fut également historien de la philosophie (*Nietzsche et la philosophie* ; *la Philosophie critique de Kant*)
● Adversaire de la pensée hégélienne, Deleuze s'engage sur les pas de Nietzsche vers une nouvelle interprétation du désir conçu comme une puissance désirante et

du sujet totalement décomposé et fait voler en éclats la notion d'identité. Ces conceptions le conduiront à écrire *l'Anti-Œdipe*, *Capitalisme et Schizophrénie* et à introduire le concept de « machine désirante ».

● Pour Deleuze, défenseur d'une philosophie nomade et intempestive, la philosophie est avant tout création et production de concepts.

➜ **pages :** ***250, 268.***

Démagogie

Actions consistant à flatter les passions ou les préjugés du peuple pour obtenir ses faveurs.

● La démagogie engendre une popularité souvent éphémère et ne sert pas nécessairement l'intérêt général.

Démocratie

Régime politique dans lequel l'ensemble des citoyens détient le pouvoir politique.

● Chez Platon, la démocratie désigne le pouvoir du grand nombre. La démocratie, quand elle ne se soumet pas à des lois, peut sombrer dans l'anarchie.

● On distingue la démocratie directe, dans le cadre de laquelle le peuple exerce sa souveraineté sans l'intermédiaire de représentants élus, de la démocratie indirecte.

➜ **pages :** ***129, 380, 382.***

Démon

Esprit inférieur à un dieu mais supérieur aux hommes, attaché à chaque homme et personnifiant son destin.

● Dans le langage philosophique, ce terme évoque le démon dont Socrate se disait inspiré et qui le guidait dans ses décisions.

● Pour la religion chrétienne, le Démon évoque le principe actif du mal, les anges déchus, Satan, le Malin.

Démonstration

Raisonnement par lequel on établit la vérité d'une proposition à partir de prémisses reconnues comme vraies en se conformant aux règles de la déduction.

● Selon Descartes, la démonstration repose sur l'évidence intuitive des premiers principes.

● Elle fournit en mathématiques et en logique la preuve d'une proposition.

➜ **page :** ***316.***

Descartes (René)

Philosophe français (1596-1650).

● À l'origine du rationalisme moderne, la philosophie cartésienne est essentiellement tournée vers le problème du fondement de la connaissance. Si le malin génie dont Descartes suppose l'existence peut me conduire à douter de tout, même des vérités mathématiques, il ne peut faire que je ne pense pas lorsque je doute. Le *cogito* est le fondement inébranlable de la pensée cartésienne auquel la théorie des idées innées fait suite et qui aboutiront aux preuves de l'existence de Dieu.

● La distinction entre substance pensante et substance étendue place le dualisme cartésien face au problème épineux de l'union de l'âme et du corps. C'est l'âme qui donne au corps son unité. Descartes situe le lieu de cette union dans la glande pinéale logée dans le cerveau.

● À l'origine de l'idéalisme moderne et du matérialisme mécaniste, Descartes est considéré comme le premier philosophe de la modernité. C'est dans la sixième partie du *Discours de la méthode* (1637) que Descartes formule le projet de *« nous rendre comme maîtres et possesseurs de la nature »* non pour en profiter abusivement mais dans un intérêt commun et utile à l'humanité.

➜ **pages : *208, 262, 352, 400, 414, 420.***

Désir

Tendance consciente ou non vers une fin connue ou imaginée.

● Le désir est au centre de la lutte que se livrent dans notre inconscient le principe de plaisir qui recherche une satisfaction immédiate et le principe de réalité qui nous impose de le différer et qui est à l'origine de la frustration.

● Le désir a pour antonyme l'aversion.

➜ **pages : *226, 236, 250, 264, 266, 268, 384.***

Destin

Puissance mystérieuse qui détermine par avance le cours des événements indépendamment de notre action.

● En métaphysique, le terme de *« fatum »* est synonyme de destin et désigne ce qui arrive aux hommes selon une nécessité absolue et irréversible.

➜ **page : *404.***

Déterminisme

Doctrine métaphysique selon laquelle tout, dans l'Univers, serait soumis à la nécessité.

● Le déterminisme nie par conséquent le libre arbitre, forme absolue de la liberté humaine.

● Le principe du déterminisme universel postule que tous les phénomènes naturels sont liés les uns aux autres par des lois et qu'ils sont ainsi rigoureusement conditionnés.

● L'épistémologie définit le déterminisme comme l'ensemble des conditions nécessaires pour qu'un phénomène se produise.

➜ **pages : *210, 258, 298, 304, 400, 402, 404, 406, 418.***

Devenir

Métamorphose, transformation des choses.

● Le devenir s'oppose à l'être qui est immuable.

● Le concept du devenir, incompatible avec le concept de l'être, est l'un des problèmes fondamentaux de la philosophie. Il a opposé, parmi les philosophes présocratiques, Héraclite à Parménide. Si, pour Parménide, le changement, qui est propre au devenir, n'est qu'une illusion, il est, pour Héraclite, la loi de l'univers : *« On ne se baigne jamais deux fois dans le même fleuve. »* Héraclite exprime ici l'opposition du même et de l'autre : le fleuve est le même mais il devient autre, il est soumis à une perpétuelle métamorphose.

● Le devenir chez Hegel opère la synthèse de l'être et du néant : *« Ce qui est vrai, ce ne sont ni l'être ni le néant, mais le passage, et le passage déjà effectué, de l'être au néant et de celui-ci à celui-là. »*

➜ pages : *276, 302.*

Devoir

Ce qui doit être.

• Le devoir est une obligation sociale ou morale qui prend la forme d'une conduite à tenir dans des circonstances définies.

• Le devoir est un concept éminemment kantien qui répond à l'impératif catégorique d'obéir à la loi morale de façon inconditionnée.

➜ page : *426.*

Dialectique

Art du dialogue.

• « Dialectique » est l'un des termes les plus féconds de la philosophie. On le trouve utilisé notamment chez Platon comme l'art d'interroger et de répondre afin de parvenir à l'universel ; chez Aristote où la dialectique est conçue comme logique du probable et consiste à raisonner sur des propositions contradictoires ; chez Kant où, transcendantale, elle désigne les conflits dans lesquels sombre la raison face à ses propres contradictions lorsqu'elle tente d'atteindre l'absolu ; et chez Hegel où, siégeant au sommet, elle s'identifie au devenir immanent de l'être.

Diallèle

Raisonnement dans lequel les arguments doivent se justifier les uns par les autres.

• Le diallèle est le nom grec du cercle vicieux.

Dichotomie

Division d'un concept en deux concepts généralement contraires.

Diderot (Denis)

Écrivain et philosophe français (1713-1784).

• Esprit curieux, Diderot se livra à toutes sortes d'études et s'intéressa aussi bien à la philosophie et à la théologie qu'au droit ou aux mathématiques.

• Nommé avec d'Alembert directeur de l'*Encyclopédie,* il se consacre à cette lourde tâche de 1747 à 1766. C'est un travail accablant tant par son ampleur (vingt-huit volumes, soixante et onze mille huit cent-dix huit articles) que par les remous qu'elle a engendrés en raison de prises de position multiples contre le fanatisme, l'esclavage, l'intolérance, etc.

• Diderot trouve néanmoins le temps d'écrire des romans ou des pièces de théâtre. La publication de *la Lettre sur les aveugles à l'usage de ceux qui voient* (1749), qui dévoile ses opinions matérialistes et athées, le conduira à être emprisonné durant quelques mois à Vincennes.

• L'*Encyclopédie* terminée, Diderot accepte l'invitation de Catherine II et part en Russie pour quelques mois. Dans cette rencontre, Diderot perdit sans doute quelques illusions. La philosophie des Lumières, censée éclairée le règne de Catherine II, ne conduira qu'au renforcement du joug féodal au profit de la noblesse. Catherine II, en despote éclairée, rétablit l'usage du fouet dans les campagnes mais fut

également à l'origine de réformes concernant notamment l'éducation.
➜ **pages :** ***216.***

Dieu

Principe unique, cause première, être absolu en soi et par soi.

● Le théisme et le panthéisme traduisent les conceptions philosophiques de l'idée de Dieu. Pour le premier, Dieu est distinct du monde. Être par soi, il est principe d'existence. Infini, éternel et nécessaire, Dieu est principe d'intelligibilité et de vérité et principe de perfection morale : *« Par le nom de Dieu, j'entends une substance infinie, éternelle, immuable, indépendante, toute-connaissante, toute-pensante et par-laquelle moi-même, et toutes choses qui sont, ont été crées et produites »* (René Descartes). Pour le panthéisme, Dieu est la substance unique immanente : *« En dehors de dieu, aucune autre substance n'est pensable [...]. Tout ce qui est, est en Dieu et, sans Dieu, rien n'est possible, ni pensable [...]. Il n'y a aucune cause qui, en dehors de lui ou en lui, l'incite à agir sinon la perfection de sa propre nature »* (Baruch Spinoza). Spinoza distingue la Nature Naturante et la Nature Naturée : *« Par Nature Naturante, nous devons entendre ce qui est en soi et va de soi [...], c'est-à-dire Dieu en tant qu'on le considère comme cause libre. Mais par Nature Naturée, j'entends tout ce qui découle de la nécessité de la nature de dieu ou de celle de chacun des attributs de Dieu, c'est-à-dire tous les modes en tant qu'on les considère comme des choses qui sont en Dieu et qui, sans Dieu, ne sont ni possibles ni pensables. »*

● Pour la philosophie, Dieu est objet de connaissance ; pour la religion, il est objet de culte : *« Dieu d'Abraham, d'Isaac et de Jacob, non des philosophes et des savants »* (Blaise Pascal). La théologie médiévale s'est attachée à affirmer l'ingérence légitime de la raison dans le domaine de la foi.

● *« Le plus grand des événements récents – la "mort de Dieu", le fait, autrement dit, que la foi dans le Dieu chrétien a été dépouillée de sa plausibilité – commence déjà à jeter ses premières ombres sur l'Europe »* (Friedrich. Nietzsche).
➜ **pages :** ***160, 204, 210, 212, 324, 368, 370, 416, 420, 426.***

Dignité

Idée de grandeur liée à la nature spirituelle d'un individu.

● Kant distingue les choses, qui peuvent toujours être remplacées, des personnes, qui ont une dignité parce qu'elles sont irremplaçables et qu'elles ne doivent jamais être traitées comme un moyen mais comme une fin en soi.
➜ **page :** ***258.***

Dilemme

Proposition sous forme d'alternative.

● Aristote a énoncé un dilemme devenu célèbre : ou bien il faut philosopher, ou bien il ne faut pas philosopher ; or, pour savoir s'il faut philosopher, il faut philosopher ; pour savoir s'il ne faut pas philosopher, il faut encore philosopher ; conclusion : il faut donc philosopher.

● Un dilemme désigne, d'un point de vue moral, un cas de conscience où un individu doit choisir entre deux solutions qu'il rejetterait s'il n'avait pas à choisir.

Diogène

Philosophe grec (413-327 av. J.-C.).

● Disciple d'Antisthène, il fonda l'école cynique à moins qu'il ne succéda à son maître. Cette école ne connut jamais la même renommée que l'Académie fondée par Platon, le Lycée d'Aristote ni même celle du Portique des stoïciens.

● Sa doctrine morale consistait à mépriser les richesses et les conventions sociales afin de s'affranchir des servitudes extérieures et de la morale commune.

● Ce « Socrate en délire » tel que l'avait surnommé Platon, marchait pieds nus, en toute saison et dormait dans un tonneau.

● Sa vie relatée par Diogène Laërce est faite d'anecdotes. À Alexandre qui lui demandait s'il désirait quelque chose, Diogène aurait répondu, du fond de son tonneau : *« Oui, que tu t'ôtes de mon soleil. »* En apercevant un jour un enfant qui buvait dans le creux de sa main, Diogène brisa son écuelle, pensant qu'il possédait encore quelque chose de superflu. Son profond dédain pour l'humanité le conduisit même à errer en plein jour une lanterne à la main en répétant : *« Je cherche un homme. »*

● Les écrits de Diogène, dont l'authenticité était déjà contestée dans l'Antiquité, sont aujourd'hui perdus.

➜ **pages : *80, 202, 412.***

Divertissement

Tout ce vers quoi l'homme se tourne pour oublier sa condition.

● Ce terme est utilisé par Pascal, pour qui la pensée est à la fois la faiblesse et la grandeur de l'homme. Grandeur car la pensée permet à l'homme d'avoir accès à la connaissance, mais faiblesse car il peut se sentir égaré dans le monde sans certitude ni de son origine ni de sa finalité et s'étourdir alors dans le divertissement.

➜ **page : *292.***

Dogmatisme

Toute pensée qui prétend atteindre l'absolu.

● Kant a combattu le dogmatisme en professant le criticisme où la raison doit rendre de ses fondements et ne pas dépasser ses limites.

● Ce terme est devenu dans le langage courant synonyme d'affirmation sans preuve, qui ne souffre aucune contradiction.

➜ **pages : *206 ,210.***

Douleur

État désagréable ou pénible en un point du corps.

● La douleur physique est la perception par l'esprit d'une lésion de l'organisme.

● D'un point de vue moral, la douleur est un sentiment ou une émotion pénible provoquée par une cause ou par l'isatisfaction.

● Selon Kant, *« la douleur est le déplaisir dû au sens et ce qui le produit est désagréable »*.

➜ **page : *306.***

Doute

Incertitude de l'esprit.

● Le doute hyperbolique marque le début de la réflexion cartésienne. Après avoir fait l'hypothèse d'un malin génie qui nous tromperait sur toute chose, Descartes propose de suspendre notre jugement de façon à fonder notre connaissance sur une certitude inébranlable. Ce doute radical et théorique l'a conduit à l'évidence du *cogito.*

➜ **pages :** ***82, 208, 230.***

Droit

Ce qui est conforme, ce qui est permis.

- Un droit est ce qui est conforme et permis par la loi ou reconnu d'un point de vue moral.
- Le droit positif résulte de la volonté du législateur (droit public, privé, international) et s'oppose en ce sens au droit naturel, qui résulte de la nature de l'homme et qui doit lui servir de fondement.
- La proposition « en droit » – *de jure* – s'oppose à « en fait » – *de facto.* Elle marque ce qui est légitime du point de vue moral, juridique et logique par rapport à ce qui est réel. Ainsi, si les hommes sont libres et égaux en droit, ils ne le sont pas en fait.

➜ **pages :** ***248, 386, 396.***

Dualisme

Au nombre de deux.

- Toute théorie qui admet deux principes irréductibles.
- Le manichéisme qui admet la dualité irréductible du bien et du mal est un dualisme.

Durée

Le temps vécu.

- Pour la philosophie moderne, le temps est ce que nous appelons aujourd'hui la durée.
- La durée est la partie finie du temps : la durée d'un concert.
- Selon Bergson, la durée s'oppose au temps, car si la première fait fondre nos états de conscience sans y ajouter l'idée de passé ou de présent, le temps, au contraire, divise et mesure.

➜ **page :** ***238.***

Échange

Cession réciproque de biens, d'idées.

- Dans les sciences économiques, le libre échange, en instituant une restriction des taxes douanières, permet la liberté totale des échanges et s'oppose au protectionnisme.

➜ **page :** ***356.***

Éducation

Formation de l'esprit.

- L'éducation est un processus de socialisation qui consiste à façonner les jeunes générations en vue de développer leurs aptitudes intellectuelles ou leurs valeurs morales.

Égalité

Deux grandeurs ou deux quantités mathématiquement équivalentes.

- En géométrie, deux figures sont dites congruentes c'est-à-dire égales quand elles sont superposables.
- L'égalité civile et juridique tient tous les individus égaux devant la loi avec les mêmes obligations légales et les mêmes droits civils.

➜ **pages :** ***380, 388.***

Ego

Depuis Descartes, l'*ego *désigne le moi comme sujet.

● Dans la philosophie de Husserl, l'*ego* transcendantal désigne le sujet au terme de l'*epochè* ou réduction eidétique.

Empirisme

Toute doctrine soutenant que l'expérience est la seule source de notre connaissance.

● L'empirisme s'oppose à l'idéalisme et n'admet aucune activité propre de l'esprit. Les philosophes anglais John Locke (1632-1704) et David Hume (1711-1776) sont les représentants de la philosophie empiriste.

➜ **pages : *214, 330, 334.***

En Soi

De façon absolue.

● La chose en soi n'existe pas en autre chose.

● Chez Kant, la chose en soi ou *noumène* désigne ce qui n'est pas accessible à la raison et s'oppose alors au phénomène.

Entéléchie

Qui a sa fin en soi-même.

● Ce terme forgé par Aristote désigne, par opposition à l'être en puissance, l'état de l'être en acte qui tend vers sa réalisation.

Entendement

Faculté de comprendre.

● Dans la philosophie classique, l'entendement est une faculté apte à produire des connaissances objectives.

● Kant distingue la raison de l'entendement qui lie les phénomènes à des concepts purs, ou catégorie. Le phénomène subsumé sous les catégories de l'entendement devient connaissance.

➜ **pages : *220, 322.***

Épictète

Philosophe grec (50-125/130).

● Esclave, Epictète fut emmené à Rome où il fut sans doute affranchi. Il se consacra à la philosophie stoïcienne.

● C'est sous la forme de Leçons que l'on connaît son enseignement. Elles nous ont été transmises par son disciple Flavius Arrien qui les a regroupées sous le titre de *Diatribes* ou *Entretiens.*

● La doctrine d'Épictète est celle du stoïcisme romain tardif. Il y affirme l'acceptation joyeuse de la fatalité selon la fameuse distinction des choses qui dépendent de nous et de celles qui n'en dépendent pas comme moyen d'atteindre l'ataraxie (absence de troubles de l'âme).

➜ **page : *398.***

Épicure

Philosophe grec (341-270 av. J.-C.).

● Élève de Xénocrate, Épicure fonda l'école du Jardin, à Athènes, en 306.

● La philosophie d'Épicure est une tentative pour rassurer, tranquilliser l'homme. Représentant du matérialisme antique pour lequel les phénomènes naturels s'expliquent par des causes matérielles, l'épicurisme rejette les explications d'ordre surnaturel ou divin.

● La philosophie atomiste qu'il prône rejette le non-être qui ne peut avoir d'existence et explique l'univers comme un composé d'atomes, éléments insécables et éternels qui se dissolvent et se recomposent sans cesse.

- Si l'épicurisme est bien la recherche du plaisir, elle n'est pas celle des plaisirs voluptueux mais celle du vrai plaisir qui est l'absence de douleur. En ce sens, l'épicurisme partage la même finalité que le stoïcisme qui est l'ataraxie ou absence de troubles de l'âme.
- De l'œuvre abondante d'Épicure, il ne reste que trois lettres, la *Lettre à Hérodote* sur la physique, la *Lettre à Pythocles* sur les météores dont certains contestent l'authenticité et la *Lettre à Ménécée* sur la morale.

→ **pages : *77, 200, 290.***

Épistémologie

Qui a pour objet la science.

- Au début du XXe siècle, l'épistémologie était synonyme de philosophie des sciences.
- Aujourd'hui, l'épistémologie est considérée soit comme une théorie philosophique de la connaissance scientifique, soit comme une étude critique de la connaissance scientifique.

→ **pages : *117, 304, 328, 362, 424.***

Épochè

Mot grec,* époché *signifie « suspension du jugement ».

- Chez les sceptiques, l'*épochè* conduit à l'indifférence. On ne peut rien nier ni rien affirmer.
- Pour Husserl, l'*épochè,* ou réduction eidétique est une *« mise hors jeu »* du jugement qui cesse d'adhérer naïvement au monde et révèle la subjectivité transcendantale.

→ **page : *252.***

Équité

Sentiment sur ce qui est juste ou injuste.

- L'équité atténue la rigueur de la loi en l'adaptant à un contexte particulier et en maintenant un souci constant d'impartialité.

Éristique

Qui aime la querelle.

- L'éristique est l'art de la discussion logique et subtile, mais elle revêt souvent un caractère péjoratif et désigne alors l'art de la rhétorique quand celle-ci n'a que l'apparence de la vérité et de la logique.

Erreur

Fait de tenir pour vrai ce qui est faux.

- On doit à Aristote la définition classique de la vérité et de l'erreur : *« Dire de ce qui est qu'il est, ou de ce qui n'est pas qu'il n'est pas, c'est dire vrai ; dire de ce qui n'est pas qu'il est ou de ce qui est qu'il n'est pas, c'est dire faux. »*

→ **pages : *272, 278.***

Eschatologie

Doctrine des fins dernières de l'homme et de l'Univers.

- L'eschatologie concerne le destin de l'homme après la mort, mais également la fin du monde sur lequel s'établirait un nouvel ordre universel.

Essence

Ce qui fait qu'une chose est ce qu'elle est.

● L'essence d'une chose est ce qui la constitue par opposition à accident.
● L'essence désigne également la nature d'une chose indépendamment de l'existence. Selon l'existentialisme, *« l'existence précède l'essence »* (Jean-Paul Sartre).
➜ **pages :** ***294, 320.***

Esthétique

Qui peut être perçu par les sens.
● Le jugement esthétique est un jugement d'appréciation sur le beau.
● Chez Kant, l'esthétique transcendantale traite de l'espace et du temps comme formes *a priori* de la sensibilité.
➜ **pages :** ***364, 366.***

État

Ensemble organisé des institutions politiques sous un gouvernement autonome et souverain.
● L'état de nature désigne, chez les philosophes contractualistes, la situation fictive dans lequel vivait l'homme avant toute organisation politique.
➜ **pages :** ***232, 372, 384.***

Éthique

Qui concerne les mœurs.
● L'éthique traite dans le domaine de la philosophie des problèmes soulevés par la morale.
➜ **pages :** ***126, 164, 181, 274, 390.***

Ethnocentrisme

Tendance à ériger la culture dont on est issu comme modèle de référence et à juger, voire rejeter, toute diversité culturelle.
● En niant le droit à la différence, l'ethnocentrisme constitue un parti pris dangereux source de racisme et de xénophobie.
➜ **pages :** ***274, 310.***

Ethnographie

D'origine grecque, ce terme est composé du mot* ethnos *(« race ») et* graphè *(« description »).
● L'ethnographie est l'étude descriptive des différentes civilisations, elle est le fondement de l'ethnologie.

Ethnologie

Étude de l'homme à travers les différentes cultures.
● Théorie synthétique fondée sur l'ethnographie, l'ethnologie est la meilleure critique de l'ethnocentrisme.
➜ **page :** ***258.***

Eudémonisme

Toue doctrine morale qui prône la recherche active du bonheur.
● Identifié au souverain bien dans la philosophie antique, l'eudémonisme se distingue de l'hédonisme qui est la recherche du plaisir et l'évitement de toute douleur.

Évidence

Ce qui s'impose immédiatement à l'esprit.
● L'évidence selon Descartes est ce qui se présente clairement et distinctement à l'esprit et dont on ne peut par conséquent douter. L'évidence, en tant qu'intuition rationnelle, n'a rien d'un sentiment subjectif, elle est le critère de la vérité.
➜ **pages :** ***208, 352.***

Évolution

Transformations graduelles vers une direction déterminée.

● D'un point de vue biologique, l'évolution désigne un ensemble de modifications ou de mutations subi par toute espèce vivante depuis sa création ou son apparition.

→ **pages :** ***342, 344, 358.***

Existence

Présence effective de l'être.

● L'existence se distingue de l'essence, elle est le fait d'être et non la nature de l'être.

● Le concept d'existence est toujours intimement lié à celui d'essence, même pour l'existentialisme qui réfute l'idée d'une nature humaine et postule la prééminence de l'existence sur l'essence.

● Pour certains, l'existence s'oppose au néant en tant qu'il représente le non être ; pour d'autres, comme Heidegger, le non être tire sa propre réalité de l'être. L'« ek-sistence », c'est-à-dire l'être hors de son soi, est l'essence de l'existence humaine.

→ **page :** ***420.***

Existentialisme

Pensée qui prône la singularité de chaque existence.

● L'existentialisme s'est développé, à partir de la pensée de Kierkegaard, avec Heidegger, Sartre, Merleau-Ponty. En posant l'antériorité de l'existence sur l'essence, l'être humain est condamné par l'existentialisme à une absolue liberté, qui est source d'angoisse dans un monde absurde où il est seul créateur de valeurs : *« Que signifie ici que l'existence précède l'essence ? Cela signifie que l'homme commence par exister, se rencontre, surgit dans le monde et se définit ensuite »* (Jean-Paul Sartre).

→ **pages :** ***224, 242, 294.***

Expérience

Ensemble des connaissances acquises par les sensations.

● La philosophie distingue l'expérience interne (conscience) et l'expérience externe (perception). Selon Kant, *« aucune connaissance ne précède en nous l'expérience, et toutes [connaissances] commencent avec elle »*. La distinction entre connaissance empirique et connaissance pure ou *a priori* est au cœur même de *la Critique de la raison pure.*

● Dans le langage courant, la connaissance par l'expérience est liée d'un point de vue professionnel à ce qui s'ajoute à une connaissance théorique et qui est dû. D'une façon plus générale, elle marque l'avantage des anciennes générations sur les plus jeunes en soulignant la connaissance acquise par l'usage de la vie ou d'une longue pratique.

→ **pages :** ***98, 103, 212, 214, 320, 332.***

Expérimentation

Preuve par les faits.

● Pour l'épistémologue, l'expérience est synonyme d'expérimentation en tant qu'observation de phénomènes naturels dans des conditions données.

● Le fondement de toute expérimentation est la formulation ou le contrôle d'une hypothèse. Le protocole est souvent formé d'un groupe expérimental censé affirmer ou infirmer l'hypothèse et d'un groupe de contrôle qui en mesure les effets.

➜ pages : *250, 266, 334.*

Extase

Être hors de soi.

- Pour les mystiques, l'extase est le sentiment de fusion avec Dieu.
- Pour la philosophie existentielle, l'« ek-stase » désigne la conscience hors de soi.

➜ page : *258.*

Facticité

Qui est un simple fait, contingent et sans raison.

- Le sens de ce terme évoque à tort l'idée de factice.
- La facticité est la contingence de l'existence, elle conduit pour les existentialistes au sentiment de l'absurde.

➜ page : *242.*

Fait

Donnée objective de l'expérience.

- Le fait s'oppose à la théorie en tant que réalité pratique et à la nécessité en tant que son existence est contingente.
- Leibniz oppose les vérités de raison, nécessaires, aux vérités de fait, contingentes, et dont l'opposé est en conséquence toujours possible.

➜ page : *332.*

Falsifiabilité

Capacité d'une théorie scientifique à être testée.

- Le terme « falsifiabilité » a été créé à partir de l'anglais *to falsify* – « réfuter ».
- Selon Popper, un énoncé, une théorie ne sont véritablement scientifiques que s'ils sont susceptibles d'être soumis à un test empirique qui les réfutent. La falsifiabilité, et non la vérifiabilité, est le signe d'une appartenance authentique à la science. En circonscrivant le champ de la science, la falsifiabilité délimite par là-même celui de la métaphysique.

➜ pages : *118, 330, 332.*

Fanatisme

Aveuglement dogmatique pour une cause.

- À l'origine, le fanatisme s'appliquait essentiellement à la religion. Il s'étend aujourd'hui à tous les domaines de la croyance et revêt, en tant qu'attitude passionnelle, les pires formes de l'intolérance.

Faute

Manquement à une norme, violation d'une règle.

- Une faute d'ordre esthétique marque plutôt le manquement à une norme. Il n'existe pas, dans le domaine esthétique, de règles universelles comme dans le domaine de la morale où la faute, synonyme de péché, est conçue comme une violation de ces règles.

Fin

Désigne à la fois le but, la finalité ou le terme ultime.

- La fin est ce vers quoi la volonté tend. Elle est l'objet d'une volonté consciente ou inconsciente.

● Lorsque la finalité devient le terme ultime, la fin est conçue comme l'achèvement suprême, la perfection et s'identifie par exemple au souverain bien platonicien.

➜ **pages** : *394, 396.*

Finalisme

Doctrine qui affirme l'existence d'une cause finale de l'univers.

● Dans la tradition philosophique, le finalisme s'oppose au mécanisme.

➜ **page** : *196.*

Finitude

Idée de finition qui inclut la perfection.

● La conscience pour l'homme d'une transcendance ou de sa contingence radicale signe sa finitude.

Foi

Croyance profonde.

● Par son aspect affectif et subjectif, la foi s'oppose à la raison.

● Chez Kant, la foi désigne une croyance subjectivement suffisante, mais objectivement insuffisante. C'est une croyance rationnelle mais qui n'est pas démontrable.

● La conscience qui se masque à elle-même la vérité définit chez Sartre la mauvaise foi et marque ainsi l'unité de la conscience.

Fondement

Qui fournit une légitimité.

● Les fondements d'une discipline sont les propositions premières ou les principes d'un système déductif. L'axiomatique est le fondement des mathématiques.

Forme

Structure générale.

● L'apparence sensible, ou forme, s'oppose à l'essence.

● Selon Aristote, la forme est le principe qui détermine la matière, elle fait de celle-ci une *ousia* – « être-en-soi » – individuée.

● La loi de la bonne forme désigne ce qui, en matière de perception, est le plus prégnant : la symétrie, la régularité, la simplicité. Une forme qui répond à ces critères s'impose d'emblée à la perception d'un sujet.

Foucault (Michel)

Philosophe français (1926-1984).

● La pensée et la personnalité de Foucault demeurent réfractaires à toute étiquette et révèlent une grande diversité d'intérêts.

● Responsable du département de philosophie de la faculté de Vincennes, Foucault fut également professeur au Collège de France. Sa thèse, *l'Histoire de la folie à l'âge classique* (1961), révèle l'impasse de la pratique psychiatrique face à la folie dans sa recherche de classification. *Les Mots et les Choses* (1966), ouvrage auquel il doit sa célébrité et dont le sous-titre est *Archéologie des sciences humaines,* le range parmi les tenants d'un structuralisme *« capable de purifier la vieille raison empirique par la constitution de langage formel ».*

● « Archéologue » du savoir, Foucault en révèle la discontinuité, ce qui le conduira à annoncer la *« mort de l'homme »* sur la scène de la pensée.

➜ **page** : *248.*

Fourier (Charles)

Philosophe et économiste français (1772-1837).

● Fils d'un riche commerçant, Fourier fut ruiné par la Révolution.

● Deux traités parus en 1822 et 1829 exposent un projet de réforme économique sociale et humaine.

● Il s'érigea contre la société industrielle bourgeoise et prôna l'organisation de la société en phalanges, petits groupes de travailleurs essentiellement agricoles réunis en fonction de leurs intérêts et de leurs affinités. Le phalanstère est une société par actions constituée grâce aux apports de ses membres.

● L'égalité parfaite entre les individus n'est pas une priorité pour Fourier qui considère la diversité comme condition de l'harmonie.

● Faute de financement, Fourier n'a pu réaliser son rêve, mais son projet a rencontré l'enthousiasme de nombreux disciples.

→ **page :** ***230.***

Francfort (École de)

Groupe d'intellectuels (philosophes, psychologues, historiens, économistes) rassemblés à partir de 1923 dans l'Institut de recherches sociales fondé à Francfort par Max Horkheimer (1895-1973).

● Rêvant d'une société qui serait fondée sur la raison et la liberté, ces philosophes développent, à partir de la pensée marxiste, une théorie critique qui les conduit dans un premier temps à croire à la fin du capitalisme. L'arrivée au pouvoir de Hitler, qui contraint la plupart de ces intellectuels, issus de la bourgeoisie juive, à s'exiler, marque un tournant décisif dans l'histoire de l'école de Francfort.

● Les événements historiques qui marquent les années d'après-guerre les conduisent, dans un second temps, à repenser l'histoire sous un jour plus pessimiste et à déceler derrière la toute-puissance de la raison, héritage de la philosophie des Lumières, l'origine des manifestations contemporaines de la barbarie qui avait conduit à l'extermination de millions d'hommes. On retiendra parmi leurs œuvres, *Éclipse de la raison* (1947), de Max Horkheimer, *la Dialectique de la raison* (1947), de Theodor Adorno et Max Horkheimer, *Théorie et Pratique* (1963) et *Théorie de l'agir communicationnel* (1983), de Jürgen Habermas.

Freud (Sigmund)

Neurologue et psychiatre autrichien (1856-1939).

● Installé à Vienne, Freud exerce la médecine avant de collaborer avec Breuer à des travaux sur l'hystérie. L'étude du cas célèbre d'Anna O. le conduira à formuler l'origine de cette affection psychique en des termes pour l'époque révolutionnaires : *« Les hystériques souffrent de réminiscences. »*

● En 1895, il substitue à l'hypnose la méthode psychanalytique, ou *talking cure,* qui repose sur la libre association d'images, de souvenirs et sur l'interprétation des rêves, *« voie royale qui mène à l'inconscient »*.

- La théorie de l'inconscient qu'il élabore progressivement dans la première topique définit l'inconscient comme une instance constituée de contenus refoulés qui demeurent inaccessibles aux autres instances, le préconscient et le conscient. Dans la seconde topique, qu'il élaborera des années plus tard, l'inconscient n'est plus une instance et sert à qualifier le ça, le moi et le surmoi.
- L'apport de la pensée freudienne repose sur la théorie de l'inconscient, la théorie de la sexualité infantile liée au complexe d'Œdipe, la résistance et le refoulement.

→ **pages** : *236, 264, 266, 428.*

Général

Qui appartient à un genre.

- Le général s'oppose au particulier, qui ne concerne que quelques individus ou même un seul. Il se distingue de l'universel qui englobe la totalité des individus.

Générosité

Don de soi ou de ses biens.

- Chez Descartes, la générosité est une vertu morale qui consiste à user de son libre arbitre de la façon la plus adéquate.

Génétique

Science qui étudie les mécanismes fondamentaux de la reproduction biologique.

- La méthode génétique explique les phénomènes par leur genèse plutôt que par leur finalité.

→ **page** : *342.*

Génie

Don de l'esprit.

- Le génie est assimilé à une puissance créatrice qui se manifeste par des œuvres d'art.
- Le malin génie est l'hypothèse de départ du *cogito* cartésien. Elle s'appuie sur la fiction d'un Dieu rusé qui peut nous tromper sur tout, mais qui ne peut, malgré sa toute puissance, nous faire douter que nous pensons et que nous existons.

Génital

Relatif à la reproduction sexuée des animaux ou de l'homme.

- Il convient de distinguer les termes génital et sexuel. Défini comme forme fondamentale de la pulsion de vie (Éros), le terme sexuel s'applique à de nombreuses activités n'ayant pas toutes un lien nécessaire avec les organes génitaux.

Genre

Classe d'objets fondée sur les caractères communs de ses éléments.

- En biologie, il désigne la subdivision de la famille, comme l'espèce est une subdivision du genre.

Goût

Faculté d'apprécier la valeur esthétique des choses.

- Pour la physiologie, le goût est le sens qui permet à l'homme d'éprouver des sensations de saveurs. Le goût a quatre qualités spécifiques et indépendantes : l'acide, l'amer, le salé, le sucré.
- Le paradoxe du jugement de goût, selon Kant, est qu'il revendique

d'une part une adhésion universelle alors que son principe ne peut être que subjectif.
→ page : *318.*

Grâce

Don de Dieu.

- La grâce est librement donnée par Dieu sans aucun critère de mérite.
- La grâce est synonyme, d'un point de vue esthétique, à l'aisance, la spontanéité et la légèreté, mais le charme qu'elle exerce demeure irréductible à toute définition exhaustive.

Habitude

Disposition générale due à un exercice répété.

- On distingue les habitudes acquises qui conduisent à un savoir-faire maîtrisé ou à des automatismes des habitudes contractées qui mènent à l'accoutumance.
- L'habitude s'oppose à tout ce qui est naturel, instinctif ou inné.

→ page : *346.*

Hasard

Désigne ce qui est fortuit.

- Le hasard est ce qui n'est soumis à aucun principe de détermination ou de cause connus.
- Pour le déterminisme, il n'est qu'une suite de séries causales indépendantes.
- En épistémologie, le hasard relève du calcul des probabilités.

Hédonisme

Doctrine qui pose le bonheur comme fin dernière de l'homme.

- Selon Kant, le bonheur, qui est une détermination empirique, ne peut être érigé en principe moral.

Hegel (Friedrich)

Philosophe allemand (1770-1831).

- Hegel est le penseur systématique par excellence. La loi qui est au fondement de la pensée et de la réalité est la dialectique dont l'exigence est de ne rien tenir pour absolument séparé.
- Hegel parvient à dépasser le dualisme kantien du phénomène et du *noumène,* du savoir et de la foi. Unifiant le subjectif à l'objectif, il réalise la synthèse dans la morale objective qui se manifeste dans les trois stades successifs de la famille, de la société civile et de l'État, dépassement dialectique du formalisme de la moralité subjective à laquelle Kant n'avait pu accéder.
- Fidèle à la tradition des Lumières, Hegel voit dans les institutions politiques, juridiques et dans la morale, l'expression de la liberté et de la raison. L'État est le rationnel en soi et pour soi. Les différents pouvoirs correspondent aux trois moments de l'idée : l'universel, qui est le pouvoir législatif, le particulier, qui est le pouvoir gouvernemental et le singulier, qui est le pouvoir du prince. Si ces trois pouvoirs sont distincts, ils n'ont néanmoins aucune existence indépendante.
- À travers son œuvre, Hegel se fait le fervent défenseur de la monarchie constitutionnelle et, malgré certaines opinions audacieuses pour l'époque, il fige son image de philosophe officiel, réactionnaire et anti-libéral.

→ page : *222, 322, 354, 376.*

Heidegger (Martin)

Philosophe allemand (1889-1976).

● Heidegger abandonna la théologie pour se consacrer aux mathématiques et à la philosophie, et devint l'assistant de Husserl à l'université de Fribourg.

● La philosophie de Heidegger tourne autour d'une question fondamentale : pourquoi y a-t-il de l'étant plutôt que rien ? De la distinction radicale entre l'être et l'étant, Heidegger conclut que l'histoire de la philosophie est celle de l'oubli de l'être.

● Le problème de l'être pour Heidegger pose le problème de l'essence de la vérité. L'« étant », participe présent du verbe « être », signifie l'« être présent », l'« existant ». Heidegger va s'attacher à l'étude d'un étant particulier, l'être-là ou *Dasein,* cet existant humain jeté dans un monde dont il ressent la facticité et la contingence et où il se ressent lui-même comme souci, c'est-à-dire anticipation de lui-même comme conscience finie et ouverture originaire à l'Être.

● Pour échapper à cette angoisse ontologique, le *Dasein* se réfugie dans une attitude inauthentique où il se dérobe à la prise de conscience essentielle d'être pour la mort. L'oubli de l'être est ce qui caractérise la culture humaine.

● Martin Heidegger fut salué comme un grand philosophe du XXe siècle, mais sa réputation a été ternie par son soutien au régime nazi.

➜ **pages :** ***240, 292.***

Herméneutique

Art d'interpréter.

● Dans la Grèce antique, l'herméneutique consistait dans l'interprétation des oracles et des signes.

● L'herméneutique désigne aujourd'hui, pour le judaïsme et le christianisme, l'exégèse des textes sacrés.

➜ **page :** ***348.***

Hétéronomie

Fait de se soumettre à une loi reçue de l'extérieur.

● Hétéronomie s'oppose à autonomie. L'hétéronomie marque chez Kant l'assujettissement de la volonté à des mobiles sensibles.

➜ **page :** ***270.***

Histoire

Étude du passé.

● L'histoire est la reconstitution et parfois l'explication des différentes étapes de transformation et d'évolution des sociétés humaines.

● Selon les philosophies de l'histoire, l'histoire possède un sens intrinsèque qui détermine et oriente l'avenir de l'humanité.

➜ **pages :** ***164, 222, 250, 270, 300, 302, 304.***

Historicisme

Explication du droit, de la morale et de la religion par l'histoire.

● L'histoire, selon différents auteurs, serait soumise à des lois inconditionnelles telles que des lois évolutives, lois cycliques ou lois des régularités rythmiques, qui influeraient sur son sens.

➜ **page :** ***302.***

Hobbes (Thomas)

Philosophe anglais (1588-1679).

- La pensée politique de Hobbes part d'un constat simple : les hommes sont peu enclins par nature à se soumettre aux lois. Dans la fiction théorique de l'État de nature, l'homme est une menace continuelle pour lui-même. *« L'homme est un loup pour l'homme »*, selon la fameuse formule de Plaute, ce qui le condamne à vivre dans un état de perpétuelle violence. Cette crainte réciproque de l'autre qui règne dans l'État de nature est, selon Hobbes, à l'origine des sociétés civiles. Seul un pouvoir commun peut tenir les volontés en respect et diriger les actions vers un avantage commun. Hobbes soumet la volonté et le jugement de l'ensemble des particuliers à la volonté et au jugement d'un homme ou d'une Assemblée qui vont décider au nom de tous.
- L'institution de la république permet d'établir les droits et les prérogatives de l'homme ou des hommes auxquels le pouvoir est conféré par *« le consensus du peuple assemblé »*. Le contrat fondateur de la république exige que tous les sujets abandonnent réciproquement le droit de se gouverner eux-mêmes, par une convention de chacun avec chacun de laquelle est exclu le souverain.
- Ainsi naît le Léviathan, ce dieu mortel qui peut user, lorsqu'il le juge nécessaire, de la force et des ressources de tous, mais dont la loi suprême doit demeurer le salut du peuple : *« J'autorise cet homme ou cette assemblée, et je lui abandonne mon droit de me gouverner moi-même, à cette condition que tu lui abandonnes ton droit et que tu autorises toutes ses actions de la même manière. »*
- Le Léviathan, monstre marin de la Bible, qui symbolise la Toute-Puissance de Dieu, a fourni à Hobbes le titre de son œuvre principale (1651).

➜ **pages : *376, 382.***

Holisme

Prédominance du tout sur les parties.

- Le holisme, particulièrement en biologie et en sociologie, distingue le tout des parties en raison de leurs propriétés différentes et tend à expliquer les phénomènes de façon globalisante.

➜ **page : *260.***

Hume (David)

Philosophe anglais (1711-1776).

- Chef de file de l'empirisme anglais, Hume a violemment combattu le rationalisme dogmatique du XVIIe siècle.
- Nos idées ne sont que les représentations (perceptions faibles) de nos sensations (perceptions vives). La connaissance humaine est tout entière le produit de l'expérience sensible.
- L'empirisme sceptique qu'il défend le conduit à réduire le principe de causalité conçu auparavant comme une liaison objective et nécessaire à une simple association d'idées due à l'habitude.
- L'empirisme de Hume est à l'origine de la critique transcendantale de Kant qui se trouve au croisement du dogmatisme et de l'empirisme.
- On retiendra parmi son œuvre,

le *Traité de la nature humaine* (1737) et les *Essais philosophiques sur l'entendement humain* (1748).
→ **page :** ***214.***

Husserl (Edmund)

Philosophe allemand (1859-1938).

● Cherchant à fonder les bases d'une philosophie rigoureuse, Husserl se tourne, après des études de mathématiques, vers la réduction phénoménologique qu'il juge plus radicale que le doute cartésien.

● La réduction phénoménologique est l'acte par lequel on met le monde entre parenthèses. L'*épochè* phénoménologique désigne la suspension des croyances ou des jugements existentiels sur le monde. Tout alors renvoie au sujet que Husserl nomme *ego* transcendantal, sujet ultime atteint au terme de la réduction phénoménologique.

● L'intentionnalité, terme emprunté à Franz Brentano (1838-1917), révèle chez Husserl la corrélation entre les actes de la conscience qui se rapportent à un objet et l'objet tel qu'il apparaît dans ces actes : *« Le mot intentionnalité ne signifie rien d'autre que cette particularité foncière et générale qu'a la conscience d'être conscience de quelque chose. »*

● La philosophie de Husserl influença celles de Heidegger, Sartre, Merleau-Ponty.

● Husserl a délimité le domaine de la logique pure. Il a cherché à construire une théorie générale des systèmes déductifs formels.
→ **pages :** ***240, 252, 262.***

Hypothèse

Proposition admise sans que sa vérité soit démontrée.

● Elle constitue, en mathématiques, le point de départ d'un théorème ou d'une démonstration.

● Une hypothèse contribue à la formation d'une théorie quand ses conséquences sont vérifiées par l'expérience.

● L'hypothèse désigne l'explication plausible et anticipée d'un fait quand l'expérience ne peut d'un point de vue technique être réalisée.
→ **page :** ***334.***

Hypothético-déductif

Raisonnement mathématique consistant à tirer les conséquences d'hypothèses ou d'axiomes admis comme points de départ.

● S'applique en épistémologie à tout raisonnement qui déduit d'une hypothèse des conséquences que l'expérience doit valider.
→ **pages :** ***112, 316.***

Hypothétique

Qui affirme sous condition.

● L'assertion dans une proposition hypothétique est subordonnée à une condition.

● Une affirmation hypothétique s'oppose à une affirmation catégorique.

Idéal

Qui n'existe que dans la pensée.

● L'idéal désigne l'accomplissement parfait d'une idée ou d'un type.

● L'idéal du moi correspond, dans la psychanalyse, à un modèle de référence du moi construit à partir du narcissisme de l'enfance et de l'identification aux figures parentales.

Idéalisme

Doctrine qui fonde l'être sur l'idée.

- Pour la philosophie platonicienne, la vraie réalité n'est pas d'ordre sensible mais idéel. Les idées sont plus réelles que le monde sensible, qui n'est que le pâle reflet, une copie du monde des idées.
- Avec Berkeley, l'idéalisme devient absolu et réfute l'affirmation d'un monde extérieur à la conscience, le monde extérieur se réduit aux idées que nous en avons.
- Selon Kant, il n'y a pas de réalité pour l'homme que celle qui s'offre à lui à travers les formes *a priori* de l'espace et du temps : *« J'entends par idéalisme transcendantal de tous les phénomènes la doctrine d'après laquelle nous les envisageons dans leur ensemble comme de simples représentations et non comme des choses en soi, théorie qui ne fait du temps et de l'espace que des formes sensibles de notre intuition et non des déterminations données par elles-mêmes. »*
- L'idéalisme allemand désigne l'ensemble des philosophies post-kantiennes, notamment celle de Hegel qui, cherchant à réduire ce qui sépare l'en soi et le pour soi dans la construction *a priori* de l'objet, rapproche ainsi phénomène et *noumène* et affirme que le réel est le produit des idées de la conscience. L'idéalisme hégélien identifie l'être à l'idée : « Tout ce qui est rationnel est réel, tout ce qui est réel est rationnel. »
- D'un point de vue esthétique, l'idéalisme traduit une conception de l'art dont la finalité n'est pas l'imitation du réel mais l'expression ou la création d'un idéal, d'une transfiguration de la nature.

➜ **pages : *320, 322.***

Idée

Représentation abstraite et générale.

- L'idée selon Platon est le modèle ou l'essence intelligible des choses dont le sensible n'est qu'une imitation.
- Chez Descartes, les idées innées tels que le principe d'identité et le principe de contradiction sont des notions universelles qui semblent être nées avec nous.
- Les idées de la raison chez Kant sont les *« concepts rationnels nécessaires auquel nul objet qui lui corresponde ne peut être donné dans les sens »*.

➜ **pages : *68, 214, 320, 322, 364, 408.***

Identité

Qui est le même.

- Le principe d'identité en épistémologie est le principe de cohérence de la pensée selon lequel une proposition ne peut être à la fois vraie et fausse.

➜ **pages : *86, 143.***

Idéologie

Ensemble des croyances ou des doctrines propres à une société ou à une classe.

- Elle désigne, chez Marx, la production spirituelle (ou superstructures) de la classe dominante qui façonne l'ordre social et détermine l'action politique.

→ page : *370.*

Idéologues (Les)

Ce terme désigne les derniers philosophes français des Lumières (Destutt de Tracy, Volney, Cabanis) dont l'ambition était de former une science de l'homme nommée idéologie, ou théorie de la formation des idées.

- Les idéologues soutenaient la perfectibilité de l'homme.
- Ce terme a pris chez Marx une connotation péjorative et désigne une prise de conscience faussée de la réalité, qui substitue à la connaissance réelle des causes imaginaires.

Idiosyncrasie

Ensemble des particularités et des dispositions psychologiques et physiologiques qui sont propres à chaque individu.

Idole

Représentation sensible d'une divinité, objet d'adoration et de culte.

- Le terme désigne chez Francis Bacon toutes les illusions et erreurs relatives à la connaissance humaine dont il faut se défaire. Celles-ci peuvent provenir de l'esprit humain en général ou de l'individu, des mots du langage dont les significations toutes faites peuvent être trompeuses et de théories philosophiques fallacieuses.

→ page : *312.*

Illusion

Erreur qui persiste même quand elle est reconnue comme telle.

- Pour Platon, l'illusion est une ignorance qui s'ignore. L'illusion la plus trompeuse étant celle des artistes qui produisent l'image même du réel.
- Le doute méthodique de Descartes conduit à poser la réalité même du monde comme une illusion.
- L'illusion chez Spinoza est ce leurre qui subsiste en dépit de la connaissance scientifique.
- L'illusion métaphysique ou transcendantale désigne, chez Kant, l'erreur inévitable dans laquelle tombe la raison quand elle prend les principes subjectifs de la connaissance des phénomènes pour les principes objectifs des choses en soi.

→ pages : *272, 312, 364, 408, 418.*

Image

Reproduction matérielle d'un objet.

- Pour Platon, elle désigne l'apparence trompeuse qui nous éloigne de la réalité en nous donnant une représentation déformée.
- Une image mentale est la représentation d'un objet en son absence.
- Selon l'existentialisme, la conscience imageante est une modalité de la conscience qui vise un objet en le posant comme absent ou irréel.

Imagination

Faculté de former des images à partir de ce qui a déjà été perçu.

- L'imagination possède également une fonction inventive par laquelle l'esprit peut produire des représentations originales.

● Dans la philosophie platonicienne, l'imagination est le plus bas degré de la connaissance.
● Elle désigne chez Descartes la faculté de se représenter le réel de manière sensible.
● Selon Kant, l'imagination, sur le plan esthétique, est la faculté d'exprimer à travers des représentations sensibles le libre jeu harmonieux des facultés.
➜ **pages** : ***280, 312, 314, 334, 414.***

Immanence

Intériorité du monde.
● L'immanence s'oppose à la transcendance.
● La philosophie spinoziste est par excellence la philosophie de l'immanence. Dieu n'est plus conçu comme transcendant à l'Univers mais réside en lui.

Immanent

Ce qui n'est pas chez un individu l'effet d'une action extérieure.
● Selon Kant, ce qui est immanent est ce qui reste dans le domaine de l'expérience.
● La cause immanente est celle qui demeure interne à son effet. Dieu est la cause immanente du monde selon Spinoza.

Impératif

Proposition exprimant un ordre.
● L'impératif détermine la volonté sous la forme de la contrainte. En morale, elle se traduit par « Tu dois ».
● Kant distingue, dans le domaine de la morale, l'impératif catégorique et l'impératif hypothétique ; le premier est inconditionnel, car il a trait à l'intention morale, le second est soumis à une condition relative à une finalité de l'action.
➜ **pages** : ***390, 394.***

Implication

Qui possède de manière implicite.
● L'implication est une forme de relation telle qu'une proposition ou une idée en entraîne nécessairement une autre.

Impression

Effet produit sur l'âme.
● L'impression désigne, d'une façon générale, l'ensemble des états physiologiques qui provoquent dans la conscience des sensations.
● Pour l'empirisme, les impressions ou perceptions vives sont synonymes de sensations, passions, émotions quand elles font leur première apparition dans l'âme.
➜ **pages** : ***278, 280, 314.***

Inconditionné

Qui a en soi sa raison d'être.
● L'inconditionné désigne l'absolu.
● L'inconditionné correspond au principe anhypothétique de Platon, principe absolument premier ou au premier moteur non mu d'Aristote.

Inconscient

Qui échappe à la conscience.
● Dans l'histoire de la philosophie, Leibniz, à travers la théorie des petites perceptions, est le premier philosophe à avoir abordé la question de l'inconscient.

● Dans *Métapsychologie* (1905), Freud distingue l'inconscient, constitué à partir du refoulement, du préconscient et du conscient. Quelques années plus tard, l'inconscient qualifiera les trois instances de l'appareil psychique, le ça, le moi et le surmoi.
➜ **pages :** ***236, 264.***

Indéfini

Qui ne peut être déterminé.

● En logique, une proposition qui n'est ni affirmative ni négative est qualifiée d'indéfinie.

● La philosophie cartésienne oppose l'indéfini à ce qui est fini, qui a des limites, susceptibles d'être repoussées sans cesse, et à l'infini qui ne s'applique qu'à Dieu. L'infini mathématique actuel correspond à l'indéfini de Descartes.
➜ **page :** ***324.***

Indifférence

État de neutralité affective où la douleur et le plaisir sont absents.

● La liberté d'indifférence désigne, chez Descartes, le plus bas degré de la liberté. Elle marque l'état d'une volonté qui n'a aucune raison ou mobile pour accomplir un choix qui ne peut être alors qu'arbitraire : *« Cette indifférence que je sens, lorsque je ne suis point emporté vers un côté plutôt que vers un autre par le poids d'aucune raison, est le plus bas degré de la liberté, et fait plutôt paraître un défaut dans la connaissance qu'une perfection dans la volonté. »* Mais elle désigne aussi le libre-arbitre, faculté positive d'affirmer ou de nier : *« Peut-être que par ce mot d'indifférence, il y en a d'autres qui entendent cette faculté positive que nous avons de nous déterminer à l'un ou l'autre de deux contraires »* et qui témoigne de la liberté de l'homme.

Indiscernable

Distinction qui ne repose sur aucun caractère intrinsèque.

● Le principe des indiscernables (plus exactement de l'identité des indiscernables) est le principe central de la philosophie leibnizienne selon lequel il n'existe pas deux êtres identiques dans la nature car ils diffèrent toujours par des caractères intrinsèques.

Individu

Tout être qui ne peut être divisé sans être détruit.

● En sociologie, l'individu désigne un être humain distinct de tous les autres. Le terme s'emploie alors par opposition à groupe ou société.

● En biologie, l'individu désigne un être vivant caractérisé par son unité organique et sa réalité unique et singulière.

● La logique désigne par individu tout sujet singulier qui admet des attributs ou des prédicats, mais qui n'est jamais lui-même prédicat.
➜ **pages :** ***132, 340, 342, 396.***

Individualisme

Toute théorie qui voit dans l'individu ou l'individuel la véritable réalité et le fondement des valeurs.

● Dans un sens courant, l'individualisme marque une tendance à vouloir s'affranchir de toute contrainte ou de toute solidarité vis-à-vis de son propre groupe social.

● La philosophie politique distingue l'anarchie, selon laquelle l'individu ne doit se soumettre à aucune forme d'autorité, pas même à celle de l'État, du libéralisme, qui subordonne l'État ou la société au service de l'individu.

Individuation

Réalisation de l'idée générale dans un être singulier.

● Selon la scolastique, le principe d'individuation confère à un être, défini par un type spécifique, son existence singulière et concrète déterminée dans l'espace et dans le temps.

Induction

Raisonnement par lequel on passe de la connaissance d'une série de faits à la formulation des lois générales.

Inférence

Opération qui consiste à tirer d'une proposition, une conséquence qui résulte nécessairement de cette proposition.

● L'inférence consiste à passer du connu à l'inconnu sur les bases d'un raisonnement logique.

Infini

Qui n'a pas de limite.

● Chez Descartes, l'infini s'applique à l'être absolument parfait en qui réside toutes les perfections.

● En mathématiques, l'infini est synonyme d'indéfini et s'applique à tout ce qui n'a pas de limite.

➜ **pages : *324, 414, 416.***

Inné

Ce qui est possédé dès la naissance et qui appartient à la nature d'un être.

● L'inné s'oppose à l'acquis.

Instant

Coupure dans le temps qui n'a aucune durée.

● *« L'instant signifie le présent comme chose qui n'a ni passé ni avenir ; car c'est là justement l'imperfection de la vie sensuelle. L'éternel signifie aussi le présent qui n'a ni passé ni avenir, mais cela même est sa perfection. […] Ainsi entendu l'instant n'est pas au fond un atome de temps, mais d'éternité. C'est le premier reflet de l'éternité dans le temps, sa première tentative pour ainsi dire d'arrêter le temps. […] L'instant est cette équivoque où le temps et l'éternité se touchent, et c'est ce contact qui pose le concept du temporel où le temps ne cesse de rejeter l'éternité et où l'éternité ne cesse de pénétrer le temps. Seulement alors prend son sens notre division susdite : le temps présent, le temps passé, le temps à venir »* (Kierkegaard).

Instinct

Activité caractérisée par un ensemble de réactions héréditaires et spécifiques.

● La volonté, l'habitude, l'apprentissage s'opposent à l'instinct, ainsi que le réflexe qui est déclenché par un phénomène extérieur.

● Freud a distingué l'instinct propre aux animaux de la pulsion qui s'applique exclusivement à l'homme.

➜ **page : *256.***

Intégrisme
Attitude de ceux qui refusent toute évolution pour ne s'en tenir qu'aux pratiques relevant de la stricte tradition.

Intelligibilité
Caractère de ce qui peut être compris.
- Le principe d'intelligibilité universelle postule que la nature est entièrement intelligible, ce que l'on ne peut expliquer de façon rationnelle n'est que le fruit de notre ignorance.

Intelligible
Ce qui relève de l'intelligence ou de l'entendement pur.
- Chez Platon, le monde sensible s'oppose au monde intelligible, au monde des idées.
- L'intelligible selon Kant est propre aux *noumènes* qui peuvent être pensés sans être connus. Intelligible s'oppose à sensible ou à empirique, qui s'appliquent aux phénomènes.

➜ **pages :** ***194, 408.***

Intention
Représentation d'un but.
- Dans la morale kantienne, l'intention est synonyme de bonne volonté.
- Pour la phénoménologie, l'intention est une orientation de la conscience qui donne un sens à l'objet de la conscience.

Intentionnalité
« Particularité foncière et générale qu'a la conscience d'être conscience de quelque chose » (Edmund Husserl).
- L'intentionnalité désigne la transcendance de la conscience.

➜ **pages :** ***242, 252, 262.***

Intérêt
Ce qui est utile.
- On distingue l'intérêt personnel (qui ne concerne qu'un individu) de l'intérêt collectif (qui concerne un groupe d'individus).
- L'intérêt de la raison, chez Kant, est ce par quoi la raison pure devient la raison pure pratique, c'est-à-dire cause de la volonté.

Intersubjectivité
Communication réciproque des consciences.

➜ **page :** ***308.***

Intuition
Connaissance directe et sans médiation d'un objet de pensée ou d'une réalité.
- Selon Descartes, l'intuition est la seule lumière de la raison.
- L'intuition pure désigne chez Kant les formes *a priori* de la sensibilité, l'espace et le temps.

➜ **pages :** ***106, 282, 326.***

Ironie
Façon de parler qui consiste à dire le contraire de ce que l'on veut dire sur un ton moqueur.
- L'ironie socratique est l'ignorance que feignait Socrate quand il interrogeait ses interlocuteurs pour les amener à la vérité ou les convaincre de leurs erreurs.

Irrationnel
Qui n'est pas conforme à la raison.
- L'irrationnel désigne ce dont la raison ne peut rendre compte.

➜ **page :** ***346.***

Jugement

Pouvoir ou faculté de juger.

- Le jugement, chez Kant, est une faculté intermédiaire entre l'entendement et la raison. Il distingue les jugements analytiques, qui incluent le prédicat dans l'essence du sujet, et les jugements synthétiques où le prédicat, n'étant pas contenu dans l'essence du sujet, ajoute quelque chose à la compréhension de celui-ci.
- Les jugements logiques affirment ou nient le rapport d'un prédicat à un sujet. On distingue les jugements prédicatifs, qui unissent le sujet au prédicat, des jugements de relation, où le sujet grammatical n'est pas plus le sujet logique que l'autre terme de la relation.

➜ **pages :** ***318, 366.***

Justice

Principe moral qui exige le respect du droit.

- La justice dans l'Antiquité est une vertu architectonique à l'origine des autres vertus et de leur équilibre mutuel.
- Selon Aristote, la justice est une vertu civique qui a pour objet le bien commun. La justice commutative se distingue de la justice distributive en ce qu'elle ne tient pas compte de la valeur ni des mérites des individus.

➜ **pages :** ***127, 128, 388.***

Kant (Emmanuel)

Philosophe allemand (1724-1804).

- Kant est né à Könisberg, ville qu'il ne quitta jamais. Son mode de vie était d'une régularité absolue et la promenade qu'il s'imposait chaque jour fut seulement troublée à deux reprises : la publication du *Contrat social* de Rousseau en 1762 et l'annonce de la Révolution française en 1789.
- *« Je l'avoue franchement ; ce fut l'avertissement de David Hume qui interrompit d'abord, voilà bien des années, mon sommeil dogmatique et qui donna à mes recherches en philosophie spéculative une toute autre direction. »*
- Au fondement de la philosophie kantienne se pose quatre questions essentielles : « Que puis-je connaître ? », « Que dois-je faire ? », « Que m'est-il permis d'espérer ? », « Qu'est-ce que l'homme ? ».
- Ces questions détermineront sa pensée vers une critique de la raison spéculative. À l'image de la Révolution copernicienne dans le monde des sciences, qui supposait que la Terre tournait sur elle-même et autour du Soleil, Kant va affirmer, dans le domaine de la connaissance que c'est le sujet qui organise la connaissance et non l'objet qui la détermine.
- La première critique, ou *Critique de la raison pure* (1781), porte sur le problème de la connaissance ; la seconde, la *Critique de la raison pratique* (1788), porte sur la morale ; quant à la troisième, la *Critique de la faculté de juger* (1790), elle est consacrée à l'étude des domaines téléologique et esthétique.
- La philosophie kantienne est une philosophie transcendantale dont Kant donne lui-même la définition : *« J'appelle transcendantale toute connaissance qui, en général, s'occupe moins des*

objets que de nos concepts a priori des objets. Un système des concepts de ce genre s'appellerait philosophie transcendantale. »

→ **pages :** ***220, 322, 354, 366, 368, 374, 382, 386, 394, 420.***

Kierkegaard (Søren)

Penseur danois (1813-1855).

- Contre Hegel et contre tout système philosophique, Kierkegaard réaffirme la vérité de l'existence individuelle et la subjectivité. Exister, c'est être là, hors de tout système.
- Kierkegaard définit trois stades dont seul le dernier apparaît comme l'authentique conquête spirituelle. Le premier stade, ou stade esthétique, est celui de l'homme de l'instant. Il marque l'abandon aux jouissances immédiates et voue l'homme à une quête toujours incessante qui ne peut le mener qu'au désespoir radical. La figure de référence est celle de Don Juan, *« individu qui s'éparpille en une poussière d'instants »*. Le second stade, ou stade éthique, est celui de l'homme de la temporalité. Il est définit par le devoir et la bonne conscience et se caractérise par la stabilité. Il conduit au stade religieux où l'homme de l'éternité accomplit dans la *« crainte et le tremblement »* le saut irrationnel de la foi, face-à-face avec Dieu où l'homme est conscient de sa faute, où l'homme ressent le sentiment ontologique de l'angoisse, où il éprouve le vertige du néant mais également celui de sa liberté.
- Ces trois stades correspondent au cheminement progressif de la vie de Kierkegaard dont la pensée n'est pas celle d'un subjectivisme absolu, la subjectivité pouvant être à la fois erreur et vérité.
- Considéré comme le fondateur de l'existentialisme, Kierkegaard a su montrer contre Hegel que la subjectivité n'est peut être pas qu'un moment dans le déploiement d'une prétendue totalité universelle et qu'en conséquence l'individu n'est pas un accident de l'histoire.

→ **page :** ***224.***

Langage

Faculté de communiquer la pensée par un système de signes conventionnels.

- *« Évitant de stériles définitions de mots, nous [distinguons], au sein du phénomène total que représente le langage, deux facteurs : la langue et la parole. La langue est pour nous le langage moins la parole »* (Ferdinand de Saussure).

→ **pages :** ***240, 244, 254, 306, 308, 430.***

Langue

Système d'expression et de communication, oral ou écrit, propre à un groupe humain.

- La linguistique définit la langue comme code ou système de signes arbitraires constitué par l'union d'un signifiant et d'un signifié. Le signifiant étant l'image vocale ou acoustique et le signifié l'image mentale ou le concept.

→ **pages :** ***254, 256, 306, 308, 310, 430.***

Lapsus

Substitution d'un mot par un autre.

- On distingue les lapsus que l'on commet en écrivant *(lapsus calami)* et ceux commis en parlant *(lapsus linguae)*.
- *« On se rappelle encore la manière dont le président de la chambre des députés autrichienne a, un jour, ouvert la séance : "Messieurs, dit-il, je constate la présence de tant de députés et déclare, par conséquent, la séance close." L'hilarité générale que provoqua cette déclaration fit qu'il s'aperçut aussitôt de son erreur et qu'il la corrigea. L'explication la plus plausible dans ce cas serait la suivante : dans son for intérieur, le président souhaitait pouvoir enfin clore cette séance dont il n'attendait rien de bon […]. De nombreuses observations m'ont montré que ce remplacement d'un mot par son contraire est un phénomène très fréquent. Étroitement associés dans notre conscience verbale, situés dans des régions très voisines, les mots opposés s'évoquent réciproquement avec une grande facilité »* (Sigmund Freud).

➜ **page :** ***236.***

Légalité

Ce qui est conforme aux lois établies.

- La morale kantienne distingue la légalité d'une action de sa légitimité en ce qu'elle inclut le respect de la loi.

Légitimité

Bon droit.

- La légitimité concerne le bien fondé et la moralité d'une action plutôt que sa prescription ou son interdiction par un texte de loi. Une loi peut avoir été adoptée et être moralement illégitime.

Leibniz (Wilhelm Gottfried)

Philosophe et mathématicien allemand (1646-1716).

- Il découvrit en même temps que Newton les principes des calculs différentiel et intégral et construisit une machine à calculer.
- Il s'opposa vivement à la philosophie cartésienne selon laquelle l'étendue est la propriété des corps, qui selon Leibniz est la force. Il soutint contre Locke la théorie des idées innées.
- Selon Leibniz, idéaliste spiritualiste et dynamique, tous les êtres sont constitués de monades, émanations de Dieu qui est la monade des monades. Ces substances élémentaires n'ont pas de forme, elles sont individuelles – elles sont *« sans portes, ni fenêtres »* – et ne peuvent être ni produites, ni détruites. Il n'existe entre elles aucune influence mais une harmonie préétablie.
- Dans ses *Essais de théodicée* (1710), Leibniz tente de concilier l'existence du mal et la bonté de Dieu. Il conclut que Dieu n'a pas voulu, mais permis ce mal. Pour Leibniz, *« tout est pour le mieux dans le meilleur des mondes possibles »*, car le bien dans ce monde dépasse largement le mal.

➜ **pages :** ***212, 402.***

Liberté

Être soi-même sa propre cause.

- La liberté est l'absence de toutes contraintes extérieures. elle définit un être qui n'agit qu'en fonction de sa propre nature.
- Dans la philosophie classique, la liberté s'applique à tout individu

dont les déterminations sont rationnelles. Forme la plus élevée de la liberté humaine, le libre arbitre caractérise une volonté qui n'agit que de sa propre initiative sans aucune détermination extérieure.

● L'autonomie de la volonté pure signe pour le sujet sa liberté morale.

● Selon l'existentialisme, la liberté de l'homme est infinie. L'homme est responsable de ses actes par les choix qu'il fait et par ceux qu'il refuse de faire et qui l'engagent parfois de façon universelle.

➜ **pages :** ***127, 128, 131, 135, 202, 210, 218, 242, 246, 288, 374, 400, 406.***

Linguistique

Étude des langues.

● L'objet de la linguistique n'est pas le langage ni la parole mais la langue définie comme un système de signes. *« La matière de la linguistique est constituée d'abord par toutes les manifestations du langage humain [...]. La tâche de la linguistique sera : a) de faire la description et l'histoire de toutes les langues qu'elle pourra atteindre, ce qui revient à faire l'histoire des familles de langues et à reconstituer, dans la mesure du possible, les langues mères de chaque famille ; b) de chercher les forces qui sont en jeu d'une manière permanente et universelle dans toutes les langues »* (Ferdinand de Saussure).

● La linguistique se détache de la sémiologie avec l'œuvre de Ferdinand de Saussure.

➜ **page :** ***310.***

Locke (John)

Philosophe anglais (1632-1704).

● Dans l'*Essai sur l'entendement humain* (1690), Locke affirme sans équivoque son désir d'écrire *« une œuvre moralement utile »* en s'interrogeant sur la nature et sur les limites de l'entendement humain : *« Montrer par quels moyens notre entendement vient à se former les idées qu'il a des choses, marquer les bornes de la certitude, définir les limites qui séparent l'opinion de la connaissance. »*

● Cet ouvrage constitue l'une des références majeures de la philosophie des Lumières.

● *« Tant de raisonneurs ayant fait le roman de l'âme, un sage est venu qui en a fait modestement l'histoire... Locke a développé à l'homme la raison humaine comme un excellent anatomiste explique les ressorts du corps humain »* (Voltaire).

● Toutes nos idées *« qui sont tout ce qui est objet de l'entendement humain quand l'homme pense »* proviennent soit de la sensation soit de la réflexion.

● Locke réfute la théorie cartésienne des idées innées qui *« sont si peu innées que ni les enfants, ni les sauvages, ni les idiots n'en ont la moindre idée »*.

● On retiendra également, dans son œuvre, la *Lettre sur la tolérance* (1689) et le *Traité du gouvernement civil* (1690) dans lequel Locke expose sa philosophie politique.

Logique

Opération de la pensée qui se soumet à des règles pour parvenir à une connaissance vraie.

● La logique formelle ou aristotélicienne détermine la validité des formes discursives de la pensée en faisant abstraction du contenu et de la matière.

● Chez Kant, la logique transcendantale définit les lois de la pensée et détermine les conditions de l'expérience.

➜ pages : *212, 334.*

Logos

Mot grec signifiant à la fois « parole », « raison », « calcul ».

● Le *logos* dans la philosophie grecque est la raison unificatrice.

➜ page : *306.*

Loi

Ce qu'il convient de respecter.

● La loi liée à un pouvoir de coercition et prescrite par une autorité souveraine à une communauté d'hommes est appelée loi positive

● On distingue la loi divine transmise à l'homme par la révélation et qui exprime la volonté de Dieu, la loi naturelle, qui est inhérente à la nature des choses, et la loi morale ou impératif catégorique comme principe universel, rationnel et absolu.

➜ pages : *202, 330, 376, 384, 396.*

Lucrèce (Titus Lucretius Carus)

Poète latin (98-55 av. J.-C.).

● Disciple d'Épicure dont la doctrine s'est répandue dans le monde latin et romain, Lucrèce vénéra son maître comme un dieu.

● Le poème de Lucrèce intitulé *De la nature* expose dans une visée morale, la physique d'Épicure qui fournit une explication matérialiste de l'Univers afin de protéger les hommes de la crainte des dieux et pour les conduire vers la paix de l'âme qui est l'ataraxie.

● Ce poème est considéré comme un chef-d'œuvre de la poésie scientifique et l'un des sommets de la pensée romaine.

Lumière naturelle

Raison, dans la philosophie médiévale.

● La lumière naturelle désigne la raison comme faculté donnée à tous les hommes de discerner le vrai du faux.

● Elle nous engage selon Montesquieu à ne pas faire à autrui ce que nous ne voudrions pas qu'on nous fasse.

Lumières (Philosophie des)

Mouvement philosophique européen du XVIIIe siècle qualifié de siècle des Lumières.

● Les grandes idées qui sont au fondement de la philosophie des Lumières sont l'utilité et le bonheur individuel, le cosmopolitisme, la certitude expérimentale, le rationalisme et l'apologie de la nature. Mais l'idée qui domine est que la raison, capable par elle-même de découvrir des vérités, doit être éduquée pour accomplir les progrès auxquels elle est destinée. Il convient par conséquent d'éclairer les hommes pour combattre l'obscurantisme qui prévalait jusqu'alors. En France, ce mouvement s'est développé dans la continuité des œuvres de Fontenelle et de Bayle avec Montesquieu, Voltaire, Diderot, d'Alembert, Helvétius, d'Holbach, Buffon, Mirabeau, Condorcet, etc.

● En Allemagne, la philosophie des Lumières fut traduit par *Aufklärung* : *« Qu'est-ce que les Lumières ? La sortie de l'homme de sa minorité, dont il est lui-même responsable. Minorité, c'est-à-dire incapacité de se servir de son entendement sans la direction d'autrui, minorité dont il est lui-même responsable puisque la cause en réside non dans le défaut de l'entendement mais dans un manque de décision et de courage de se servir sans la direction d'autrui. Sapere aude ! Aie le courage de te servir de ton propre entendement. Voilà la devise des Lumières »* (Emmanuel Kant).

➜ **pages : *206, 216, 326, 344.***

Machiavel (Nicolas)

Philosophe italien (1469-1527).

● Adressé à Laurent de Médicis, *le Prince* (1513), œuvre la plus célèbre de Machiavel, traite de l'art de gouverner et demeure une des pensées incontournables de la philosophie politique. Machiavel y établit une classification des États avant d'énoncer les différents moyens de les conserver et de les conquérir.

● Selon Machiavel, la politique est avant tout conflit, l'ordre à instaurer se fait toujours contre un désordre premier. À l'intérieur de ce conflit, le politique, qu'il détienne déjà le pouvoir ou cherche à y accéder, possède une marge d'action qui induit nécessairement des réactions chez ses adversaires. Celles-ci répondent à des modalités souvent imprévisibles, que Machiavel nomme la fortune. Pour gérer cette part d'aléatoire, la *virtu* politique est requise et repose sur deux principes : la faiblesse des hommes et l'usage calculé de la ruse et de la force.

● Il n'existe aucune conciliation possible entre le réel et l'idéal et il est impossible, pour celui qui veut le pouvoir, de garder les mains propres et une âme pure. Le prince soucieux de se maintenir au pouvoir doit combiner sa propre soumission aux lois et l'exercice d'une autorité éventuellement coercitive.

● Ce livre qui paraissait scandaleux fut la cible de nombreuses réfutations dont la plus célèbre est *l'Anti-Machiavel* (1740) de Frédéric II.

Maïeutique

Art de faire accoucher.

● La maïeutique est fondée sur la théorie de la réminiscence selon laquelle apprendre c'est se souvenir. La maïeutique désigne ainsi l'art d'accoucher les esprits, méthode par laquelle Socrate amenait ses interlocuteurs à découvrir les connaissances qu'ils portaient en eux.

➜ **page : *410.***

Majeure

En logique formelle, celle des prémisses d'un syllogisme catégorique qui contient le majeur ou grand terme ; dans le syllogisme hypothétique celle qui contient la condition la plus importante.

Mal

Ce qui affecte physiquement ou moralement un individu.

● Leibniz distingue le mal métaphysique qui désigne l'imperfection, le mal physique qui désigne la souffrance et le mal moral qui désigne le péché.

● Le problème du mal soulève, dans la métaphysique, l'épineux problème de la conciliation du mal et de l'existence d'un Dieu bon et tout-puissant.

● Selon le manichéisme, la doctrine de Mani (IIIe siècle apr. J.-C.), deux principes antagonistes et éternels, le bien et le mal, gouvernent le monde.

➜ **pages : 360, 422.**

Malebranche (Nicolas)

Théologien et philosophe français (1638-1715).

● Influencé par saint Augustin et disciple de Descartes, Malebranche écrit *De la recherche de la vérité* (1674).

● Il se distingue de la pensée cartésienne par sa théorie de la cause occasionnelle et de la vision de Dieu.

● La cause occasionnelle, ou cause naturelle, désigne chez Malebranche l'occasion ou la circonstance par laquelle Dieu exerce sa propre causalité. La volonté divine est la seule cause efficiente de ce qui se produit dans la nature où tout s'enchaîne de façon mécanique. Seul Dieu dispose des lois universelles.

● La théorie de la vision de Dieu affirme que l'entendement, étincelle de la raison divine en l'homme, connaît « clairement et distinctement » en Dieu les idées des choses matérielles dont l'essence est l'étendue intelligible.

● Ces deux théories annoncent l'immatérialisme de Berkeley (la seule réalité est celle des esprits et de leurs perceptions) ainsi que celle, mais d'un point de vue contradictoire, de l'associationnisme de Hume (le principe de causalité et le principe de contradiction ne sont que des phénomènes induits par l'expérience, ils ne sont dus qu'à une nécessité subjective liée à l'habitude).

Marc Aurèle

Empereur et philosophe romain (121-180).

● Le règne de Marc Aurèle fut marqué par de nombreuses difficultés militaires et politiques ainsi que par des catastrophes naturelles – inondations, tremblement de terre – et, surtout, par une terrible épidémie de peste. Ses *Pensées* constituent le dernier grand témoignage sur le stoïcisme tardif de l'époque romaine. Marc Aurèle y retrace notamment des expériences personnelles et les leçons qu'il en a tirées.

● Marc Aurèle appartient au courant du stoïcisme tardif ou impérial avec Sénèque et Épictète.

● Le but fondamental du stoïcisme tardif est de vivre en accord avec la nature, c'est-à-dire la raison. Il distingue la raison interne au cosmos, la raison interne à la nature et la raison interne à l'individu.

● Marc Aurèle s'est appliqué à vivre selon les principes du stoïcisme : ne juger que conformément à la raison qui est en nous, agir envers autrui avec justice et accepter les événements que le destin nous envoie avec amour.

➜ **page :** ***198.***

Marx (Karl)

Philosophe et économiste allemand (1818-1883).

- L'œuvre de Marx se divise en deux périodes, la première qui correspond aux écrits de jeunesse, la seconde relative à l'analyse politique et économique.
- Héritier de Hegel et de Feuerbach, Marx rejette néanmoins l'idéalisme du premier et le matérialisme mécaniste du second. La philosophie doit, à ses yeux, toujours coordonner théorie et pratique, rejeter toute forme d'idéalisme qui pervertit la réalité. S'il emprunte les principes de la dialectique hégélienne, Marx l'interprète dans un tout autre sens et fonde le matérialisme dialectique.
- En 1845, il rencontre Friedrich Engels. En dehors d'une profonde amitié, c'est une collaboration fructueuse qui va naître entre eux. Elle aboutira à la création de ce qu'Engels a nommé le socialisme scientifique, analyse de la société capitaliste qui dévoile les mécanismes de l'exploitation des ouvriers par la classe dominante (la bourgeoisie) en développant une théorie de la plus-value et de la chute tendancielle du taux de profit qui tend à accroître la paupérisation. Cette analyse débouche sur une pratique révolutionnaire dont la finalité est la destruction de la société capitaliste. Cette destruction sera la fin de l'exploitation de l'homme par l'homme et l'avènement d'une société sans classe et sans État.
- Philosophie résolument pratique, le socialisme scientifique est inséparable d'une transformation radicale de la société : « *Jusqu'ici, les philosophes n'ont fait qu'interpréter le monde de différentes manières, il s'agit désormais de le transformer* » (Marx).

➜ **pages** : *222, 232, 354, 378.*

Matérialisme

Toute doctrine selon laquelle la matière est la seule réalité fondamentale.

- Les philosophies épicurienne et stoïcienne sont les représentantes du matérialisme antique.
- Le matérialisme historique définit la pensée marxiste selon laquelle l'économie détermine le sens de l'histoire.
- Le matérialisme historique est une forme du matérialisme dialectique selon lequel l'Univers est une totalité matérielle travaillée par des contradictions internes et engagée dans un devenir qui engendre des transformations qualitatives à partir de changements quantitatifs.

➜ **pages** : *232, 290, 370.*

Mathématisation

Utilisation des mathématiques par les sciences dans la connaissance de leurs objets propres et des lois qui les régissent.

- L'utilisation des statistiques en psychologie différentielle est une forme de mathématisation.

➜ **pages** : *336, 338.*

Matière

Ce que nous percevons hors de nous.

- La conception aristotélicienne considérait la matière comme potentialité ou puissance. Elle s'oppose à la forme qui actualise et spécifie la matière.

- Chez Descartes, la matière est conçue comme une substance étendue *(res extensa)* et s'oppose à la pensée *(res cogitans)*. Elle définit la réalité extérieure en terme de longueur, largeur et profondeur.
- La matière correspond, chez Kant, à la sensation, aux données de l'expérience sensible.
- Aujourd'hui, elle définit la réalité constitutive des corps, composés d'atomes et de molécules.

➜ **page** : ***340.***

Maxime

Formule énonçant une règle de conduite.

- Les auteurs de maximes sont appelés des moralistes.

Mécanisme

Doctrine philosophique selon laquelle la matière est une substance distincte de la pensée et dont la propriété est l'étendue.

- Le cartésianisme est un mécanisme auquel s'oppose le dynamisme de la pensée de Leibniz.

➜ **page** : ***328.***

Mémoire

Fonction psychique qui reproduit un état de conscience passé en le reconnaissant comme passé.

- Pour la philosophie moderne (Descartes, Spinoza, Malebranche), la mémoire des choses matérielles *« dépend des vestiges conservés dans le cerveau après que des images s'y sont imprimées ».*
- Bergson distingue la mémoire-souvenir ou mémoire vraie qui fixe le souvenir et la mémoire-habitude qui reproduit des mécanismes acquis.
- Les recherches contemporaines en neuropsychologie cherchent à définir le rôle exact que jouent les structures nerveuses dans la mémoire.

➜ **pages** : ***256, 282, 284, 286, 288, 304.***

Merleau-Ponty (Maurice)

Philosophe français (1908-1961).

- Héritier de la philosophie de Husserl, Merleau-Ponty cherche à décrire le réel de façon concrète, à revenir aux choses mêmes et à comprendre l'existence humaine. Hostile à toute pensée qui prétend expliquer les phénomènes par le principe de causalité aussi bien qu'à celles qui tentent de l'expliquer de façon interne, Merleau-Ponty remet en question la notion idéaliste d'une conscience pure, c'est-à-dire transparente à elle-même.
- La phénoménologie est la base d'une philosophie existentielle. Elle dévoile le rapport de la nature et de la conscience. La conscience est toujours conscience engagée, perpétuellement en contact avec le monde

Métaphysique

Connaissance de l'être en tant qu'être.

- Le terme de métaphysique – du grec *méta phusika,* « après la physique » – a été attribué par Andronicos de Rhodes à l'ontologie aristotélicienne, car elle venait après les livres de physique.

- C'est au Moyen Âge que le terme devient synonyme de philosophie première. La préposition *méta* ne signifiant plus alors « ce qui vient après » mais « ce qui est au-delà de la physique ».
- Selon Kant, la métaphysique *« n'est pas autre chose que l'inventaire, systématiquement ordonné, de toutes les connaissances que nous devons à la raison »*.
- La philosophie nietzschéenne est la première tentative de renversement de la métaphysique, qu'elle définit comme l'histoire d'une longue erreur.
- Pour la philosophie contemporaine, la métaphysique est la recherche du sens de l'existence humaine qui ne peut se concevoir que dans l'engagement.

➜ **pages :** ***196, 212, 228.***

Méthode

Règles permettant d'atteindre une fin qu'elle soit ou non établie par avance.

- Ce terme est lié à la philosophie de Descartes, qui le définit en ces termes : *« Par méthode, j'entends des règles certaines et faciles, grâce auxquelles tous ceux qui les observent exactement ne supposeront jamais vrai ce qui est faux et parviendront, sans se fatiguer à des efforts inutiles, à la connaissance vraie de ce qu'ils peuvent atteindre. »*

➜ **pages :** ***208, 302.***

Mineure

Dans la logique formelle, celle des deux prémisses d'un syllogisme qui contient le mineur ou petit terme.

Misologie

Ce qui est hostile à la raison, ce qui méprise le **logos.**

Modalité

Caractère des propositions modales.

- Pour la logique classique, ces caractères sont au nombre de quatre – la nécessité et la contingence, la possibilité et l'impossibilité – et définissent la relation de prédication.

Mode

Détermination d'un sujet, d'une substance.

- Pour la philosophie scolastique, le mode détermine la substance. Il est, chez Descartes, synonyme d'attribut ou de qualité.
- Le mode d'un syllogisme est la forme du syllogisme selon les propriétés (qualités ou qualité) des propositions qui le constituent.

Moderne

Qualifie, en philosophie, la réflexion postérieure à Descartes.

➜ **page :** ***262.***

Moi

Tout individu conscient de lui-même et objet de la pensée.

- Le moi transcendantal, chez Kant, est le sujet pensant qui unifie la perception empirique.
- Dans la seconde théorie de l'appareil psychique, Freud distingue le moi, le ça et le surmoi. Le moi est soumis aux exigences du ça (dominé par le principe de plaisir) et aux impératifs du surmoi (moi idéal).

➜ **pages :** ***92, 236.***

Monade

Concept essentiel de la philosophie de Leibniz.

- La monade est une *« substance simple, sans parties, qui entre dans les composés »*.
- Les monades sont indivisibles, elles ne sauraient ni naître, ni périr. Elles sont différentes les unes des autres et sont soumises à un changement interne perpétuel.

➜ **page :** ***212.***

Monde

Ensemble des réalités matérielles qui constituent l'univers.

- Ce terme d'origine latine équivaut au mot grec *kosmos.*
- La philosophie distingue le monde extérieur, perceptible par les sens, et le monde intérieur qui définit la conscience.

➜ **page :** ***244.***

Monisme

Caractérise les doctrines philosophiques qui n'admettent qu'un seul principe ou qu'une seule substance.

- La conception hégélienne de l'Univers est un monisme.

Montaigne (Michel Eyquem de)

Écrivain et moraliste français (1533-1592).

- La première édition des *Essais* paraît en 1580, une seconde suivra en 1588.
- Montaigne y révèle un humanisme teinté de scepticisme dont toute sa morale va découler : *« chaque homme porte en soi la forme entière de l'humaine condition »*, mais il refuse le dogmatisme des sciences et de la philosophie. La raison s'égare selon Montaigne dès qu'elle croit saisir quelque chose d'immuable.
- Voulant être un exemple et non un maître, l'expérience singulière qui est connaissance et jouissance du moi et la morale sceptique lui assure l'indépendance du jugement et la maîtrise des passions, fondements nécessaires pour parvenir à la réalisation de sa nature.

➜ **pages :** ***95, 206.***

Montesquieu (Charles de Secondat, baron de La Brède et de)

Philosophe français (1689-1755).

- *Les Lettres persanes* (1721) lui apportent soudainement la gloire, et il est élu à l'Académie française en 1727. S'intéressant à la philosophie politique, il élabore une théorie des climats.
- La publication de *De l'esprit des lois* (1748) est l'aboutissement d'un travail de plus de quinze ans sur la nature des lois et leurs rapports entre elles. Cet ouvrage est condamné par la Sorbonne et censuré par Rome.
- Montesquieu y distingue les lois politiques et les lois de la nature d'origine divine.
- Les lois sont nécessaires, elles découlent de la nature des choses, elles permettent à l'homme d'accéder à la liberté politique.
- La relation qui unit la loi à la liberté politique étant posée, Montesquieu définit trois formes de gouvernement en distinguant leur nature et leur principe : le despotisme, la monarchie et la république.

● Le despotisme est le mal politique absolu. Il repose sur la crainte et correspond au pouvoir d'un seul homme dont le caprice est la seule loi. Il ne peut convenir à un peuple civilisé et conscient de la dignité humaine.

● La monarchie, où un seul exerce le pouvoir en se référant à des lois établies et dont le principe est l'honneur.

● La république où le peuple – dans le cas de la démocratie – ou une partie du peuple – dans le cas de l'aristocratie – possède la souveraine puissance. Son principe est la vertu.

● Montesquieu fonde la liberté politique sur la séparation des pouvoirs législatif, exécutif et judiciaire. Celle-ci est à la fois la garantie de la liberté du citoyen et de l'autorité politique. Cette garantie réside dans la limitation réciproque induite par cette séparation des pouvoirs.

➜ **pages :** ***216, 380.***

Morale

Ensemble de règles universelles.

● « Morale » est synonyme d'« éthique ». Elle détermine l'action humaine soumise à des devoirs dont la finalité est le bien.

● La morale provisoire désigne chez Descartes les quelques règles pratiques à suivre avant d'établir une morale fondée sur la raison.

● La morale kantienne définie par l'impératif catégorique est une morale du devoir, inconditionnelle et universelle.

● Selon Nietzsche, la morale est étroitement liée à nos conditions d'existence, il distingue la morale des esclaves, liée au ressentiment et à la négation de la vie, et la morale aristocratique, liée à l'affirmation dionysiaque de la vie et du monde.

➜ **pages :** ***234, 360, 386, 390, 394, 426.***

Mort

Du point de vue biologique, arrêt des fonctions du cerveau illustré par un tracé plat de l'encéphalogramme.

● Freud a distingué l'instinct ou la pulsion de mort (Thanatos) de la pulsion de vie et d'auto-conservation (Éros).

➜ **pages : 226, 292.**

Motif

Raison d'agir d'ordre intellectuel.

● Le motif est une détermination consciente qui se distingue du mobile, considéré comme un facteur affectif et irrationnel.

Mystique

Partie de la théologie qui étudie les phénomènes non rationnels prétendant atteindre une réalité supérieure.

● Le mystique a une relation privilégiée avec le divin. Il éprouve un sentiment d'intensité et de ferveur comparable au sentiment religieux.

➜ **page :** ***244.***

Mythe

Récit, fable, légende.

● Les mythes rapportent les aventures de personnalités réelles ou imaginaires ou les exploits des dieux ou des héros.

● Le mythe en philosophie exprime de façon symbolique une conception de la vérité.
➜ page : *266*.

Nation

Entité dont l'unité est déterminée par des facteurs objectifs tels que le territoire ou la langue, et des facteurs subjectifs tels que l'histoire ou la culture.

● Depuis la Révolution française, la nation a été assimilée au peuple qui, comme tel, détient l'autorité politique.

● *« Une nation est une âme, un principe spirituel. Deux choses qui, à vrai dire, n'en font qu'une, constituent cette âme, ce principe spirituel. L'une est dans le passé, l'autre dans le présent. L'une est la possession en commun d'un riche legs de souvenirs ; l'autre est le consentement actuel, le désir de vivre ensemble, la volonté de continuer à faire valoir l'héritage qu'on a reçu indivis »* (Ernest Renan).

Nature

Ce qu'un être est par lui-même.

● Chez Aristote, la nature est la cause productrice du changement ou du développement d'un être.

● La nature désigne tout ce qui est inné, dans une espèce d'être, par opposition à ce qui est acquis.

● Chez Spinoza, la nature désigne la totalité de qui est.

● L'état de nature s'oppose à l'état social. C'est un état fictif, supposé, de la condition humaine avant toute organisation sociale.

● La nature humaine désigne tout ce qui est commun aux hommes et qui est présent en chacun d'eux indépendamment de toutes déterminations contingentes.
➜ pages : *200, 218, 296, 298, 412*.

Néant

Non être.

● Le néant définit ce qui n'a pas d'être ou de réalité.

● Pour l'existentialisme, le néant est au cœur même de l'être.

Nécessaire

Qui ne peut être autrement qu'il est et qui ne peut pas ne pas être.

● Pour la métaphysique dogmatique, ce terme s'applique à Dieu comme cause de soi.

● La logique définit par nécessaire ce qui ne peut être conçu autrement.

● Du point de vue de la morale, « nécessaire » est synonyme d'« obligatoire » et s'impose en vertu de la loi morale.

Nécessité

Caractère de ce qui est nécessaire.

● La nécessité s'oppose à la contingence. Elle peut être hypothétique, parce que subordonnée à des présuppositions, ou absolue, c'est-à-dire inconditionnelle.

● En philosophie, la nécessité détermine un rapport entre des phénomènes ou des propositions.

● Dans le domaine de la morale, elle s'impose à la loi morale sous la forme de l'impératif catégorique.

Nietzsche (Friedrich)

Philosophe allemand (1844-1900).

● L'œuvre de Nietzsche est sans conteste la plus controversée dans l'histoire de la pensée. Ses détracteurs sont nombreux, et sa pensée a même été rattachée à tort au national-socialisme.

● Situé aux confins de la philosophie, Nietzsche est le philosophe du renversement platonicien qui abolit la distinction entre monde sensible et monde intelligible et qui rend à l'individu sa place dans le monde en faisant exploser le cadre de la métaphysique dogmatique. Toute la philosophie nietzschéenne repose sur cette réfutation virulente et sans appel de l'idéalisme métaphysique. La connaissance de l'être en soi, ou le dévoilement intégral de l'être au sens où l'entendait Hegel, est pour Nietzsche l'idée la plus chimérique qui soit. C'est pourtant sur elle que repose l'essence de la vérité, cette vérité figée qui soumet l'homme, en tant qu'elle symbolise l'absolu et le bien, et le brise dans les méandres d'une dialectique qui l'enferme dans un système illustrant l'effroi face à un monde où l'homme recherche désespérément un sens et une finalité.

● Nietzsche a distingué trois types de philosophes : les philosophes superficiels, les philosophes profonds et les philosophes fondamentaux. Philosophe de la mort de Dieu, Nietzsche abolit le diktat de la morale. Dépassant le nihilisme, il ouvre la voie à une pensée libre où la volonté affirme la vie. Il dégage ainsi pour l'homme un nouvel horizon où celui-ci pourra peut être se réapproprier son destin.

➜ **pages :** *234, 250, 348, 352, 398, 426.*

Nihilisme

Doctrine qui refuse l'existence des valeurs absolues.

● Le nihilisme a particulièrement marqué la pensée russe du XIXe siècle. Critiquant de façon radicale toutes les valeurs traditionnelles et conservatrices, le nihilisme vise à supprimer toute autorité – défendant l'« absolue nécessité de la destruction des états » – et à transformer le monde au nom d'une liberté qui se rapproche de l'anarchie.

● Selon Nietzsche, le nihilisme est le fruit de la décadence européenne.

➜ **page :** *234.*

Nominal

Qui est relatif aux noms.

● Une définition nominale est une définition conventionnelle.

● Les nominaux étaient selon les scolastiques les partisans du nominalisme.

Nominalisme

Doctrine selon laquelle les concepts ou les idées universels n'ont aucune réalité ni dans l'esprit ni hors de l'esprit.

● Le nominalisme identifie le nom à des signes conventionnels qui permettent la communication de la pensée.

● Le nominalisme s'oppose au réalisme, qui affirme une réalité hors de l'esprit des concepts, et au conceptualisme, selon lequel il n'existe pas de réalité des concepts hors de l'esprit.

- Pour le nominalisme scientifique, les faits, les lois et les théories scientifiques ne sont que des constructions de l'esprit.
- Le rasoir d'Occam est une forme du principe de parcimonie du philosophe anglais Guillaume d'Occam selon lequel *« il ne faut pas multiplier les êtres sans nécessité »*. Il s'agit donc de n'avoir recours à des réalités non empiriques qu'en cas de nécessité.

Norme

Règle idéale.

- Les jugements de valeur sont portés en fonction de normes qui décrivent ce qui doit être.

→ **page : *248.***

Noumène

Terme appartenant à la terminologie kantienne et qui définit la chose en soi, la réalité que nos facultés intellectuelles ne peuvent appréhender.

→ **page : *346.***

Objectif

Qui est indépendant des intérêts ou des goûts.

- Depuis Kant, ce terme définit ce qui existe en dehors de l'esprit et indépendamment de la connaissance qu'en a le sujet pensant. Il s'oppose à subjectif.

Objectivité

Caractère de ce qui existe indépendamment et en dehors de notre pensée.

- *« Le meilleur indice de l'objectivité d'une connaissance réside, pour le savant, dans la convergence des résultats obtenus par des méthodes différentes »* (Robert Blanché).
- Dans un sens courant, l'objectivité désigne l'impartialité.

→ **page : *350.***

Obligation

En morale, caractère impératif de la loi morale dont le respect est inconditionnel.

→ **page : *396.***

Observation

Conclusion d'une expérience.

- On distingue l'observation empirique, qui constate mais ne peut expliquer les phénomènes, de l'observation scientifique, qui forme à partir de ces constatations des hypothèses et qui les vérifient.

→ **page : *332.***

Oligarchie

Régime politique dans lequel le pouvoir est exercé par un petit nombre d'individus.

Ontologie

Étude de l'être en tant qu'être.

- La philosophie première d'Aristote est une ontologie.
- Le terme d'« ontologie » n'apparaît qu'au XVIIe siècle.
- La preuve ontologique de l'existence de Dieu est d'abord formulée par saint Anselme dans le *Proslogion : « J'ai commencé à chercher s'il se pouvait trouver par hasard un argument unique qui n'eût besoin de nul autre pour se*

prouver et qui, seul, suffit à garantir que Dieu est vraiment, qu'il est le bien suréminent, n'ayant besoin de nul autre, dont tous ont besoin pour être et être bien. » La preuve ontologique est reprise par Descartes dans les *Méditations métaphysiques* (1641), sous forme mathématique. De la même façon dont on déduit de l'essence d'une figure géométrique les propriétés qui sont les siennes, l'existence de Dieu se déduit de son essence : Dieu est parfait et si l'existence lui faisait défaut, il lui manquerait une perfection.

- L'argument ontologique est critiqué par Kant, pour qui l'existence n'est ni une propriété, ni une perfection de l'essence.

→ **page :** ***240.***

Opinion

Le plus bas degré du savoir.

- Selon Platon, l'opinion, connaissance pratique et empirique, est inférieure à la connaissance intelligible.
- L'opinion marque l'assentiment, non fondé rationnellement, d'un jugement.
- L'opinion publique désigne l'opinion dominante au sein d'un groupe, d'une communauté.

→ **page :** ***200.***

Origine

Commencement ; principe d'une réalité.

- L'origine soulève de nombreuses questions telles que celles de la connaissance, de la vie, du langage, des espèces et du mal, auxquelles la philosophie a tenté d'apporter des réponses.
- Au pluriel, les origines désignent un ensemble de conditions ou de circonstances qui ont permis l'émergence et le développement d'un phénomène.

Panthéisme

Théorie selon laquelle Dieu et le monde ne font qu'un.

- Selon Plotin ou Spinoza, le panthéisme désigne tout ce qui est est en Dieu ou en procède.
- Le panthéisme définit aussi, notamment chez Diderot, la conception d'un Dieu immanent au monde lui-même.
- Cette conception s'oppose aux religions monothéistes selon lesquelles Dieu est radicalement transcendant.

Paradigme

Modèle.

- L'idée platonicienne est un paradigme de la réalité. Les choses sensibles y participent à titre imparfait et transitoire.

Paradoxe

Proposition qui va à l'encontre de l'opinion commune généralement admise ou de la vraisemblance.

- Le paradoxe peut parfois prendre la forme d'une contradiction afin de mettre une idée en relief.

Paralogisme

Raisonnement faux énoncé sans volonté de tromper.

Parfait

Complet, achevé.

● Selon Descartes, Dieu est l'être souverainement parfait qui possède toutes les qualités concevables, et n'a aucune limitation. De cette perfection, Descartes conclut la nécessité de son existence.

Participation

Rapport que soutiennent les idées entre elles, ou les choses sensibles avec les idées qui en sont le paradigme.

Particulier

Caractère qui appartient à quelques individus ou à un seul.

● Le particulier désigne, en logique, un jugement ou une proposition dans lesquels l'attribut est affirmé ou nié d'une partie indéterminée de l'extension du sujet (il ne concerne que quelques individus d'une classe).

● Particulier devient synonyme de singulier quand il s'applique à ce qui s'élève au-dessus de la moyenne.

Pascal (Blaise)

Écrivain et savant français (1623-1662).

● Selon Chateaubriand, Pascal est un *« effrayant génie »*. C'est en effet un génie extrêmement précoce puisqu'il commence à écrire un traité sur la propagation des sons dès l'âge de onze ans et découvre seul les trente-deux premières propositions d'Euclide. À seize ans, il rédige un *Essai sur les coniques* et invente à dix-huit ans une machine arithmétique.

● La foi et les études scientifiques ont conduit Pascal à distinguer les sciences d'autorité et les sciences scientifiques. La vérité des premières se trouvent dans les livres sacrés, celle des secondes dans la raison et l'expérience.

● La première édition des *Pensées* de Pascal (1670) est posthume. La première partie de l'ouvrage s'intitule « Misère de l'homme sans Dieu », la seconde « l'Homme avec Dieu ». Les pensées s'adressent aux incroyants et aux libertins. Elles sont une apologie de la religion chrétienne et plus précisément du jansénisme.

● Pascal s'attache à décrire la vanité et la contradiction de la nature humaine. Situé entre deux infinis, l'homme ressent sa condition faible et mortelle. Son imagination trompeuse, son amour-propre le conduisent à fuir la vanité de son existence dans le divertissement. Mais l'homme aspire à la grandeur et à l'absolu. Pour mener les incroyants vers la croyance en Dieu, Pascal n'a pas recours à des preuves ou des raisonnements rationnels, mais à une argumentation subtile. Il distingue ainsi l'art de convaincre et l'art de persuader. Face à l'impossibilité de trancher pour ou contre l'existence de Dieu, Pascal admet l'incompétence de la raison. Dans l'ignorance, l'homme n'ayant rien à perdre et tout à gagner, a alors tout intérêt à parier pour l'existence de Dieu, et plus précisément du Dieu chrétien mort sur la croix.

● Les *Pensées* ont connu un succès immédiat, mais elle ont été vivement critiquées par Voltaire, Fénelon et Condorcet.

● Dans la nuit du 23 novembre 1654, Pascal éprouve une extase

mystique. Malade et lassé par une vie mondaine, il se retira à Port-Royal.
➜ **pages :** ***368, 416.***

Passion

Action de supporter.

- Les passions sont considérées comme des troubles de l'âme que l'usage de la philosophie apprend à dominer.
- La passion définit, chez les cartésiens, tous les phénomènes passifs de l'âme. Elle s'oppose à l'action.
- La passion représente chez Kant la victoire du sensible sur le rationnel.
- Chez Hegel, la passion est la ruse de la raison qui permet d'unifier toutes les énergies spirituelles et de mener à bien un projet.

➜ **pages :** ***222, 230, 270, 374.***

Pensée

Tout ce qui se passe dans l'esprit.

- La pensée définit l'activité psychique dans son ensemble.
- Selon Kant, la pensée est l'activité par laquelle le jugement forme les concepts.
- La pensée désigne l'activité cognitive, qui est à la fois représentation mentale d'une chose, réflexion et jugement.

➜ **pages :** ***56, 278, 286, 306.***

Perception

Action de recueillir.

- Selon la philosophie cartésienne, la perception s'applique à tous les actes de l'intelligence.
- Chez Leibniz, la perception est commune à l'animal et à l'homme et coordonne les données sensibles.
- Selon Kant, la perception est la conscience accompagnée de sensations.
- La perception interne est la connaissance que le moi prend de ses états et de ses actes.

➜ **pages :** ***278, 280, 300.***

Personne

Être humain conscient et responsable de lui-même.

- La notion de personne s'oppose à celle de chose.
- Le terme de « personne » est introduit par Kant. Selon lui, la personne est un sujet moral et responsable, un être raisonnable comme fin en soi et valeur absolue. La personne s'oppose à la chose qui n'est qu'un moyen et n'a qu'une valeur relative.

➜ **page :** ***394.***

Phénomène

Ce qui se manifeste ou apparaît aux sens ou à la conscience.

- Le phénomène s'oppose, chez Kant, à la chose en soi ou *noumène.* Il est appréhendé à travers les formes *a priori* de l'espace et du temps, puis subsumé sous la juridiction des catégories.

➜ **pages :** ***226, 240, 252.***

Philosophie

Système de la connaissance ; réflexion critique sur les problèmes humains de la connaissance et de l'action.

- Jusqu'à Hegel, la philosophie se définit en fonction du statut accordé à la raison, qui oppose la philosophie dogmatique à la philosophie empiriste.

● Selon Aristote, *« la science du philosophe est celle de l'être en tant qu'être, pris universellement et non dans l'une de ses parties »*.

● Descartes distingue la philosophie spéculative, qu'il récuse, de la philosophie pratique, qu'il définit en ces termes : *« Toute la philosophie est comme un arbre, dont les racines sont la métaphysique, le tronc est la physique, et les branches qui sortent de ce tronc sont toutes les autres sciences, qui se réduisent à trois principales, à savoir la médecine, la mécanique et la morale. »*

● Afin de surmonter le scepticisme et le dogmatisme, la philosophie, avec Kant, se fait « critique » ou jugement de la raison par la raison qui légifère sur ses propres fondements et sur ses limites. La philosophie kantienne ouvre la voie d'une conciliation entre empirisme et dogmatisme.

● C'est avec Hegel que la philosophie affirme parvenir à son terme. *« Tout ce qui est réel est rationnel »*. L'esprit se saisit lui-même comme constituant la réalité. La philosophie devient un système unifiant l'ensemble du réel qui se détermine selon une progression dialectique.

Phonème

Plus petit élément sonore du langage.

● Il peut s'écrire en une ou plusieurs lettres (*o* ou *au* ou *eau*) et représente un son spécifique.

Phonétique

Étude des sons d'une langue à partir de leur articulation et de leur réception auditive (physiologique et acoustique).

Plaisir

État agréable provoqué par la satisfaction d'une inclination.

● On distingue les plaisirs physiques suscités par les sens externes (saveurs, odeurs, sons) et le corps propre des plaisirs moraux où prédominent des éléments d'ordre spirituel.

● Le principe de plaisir et le principe de réalité sont, selon Freud, les deux principes du fonctionnement psychique : *« L'ensemble de notre activité psychique a pour but de nous procurer du plaisir et de nous faire éviter le déplaisir [...]. Elle est régie automatiquement par le principe de plaisir. »* Mais tout individu doit prendre en compte les conditions qui lui sont imposées par le monde extérieur : *« Sous l'influence de l'instinct de conservation du moi, le principe de plaisir s'efface et cède la place au principe de réalité qui fait que, sans renoncer au but final que constitue le plaisir, nous consentons à en différer la réalisation [...], à supporter même, à la faveur de long détour que nous empruntons pour arriver au plaisir, un déplaisir momentané. »*

➜ **pages :** ***53, 77, 200, 224, 354.***

Platon

Philosophe grec (428-348/347 av. J.-C.).

● L'œuvre de Platon est considérable.

Platon a présenté sa philosophie sous forme de dialogue, cheminement dialectique qui permet à Socrate de mener les débats et qui parvient, grâce la maïeutique, à faire accéder ses interlocuteurs à la vérité. Ses ouvrages fondamentaux sont *le Parménide* et *la République*.

• Platon définit, dans *la République,* l'essence même de la justice. Il décrit la genèse de la cité puis élabore en détails les plans d'une cité idéale où sagesse, courage, tempérance et justice se fondent en un tout, chacune des trois premières s'harmonisant pour constituer la dernière.

• Platon montre que l'équilibre de la cité est semblable à celui de l'individu. La justice consiste pour l'homme, comme pour la cité, à ce que chacun reste à sa place et remplisse la fonction qui convient à sa nature. Platon divise les hommes en trois genres, chefs, gardiens et artisans, respectivement dominés par l'intellect (la raison), le cœur (la volonté) et le ventre (les appétits ou passions). Il définit ainsi un équilibre où la sagesse, qui réside dans la science des chefs, le courage des guerriers et la tempérance de ceux qui doivent obéir, peut être le garant que d'une cité où règne la justice et donc le bonheur.

• Platon, avec la théorie des idées, a divisé le monde en monde sensible, où les hommes vivent et qui est affecté par la dégradation, et en monde intelligible, qui est l'essence du premier, monde des essences immatérielles ou monde des idées. L'idée du bien est au sommet de la hiérarchie des idées ; c'est le principe radical d'où découle toutes les autres. L'idée de bien représente, pour Platon, le seul accès possible à la connaissance. Elle définit du point de vue moral le souverain bien ou bien suprême. La philosophie platonicienne est un idéalisme objectif.

➜ **pages :** ***64, 133, 194, 320, 322, 408, 410.***

Ploutocratie

Régime politique dans lequel le pouvoir est exercé par les riches.

Politique

Théorie de l'État.

• Pour la philosophie antique, la politique concerne la vie collective de la cité. Sa finalité est l'organisation de la cité suivant l'intérêt général.

• Pour Machiavel, la politique définit l'ensemble des actions en vue de la conquête ou de la conservation du pouvoir.

➜ **pages :** ***128, 140, 246, 380.***

Polythéisme

Religion qui admet l'existence de plusieurs dieux.

• « Polythéisme » s'oppose à « monothéisme ».

Positivisme

Philosophie d'Auguste Comte.

• Selon Auguste Comte, l'homme doit renoncer à ses prétentions idéalistes, c'est-à-dire à une connaissance purement rationnelle du monde. Le positivisme se distingue également de l'empirisme par sa volonté de ramener le savoir à un système général des connaissances positives.

• Par extension, le positivisme désigne toute pensée qui n'admet que la certitude expérimentale.

➜ **pages :** ***228, 424.***

Postulat

Proposition que l'on demande d'admettre mais qui n'est ni évidente par elle-même ni démontrable.

- Le postulat est indispensable à un enchaînement déductif.
- Chez Kant, les postulats de la raison pratique relatif à la liberté, à l'immortalité de l'âme et à Dieu, parce qu'ils dépassent le champ de toute expérience possible, ne sauraient être démontrés. Mais ils sont requis du point de vue de l'existence morale, car sans eux, la fin morale ne pourrait être conçue comme réalisable.

Pour soi

Caractère de l'être qui a conscience de son existence.

- Chez Hegel, le « pour soi » est le second moment de la dialectique, situé entre l'« en soi » et l'« en soi pour soi ». Il définit le moment de la conscience de soi.
- Le « pour soi » caractérise chez Sartre la conscience comme arrachement à la pure coïncidence avec soi. Il est manque, néant. *« Le pour-soi est l'être qui est à soi-même son propre manque d'être. »* Le pour soi s'oppose à l'en-soi définit comme la plénitude de l'être.

➜ **pages :** ***258, 276.***

Pragmatique

Qui concerne l'action.

- Synonyme de pratique, « pragmatique » s'oppose à « théorique » ou à « spéculatif ».
- Selon le pragmatisme français, la pensée et l'action sont inséparables, l'unique critère de la vérité étant la réussite expérimentale.

Pratique

Orienté vers l'action.

- La pratique est l'exercice d'une action volontaire qui met en œuvre l'application d'une connaissance.
- Pour Kant, la connaissance pratique définit ce qui doit être. Elle désigne l'action morale, déterminée par le concept d'autonomie et qui circonscrit le champ de la moralité.

➜ **page :** ***220.***

Praxis

Ensemble de pratiques.

- La *praxis* se distingue de la *poïèsis,* activité fabricatrice, et de l'activité contemplative.
- La *praxis* détermine sa fin en elle-même. Elle ne se subordonne pas à un but extérieur.
- La *praxis* désigne, chez Marx, la relation dialectique entre l'homme et la nature. Par son travail, l'homme modifie la nature et se transforme lui-même.

Présocratiques (Philosophes)

Ensemble des philosophes antérieurs et non précurseurs de Socrate.

- Les philosophes présocratiques incluent les physiologues, Thalès, Anaximandre, Anaximène, qui forment l'école de Milet, ainsi que Pythagore, Héraclite, Xénophane, Parménide, Zénon d'Elée, Anaxagore, Empédocle et Démocrite.
- Seuls des fragments de leurs œuvres nous sont parvenus, mais on retrouve des exposés de leurs doctrines dans des ouvrages d'Aristote.
- Héraclite d'Éphèse (576-480 av. J.-C.) est l'un des premiers penseurs

du monde occidental. Poète et philosophe, il voyait dans l'opposition et l'union des contraires l'origine et la substance même de toutes choses. *« Nous descendons et ne descendons pas dans le même fleuve, nous sommes et ne sommes pas. Le froid devient chaud, le chaud froid, l'humide devient sec et le sec humide […]. De la multiplicité des choses provient l'Un, et de l'un la multiplicité. » « Ceux qui descendent dans les mêmes fleuves, se baignent dans le courant d'une eau toujours nouvelle. […] Ce monde, pour tous uniformément constitué, n'a été créé par aucun dieu, ni par aucun homme. Mais il a toujours existé, il existe et existera toujours, feu éternellement vivant, s'allumant avec mesure et s'éteignant avec mesure. […] C'est même chose que vie et mort, veille et sommeil, jeunesse et vieillesse : ce sont mutuelles métamorphoses. »*

- Parménide (544-450 av. J.-C.) combat la philosophie matérialiste des Ioniens. Dans son poème *De la nature,* il traite de la vérité, de l'être et du non être. Il soutient que l'être est un et immuable et que le non-être n'est pas. Prétendre que le devenir siège au cœur de l'être est selon lui contradictoire et contraire à la raison : *« Il n'y a que deux voies pour la recherche : la première – l'être est et il est impossible qu'il ne soit pas – est le chemin auquel il faut se fier car c'est le chemin de la vérité ; la seconde – l'être n'est pas et le non-être est nécessaire – n'est qu'un sentier, je te le dis, où l'on ne trouve rien à quoi se fier. Car on ne peut ni connaître ce qui n'est pas, c'est impossible, ni l'énoncer en un discours […]. L'être est et tout nous montre qu'étant inengendré, il est aussi impérissable ; car il est d'un seul bloc, inébranlable et sans fin ; il ne fut ni ne sera jamais puisqu'il est maintenant, tout entier à la fois, un, d'un seul tenant. »*
- Ignorés durant des siècles, les philosophes présocratiques ont été réhabilités par Hegel, Nietzsche et Heidegger. Parménide est considéré comme le père de la dialectique moderne et Héraclite, comme le fondateur de l'ontologie. Les questions que ces penseurs ont suscitées sur l'un et le multiple et sur l'être et le non-être demeurent toujours d'actualité.

Prévision

Action de déterminer des phénomènes ou des événements futurs à partir des lois et des théories scientifiques.

- La prévision se distingue de la prédiction qui n'est fondée sur aucune loi.

→ **pages :** ***282, 316.***

Principe

Lois universelles qui régissent la pensée rationnelle.

- La métaphysique désigne par principe les cinq premiers fondements de la connaissance.
- Principe d'identité : ce qui est, est ; ce qui n'est pas, n'est pas.
- Principe de contradiction ou de non contradiction : deux propositions contradictoires ne peuvent être vraies en même temps.
- Principe de causalité : tout phénomène ayant une cause, la même cause, dans les mêmes conditions, produit toujours le même effet.

- Principe de la raison suffisante : tout ce qui est a une raison et rien n'arrive sans raison.
- Principe du tiers exclu ou du milieu exclu : soit deux propositions contradictoires, l'une est nécessairement vraie et l'autre est nécessairement fausse.
- Désignant ce qui est premier dans la connaissance, les principes doivent, selon Descartes, être *« si clairs et si évidents que l'esprit humain ne puisse douter de leur vérité lorsqu'il s'applique avec attention à les considérer ».*

→ **page** : ***330.***

Problématique

Ensemble des questions soulevées par une discipline.

- Chez Kant, le jugement problématique désigne une modalité du jugement dont on admet l'affirmation ou la négation comme possible. Il s'oppose au jugement assertorique et apodictique.
- Le jugement problématique désigne, en logique, une proposition qui exprime une simple possibilité, son affirmation ou sa négation n'étant pas établie avec certitude.

Progrès

Accroissement ou développement quantitatif.

- Le progrès désigne également, si l'on y introduit un jugement de valeur, une transformation graduelle et positive.
- Le progrès définit la marche en avant de notre civilisation grâce aux acquis de la science et de la technique.
- *« La définition générale du progrès est que celui-ci constitue une succession d'étapes de la conscience [...]. Comme le progrès est une formation de la conscience, il s'ensuit qu'il n'est pas simplement quantitatif, mais une série ascendante de relations diverses avec ce qui est essentiel »* (Hegel).

→ **pages** : ***222, 304, 314, 338, 354, 362, 374.***

Providence

Attribut de Dieu qui, dans son infinie sagesse, conçoit le plan des choses et gouverne le cours des événements et la destinée des êtres.

Psychanalyse

Discipline fondée par Sigmund Freud.

- Freud définit la psychanalyse comme une méthode d'investigation reposant sur les rêves et les associations libres exprimés par un individu et interprétés par le psychanalyste, dont le but est de ramener à la conscience des événements psychiques refoulés.

→ **pages** : ***264, 236, 266, 348, 428.***

Psychologie

Science de l'âme ou de l'esprit.

- Il existe de multiples théories de l'âme dans la philosophie, mais c'est à Kant que l'on doit d'avoir montré qu'une science de l'âme était impossible, puisqu'il ne lui correspond aucun objet dans l'expérience.
- La psychologie en tant que science indépendante de la philosophie ne sera fondée que vers la moi-

tié du XIXe siècle avec l'émergence de différentes théories et l'apparition de la psychanalyse.

● Dans « Qu'est-ce que la psychologie ? » (*Revue de métaphysique et de morale,* 1958), Georges Canguilhem formule un réquisitoire virulent contre la psychologie, en soulignant la diversité de son champ d'action, qui peut être expérimentale, différentielle, clinique etc.

● La psychologie clinique est définit pazr le philosophe et psychologue français Henri Piéron comme *« science de la conduite humaine fondée principalement sur l'observation et l'analyse approfondie de cas individuels, aussi bien normaux que pathologiques, et pouvant s'étendre à celle de groupes. Concrète dans sa base, et complétant les méthodes expérimentales d'investigations, elle est susceptible de fonder des généralisations valables. Une conception plus étroite la limite à une psychologie appliquée au domaine médical ».*

● La psychologie différentielle est fondée sur la recherche des différences entre divers groupes humains ou au sein d'un même groupe.

● La psychologie expérimentale, dont la méthode comprend principalement des tests, des enquêtes et des expérimentations, étudie la sensation et la perception. Elle cherche à définir des relations invariables entre différents phénomènes. L'ampleur de son champ d'activité recouvre une incroyable diversité. Celui-ci consiste aussi bien dans l'évaluation de l'intelligence (quotient intellectuel) que dans l'étude des réactions à des stimuli sensoriels.

● La psychologie sociale étudie les interactions entre un sujet et son environnement familial ou social.

➜ **page** : ***248.***

Puissance

Faculté, force, pouvoir.

● Ce terme désigne la virtualité chez Aristote. Il s'oppose à l'acte. L'être virtuel est en puissance et s'oppose à l'être en acte. La puissance peut être active ou passive selon que l'être virtuel accède de façon certaine à une forme d'être.

● Dans le domaine des sciences politiques, la puissance désigne la souveraineté, c'est-à-dire le pouvoir d'agir sur le cours des événements.

➜ **pages** : ***248.***

Pur

Sans mélange ;
qui ne contient rien d'étranger
à sa nature propre.

● Le pur définit chez Kant ce qui est *a priori,* c'est-à-dire ce qui ne doit rien à l'expérience sensible.

Qualité

Manière d'être d'un sujet ;
propriété d'une substance.

● La qualité est l'une des dix catégories ou genres premiers de l'être chez Aristote. La qualité peut être niée ou affirmée : *« J'appelle qualité ce en vertu de quoi on est dit être tel. »*

● Descartes distingue les qualités premières, inséparables de la matière et inhérentes aux objets matériels, des qualités secondes, qui sont subjectives et dépendent de l'acte perceptif.

- La qualité désigne la configuration d'une réalité matérielle.
- La qualité d'un jugement est la propriété formelle de ce jugement d'être affirmatif, négatif ou indéfini.

Quantité

Grandeur mesurable et qui s'applique à tout ce qui peut être augmenté ou diminué.

- La quantité désigne, en logique, une proposition où le sujet est considéré dans la totalité de son extension – elle est alors universelle – ou dans une partie de cette extension – elle est alors particulière.
- La quantité désigne l'ensemble des déterminations que l'on peut mesurer. En ce sens, elle s'oppose à la qualité, qui ne comporte que des degrés d'intensité.
- La quantité d'un jugement définit les jugements particuliers, les jugements singuliers et les jugements universels.

Quiddité

Qui répond à la question : « Qu'est-ce que ? »

- La quiddité définit l'essence d'un être ou d'une chose : *« On appelle quiddité la substance de chaque chose »* (Aristote).

Raison

Faculté de juger propre à l'homme.

- D'un point de vue métaphysique, la raison désigne la connaissance naturelle qui s'oppose à la connaissance révélée, objet de la foi.
- La raison se distingue, chez Kant, de l'entendement.

→ **pages :** *120, 139, 198, 204, 214, 220, 288, 346, 368, 386, 410.*

Raisonnable

Qualifie tout être capable de discerner le vrai du faux et le bien du mal.

- Est raisonnable tout individu qui agit conformément à la raison dans le domaine de l'action (morale) et par conséquent dans la conduite de sa vie.

→ **page :** *270.*

Rationnel

Ce qui appartient à la raison ou qui se conforme à ses principes.

- Est rationnel tout système philosophique fondé exclusivement sur des concepts que la raison pure fournit *a priori*. En ce sens, « rationnel » est synonyme de « transcendantal » et qualifie la philosophie kantienne.
- Selon la logique, est rationnel ce qui est conforme aux règles de déduction et qui procède par des opérations indépendantes de l'expérience sensible.

Réflexion

Acte où la pensée retourne sur elle-même pour prendre connaissance de ses actes ou de ses opérations.

- « Réflexion » est synonyme d'« introspection ». La reflexion est un mouvement de recul et de distance de l'intelligence qui analyse sa propre démarche.

→ **pages :** *52, 252.*

Refoulement

Processus psychologique de défense du moi qui maintient toutes les représentations liées à des pulsions en conflit avec le surmoi dans l'inconscient.

- « Tout ce qui est refoulé doit nécessairement rester inconscient, mais nous voulons d'entrée de jeu poser comme tel que le refoulé ne recouvre pas tout ce qui est inconscient. L'inconscient a l'extension la plus large des deux ; le refoulé est une partie de l'inconscient » (Freud).

➜ pages : *236, 264.*

Règle

Proposition qui définit dans toutes disciplines une démarche à suivre.

- Règle est synonyme de norme dans les sciences normatives telles que la logique ou la morale.
- Descartes a défini, dans le *Discours de la méthode* (1637), un ensemble de règles censées diriger l'esprit et le prémunir contre tout risque d'erreur.

➜ pages : *374 ,376.*

Relatif

Qui se rapporte à un objet défini ; qui n'existe qu'en vertu d'une relation.

- Le relatif, qui ne peut se suffire à lui-même, s'oppose à l'absolu.
- Relatif qualifie également tout jugement considéré comme vrai dans un certain contexte et avec des restrictions. Un point de vue est un jugement relatif.

Relativisme

Doctrine selon laquelle la connaissance humaine ne peut être que relative.

- Le relativisme s'oppose au dogmatisme qui prétend atteindre l'absolu.
- Selon le relativisme, toutes les normes ne sont que le produit d'une subjectivité collective.
- Le relativisme moral désigne une doctrine selon laquelle les normes morales étant propres à chaque groupe d'individus, il ne saurait y avoir de règles universelles.
- Selon le relativisme scientifique, la vérité scientifique n'est construite que par approximations successives.

Religion

Ensembles de croyances liées à des pratiques cultuelles.

- Les religions expriment généralement l'adoration et la soumission à un Dieu (monothéisme) ou plusieurs dieux (paganisme) immanent(s) (panthéisme) ou transcendant (monothéisme).
- La religion naturelle, par opposition à la religion révélée, définit un ensemble de croyances universelles relatives à l'existence de Dieu et à l'immortalité de l'âme, qui ont pour fondement la lumière intérieure.

➜ pages : *368, 370.*

Réminiscence

Acte de l'esprit qui se souvient de ce dont il a eût connaissance.

- Apprendre, selon Platon, c'est se souvenir. La théorie de la réminiscence est le fondement de la théorie de la connaissance platonicienne qui affirme que l'âme, immortelle et plusieurs fois renaissante, a pu, avant son séjour sur Terre, contempler les idées en soi et avoir ainsi un accès direct à

la connaissance. L'ignorance n'étant plus alors que le fait de l'oubli.
➜ pages : *204, 284, 286.*

Respect

Sentiment d'admiration retenue envers un être ou une règle.

● Selon Kant, le respect est un sentiment moral produit par la raison pratique, qui se distingue de la crainte produite par la sensibilité. Il exprime la conscience du sujet dont la volonté est soumise à la loi morale qu'il possède en lui. Ce n'est pas le respect qui engendre la loi, mais la loi qui génère le respect. Seul le pur respect pour la loi pratique détermine la volonté. Le respect ne s'applique qu'aux personnes, jamais aux choses. Il fonde la dignité de tout être raisonnable et lui donne une valeur inconditionnelle.

● Le respect permet de définir l'homme comme une fin en soi et jamais comme un moyen.

➜ page : *396.*

Responsabilité

Attitude qui consiste pour un individu à répondre de ses actes et à les assumer.

● D'un point de vue moral, la responsabilité est réflexive. L'individu doit répondre de ses actes à l'égard de lui-même, face à sa propre conscience.

● D'un point de vue juridique, la responsabilité implique la réparation des dommages (droit civil) ou le châtiment de la faute (droit pénal).

● Pour l'existentialisme, l'homme, condamné à être libre, supporte la responsabilité absolue de ses actes.

➜ pages : *392, 402.*

Rousseau (Jean-Jacques)

Philosophe français (1712-1778).

● Sur la route de Vincennes, Rousseau va rendre visite à son ami Diderot, incarcéré après la publication de la *Lettre sur les aveugles* (1749). En ce jour d'octobre 1749, Rousseau, qui a alors trente-huit ans, va avoir une véritable illumination : *« Si j'avais pu écrire le quart de ce que j'ai vu et senti sous cet arbre, avec quelle clarté j'aurais fait voir toutes les contradictions du système social, avec quelle force j'aurais exposé tous les abus de nos institutions, avec quelle simplicité j'aurais démontré que l'homme est bon naturellement et que c'est par les institutions seules que les hommes deviennent méchants. »*

● Rousseau postule un état fictif, primitif de l'homme, un état de nature où l'homme ne connaissait que l'innocence et la bonté. À travers différents ouvrages, il tente d'expliquer comment le mal s'est introduit dans le monde et comment il a corrompu la nature humaine. À la suite de cette illumination, son œuvre ne sera plus qu'une tentative pour apporter une solution aux problèmes et aux maux causés par la société. Rousseau rédige *Émile* (1762), véritable programme pédagogique où il tente de repenser l'éducation. Il assigne comme finalité à celle-ci la préservation chez l'individu de ses qualités naturelles et la préparation à une vie de citoyen. Simultanément, il écrit *le Contrat social* (1762), qui pose les fondements d'un état juste et légitime.

● *Le Contrat social* est inséparable de l'ensemble des écrits politiques de Rousseau ainsi que de son programme pédagogique, *Émile.*

● Si l'état social n'est pas naturel à l'homme, il lui est désormais devenu indispensable. Rousseau pose d'emblée le problème d'une compatibilité entre la liberté, qui existe à l'état de nature, et l'État. Le projet de Rousseau n'est pas de chercher la raison d'être de ce qui est. Son but n'est pas de décrire la genèse de l'État, ni même de l'observer ou de le comprendre, mais plutôt de dire ce qu'il doit être, de définir les fondements qui rendent son pouvoir légitime, c'est-à-dire conforme au droit.

● Rousseau refuse de fonder la légitimité du pouvoir sur un rapport naturel ou un rapport de force. Il montre l'inanité d'un prétendu droit du plus fort et réfute l'idée d'un contrat libre au terme duquel un homme consentirait à devenir l'esclave d'un autre : la liberté, pour Rousseau, est inaliénable.

● Rousseau pose alors les fondements du contrat social où chaque homme se soumet à l'autorité unique de la loi et devient citoyen. La liberté réside dans la soumission à la volonté générale, qui n'est pas la somme des volontés particulières, mais qui représente l'intérêt du tout, c'est-à-dire de l'État. Si cette volonté est par définition juste, elle peut néanmoins rencontrer des obstacles auxquels Rousseau propose des garanties. En obéissant à la loi, l'homme assure sa liberté : *« L'obéissance à la loi qu'on s'est prescrite, s'appelle liberté. »*

➜ **pages :** ***216, 218, 376.***

Sagesse

Science des premiers principes.

● La sagesse dans la philosophie désigne le plus haut degré du savoir. Elle désigne, jusqu'à Descartes, l'activité philosophique : *« Ce mot de philosophie signifie l'étude de la sagesse, et [...] par sagesse on n'entend pas seulement la prudence dans les affaires, mais une parfaite connaissance de toutes les choses que l'homme peut savoir, tant pour la conservation de la vie que pour la conservation de la santé et l'invention de tous les arts. »*

● La sagesse représente, aux côtés du courage, de la tempérance et de la justice, les quatre vertus cardinales définies par Platon.

➜ **pages :** ***70, 94, 202, 398, 412.***

Sartre (Jean-Paul)

Philosophe et écrivain français (1905-1980).

● Sartre entre à l'École normale supérieure en 1924 et obtient l'agrégation de philosophie en 1929.

● Selon Sartre, la nausée est le sentiment qui est au fondement de la philosophie existentielle, et qui révèle la réalité en tant que facticité ou contingence de l'être des choses défini comme en soi. Elle naît de l'absurdité d'une existence qui ne saurait se justifier. *« L'homme est l'être par qui le néant vient au monde. »*

● L'être pour soi est marqué par le manque, la distance en face du pour soi, conscience de soi et conscience de l'autre. *« Faire, et en faisant, se faire » :* la liberté n'est possible que parce que l'homme n'a pas d'essence qui le détermine. *« L'homme existe d'abord et ensuite seulement, il est ceci ou cela : c'est en se jetant dans le monde, en y souffrant, en y luttant qu'il se définit peu à peu et la définition demeure toujours ouverte. »*

- Cette liberté absolue à laquelle l'homme sartrien est condamné, qui l'oblige à inventer lui-même son chemin sans que rien jamais le justifie, rend l'homme responsable de ses choix devant lui-même et devant autrui.
- L'homme peut être tenté de se mentir à lui-même ou de se laisser *« hanter par autrui qui nous souffle nos attitudes »,* mais cette attitude n'est que la démission de la conscience que Sartre qualifie de *« mauvaise foi »* quand elle croit pouvoir se soustraire à ses exigences qui sont de choisir et de s'engager.
- Le « salaud », au sens sartrien du terme, désigne l'individu qui considère son existence comme nécessaire et qui se dissimule ainsi le caractère foncièrement gratuit, injustifiable et contingent de l'existence.
- La vie de Sartre est inséparable de sa philosophie et de son œuvre. Sa pensée a profondément marqué la jeunesse intellectuelle de l'après-guerre. Son influence et sa célébrité internationale tiennent à sa pensée philosophique, mais aussi à son talent dans des domaines aussi divers que la critique littéraire, la critique d'art, le roman, le théâtre, la biographie, l'autobiographie, le cinéma, le journalisme, l'intervention militante etc.

➜ **pages :** ***224, 242, 262, 294.***

Scepticisme

Doctrine selon laquelle l'homme, ne pouvant parvenir avec certitude à la vérité, doit suspendre son jugement.

- Le scepticisme prône un doute universel et permanent. On distingue le scepticisme antique du scepticisme moderne qui reconnaît la validité de la connaissance scientifique.

➜ **page :** ***206.***

Schopenhauer (Arthur)

Philosophe allemand (1788-1860).

- Héritier de la philosophie platonicienne et kantienne, Schopenhauer conçoit le monde comme une représentation illusoire soumise aux formes *a priori* de l'espace et du temps. Mais il dépasse la philosophie critique de Kant en postulant l'essence de l'univers comme vouloir vivre qui nous permet d'atteindre l'absolu, la réalité nouménale. L'homme est un animal métaphysique qui aspire à l'absolu, mais le vouloir vivre le voue au malheur.
- Le vouloir vivre désigne chez Schopenhauer la force incoercible de nos désirs les plus profonds et, d'une façon générale, le désir de vivre. Il est la source de tous les maux, car la satisfaction du vouloir vivre, le plaisir, ne peut être qu'une transition éphémère entre le manque et la satiété. Le seul salut pour l'homme consiste par conséquent à s'en affranchir.
- Selon Schopenhauer, le suicide marquerait plutôt l'affirmation que

la négation du vouloir vivre. Seule la contemplation esthétique peut de façon provisoire arrêter la roue du temps où le vouloir vivre se déploie dans un éternel présent. Seule, elle peut nous arracher à la douleur et à l'ennui entre lesquels l'existence oscille.

● Pour Schopenhauer, influencé par la philosophie bouddhiste de son époque et la lecture des Upanishad, l'affranchissement du vouloir vivre ne peut s'obtenir que dans la négation de tous nos désirs. L'anéantissement du vouloir est le terme final de la souffrance que Schopenhauer définit comme nirvāna.

● Philosophe pessimiste, Schopenhauer marquera la pensée nietzschéenne qui héritera de la définition de l'être comme vouloir. Mais la pensée de Schopenhauer ne représente, selon Nietzsche, qu'une facette de la volonté de puissance, une facette négative et réactive liée au ressentiment et qu'il faut dépasser en une double affirmation dionysiaque de l'existence. Le vouloir vivre de Schopenhauer, qui s'achève dans le non être, est radicalement opposé à la volonté de puissance qui se définit nécessairement pour Nietzsche de façon intentionnelle.

➜ **pages :** ***226, 422.***

Science

Connaissance rationnelle obtenue par démonstration ou par l'expérimentation.

● Dans l'Antiquité, la science s'oppose à l'opinion. Elle désigne une connaissance rationnelle et universelle dont l'objet, défini par Aristote, est le nécessaire, c'est-à-dire ce qui ne peut être autre qu'il est.

● La science désigne d'une façon générale toute discipline dont l'objet peut être soumis à des observations mesurables ou quantifiables (d'ordre expérimental ou statistique) dans le but de découvrir des relations invariables entre les phénomènes et de pouvoir énoncer des lois.

● Les sciences humaines recouvrent un champ très vaste et hétérogène. Elles s'appliquent à l'étude de l'homme et regroupent aussi bien le droit ou l'histoire que la psychologie ou la linguistique.

● Les sciences cognitives, formées essentiellement par les neurosciences, la linguistique, la psychologie cognitive, la cybernétique, l'informatique et l'intelligence artificielle, constituent aujourd'hui pour la philosophie un nouveau domaine.

➜ **pages :** ***98, 121, 228, 266, 278, 330, 332, 338, 344.***

Scolastique

Philosophie chrétienne médiévale qui conjugue la philosophie aristotélicienne et le dogme chrétien.

● La scolastique fut enseignée dans les écoles ecclésiastiques et les universités d'Europe du IXᵉ au XVIIᵉ siècle.

● La scolastique désigne aujourd'hui une philosophie figée et dogmatique.

Sémantique

Partie de la linguistique qui étudie la signification des mots.

Sémiologie

Science qui étudie le système des signes.

• *« Appelons sémiologie l'ensemble des connaissances et des techniques qui permettent de distinguer où sont les signes, de définir ce qui les institue comme signes, de connaître leurs liens et les lois de leur enchaînement »* (Foucault).

Sénèque

Philosophe et homme politique romain (4-65).

• Sénèque étudie la philosophie stoïcienne à Rome. En 54, il devient le précepteur de Néron. Il est nommé consul en 57. Empereur déséquilibré et paranoïaque, Néron l'implique à tort, onze années plus tard, dans une conjuration et lui ordonne de se suicider.

• On retiendra parmi ses ouvrages *De la constance de l'âme, De la tranquillité de l'âme* et *Lettres à Lucillus.* La finalité de la philosophie stoïcienne, qui est l'ataraxie, ne peut être réalisée que par la maîtrise de soi. Sénèque, en tant qu'homme politique, développe la morale stoïcienne du point de vue de l'action politique, accordant au souverain un rôle primordial. C'est en luttant contre les passions humaines que le souverain montre l'exemple à ses sujets et qu'il assure ainsi le maintien de l'ordre.

Sens

Fonction psychophysiologique par laquelle on éprouve un certain type de sensation.

• Le sens moral, ou bon sens, désigne la conscience en tant que faculté innée et intuitive de juger du bien et du mal, du vrai et du faux.

• Le sens commun définit un ensemble d'opinions communément admises au sein d'un groupe ou d'une société.

Sensation

Modification interne ou externe d'un sens sous l'effet d'un excitant.

• La sensation est le produit d'un stimulus physique qui agit sur un organe sensoriel récepteur, produisant une stimulation physiologique qui induit la perception. On distingue les sensations représentatives de type cognitif, comme la forme ou la couleur, et les sensations affectives de type subjectif, comme la sensibilité thermique.

→ **page : *414*.**

Sensibilité

Faculté d'éprouver des sensations et des intuitions.

• La sensibilité se définit chez Kant comme *« la capacité de recevoir des représentations des objets grâce à la manière dont nous sommes affectés par les objets [...]. Ainsi, c'est au moyen de la sensibilité que des objets nous sont donnés, seule elle nous fournit des intuitions ».* La sensibilité fournit le divers sensible que l'entendement subsume sous la juridiction de ses catégories.

• La psychophysiologie distingue trois types de sensibilité : une sensibilité liée aux viscères (intéroceptive), une sensibilité liée aux muscles et aux articulations et relative aux mouvements et à l'équilibre (proprioceptive) et une sensibilité tournée vers l'extérieur et vers les sensations du dehors (extéroceptive).

➜ pages : *220, 278, 280.*

Sensible

Qui peut être perçu par les sens ; qui appartient aux sens.

- Le sensible s'oppose à l'intelligible.
- Aristote distingue les sensibles propres perçus par un seul sens et les sensibles communs perçus par plusieurs sens.

➜ page : *194.*

Sentiment

État affectif.

- Pour la philosophie antique, le sentiment désigne la connaissance immédiate ou l'intuition qui ne peut être fondée en raison.
- Le sentiment chez Descartes est le produit de l'union de l'âme et du corps. Il est propre à l'homme.
- Les morales du sentiment telle que la pensée de Rousseau postulent l'antériorité de l'altruisme sur l'égoïsme et celle de la connaissance immédiate sur la raison.

➜ page : *274.*

Société

Ensemble d'individus dont les relations interdépendantes sont déterminées.

- Cette définition peut s'appliquer dans un sens large à certaines collectivités animales, même si celles-ci sont régies par l'instinct plutôt que par la convention.
- La société civile désigne, chez les philosophes contractualistes, une association politique fondée sur un contrat. Elle désigne aujourd'hui l'ensemble des individus unis au sein d'une organisation socio-politique.

➜ pages : *218, 230, 232, 246, 256, 272, 374, 376, 378.*

Sociologie

Sciences des phénomènes sociaux.

- Ce terme est créé en 1839 par Auguste Comte. Il désigne alors une science censée être l'aboutissement systématique de toutes les sciences. *« Sociologie : Je crois devoir hasarder, dès à présent, ce terme nouveau, exactement équivalent à mon expression, déjà introduite, de physique sociale, afin de pouvoir désigner par un nom unique, cette partie complémentaire de la philosophie naturelle qui se rapporte à l'étude positive de l'ensemble des lois fondamentales propres aux phénomènes sociaux. »*

➜ page : *228.*

Solipsisme

Conception selon laquelle le sujet pensant existerait seul et n'aurait d'autre réalité que lui-même.

- Le solipsisme est la forme extrême de l'idéalisme.

➜ page : *262.*

Sophisme

Raisonnement spécieux qui a l'apparence de la vérité et dont l'intention est de tromper.

Sophiste

Professeur de sagesse.

- Dans l'Antiquité grecque, des professeurs d'éloquence et des maîtres de rhétorique allaient de ville en ville pour enseigner l'art de parler en public. Ils formaient des élèves capables de se tirer de toute situation. Platon les dénonce comme des rhéteurs de mauvaise foi.

Spinoza (Baruch)

Philosophe hollandais (1632-1677).

- Au fondement de la pensée spinoziste se trouve le rejet de toute transcendance divine : *Deus sive Natura* – « Dieu ou la nature ». Ce qui signifie pour Spinoza que *« Dieu est une cause immanente et non transitive, en tant qu'il agit en lui, et non hors de lui, puisque rien n'existe hors de lui »*. Spinoza est excommunié en 1656 en raison de cette opinion peu orthodoxe au regard de la religion juive.
- Dans l'un de ses ouvrages majeurs, l'*Éthique* (1677), Spinoza s'efforce d'exprimer l'essence fondamentale de toutes les choses. Composé d'axiomes, de définitions et de postulats, cet ouvrage est conçu comme un traité de géométrie où s'articulent théorèmes et démonstrations, et dont l'ambition est de ne rien soutenir qui ne puisse être immédiatement évident ou établi de façon démonstrative.
- L'éthique est la science pratique de ce qui est. Elle est la vraie connaissance du vrai Dieu, immanent au monde.
- Dieu, selon Spinoza, est cause de soi *(causa sui)* : *« J'entends par cause de soi ce dont l'essence enveloppe l'existence ; autrement dit, ce dont la nature ne peut être conçue sinon comme existante. »* Créateur de toute chose, Dieu est cause de lui-même, être absolument infini composé d'une infinité d'attributs dont l'homme ne peut saisir que la pensée et l'étendue.
- Spinoza distingue trois genres de connaissance : l'imagination, qui produit des notions confuses ; la raison, qui opère de façon déductive avec des notions communes ; et la science intuitive, qui connaît sous l'aspect de l'éternité, c'est-à-dire à partir de l'idée de Dieu. L'opinion est le seul genre de connaissance qui peut être source d'erreur.
- Pour Spinoza, le salut de l'homme réside dans la connaissance comme moyen d'accéder à la béatitude, qui est l'union de l'âme avec Dieu.
- Le qualificatif de panthéiste fut attribué à la philosophie spinoziste dans la mesure où celle-ci identifie Dieu et la totalité du réel.

➜ **pages :** ***210, 376, 402, 404, 418.***

Subjectif

Qui appartient au sujet en tant qu'être conscient.

- Le subjectivisme accorde le primat au subjectif sur l'objectif.
- Le subjectif chez Kant se rapporte au sujet transcendantal. L'espace et le temps, comme formes *a priori* de la sensibilité, sont les conditions subjectives de notre intuition.
- Le subjectif désigne également, dans le domaine pratique, ce qui ne vaut que pour le sujet. La maxime est un principe pratique subjectif contrairement à la loi morale qui est un principe pratique objectif.

➜ **pages :** ***278.***

Subjectivité

Caractère de ce qui est subjectif.

- Dans un sens courant, la subjectivité définit ce qui est personnel et individuel.
- D'un point de vue philosophique, elle définit la vie consciente et intérieure, ce qui est donné ou qui n'appartient qu'au sujet et qui relève d'une expérience incommunicable.

➜ **pages :** ***224, 274.***

Sublime

Ce qui nous dépasse.

- Le sublime est traversé par l'idée d'infini. Il se distingue chez Kant du beau, qui est fini.
- D'un point de vue moral, une action est dite « sublime » quand elle paraît déborder les possibilités humaines.

➜ **page :** ***366.***

Substance

Ce qui demeure sous les changements de qualité.

- Dans un jugement, la substance est toujours le sujet. Elle sert de support aux attributs changeants.
- La philosophie moderne définit la substance comme ce qui n'a besoin que de soi-même pour exister. *« Lorsque nous concevons la substance, nous concevons une chose qui existe en telle façon qu'elle n'a besoin que de soi-même pour exister : à proprement parler, il n'y a que Dieu qui soit tel »* (Descartes). *« Par substance, j'entends ce qui est en soi et est conçu par soi, c'est-à-dire ce dont le concept n'a pas besoin du concept d'une autre chose dont il doive être formé »* (Spinoza).

Sujet

Synonyme de substance ; être réel qui sert de support aux attributs.

- Le sujet désigne, en logique, le terme au sujet duquel on affirme ou on nie quelque chose.
- *« Le sujet, c'est ce dont tout le reste s'affirme et qui n'est plus lui-même affirmé d'une autre chose »* (Aristote).
- La philosophie définit par sujet l'esprit connaissant par opposition à l'objet connu.
- C'est à partir du *cogito,* c'est-à-dire du sujet réfléchissant sur son propre acte de pensée, que Descartes fonde la connaissance.

Surnaturel

Qui dépasse les forces de la nature ; qui n'est connu que par la foi.

- Les vérités surnaturelles s'opposent à la lumière naturelle. Elles ne sont connues que par la grâce ou la révélation.

Syllogisme

Déduction formelle qui contient trois propositions, la majeure et la mineure, qui forment les prémisses, et la conclusion.

- La conclusion est déduite de la majeure par l'intermédiaire de la mineure : tous les hommes sont mortels (majeure) ; or tu es un homme (mineure) ; donc tu es mortel (conclusion).

➜ **page :** ***109.***

Synthèse

Action de combiner ; reconstruction d'un tout à partir d'éléments simples.

• La synthèse est un acte intellectuel qui unit deux représentations.

• La synthèse est l'une des règles de la méthode cartésienne : *« La synthèse [...] démontre clairement ce qui est contenu en ses conclusions et se sert d'une longue suite de définitions, de demandes, d'axiomes, de théorèmes et de problèmes afin que, si on lui en nie quelques conséquences, elle fasse voir comment elles sont contenues dans les antécédents. »*

• *« J'entends par synthèse dans le sens le plus général de ce mot, l'acte d'ajouter l'une à l'autre diverses représentations et d'en comprendre la diversité dans une connaissance. Une pareille synthèse est pure si le divers n'a pas été donné empiriquement, mais a priori »* (Kant).

• Chez Hegel, la synthèse est le troisième moment de la dialectique qui dépasse la contradiction des deux premiers que sont la thèse et l'antithèse, en les conservant.

Synthétique

Qui procède par synthèse.

• Ce terme s'oppose à analytique.

➜ **page** : ***318.***

Système

Ensemble organisé dont les éléments sont liés entre eux ; ensemble de connaissances liées et formant un tout organisé.

• Selon Kant, *« de savoir vient science, nom sous lequel il faut entendre l'ensemble d'une connaissance comme système. Elle s'oppose à la connaissance commune, c'est-à-dire à l'ensemble d'une connaissance comme simple agrégat. Le système repose sur une idée du tout qui précède les parties »*. La philosophie est le système de la connaissance rationnelle. En ce sens, elle est pour Kant le système des systèmes.

• La philosophie hégélienne est généralement perçue comme la pensée systématique la plus accomplie de l'histoire de la philosophie : *« La science de l'Absolu est essentiellement un système, parce que le vrai concret existe seulement en se développant en lui-même, en se saisissant et se maintenant comme unité, c'est-à-dire en tant que totalité. »*

➜ **pages** : ***322, 356.***

Technique

Ensemble de procédés artisanaux ou artistiques ; procédés scientifiques appliqués en vue d'un résultat déterminé.

➜ **pages** : ***123, 296, 358, 360, 362.***

Téléologie

Science des fins.

• La téléologie synonyme de finalisme s'oppose au mécanisme. Selon la téléologie les parties ne peuvent se comprendre qu'à partir du tout.

• *« La téléologie, comme science, ne fait [...] partie d'aucune doctrine, mais bien de la critique et en particulier de celle d'une faculté spéciale de la connaissance, la faculté de juger. Mais en tant qu'elle contient des principes* a priori, *elle peut et doit indiquer la méthode par laquelle il faut juger la nature suivant le principe des causes finales »* (Kant). Selon Kant, la téléologie doit se substituer à une causalité mécaniste impuissante à rendre compte de la finalité du réel, tant dans la nature en général que pour l'homme en tant qu'être raisonnable.

Téléonomie

Principe selon lequel tout être vivant a une finalité, un projet, un sens.

● Ce terme appartient au vocabulaire technique de la cybernétique. Synonyme de finalité, téléonomie est employée pour éviter toute référence à la métaphysique afin de circonscrire le mécanisme de la finalité à un simple mécanisme causal.

Temps

Changement continuel et irréversible.

● Aristote définit le temps comme nombre du mouvement selon l'antérieur et le postérieur.

● Chez Kant, le temps est la forme universelle et *a priori* de la sensibilité.

● *« Les dimensions du temps sont : 1. le passé, la présence comme supprimée, comme n'étant pas là ; 2. l'avenir, la non-présence, mais déterminée à être là ; 3. le présent, en tant qu'immédiat devenir et qu'union des deux autres »* (Hegel). Ainsi, pour Hegel, le temps est l'être qui, en n'étant pas, est, et, en étant, n'est pas.

➜ **pages :** ***238, 300.***

Théisme

Doctrine qui admet l'existence d'un Dieu unique et personnel dont la nature peut être connue par l'homme et qui est cause transcendante du monde.

● Le théisme s'oppose à l'athéisme, au polythéisme et au panthéisme. Il se distingue du déisme.

Théodicée

Tentative de justifier le mal dans le meilleur des mondes possibles.

● Composé du grec *theos*, « dieu », et *dikê*, « justice », le terme de théodicée a été introduit en philosophie par Leibniz.

Théologie

Étude ayant pour objet Dieu.

● La théologie positive et révélée s'appuie sur les textes sacrés et l'autorité de l'Église. La théologie naturelle ou rationnelle s'appuie sur la lumière naturelle.

➜ **page :** ***228.***

Théorème

Proposition qui résulte nécessairement de propositions déjà démontrées.

● Le théorème se distingue de l'axiome, principe indémontrable mais évident par lui-même, et du postulat, principe indémontrable mais conventionnel.

Théorie

Connaissance spéculative et désintéressée.

● La théorie s'oppose à la pratique.

● Elle désigne un ensemble de règles destinées à conduire une action.

● L'épistémologie désigne par « théorie » un ensemble organisé et cohérent de lois particulières déduites de principes fondamentaux.

● D'un point de vue logique, la théorie est un système hypothético-déductif dont le fondement peut être des axiomes, des postulats, des définitions ou des hypothèses.

➜ **pages :** ***119, 298, 330.***

Thomas (saint)

Théologien et philosophe italien (1225-1274).

● Saint Thomas tente d'unifier la pensée aristotélicienne, redécouverte au siècle précédent grâce à Averroès et Maimonide, avec les dogmes chrétiens. Cette pensée va progressivement jouer un rôle primordial dans l'histoire du catholicisme. Elle finira par devenir la doctrine officielle de l'Église.

● Cette démarche, qui veut concilier l'inconciliable, semble *a priori* vouée à l'échec. Tout paraît en effet opposer la philosophie aristotélicienne, qui contredit les vérités de la foi, à la vérité révélée du christianisme. Cette union, comme l'écrit saint Thomas, ne pourra se faire qu'en modifiant les erreurs dans lesquelles la pensée chrétienne s'est égarée. Elle est rendue possible grâce à l'habileté de saint Thomas qui distingue une hiérarchie dans l'ordre du savoir et notamment, fait la part entre les vérités accessibles à la raison et les vérités de la foi qui débordent le champ de son pouvoir.

● S'efforçant d'unir la raison et la foi, la pensée thomiste s'articule autour de la raison *(logos)* et de la nature *(phusis)*. Contre la pensée franciscaine et augustinienne, saint Thomas écarte toute origine surnaturelle de la foi. Il affirme que l'existence des lois nécessaires dans la nature permet à la science de se constituer en véritable savoir et que l'intelligibilité du cosmos est la seule voie qui mène à Dieu. Saint Thomas estime que la nature est autonome, ce qui l'opposera à saint Augustin.

● La connaissance philosophique de la nature de l'homme et de celle de Dieu est possible, et la raison peut légitimement s'immiscer dans le domaine de la foi qui, ainsi, se construit elle-même en savoir. La philosophie doit être au service de la théologie, qui est l'intelligence de la foi.

● Saint Thomas inaugure une crise sans précédent dans l'histoire de la pensée chrétienne. La foi et la raison étaient jusqu'alors conçues comme les sources de deux vérités distinctes. La pensée thomiste ne pouvait que provoquer les plus vives oppositions.

● Saint Thomas rédige deux sommes, la *Somme contre les Gentils* (1259-1264) et la *Somme théologique* (1267-1274).

Transcendance

Ce qui s'élève au-dessus.

● Au sens philosophique, la transcendance désigne une nature radicalement différente et supérieure qui ne peut s'appliquer qu'à Dieu. La transcendance est exclue de toute religion de l'immanence tel que le panthéisme de Spinoza.

● Chez Kant, la transcendance désigne tout ce qui est au-delà de l'expérience sensible.

→ **pages :** ***204, 242.***

Travail

Activités humaines destinées à produire ce qui est utile.

● La tradition judéo-chrétienne fait peser sur le travail une connotation pénible et contraignante : le travail est la punition, voire la malédiction, lancée à Adam par Dieu à la suite du péché originel. Chassé du paradis, l'homme est condamné à travailler à la sueur de ton front.

- Selon Hegel, *« la médiation qui obtient pour le besoin particularisé un moyen également particularisé, c'est le travail. Par les procédés les plus variés, il spécifie la matière livrée immédiatement par la nature pour différents buts »*. Le travail est le moyen pour l'homme de construire l'Histoire et d'accéder à la liberté la plus haute.
- Selon Marx, le travail est une activité consciente et volontaire par laquelle l'homme extériorise sa force dans le monde et modifie celui-ci de façon à produire des biens socialement ou individuellement utiles, et à satisfaire ainsi ses besoins primordiaux.

→ **pages :** ***246, 354, 358.***

Universel

Qui concerne l'ensemble de tout ce qui existe.

- Ce qui est universel s'applique à tous les cas et ne saurait tolérer aucune exception. L'universel caractérise ce qui est commun en droit à tous les individus ou à tous les esprits et dont la nécessité est postulée ou démontrée.
- La logique désigne par proposition universelle une proposition dont le sujet est pris dans toute son extension, c'est-à-dire quand l'attribut s'applique à tous les individus composant l'extension du sujet. *« J'appelle universel l'attribut qui appartient à tout sujet, par soi, et en tant que lui-même »* (Aristote).

→ **page :** ***298.***

Utilitarisme

Doctrine dont le principe des valeurs est l'utilité comme seule forme concevable de la vérité.

- L'utilitarisme a été prôné par les philosophes anglais Jeremy Bentham (1748-1832) et John Stuart Mill (1806-1873).

Utopie

Ce qui est chimérique, irréalisable.

- Étymologiquement, « utopie » signifie « nulle part ».
- Ce terme a été forgé par Thomas More (1478-1535) et sert de titre à un ouvrage dans lequel celui-ci a décrit une cité fictive et parfaite située sur une île imaginaire.
- D'un point de vue philosophique, l'utopie désigne le projet d'une société idéale.

→ **page :** ***230.***

Valeur

Caractère des choses qu'un individu estime désirable.

- D'un point de vue moral, la valeur est ce qui est posé comme idéal et qui fournit les normes d'une conduite.
- La valeur de vérité désigne, en logique, le caractère vrai ou faux d'un énoncé.

Véracité

Caractère de ce qui est décidé à dire la vérité et peut donc être cru.

- La véracité est marquée par l'intention de dire la vérité. Il faut donc distinguer ce terme de celui de vérité.

Vérification

Ce qui est présenté comme vrai.

● L'épistémologie définit la vérification comme un ensemble d'actes expérimentaux destiné à montrer qu'un énoncé scientifique est conforme à l'expérience. Elle en garantit la signification objective.

→ **page :** ***334.***

Vérité

Caractère qui s'impose à tout esprit en fondant un accord universel entre les esprits.

● En ce sens, « vérité » est synonyme d'« objectivité ».

● La vérité marque l'adéquation de la connaissance avec son objet.

● Les vérités de raison sont les vérités éternelles. Elles ne dépendent pas de l'expérience puisqu'elles sont créées de toute éternité par Dieu.

● Au cours du XIXe siècle et avec la philosophie contemporaine, l'idée d'une vérité absolue et idéale sera abandonnée.

→ **pages :** ***66, 71, 98, 105, 208, 308, 332, 350, 352, 410.***

Vertu

Disposition habituelle à accomplir le bien et à fuir le mal.

● Dans son sens premier, la vertu désigne la puissance propre à une chose ou à un principe.

● La vertu du juste milieu se tient, selon Aristote, entre deux extrémités fâcheuses : *« Le courage est vertu par rapport à la témérité et à la lâcheté. »*

● Les vertus cardinales désignent la sagesse, le courage, la justice et la tempérance.

● Les vertus théologales ont pour objet Dieu et désignent la foi, l'espérance et la charité.

→ **page :** ***230.***

Vie

Ensemble des divers phénomènes organiques dont les fonctions essentielles sont la nutrition, la croissance et la reproduction.

● La vie désigne l'intervalle de temps qui sépare la naissance de la mort.

● *« On cherche dans des considérations abstraites la définition de la vie : on la trouvera, je crois, dans cet aperçu général : la vie est l'ensemble des fonctions qui résistent à la mort »* (François Bichat).

● *« Parmi les corps naturels, certains ont la vie, d'autres ne l'ont pas ; et par vie nous entendons le fait de se nourrir, de grandir et de se déplacer par soi-même »* (Aristote).

● Pour la biologie moderne, la vie désigne un « programme génétique » qui serait contenu dans la cellule initiale d'un organisme.

→ **pages :** ***226, 340***

Violence

Exercice de la force.

● *« La violence n'est pas un moyen parmi d'autres d'atteindre la fin, mais le choix délibéré d'atteindre la fin par n'importe quel moyen »* (Sartre).

● Selon Marx, la violence est *« l'accoucheuse de l'histoire »*.

● Pour Max Weber, elle est l'exercice normal du pouvoir, l'État moderne se réservant le monopole d'une violence physique légitime.

→ **pages :** ***170, 378, 382, 384.***

Vitalisme

Théorie selon laquelle la connaissance de la vie exclut toute explication causale et toute réduction au mécanisme.

- La théorie vitaliste a été developpée par l'école de Montpellier et particulièrement celle de Paul-Joseph Barthez (1734-1806).
- Selon cette théorie, la vie se créée et se développe d'elle-même de façon spontanée.

→ **pages :** ***328, 340.***

Volonté

Faculté à l'origine des actes délibérés, pratiques ou théoriques, et qui permet d'agir d'après la représentation de fins.

- Selon Aristote, la volonté exclut à la fois la contrainte et l'ignorance.
- Descartes conçoit la volonté comme une cause libre. Elle est en l'homme une faculté infinie et ce par quoi je sais que je suis à l'image et à la ressemblance de Dieu.
- La volonté générale selon Rousseau est toujours l'expression de ma volonté même si celle-ci n'est pas au départ en accord avec la volonté générale, mais parce qu'elle manifeste l'intérêt commun.
- Chez Schopenhauer et chez Nietzsche, la volonté désigne l'être même. Mais si la volonté est synonyme de volonté de vivre et de vouloir vivre pour Schopenhauer, elle ne débouche finalement que dans le nirvãna du néant . Chez Nietzsche, la volonté est une volonté de puissance et non pas une volonté qui veut toujours plus de pouvoir : *« J'ai trouvé la force où on ne la cherche pas, chez des hommes simples, doux et obligeants, sans le moindre penchant à la domination – et inversement le goût de domination m'est souvent apparu comme un signe de faiblesse intime [...]. Les natures puissantes règnent, c'est une nécessité, sans avoir même besoin de lever le petit doigt. »* La vérité désigne chez Nietzsche une structure pluraliste, intentionnelle, *« l'élément généalogique de la force, à la fois différentiel et génétique. La volonté de puissance est l'élément dont découlent à la fois la différence de quantité des forces mises au rapport et la qualité qui, dans ce rapport, revient à chaque force. La volonté de puissance révèle ici sa nature : elle est principe pour la synthèse des forces »* (Deleuze).
- La volonté de puissance est ce par quoi l'homme peut être surmonté : *« Ce qui est grand dans l'homme c'est qu'il est un pont et non un but : tout ce que l'on peut aimer dans l'homme, c'est qu'il est une transition et qu'il est un déclin »* (Nietzsche).

→ **pages :** ***226, 268, 270, 390, 400, 422.***

Voltaire (François Marie Arouet, dit)

Écrivain français (1694-1778).

- La postérité s'accorde pour qualifier Voltaire de bel esprit et de poète mondain. Ses ouvrages révèlent un esprit hautement éclectique et une curiosité vive, mais contrairement à d'autres noms que cette même postérité a retenus, on rechercherait en vain chez Voltaire la moindre innovation tant dans le domaine littéraire que philosophique. Le génie de Voltaire est d'un ordre différent et relève d'un combat contre toutes les formes de préjugés. Hostile à tout dogmatisme et à tout esprit de système, Voltaire attaque de façon virulente la métaphysique et la religion qui entravent l'une comme l'autre la liberté de l'homme. Anticlérical virulent, Voltaire ne voit dans la religion que le sol fécond de l'intolérance et de la persécution.

- Déiste, Voltaire n'admet que la religion naturelle car celle-ci recourt à la lumière de la raison et non à la révélation qui est à l'origine de toutes les superstitions.

➜ **page :** ***216.***

Wittgentstein (Ludwig)

Philosophe anglais d'origine autrichienne (1889-1951).

- Wittgenstein est l'étudiant puis l'ami de Bertrand Russell. Son premier ouvrage, le *Tractacus logico-philosophicus* (1921), se situe dans la droite ligne de l'atomisme logique de Russell. Ses *Recherches philosophiques* seront publiées en 1953, après sa mort.
- À partir d'une réflexion sur la structure logique du langage et sur la nature des énoncés scientifiques, Wittgenstein analyse ce que l'on tente d'exprimer à travers le langage. La réponse tient en ces quelques lignes : *« Ce qui peut être dit peut être dit clairement ; et ce dont on ne peut parler, il faut le passer sous silence. »*
- Selon Wittgenstein, le langage ne peut exprimer que les faits du monde. Il doit être régi par la logique définie en tant que règles *a priori*. Et si la philosophie se condamne elle-même au silence en tentant de déjouer les pièges du langage, l'éthique et l'esthétique relèvent quant à elles de l'indicible.
- Le seul langage qui produit du sens est celui qui produit une image du monde et qui, par combinaison de propositions atomiques, fournit des propositions complexes qui représentent des états de faits. Leur forme logique reflète la structure des faits. Les propositions qui sont toujours vraies, ou tautologies, et celles qui sont toujours fausses, ou négations des premières, montrent la forme logique du monde. Mais, composées ou simples, elles ne disent rien du monde et n'expriment aucun fait. Le *Tractacus* pose les limites de l'exprimable. Le sens global du monde et la position du sujet dans le monde ne peuvent être exprimées.
- La finalité de la philosophie selon Wittgenstein n'est plus désormais la connaissance, mais l'éclaircissement logique de la pensée.

➜ **page :** ***430.***

Zénon d'Elée

Philosophe grec (Ve siècle av. J.-C.).

- Inspiré par la philosophie de Parménide dont il fut l'élève, Zénon d'Elée s'est appliqué à montrer que le mouvement est illusoire. Dans la *Physique,* Aristote a rapporté le célèbre paradoxe d'Achille et de la tortue : si l'on admet que l'espace est divisible à l'infini, Zénon affirme que jamais Achille ne rattrapera une tortue à la course, puisque arrivé au point où celle-ci se trouvait, la tortue est déjà plus loin de telle sorte que la distance entre Achille et la tortue se rétrécit mais ne peut jamais disparaître.

● Zénon affirme par ailleurs que le mouvement est identique au repos : si l'on divise le vol d'une flèche en mouvement en une suite d'instants, la flèche apparaît immobile et semblable à elle-même lorsqu'elle est au repos. Considérer le mouvement comme changement est impossible puisqu'il n'existe pas, puisqu'il consiste à n'être ni ce qu'une chose était ni ce qu'elle sera. Cette volonté de nier le changement avait pour fondement la révocation du témoignage des sens qui sont sous l'emprise de l'apparence afin d'affirmer la permanence de la substance et l'unité de l'être que Parménide caractérisait par ces attributs : sans commencement, éternel, homogène, immuable, hors du temps, un, continu.

➜ **pages :** ***244, 282.***

INDEX

des noms propres

h

ij

k

l

m

n

op

r

s

tu

vwxyz

Crédits photographiques

ADAGP, PARIS 2000 33 / 40 / 192-193 / 232 b / 233 / 254 / 283 / 315 / 321 / 322 / 346 / 351 / 382b / 398 / 424 / 431 / **AKG PARIS** 14 / 20 / 23 / 29 / 35b / 35h / 36b / 37b / 39 / 44 / 46 / 194h / 205 / 207 / 208 / 210 / 211 / 212h / 212b / 213 / 214 / 217 / 220h / 222 / 224 / 226 / 232h / 232b / 234 / 235 / 236 / 240 / 241 / 246 / 253 / 260 / 263b / 265 / 266 / 271 / 272 / 290 / 305 / 312 / 321 / 327 / 337 / 355 / 366 / 369 / 377 / 379b / 391 / 392h / 392b / 416b / 416-417h / 421 / 424 / 428 / 430 / FROMAN 425 / SORGES 198 / TELLER 233 / **ARNAUD** 339 / **ARTEPHOT** 322 / 431 / ABECASSIS 415 / ADPC 42 / 223h / 302 / 376 / 387 / BABEY 196 / BAPIER 382b / BEENCINI 36h / BNF 38 / BRIDGEMAN ART LIBRARY 423 / DRAYER 254 / HELD 200 / 274 / 333 / MEYER 25h / NIMATALLAH 277 / ORONOZ 389 / ROLAND 40 / TAKASE 356 / 479 / VAL 398 / **BERNAND** 298 / **BSIP** CMPS PERES 286h / **CHARMET J. L.** 219 / 310 / **CHRISTOPHE L.** 263h / **CINESTAR** 295 / 403 / **CNRI** MONTREAL NEURO.INSTITUTE/MC GILL UNIVERSITY 256 / **COSMOS** AZEL/AURORA 363 / BOULAT 303 / BRODSKY/SPL 395 / CAMAZINE/SPL 247 / CELESTIAL IMAGE CO/SPL 324 / FERORELLI 257 / KIM/PHOTO RESEARCHERS 340 / MENZEL 32 / MUYBRIDGE COLL./SPL 252 / PASIEKA/SPL 259 / SANDERS/AGE 419 / SPL 353 / TURNER/WILD LIGHT 344 / WILLETTS/POPPERFOTO 474 / **DIAF** PLANCHARD 193h / 238 / **DIFFUSION OPALE** SASSIER/GALLIMARD 469 / **DITE/USIS** 286b / **EDIMEDIA** 13b / 18 / 25b / 27 / 31 / 43 / 203h / 204 / 215h / 216 / 218 / 245 / 258 / 281 / 283 / 317 / 320 / 331 / 346 / 351 / 365 / 397 / 481d / AKG BERLIN 197 / 244 / 386 / CDA/GUILLOT 45 / CHRISTIE'S IMAGES 192-193 / 202 / 315 / COLLECTION FB 384 / SNARK 12-13 / 15h / 24 / 30 / 33 / 215b / 225 / 228 / 231 / 255 / 316 / 360 / 422 / UNIVERSAL PHOTO 239 / 242 / WEBB 13h / 28 / **ENGUERRAND** 220b / **EXPLORER** BOISVIEUX 309 / CARAT 471 / CHARMET 209h / COLLECTION ES 221 / COLLECTION JB 409 / EVANS 262 / 330 / GLEIZES 285 / HUGUIER 293 / LAYMA 16 / MORGAN/PHOTO REASEARCHERS 267 / P.SOURCE 382h / RENAUD 297 / WOLF 473 / **GAMMA** BASSIGNAC/QUIDI 375 / FOLCO 379h / **JACANA** AXEL 306 / LARIVIERE 373 / **KEYSTONE L'ILLUSTRATION** 385 / 429 / **KHARBINE TAPABOR** 195 / 300 / 319 / 328 / 370 / 378 / 433b / 435 / 437 / 439 / 441 / 443 / 445 / 447g / 447d / 449 / 451 / 453 / 455 / 457 / 459 / 461 / 463 / 465 / **MAGNUM** STOCK 413 / **MUSÉE NATIONAL D'ART MODERNE** 193b / 269 / **OPIDA** ECHAUFFOUR 414 / **RAPHO** NEYRAT 405 / UFERAS 250 / 329 / **RMN** 199 / JEAN 21 / LEWANDOWSKI 410 / OJEDA 412 / QUECQ D'HENRIPRET 229 / **ROGER-VIOLLET** 326 / 426 / COL.VIOLLET 206 / 209b / 237 / 249 / 400 / HARLINGUE 418 / **RUE DES ARCHIVES** 243 / TAL 26 / 335 / **SIPA IMAGE** ANDERSEN 371 / DALMAS 407 / PERRIERE 289 / **SYGMA L'ILLUSTRATION** 343 / ADANSON 304 / CAMPBELL 15b / CAPLAIN 251 / GIRY 381 / LES STONE 223b / SOLTAN 203b / 481g / **UNESCO** 477 / **VERTUT J.** 359 / **VU** ALLARD 248 / **Droits Réservés** 408 / 475.

Liste des œuvres reproduites

14 V.J. Giraud, *Marché aux esclaves,* lithographie,1890 / **15h** F.A. Briard, *Abolition de l'esclavage,* 27 avril 1948, musée du Château de Versailles / **18** J.L. David, *le Serment du Jeu de Paume* à Versailles le 20 juin 1789, 1791, musée du Château de Versailles. / **21** N. Coypel, *Solon soutenant la Justice de ses lois contre les objections des Athéniens,* musée du Louvre, Paris / **23** R. Weibezahl, *Louis XVI prête serment à la Constitution,* lithographie,1832, Bildergallerie, Coll. Archiv. F. Kunst & Geschichte, Berlin / **24** *le Triomphe de la République,* musée Jean-Jaurès, Castres / **25b** Sir L. Alma-Tadema, *Caracalla* / **25h** Anonyme, *Portrait de l'empereur Joseph II (détail),* château de Schönbrunn / **27** *Portrait de Bakounine,* Bibliothèque nationale de France, Paris / **28** W. Blake, *Portrait de Newton,* XIXe, Tates galery, Londres / **29** J. Schnorr v. Carolsfeld, *la Servitude d'Israël en Égypte,* extrait de la *bible en images* de G. Wigand 1860, Coll. Archiv. F. Kunst & Geschichte, Berlin / **30** R. Fleury, *Galilée devant le Saint-Office,* 1633, musée du Louvres, Paris / **31** Caricature de Darwin, extrait de *The Hornet* / **33** R. Magritte, *le Chef d'œuvre,* collection Weissberger, © ADAGP, Paris 2000 / **35b** Enluminure, Nationalbibliothek, Vienne / **35h** C.D. Friedrich, *le Voyage au-dessus des nuages,* 1818, Kunsthalle, Hambourg / **36h** Anonyme florentin, *la Cité idéale,* XVe siècle, palais d'Urbino, Florence / **37b** J.H. Füssli, *le Rêve,* 1780/90, Art Gallery, Vancouver /**38** Manuscrit, *les Chevaliers de la Table ronde,* Livre de Lancelot, Bibliothèque Nationale de France, Paris /**39** K. Malewitsch, *Suprematismus,* 1917, musée des Beaux Arts, Krasnodar / **40** M. Duchamp, *la Fontaine de R. Mutt,* 1917, © Succession Marcel Duchamp/ADAGP, Paris 2000 / **42** Dresme, manuscrit, enluminure du XIVe siècle, *Traité de la sphère : vue du ciel,* Bibliothèque nationale de France, Paris / **43** Holbein le Jeune, *Erasme Tempera,* 1523, Kunstmuseum, Bâle / **44** L. Defrance de Liege, *À l'égide de Minerve,* vers 1780, musée des Beaux-Arts, Dijon / **45** J.S. Berthélémy, *Portrait de Diderot,* 1784, musée Carnavalet, Paris / **46** V. Deni, *Arraignée-Capital,* carricature, propagande, 1919 / **194h** *Buste de Platon,* copie romaine, musée du Louvre, Paris / **195** Représentation fantastique du système du monde au milieu du Moyen Âge, mise en couleur par Kharbine Tapabor, / **196** Raphaël, *l'École d'Athènes,* Vatican, Rome / **197** L.

de Vinci, *Étude anatomique,* fol. 13r, Bibliothèque Royale, château de Windsor / **198** Bronze, *Statue de Marcus Aurelius Antoninus,* Kapitol, Piazza del Campidoglio, Rome / **199** L. Giordano, *la Mort de Sénèque,* musée du Louvre, Paris / **200** Titien, *la Bacchanale,* XVIe siècle, musée du Prado, Madrid / **192-193** / **202** G.B. Langetti, *Diogène,* collection particulière / **203h** E.A. Bourdelle, *Héraclès archer,* bronze, collection particulière / **204** L. Memmi, *Saint-Augustin,* vers 1285, collection du Cercle d'Art, musée Pouchkine, Moscou, / **205** A. Dürer, *le Christ en croix,* 1506, Gemäldegalerie, Alte Meister, Dresde / **209b** *Homme regardant à la lunette astronomique,* page de la Dioptrique, tirée du *Discours de la Méthode* de Descartes, 1637, Bibliothèque Nationale de France, Paris / **209h** *le Discours de la méthode* de R. Descartes, première édition de 1637, Bibliothèque Mazarine, Paris / **208** S. Bourdon, *portrait de R. Descartes,* musée du Louvre, Paris / **210** J.C.F. Delhay, *portrait au crayon de B. Spinoza,* 1762 / **211** L. Backhuyzen, *le Port d'Amsterdam,* 1674, Kunsthistorisches museum, Vienne / **212h** Anonyme, *portrait de G.W. Leibniz,* Hist. museum am hohen ufer, Hannovre / **213** Dessin de la machine à calculer du Baron de Leibnitz, extrait de *Theatrum aritmetico-geometricum[...]* de J. Leupold, édité en 1727 par C. Zunkel, Leipzig / **214** A. Ramsay, *portrait de D. Hume,* 1786, Scottish national portrait gallery, Edimbourgh / **215h** Duguid, *le Château d'Édimbourg,* Scottish national portrait gallery, Edimbourg / **215b** Attribué à Chardin, *A billiard room,* 1725, musée Carnavalet, Paris / **216** Lemonnier, *Réunion des encyclopédistes chez madame Geoffrin-Coudillac,* Diderot, musée de la Malmaison, Rueil Malmaison / **217** Gravure sur cuivre de Alessandri et Scattaglia, *Encyclopédie des Sciences, des Arts et des Métiers,* 1751/1781 / **218** Ramsay, *Portrait de J.J. Rousseau,* National gallery, Edimbourg / **219** *Émile, de l'éducation* de J.J. Rousseau, éditions de la Haye, 1762, frontispice de Cochin, bibliothèque Sainte Geneviève, Paris / **220h** Anonyme, *portrait de E. Kant,* 1790 / **221** *Carte astrale Système de Copernic,* extraite de l'Atlas d'Andreas Celaric, XVIe siècle / **222** J. Schlesinger, *Portrait de G.F.W. Hegel,* 1831, SMPK, Nationalgalerie, Berlin / **223h** Image d'Épinal, *bataille d'Iéna* / **224** L. Janssen, *Kierkegaard à son pupitre* / **225** C.W.Eckersberg, *Paysage de Seeland du Nord,* 1833, musée des Beaux Arts, Copenhague / **226** A. Göbel, *portrait de A. Schopenhauer,* 1859, Staatl. Kunstslg., Neue Galerie, Cassel / **229** F. Montmezzano, *la Science,* musée des Beaux-Arts, Lille / **231** J. Gigoux, *Portrait de C. Fourier,* Besançon / **233** S. T. Konenkov,

Befreiter Mensch, bronze, 1947, Musée National Russe, Saint-Pétersbourg, © ADAGP, Paris 2000 / **232h** Anonyme, *Portrait de K. Marx,* 1880 / **232b** A.M. Gerassimow, *Lénine à la tribune,* 1930, Tretjakow galerie, Moscou, © ADAGP, Paris 2000 / **235** *Dessin à la plume rehaussé de couleurs,* 1512, Coll. Archiv. F. Kunst & Geschichte, Berlin / **236** *S. Freud* photographié par M. Halberstadt en 1909 / **240** *M. Heidegger,* photographiE par F. Eschen en 1950 / **241** R. Schlichter, *Blinde Macht, 1935/37,* Berlinische galerie, Berlin © Viola Roehr - V. Alvensleben, München / **245-481d** Illustration de Tenniel, *The nursery «Alice»* - extrait de *Alice au pays des Merveilles* de L. Carroll - édité en 1890, collection J.C. Carrière / **249** Gravures de Reymond d'après des dessins de L. Fillol, 1897 / **252** *Equus caballus,* photographié par E.J. Muybridge, publié en 1887 dans Animal Locomotion , Kingston museum / **254** Piet Mondrian, *Composition avec rouge jaune et bleu,* 1930, collection A. Roth © Mondrian/Holzman Trust, ADAGP, Paris 2000 / **258** Différents types humains, in *Histoires naturelles des mammifères de J.F. Schreiter,* 1884, Munich / **260** D. Teniers, *Des singes jouant aux cartes,* musée Pouchkine, Moscou / **265** H. Frank, *Portrait de S. Freud,* Institut für geschichte der medizin, Vienne / **269** *le Violon d'Ingres,* photographie de Man Ray, © Documentation générale du Centre Georges Pompidou/Musée National d'Art Moderne, Paris / **271** E. Delacroix, *Roméo et Juliette,* 1845, collection particulière / **272** M.C. Escher, Wasserfal, 1961, © Cordon Art B.V.-Baarn-Holland. All rights reserved. / **274** Rembrandt, *le Retour du fils prodigue,* musée de l'Ermitage, Saint-Petersbourg / **277** Arccimboldo, *l'Été,* 1563, Kunsthistorisches museum, Vienne/ **281** A. Renoir, *la Mosquée ou la fête arabe,* 1881, musée d'Orsay, Paris / **283** O. Debré, *Loire d'orage* (Touraine), © ADAGP, Paris 2000 / **290** Sculpture grecque, *Épicure,* musée du Louvre, Paris / **302** *Portrait de Jules Michelet* d'après Massou / **305** Lithographie de H. Lalaisse, *Prise de la Bastille,* N° 83 de la série «Paris dans sa splendeur-histoire» Nantes-Paris, Charpentier, 1860 / **310** *Mamadou et Bineta sont devenus grands,* ouvrage scolaire français de A. Davesne et J. Grouin, destiné à l'Afrique noire, Édition Isra, Paris vers 1945/1950, collection particulière / **312** Le Saint Suaire, cathédrale de Turin / **315** G. de Chirico, *Place d'Italie,* collection particulière, © ADAGP, Paris 2000 / **316** Descartes, *Géométrie, XVIIe siècle* / **317** Gravure d'après Desrais, *Allégorie «la Raison»,* Révolution française, 1789, musée Carnavalet, Paris / **319** H. Berlioz, Dessin de Granvillé / **320** G. Doré, *la Sainte Bible,* collection particulière / **321**

A. Warhol, *Four colored Campbell's Soup can,* 1965, Collection I. et M. Sonnabend, New York, © ADAGP, Paris 2000 / **322** R. Magritte, *Ceci n'est pas une pipe,* © ADAGP, Paris 2000 / **326** *La Dioptrique, traité d'optique* de Descartes faisant suite au *Discours de la Méthode,* 1637 / **327** P. Cezanne, *la Montagne Sainte-Victoire,* 1896/1898, musée de l'Ermitage, Saint-Pétersbourg / **333** Rembrandt, *la Leçon d'anatomie du Docteur Tulp,* 1632, Mauritshuis, La Haye / **339** M. Matieu, *Perspectives frontales, forme Carré* / **346** S. Dali, *Girafe en feu,* Kunst museum, Bâle, © Fondation Gala & Salvador Dali/ADAGP, Paris 2000 / **351** Magritte, *Golconde,* 1953, collection privée, Houston, © ADAGP, Paris 2000 / **356** G. de la Tour, *le Tricheur à l'as de carreau,* musée du Louvre, Paris / **365** Van Gogh, les Souliers,1886, Fondation Van Gogh, Amsterdam / **366** J.A. Koch, *Der Schmadribachfall,* 1811, museum der bildenden Kuenste, Leipzig / **369** Sir L. Alma-Tadema, *a Dedication to Bacchus,* 1889, Kunsthalle, Hambourg / **376** Gravure, *portrait de J.J. Rousseau* par Allix, musée d'Histoire vivante, Montreuil / **379b** Gravure de A. Neumann, *portrait de M.A. Bakunin,* 1865 / **382b** *Man Ray, portrait de DAF de Sade,* 1940, collection pariculière, Milan © Man Ray Trust/ADAGP, Paris 2000, / **386** Doebler, *portrait d'E. Kant,* 1791, collection particulière / **387** Daumier, *Après l'audience* / **389** *Giorgone, Le jugement de Salomon,* galerie Uffici, Florence / **391** J.H. Dannecker, *buste de F. von Schiller,* 1805 / **397** *Imagerie populaire italienne, Soldats,* xixe siècle, collection particulière / **398** R. Magritte, *l'Univers dévoilé,* 1931, collection privée © ADAGP, Paris 2000 / **400** F. Hals, *portrait de R. Descartes,* musée du Louvre, Paris / **409** F. Dillaye, *les Jeux de la jeunesse,* 1885, Hachette / **410** Coupe grecque à figures rouges, détail : médaillon, attribué au peintre d'Euaion, musée du Louvre, Paris / **412** P. Puget, *Rencontre d'Alexandre et de Diogène,* marbre, musée du Louvre, Paris / **416-417h** G. de la Tour, *les Joueurs de dés,* 1650, Preston hall museum, Stockton on Tees / **416b** *Portrait de B. Pascal,* Cloître de Port-Royal-des-Champs / **421** Q. Massys, *l'Orfèvre et sa femme,* 1514, musée du Louvre, Paris / **424** E. Munch, *Friedrich Nietzsche,* 1906, Oslo © Munch Museet, Munch Ellingsen Group /ADAGP, Paris 2000 / **425** Masque japonnais, 1500, Kongo School, Noh theatre collection, Kyoto / **428** H. Bosch, *Enfant avec roue à vent et chaise à roulettes,* 1480, Kunsthistorisches museum,Vienne / **435 à 463** *Abécédaire,* chromos xixe siècle / **479** F. Goya, *le Sommeil et la Raison,* gravure xviiie siècle, Bibliothèque nationale de France, Paris

N° de projet 10095451 (II) - (18) - (CSBP 70) ATE
Dépôt légal : mai 2002
Imprimé en Italie par G. Canale & C. S.p.A. - Turin